Chatbots

SPRACHE · MEDIEN · INNOVATIONEN

Herausgegeben von Jens Runkehl, Peter Schlobinski und Torsten Siever

BAND 9

PETER LANG
EDITION

Netaya Lotze

Chatbots

Eine linguistische Analyse

PETER LANG
EDITION

Bibliografische Information der Deutschen Nationalbibliothek
Die Deutsche Nationalbibliothek verzeichnet diese Publikation in der Deutschen Nationalbibliografie; detaillierte bibliografische Daten sind im Internet über http://dnb.d-nb.de abrufbar.

Zugl.: Hannover, Univ., Diss., 2014

D 89
ISSN 2190-6386
ISBN 978-3-631-67085-9 (Print)
E-ISBN 978-3-653-06335-6 (E-PDF)
E-ISBN 978-3-631-69917-1 (EPUB)
E-ISBN 978-3-631-69918-8 (MOBI)
DOI 10.3726/b10402

Peter Lang Edition ist ein Imprint der Peter Lang GmbH.

Peter Lang – Frankfurt am Main · Bern · Bruxelles ·
New York · Oxford · Warszawa · Wien

Diese Publikation wurde begutachtet.

www.peterlang.com

Inhaltsverzeichnis

Abkürzungsverzeichnis

BDI	Belief, Desire, Intention (Systemarchitektur, KI)
BU	Begriffsumfang
CA	Conversation Analysis, Konversationsanalyse
CDS	Child Directed Speech
CMC	Computer-Mediated-Communication
CT	Computer-Talk
ECA	Embodied Conversational Agent
FDS	Foreigner Directed Speech
FPP	First Pair Part (eines Adjazenzpaares)
GUI	Graphical User Interface
HCI	Human-Computer-Interaction
HHC	Human-Human- Communication
HNF	Heinz Nixdorf MuseumsForum
HRI	Human-Robot-Interaction
KI	Künstliche Intelligenz
MMI	Mensch-Maschine-Interaktion
MMK	Mensch-Mensch-Kommunikation
NLP	Natural Language Processing
PerLexSy	Persistenz Lexik Syntax (Annotationssystem)
RDS	Robot Directed Speech
SIA	Social Intelligent Agent
SPP	Second Pair Part (eines Adjazenzpaares)
STTS	Stuttgart-Tübingen-Tag-Set
SWBD-DAMSL	Switchboard Dialog Markup in Several Layers
TCU	Turn Constructional Unit
TRP	Transition Relevance Place
WF	Wortform

Dank

Ich danke der *Friedrich-Ebert-Stiftung* für die großzügige finanzielle und ideelle Unterstützung meiner Dissertation. Ohne ihre im Rahmen der Graduiertenförderung zur Verfügung gestellten Mittel, hätte ich das Promotionsprojekt gar nicht erst beginnen können.

Außerdem danke ich der Firma *Artificial Solutions* – und dort vor allem Dipl.-Ing. Dipl.-Psych. Fred Roberts – sowie Prof. Dr.-Ing. Ipke Wachsmuth und apl. Prof. Dr.-Ing. Stefan Kopp von der Universität Bielefeld für die freundliche und kollegiale Bereitstellung der Millionen von Dialogtranskripten ihrer Chatbots und Embodied Conversational Agents. Ohne eine solide Datenbasis sind empirische Arbeiten gegenstandslos, daher bin ich sehr froh, dass ich auf eine solche Fülle an Mensch-Maschine-Dialogen zurückgreifen konnte.

Selbstverständlich gilt mein Dank auch meinem Betreuer Prof. Dr. Peter Schlobinski und meiner Betreuerin Prof. Dr. Kerstin Fischer für ihren stetigen, anregenden – und manchmal auch kritischen – inhaltlichen Input und vor allem für die theoretische Basis, auf der ich aufbauen konnte.

Solche Arbeiten entstehen niemals ohne die tatkräftige Unterstützung der zahlreichen FreundInnen, Verwandten, KollegInnen und Hilfkräfte, die nicht müde werden zu korrigieren, nachzurechnen und zu beraten. Euch allen bin ich zutiefst dankbar für Eure Mühen.

Netaya Lotze (Münster, Juli 2016)

Vorwort

Einer der Gründe, sich mit künstlichen Kommunikationspartnern zu beschäftigen, ist, dass diese Kommunikationssituation noch so ungewohnt ist, dass SprecherInnen nicht auf Routinen zurückgreifen können und stattdessen ad hoc Lösungen finden müssen, um diese ungewöhnliche Kommunikationssituation zu bewältigen. Die Spuren dieser Prozesse können dann in der Interaktion beobachtet werden. Interaktionen, in denen alles glatt läuft, sind in diesem Sinne viel weniger interessant als solche, in denen SprecherInnen gezwungen sind, neue Lösungen für die angenommenen Kommunikationsprobleme zu entwickeln. Die vorliegende Arbeit steht in dieser Tradition und stellt einen Meilenstein dar auf dem Weg, sprachliches Verhalten in neuen Kommunikationsumgebungen zu verstehen. Netaya Lotze analysiert Interaktionen mit vier verschiedenen deutschsprachigen Chatbots und liefert somit eine der ersten umfassenden Analysen von sprachlichen Mensch-Maschine-Interaktionen, in denen diese Aushandlungs- und Anpassungsprozesse deutlich werden. So trägt beispielsweise ihre Studie zum Alignment dazu bei, die Umstände, unter denen sich SprecherInnen an ihre Kommunikationspartner angleichen, besser zu verstehen. Insbesondere zeigen ihre Ergebnisse, dass lokales Alignment unter anderem durch globale Kohärenzbeziehungen bedingt ist. Ihre Analyse führt so zu einem besseren Verständnis kommunikativer Kooperationsprozesse im Allgemeinen.

Ein weiterer Grund für die Analyse von Interaktionen mit künstlichen Agenten ist, dass sie uns zeigen kann, was tatsächlich menschliche Kommunikation ausmacht. Brian Christian argumentiert beispielsweise in seinem Buch *The Most Human Human* dafür, dass Menschlichkeit sich vor allem durch ein konsistentes Selbst ausdrückt. Netaya Lotzes Arbeit geht hier weit darüber hinaus und zeigt, wie die Anpassung an einen bestimmten Kommunikationspartner den Dialog auf jeder Ebene (lokale und globale Kohärenz und Kohäsion, Alignment, sequentielle Struktur) durchsetzen, und dass zwischenmenschlicher Dialog sich durch engste Beziehungen zwischen Turns auf der sprachlichen Ebene auszeichnet. Dazu stellt Netaya Lotze in bemerkenswert lesbarer Weise künstliche Agenten und ihre Funktionsweise vor. Die vorliegende Arbeit ist außerdem großartig in der Art und Weise, wie interdisziplinäre Konzepte zusammengebracht und gut verständlich dargestellt werden. Ihre korpuslinguistische Untersuchung ist die aufwändigste und umfassendste sprachliche Analyse von Mensch-Computer-Interaktionen, die ich kenne, und extrem lohnend. Mir ist keine andere Studie bekannt, die solch einen Aufwand betrieben und so umfassende Ergebnisse zur Mensch-Maschine-Kommunikation vorlegen könnte wie die vorliegende Arbeit.

Der Leser und die Leserin der vorliegenden Arbeit haben somit eine exzellente Wahl getroffen: Der folgende Text ist klar und erstaunlich gut lesbar, liefert detaillierte Theoriediskussionen und tiefgehende empirische Analysen und leistet insgesamt einen wichtigen Beitrag für unser Verständnis von Mensch-Maschine-Interaktion, aber auch von dem, was menschliche Kommunikation ausmacht. Das Buch eignet sich aufgrund seiner Klarheit sowohl für LeserInnen, die noch neu in diesem Gebiet sind, als auch für WissenschaftlerInnen, die seit Jahren in diesem Feld arbeiten – für mich zumindest war dieses Buch zu lesen eine Bereicherung.

Prof. Dr. Kerstin Fischer (Hamburg, Juli 2016)

Einleitung – Science und Fiction

Ein uralter Traum beflügelt die menschliche Phantasie bis zum heutigen Tag: Die Erschaffung von *künstlichen Intelligenzen (KI)*, mit denen man ebenso kommunizieren kann, wie mit einem menschlichen Gegenüber – von Robotern[1] oder virtuellen Assistenzsystemen mit Sprachfunktion. WissenschaftlerInnen[2] bemühen sich weltweit, Sprachsysteme zu entwickeln, die diesem Ideal nahe kommen. Die *Mensch-Maschine-Interaktion* oder *Human-Computer-Interaction (HCI)*[3] ist als Teilgebiet der KI-Forschung seit den 1970er Jahren zu einem interessanten Forschungszweig mit rasanten Fortschritten avanciert. Doch sind die Technologien noch bei Weitem nicht so ausgereift, wie Science-Fiction-AutorInnen sie erträumen. Sprachfähige technische Entitäten bevölkern Bücher, Filme, Serien und Spiele dieses Genres und das Motiv des sprechenden Computers erfährt in den einzelnen Geschichten und fiktiven Welten sehr unterschiedliche Ausprägungen.

In welchem Maße diese künstlichen Intelligenzen natürlichsprachlich kommunizieren können, differiert in der Science Fiction stark. So unterhalten sich z.B. in George Lucas' Star-Wars-Universum[4] intelligente Maschinen untereinander in einer Art Robotersprache und es bedarf eines Übersetzungssystems (*C3PO*), um die Kommunikation zwischen Mensch und Maschine zu ermöglichen. Die sog. *Droiden* führen verlässlich Aufgaben für die Humanoiden aus z.B. als Steuerungseinheit eines Raumschiffs oder als Soldaten. Ihre Kommunikation umfasst nur das Nötigste. Douglas Adams (1981) dagegen stellt ein

1 Vom tschechischen „robóta" (dt. „Fronarbeit leisten"), erstmals erwähnt in Karel Čapek Science-Fiction-Roman *R.U.R. (Rossum Universal Robots)*, 1970.

2 Im vorliegenden Text wurde versucht, eine gender-gerechte Sprache zu gebrauchen. Der Schreibung mit Binnenmajuskel (im Plural und bei Generika) wurde aufgrund ihrer weitreichenderen Konventionalisierung der Vorzug gegenüber der Unterstrich- oder Asterikschreibung gegeben (vgl. Bickes & Mohrs 2010: 272). Ist bei Einzelpersonen (z.B. VPs) im Singular mit Artikel das Gender nicht bekannt, wird das Femininum verwendet, um doppelte Artikel oder Pronomina zu vermeiden.

3 Während in der Gesprächsanalyse Dialoge als *Konversation* oder *Kommunikation* bezeichnet werden, wird in der heutigen HCI-Forschung der Terminus *Interaktion* bevorzugt. Die Termini *Mensch-Maschine-Interaktion* (*MMI*) und *Mensch-Computer-Interaktion* (*Human-Computer-Interaction, HCI*) haben sich im Forschungsdiskurs etabliert. Der Terminus *Mensch-Maschine-Kommunikation* besteht auch und hat eine gewisse Tradition, wird in der Fachliteratur aber aussemantischen Gründen immer seltener gebraucht.

4 Vgl. auch http://starwars.com/ (Zugriff 12.06.2016).

gänzlich anderes Szenario der Kommunikation mit artifiziellen Assistenten vor. In *Per Anhalter durch die Galaxis* gehören gleich zwei künstliche Intelligenzen zur Besatzung des Raumschiffs, die zur natürlichsprachlichen Interaktion in der Lage sind: Der redselige, übertrieben freundliche Bordcomputer *Eddie* und der depressive Roboter *Marvin*. Eine vom System vorgenommene Bewertung von Redebeiträgen nach emotionalen Kriterien wird schon heute von vielen WissenschaftlerInnen als wichtige Voraussetzung für gelungene HCI-Dialoge angesehen. Adams thematisiert humorvoll die Probleme, die es mit sich brächte, wenn man die Forderung nach emotionalen Sprachsystemen wörtlich nähme. Seine fiktiven Systeme sind nicht länger als zuverlässige Automaten einsetzbar, sondern unterliegen Stimmungsschwankungen und ändern ihre Ziele spontan. Die Dialogführung funktioniert einwandfrei, jedoch werden Dialoge durch die jeweilige persönliche Färbung anstrengend oder ineffizient. Auch die wissenschaftliche Gemeinschaft in der KI-Forschung diskutiert, ob ein wirklich anthropomorpher Dialog zwischen Mensch und Maschine überhaupt wünschenswert sei. Dabei steht immer die Frage nach der anwendungsspezifischen Nutzbarkeit (*Usability*) im Vordergrund. Während in der KI-Forschung teilweise tatsächlich das Ziel verfolgt wird, anthropomorphe Dialogkompetenz zu implementieren, setzt man im kommerziellen Sektor dagegen auf robuste Nutzbarkeit am jeweiligen Einsatzort.

Die besten Fähigkeiten eines Menschen und die beeindruckendsten Funktionen eines Roboters verbindet der Charakter *Data* aus Gene Roddenberrys Science-Fiction-Serie *Star Trek – The next Generation (TNG)*, in der ein sehr positives Bild von technischem Fortschritt propagiert wird. Der Android handelt selbstbestimmt und kommuniziert natürlichsprachlich, inhaltsorientiert und effizient. Als lernfähiges System bemüht er sich bewusst um Finessen der menschlichen Kommunikation wie Ironie oder die Auswahl des angemessenen sprachlichen Registers, wie folgendes Beispiel einer Szene aus *TNG* zeigt, die beim Bordfrisör der *Enterprise* spielt[5].

(1) *Data (denkt)*: Freundschaftliche Beleidigungen und Sticheleien – eine weitere Form der menschlichen Sprache, die ich zu meistern versuche, in diesem Fall mit Commander Geordi La Forge.
(2) *La Forge*: Hi Data.
(3) *Data (denkt)*: Ich sehe Geordi als meinen besten Freund an.
(4) *La Forge*: Auch hier zum Haareschneiden?
(5) *Data*: Mein Haar braucht nicht geschnitten werden, du Knalltüte.

---

5 Star Trek, *The Next Generation*, Folge 4/11 „Datas Tag", Autor Harold Apter, nach der Idee von Gene Roddenberry, http://de.memory-alpha.org/wiki/Datas_Tag (Zugriff 12.06.2016).

Data analysiert La Forges elliptische Frage in (4) als Ironie, da zwischen ihm als nicht biologischem Android und „Haareschneiden“ keine direkte semantische Verbindung besteht – eine logische Operation zu der die meisten heutigen Sprachsysteme nicht in der Lage sind. Außerdem schätzt er in (3) das sprachliche Register als freundschaftliche Kommunikation ein, was bereits La Forges informelle Begrüßung in (2) nahelegt. Beide Informationen zusammen veranlassen Data zu seiner Äußerung in (5), in der er durch „du Knalltüte“ signalisiert, dass er erstens den Witz verstanden und zweitens die sprachliche Varietät bemerkt hat, in der sich der Dialog manifestiert.

(6) *Data*: Ich experimentiere mit freundschaftlichen Beleidigungen und Sticheleien, es war nicht als ernsthafte Beschimpfung gemeint.

Data ist folglich auch fähig zur metasprachlichen Reflexion. La Forges Sprache in der Serie weist bisweilen jugendsprachliche Merkmale auf, d.h. freundschaftliche Beschimpfungen stören in dieser Varietät den Dialog nicht (vgl. Neuland 2008). Dass sich eine solche Strategie nicht auf andere soziale Kontexte übertragen lässt, betont La Forge sofort, da er befürchtet, Data könne aus Mangel an Reflexion über die Kontextabhängigkeit des Registers übergeneralisieren.

(7) *Geordi [La Forge] lachend*: Also...versuchen Sie das ja nicht beim Captain.

Insgesamt zeigt der Dialog die komplexen logischen Operationen, zu denen Data als weit fortgeschrittene KI in der Lage ist, und das breite Wissen über menschliche Kommunikation, das die Datenbasis für sein Sprachsystem darstellt. Ähnlich wie Data können in *Star Trek* außerdem der Bordcomputer, ein Sprachassistenzsystem zur Steuerung aller Systeme des Raumschiffs verkörpert durch eine Frauenstimme, und das medizinische Notfallprogramm in *Star Trek Voyager* verkörpert durch ein Hologramm, als nahezu perfekte Dialogagenten angeführt werden. Diese Form der reibungslosen Kommunikation zwischen Mensch und Maschine ist zum Idealtypus der heutigen HCI stilisiert worden, so dass im Diskurs um innovative Sprachsysteme und neue Herausforderungen an die EntwicklerInnen häufig von *Star-Trek-Kommunikation* als erklärtem Ziel gesprochen wird. Als *Star-Trek-Kommunikation* gelten laut *Voice Compass „Dialoge zwischen Mensch und Maschine, die ohne jede Einschränkung wie ein zwischenmenschlicher Dialog funktionieren“* (Artelt 2007: 336). Diese Definition geht auf eine Aussage von Dix et al. zurück, in der die eingeschränkten Möglichkeiten heutiger Systeme mit den menschenähnlichen der *Star-Trek*-Systeme verglichen werden. *„In contrast to most human conversation, dialog with computers is relatively structured and constrained. It is only on Star Trek that one can chat freely to the computer and expect a response […]!“* (Dix, Finlay, Abowd, Beale 2004: 545).

Heutige Systeme sind noch weit entfernt von einer uneingeschränkten, menschenähnlichen Konversation. Zwar haben die modernen Chatbots, Embodied Conversational Agents (ECAs), Social Intelligent Agents (SIAs) und soziablen Roboter wesentlich sophistiziertere Systemarchitekturen als Joseph Weizenbaums virtuelle Psychologin ELIZA[6] in den 1960er Jahren und greifen auf größere Datenbanken zurück, betrachtet man jedoch die konkrete Dialogperformanz, scheitern sie in vielen Fällen schon – oder gerade – an alltäglichen Aufgaben.

Stellt man z. B. dem preisgekrönten Chatbot *Elbot*[7] die gleiche Frage, wie La Forge sie im oben besprochenen Dialog Data stellt, wird eine Verlegenheitsantwort (5) ausgegeben, weil die Frage (4) vom *Parser* nicht verarbeitet werden konnte.

(1) *Elbot:* Ah, schon wieder ein Mensch! Ich bin Elbot, der Roboter. Was haben Sie denn auf dem Herzen?
(2) *Netaya:* Hi, Elbot.
(3) *Elbot:* Hallo, ich bin Elbot. Wer sind Sie?
(4) *Netaya:* Auch hier zum Haareschneiden?
(5) *Elbot:* Hier ist auch eine Frage: Was machen Sie eigentlich beruflich?

Warum Elbot die Frage (4) nicht verarbeiten kann, hängt mit unterschiedlichen Problemen zusammen. Erstens weicht die Userin vom eigentlich vorgegebenen, in (3) motivierten Gesprächsverlauf ab; d.h. sie wechselt spontan das Thema. Hier zeigt sich ein erstes grundsätzliches Problem in der Interaktion zwischen Mensch und Maschine: Der deterministische Automat steht einem menschlichen Wesen mit freiem Willen gegenüber, das seine Dialogziele abrupt ändern kann. Der Gedankensprung wird nicht kommentiert, da das System nicht in der Lage ist, die Kohärenz von Redebeiträgen zu beurteilen. In (5) springt Elbot allerdings dann in der *Default-Antwort* selbst zu einem neuen Thema, um einen Gesprächsbeitrag der Userin zu evozieren, den sein Parser besser erkennen kann.

Ein zweites Problem stellt die reduzierte Form der Frage in (4) dar. Entscheidungsfragen sind in ihrer Vollform für Dialogsysteme syntaktisch vergleichsweise leicht zu verarbeiten und bei der Generierung der Antwort beschränken sich die Möglichkeiten auf nur zwei Alternativen. Dieser Fragetyp wird von einigen Systemen mit Sprechaktparser erkannt. Da die Frage hier aber auf syntaktischer

---

6 ELIZA ist ein Programm, das 1966 von Joseph Weizenbaum entwickelt wurde. Es handelt sich dabei um den ersten Chatbot.

7 Elbot wurde 2006 von Fred Roberts für die Firma Artificial Solutions entwickelt und gewann 2008 den Loebner-Preis für das menschenähnlichste Sprachsystem international. Elbot wird als anthropomorpher Roboter dargestellt. Auf www.elbot.de kann man mit ihm chatten.

Ebene die Form einer Handlungsellipse aufweist und nicht die Vollform „*Sind Sie* auch hier zum Haareschneiden?“ eingegeben wurde, konnte sie nicht als Ja/Nein-Frage erkannt werden. Dies ist ein zweites notorisches Problem in Mensch-Maschine-Dialogen. Menschliche Kommunikation folgt in vielen Bereichen dem Prinzip der sprachlichen Ökonomie (vgl. Ronneberger-Sibold 1980), an Kurzformen wie in (3) scheitern Sprachsysteme jedoch noch häufig.

Den dritten Problembereich stellen Lexik und Morphologie dar. „Haareschneiden“ als nominalisiertes zusammengesetztes Verb wird in dieser Form vom Parser nicht erkannt, da es nicht genauso im Lexikon des Bots aufgeführt wird. Komposita dieser Art sind aber völlig alltäglich und können kreativ nach den Regeln der Morphologie gebildet werden. Ein elaboriertes Lexikon müsste also neben Lemmata auch alle Regeln der Morphologie beinhalten und als semantisches Netz angelegt sein, in dem „Haare“ und „schneiden“ assoziativ verbunden sind, um flexibel auf kreative Wortbildung seitens der UserInnen reagieren zu können. In Elbots semantisch nur rudimentär vernetzter Wissensorganisation liegt auch begründet, warum er keine Chance hat, die Ironie zu erfassen, die darin liegt, einen Roboter zu fragen, ob er sich die Haare schneiden lassen möchte. Ferner verfügt das System weder über Erfahrungen noch über Hintergrundwissen zu diesem Thema.

Der Dialog mit Elbot steht exemplarisch für rund 200 HCI-Dialoge, die im Rahmen dieser Arbeit analysiert wurden. Bei den artifiziellen GesprächspartnerInnen in den untersuchten Dialogen handelt es sich um Systeme mit ganz unterschiedlichen Systemarchitekturen und Dialog-Designs aus verschiedenen Entwicklungsphasen der HCI-Forschung. Bereits in der kurzen Sequenz des obigen Beispiel-Dialogs zeigt sich vieles, das empirisch an größeren Samples bestätigt werden kann. HCI-Dialoge kämpfen derzeit noch mit ganz grundsätzlichen Problemen. Ihnen fehlen der „rote Faden“, die logische Kohärenz, die semantische Kontiguität und die sprachlichen Mittel, um all diese Faktoren in einem konkreten Dialogverlauf zu zeitigen. Dennoch werden Menschen heute bereits in vielen Bereichen des täglichen Lebens mit Dialogsystemen konfrontiert und müssen sich den virtuellen GesprächspartnerInnen gegenüber auf irgendeine Weise sprachlich verhalten. Herauszufinden, welche Strategien sie dabei verfolgen, ist Aufgabe der Linguistik.

Dabei werden drei grundsätzliche Ziele angestrebt: Erstens trägt die Evaluation von HCI-Dialogen selbstverständlich dazu bei, die Systeme zu verbessern, indem sie danach genauer auf das sprachliche Verhalten menschlicher BenutzerInnen abgestimmt werden können. „*System designers need to know what to expect users to say and how to guide them into linguistic behaviour that in turn influences the system's behaviour positively"* (Fischer 2010: 2349). Dieser Aspekt fällt in den Bereich der Entwicklung und Verbesserung von Dialogassistenten.

Zweitens gilt der Erforschung dieser Teildomäne menschlichen Sprachhandelns ein abstrakteres soziolinguistisches Interesse per se. In naher Zukunft werden Menschen vermehrt mit Sprachsystemen umgehen, daher ist die differenzierte Analyse der Interaktionsform „natürlichsprachliche HCI" von großer Wichtigkeit, um eventuelle psychologische oder soziale Auswirkungen und Wechselwirkungen prognostizieren und bewerten zu können. *„Interactions between humans and computers or robots constitute in many ways extreme conditions for communication to take place, which can provide us with useful insights into general cognitive, social and interactional factors relevant and the resources speakers make use of"* (Fischer 2010: 2349). Dieser Aspekt fällt in den Bereich der angewandten Linguistik und liegt im Fokus dieser Arbeit.

Der Versuch Dialogbeiträge zu generieren, erfordert ein umfangreiches Wissen über Sprache und Denken an sich. Daher sprechen sich einige KI-ForscherInnen dafür aus, dass über den Umweg der Implementierung sprachlichen Wissens in ein System, das in letzter Konsequenz binäre Codes verarbeitet, Erkenntnisse gewonnen würden über die strukturelle Organisation von Sprache an sich und über die kognitive Sprachverarbeitung in Gehirn. So beantwortet bspw. Prof. Dr. Raúl Rojas von der FU Berlin die Frage nach seiner Motivation, sich mit KI zu beschäftigen, stellvertretend für viele IngenieurInnen in diesem Bereich so: *„Mein Forschungsmotiv ist es nicht Menschen nachzubauen, sondern sie zu verstehen, ihre Geheimnisse zu entdecken"* (Rojas 2011)[8]. Dieser Aspekt fiele dann mit Bezug auf Sprache in den Bereich der Psycholinguistik und der Sprachphilosophie.

Im Rahmen der vorliegenden Studie wurde eine umfangreiche Sammlung von Logfiles von chat-basierten Interaktionen mit unterschiedlich elaborierten Systemen hinsichtlich diverser linguistischer Parameter untersucht. Die Dialogprotokolle stehen in einer diachronen Abfolge und umfassen die Jahre 2000 bis 2006. Im Rahmen der Analyse steht die UserInnen-Sprache im Mittelpunkt der Betrachtung, wobei besonderes Augenmerk auf Wechselwirkungen zwischen UserInnen- und Systemsprache gelegt werden muss. Es handelt sich um eine empirische, korpusbasierte Arbeit, in der rein deskriptiv das Dialog-Design unterschiedlicher Systeme und die sprachlichen Strategien ihrer UserInnen analysiert, gegeneinander abgegrenzt und im Hinblick auf gegenseitige Beeinflussung

---

8 Interview unter: www.fuberlin.de/presse/publikationen/alumnimagazin (Zugriff 04.03.2016)

untersucht werden. Um zu einem umfassenden Modell der HCI zu gelangen, werden nicht nur Anfangssequenzen oder Sequenzen mit Störungen analysiert, sondern immer ganze Dialoge. Ein besonderes Interesse gilt nämlich der kohärenten Dialogprogression in den verschieden Phasen der Interaktion. Der innovative Charakter des methodischen Ansatzes besteht erstens in der besonders feinkörnigen, polyvalenten Annotation der Korpora – Wortform für Wortform, Phrase für Phrase und Turn für Turn. Die quantitative Untersuchung wird durch qualitative Analysen einzelner Stichproben unterstützt, um funktionale Aspekte, Dynamiken und Wechselwirkungen im Dialog besser greifen zu können. Zweitens wurde eine Bestandsaufnahme der aktuellen Forschungsansätze zur Analyse von Dialogen allgemein und Mensch-Maschine-Interaktionen im Besonderen vorgenommen, die die Auswahl der linguistischen Erhebungsparameter theoriegeleitet bedingt. Dabei werden die folgenden unterschiedlichen Überlegungen miteinbezogen:

- Das psycholinguistische Modell zum Konzept des vorbewussten *Alignments* (Pickering & Garrod 2004, Branigan et al. 2000, Szmrecsanyi 2005).
- Teilgebiete der klassischen Konversationsanalyse (*Conversation Analysis, CA*; Sacks, Schegloff, Jefferson 1992), insbesondere *sprachliche Routinen* und *bedingte Erwartbarkeit* von Gesprächsbeiträgen. Die CA stellt außerdem das benötigte Inventar an Untersuchungskategorien für die qualitativen Analysen zur Verfügung.
- Überlegungen zu Kohärenz und Kohäsion (Givón 1983, Tidge 1997, Linke et al. 2004, Brinker 2010, Özsarigöl 2010) unter der grundsätzlichen Fragestellung, wie sich Kohärenz im Dialogverlauf für die HCI formalisieren lässt (Allen et al. 1978).
- Die Diskussion um *Computer-Talk* (*CT*) als strukturell oder funktional beschreibbares Register im Sprachgebrauch der UserInnen (Zoeppritz 1985; Krause et al. 1992; Fischer 2006, im Druck).

Die verschiedenen Ansätze leiten sich aus von einander stark abweichenden Forschungsparadigmen ab und können in der Theorie nicht völlig konsequent zusammengedacht werden. Dennoch kann jeder der gewählten Ansätze im Rahmen einer angewandten Studie einen maßgeblichen Beitrag zur Analyse von HCI-Dialogen leisten. Die partielle Unvereinbarkeit der abstrakten Theorien, die diesen Analysewerkzeugen zu Grunde liegen, wird miteinbezogen, wenn der Geltungsbereich von Ergebnissen diskutiert wird.

Desweiteren wird die Überzeugung vertreten, dass eine adäquate linguistische Analyse von HCI-Dialogen auf unterschiedlichen Ebenen ansetzen muss. Aus diesem Grund wurden sowohl lexikalische als auch syntaktische Kategorien annotiert sowie Sprechakte und persistente Strukturen als Indikatoren für *Alignment*. Die Studie konzentriert sich entsprechend auf strukturelle und funktionale Aspekte der untersuchten Dialoge und versucht diese systematisch beschreibend zu formalisieren. Semantische Kontiguität und logische Kohärenz der thematischen Progression werden in Abhängigkeit von den Möglichkeiten der untersuchten Systeme diskutiert.

Die Ergebnisse der Korpusstudie werden im zweiten Teil der Arbeit theoretisch zusammengeführt zu einem *Interaktionsmodell der HCI*, aus dem sich auch bestimmte Implikationen für die Implementierung innovativer Systeme ableiten lassen. Möglichkeiten und Grenzen des Modells werden in einem abschließenden Teil reflektiert und die interdisziplinäre Weiterentwicklung der Gedanken in Informatik, Kommunikationswissenschaft und Soziologie wird diskutiert.

In Kapitel 1 werden die technischen Grundlagen von Systemarchitekturen und Dialog-Designs skizziert und die im Rahmen der Studie untersuchten Systeme vorgestellt. Außerdem werden die sozialen Wirkungen der Systeme seitens der UserInnen diskutiert. Die Restriktionen der artifiziellen GesprächspartnerInnen werden in Abgrenzung zu handlungstheoretischen Rahmenbedingungen der Kommunikation unter Menschen und vor dem Hintergrund der KI-Diskussion herausgearbeitet. Dabei werden Begriffe des geisteswissenschaftlichen Diskurses wie *Kommunikation*, *Intelligenz* oder *Person* für die HCI neu definiert. In Kapitel 2 werden die unterschiedlichen theoretischen Zugänge zur Analyse von HCI-Dialogen dargestellt und aus ihnen Hypothesen für die empirische Untersuchung abgeleitet. Kapitel 3 ist das Methodenkapitel. Hier werden die methodischen Zugänge zur Analyse der Dialoge erläutert. In Kapitel 4 werden die Ergebnisse der quantitativen und qualitativen Untersuchung mit Bezug zum jeweiligen theoretischen Ansatz vorgestellt. Das Schlusskapitel 5 enthält das Interaktionsmodell der HCI und Vorschläge für ein innovatives System-Design sowie die Diskussion um die Möglichkeit von *Star-Trek-Kommunikation*.

Damit kann diese Arbeit einen Beitrag zum besseren Verständnis der Interaktion zwischen Mensch und Maschine leisten. Denn auch wenn die heutigen HCI-Dialoge noch weit entfernt sind von einer *Star-Trek-Kommunikation*, wurde der Weg hin zu Assistenzsystemen mit anthropomorphem Dialog-Design als soziable Schnittstelle bereits beschritten. Und die Herausforderung für die interdisziplinäre Forschung liegt im verantwortungsbewussten Umgang mit der Entwicklung neuer Generationen von Dialogagenten (vgl. Elliott & Brzezinski 1998: 12). Die Linguistik kann zu diesem Prozess mit detaillierten und formalisierbaren Interaktionsmodellen für die HCI-Interaktion beitragen, die auf empirischen Sprachdaten gründen. Als Geisteswissenschaft mit Berührungspunkten zum Bereich der KI kommt ihr außerdem die Rolle einer kritischen Instanz zu. Indem NutzerInnen-Verhalten auf sprachlicher Ebene beobachtet und reflektiert wird, können problematische soziale und kulturelle Entwicklungen, die bisweilen mit neuen Technologien einhergehen, idealiter frühzeitig bemerkt oder präventiv vermieden werden. Denn Kommunikationsformen der Zukunft inkludieren Sprachinterfaces jeglicher Art, so dass das sprachliche Verhalten der UserInnen gegenüber solchen Systemen von zunehmendem Interesse ist. „*The sheer quantity of this speech register will therefore soon raise increasingly more attention*" (Fischer 2010: 2349).

1. Artifizielle Dialogsysteme – Forschungsansätze und Entwicklungen

Während Weizenbaums (1966)[9] berühmtes Chatbot-System ELIZA die Eingaben ihrer KlientInnen nur paraphrasieren und Rückfragen stellen konnte, haben sich Dialog-Systeme zur natürlichsprachlichen Interaktion seitdem weiterentwickelt und ausdifferenziert in zahlreiche bereichsspezifische Varianten. Eine Diversifizierung der Zielsetzungen führte zu unterschiedlichen Design-Überlegungen und damit zu einer umfangreichen Bandbreite von Systemarchitekturen. Dabei existieren momentan einfache Chatbots mit ganz basalen Funktionen zur Spracherkennung und Generierung (*ALICE*, Wallace 2004)[10] neben ambitionierten crowd-sourcing-basierten Systemen (*Cleverbot*, Carpenter 2010)[11], aufwendig animierten *Embodied Conversational Agents* (*REA*, Cassell 2004)[12], auf statistischen Modellen basierende Assistenz-Systemen (*Siri*, Apple 2010)[13] und hybriden künstlichen Intelligenzen, die unterschiedliche Architekturansätze miteinander verbinden (*Watson*, IBM, Ferrucci et al. 2010)[14].

Im folgenden Kapitel sollen einige der unterschiedlichen Systemtypen mit ihren Architekturen und Dialog-Designs vorgestellt werden. Darüber hinaus soll geklärt werden, welche technischen Entwicklungen und soziokulturellen Tendenzen die Entwicklung einer anthropomorphen Schnittstelle begünstigt haben und welche sozialen Wirkungen die entsprechenden Technologien bei ihren UserInnen hervorrufen. Ziel ist es, die Rahmenbedingungen zu definieren, vor deren Hintergrund jede linguistische Analyse von HCI-Dialogen stattfinden muss. Denn ohne ein genaues Verständnis für die zu Grunde liegenden Technologien und deren soziale Bedeutung, ist eine adäquate Beschreibung der HCI auf sprachlicher Ebene nicht möglich.

---

9 www.masswerk.at/elizabot/ (Zugriff 12.06.2016).

10 alice.pandorabots.com/ (Zugriff 12.06.2016).

11 www.cleverbot.com/ (Zugriff 12.06.2016).

12 www.chatbots.org/embodied_conversational_interface_agent/(Zugriff 12.06.2016).

13 www.apple.com/de/ios/siri/ (Zugriff 12.06.2016).

14 www.ibm.com/smarterplanet/us/en/ibmwatson/ (Zugriff 12.06.2016).

1.1 Die Assistenzmetapher zwischen menschenähnlicher KI und Usability

Als die am weitesten verbreitete Form artifizieller Dialogsysteme kann die am wenigsten aufwendig gestaltete Anwendung, der einfache Chatbot, angesehen werden (vgl. Krämer 2008: 35). Als virtuelle BeraterInnen auf Websites von Firmen und Institutionen im WWW finden sich vermehrt Chatbots, mit denen man über ein natürlichsprachliches Interface mit Ein- und Ausgabefunktion medial schriftlich in Interaktion treten kann. Diese Systeme werden oft durch anthropomorphe oder zoomorphe Darstellungen verkörpert, bevölkern Chatrooms und *MMORPGs* (Massive Multi-Player Online Role-Playing Games[15]) und sollen den überzeugenden Eindruck fiktiver oder aber auch realer Charaktere vermitteln. Dabei erstrecken sich die Anwendungsbereiche von virtuellen Freunden zum Plaudern bis zu pädagogischen Tutorial-Systemen oder Infobots wie z.B. *Findulin*[16], der auf der offiziellen Website des Bundestags in Gestalt eines Adlers auf Nachfrage Informationen zur deutschen Verfassung ausgibt.

Da die chat-basierte Interaktion mit artifiziellen Dialogsystemen auf dem heutigen Stand der Technik weniger störungsanfällig ist als es Systeme mit Spracherkennung und Sprachsynthese sind, kann am Beispiel der Chatbots die eigentliche Dialogperformanz der Technologie besonders gut im Hinblick auf logisch-semantisches Parsing und kohärente Antworten evaluiert werden. Auch der bekannteste Test für künstliche Intelligenzen (KIs) mit natürlichsprachlichem Interface wurde für chat-basierte Systeme entwickelt. Es handelt sich dabei um den 1950 von Alan Turing vorgeschlagenen Turing-Test, der besagt, dass eine KI dann als intelligent bezeichnet werden könne, wenn sie in einem verdeckten Experimentaufbau eine Jury von menschlichen InteraktionspartnerInnen davon überzeugen könne, dass sie ein chattender Mensch sei. Der Test wurde mehrfach kritisiert, weil er nicht die Intelligenz der Systeme im Sinne von Kompetenzen und Bewusstsein teste, sondern nur deren Performanz im Sinne von konsistentem Verhalten (vgl. Searle 2006; s. a. Kapitel 1.3). Dennoch wird seit 1991 jährlich der internationale *Loebner-Contest* nach Vorbild des Turing-Tests durchgeführt, um das System zu prämieren, das die menschenähnlichste Wirkung erzielt. Nach Fred Roberts mit seinem System *Elbot* und Rollo Carpenter mit *Cleverbot* war 2013 Steve Worswick mit dem Chatbot *Mitsuku*[17] erfolgreich.

---

15 interaktive Spiele im Internet, z.B. *World of Warcraft*.

16 adler.bundestag.de/ (Zugriff 12.06.2016).

17 www.square-bear.co.uk/mitsuku/chat.htm (Zugriff 12.06.2016).

Abbildung 1: Chatbot Mitsuku

Da chat-basierte Bots also weit verbreitet sind und einen direkten Vergleich der Dialogsoftware ohne Text-to-Speech-Komponenten als Störvariablen zulassen, liegt der Fokus dieser Arbeit auf medial schriftlicher HCI. Trotz dieser Einschränkung wird bei eingehender Recherche klar, dass die Zahl sowohl der einfachen Anwendungen im WWW als auch der ambitionierten Forschungsprojekte auf dem Gebiet der natürlichsprachlichen Dialogsysteme als virtuelle AssistentInnen oder TutorInnen immens ist. Einen Überblick über die aktuelle Forschungslandschaft und die verbreitetsten kommerziellen Bots skizziert Krämer (2008). Dabei stellt sie die technologiehistorischen und soziokulturellen Entwicklungslinien dar, die die Herausbildung einer Interface-Metapher[18] in Form von menschenähnlichen Dialog-AssistentInnen[19] begünstigt haben. Dabei stehen zwei Aspekte im Vordergrund:

18 Unter den Termini „Schnittstelle" oder „Interface" verstehen wir die Benutzeroberfläche, über die UserInnen den Computer bedienen. Dabei wird der Begriff „Human-Computer-Interface" allgemein verwendet, während man mit dem gleichbedeutenden, aber anders konnotierten Begriff „Front-End" implizit Bezug nimmt auf das „Back-End" als Schnittstelle zwischen Hardware und Software, die den UserInnen nicht zugänglich ist.

19 Der Terminus *Assistenzsystem* fokussiert die Funktion der Systeme und wird vor allem im Bereich der Usability-Forschung verwendet.

a) die intuitive Nutzbarkeit einer natürlichsprachlichen Schnittstelle (Usability)
b) die historisch gewachsene sozio-kulturelle Faszination, eine künstliche Intelligenz zu erschaffen

Beide Entwicklungslinien kumulieren in der Assistenzmetapher, die mittlerweile eine vielversprechende Alternative zur Werkzeugmetapher darstellt. Der Entwicklung anthropomorpher Assistenzsysteme ging ein Paradigmenwechsel im Verständnis von benutzerInnen-freundlichem Interface-Design voraus. Die Schnittstelle wurde über verschiedene metaphorische Szenarios leichter bedienbar. So manipulieren wir ganz selbstverständlich Icons auf einem *Desktop* und lassen uns auf diese Weise auf die Metapher des virtuellen Büroarbeitsplatzes ein. Die Software wird dabei als Werkzeug verstanden (*Werkzeugmetapher*). Virtuelle HelferInnen als persönliche AssistentInnen in Form von Dialogsystemen mit anthropomorphen Avataren sind also nur ein weiterer Schritt zum innovativen Schnittstellen-Design (*Assistenzmetapher*). Die HCI-Forschung als eigenständige Disziplin mit Fokus auf Dialogsystemen entwickelte sich schließlich aus der Forschung zur sog. schwachen KI[20], der Usability-Forschung, der Forschung zu autonomen Agenten und der Computerlinguistik.

In den vergangenen Jahrzehnten hat die Forschung zu starker und schwacher KI (vgl. Searle 1980) gezeigt, dass Simulationen von Kognition sehr unterschiedlich ausfallen können z.B. als formallogisches Kalkül, als Ontologie oder als probabilistisches Netzwerk-Modell – und dass menschliche Kognition nicht die einzige Möglichkeit der Informationsverarbeitung darstellt. Bezeichnete Manhart in den 1990er Jahren die KI noch euphorisch als aussichtsreiche Bemühung der Menschen, sich ein Ebenbild zu schaffen (vgl. Krämer 2008), so distanzieren sich viele ForscherInnen heute vom Gedanken einer Nachbildung des menschlichen Geistes. Sie sind überzeugt, dass die KI nach ihren eigenen Prinzipien funktioniere und betonen den Werkzeugcharakter der Anwendungen. Auch wenn das Schnittstellen-Design anthropomorph gestaltet ist, wird das nicht unbedingt als Voraussetzung für intuitive Usability im Austausch mit einem intelligenten Gegenüber verstanden. *„Die Vorstellungen von erfolgreichem Design wurden sehr lange ausschließlich von einer ingenieurwissenschaftlich ausgerichteten Forschung zu Mensch-Computer-Interaktion geprägt, die selbst in hohem Maße von den sich entwickelnden cognitive sciences beeinflusst war“* (Wagner 2002: 13). In der

20 Es wird unterschieden zwischen starker KI, deren Zielsetzung autonom denkende Maschinen sind, und schwacher KI, die sich mit allgemeinen Problemlösestrategien beschäftigt.

Usability-Forschung wurde ein Wechsel von einem technikzentrierten zu einem menschenzentrierten Ansatz vollzogen (vgl. Zühlke 2002), so dass heute sozialwissenschaftliche und psychologische Paradigmen zur Erforschung der Rezeptionshaltung der NutzerInnen in den Fokus rücken.

Andererseits bleibt die Faszination der anthropomorphen Schnittstelle bestehen, die die Kluft zwischen artifizieller Intelligenz und menschlichem Verstand überbrücken soll. So erfährt der Diskurs eine neue Welle des Optimismus durch aktuelle innovative Entwicklungen aus interdisziplinären Forschungsprojekten an der Schnittstelle zwischen KI-Forschung und Neurowissenschaften. Bspw. prognostizierte der Science-Fiction-Autor Vernor Vinge 1993 die Erschaffung einer Superintelligenz noch innerhalb dieses Jahrhunderts und belegt den Zeitpunkt mit dem Begriff der *„technologischen Singularität"*, da von diesem Moment an alle weiteren Entwicklungen in der Hand dieser übermenschlichen Intelligenz lägen. Die Erschaffung einer Superintelligenz wäre also die letzte Erfindung der Menschheit (vgl. Barrat 2013). Einige renommierte WissenschaftlerInnen halten diese Überlegungen für plausibel. Ray Kurzweil und Peter Diamandis gründeten 2008 die *Singularity University (SU)* im Silicon Valley, deren Ausrichtung einen Schwerpunkt auf allgemeine KI und menschenähnliche KI legt und auch eine übermenschliche KI prinzipiell für möglich hält. Die Community der TranshumanistInnen strebt die Verbesserung des menschlichen Körpers sowie des menschlichen Geistes durch innovative Technologien an (vgl. u.a. Brockmann 2004). Während sich die technischen Möglichkeiten verändert haben, werden in diesem Kontext die gleichen erkenntnistheoretischen, existenziellen und ethischen Fragen diskutiert wie bereits im Zeitalter der Aufklärung. Bei wachsendem technischem Fortschritt gewinnen diese Fragen notwendig an Relevanz. Doch welche Möglichkeiten hat moderne KI? Um einen Einblick in die Funktionsweise von modernen artifiziellen Dialogsystemen zu bekommen, sollen im Folgenden die Hauptentwicklungslinien der HCI-Forschung nachgezeichnet und einige grundsätzliche Überlegungen zu Systemarchitektur und Dialog-Design dargestellt werden.

1.2 Chatbots und ECAs

1.2.1 Grundlagen der Systemarchitektur und des Dialog-Designs einfacher Chatbots

Die ersten Entwicklungen im Bereich der HCI brachten einfache Chatbots hervor, sog. *„computergenerierte Systeme, die in der Lage sind, über Ein- und Ausgabezeile oder durch ein Spracherkennungssystem mit einem menschlichen Nutzer in natürlicher Sprache zu interagieren"* (Tewes 2005: 242). Als Prototyp dieser basalen Chatbot-Architektur gilt Weizenbaums (1966) Simulation von Therapiegesprächen mit dem System ELIZA, das Schlüsselwörter im UserInnen-Input parsen kann und auf der Basis eines erkannten Schlüsselworts eine Rückfrage generiert. Innerhalb eines deterministischen Systems wird also ein an Schlüsselwörtern orientierter Dialog hervorgebracht (vgl. Klabunde et al. 2004). Das System reagiert auf bestimmte Wörter innerhalb der UserInnen-Eingabe mit der Ausgabe von vorformulierten Turns.

(1) ELIZA: Hi I'm Eliza. Tell me your problem.
(2) UserIn: My best friend hates me.
(3) ELIZA: Why do you say your best friend hates you?
(4) UserIn: She's not happy to see me anymore.
(5) ELIZA: Can you elaborate on that?
(6) UserIn: She steals my lunch money.
(7) ELIZA: Why do you say your lunch money?
(8) UserIn: Because that's what she takes from me. [...]
(vgl. Tewes 2005: 246)

1.2.1.1 Parsing und Prompting

Das Beispiel illustriert, nach welchen einfachen Regeln ELIZAs Dialog-Design aufgebaut ist: Personalpronomina werden gespiegelt (*you* statt *me*) und zusammen mit den entsprechenden Schlüsselwörtern (*hate, steal*) in vorgefertigte Antwortschablonen eingesetzt (*Why do you say X?*). ELIZA ist nicht fähig zu proaktiven Turns, Interventionen oder Repair. Kann eine UserInnen-Äußerung nicht geparst werden, wird eine unverfängliche Rückfrage ausgegeben (*Can you elaborate on that?*). Die Systemarchitektur solcher Chatbots der ersten Generation ist so einfach, dass interessierte SchülerInnen sie heute nachbauen können.[21]

Der *Pattern-Matcher* gleicht UserInnen-Eingaben mit Textmustern ab und wählt das *Pattern* aus, das am besten zu einer Eingabe passt. Nach diesem Muster wird dann die Antwort konstruiert (z.B. *Why do you say X?).* Dieses Prinzip ist sehr fehleranfällig, sofern es nicht flexibel durch weitere Regeln variiert wird.

21 Vgl. z.B. „AI – Künstliche Intelligenz für den eigenen Heim PC", Nautilus-Magazin 13, 2001.

Abbildung 2: Einfache Chatbot-Architektur (Gesellensetter 2004: 18)

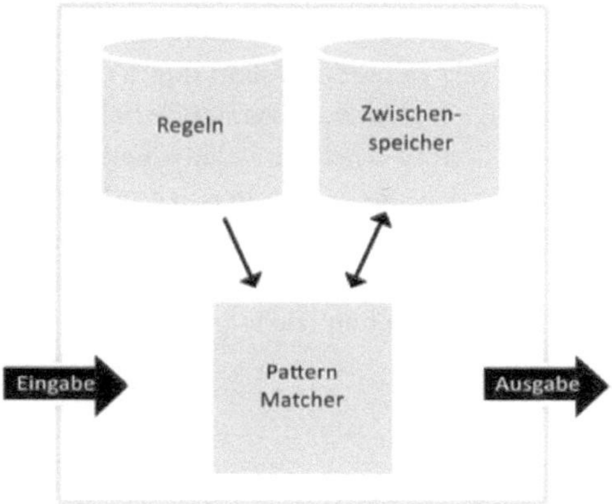

(1) Max: Ich habe mehrere Lieblingsfilme. Zum Beispiel Terminator (…). Was ist deiner?
(2) UserIn: och, so verschiedene
(3) Max: Dein Lieblingsfilm ist also och so verschiedene?
(Max 1781–1799)

Misslingt das Schlüsselwort-Parsing, so dass dem Input-Pattern kann kein Output-Pattern zugeordnet werden kann, werden von den meisten Systemen sog. *Default-Antworten* ausgegeben, um den Dialog aufrechtzuerhalten. Diese sind gewissermaßen das Sicherheitsnetz für die weitere Progression. Problematisch an Default-Antworten ist, dass sie notwendig Gemeinplätze enthalten, die nicht immer einen thematischen Bezug zum vorangegangenen Input haben.

Zu einem Input-Pattern passen verschiedene Output-Patterns, die zyklisch variiert werden, um die Antworten (*Prompts*) abwechslungsreicher zu gestalten. Zusätzlich wird auf Regeln aus dem Regelspeicher zurückgegriffen, um bspw. Pronomina zu spiegeln. Im Zwischenspeicher können UserInnen-Eingaben abgelegt werden, um später im Dialog auf sie zurückzukommen. Ein Beispiel für einen moderneren Chatbot auf der Basis dieser Grundarchitektur ist das System ALICE, das 1995–2000 von Wallace entwickelt wurde und mehrfach die Loebner-Medaille gewann. Eine moderne Variate mit Spracherkennung steht heute als App (AIVC) für Android-Geräte zur Verfügung. Im Unterschied zu ELIZA kann ALICE proaktiv neue Themen in den Dialog einbringen und ihr System stützt sich auf mehr als 40.000 Regeln und 25.000 sog. *Categories* zum Musterabgleich. Die Gruppe um Wallace entwickelte auch das XML-Derivat

AIML (*Artificial Intelligence Markup Language*), der in vielen heutigen Chatbots und ECAs als Auszeichnungssprache verwendet wird.[22] In AIML besteht jede der *Categories* (z.B. *Begrüßung*) aus einem *Pattern* (z.B. *Guten Tag!*) und einem *Template* (*z.B. Hallo! Wie geht es Dir?*).[23] Allein durch die Menge der *Categories* ist die Interaktion mit ALICE bedeutend flexibler als bei ELIZA. Flexibilität beim Parsing und Variation im Output wird bei vielen Chatbots zusätzlich durch Synonymlisten, sog. *Makros*, erzielt, aus denen alternierend neue Lexeme ausgewählt werden können. Makros funktionieren auch auf der Ebene ganzer Phrasen und besonders erfolgreich bei ritualisierten Gesprächssequenzen. Für eine Verabschiedung könnte ein Makro aussehen wie folgt:

```
<keywords>

bye, cu, cya, exit, quit, ciao, ade, adios, hasta, aufwieder, tschoe,
tschues, tschau, undweg, so long, machs gut, bis bald, bis dann, bis
spaeter, wiedersehen, hasta*
```

Der Asterisk (*Kleene Operator*) steht in AIML als Platzhalter für beliebig viele Zeichen. Das Keyword „hasta*" würde also bspw. sowohl für „hasta luego" als auch für „hasta la vista" zutreffen. Je mehr Synonyme zugeordnet werden können, desto zuverlässiger funktioniert das Parsing.[24] Einige moderne Chatbots verfügen zusätzlich über regelbasierte Syntax- und Sprechakt-Parser, die die Auswahl eines Patterns unterstützen. Diese stehen aber noch am Beginn ihrer Entwicklung.

1.2.1.2 Wissensbasen

Die Pattern-Matching-Algorithmen machen ein System weder intelligent noch versetzen sie es in die Lage, natürlichsprachliche Dialoge auf menschenähnlichem Niveau zu führen. Relevanter sind die hinterlegten Wissensbasen, auf die bei elaborierteren Systemen zurückgegriffen wird, und vor allem die interne Organisation von Wissensrepräsentationen. *„Grundvoraussetzung für intelligentes*

---

22 Dabei handelt es sich nicht um ein klassisches KI-Kalkül zur Darstellung logischer Sachverhalte wie z.B. die aussagenstarke, aber rechenintensive Prädikatenlogik PIF oder einfache Fakten Regel Systeme (EFRS). In der Regel sind Bots nicht in deklarativen Programmiersprachen wie Prolog geschrieben, sondern in funktionalen wie AIML, C++ oder Java.

23 Alternativ werden die Begriffe *Recognition* und *Answer* verwendet (vgl. *Artificial Solutions*).

24 Ob die alternierende Generierung mittels Synonymen sinnvoll ist, wird in Kapitel 4 diskutiert.

Verhalten von Computer-Systemen ist, daß sie Wissen über ihre Umwelt besitzen" (Reif 2000)[25]. Derzeit werden unterschiedliche Ansätze verfolgt. Carpenters Cleverbot recycelt bspw. per Crowd-Sourcing gesammelte Gesprächsbeiträge von früheren UserInnen als eigene Antwort-Turns. Bei Apples Siri werden stochastische Modelle verwendet, um große Datenbanken nach den entsprechenden Informationen abzusuchen. Schwieriger zu implementieren sind nach semantischen Kriterien organisierte Wissensspeicher, die als logikorientierte oder prozedurale Kodes sowie in Form von Frames, semantischen Netzen oder durch Constraints definiert sein können. *„Praktisch kann man eine Wissensrepräsentation als die Abbildung eines Ausschnitts der realen Welt bezeichnen"* (Reif 2000). Doch ist dieser verglichen mit den Ressourcen menschlichen Weltwissens verschwindend gering.

1.2.2 Erweiterung der Chatbot-Architektur durch klassische KI: Planbasierte Systeme

Die klassischen Chatbot-Architekturen schaffen (unter idealen Bedingungen) die Illusion von Kohäsion an der Oberfläche des Dialogs durch die Wiederholung einzelner Lexeme oder Phrasen. Je differenzierter ihre Interaktionsmuster definiert sind, desto besser gelingt dies. Die HCI-Forschung beschritt in den 1970er- und 1980er-Jahren außerdem einen anderen Weg, welcher der einer klassischen KI mit aussagenlogischem Kalkül nähersteht. Hier wird mit einem sog. *„Austin-Grice-Strawson-Searle-Ansatz"* (vgl. Allen 1978) in Form von Sprechakten, Weltmodellen, Plankonstruktionen und Planerkennung gearbeitet. Semantisches und pragmatisches Wissen werden also miteinbezogen, um wirklich kohärente Abfolgen von Aussagen zu gewährleisten. Welche Veränderungen erwirkt ein erfolgreich ausgeführter Sprechakt in einem SprecherInnen- oder RezipientInnen-Modell? Wie ist die Verbindung zwischen der semantischen und der pragmatischen Bedeutung einer Äußerung? Dieser Ansatz ist in seiner theoretischen Form bedeutend komplexer als ein einfaches Chatbot-Prinzip. In der Vergangenheit wurden ernsthafte Versuche unternommen, Systeme zu konstruieren, die mittels eines logischen Kalküls zu wirklich kohärenten Äußerungen kommen (z.B. OSCAR, Allen et al. 1978; *Watson*, Ferrucci et al. 2010). Hinzu kommt pragmatisches Wissen in Form von Regeln zur Interpretation und Ausgabe von Sprechakten. Ein solches Kalkül funktioniert allerdings nur innerhalb enger, genau definierter Bedingungen. Um den Fokus zu erweitern, wurde an der Definition verschiedener Präsuppositionen gearbeitet. So werden viele der

25 Skript KI, TU Graz, www.iicm.tugraz.at/greif/node5.html (Zugriff 03.10.2015).

heutigen sophistizierteren Systeme als zielorientiert (*goal-directed*) bezeichnet; d.h. sie orientieren ihre pragmatische Dialogplanung an einem vordefinierten Dialogziel. Inspiriert ist diese Architektur von menschlicher Intentionalität, bildet diese aber nicht ab, da *Goals* vom System nicht bewusst, eigenständig, spontan und frei neu definiert werden können. Zielorientierung wird modelliert, indem von einem Anfangsstatus und einem Zielstatus ausgegangen wird. Dazwischen liegen die zu definierenden Operatoren (*initial state – operators – goal state*). Die adäquaten Operatoren werden während der Interaktion ausgewählt. Eine Sequenz von Operatoren wird *Plan* genannt (vgl. Allen 1978). Man spricht auch von *planbasierten* Systemen. Die Operatoren erzielen Effekte. So wird ein Weltmodell verändert oder durch den entsprechenden Output die reale Welt selbst.

Eine planbasierte Sprechakttheorie muss in ihrer basalen Form folgendes beinhalten: Ein Planungssystem, eine Sprache zur Beschreibung des Status' der Welt, eine Sprache für Operatoren und Algorithmen und eine Sprache für Plankonstruktion und Inferenz sowie Definitionen von Sprechakten als Operatoren. Darüber hinaus stellen sich weitere Fragen: Was sind die Effekte dieser Sprechakte? Wann sind sie anzuwenden? Wie können sie in natürlicher Sprache realisiert werden? Es kann z.B. definiert werden, dass auf eine Frage eine Antwort folgt und dass der Informationsgehalt der Antwort die Wissensbasis der RezipientInnen verändert. Unterschiedliche Fragetypen können dabei sprachlich unterschieden und erkannt werden. Die Pläne eines sog. plan-basierten Agenten-Systems können durch die eines anderen beeinflusst werden, wie es auch in der menschlichen Kommunikation möglich ist. Die Operatoren funktionieren allerdings nur unter bestimmten Vorbedingungen.

Zusätzlich werden Präsuppositionen definiert, die Vorannahmen über die Welt und das Gegenüber abbilden sollen. Jeder Agent verfügt über ein Weltmodell und ein PartnerInnen-Modell. Er soll gewissermaßen eine „Vorstellung" davon haben, was sein Gegenüber weiß oder nicht weiß. *„Linguistic utterances are the result of the execution of operators whose effects are mainly on the models that the speaker and hearer maintain of each other"* (Allen et al. 1978: 126). Theoretisch könnten so in einer ganz eindeutig definierten Sprechsituation inferentielle Schlüsse aus dem semantischen Gehalt der Äußerung und den Vorannahmen über den Wissenshorizont des Gegenübers gezogen werden. Allen et al. (1978: 126) führen hierfür folgendes Beispiel an: A fragt B, wo die nächste Tankstelle sei. B inferiert, dass A tanken möchte, und antwortet, dass die Tankstelle bereits geschlossen sei. A weiß daraufhin also, dass es zwar eine Tankstelle in der Nähe gibt, man dort aber im Moment nicht tanken kann. In einem HCI-Dialog mit relativ offenem Fokus funktionieren solche Kalküle jedoch nicht, weil sie eine enorme Wissensbasis voraussetzen würden, aus der der Bot Annahmen über geteiltes Wissen auswählen können müsste. Ein solches Modell von menschlichem Weltwissen, konnte bislang nicht konstruiert werden. Derzeit ist es modernen ECAs nur sehr basal möglich, dynamische UserInnen-Modelle aufzubauen, mittels derer sie sich an ihre InteraktionspartnerInnen „erinnern" und auf den Kotext aus dem vorangegangenen Dialogverlauf rekurrieren können. Allgemein orientieren sich moderne Architekturen von ECAs aber an Allens planbasiertem System. Sie kombinieren schwache KI mit differenzierter Schlüsselworterkennung und vereinen so beide Ansätze der HCI-Forschung.

Abbildung 3: Architektur von Dialogsystemen (vgl. Kellner 2004: 535)

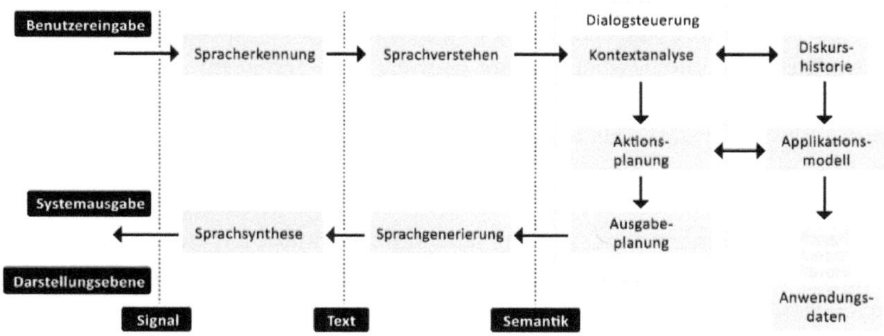

Kommen definierte Präsuppositionen in Form von Goals, PartnerInnen oder Sitiations-Modelle hinzu, spricht man von einer sog. *BDI-Architektur* (Belief, Desire, Intention, vgl. Rao & Georgeff 1991).

1.2.3 Systemtypen und Automatentaxonomie

Aus unterschiedlich differenzierten Systemarchitekturen, verschieden aufwändigen Formen der grafischen Darstellung oder der Verkörperung im Raum sowie diversen Anwendungsbereichen lassen sich verschiedene Systemtypen ableiten. Die Bezeichnungen in der Literatur sind teilweise irreführend und die Übergänge zwischen den Kategorien fließend. Im folgenden Abschnitt sollen die einzelnen Systemklassen vorgestellt und deren jeweiliger Begriffsumfang abgesteckt werden. Dies führt zu einer Taxonomie der unterschiedlichen Systeme (vgl. Zeller 2005, Schatter 2011).

1.2.3.1 Begriffsdefinitionen

Der wohl unspezifischste Begriff zur Beschreibung einer KI, mit der UserInnen in Interaktion treten können, ist der des ***Agenten*** (lat. *agere* tun, handeln). Agenten-Systeme sind das Ergebnis planbasierter, zielorientierter Architekturen. Steels und Brooks definieren den Begriff wie folgt:

> *„Autonomous agents are "self-controlling" as opposed to be under the control of an outside agent. To be self-controlling the agent must have relevant self knowledge and motivation, since they are prerequisites of a controller. In other words, an autonomous Agent must "know" what to do to exercise control, and must "want" to exercise control in one way or another"* (Steels, Brooks 1994: 85).

Der Agent trifft trifft also Entscheidungen im Hinblick auf ein vordefiniertes Ziel. Die Autonomie[26] besteht dabei in der Dynamik der Dialogplanung, durch die Agenten-Systeme flexibel auf ihre Umwelt reagieren können; d.h. sie sollten lernfähig sein und sich an ihre GesprächspartnerInnen anpassen können. Z. T. können sie ihren Status als in der Zeit fortdauernd mitrechnen. Agenten können über eine virtuelle Verkörperung verfügen, dies ist aber nicht obligatorisch. Die sprachliche Interaktion erfolgt chat-basiert medial schriftlich oder mündlich über ein Spracherkennungs- und Sprachsynthese-Modul. Typische Szenarios für den Einsatz von Agenten sind Aufgaben, die kooperativ und kommunikativ gelöst werden müssen.

Während der Terminus *Agent* ein System beschreibt, das sich hinter verschiedenen Formen von artifiziellen AssistentInnen verbergen kann und deren KI (planbasiert, zielorientiert Entscheidungen treffen) beinhaltet, bezieht sich der Begriff ***Avatar*** allein auf die sichtbare, anthropomorphe Schnittstelle. Der Avatar fungiert demnach als Verkörperung des Systems.[27] Ein Avatar ist folglich kein System mit Sprachfunktion, sondern lediglich dessen Darstellung als Interface (vgl. Krämer & Bente 2002).

Der Begriff ***Persona*** leitet sich von den Dramatis Personae[28] eines Theaterstücks ab und weist auf fiktive Charaktere hin, die ausgestaltet werden, um Systeme menschenähnlicher wirken zu lassen. EntwicklerInnen von Dialogsystemen unternehmen Bemühungen, ihre Agenten den NutzerInnen als konsistente

---

26 Der Begriff der Autonomie der selbstbestimmt handelnden Entität wird hier anders verstanden als in der philosophischen Tradition (s. Kapitel 1.3).

27 In der indischen Mythologie versteht man unter einem Avatar die körperliche Repräsentation eines Gottes auf Erden.

28 Diese Bezeichnung wiederum geht zurück auf die Masken im klassischen griechischen Theater.

Persönlichkeiten vorzustellen. *„Characters have to be realized as distinguishable individuals with their own areas of expertise, interest profiles, personalities, audio/visual appearance“* (André & Rist 2001: 9). Dabei wird ein gewisser Aufwand betrieben, um über die Defizite der KI hinwegzutäuschen. In sophistiziertere Agenten wird konsistentes Verhalten implementiert und auf den Avatar abgestimmt, aber auch einfache Chatbots werden mit Charakteristika versehen, die zum Bild einer stimmigen Persönlichkeit führen sollen. Jeder Redebeitrag des Systems sollte idealerweise zu diesem Eindruck beitragen. Unterstützt wird das Prinzip, ganze Persönlichkeiten zu kreieren, durch Metainformationen zum Bot, die von den EntwicklerInnen oder VertreiberInnen bereitgestellt werden.[29]

Chatbot ist technologiehistorisch der älteste Begriff für ein Programm mit Dialogfunktion in Form einer Schlüsselworterkennung und vorformulierten Antworten. Chatbots sind ebenfalls virtuell und können sogar auf jegliche Form der Verkörperung verzichten. Auch hinter einem einfachen Eingabe- und Ausgabefeld kann sich ein Chatbot verbergen. Chatbot ist der klassische Begriff, der die eigentliche Funktion des „Plauderns“ in den Vordergrund rückt. Da der Begriff Chatbot wohl der bekannteste Terminus für KIs mit Sprachfunktion ist, wird er heute außerhalb des wissenschaftlichen Diskurses übergeneralisiert gebraucht als Bezeichnung für alle Systeme, mit denen man „plaudern“ kann.

Multifunktionale, multimodale Systeme werden unter ExpertInnen heute als ***ECAs (Embodied Conversational Agents)*** bezeichnet.[30] Sie verbinden die KI der planbasierten Agentensysteme mit umfangreichen Wissensbasen, anthropomorphen Avataren und zusätzlichen Systemen, die konsistente Verhaltensweisen steuern. Cassell beschreibt ECAs als *„computer interfaces that hold up their end of conversation, have bodies and know how to use it for conversational behaviours as a function of the demands of dialogue and emotion, personality, and social convention"* (Cassell 2002: 70). Spricht man von einem ECA, ist ein komplexes System mit zahlreichen Subsystemen gemeint, das fortgeschrittener ist, als ein einfacher Chatbot. ECAs sind virtuell verkörpert (*Embodiment*) und mit Kameras und

---

29 Einige Bots haben eigene Blogs oder Websites, wo sie sich als virtuelle Personae präsentieren. Dort finden sich z.B. Charakteristiken und fiktive Lebensläufe. Man schreibt den Personae Hobbys und Interessen zu, die weit über ihren eigentlichen Anwendungsbereich hinausgehen. So belegt der Chatbot *Eve* der Firma *Yellow Strom*, der im Kundendienst eingesetzt wird, laut Charakteristik im WWW privat Tanzkurse, kocht gern und hat einen Freund.

30 *ECA* ist der gebräuchlichste Terminus im anglophonen Sprachraum innerhalb der wissenschaftlichen Community. Im Deutschen findet man auch statt ECA oft *anthropomorpher Interface Agent*.

Sensoren ausgestattet. Das Embodiment schließt oft ein Modell der Selbstwahrnehmung des Systems im virtuellen Raum ein, das es mittels taktiler Sensorik entwickeln kann. Was als „anthropomorph" angesehen wird, variiert.[31] Wichtig ist, dass die Darstellung Gestik und Mimik zulässt und soziale Effekte hervorruft.

Auch ***Roboter*** können natürlichsprachliche Interfaces besitzen oder soziables Verhalten aufweisen (vgl. z.B. die Arbeiten von Breazeal). *„In short, a sociable robot is socially intelligent in a human-like way, and interacting with it is like interacting with another person. At the pinnacle of achievement, they could befriend us, as we could them"* (Breazeal 2002a: 1). Dialoge mit solchen Robotern werden als Mensch-Roboter-Interaktion (*Human-Robot-Interaction, HRI*) bezeichnet. Während virtuelle Agenten nur medial vermittelt Einfluss auf ihre Umgebung nehmen (außer in Virtual-Reality-Anwendungen), manipulieren Roboter die Umwelt direkt und müssen flexibel auf Veränderungen reagieren. In dieser Arbeit liegt der Fokus auf virtuellen Agenten. Ergebnisse aus der Forschung mit sprachgesteuerten Robotern sollen ergänzend einfließen (z.B. Fischer 2006, im Druck; Vollmer et al. 2009).

1.2.4 Die im Rahmen der Studie evaluierten Systeme

Im Rahmen der vorliegenden Studie wurden Interaktionen mit vier unterschiedlich sophistizierten chat-basierten Systemen aus den Jahren 2000 bis 2006 erhoben und analysiert (vgl. Kapitel 3). Bei den älteren Systemen *Twipsy* und *Karlbot* (Kiwilogic[32], 2000–2002) handelt es sich um einfache Chatbots mit unterschiedlich elaboriertem Dialog-Design. Eines der leistungsstärkeren Systeme im Rahmen dieser Studie ist der ECA *Max* (Universität Bielefeld, Heinz-Nixdorf-Museum Paderborn 2004). Der Loebner-Preis-Gewinner *Elbot* (Artificial Solutions 2006) basiert zwar grundsätzlich auf einer Chatbot-Architektur, verfügt aber über umfangreiche Wissensbasen und ein Subsystem zum semantischen Parsing. In Bezug auf das Dialog-Design wurden bei der Gestaltung der Systeme unterschiedliche Strategien verfolgt, die großen Einfluss auf die interaktiven Möglichkeiten der Systeme haben. Sie alle sind zur *beidseitig initiativen* Interaktion[33] in der Lage und kombinieren festgelegte Abfolgen von Sequenzen,

---

31 Der ECA kann auch als Tier oder Comicfigur verkörpert sein, sogar als Pflanze mit Gesicht (vgl. z.B. Cheeok et al. *Metazoa ludens*). http://metazoaludens.wikidot.com/ (Zugriff 03.10.2015).

32 *Kiwilogic* war die Vorgängerfirma von *Artificial Solutions*.

33 D. h. sowohl das System als auch seine UserInnen können Dialoge eröffnen und initiativ neue Themen ansprechen.

bei denen die UserInnen-Beiträge antizipiert werden müssen (*Skripts*), mit freien Sequenzen (*Parsing & Prompting*). Bei den älteren Bots dominiert die Funktion der *Ausgabe von themenbezogenen Informationen* in Bezug auf ein Schlüsselwort der UserInnen wie bei einer klassischen Suchmaschine. Kombiniert wird diese Funktion mit einer Vielzahl an *Entscheidungs- und Ja/Nein-Fragen,* mittels derer die UserInnen durch die interne Informationsrepräsentation navigieren können. Der Vorgang gleicht einer natürlichsprachlich und dialogisch vermittelten *Menünavigation.* Bei Elbot wurde eine freiere *UserInnen-Führung* auf der Grundlage eines verbesserten Parsers versucht. Das System gibt viele offene Beiträge in Form von einfachen *Statements* aus. Die fehlende Planbarkeit der Dialoge soll kompensiert werden durch ein *Fall-back* auf *Default-Antworten*, die bei Störungen ausgegeben werden, um den Dialog am Laufen zu halten. Max verfügt über eine Vielzahl an Subsystemen, die mehr Freiraum in der Gestaltung des Dialogs ermöglichen. Trotzdem wurde ein *hybrider Ansatz* verfolgt, bei dem freie und geskriptete Sequenzen je nach Dialogstatus abwechseln (z.B. Small-Talk vs. Informationsvermittlung). Inwiefern sich die unterschiedlichen Voraussetzungen der Systeme auf das Dialogverhalten ihrer UserInnen auswirkt, soll anhand unterschiedlicher linguistischer Untersuchungsparameter analysiert werden (vgl. Kapitel 2 und 4). Zunächst sollen jedoch die Systeme hinsichtlich ihrer Architektur, ihres Dialog-Designs und ihres Anwendungsbereichs vorgestellt werden.

1.2.4.1 Twipsy

Auf der Basis des *Lingubot-Creators*[34], einer Software der Firma Kiwilogic/Artificial Solutions wurde der Chatbot zu Twipsy, dem Maskottchen der Expo 2000, von Dorothee Wagner und Constantin Schmitt entwickelt, und konnte auf der Website der Expo 2000[35] aufgerufen werden.[36] Die Aufgabe des Systems bestand in der Vermittlung von Informationen zur Expo 2000 ohne elaborierte Aufbereitung oder didaktisches Konzept.

34 Die Firma stellt eine eigene Software zur Programmierung der Bots zur Verfügung. Diese wurde in C++ programmiert, genauso wie die Web-Engine-Anwendungen zum Parsen der UserInnen-Beiträge und zur Auswahl von Antworten aus der Wissensbasis in Echtzeit.

35 www.expo2000.de (nicht mehr aktiv).

36 Sowohl eine deutsche als auch eine englische Version waren während der Expo online. Für die Untersuchung wurden jedoch nur Gesprächsdaten der deutschen Version ausgewertet.

1.2.4.1.1 Systemarchitektur

Die dem Bot zu Grunde liegende Systemarchitektur basiert auf einer *Wissensbasis*, die mit der sog. *Web-Engine* von Kiwilogic/Artificial Solutions verarbeitet werden kann. Diese folgt grundsätzlich den bereits beschriebenen Grundprinzipien der einfachen Chatbot-Architektur mit Mustererkennung. Die Knowledge-Library des Lingubot-Creators enthält so genannte Building-Blocks, mit deren Hilfe Parsing-Regeln konstruiert werden können. Die Interaktionsregeln können in logischen Gruppen dargestellt werden. Dies dient jedoch allein der internen Organisation und hat nichts mit dem Parsingprozess an sich zu tun. Auf eine logisch-semantische Kategorisierung kann folglich nicht zurückgegriffen werden.

1.2.4.1.2 Dialog-Design

Innerhalb aller Systeme wird bei Kiwilogic/Artificial Solutions grundsätzlich zwischen *aktivem* und *passivem Wissen* unterschieden. Passives Wissen wird von UserInnen aufgerufen, indem ein bestimmter Input eingegeben wird. Hier greift die Schlüsselworterkennung auf Grundlage der Wissensbasen in Verbindung mit den Interaktionsregeln für passives Wissen. Als aktives Wissen werden dagegen Systembeiträge bezeichnet, die ausgegeben werden, wenn eine UserInnen-Eingabe nicht geparst werden konnte; also wenn keine der Interaktionsregeln auf den UserInnen-Input angewandt werden konnte (*Default-Antwort*). So hat der Bot die Möglichkeit, den Dialog aktiv aufrechtzuerhalten, indem er z.B. ein neues Thema einführt und damit ein anderer Entscheidungsbaum aufgerufen wird.

Das System verfügt über 1.662 Schlüsselbegriffe (Recognitions) und über 2.482 Antwortstämme (Answers) und greift damit auf eine vergleichsweise wenig umfangreiche Wissensbasis zurück. Dabei verfolgt Twipsy als Infobot der Expo immer das Ziel, Informationen über die Expo auszugeben. Freie Smalltalk-Sequenzen sind möglich (Parsing & Prompting), aber sobald ein UserInnen-Beitrag nicht geparst werden kann, lenkt Twipsy das Gespräch wieder auf die Expo 2000 in Hannover und ihre Sehenswürdigkeiten.

(1) Twipsy: Sie können natürlich auch ein Gesprächsthema vorschlagen, aber die EXPO 2000 ist mein absolutes Spezialthema.
(2) UserIn: schnauze lutscher
(3) Twipsy: Suchen Sie noch einen ganz besonderen Tag für Ihren EXPO-Besuch? Dann interessieren Sie bestimmt die sieben Thementage.
(Twipsy-Korpus 198–220)

Von den Small-Talk-Sequenzen abgesehen, folgt die *UserInnen-Führung* vordefinierten Abfolge-Skripts. Die Themenwahl erfolgt über Dialogbeiträge des Systems, die einer *Menü-Abfrage* nachempfunden sind. In einer langen Reihe von

Phrasenkoordinationen werden die Interessengebiete der UserInnen abgefragt, zu denen Twipsy potentiell Auskunft geben kann. Zu übergeordneten Kategorien werden im nächsten Systembeitrag Unterkategorien abgefragt.

(1) Twipsy: Interessiert Sie „J. S. Bach" oder die „Nacht der Nacht"? Möchten Sie „Weltenwandern" oder im Geiste „Sterne-Galaxien-Utopien" erforschen? Begeistert Sie der „Trommeltag", „Children's Corner" oder der „Wald"?
(2) UserIn: wald
(Twipsy-Korpus 780–831)

1.2.4.1.3 Avatar und Eingabekanal

Twipsy ist als bunte, abstrakte Figur grafisch wenig anthropomorph dargestellt, verfügt aber über ein Gesicht mit Augen und Schnabel sowie über zwei unterschiedlich lange Arme bzw. Flügel und zwei kurze Beine. Eingeschränkte Mimik war in der Online-Version zur Expo 2000 möglich. Einzelne Standbilder in unterschiedlichen Positionen mit unterschiedlichem Ausdruck wechselten sich in Abhängigkeit vom jeweiligen Sprach-Output ab. Zusätzlich konnte Twipsy dank einer einfachen Animation zyklisch mit den Augen zwinkern.

Der Chat mit Twipsy konnte in einem separaten Fenster aufgerufen werden. Die Eingabe erfolgte über die Tastatur des heimischen Computers der UserInnen in einem Textfeld und konnte über Enter gepostet werden.

Abbildung 4: Chat-Fenster Twipsy

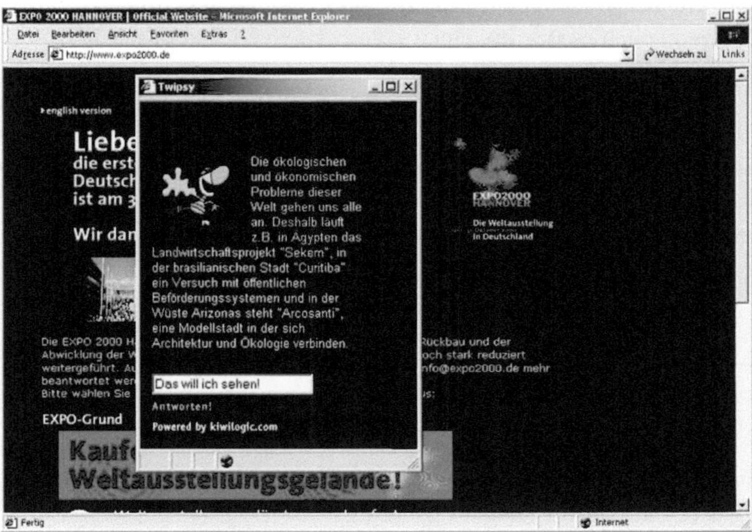

1.2.4.1.4 Persona und situativer Kontext

Die Twipsy-Persona wird als quirliges, vogelähnliches Wesen mit sprühendem Temperament vorgestellt. *„[Twipsy is] a sprightly little being that filled web site visitors in on the last EXPO news."*[37] Diese Charakterzüge sind aber in den Dialogbeiträgen mit Infocharakter nicht konsequent ausgestaltet, so dass der Eindruck von Brüchen im Gesamtkonzept der Persona entsteht.

Twipsy wurde von Dezember 1999 bis Oktober 2000 als Infobot auf der Website der Expo 2000[38] eingesetzt. Eine konventionelle Navigation mit zusätzlicher Suchfunktionwar auf der fraglichen Internetseite ebenfalls möglich. Eine Interaktion mit dem Chatbot Twipsy war also nicht unbedingt notwendig, um bestimmte Informationen zu finden. Hinter Twipsy als Maskottchen und auch als Chatbot stand ein Marketing-Konzept. Die Expo sollte in vielen Bereichen als zukunftsweisend verstanden werden. Ein artifizieller Dialogagent auf der Website sollte diese Wirkung unterstützen.

Wer also mit Twipsy interagierte, wollte vermutlich die Technologie kennenlernen und sich unterhalten lassen. Konkrete Informationen über die Expo zu erhalten, kann zwar als Dialogziel der meisten NutzerInnen verstanden werden, der Unterhaltungsfaktor spielte aber ebenfalls eine prominente Rolle.

1.2.4.2 Karlbot

Karlbot war die virtuelle Kundenbetreuung von *Kiwilogic* und Anfang der 2000er Jahre das Aushängeschild der Firma auf ihrer Website. Bei Karlbot in der damaligen Form handelt es sich um einen kommerziellen Chatbot mit Infofunktion, der von Nikolas Prehn, Toby Sharp und Marion Gövert entwickelt wurde.[39]

1.2.4.2.1 Systemarchitektur

Das System beruht weitgehend auf der gleichen Architektur wie Twipsy mit einigen geringen Abweichungen. Zum damaligen Zeitpunkt war in erster Linie die fotorealistische Animation des Talking-Heads in LifeFX besonders innovativ. Diese wurde kombiniert mit Kiwilogics Lingubot-Back-End und führte zu einer

---

37 http:// 192.168.100.3/scripts/twipsy/twipsy.dll (Kiwilogic Archiv).

38 www.expo2000.de (heute *Exposeum*, Zugriff 12.06.2016).

39 Von Karlbot lag sowohl eine deutsche als auch eine englische, chat-basierte Version vor. Darüber hinaus existierte auch ein Voice-Interface. Die Sprachdaten, die in die Untersuchung miteinbezogen wurden, entstammen der deutschen, chat-basierten Version ohne Voice-Interface.

gut aufeinander abgestimmten Performanz von Sprachausgabe und Animation. Auf der Kiwilogic-Website war leider nur die englische Text-to-Speech-Version mit diesem Feature ausgestattet. Es muss also davon ausgegangen werden, dass die im Rahmen der Studie untersuchten deutschen Logfiles von Dialogen stammen, die von der zweidimensionalen Version begleitet wurden.

1.2.4.2.2 Dialog-Design

Karlbot parst 2.177 Wortformen und verfügt über 3.610 Antwortstämme (Bausteine für die Antwortgenerierung). Das System agiert zielgerichtet und versucht in erster Linie Informationen über Kiwilogic und den Lingubot-Creator auszugeben. Dabei werden z. T. geskriptete Sequenzen mit vordefinierter Abfolge ausgegeben, doch ist die UserInnen-Führung weniger eng als bei Twipsy. So werden z.B. keine Auswahlmöglichkeiten im Sinne einer Menünavigation aufgezählt. Stattdessen erfolgt die Interaktion in erster Line über Parsing & Prompting. Da der Themenbereich *Kiwilogic* an sich schon einen vergleichsweise engen Fokus darstellt, wurde ein relativ offenes Dialog-Design versucht. Wenige Default-Antworten und stattdessen mehr Rückfragen sollten Karlbot aufrichtig wirken lassen. Das Dialog-Design verfügt also über ein weniger enges Sicherheitsnetz bei Störungen.

1.2.4.2.3 Avatar und Eingabekanal

Die grafische Darstellung ist dem Aussehen des damaligen, realen Vorstandsvorsitzenden von *Kiwilogic*, Karl-Ludwig von Wendt, nachempfunden. Als klassischer Talking-Head verfügt Karlbot über keinen Körper. Eine Reihe statischer Fotografien von Wendts dienten als Grundlage für die Animation von verschiedenen Gesichtsausdrücken, sog. *Stand-Ins*, die in Echtzeit auf die Sprachausgabe der englischen Version abgestimmt wurden. Die Grafik konnte sowohl zweidimensional als auch in 3D aufgerufen werden. Anfang der 2000er Jahre hatte Karlbot gerade auf Grund seiner grafischen Darstellung sehr gute Kritiken (vgl. Proffitt 2002).[40]

Die Eingabe erfolgte über ein Textfeld unterhalb der animierten Grafik und konnte mit Enter gepostet werden. Die Ausgabe des System-Outputs erfolgte in der deutschsprachigen Version medial schriftlich im Hintergrundfeld.

---

40 www.botspot.com (Zugriff 2002).

Abbildung 5: Chat-Fenster Karlbot

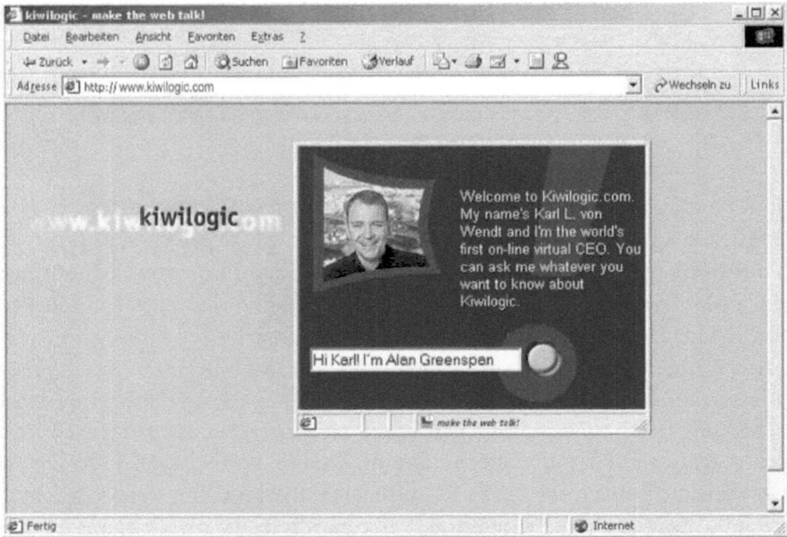

1.2.4.2.4 Persona und situativer Kontext

Trotz der begrenzten Fähigkeiten des Bots wirkt die Persona als virtueller CEO von Kiwilogic überzeugend. Ein angemessenes Maß an Distanz zu seinen UserInnen manifestiert sich in formeller Anrede und gehobenem sprachlichen Stil. Karlbot vermeidet allzu private Themen höflich und erklärt stattdessen die Produkte von Kiwilogic kompetent und verkaufsorientiert.

Auf der Website von Kiwilogic gab es keine FAQs und keine Kontaktdaten der Kundenbetreuung. Stattdessen konnte man in einem separaten Fenster mit Karlbot chatten. Zur regulären Kundenbetreuung wurden KundInnen erst dann weitergeleitet, wenn ein Dialog mit Karlbot scheiterte. Das System entlastete auf diese Art MitarbeiterInnen im Kundendienst und war gleichzeitig eine überzeugende Werbung für die von der Firma vertriebene Lingubot-Technologie.

Auf der Seite von Kiwilogic informierten sich potentielle KundInnen, BewerberInnen oder MitarbeiterInnen von Konkurrenzunternehmen sowie interessierte Laien über Dialogsysteme und die dazugehörige Software.

1.2.4.3 *Max*

Der ECA *Max* wurde an der Universität Bielefeld von der Forschungsgruppe um Prof. Dr. Ipke Wachsmuth und Dr. Stefan Kopp entwickelt[41]. Architektonisch gilt er als eines der differenziertesten Systeme im deutschsprachigen Raum (vgl. Krämer 2008). Seit 2004 wird Max als virtueller Museumsführer im Heinz-Nixdorf-MuseumsForum (HNF) in Paderborn eingesetzt, wo er Exponate erklärt und gleichzeitig selbst als Exponat in der Ausstellung *KI* gezeigt wird.[42]

1.2.4.3.1 *Systemarchitektur*

Da für den täglichen Einsatz im HNF ein stabiles System benötigt wird, haben sich die Entwickler von Max für eine hybride, planbasierte Architektur entschieden, die die Robustheit von Chatbots mit der Multimodalität von ECAs verbinden soll.[43] Pläne können dynamisch der jeweiligen Gesprächssituation angepasst werden. Die basalen ECA-Architekturen (vgl. u.a. Cassell et al. 2000; Churchill et al. 2000) wurden außerdem um zusätzliche kognitive Architekturen ergänzt. Das Dialogsystem steht in Verbindung mit einem System zur Gesichtserkennung, das mittels einer Kamera Besucher im Raum orten kann, und mit einem anthropomorphen Agenten, dessen nonverbales Verhalten auf die Dialogsequenzen in Echtzeit abgestimmt wird. Darüber hinaus verfügt Max über ein System zur Abbildung von Emotionen auf dem Agenten (MURML). Jegliches Verhalten wird dynamisch in Abstimmung auf die Dialogsituation generiert.

Abbildung 6: Rahmenarchitektur Max nach Kopp (2007)[44]

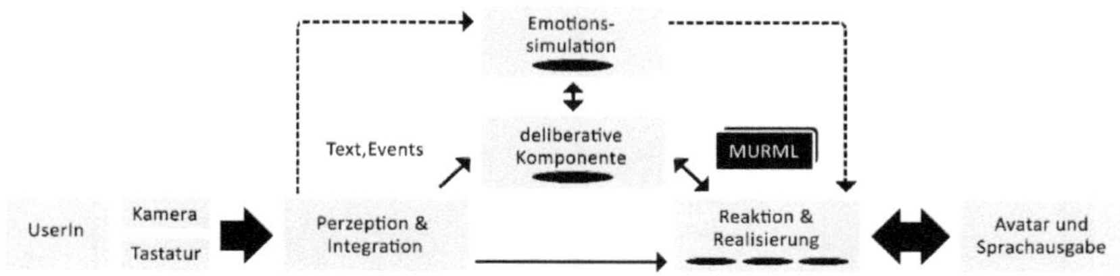

41 SFB 673, Alignment in Communication.

42 Offiziell eingeweiht wurde das System am 17. Januar 2004 mit Eröffnung der Ausstellung KI.

43 Ein vergleichbares System gibt es englischer Sprache am MIT (*REA*, Cassell et al. 2002).

44 Vortragspräsentation an der Leibniz Universität Hannover.

Die deliberative Komponente besteht aus einem *Interpreter*, der die UserInnen-Beiträge parst, einem *Dialog-Manager*, der auf der Grundlage einer Sprechaktanalyse Dialogschritte plant und einem *Antwortmodul*, mit dessen Hilfe schablonenbasiert Antworten erstellt werden, die dann über eine Text-to-Speech-Komponente in gesprochene Sprache übertragen werden. Der Dialog-Manager greift auf zwei umfangreiche *Wissensbasen* zurück: 1. dynamisches Wissen; d.h. Wissen über die Dialogsituation, 2. statisches Wissen; d.h. Datenbanken sowohl zum Dialogverhalten an sich als auch enzyklopädisches Wissen in Form von Informationen über die Exponate.

Abbildung 7: Die deliberative Komponente (Gesellensetter 2004: 56)

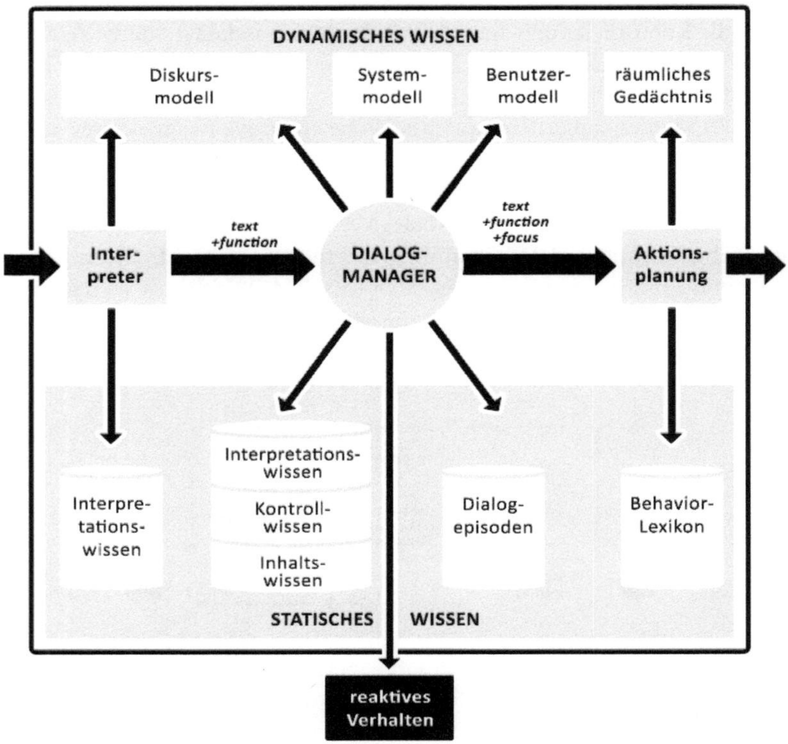

1.2.4.3.1.1 Interpreter (Parser)

Der Interpreter in JAM[45] kombiniert regel- und planbasierte Ansätze. An der Oberfläche findet eine Mustererkennung statt – wie bei einfachen Chatbot-Systemen. Erst wenn diese fehlschlägt, hilft die Sprechakterkennung auf der zweiten Ebene den Beitrag zu parsen und eine adäquate Antwort zu finden.

Eine UserInnen-Eingabe wird vom Interpreter nicht allein anhand von Schlüsselwörtern geparst, sondern in eine abstrahierte Zwischenrepräsentation übertragen. Diese wird als hierarchische Repräsentation in DiaML dargestellt und dient der Unterscheidung von unterschiedlichen Sprechakten. So wird z.B. grundsätzlich zwischen propositionalen und interaktionalen Äußerungen unterschieden. Die zweistufige Verarbeitung ist vergleichsweise differenziert und klassifiziert UserInnen-Beiträge z.B. als *Verneinung, Zustimmung, Selbstbezug* oder *Bezug auf das System* (vgl. Gesellensetter 2004: 51).

Um den UserInnen-Eingaben Sprechakte zuordnen zu können, werden diese auf sog. *Modifier* abgebildet, d.h. die Eingaben werden mit einer Reihe von Synonymen abgeglichen, denen bereits ein Sprechakt-Tag zugeordnet wurde (z.B. Begrüßung, Verabschiedung, Verneinung Selbstbezug, Bezug auf das System, Zustimmung, Verneinung, positiv/negativ konnotierte Adjektive).

„hallo", „hi" Modifier greeting
„ciao", „tschüß", ... Modifier farewell
„danke", „merci" ... Modifier thanks
„danke tschüß!" Modifier thanks, farewell
(Gesellensetter 2004: 64)

Gesellensetter beschreibt die Vorteile des Sprechakt-Parsings wie folgt: *„Wird der Text zusammen mit seiner konversationalen Funktion angegeben, so hat dies verschiedene Vorteile: Interpretationsfehler können ausgeschlossen werden, über die Funktion kann ein Kontextbezug hergestellt werden und auch Phänomene, mit denen sich Interpreter im allgemeinen schwer tun, können angegeben werden (z.B. Ironie)"* (Gesellensetter 2004: 55). Inwiefern dieser hohe Anspruch tatsächlich vom System erfüllt werden kann, zeigt die Evaluation im Rahmen dieser Studie (Kapitel 4).

Um das System robust zu gestalten und Verarbeitung in Echtzeit zu gewährleisten, wird kein Syntax-Parser zur Analyse herangezogen, obwohl dies bei modernen ECAs häufig der Fall ist. Max verfügt über 876 domänenunabhängige

45 Java-kompatible Sprache für BDI-Architekturen (Belief, Desire, Intention, vgl. Rao & Georgeff 1991), die leicht in XML-Formate übersetzt werden kann.

Grundpläne und über 1.200 domänenabhängige Pläne, die Regeln für die Interpretation der Inputs und die Auswahl der Antworten implementieren.

1.2.4.3.1.2 Dialog-Manager

Zwischen Eingabeinterpretation und Antwortgenerierung ist der Dialog-Manager geschaltet. Auf der Grundlage der Sprechaktanalyse des Interpreters bereitet er eine adäquate Reaktion auf die UserInnen-Eingabe vor. Der Dialog-Manager kann als Versuch angesehen werden, einzelne Eingaben in Abhängigkeit vom Kotext zu parsen. Dazu erstellt er parallel zur Interaktion ein Dialogmodell über den Dialogverlauf, ein Systemmodell über aktuelle systemimmanente Repräsentationen und ein BenutzerInnen-Modell anhand von gespeicherten Daten zur Charakterisierung der UserInnen.[46]

Ein immanentes Systemmodell über das eigene Wissen und die eigenen Ziele des Systems ermöglicht – im Rahmen der Möglichkeiten einer KI – die zielorientierte, aus den o. g. Datenbanken gespeiste Gestaltung von Systembeiträgen. Das BenutzerInnen-Modell wird durch Eckdaten zur UserInnen-Persönlichkeit (A ist 15 Jahre alt, kommt aus Bielefeld und flucht viel) erstellt. Die jeweiligen Modelle werden während jedes laufenden Dialoges aktualisiert. Durch diese Komponenten soll eine kohärente Dialogführung gewährleistet werden (vgl. Gesellensetter 2004: 52). Der Dialog-Manager formuliert den Plan für jede nächste Systemäußerung mit ihrer Funktion im Rahmen der Interaktion und als konkreten Antworttext, dessen einzelne Bausteine zwar schablonenbasiert ausgewählt werden, aber kontextspezifisch kombiniert werden können. Dabei wird auf die Wissensbasen zurückgegriffen. Das statische Wissen umfasst Interpretationswissen, Interaktionswissen, Kontrollwissen, Inhaltswissen (Informationen über Exponate), Dialogepisoden und ein *Behavior*-Lexikon für die Gestik und Mimik des Avatars. Das dynamische Wissen wird vom Dialog-Manager selbst erstellt und beinhaltet Dialogmodell, Systemmodell, BenutzerInnen-Modell und ein Modell des virtuellen Repräsentationsraums. Das Dialogmodell bildet seinem Anspruch nach sowohl Parameter des *Turn-Takings* als auch des *Groundings* und der Dialoghistorie ab. *Turn-Taking* spielt bei der vollständig medial mündlichen Version von Max mit Spracherkennung eine Rolle und wird durch Gestik und Mimik des Avatars kommuniziert. Bei der Version im Nixdorf-Museum erfolgt die Eingabe über eine Tastatur und wird durch *Enter* gepostet, so dass

46 Beim vorliegenden Dialogmodell handelt es sich um eine vereinfachte Form des Mehr-Schichten-Modells für multimodale Dialoge (nach Traum & Rickel 2002).

Sprachhandlungskoordination hier eine untergeordnete Rolle spielt. Unter *Grounding* verstehen die Entwickler von Max die Möglichkeit des Systems, ein basales semantisches Modell von aktuellen und früheren Themen zu erstellen. Die Dialoghistorie speichert Dialogsequenzen mit ihren Metainformationen, um auf frühere Turns zurückgreifen zu können, falls ein UserInnen-Beitrag Bezug auf den vorangegangenen Dialogverlauf nimmt. Die Erkennung von anaphorischen Referenzmarkern und der kohärente Rückbezug stellen aber ein Problem dar. Im nächsten Schritt, der Aktionsplanung, wird der Sprechakt mit adäquaten nonverbalen *Behaviors* kombiniert, so dass Sprache und Avatar gut aufeinander abgestimmt sind und sich kohärent in die Interaktion fügen. Kombiniert werden beide Konzepte an die Antwortgenerierung weitergeleitet.

Die Antwortgenerierung erfolgt analog zur Interpretation der UserInnen-Eingaben in zwei Schritten: als abstrakte Darstellung der Antwort als Sprechakt im Dialogkontext und als schablonenbasierte Antwortgenerierung mit offenen Slots für kontextsensitive Ergänzungen. Über eine Text-to-Speech-Komponente wird der Antworttext in gesprochene Sprache überführt. Dabei werden Zeigegesten und Mimik mit der Sprachausgabe synchronisiert, so dass z. B. im Satz *„**Da** ist die Kamera“* die Zeigegeste zeitlich auf die Ausgabe des Adverbs abgestimmt ist.

Die deliberative Komponente kann durch eine Direktverbindung von Interpreter und Antwortgenerierung auf der Basis einfacher Schlüsselworterkennung umgangen werden, wenn eine Sprechaktanalyse scheitert (*Hardwired Reaction*).

1.2.4.3.2 Dialog-Design

Max’ UserInnen haben die Möglichkeit durch die Einführung neuer Ziele das System dazu zu bringen, die alten Ziele vorerst zurückzustellen. So kann bei Max im HNF z. B. die Ausgabe von Informationen zu den Exponaten durch Zwischenfragen der UserInnen unterbrochen werden, wenn z. B. ein Small-Talk-Thema angesprochen wird oder UserInnen das System beschimpfen. Kann eine Eingabe nicht interpretiert werden, wird im System das frühere Dialogziel wieder aktiv. So können mehrere Dialogziele latent gesetzt sein.

Unter Einbeziehung der Sprechaktanalyse können Paarsequenzen nach folgendem Schema ausgewählt und mit nonverbalem Verhalten kombiniert werden.

Abbildung 8: Sprechaktanalyse (Gesellensetter 2004: 59)

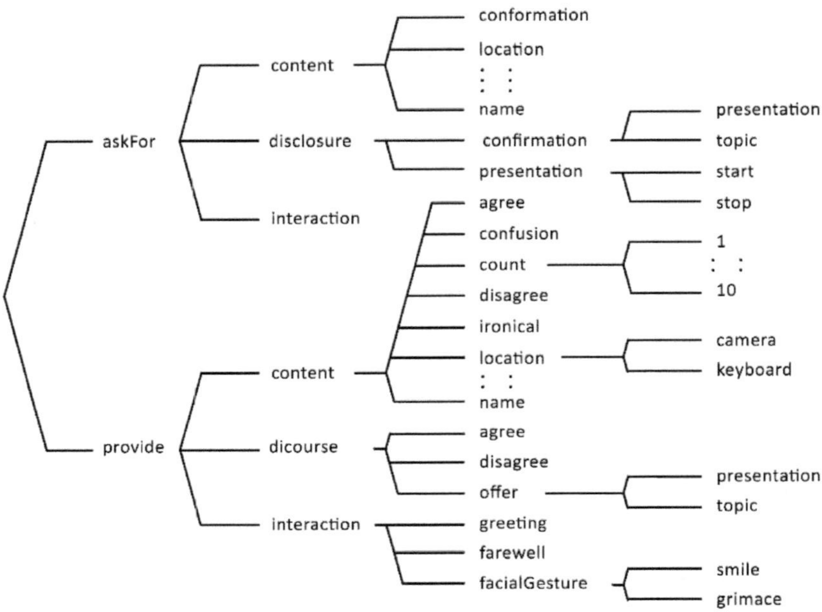

Max kann zwischen affirmativen und nicht-affirmativen Antworten auf Bestätigungsfragen unterscheiden unter Rückbezug auf den Dialogkontext. So kann unter bestimmten Bedingungen z.B. auch ein „nein" affirmativ gebraucht werden.

(1) Max: Du warst aber noch nie hier?
(2) UserIn: Nein, noch nie.

Die Präsentation der Exponate nimmt einen großen Teil der kommunikativen Funktionen von Max ein. Diese sind modular gegliedert; d.h., das Präsentationswissen ist als Skript in einer Baumstruktur angelegt. Jede Präsentation ist in unterschiedliche Blöcke unterteilt und kann Stück für Stück von den BesucherInnen aufgerufen werden (Prinzip der Menünavigation).

Abbildung 9: Präsentationswissen (Gesellensetter 2004: 68)

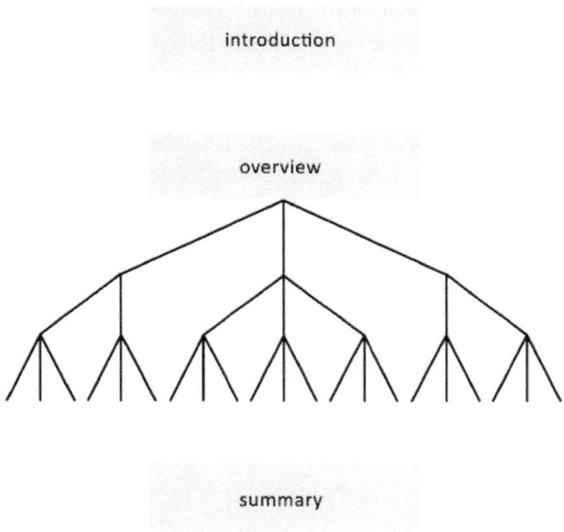

Die Umsetzung erfolgt durch gezielte, aber unverfänglich formulierte Nachfragen des Systems, wie z. B. „Möchten Sie mehr über x, y, z erfahren?", „Soll ich das noch mal zusammenfassen?". Alle Blöcke, die bereits präsentiert wurden, werden als „geteiltes Wissen" ins Dialogmodell übertragen.

Da Max von vielen Kindern genutzt wird, wurde bei der Programmierung darauf geachtet, dass man mit ihm auch spielen kann. Indem der Spielmodus (Tiere raten) eingeleitet wird, werden weitere Small-Talk-Sequenzen vermieden – ein eleganter Weg, um UserInnen-Verhalten antizipierbarer werden zu lassen.

Max' Möglichkeiten zur Interaktion kommen nicht durch die Anzahl der Recognitions und der Antwortstämme zum Ausdruck, sondern liegen in den immensen Kombinationsmöglichkeiten und der kotext- und userInnen-sensitiven Architektur des Dialog-Managers. Allerdings schlägt sich dieses Potenzial leider nicht immer in der konkreten Performanz nieder, da die Sprechakterkennung nur zu 40 % zuverlässig funktioniert und Max im Alltagstest häufig die *Hardwired Reaction* nutzen muss.

1.2.4.3.3 Avatar und Eingabekanal

Der Avatar ist anthropomorph und dreidimensional animiert. Er stellt einen jungen Mann mit hellem Haar im violetten Pullover dar. Mimik und Gestik sind differenziert auf die akustische Sprachausgabe abgestimmt. Max wird zwar menschenähnlich abgebildet, die Grafik hat aber eher die Ästhetik älterer Computerspiele. Mit Bezug auf Moris *Uncanny-Valley*-Hypothese (1982, s. u.) hat man den Avatar bewusst grafisch abstrahierter dargestellt als es möglich gewesen wäre.[47] Der anthropomorphe Agent erhält die Aktionspläne vom Dialog-Manager und führt bestimmt auf den Sprach-Output der Text-To-Speech-Komponente abgestimmte *Behaviors* aus. Außerdem können bestimmte reaktive Verhaltensweisen durch die Perzeption über die Kamera ausgelöst werden. Max folgt z.B. seinen UserInnen mit dem Blick. Die Mimik wird zusätzlich von der Emotionskomponente in MURML[48] gesteuert. Ein hohes Maß an Freude und ein niedriges an Langeweile löst die Animation eines Lächelns aus.

1.2.4.3.4 Persona und situativer Kontext

Durch die Subsysteme zur Steuerung der Behaviors und das Emotionssystem MURML wird konsistentes Verhalten generiert, das die soziable Wirkung der Agenten-Persona unterstützt. Auch auf einer Meta-Ebene wurde versucht, die Agenten-Persona zu gestalten. Im Gespräch mit Max erfährt man, dass er Hobbys und Lieblingsfilme hat. Die einzelnen Antwortstämme sind sprachlich allerdings vergleichsweise neutral gestaltet, so dass Max auf der sprachlichen Ebene als konsistente Persönlichkeit nicht ganz ausgestaltet wirkt. Als pädagogischer Agent und virtueller Museumsführer soll er eine gewisse Seriosität ausstrahlen, was die Möglichkeiten zur sprachlichen Ausgestaltung limitiert. Dennoch besteht in diesem Punkt Entwicklungspotenzial und eine individuellere sprachliche Gestaltung der einzelnen Antwortstämme könnte zu einer natürlicheren Wirkung beitragen.

Im Museum hat Max seinen Platz in der Ausstellung KI im ersten Stock in einer engen Nische, in der sich oftmals ganze Schulklassen drängen.

---

47 vgl. Kopp, Vortrag *NEN*, Hanse-Wissenschaftskolleg, Delmenhorst, Februar 2007.

48 Multimodal Utterance Representation Markup Language for Conversational Agents.

Abbildung 10: Max im Heinz-Nixdorf-MuseumsForum (HNF)

Um trotz dieser widrigen Umstände eine Interaktion mit dem System in Echtzeit gewährleisten zu können, wurden verschiedene Möglichkeiten der Sprachausgabe kombiniert. Mit Max kann man grundsätzlich sowohl über die Tastatur als auch medial mündlich über Spracherkennung und Sprachausgabe interagieren. Da die Spracherkennung jedoch in der vergleichsweise unruhigen Umgebung des HNF Probleme bereitet, steht in diesem Umfeld die chat-basierte Anwendung zur Verfügung. Bei der bereitgestellten Tastatur handelt es sich um eine robuste Variante für öffentliche Terminals (vgl. z.B. Bankautomaten), die dem entsprechend nicht so sensibel ist, wie gängige Tastaturen für private PCs. Die Eingabe wird durch diesen Umstand teilweise erheblich erschwert. Die Ausgabe erfolgt einerseits in einem Chat-Fenster unterhalb der Grafik medial schriftlich, andererseits zusätzlich über eine akustische Sprachausgabe, so dass die UserInnen Max' Beiträge gleichzeitig hören und lesen können. Diese Variante hat sich für die spezielle Situation im HNF als praktikabel erwiesen. Inwiefern diese ungewöhnliche Konstellation von Informationskanälen Auswirkungen auf die Interaktion zeigt, bleibt zu überprüfen.

1.2.4.4 Elbot

Elbot ist einer der am aufwändigsten und am charmantesten gestalteten, deutschsprachigen Chatbots. Er wurde von dem Informatiker und Psychologen Fred Roberts für Artificial Solutions entwickelt. Besonders viel Arbeit wurde in die sprachliche Gestaltung der Redebeiträge und gesteckt, da sich Elbots konsistent ausgestaltete Persönlichkeit in seinen Äußerungen zeigt.

1.2.4.4.1 Systemarchitektur

Elbots Systemarchitektur entspricht größtenteils dem Aufbau der Systeme Twipsy und Karlbot. Session-Manager und Request-Parser laufen unter einer Web-Engine. Interaktionsregeln weisen einem UserInnen-Input eine Antwort aus der Wissensbasis zu.[49]

Elbot verfügt darüber hinaus über ein so genanntes Knowledge-Grid, ein semantisches Netz, durch das während des laufenden Analyseprozesses einzelnen Wortformen oder Phrasen semantische Informationen zugewiesen werden können. So werden z.B. Hypo- und Hyperonym-Relationen erkannt. In den meisten Fällen greift Elbot also auf komplexe Regeln zurück, die über eine einfache Schlüsselworterkennung hinausgehen. Sie enthalten eine Sammlung an synonymen Phrasen, die eine bestimmte Bedeutung repräsentieren. Außerdem speichert Elbot Dialoginformationen aus dem Kotext. Gespeicherte Informationen, die eindeutig zugeordnet werden können, beziehen sich bei Elbot allerdings nur auf einige Eckdaten wie Name oder Alter der UserInnen. Komplexere Zusammenhänge können nicht gespeichert und auf Anfrage wieder abgerufen werden. Elbot erstellt keine UserInnen-Modelle im Sinne von artifiziellem Partner-Modeling.

Elbot ist aber in der Lage, einige Sprechakte zu erkennen. Bspw. konnte implementiert werden, dass eine Ja/Nein-Frage des / der UserIn alle möglichen Reaktionen auf zwei eindeutige Antworten restringiert. Die kodierten Interaktionsregeln ermöglichen auch eine basale Erkennung von Topologie. Fokussiert wird allerdings auf Semantik. Auf syntaktische Analysen wird verzichtet.

1.2.4.4.2 Dialog-Design

Elbots Dialog-Design beruht in erster Line auf Parsing & Prompting. Engere Dialogskripte werden kaum verwendet, was den UserInnen eine außergewöhnlich freie Interaktion mit dem Bot ermöglicht.

Jede geparste Wortform kann mit einer Repräsentation des kompletten Flexionsparadigmas abgeglichen werden, so dass z.B. Singular und Plural, Präteritum und Präsens oder Duzen und Siezen erkannt werden. Sofern dann ein passender Systembeitrag vorliegt kann die genaue Formulierung feinabgestimmt ausgewählt werden. In Kombination mit einer automatischen Rechtschreibkorrektur

49 Die im Rahmen der Studie untersuchte Elbot-Version wurde wie Twipsy und Karlbot mit dem Lingubot-Creator in C++ geschrieben. Die neueste Web-Engine wurde in Java programmiert, aber es besteht kein Unterschied in Bezug auf die Interaktionsperformanz.

und einem Algorithmus für Orthographietoleranz, verhelfen diese Funktionen dem System zu einer robusten Performanz. Das Lexikon, auf das Elbot zurückgreift, ist sehr umfangreich und auf den Kommunikationskanal abgestimmt, indem Merkmale der Chat-Kommunikation wie Smileys geparst und ausgegeben werden können.

Durch ständige Evaluation der UserInnen-Beiträge wurde Elbots Dialog-Design über viele Jahre kontinuierlich und systematisch weiterentwickelt. Wenn bestimmte Systembeiträge UserInnen-Antworten evozieren, die vom System nicht adäquat verarbeitet werden können, werden sie von den MitarbeiterInnen ausgetauscht oder umformuliert, so dass das System, ohne dass grundsätzliche Veränderungen an der Architektur vorgenommen wurden, immer besser zu funktionieren scheint (vgl. Roberts 2010). Die Weiterentwicklung erfolgt nicht theoriegeleitet, sondern auf der Grundlage von statistischem Datenmaterial. Logfiles werden Dialog für Dialog oder als Gesamtkorpus analysiert. Ergebnis dieser Strategie ist ein Bot mit einer außergewöhnlichen Vielzahl an vorformulierten möglichen Äußerungen sowie zahlreichen Antwortstämmen. Der deutsche Elbot verfügte zum Zeitpunkt der Datenerhebung über 2.417 Recognitions und 4.593 Antwortstämme.

Elbot kann seine UserInnen in ein Assoziationsspiel verwickeln, im Verlauf dessen die GesprächsteilnehmerInnen einen mit dem Vorgängerturn assoziierten Begriff nennen müssen. Elbot spielt jedoch nicht fair, da er besonders unwahrscheinliche Assoziationen ausgibt.

(1) UserIn: hut
(2) Elbot: leichenschau
(Elbot-Korpus 11977–11982)

Fred Roberts hält paradoxe Systembeiträge für eine fruchtbare Ressource zur Simulation von Intelligenz. Elbot wirkt so besonders spontan und eine verwirrte UserInnen-Reaktion wird antizipierbar. Auf paradoxe Systembeiträge folgen in der Regel Rückfragen seitens der UserInnen. Diese können dann von Elbot adäquat beantwortet werden, so dass über eine längere Sequenz hinweg die Illusion besteht, Elbot interagiere intelligent. Darüber hinaus trägt diese Design-Entscheidung zum anarchischen Charme des Bots bei. Diese Wirkung wird zusätzlich unterstützt durch den außergewöhnlichen Umgang mit Störungen. Wird Elbot bspw. von seinen UserInnen beschimpft, schaltet das System in den sog. *ELIZA-Modus* und „straft“ diese mit Rückfragen und Paraphrasen.

1.2.4.4.3 *Avatar und Eingabekanal*

Elbot wird als Comic-Roboter in einer minimalistischen Umgebung dargestellt. Er verfügt über ein Gesicht mit Augen und Mund sowie über zwei stilisierte Arme, so dass mimischer und gestischer Ausdruck möglich sind. Das Eingabefeld befindet sich unter der Grafik; die Ausgabe wird in einer Sprechblase dargestellt.

Abbildung 11: Elbots Avatar

1.2.4.4.4 *Persona und situativer Kontext*

Die Elbot-Persona wurde phantasievoll ausgestaltet und stellt sich selbst als Diplom-Humanologe vor, der aus seiner Außenperspektive als Roboter die Menschheit erforscht.[50] Elbot verfügt über eine eigene Website, auf der er sich mit seinen Hobbys und Interessen vorstellt. Er liest gern Telefonbücher und sammelt Barcodes von Lebensmittelverpackungen, die man auch auf der Seite bewundern kann. Die Persona ist notorisch schlecht gelaunt, zynisch und etwas herablassend und steht damit in krassem Gegensatz zum Gros der Assistenzsysteme und kommerziellen Bots, die gut gelaunt und kooperativ Produkte anpreisen. Fred Roberts betont die Wichtigkeit der Agenten-Persona, denn er sieht in der Gestaltung von konsistentem Bot-Verhalten das Potenzial, antizipierbarere UserInnen-Reaktionen auszulösen.

---

50 Hier handelt es sich um einen interessanten Schachzug, der Auswirkungen auf die konkrete Gesprächsführung hat. Elbot erforscht seine UserInnen genauso, wie diese ihn testen. Die Überlegung kommt einem philosophischen Gedankenexperiment gleich.

„Some basic ideas of motivation and social psychology are powerful in guiding the user to behave predictably, not to trick them into believing the system is human, but to provide entertaining exchanges. These theories apply in social situations, which is what the chat becomes, if the user enters with high expectations, and these expectations are maintained" (Roberts 2010).[51]

1.2.5 Probleme der medial vermittelten Kommunikation

Wie die HHC kann auch die HCI medial unterschiedlich vermittelt sein, wobei verschiedene Medien zu jeweils speziellen Besonderheiten führen. So haben telefonbasierte Agenten z.B. mit Problemen des Turn-Takings zu kämpfen, wenn UserInnen dem System ins Wort fallen (*Barge-In*), während chat-basierte HCI Merkmale der quasi-synchronen, medial schriftlichen, internetbasierten Kommunikation aufweist (vgl. Schlobinski, Siever, Runkehl 1998)[52]. HRI hingegen zeigt viele Charakteristika der Face-to-Face-Kommunikation (vgl.Vollmer et al. 2009). UserInnen stellen sich also auf die unterschiedlichen Möglichkeiten ein, die die jeweiligen Medien bieten. Da in dieser Arbeit der Fokus auf chat-basierter HCI liegt, müssen deren sprachliche und konzeptionelle Parameter diskutiert werden. Hierbei ist allerdings anzumerken, dass Menschen nicht über eine Chat-Software Kontakt mit dem Bot aufnehmen, sondern die Bot-Software direkt bedienen. Eingabefelder auf dem Interface sollen an Chat-Software erinnern. Dahinter verbirgt sich aber der Bot. Es handelt sich also auch hierbei um eine Illusion. Die UserInnen interagieren zwar mit dem Bot durch medial schriftliche Texteingabe über eine Schnittstelle, die an ein Chat-Interface erinnert, doch chatten sie nicht im eigentlichen Sinne. Dass im Folgenden trotzdem von chatbasierter HCI gesprochen werden kann, liegt darin begründet, dass die Interaktionssituation auf der Seite der UserInnen wie ein Chat wahrgenommen wird.

Allgemein handelt es sich beim Chat um eine quasi-synchrone Boten-Technologie, d. h., die KommunikationspartnerInnen müssen zeitgleich kommunikationsbereit sein. Für die HCI spielt dieser Umstand aber keine prominente Rolle, da die Bot-Software immer bereit ist, sofern sie nicht gewartet wird oder offline ist. Die Übermittlung erfolgt entweder *Keystroke-per-Keystroke* oder als einmaliges Posting über *Enter.* Letzteres kann dazu führen, dass UserInnen längere

51 Per E-Mail.

52 International ist der Begriff *Computer mediated Communication (CMC*, Herring 1996) etabliert. Im deutschen Sprachraum findet sich auch *internet-basierte Kommunikation* (*IBK*, z.B. Androutsopoulos 2007). Als Pendant zur zu HCI wird in dieser Arbeit die Abkürzung *CMC* verwendet.

Beiträge *splitten* – ein Problem, mit dem moderne Parser umzugehen lernen müssen.

Mehrparteiendialoge sind prototypisch für Chatrooms und teilweise sind in diesen Interaktionsräumen auch Bots anzutreffen. Bei den untersuchten Dialogen handelt es sich allerdings um 1:1-Chats (Mensch-Bot). Für das Vergleichskorpus (Mensch-Mensch) wurden entsprechend ebenfalls 1:1-Chats ausgewählt.

Klassische Sender-Empfänger-Modelle (Shannon & Weaver 1948) gehen von einem Kanal aus, über den die Transmission der Nachricht erfolgt. Für die technische Seite der HCI ist dieses Modell adäquat, da System und Userin ihre Chat-Beiträge über das WWW versenden.

Abbildung 12: Chat-basierte HHC

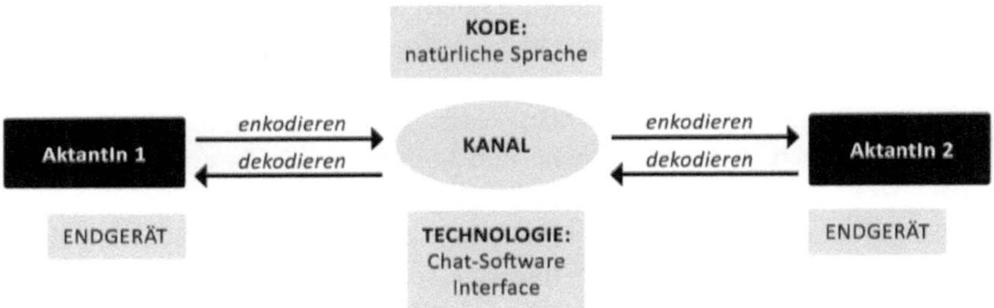

Aus psycholinguistischer Perspektive sind einfache Sender-Empfänger-Modelle als Erklärungsmodell für dialogische Kommunikation heute umstritten (vgl. Kapitel 2.3). Daher wird bei der Analyse der Logfiles zu den Chats mit unterschiedlichen Agentensystemen mit dem Begriff *Kanal* auf das *Medium* referiert; d.h. auf internetbasierte Chat-Kommunikation mit Bot-Software, wobei unterschiedliche UserInnen verschiedene Endgeräte nutzen. Der sprachliche Kode (Eingabe durch UserIn) und die Programmbefehle werden enkodiert und statt einer Dekodierung erfolgt die Verarbeitung vom System nach dessen Regeln (im einfachsten Fall Schlüsselwort-Parsing, Dialog-Manager, Antwort-Generierung). Der Chatbeitrag des Bots wird dekodiert und ausgegeben. Sofern die Userin anthropomorphe Eigenschaften an das System attribuiert, nimmt sie die Interaktion als eine Art der Gesprächssituation wahr und verarbeitet sie kognitiv gemäß ihrer Erfahrungen mit früheren Gesprächssituationen aus der HHC. Sofern sie in der Vergangenheit bereits Erfahrungen mit der Interaktion mit artifiziellen Agenten oder Robotern gemacht hat, werden diese ihr Dialogverhalten mitbestimmen. Auch bezüglich der Nutzung des Kanals spielen Gewohnheiten und Expertise der UserInnen eine Rolle. Sofern ihnen die Kommunikation über quasi-synchrone Boten-Technologien bekannt ist, werden UserInnen vielleicht auf die o. g. sprachlichen Mittel einer neuen Schriftlichkeit zurückgreifen, die sich je nach Web-Genre und Funktion herausgebildet haben.

Die Diskrepanz zwischen medialer Schriftlichkeit und konzeptioneller Mündlichkeit bei simultaner Kommunikation in Echtzeit wurde vielfach diskutiert (vgl. u.a. Herring 1996, Runkehl et al. 1998, Beißwenger 2007, Androutsopoulos 2007). Bestimmte sprachliche Merkmale der internet-basierten Kommunikation wurden als Neubildungen aus Gründen der Sprachökonomie (z.B. Reduktionsformen, Inflektive, Ellipsen, Emoticons) oder als Hinweise auf konzeptionelle Mündlichkeit interpretiert (z.B. Großbuchstaben zur Emphase, Iteration von Buchstaben und Satzzeichen). Ihnen läge seitens der UserInnen der Wunsch nach einer symbolischen Überwindung der kommunikativen Restriktionen durch den Kanal zu Grunde (vgl. Androutsopoulos 2007: 3). Mit Hilfe der besonderen sprachlichen Merkmale der CMC werden funktionale Aspekte der quasi-synchronen Kommunikation strukturell manifest und der kommunikative Raum wird um Aspekte einer neuen Schriftlichkeit erweitert, die Elemente der oralen Kommunikation aufgreift und neu interpretiert.

Werden CMC-Phänomene in der chat-basierten HCI verwendet, sind sie als Kanalphänomene zu bewerten und nicht als typische Indikatoren für die Interaktion mit artifiziellen Agenten. Inwiefern CMC-Phänomene in der chat-basierten HCI überhaupt eine Rolle spielen, wird in Kapitel 4.1 diskutiert. Bei der Implementierung artifizieller Dialogagenten ist beim Dialog-Design allerdings darauf zu achten, dass die jeweiligen Auswirkungen unterschiedlicher Kommunikationskanäle auf die Interaktion miteinbezogen werden; d.h., ein Chatbot sollte mit den gängigen sprachlichen Besonderheiten der Chat-Kommunikation umgehen und bspw. die Zeichenkombination ;-) als zwinkernden Smiley erkennen können, der dem UserInnen-Beitrag eine ironische Konnotation hinzufügt.

Da in der chat-basierten HCI die Eingabe über die Tastatur erfolgt, könnten sich allein durch diesen Umstand Probleme ergeben. Bspw. könnten UserInnen Strategien der physikalischen Ökonomie verfolgen, um weniger tippen zu müssen und die Eingabe zu erleichtern. Inwiefern das Inventar der CMC-Phänomene hier zur Ökonomisierung eingesetzt wird, muss quantitativ überprüft werden. Fest steht jedoch, dass der Parsing-Prozess bei den meisten Systemen erschwert wird, wenn im UserInnen-Input Tippfehler, Ellipsen, Emoticons oder Proformen auftauchen. Inkohärente Systemausgaben sind die Folge. Auf diese reagieren die UserInnen mit speziellen Kompensationsstrategien, die noch schwerer zu parsen sind: Repair durch Umformulierungen, knappe Befehlssprache, Abweichen vom eigentlichen Dialogziel usw.. Solche Sequenzen von a) Kanalphänomen im Turn der Userin, b) Parsing-Problem, c) inkohärentem System-Turn, d) Repair seitens der Userin, e) erneutem Parsing-Problem sind unbedingt zu vermeiden, indem die Erkennung von Kanalphänomenen verbessert wird. Aus diesem Grund ist es notwendig, zur Weiterentwicklung von HCI auch die Besonderheiten der chatbasierten CMC zu analysieren.

In der Forschungsliteratur wird (vor allem quasi-synchrone) CMC häufig als medial schriftlich, aber konzeptionell mündlich charakterisiert (z.B. Storrer 2000, 2001; Dürscheid 2003, 2004; Schlobinski 2005). Dabei wird in der deutschsprachigen Literatur häufig mit dem Modell des Nähe- und Distanz-Sprechens von Koch und Oesterreicher (1985) argumentiert, in dem unterschiedlichen Textsorten ein Kontinuum der von den Interagierenden empfundenen Nähe oder Distanz in den jeweiligen Interaktionssituationen gegenübersteht.[53] Vor diesem Hintergrund ist eine reflektierte Analyse von HCI-Dialogen hinsichtlich sprachlicher Indikatoren für Nähe- oder Distanzsprache aufschlussreich und soll grundsätzliche Probleme der Interaktion mit dem virtuellen Gegenüber offenlegen (Kapitel 4.4).

1.2.6 Anthropomorphes Design und soziale Effekte

Eine menschenähnliche Wirkung von Dialogagenten wird erzielt durch anthropomorphe Avatare, Embodiment, soziables Verhalten, künstliche Emotionen und das Kreieren einer in sich schlüssigen Agenten-Persona. Damit die Illusion einer natürlichen Gesprächssituation gelingt, ist außerdem die Rezeptionshaltung der UserInnen von besonderer Wichtigkeit. Als moderne Form des künstlichen Menschen scheint der virtuelle Agent eine Vielzahl von kulturell gewachsenen sozialen Reaktionen hervorzurufen (vgl. u.a. Krämer 2008, Gong 2008), die bei der Untersuchung von HCI-Dialogen immer miteinbezogen werden müssen. UserInnen treten mit unterschiedlichen *Vorannahmen* an das

---

53 Dadurch entstehen Probleme bei der konkreten Zuordnung von Äußerungen zu Situationsparametern und bei der Operationalisierung der verschiedenen Mündlichkeitsmerkmale (Siever, Schlobinski & Runkehl 2005). Aus diesem Grund wurde das Modell mehrfach kritisiert.
Androutsopoulos (2007) hält ein Modell, das entwickelt wurde, bevor CMC in der linguistischen Diskussion ein Rolle spielte, für irreführend bei der adäquaten Beschreibung dieser neuen Phänomene. Sprache der Nähe im Internet sei nicht Merkmal des Mediums selbst und auch nicht Merkmal von bestimmten Textsorten im Netz, sondern in der jeweiligen Interaktionssituation intendiert oder nicht. Doch ob diese Tendenz zu größerer Nähe im virtuellen Raum stärker ist, weil weniger restriktive soziale Parameter greifen oder Sanktionen drohen, bleibt zu diskutieren.

virtuelle Gegenüber heran und betrachten es entweder als einfaches Werkzeug, als soziablen Gesprächspartner (vgl. Fischer 2006, im Druck) oder teilweise sogar als furchteinflößende Entität zwischen Mensch und Ding. Der japanische Robotiker Masahiro Mori (1982) entdeckte den Effekt, dass Menschen sich vor artifiziellen Entitäten (Robotern, Puppen, Masken) besonders fürchten, wenn diese das menschliche Vorbild nur knapp verfehlen. Bei diesem Grad an Anthropomorphisierung erfährt die Akzeptanzkurve der UserInnen einen Knick. Es handelt sich hierbei um den berühmten *Uncanny-Valley*-Effekt. Die ProbandInnen berichteten, dass sie die nahezu menschlich anmutenden Roboterpuppen im Experiment als unheimlich empfanden (vgl. auch Reichard 1978; Bryant 2003).

1.2.6.1 Anthropomorphes Design und Usability

Obgleich Menschen in den meisten Gesprächssituationen mit einem Dialogagenten genau wissen, dass sie mit einem virtuellen System interagieren, nehmen sie die Agenten-Persona sozial affektiv wahr. Das führt zu verschiedenen sozialen Effekten, die ExpertInnen sich zu Nutze machen, um die Usability einer agentengestützen Anwendung zu verbessern. So sollen Embodiment und anthropomorphes Design dazu beitragen, dass die HCI einer natürlichen Gesprächssituation ähnlicher und UserInnen-Verhalten damit antizipierbarer wird in Analogie zu vergleichbaren Settings aus der HHC (vgl. Krämer 2008). Zeller fasst die Vorteile einer anthropomorph verkörperten Schnittstelle zusammen:

- Höhere Aufmerksamkeit der UserInnen: Dialoge werden nicht einfach abgebrochen.
- Die Interaktion bekommt qualitativ ein höheres Level als allein textbasierte Interaktion (Walker, Sproull, Subramani 1994).
- Optimierte Reaktionssteuerung: Reaktionen der UserInnen können bis zu einem gewissen Grad kalkuliert werden anhand von ethnologischen und soziologischen Erkenntnissen (Sproull et al. 1996: 100).

In der Usability-Forschung ist die Wahrnehmung der Systeme durch die UserInnen daher heute die zu untersuchende Größe. Aus diesem Grund werden immer mehr Studien veröffentlicht, die mit soziologischen und psychologischen Methoden versuchen, dem UserInnen-Verhalten auf die Spur zu kommen, um so das benutzerInnen-freundlichste Schnittstellen-Design für eine bestimmte Anwendung zu finden. Gängige Methoden sind Perzeptionsstudien mit Eye-Trackern, UserInnen-Beobachtungen, UserInnen-Interviews und Experimente mit *Wizard-of-Oz*-Szenarios.[54] Linguistische Studien aus dem Bereich der HCI

54 Um zu testen, ob eine noch nicht entwickelte Agenten-Software von den zukünftigen UserInnen angenommen wird, sind *Wizard-Of-Oz-Experimente* in der

sind in der Usability-Forschung vergleichsweise selten (Wagner 2002), sollten aber mit weiterer Verbreitung natürlichsprachlicher Interface-Agenten in den kommenden Jahren an Bedeutung gewinnen. Umgekehrt stellt für die HCI-Forschung das Usability-Engineering noch immer den Hintergrund dar. Wichtig sind besonders bei kommerziellen Anwendungen nicht die Finessen eines möglichst natürlichen Dialog-Designs, sondern die einfachen Fragen: Erhalten potentielle BenutzerInnen die Informationen, die sie brauchen und wie effizient arbeitet das System im Hinblick auf ein gesetztes Ziel, z.B. den Verkauf von Möbeln oder die schnelle Navigation auf einem Mobilgerät (*Task-Completion-Rate*)?

Die Usability-Forschung bewegt sich im Spannungsfeld zwischen ihrem angestrebten Ideal der übergangslosen Symbiose zwischen Mensch und Computer und ihrem tatsächlichen Forschungsgegenstand: Bots, die je nach Anwendungsgebiet und Stand der Technik als virtuelle *Assistenten* mit Restriktionen oder allenfalls als einfache *Werkzeuge* begriffen werden können. Für die HCI können demnach die eingangs erwähnten *Star-Trek-Dialoge* als Ziel angesehen werden – auch in Bezug auf die Usability.

1.3 Restriktionen artifizieller Dialogsysteme und daraus resultierende theoretische Implikationen für die Analyse von HCI-Dialogen

Die Funktionsweise von Chatbots und ECAs wurde in den vorangegangenen Abschnitten in ihren Grundzügen dargestellt. In diesem Abschnitt sollen die Grenzen dieser Technologien aufgezeigt werden und es soll diskutiert werden, ob eine menschenähnliche HCI überhaupt möglich ist. Auch wenn komplexere Systeme wie IBMs Watson (Ferrucci et al. 2010) die unterschiedlichen technischen Möglichkeiten zur maschinellen Dialogverarbeitung (Mustererkennung, klassische KI, statistische Analyse großer Datenmengen und probabilistische Netzwerkmodelle) verbinden und so zu einer wesentlich besseren Dialogperformanz gelangen als einfache Chatbots, so weisen doch alle künstlichen Dialogagenten gleichermaßen im Vergleich zu ihren menschlichen Dialog-PartnerInnen grundsätzliche Restriktionen auf. Diese Restriktionen wurden im Rahmen der Diskussion um KI bereits in den 1970er und 1980er Jahren erörtert und erlangen

Usability-Forschung ein probates Mittel. Dabei führt ein versteckter Verbündeter der Versuchsleitung, der „Wizard“, alle Aktionen aus, die das geplante System später ausführen soll. Die Versuchsperson glaubt, sie interagiere bereits mit der innovativen Technologie. So können Probleme der UserInnen-Führung oder der Akzeptanz bemerkt werden, bevor überhaupt ein Prototyp implementiert wurde.

derzeit eine neue Aktualität durch innovative Ansätze zur semantischen Verarbeitung großer Datenmengen (*Big-Data-Analysis*), lernfähige Systeme und die Erkenntnisse der Neurowissenschaften. Vor diesem Hintergrund sollen im Folgenden die Restriktionen der Systeme herausgearbeitet werden – nicht mit dem Ziel, die grundsätzliche Möglichkeit einer menschenähnlichen KI zu diskutieren, sondern um die Rahmenbedingungen der derzeitigen HCI abzustecken. Diese stellen die Folie dar, auf der die im Kontext dieser Studie analysierten Dialoge interpretiert werden müssen. Da es sich bei den untersuchten Korpora um eine Sammlung von Interaktionen zwischen Mensch und Maschine handelt, liegt der Fokus dieser Arbeit auf der Analyse *dialogischer* Strukturen. Theoretischer Ausgangspunkt für dieses Vorhaben kann nur die HHC sein, da ein linguistisches Dialogmodell der HCI bislang noch nicht vorliegt. Ein solches Modell soll wie bereits erwähnt in dieser Arbeit aus unterschiedlichen theoretischen Ansätzen der Forschung zur HHC abgeleitet werden. Auf diese Weise kann die Seite der UserInnen als Interagierende in der HCI differenziert modelliert werden. Die Seite der Systeme wird von der jeweiligen Systemarchitektur determiniert, die so auf einer abstrakten Ebene in das Modell inkludiert werden muss. Mechanismen der Interaktion zwischen Mensch und Maschine werden mit dieser Zielsetzung in Kapitel 2 für den jeweiligen Untersuchungsbereich als Hypothesen formuliert, in Kapitel 4 an den empirischen Sprachdaten überprüft und in Kapitel 5.1 zu einem Interaktionsmodell der HCI zusammengeführt.

1.3.1 Theoretische Grundprinzipien der menschlichen Kommunikation

Die Kommunikation unter Menschen kann als ein vielschichtiges System verstanden werden, in dem zwei oder mehr Subjekte kommunikative Handlungen vollziehen unter ständiger Bezugnahme auf ein noch komplexeres Verweissystem. Habermas differenziert zwischen unterschiedlichen Ebenen der Interaktion: die Ebene der *Verständigungsprozesse*, die Ebene des kommunikativen Handelns als *Koordination von Handlungsplänen* und die Ebene des *Hintergrundwissens* als Ressource, *„aus der die Interaktionsteilnehmer ihre Interpretation speisen"* (Habermas 1993a: 442). Dabei werden geteilte Grundannahmen über die gemeinsame *Lebenswelt* im Sinne eines *Common Sense* als selbstverständlich vorausgesetzt (vgl. Habermas 1993a: 449). Habermas betont die Wichtigkeit der ständigen Bezugnahme auf geteiltes Wissen, das konstitutiv für kommunikatives Handeln ist: *„Wenn die sozio-, ethno-, und psycholinguistischen Untersuchungen des letzten Jahrzehnts in einem konvergieren, dann ist es die vielfältig demonstrierte Erkenntnis, daß das kollektive Hintergrund- und Kontextwissen von Sprechern* *und Hörern die Deutung ihrer expliziten Äußerungen in außerordentlichen Maße determiniert*" (Habermas 1993a: 449). Bereits Searle (1980) arbeitet die Unmöglichkeit von kontextfreien Bedeutungen kommunikativer Äußerungen heraus, die Habermas als „*Relativität der wörtlichen Bedeutung eines Ausdrucks*" fasst (Habermas 1993a: 450). „*Die Lebenswelt bildet das intuitiv gegenwärtige, insofern vertraute und transparente, zugleich unübersehbare Netz der Präsuppositionen, die erfüllt sein müssen, damit eine aktuelle Äußerung überhaupt sinnvoll ist, d.h. gültig oder ungültig sein kann*" (Habermas 1993b: 199). Die Lebenswelt ist also jederzeit implizit „*im kommunikativen Handeln als Kontext präsent*" (Habermas 1993b: 183). Damit folgt bewusste Kommunikation nicht einfach Stimulus-Respons-Mechanismen, sondern kann nur im Kontext der Lebenswelt und der Interaktionssituation interpretiert werden. Als Interaktionsituation bezeichnet Habermas den „*durch Themen herausgehobenen, durch Handlungsziele und –pläne artikulierten Ausschnitt aus lebensweltlichen Verweiszusammenhängen*" (Habermas 1993b: 187). Dabei sind die Grenzen dieses Ausschnitts nicht immer klar definiert.

Der Begriff des kommunikativen Handelns gliedert sich in zwei Bereiche: „*den* ***teleologischen*** *Aspekt der Verwirklichung von Zwecken (oder der Durchführung eines Handlungsplans) und den* ***kommunikativen*** *Aspekt der Auslegung der Situation und der Erzielung eines Einverständnisses*" (Habermas 1993b: 193). Dabei ist die Durchführung von Handlungsplänen abhängig von ihrer kommunikativen Artikulation innerhalb des Verweissystems.

Das komplexe Verweissystem, mittels dessen die GesprächspartnerInnen Bezug auf Aspekte ihrer Lebenswelt nehmen, versucht Habermas in seinem 3-Welten-Modell zu fassen (1993b: 193). Während der Kommunikation findet ein wechselseitiger Austausch zwischen den Interagierenden statt unter Bezugnahme auf drei dem Anspruch nach systemisch fassbare Welten: die subjektive, die objektive und die soziale Welt. Jede /r GesprächsteilnehmerIn hat dabei Zugriff auf ihre / seine eigene subjektive Welt sowie auf die geteilte objektive und die geteilte soziale Welt. „*Sprecher und Hörer verständigen sich aus ihrer gemeinsamen Lebenswelt heraus über etwas in der objektiven, subjektiven oder sozialen Welt*" (Habermas 1993b: 192). Habermas bezeichnet Kommunikation als „*kooperativen Deutungsprozess*", in dem sich die GesprächspartnerInnen in der Regel auf alle drei Welten gleichzeitig beziehen. Denn diese bilden ein „*Bezugssystem*" und einen „*Interpretationsrahmen*" für Äußerungen, der intersubjektiv gültig ist (Habermas 1993b: 189). Damit verfügen die InteraktionsteilnehmerInnen über ein nicht eindeutig definierbares, dynamisches *Weltwissen*.

Abbildung 13: 3-Welten-Modell (Habermas 1993b: 193)

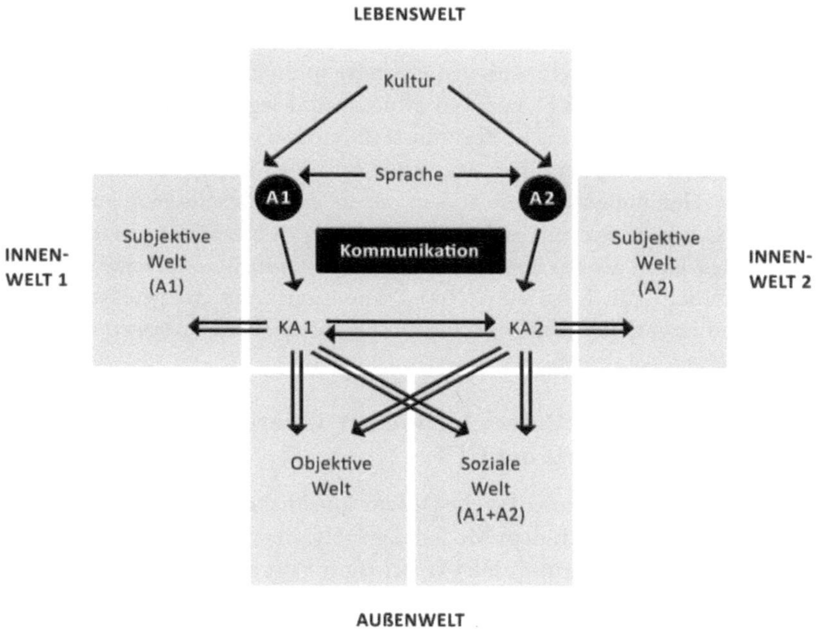

Die Annahmen der Interagierenden müssen sich *„gemessen am aktuellen Verständigungsbedarf, hinreichend überlappen"* (Habermas 1993b: 185), um eine gemeinsame Ausgangsbasis zu schaffen, auf der die Kommunikation stattfinden kann. Diese gemeinsame Basis wird in der Gesprächsanalyse als *Common Ground* bezeichnet (vgl. u. a. Stalnaker 1978; Clark & Marshall 1981; Clark 1985, 1996; Heritage 1988). Es handelt sich dabei nicht um eine klar umrissene Menge von Informationen, sondern Common Ground wird im Gespräch zwischen den Interagierenden immer wieder neu ausgehandelt. Wenn von unterschiedlichen Vorannahmen ausgegangen wird, kommt es zu Störungen im Dialog in Form von Missverständnissen und Common Ground muss durch bewusste Strategien herbeigeführt werden. Habermas spricht hier von *„Reparaturleistungen"* (Habermas 1993b: 185), international durchgesetzt hat sich der Terminus *Repair* aus der Konversationsanalyse (Sacks et al. 1992). Um einer Störung entgegenzuwirken, werden bspw. einzelne Selbstverständlichkeiten aus dem Hintergrundwissen aktiviert und explizit thematisiert, sofern sie für die aktuelle Interaktionssituation relevant sind (Habermas 1993b: 189). In störungsfreien Sequenzen werden

Präsuppositionen aus Common Ground und Lebenswelt sowohl von der Sprecherin als auch von der Hörerin direkt inferiert, ohne dass es der expliziten Metakommunikation bedarf.

Sprache und Lebenswelt bedingen einander in ihrer Form gegenseitig, denn die Lebenswelt bildet nicht nur den Hintergrund jeglichen kommunikativen Handelns, sondern die Sprache beeinflusst durch ihre grammatische Form auch unsere Wahrnehmung derselben. Menschen erwerben ihre grundsätzliche kommunikative Handlungsfähigkeit, indem sie in einer Gesellschaft aufwachsen. Dialogische Interaktion mit einem Erwachsenen in Situationen geteilter Aufmerksamkeit kann als das zentrale Vehikel des kindlichen Spracherwerbs angesehen werden (vgl. Tomasello 2002). Ohne Zugriff auf das geteilte und von Kindheit an erworbene Welt- und Handlungswissen, fehlt Aussagen im Dialog der Interpretationsrahmen.

1.3.2 Grundsätzliche Unterschiede einer Theorie der HHC und einer Theorie der HCI

In diesem Kapitel sollen zunächst die Defizite künstlicher Dialogagenten in einer Interaktionssituation nach dem Modell der HHC herausgearbeitet werden, um dann vor diesem Hintergrund einen Vorschlag zur systematischen Beschreibung der HCI als spezieller Form der Interaktion unter restringierenden Rahmenbedingungen zu machen.

1.3.2.1 Kritik an der Möglichkeit einer menschenähnlichen KI

Um logisch kohärente und situativ angemessene Dialoge mit artifiziellen Dialogagenten zu implementieren, bedarf es also mehr als einer Schlüsselworterkennung mit Musterabgleich. Die Modellierung einer starken künstlichen Intelligenz, die über semantisches Wissen vor dem Hintergrund eines sozialen Kontexts verfügt und bewusste Entscheidungen treffen kann, ist unerlässlich, um ein menschenähnliches Gegenüber zu schaffen. Das grundsätzliche Problem der KI und damit auch der HCI kumuliert also in der Frage nach der Modellierbarkeit von menschlichem Denken. Wie die menschliche Kognition organisiert ist und welcher Zusammenhang zwischen neuronalen Strukturen und geistigen Repräsentationen besteht, ist aber bis heute nicht hinreichend geklärt (vgl. Searle 2006: 9). Die traditionelle Kritik an der Möglichkeit einer menschenähnlichen KI fokussiert die Probleme eines materialistischen Computerfunktionalismus, der von der Grundannahme ausgeht, Intelligenz sei rein substanziell fassbar und entsprechend künstlich implementierbar (vgl. Searle 2006: 74ff). Der Turing-Test wurde als adäquates Testverfahren für künstliche Intelligenz kritisiert, da er nur die Performanz und nicht innere Zustände des Systems evaluiert. Damit ist der ihm zu Grunde liegende Ansatz als behavioristisch zu verwerfen (vgl. Searle 2006: 80). Searle stellt sein berühmtes Gedankenexperiment des chinesischen Zimmers dagegen: Ein Mensch, der kein Chinesisch versteht, sitzt in einem Zimmer und hat Zugriff auf ein Regelwerk zur Kombination von chinesischen Schriftzeichen. Er bekommt Karten mit Zeichen, die er nicht versteht, in das Zimmer hineingereicht, kombiniert diese gemäß den ihm vorliegenden Regeln und reicht die fertigen Zeichenkombinationen wieder aus dem Zimmer heraus. Sein „Output" besteht dank des Regelwerks aus grammatischen Sätzen des Chinesischen und erweckt den Eindruck er beherrsche die Sprache (vgl. Searle 2006: 98ff). Das Gedankenexperiment veranschaulicht, dass Syntax oder formallogische Kombinatorik von Symbolen nicht zu einer Analyse der semantischen Begriffsumfänge führt. Der Verweis eines jeden Symbols auf einen Begriff mit entsprechender Intension wird im Regelwerk zur Kombination chinesischer Schriftzeichen nicht codiert. Searles Kritik trifft Chatbots und Kombinationsregeln der klassischen KI, da hier Symbole ohne semantische Analyse manipuliert werden. Ob innovative automatische semantische Analysen dieses Defizit ausgleichen können, ist fraglich. Intension und Extension eines Begriffs mit allen unterschiedlichen Konnotationen im kommunikativen Gebrauch mit allen sozialen Implikationen präzise und gleichzeitig flexibel in ein Dialogsystem zu implementieren ist extrem schwer. Allenfalls lernfähige Systeme könnten in Zukunft dieser Aufgabe gewachsen sein. Dennoch wäre die von solchen Systemen erworbene Fertigkeit nicht mit menschlicher Sprachkompetenz zu vergleichen, denn menschliche SprecherInnen sind sich ihrer Sprachhandlungen im Kontext der Interaktionssituation bewusst (Self-Modeling, Partner-Modeling, Situation-Modeling, vgl. Johnson-Laird 1983, Sanford & Garrod 1981, Zwaan & Radvansky 1998). Dieses Bewusstsein konnte bis heute im Materiellen nicht nachgewiesen und folglich nicht künstlich erzeugt werden. *„Das Argument des chinesischen Zimmers zeigt, daß menschliche Wesen mit zweierlei Dingen konfrontiert sind: erstens mit den wirklichen Symbolen, deren sich der Mensch bewußt ist, während er oder sie denkt, und zweitens mit der Bedeutung, der Interpretation oder dem Sinn, der mit diesen Symbolen verbunden ist"* (Searle 2006: 115). Welche Rolle das Bewusstsein für die menschliche Kognition allgemein und für Prozesse der Sprachverarbeitung im Besonderen spielt, ist nicht hinreichend geklärt. In den folgende Kapiteln sollen sowohl vorbewusste Mechanismen als auch bewusste Prozesse der menschlichen Dialogverarbeitung in die Analyse miteinbezogen werden. Welche Auswirkung das Fehlen eines Bewusstseins auf die Funktionsweise des Bots hat, welche grundsätzlichen Defizite dies nach sich zieht und wie sich diese Defizite auf die gesamte Interaktion auswirken, soll im Folgenden umrissen werden.

1.3.2.1.1 Die HCI als Interaktionsform mit Restriktionen

Ein Schlüsselproblem für die Studie liegt in der Gegensätzlichkeit der Forschungsgegenstände *Mensch* (natürliche Sprache, neuronale Kognition, Bewusstsein) und *Maschine* (natürliche Sprache im Interface, KI als formale Sprache, kein Bewusstsein). Längst nicht alle Phänomene der natürlichen Sprache können in formale Sprache übersetzt werden. Semantische Begriffe sind abhängig vom Weltwissen der SprecherInnen und oftmals individuell oder situativ unterschiedlich konnotiert. Auch strukturell ist der kreative Umgang mit natürlicher Sprache möglich. Pragmatisches Sprachhandeln ist in einen differenzierten Handlungskontext eingebettet, dessen Variablen noch kein System erfassen kann. So sind bspw. sprachliche Phänomene wie Metaphern oder Ironie zum heutigen Zeitpunkt weder zufriedenstellend systematisiert noch erschöpfend in Form eines Datenkorpus' zusammengetragen, um sie in einem Text automatisch parsen zu können. Aber auch einfachen Aussagen liegt ein Netz an Präsuppositionen (s. o.) zu Grunde, das einem artifiziellen Dialogsystem nicht ohne weiteres implementiert werden kann.

Menschliches Denken funktioniert grundlegend anders als künstliche Intelligenz. Das gilt auch für kognitive und maschinelle Sprachverarbeitung. Grundsätzlich müssten *„mentale Zustände [...] in verschiedenen Arten von physischen Strukturen multipel realisierbar sein"* (Searle 2006:83). Allerdings gelingt dies in der HCI nicht. Obgleich in der HCI die Illusion einer natürlichen Gesprächssituation unter Menschen geschaffen werden soll, bringen Mensch und KI also sehr unterschiedliche Voraussetzungen für die Interaktion mit. Durch die restringierten Möglichkeiten des Bots und dem Anspruch der UserInnen auf im Mindesten menschenähnliches Dialog-Verhalten ergibt sich ein Spannungsfeld zwischen den neuralgischen Parametern der HCI. Dabei ist das fehlende Bewusstsein der KI die kritische Komponente: Aus diesem Mangel resultieren alle weiteren Restriktionen seitens des Bots und die Grenzen seiner Interaktionsfähigkeit.

Die Selbstreferenzialität der Systeme wird zwar in der KI ein immer wichtigeres Thema, da bei fortgeschrittenen Systemen darauf geachtet wird, dass der eigene Systemstatus immer mitgerechnet wird. Das System soll sich selbst in Abgrenzung von der Welt „wahrnehmen". Dies sei z. B. auch ein Kriterium für *„Sociability"* (vgl. Zeller 2005: 24). Doch handelt es sich hierbei nur um eine zusätzliche Repräsentation und nicht um das Bewusstsein eines Verstandes.

Unter der Voraussetzung eines Bewusstseins handeln Menschen autonom, intentional und spontan. Sie erleben sich selbst in Zeit und Raum als identische Entität, die Erfahrungen machen und sich daran erinnern kann (vgl. Searle 2006: 107). Durch ihre gesellschaftliche und kulturelle Entwicklung haben sie Weltwissen erworben, das objektive, subjektive und soziale Anteile hat und in logisch-semantisch organisierter Form vorliegt. Auch wenn EntwicklerInnen von sophistizierten Systemen versuchen, all diese Aspekte menschlicher Kognition und Grundlagen der Sprachkompetenz im artifiziellen Modell abzubilden, können sie ohne ein Bewusstsein als entscheidende Komponente nicht funktionieren.

a) **Autonomie**
Agenten-Systeme, die planbasiert unter Berücksichtigung eines einprogrammierten Dialogziels agieren, können unter diesen Prämissen (Plan und Ziel) zwar Entscheidungen treffen, sind dabei aber nicht autonom, sondern allenfalls autopoietisch (vgl. Schatter 2011: 15). Das System ist deterministisch, die Dialoge sind (mit einem unterschiedlichen Grad an Flexibilität) vorformuliert. Der Autonomiebegriff ist in der KI-Forschung folglich anders belegt als in der klassischen Philosophie, wenn er auf Agenten-Systeme angewandt wird. Ein System gibt immer nur aus, was seine EntwicklerInnen der Möglichkeit nach implementiert haben. Zwar sind moderne Systeme so komplex und gehen mit so vielen Wahrscheinlichkeiten um, dass es selbst für die KonstrukteurInnen manchmal nicht trivial ist, Systemreaktionen nachzuvollziehen. Es entsteht der Eindruck von Spontaneität, der sich in vermeintlich freien Entscheidungen manifestiert. Doch das scheinbar intelligente Verhalten ist nachvollziehbares Produkt einer zufälligen Kausalkette oder von probabilistischen Entscheidungen, auf die das System festgelegt ist.
Kant begreift die autonome Person auf Grund ihrer Entscheidungsfreiheit als ethisches Subjekt.[55] *„Person ist dasjenige Subjekt dessen Handlung einer Zurechnung fähig ist"* (Kant MdS VI 223). Der Mensch soll aus Einsicht in die Pflicht gegenüber der Menschheit als Totalität so handeln, dass er nicht dem Gesetz der Vernunft zuwider handelt (vgl. Kategorischer Imperativ). Diesem Gedanken liegt zu Grunde, dass Kant den Menschen als autonom begreift. Diese Autonomie besteht darin, dass ein Mensch über einen freien Willen verfügt und sich frei Ziele setzen kann. Ein Bot hat diese Möglichkeit nicht. Handlungsziele sind im Programm entweder klar definiert oder die Auswahl ist auf einen Algorithmus oder ein probabilistisches Modell festgelegt.

---

55 Die Begriffe *Person* und *Subjekt* implizieren in ihrer fachsprachlichen Bedeutung im philosophischen Diskurs bereits die Autonomie im Handeln und die daraus resultierende Verantwortung. Wenn Schatter Bots also als *„artifizielle Subjekte"* (2011: 15 ff) oder *„paraintelligente Subjekte"* (2011: 21) bezeichnet, spricht er ihnen indem er den Begriff des *Subjekts* wählt, implizit eine Autonomie zu, über die die heutigen Systeme jedoch nicht verfügen.

b) Intentionalität

Intentionalität wird mit Searle (2006: 171ff) verstanden als die allgemeine Gerichtetheit von Aussagen. Dabei geht es nicht um eine Absicht, sondern um eine semantische Relation. Aussagen müssen auf etwas gerichtet sein. Das kann ein empirisches Objekt oder ein Handlungsziel gleichermaßen sein. Das menschliche Bewusstsein ist in der Lage, große Mengen intentionaler Bezüge zu koordinieren. Die Zielorientiertheit von planbasierten Agenten-Systemen ist ohne Autonomie und ein Bewusstsein nicht als Intentionalität zu bezeichnen. Zwar werden Assistenzsysteme z. T. als *„goal directed"* (Cassell et al. 2000) beschrieben, da ihr Programm einem vordefinierten Handlungsziel folgt, doch darf diese Funktion nicht mit Intentionalität im philosophischen Sinne gleichgesetzt werden.

c) Spontaneität

Wo Menschen spontan aus Erfahrungen semantische Begriffe ableiten können, sind klassische Dialogagenten auf die ihnen einprogrammierten Begriffsumfänge zurückgeworfen. Bei lernfähigen Systemen, wird versucht, die menschliche Fähigkeit zur spontanen semantischen Kategorisierung von Erfahrungen nachzuahmen, doch funktioniert diese Technologie bislang nur bei sehr basalen Anforderungen.
Die *Spontaneität der Begriffe* (vgl. Kant KrV B 74, B 93) kann als klassisches Problem der Erkenntnisphilosophie angesehen werden, das bereits in der antiken Philosophie (vgl. Platon *Menon*) diskutiert wurde. Bis heute können LinguistInnen, PsychologInnen und NeurowissenschaftlerInnen nicht genau erklären, wie Kinder ihre ersten Begriffe erwerben. Konfrontiert mit der ihnen noch unbekannten Wahrnehmung der Welt, muss der kindliche Verstand das ununterschiedene Wahrgenommene ordnen. Nur wenn genügend Erfahrungen gesammelt werden, der richtige Input von den Eltern gegeben wird und der kindliche Verstand die Prädisposition mitbringt, unterscheidende Urteile fällen zu können, schafft es das Kind, erste Gegenstände zu erkennen, indem es sie vom Rest der empirischen Wahrnehmung abgrenzt. In diesem Kontext werden auch die ersten Vokabeln erworben. Doch wie genau dieser Prozess verläuft, ist bis heute nicht vollständig klar. Daher erstaunt es nicht, dass Bots bislang nicht in der Lage sind, mittels ihrer Sensoren unbekannte Gegenstände abzugrenzen und zu benennen. Ihnen stehen immer nur die Kategorien zur Verfügung, die Ihr Programm bereits beinhaltet. Sie bringen viel statisches Wissen mit, können sich aber a) nur rudimentär an den dynamischen Dialog anpassen und b) in dessen Verlauf keine neuen Begriffe erwerben.

d) Identität

Erfahrungen können nur von einem *Selbst* adäquat verarbeitet werden, das sich als ein und dieselbe zeitliche Entität erlebt (Locke Essay: II, 27, 8). Nur so kann es selbständig auf Erlerntes zurückgreifen. Das Bewusstsein für die zeitliche Identität der Person fasst Kant als *transzendentale Einheit der Apperzeption*. *„Das: Ich denke, muss alle meine Vorstellungen begleiten können; denn sonst würde etwas in mir vorgestellt werden, was gar nicht gedacht werden könnte, welches eben so viel heißt, als die Vorstellung würde entweder unmöglich, oder wenigstens für mich nichts sein."* (Kant KrV: B 131–132) Im 3. Paralogism der Personalität heißt es: *„Was sich der numerischen*

Identität seiner selbst in verschiedenen Zeiten bewußt ist, ist so fern eine Person" (Kant: KrV: A 361). Indem ein Modell des Selbst in einem artifiziellen System mit Zugriff auf gespeicherte Protokolle vergangener Interaktionen angelegt wird, entsteht dadurch aber noch kein sich seiner zeitlichen Identität bewusstes Selbst.

Habermas betont zusätzlich den sozialen Charakter der Identität. Indem menschliche Interagierende „*das kulturelle Wissen, aus dem sie schöpfen, durch ihre Verständigungsleistungen hindurch reproduzieren, reproduzieren sie zugleich ihre Zugehörigkeit zu Kollektiven und ihre eigene Identität.*" (Habermas 1993b: 211)

e) **Weltwissen**

Auf diese Weise kann im Laufe eines langjährigen Lernprozesses Weltwissen in logisch-semantisch kategorisierter Form aufgebaut werden. Auch den modernsten Systemen stehen keine auf diese Weise vernetzten Datenbanken zur Verfügung.

Die Tabelle versucht, die Gegensätze zwischen Mensch und KI im Hinblick auf ihre kognitiven Möglichkeiten und damit auch ihrer Dialogkompetenz zusammenzufassen.

Tabelle 1: Elementare Unterschiede zwischen menschlicher Kognition und KI

Mensch	**System**
Autonomie	Autopoiesis
Intentionalität	Zielorientiertheit (Goal-Directedness)
Spontaneität	Determination
Identität der Erfahrung	Isolierte Verarbeitungsprozesse
Weltwissen	Begrenzte und unstrukturierte Datenbanken

1.3.2.1.2 Person und Persona

Aus diesen grundsätzlichen Unterschieden zwischen Mensch und KI ergibt sich die in der HCI-Forschung übliche begriffliche Unterscheidung zwischen dem Menschen als *Person* und dem System als *Persona*.[56] Die gesamte Gestaltung einer konsistenten Agenten-Persona unterstützt die Illusion eines menschenähnlichen Gegenübers und evoziert dadurch soziale Wirkungen. Die der Anwendung zu Grunde liegende KI ist dennoch auf die o. g. Restriktionen zurückgeworfen.

Während menschliche Subjekte als Personen besonders durch die Parameter des Bewusstseins, der Autonomie und der daraus resultierenden ethischen Verantwortung definiert sind, zeichnen sich künstliche Personae in erster Linie durch das Fehlen dieser Eigenschaften aus. Auch wenn ihre Avatare

56 Ähnliche semantische Relationen lassen sich zeigen bei den Begriffspaaren *anthropomorph* vs. *menschlich* oder *soziabel* vs. *sozial*.

anthropomorph gestaltet sind und ihr Dialog-Design auf eine konsistente Persönlichkeit hinweist, sind heutige Systeme weit davon entfernt, den Status einer Person zugesprochen zu kommen. Denn im Begriff der *Person* ist die Verantwortung des einzelnen Menschen gegenüber der Menschheit in ihrer Gesamtheit durch Einsicht in eine vernunftgemäße Ethik bereits enthalten. *„Handle so, dass du die Menschheit, sowohl in deiner Person, als in der Person eines jeden andern, jederzeit zugleich als Zweck, niemals bloß als Mittel brauchest"* (Kant GMS: BA 66f). Artifizielle Dialogsysteme müssen jedoch als ein solches *Mittel* verstanden werden, denn laut der Definition der Auslegung der Assistenz-Metapher in der Usability-Forschung sollen sie nichts weiter darstellen als ein intuitiv nutzbares Werkzeug. Spräche man ihnen den Status einer Person zu, wäre dieser Gebrauch ethisch unmöglich. Umgekehrt kommt den Systemen aus den o. g. Gründen die Freiheit nicht zu, sich selbst Handlungsziele zu setzen vor dem Hintergrund des eigenen Weltwissens und der Einsicht in das ethische Gesetz.

Die Grundbedingungen der HCI und der Status des Systems als Werkzeug, das als Persona verkörpert wird, sind damit eindeutig. Ein problematischer Faktor in dieser Konstellation ist allerdings die Rezeptionshaltung der UserInnen, die der Illusion in unterschiedlichem Umfang Glauben schenken. Einige UserInnen fokussieren den Werkzeugcharakter der Anwendungen, während andere dem Dialogsystem spielerisch begegnen. Für manche UserInnen verschwimmt die Grenze zwischen Agenten-Persona als Artefakt und realer Person als AnsprechpartnerIn (vgl. Tewes 2005: 262). Im vorangegangenen Abschnitt wurde gezeigt, dass UserInnen im Dialog vorbewusst soziale Eigenschaften an das System attribuieren und sich entsprechend verhalten. Welchen Ausdruck solche Tendenzen auf der sprachlichen Ebene finden, soll diese Arbeit zeigen.

Welche Konsequenzen die kollektive Behandlung eines Systems als sozialen Akteur für dessen Status als Person hätte, ist bislang nicht geklärt. Bei solchen Diskussionen muss allerdings darauf geachtet werden, dass die Ebene der KI mit ihren Restriktionen, die Ebene der natürlichsprachlichen Performanz und die Ebene der UserInnen-Perzeption nicht vertauscht werden. Denn auch wenn moderne Systeme passagenweise menschenähnlich intelligent wirken, sind sie es im Rahmen der Möglichkeiten ihrer Architektur nicht (vgl. Searles *Chinesisches Zimmer*). So ist weder das Vorbringen der eigenen Meinung (vgl. Zeller 2005: 25) noch die Verwendung des Personalpronomens der ersten Person in Systembeiträgen (vgl. Wachsmut 2008) ein Anzeichen für ein künstliches Subjekt, das sich seiner selbst bewusst ist, autonom handelt und dem folglich der Status einer Person zugeschrieben werden sollte. Beides steigert sicher die soziale Akzeptanz, jedoch ist der Bot selbstverständlich weder in der Lage, sich auf der Grundlage von Informationen eine eigene Meinung zu bilden, noch seine eigene Identität zu erleben (vgl. Nagel 1974).

Ob man prognostizieren möchte, dass in ferner Zukunft weit fortgeschrittene Systeme existieren könnten, für die die Bezeichnung als Person adäquat wäre, hängt beim derzeitigen Stand der Forschung mit dem Menschenbild zusammen, das man vertritt. Versteht man z.B. das menschliche Gehirn als rein deterministisches System und das Bewusstsein als dessen Epiphänomen (vgl. z.B. Roth 2001, Kandel 2012), so rückt die Möglichkeit einer menschenähnlichen künstlichen Intelligenz in greifbare Nähe. Die Neurowissenschaften haben die Funktionen des menschlichen Gehirns aber bislang nur zu einem Bruchteil erklärt. Welche kognitiven Prozesse menschlicher Selbstreferenzialität zu Grunde liegen oder wie Spontaneität der Begriffe in Lernprozessen erklärt werden kann, wird zwar diskutiert, ist aber noch nicht hinlänglich erforscht, um daraus Erkenntnisse für eine innovative KI abzuleiten.[57]

Solange artifizielle Dialogsysteme aber nicht in der Lage sind, aus logisch-semantisch organisiertem Vorwissen inferenzielle Schlüsse abzuleiten und im Hinblick auf gesellschaftliche Zusammenhänge ihre Ziele frei zu wählen, solange sie nur bedingt lernfähig sind und sich ihre Selbstwahrnehmung so sehr von der des Menschen unterscheidet und solange im deterministischen System kein Raum für Spontaneität besteht, solange ist es verfrüht, über ein artifizielles Bewusstsein und über das System als Person oder sozialem Akteur zu diskutieren.

1.3.2.1.3 Kommunikation und Interaktion

Indem der Status als Person für Agenten-Systeme zurückgewiesen wird, folgen Implikationen für eine adäquate Terminologie. Unsere Sprache stellt ein breites Begriffsinventar zur Beschreibung belebter Subjekte als Handelnde zur Verfügung. Für eine unbelebte KI ohne eigenes Bewusstsein, die aber autopoietisch Aktionen auszuführen scheint, fehlt ein adäquates Vokabular. ForscherInnen behelfen sich im aktuellen Diskurs mit Derivationen wie *paraintelligent* (Schatter 2011: 21) und *soziabel* (Zeller 2005: 101), durch die die Relation beschrieben werden soll, in der die KI zu menschlicher Intelligenz steht.

57 Allerdings muss bereits heute zwischen „biologisch inspirierten" und rein „funktionalen" Design-Überlegungen unterschieden werden (vgl. Dautenhahn et al. 2002). Während sich funktionale Architekturen allein an Aufgabenbereich und Performanz orientieren (z.B. klassische Chatbots), verfügen biologisch inspirierte Architekturen über einen kognitionswissenschaftlichen Unterbau; d.h. sie orientieren sich bspw. an psychologischen oder neuronalen Modellen.

Aus diesem Grund werden Dialoge mit dem virtuellen Gegenüber in dieser Arbeit nicht als *Kommunikation* oder *Konversation* bezeichnet, sondern als *Interaktion*. Bei dieser Unterscheidung steht die Abgrenzung von einem alltagssprachlichen Begriff von Kommunikation unter Menschen im Vordergrund, der die Unterschiede zwischen HCI und HHC betonen soll. Der Begriffsumfang der *Interaktion* ist hier weiter als der der *Kommunikation* und kann sogar die Manipulation einer Maschine ohne natürlichsprachliches Interface umfassen. In seiner Grundbedeutung setzt der Begriff der Interaktion allerdings mindestens zwei Handelnde voraus (lat. inter-*agere*), d.h. unter Bezugnahme auf einen handlungstheoretischen Ansatz kann für ein Dialogsystem nur ein sehr enger Begriff von *handeln* angesetzt werden.[58] *Agenten*-Systeme sind benannt nach ihrer Funktion, plan-basiert in einem deterministischen System Entscheidungen zu treffen. Darin bestehen ihre Aktionen, die sich von autonomen sozialen AkteurInnen deutlich unterscheiden. Das natürlichsprachliche Interface ist lediglich die Schnittstelle eines binären Programms.[59] Insofern ist die HCI nie eine Interaktion unter gleichen InteraktionspartnerInnen (vgl. auch Fischer im Druck). Vielmehr verfügen diese InteraktionspartnerInnen je nach Elaboriertheit des Systems über sehr unterschiedliche Möglichkeiten beim Austausch von Informationen. Obgleich also sowohl HHC als auch HCI zeichenbasiert sind und der Informationsübermittlung dienen, sind die jeweiligen Konstellationen von Interagierenden sehr verschieden.

Vor diesem Hintergrund hat Dreyfus' Diktum aus dem Jahr 1992, nämlich dass Computer nie eine *Konversation* führen können würden, bis heute nicht an Gültigkeit verloren. Der Terminus *Konversation* bezieht sich dabei nicht allein auf ein Oberflächenphänomen, sondern bezieht die unterschiedlichen Voraussetzungen von Mensch und KI mit ein (vgl. auch Button 1990; Button und Sharrock 1995). KI und menschliche Kognition basieren auf sehr unterschiedlichen Strukturen, verfügen über unterschiedliche Funktionen und haben

58 Winograd vertrat in einem Interview Anfang der 1990er Jahr die Perspektive, dass die Manipulation einer Maschine über eine Chatbot-Schnittstelle nicht einmal als *Interaktion* bewertet werden dürfe, da strenggenommen, der Mensch ein komplexes Werkzeug bediene und das System nicht selbständig *agiere*. Es handele sich mehr um *„human-work"* und allenfalls um eine Interaktion *„through the computer"* (Preece 1994: 539).

59 Zeller betont die textuelle Basis von Programmcode und Inhalten. *„Als primär linguistischer Parameter kommt der Textgestaltung demnach eine besondere Rolle im Schnittstellen-Design zu"* (Zeller 2005: 84). Es handele sich um eine doppelte Textverkapselung (*encapsulation*): den Text auf der Mikroebene als Programmcode (formal) und den Text auf der Makroebene (natürlichsprachlich) als Trigger für neue Texteingaben.

unterschiedliche Restriktionen (s. o.). Genau in dieser Dichotomie liegt das grundsätzliche Problem der HCI. Zusätzlich weichen die situativen Kontexte, in denen HCI stattfindet, von denen der HHC ab.

Zeller schlägt den Begriff der *mutualen Dialogfähigkeit* als präzisere Bezeichnung der Möglichkeiten des Systems vor und als Ausweg aus dem Dilemma *„Kommunikation vs. Interaktion"* (Zeller 2005: 44). Obwohl diese Formulierung die Begriffe der Kommunikation und Interaktion vermeidet, bezieht sich der Begriff der *Fähigkeit* gleichermaßen implizit auf ein bewusst handelndes Subjekt und *mutual* betont eine Form des wechselseitigen Austauschs, die in der HCI nur sehr bedingt möglich ist. Das Prinzip der Inter*subjektivität*[60], das konstitiutiv für die Kommunikation unter Menschen ist, kann auf die HCI nicht übertragen werden. Daraus folgt, dass dynamische Aushandlungsprozesse zur Etablierung von Common Ground (vgl. u.a. Giddens 1984) in der HCI nicht oder nur sehr bedingt stattfinden können. Menschliche GesprächspartnerInnen können bspw. im Dialog implizit vereinbaren, mit welchem Wort oder mit welcher Phrase sie auf einen bestimmten Gegenstand oder Sachverhalt referieren wollen, indem bestimmte Formulierungen eingeführt, übernommen und etabliert werden, ohne dass es eines Metadialogs bedarf (vgl. Pickering & Garrod 2004). Systeme für solche interaktiven Funktionen sensibel zu machen, ist nicht trivial.

Problematisch an der Interaktionssituation HCI ist allerdings, dass sie als interaktiv designt wurde[61], um ein der HHC vergleichbares Szenario zu simulieren, und von den NutzerInnen z. T. als sozial wahrgenommen wird. So provoziert natürlichsprachliche HCI einen Konflikt zwischen der objektiven Manipulation einer Maschine und der subjektiven Wahrnehmung der UserInnen. Je gelungener die Illusion ist, desto weniger bewusst wird dieser Konflikt wahrgenommen. Einen Ausweg aus dieser paradoxen Situation stellen Dialog-Designs dar, die nicht das Ziel verfolgen, menschliche Kommunikation täuschend echt zu simulieren, sondern vielmehr versuchen, die besonderen interaktiven Möglichkeiten eines artifiziellen Systems auf die Funktion der jeweiligen Anwendung abzustimmen und dabei das Potenzial des Systems auszunutzen. Wenn also über die sprachliche Interaktion hinaus für eine Anwendung z. B. Grafiken oder Desktop-Icons eine Rolle spielen, können diese zusätzlich miteingebunden werden. Wenn

---

60 vgl. auch Garfinkel oder Habermas: *kommunikatives Handeln*.

61 Nass und Moon verwiesen 2000 auf die Tatsache, dass sich hinter jedem System dessen KonstrukteurInnen verbergen. Den Dialog mit dem System könne man demnach quasi als „Statthalter-Dialog" zur mittelbaren Kommunikation mit den EntwicklerInnen verstehen. Dieses Szenario ist unter pragmatischen Gesichtspunkten dann nicht haltbar, wenn sich die Userin auf die Illusion des artifiziellen Gesprächspartners einlässt.

Sounds oder eine Animation der besseren Usability der Anwendung zuträglich sind, wird ein Teil der Systemsteuerung auf diese Weise abgewickelt. Die Interaktion bekommt auf diese Art und Weise einen *multimodalen* Charakter, der eine neue Form der Dialogizität markiert.

Der Begriff *Dialog* verweist in seiner Grundbedeutung lediglich auf den Austausch von Wörtern und ist daher offen genug, um gleichermaßen auf HHC und HCI angewandt zu werden. Die Interpretation des Begriffs *Dialog* als Interaktion mit einer Maschine hat bereits Eingang in die Wörterbücher gefunden. Das Merriam-Webster-Dictionary definiert *dialogue* u.a. für den gesprochenen interpersonellen Austausch als *„a conversation between two or more persons"* und als *„a similar exchange between a person and something else (as a computer)"*[62]. Für das Deutsche finden sich ähnliche Definitionen zum Stichwort *Dialog* im Duden: *„wechselseitige Kommunikation, Austausch von Fragen und Antworten zwischen Mensch und Datenverarbeitungsanlage über Tastatur und Terminal."*[63] Der metaphorische Gebrauch des Begriffs *Dialog* ist also bereits konventionalisiert. Analog dazu soll der Begriff der *Interaktion* in dieser Arbeit verwendet werden, um auf den Prozess der Ein- und Ausgabe von natürlichsprachlich kodierten Informationen innerhalb der Dialog-Metapher zu verweisen.

1.3.2.2 Die HCI als systematisch erfassbare Interaktionssituation

Im folgenden Abschnitt soll ein erster Versuch unternommen werden, die Interaktionssituation HCI hinsichtlich ihrer Grundbedingungen systematisch zu beschreiben. Dabei wird ein systemtheoretischer Ansatz konstruktivistischen Ansätzen zur Beschreibung von Kommunikation in der HHC vorgezogen. Systemtheoretisch betrachtet wird in dieser Arbeit also von zwei sehr unterschiedlichen Teilsystemen ausgegangen:

- einem menschlichen Wesen, das sich seiner selbst bewusst ist, als vernunftbegabt und frei begriffen wird und auf ein durch soziales Lernen erworbenes semantisches Wissen zurückgreifen kann. Die kognitive Verarbeitung von Dialogen hat zwar vorbewusste Anteile, liegt aber zu großen Teilen als höhere, bewusste Kognition vor (vgl. Searle 2006).
- einem mechanistischen System, das sich seiner selbst nicht bewusst ist, ausschließlich deterministischen Regeln folgt und nur sehr begrenzt auf semantisches Wissen zurückgreifen kann.

---

62 www.merriam-webster.com/dictionary/dialogue?show=0&t=1363949560 (Zugriff 10.01.2016).

63 www.duden.de/rechtschreibung/Dialog (Zugriff 10.01.2016).

Menschen sind auf ihre subjektive Wahrnehmung der Welt angewiesen, interagieren aber in der HCI mit objektiv erfassbaren Maschinen. Ein konstruktivistisches Verständnis von Interaktion als intersubjektivem Aushandlungsprozess zwischen zwei vollständig auf die jeweils individuelle Konstruktion einer Wirklichkeit zurückgeworfenen Subjekten, wird für die Analyse von HCI als im Kern problematisch zurückgewiesen. Menschliche GesprächspartnerInnen nehmen die Welt über ihre Sinne zwar unterschiedlich wahr, haben unterschiedliche Perspektiven auf eine Situation, bringen unterschiedliches Wissen und ihre jeweiligen Erfahrungen mit, sind sich aber trotzdem ähnlich genug, um sich untereinander verständigen zu können. Aushandlungsprozesse sind zwar für Dialoge konstitutiv, um eine gemeinsame Sicht der Dinge zu etablieren, sie wären aber nicht zielführend, wenn die kognitiven Möglichkeiten der GesprächspartnerInnen in ihrer logischen und systematischen Struktur grundverschieden wären. Dass überhaupt eine Verständigung über die sinnlich unterschiedlich perzipierte Wirklichkeit möglich ist, basiert auf der Grundlage, dass Menschen – unabhängig von individuellen Unterschieden in Wahrnehmung und Weltwissen – Einsicht in die basalen Gesetze der Logik haben. Darunter fallen einfache logische Operationen wie das Unterscheiden per se (vgl. Hegel WdL II: 64f), das Kategorisieren von Begriffen und Objekten (vgl. Aristoteles Organon), ein grundsätzliches Verständnis für die semiotische Relation zwischen Begriff und Objekt (vgl. Peirce 1977) sowie das Erkennen von Analogien und das inferentielle Schließen (Aristoteles NE: 1131ff, Metaphysik: 1003a 32ff. Topik I: 1 100a25–27). Unter der Prämisse einer radikal konstruktivistischen Wahrnehmung fehlt die Einsicht in abstrakte Gesetze der Naturkausalität und der logischen Operationen. Menschen sind zwar empirisch auf die individuelle Wahrnehmung angewiesen, können aber mittels ihres Verstandes auf logische Operationen zurückgreifen. Aushandelbar sind konkrete Begriffsumfänge und Inhalte von logischen Operationen. Die basale Struktur einer für alle einsehbaren Logik, nach der die Welt strukturiert ist, muss dagegen notwendig angenommen werden. Ansonsten wäre die Verständigung zwischen Menschen nicht möglich und jede/r wäre auf die eigene Wahrnehmung zurückgeworfen. Allgemeine Aussagen wären nicht mehr möglich und Wissenschaft wäre obsolet. Besonders problematisch werden radikal konstruktivistische Interaktionsmodelle dann, wenn eine/r der Interagierenden ein deterministisches System ist, das als Maschine ohne Bewusstsein gar keinen Zugriff auf eine subjektive Welt hat, nach formallogischen und syntaktischen Regeln funktioniert und semantische Repräsentationen nur schwer verarbeiten kann. Menschen dagegen sind in der Lage, zwischen subjektiver, objektiver und sozialer Welt zu differenzieren. So spielen auf der Ebene der subjektiven Einschätzungen bspw. Annahmen des Menschen über den Bot eine wichtige Rolle in der HCI. Verschiedene UserInnen attribuieren u. U. ganz unterschiedliche Eigenschaften an ein und dasselbe System. Diese individuellen Unterschiede beziehen sich auf bestimmte Begriffsumfänge, nicht aber auf die logische Form der Attribuierung per se. So werden einem System zwar bisweilen unterschiedliche Eigenschaften zugesprochen, aber die logische Struktur dieser kognitiven Leistung bleibt vergleichbar. Ohne die Einsicht in die Gesetze der Logik wäre also weder die Manipulation noch die Programmierung eines Systems als Objekt der Außenwelt möglich. Die Manipulation wird vom Individuum jedoch in den meisten Fällen als Interaktion wahrgenommen. Was dieser Umstand im Detail für die HCI bedeutet, wird im Verlauf der Studie gezeigt.

NutzerInnen sollen im Folgenden mit Kant als Personen betrachtet werden, die einerseits logikgeleitet agieren und zusätzlich Affekte besitzen, die diese logischen Operationen durchkreuzen können. Ihr Denken folgt entweder Assoziationen oder zieht logische Schlüsse. Dabei ist der Mensch lernfähig und wird in seinem Denken und Handeln von sehr vielen, nicht immer eindeutig nachvollziehbaren äußeren Variablen beeinflusst. Die Verarbeitung natürlicher Sprachdaten erfolgt elektrophysiologisch, teilweise bewusst, teilweise vorbewusst, u. U. repräsentiert in natürlicher Sprache nach logischen Gesetzmäßigkeiten, aber nicht formalsprachlich wie derzeit in den meisten Computern. Gerade in Bezug auf sprachliche Interaktion, ist es heute wichtig, genau zu differenzieren, welche Sprachhandlungen intentional, geplant und bewusst eingeleitet werden und welche u. U. auf vorbewusste Mechanismen zurückzuführen sind. D. h., auch wenn einige Bereiche der menschlichen kognitiven Sprachverarbeitung automatisierte Abläufe darstellen, so wird höhere Kognition, ohne die Sprachfähigkeit nicht möglich wäre, gesteuert von einem Ich, das seine Ziele frei definiert und spontan ändern kann. Intentionalität, nämlich Ziele selbst definieren zu können, und Spontaneität, nämlich eigenständig und ohne Fremdmotivation Ziele zu verändern, werden in dieser Arbeit als kognitive Leistungen des Menschen angesehen, die ihn eindeutig auch von den besten Systemen unterscheiden. Menschen haben also Einsicht in logische Operationen und ihr Denken folgt logischen Gesetzen, ohne aber rein deterministisch zu funktionieren. Durch äußere Anstöße wird die Struktur der kognitiven Datenverarbeitung verändert – sowohl auf der Ebene der Physis (Konnektionen von Synapsen) als auch auf der Ebene der logischen Operationen (Informationszuwachs durch Schlussfolgerungen und Lernen). Die Variablen determinieren das Verhalten aber nur teilweise. Der Mensch muss als offenes sinnverarbeitendes System (vgl. Luhmann 1984) begriffen werden, das sich seiner selbst bewusst und nur in bestimmten Bereichen deterministisch ist.

„Offene Systeme tauschen mit ihrer Umwelt Energie, Materie und gegebenenfalls Informationen aus. Geschlossene Systeme dagegen sind von ihrer Umwelt isoliert“ (Steinbacher, Krohn, Küppers 1999: 1584). Ein Bot soll als semiotisches System (vgl. Luhmann) definiert werden, das seinen Funktionen nach prototypisch in sich geschlossen ist. Allerdings versuchen EntwicklerInnen heute, solche Systeme zu öffnen, indem externe Daten über Kameras, Sensoren oder Spracheingabe einbezogen werden. Solange die Verarbeitung externer Daten jedoch keine Veränderung der Verarbeitungsroutinen selbst nach sich zieht, ist das System nicht im engeren Sinne als offen zu betrachten. Intern erfolgt die Verarbeitung natürlicher Sprachdaten aber deterministisch in Form von formalen Regeln in Programmiersprache durch den Abgleich externer Sprachdaten mit internen Lexika oder sophistizierten Datenbanken zur Erkennung von strukturellen Mustern oder semantischen Relationen.

Auf der Ebene der systemtheoretischen Grundlegung bedeutet das, dass HCI als komplexes Gesamtsystem begriffen werden muss. Dabei ist der Mensch als offenes System und der Bot als geschlossenes System mit Ausgabefunktion zu verstehen. Das Gesamtsystem wird beeinflusst durch die Lebenswelt im Sinne Habermas', die in Form von intersubjektivem Hintergrundwissen als Interpretationsressource diskursiver Verständigung definiert ist. *„Das Alltagswissen der Gesprächspartner bezieht sich auf eine von allen als gültig akzeptierte und im konkreten Interaktionsgeschehen immer wieder konsolidierte Alltagswirklichkeit einer bestimmten Ethnie. […] Diese oberste Wirklichkeit „par excellence“, auf die sich letztlich alle beziehen (können), ist die Wirklichkeit der Alltagswelt“* (Brinker & Sager 1989: 129).

Dieses Weltwissen hat wie bereits erwähnt objektive und intersubjektiv geteilte Anteile. Objektivität gilt in Bezug auf die Naturgesetze und die ihnen inhärenten Kausalitäten sowie in Bezug auf die Gesetze der Logik selbst. Prozesse, die logisch erklärt werden können, sind auch objektiv fassbar. Intersubjektivität besteht zwischen Menschen, die zwar Einsicht in die objektive Welt haben, aber aufgrund ihrer individuellen Wahrnehmung unterschiedliche Perspektiven entwickeln. Diese müssen im Dialog intersubjektiv ausgetauscht werden. Dazu ist es wichtig, eine Vorstellung von der eigenen Perspektive und der des Gegenübers zu haben. Im sog. Self- und Partner-Modeling (Johnson-Laird 1983; Sanford & Garrod 1981; Zwaan & Radvansky 1998) besteht eine der großen Herausforderungen der KI. Der Bot funktioniert nach objektiven Regeln, aber durch die Attribuierung anthropomorpher Eigenschaften kann er von seinen UserInnen als Subjekt in der Interaktion eingestuft werden. Was folgt, ist eine Quasi-Intersubjektivität.

Thematisch-kontextuelles Hintergrundwissen ist unerlässlich, um Äußerungen in einen kohärenten Bezug zueinander und zur Außenwelt zu setzen. Neben enzyklopädischem Wissen werden prozedurales Wissen und konzeptionelle Deutungsmuster als konstitutiv angenommen (vgl. Linke et al. 2004: 225ff). Das Weltwissen stellt eine Ressource für semantische Begriffe dar. Um diese zu verarbeiten, müssen die den Menschen gemeinsamen Parameter des logischen Denkens als Operatoren zu Verfügung stehen. Hinzu kommen Perzeptionen in Zeit und Raum, die ihrerseits kognitiv verarbeitet werden müssen. Ein Begriff von temporaler und lokaler Relation muss also vorhanden sein.

Zugang zum Weltwissen haben allein die menschlichen Interagierenden. Bots greifen nur sehr eingeschränkt auf Interpretationsressourcen in Form von Wissensrepräsentationen zurück. In der KI werden Versuche unternommen, dieses Defizit zu kompensieren durch komplexe Ontologien, webbasierte Parser oder durch lernfähige Systeme mit probabilistischen Netzwerkmodellen, die lange auf soziale Interaktion trainiert werden. Bislang sind diese Versuche aber wenig erfolgreich, so dass dem Bot keine Wissensgrundlage zur Verfügung steht, aus der geteiltes Wissen per Partner-Modeling abgeleitet oder intersubjektiv ausgehandelt werden kann. Von einem intersubjektiven Hintergrundwissen (Habermas 1993a: 442) oder *Common Ground* (vgl. u.a. Stalnaker 1978; Clark & Marshall 1981; Clark 1985, 1996; Heritage 1988) kann man mit Bezug auf die Dyade Mensch-Maschine also nicht sprechen. Da dem Bot der Status eines Subjekts nicht zugesprochen werden kann, ist auch der Begriff der Dyade für die HCI problematisch. Je nach Grad der Akzeptanz des Bots durch die UserInnen kann man allenfalls davon sprechen, dass Userin A oder User B die Situation als dyadisch begreift. So kommt dem Bot eine schwer zu definierende Rolle zwischen Gerät und GesprächspartnerIn zu, da Alltagskommunikation in der HCI simuliert wird und auf diese Art habituierte Verhaltensweisen seitens der UserInnen ausgelöst werden (sollen).

Was einen artifiziellen Agenten als Agens einer Sprachhandlung auszeichnen soll, ist in der HCI definiert als *„eigenständige, und damit intelligente Problemlösungskompetenz“* (Schatter 2011: 15). Schatter folgert aus diesem Anspruch der EntwicklerInnen von zielorientierten Systemen: *„Damit ist die Rolle von Agenten in der Informationstechnik mit der Funktion von Akteuren in der Sozialwissenschaft vergleichbar“* (Schatter 2011: 15). Doch fallen die modernen Systeme weit hinter diesen Anspruch zurück. Hier hilft Habermas‘ Unterscheidung zwischen kommunikativem Handeln und strategischem, erfolgsorientiertem Handeln (s. o.). Während zielorientierte, planbasierte Dialogagenten zu erfolgsorientierten Sprachhandlungen in der Lage sind, können sie auf Grund ihrer Restriktionen nicht kommunikativ handeln im Sinne sozialer AkteurInnen. *„Kommunikatives Handeln [nach Habermas] dient unmittelbar der gemeinsamen Situationsdeutung und der Einigung über gemeinsame Handlungsziele […]“* (Dietz 1999: 1577). Doch wird der Bot nicht als intentional verstanden, kann dieses „Aushandeln“ von Handlungszielen und Strategien nicht wechselseitig erfolgen. Moderne Systeme können u. U. über einige Dialogsequenzen die Illusion schaffen, dass Ziele, Strategien und auch Begriffe ausgehandelt würden, intentionales Handeln im engeren Sinne jedoch ist Dialogagenten nicht möglich. Intendierte Handlungsziele sozialer AkteurInnen können in der HCI entsprechend nicht gleichberechtigt ausgehandelt werden, aber HCI produziert als Gesamtsystem funktionale Handlungseffekte eines menschlichen sozialen Akteurs unter Zuhilfenahme eines soziablen Bots.

Ein formales Verständnis des Gesamtsystems HCI wäre eine hilfreiche Grundlage für die Implementierung innovativer Systeme, doch ist die Formalisierbarkeit menschlicher Handlungen und natürlicher Sprache nur sehr eingeschränkt möglich. Auch wäre theoretisch die Formalisierung der Lebenswelt als Totalität nötig, um die entsprechenden Bedingungen zu schaffen. Bereits Leibniz schickte sich an, die komplette Philosophie mit Hilfe einer universalen Formalsprache auszudrücken (vgl.: *characteristica universalis*). Doch Kant kommentiert diese Bemühungen insofern, dass Philosophie auf nicht formalisierte Sprache angewiesen und aus prinzipiellen Gründen nicht formalisierbar sei, auch wenn man weder dem Relativismus verfallen, noch den Systemgedanken preisgeben wolle (vgl. Klein 1999: 1582). *„Es ist gleich tödlich für den Geist ein System zu haben und keins zu haben. Er wird sich also wohl entschließen müssen, beides zu verbinden“* (Kant K.r.V.). Ein systemtheoretisches Verständnis der HCI kann also immer nur eine Hilfsvorstellung sein, die sich auf den engen Gegenstandsbereich einer konkreten Dialogsituation bezieht. Zahlreiche Variablen, die das NutzerInnen-Verhalten beeinflussen, offenbaren die Durchlässigkeit des Systems und machen eine umfassende Formalisierung unmöglich. So liegt auch *„bisher […] eine strikte Durchformulierung einer allgemeinen empirischen Systemtheorie weder für die Naturwissenschaften noch für die Sozialwissenschaften vor“* (Steinbacher, Kohn, Küppers 1999: 1586). Vielmehr existieren unterschiedliche Systemmodelle, die von den Gegebenheiten unterschiedlicher Gegenstandsbereiche bestimmt werden. Für die HCI soll in diesem Sinne ein Modell definiert werden, das Systemcharakter hat für Dialoge zwischen Mensch und Maschine in Abhängigkeit von den hier dargestellten restringierenden Variablen (vgl. Kapitel 5.1).

2. Vier theoretische Ansätze zur Analyse der HCI

Wie menschliche Wesen mit freiem Willen und der Möglichkeit zur spontanen Veränderung ihrer ursprünglichen Dialogziele mit deterministischen Automaten natürlichsprachlich interagieren, ist aus linguistischer Perspektive schwer zu fassen. Zahlreiche Variablen beeinflussen jede konkrete Dialogsequenz. So sind UserInnen-Eingaben abhängig vom Kontext der jeweiligen Anwendung, von Vorannahmen und der Expertise der UserInnen (vgl. Krämer 2008, Fischer im Druck), vom UserInnentyp (vgl. Fischer 2006), von erlernten Frames und Skripts (vgl. Fillmore 1976, Sacks et al. 1992) und von kognitiven Perzeptions- und Produktionsprozessen (vgl. Pickering & Garrod 2004). Außerdem spielt es eine wichtige Rolle, ob die Interaktion im WWW chat-basiert oder medial mündlich über ein Sprachausgabe- und Spracherkennungsmodul erfolgt. Zudem werden Dialoge mit artifiziellen Agenten restringiert durch die begrenzten Möglichkeiten der jeweiligen Systemarchitektur und des konkreten Dialog-Designs. Unter all diesen Prämissen abzustecken, wie sich Menschen im Dialog mit mechanistischen Agenten verhalten, bleibt eine Herausforderung für die Linguistik. Ihr kommt die Aufgabe zu, Dialogtranskripte (Logfiles mit oder ohne Metadaten) mit ihren Methoden zu evaluieren und so erstens Erkenntnisse über menschliches Sprachverhalten in einem sehr speziellen situativen Kontext zu gewinnen und in einem zweiten Schritt dieses Wissen nutzbar zu machen für innovative Dialogdesigns. Denn je antizipierbarer UserInnen-Äußerungen in einem bestimmten Anwendungskontext sind, desto leichter lassen sich robuste Dialoge implementieren. *„Furthermore, system designers need to know how interaction can be improved to make it more pleasurable, to recover from errors more gracefully and to anticipate speakers' strategies and inferences. This includes knowledge about the effects their design decisions may have on potential users in order to take these decisions in a maximally informed way“* (Fischer 2010: 2352).

Dabei stellt sich die Frage, in welchem Maße das UserInnen-Verhalten Architektur und Dialog-Design des Systems widerspiegelt. Bei sehr limitierten Dialog-Desings, die der Navigation über eine Menüabfrage nachempfunden sind (vgl. Twipsy), ist die Dialogführung so eng, dass das UserInnen-Verhalten im wörtlichen Sinne vorprogrammiert ist. UserInnen von Chatbots und ECAs haben hingegen mehr Spielraum. Dieses Spannungsfeld zwischen reaktivem Verhalten zum Dialog-Design und proaktiven innovativen Eingaben gilt es genauer zu definieren.

2.1 Linguistische und interdisziplinäre Forschungsansätze

Um möglichst viele Ideen zur Antizipierbarkeit von Dialogverläufen für die Überlegungen zur UserInnen-Steuerung nutzbar zu machen, wurden für die Studie diverse Ansätze miteinbezogen, die sich aus äußerst unterschiedlichen Perspektiven mit Kommunikation und Interaktion beschäftigen. Denn sowohl Dialoge unter Menschen als auch mit artifiziellen Agenten können auf unterschiedlichen Ebenen analysiert werden.

> *„When we speak about discourse or conversational knowledge, we can talk about a number of different levels. At the level of plans and intentions, we can describe a conversation in terms of the high-level goals and plans of the participants. At the level of focus, we can describe a conversation in terms of center of attentional focus. We might call these intentional or attentional models deep discourse structure. At the level of speech acts, we can model the speech act type of each utterance. Or we can model sociolinguistic facts about conversation structure such how participants might expect one type of conversational units to be responsed to by another (adjacency pairs)"* (Jurafsky et al. 1997).[64]

Grundsätzlich muss unterschieden werden zwischen einer Ebene der Performanz und einer Ebene der Kognition. Auf der kognitiven Ebene sind Prozesse der Sprachproduktion und Perzeption zum besseren Verständnis von Dialogen unter Menschen von Interesse. Auch Vorannahmen über das System, emotionale Aspekte und Technikexpertise spielen eine Rolle. Der menschlichen Kognition steht die KI des Systems gegenüber. Hier liegt der Fokus auf einer Systemarchitektur, die zur logischen Verarbeitung von natürlichsprachlichem Input und zur Generierung des entsprechenden Outputs befähigt. Logisch kohärente Systembeiträge zu erzeugen, ist Ziel dieser Überlegungen. Auf der Ebene der Performanz können strukturelle Besonderheiten der HCI diskutiert werden. Bei den UserInnen sollen konkrete Formulierungen evoziert und die Sprache des Systems so angemessen wie möglich für den entsprechenden Anwendungskontext gestaltet werden. Hierfür sind die Erkenntnisse der Konversationsanalyse besonders relevant. An der Oberfläche des Dialogs können vergleichsweise leicht Veränderungen durch die entsprechende Wortwahl in den Systembeiträgen und die richtigen Schlüsselwortkombinationen vorgenommen werden. Auf diese Art kann jedoch immer nur die Illusion von kohärenten Sequenzen erzeugt werden.

Drei Zugänge wurden aus der Gesprächsforschung zur Mensch-Mensch-Kommunikation in die Untersuchung eingebunden:

---

64 www.stanford.edu/~jurafsky/ws97/manual.august1.html (Zugriff 15.06.2016).

- **Das psycholinguistische Modell zum Konzept *Alignment* (vgl. u.a. Pickering & Garrod 2004, Branigan et al. 2000, Szmrecsanyi 2005):**
  Der vorbewusste Teil der kognitiven Dialog-Verarbeitung wird von Pickering und Garrod (2004) im interaktiven Alignment-Modell als einfacher Priming-Mechanismus gefasst. Für die HHC haben zahlreiche Versuche gezeigt, dass Menschen dazu tendieren, sprachliche Strukturen ihres Gegenübers zu kopieren. Alignment scheint für die HCI insofern interessant, weil ein genaueres Verständnis der Bedingungen für dieses Dialogverhalten Gesprächsbeiträge antizipierbarer machen könnte. Mithilfe des interaktiven Alignment-Ansatzes soll untersucht werden, ob und in welcher Form UserInnen vorbewusste Mechanismen aus der HHC auf die HCI übertragen.
- **Teilgebiete der klassischen Konversationsanalyse (*Coversation Analysis, CA*; vgl. Sacks, Schegloff, Jefferson 1992):**
  Seit den 1960er Jahren hat die CA die grundsätzlichen strukturellen Parameter von Dialogen definiert (Turns, TCUs, Adjazenzpaare, Gesprächsrahmensequenzen, Komplettierungen etc.). Das strukturelle Grundgerüst eines Dialogs kann in ihrer Systematik beschrieben werden. Diese Parameter sind quantifizierbar, so dass Dialoge unterschiedlicher thematischer Ausrichtung strukturell vergleichbar werden. Ziel der Untersuchung ist es, strukturelle Unterschiede zwischen HCI und HHC herauszuarbeiten. Außerdem werden in der CA Überlegungen zur *Conditional Relevance*, der bedingten Erwartbarkeit von Folge-Äußerungen und zu ritualisierten Paarsequenzen, angestellt (z.B. Gruß – Gegengruß in der Eröffnungsphase eines Dialogs). Hier gilt es, die kritischen Punkte zu definieren, an denen Dialoge antizipierbar werden, und die Leistungsfähigkeit moderner Systeme in Bezug auf diese Routinen zu evaluieren. Die CA stellt auch eine differenzierte Methode zur qualitativen Analyse von funktionalen Aspekten der Dialog-Beiträge zu Verfügung, die zusätzlich zur quantitativen Korpusstudie immer dann bemüht wird, wenn sprachliche Phänomene diskutiert werden, die nicht ohne weiteres quantifizierbar sind. Mittels der CA sollen strukturelle und funktionale Aspekte der HCI untersucht werden.
- **Überlegungen zu Kohärenz und Kohäsion (vgl. Givón 1983, Tidge 1997, Linke et al. 2004, Brinker 2010, Özsarigöl 2010) unter der grundsätzlichen Fragestellung, wie sich Kohärenz im Dialogverlauf für die HCI formalisieren lässt (Allen et al. 1978):**
  Logische Kohärenz, semantische Kontiguität sowie thematische Progression sind auf der Folie der Lebenswelt als Interpretationsrahmen sinnstiftend und unerlässlich, wenn Handlungsziele und kommunikative Ziele in der HCI erreicht werden sollen. Inwiefern sich diese Aspekte strukturell in Form von Kohäsionsmitteln auch in der HCI manifestieren, soll mit quantitativen und qualitativen Methoden erhoben werden.

Mittels der oben beschriebenen Ansätze können kognitive, strukturelle, funktionale und logisch-semantische Aspekte der HCI beschrieben werden. Das Ergebnis soll im nächsten Schritt interpretiert werden mit Bezug auf eine seit den

1980er Jahren geführte Debatte, die in Informationswissenschaften und Linguistik gleichermaßen prominent ist:

- **Die Diskussion um *Computer-Talk* (CT) als strukturell oder funktional erfassbares Register im Sprachgebrauch der UserInnen (Zoeppritz 1985, Krause et al. 1992, Fischer 2006, im Druck):**
  Der Diskurs um CT als Register soll aufgenommen und weitergeführt werden, indem die klassischen Argumente anhand neuer, diachroner Sprachdaten überprüft werden. So können eventuelle Entwicklungstendenzen ausgemacht werden. Inwiefern die These von einem strukturellen oder funktionalen CT aus linguistischer Perspektive haltbar ist, soll in den Kapiteln 2.5 und 4.4 diskutiert werden.

Zahlreiche psychologische und soziologische Studien zum NutzerInnen-Verhalten im Dialog mit artifiziellen Agenten haben einige interessante Ergebnisse erbracht, die Aufschluss geben über situative Kontexte von HCI:

- Überlegungen zu Auswirkungen des anthropomorphen Designs auf die UserInnen-perzeption und die Akzeptanz von Bots (vgl. z. B. *Uncanny Valley*, Mori 1982)
- Überlegungen zur Usability von anwendungsorientierten Systemen (Dahms et al. 2005)
- Überlegungen zu sozialen Wirkungen virtueller Helfer (Krämer 2008)

Soziale oder psychologische Parameter nehmen Einfluss auf die konkrete Dialogsituation und sind bei der linguistischen Analyse von UserInnen-Sprache unbedingt zu berücksichtigen.

Alle hier vorgestellten linguistischen, informationswissenschaftlichen, psychologischen und soziologischen Ansätze nähern sich der Analyse und Implementierung von HCI-Dialogen aus unterschiedlichen Richtungen und vertreten unterschiedliche Auffassungen über die Beschaffenheit und die Ziele von HCI. Dabei steht die Frage nach der Möglichkeit und Notwendigkeit von anthropomorphem Dialog-Design im Mittelpunkt der Diskussion. So wie ein Avatar menschenähnlich gestaltet sein kann, kann auch ein Dialog mit einem Bot anthropomorph gestaltet werden, indem versucht wird, menschliche Kommunikation so gut wie möglich zu imitieren. Das Ziel solcher Anstrengungen wären die sog. *Star-Trek-Dialoge* als ideale Simulation menschlicher Kommunikation. Wie in Kapitel 1 bereits angesprochen, ist *Star-Trek-Kommunikation* allerdings nicht für alle ForscherInnen-Gruppen im Bereich der HCI das erklärte Ziel. Unabhängig davon, dass derzeitige Systeme nicht in der Lage sind, die Illusion von menschlicher Kommunikation über längere Dialogsequenzen aufrechtzuerhalten, gehen vor allem Usability-ExpertInnen davon aus, dass ein System keine *Star-Trek-Dialoge* führen können muss, um bereichsspezifisch zuverlässig zu funktionieren. Eine bot-basierte E-Learning-Anwendung muss bspw. den LernerInnen Feedback geben können, braucht aber nicht unbedingt eine Small-Talk-Funktion, und ein sprachgesteuerter Fahrkartenautomat kann mit einer Menü-Abfrage arbeiten, obwohl lange Aufzählungen untypisch für natürlichsprachliche, konzeptionell mündliche Kommunikation sind.

Um HCI analysieren zu können, ist es also zunächst notwendig festzuhalten, dass einem konkreten Dialog-Design sehr unterschiedliche grundsätzliche Entscheidungen zu Grunde liegen können. Entsprechend empfiehlt es sich, systematisch zwischen Ansätzen zu unterscheiden, die von Interesse sind, wenn man ein anthropomorphes Dialog-Design anstrebt, und solchen, bei denen die bereichsspezifische robuste Nutzbarkeit im Vordergrund steht. Das gilt sowohl für Überlegungen zur Entwicklung von Systemen als auch für die Untersuchung bereits bestehender Systeme.

Ist anthropomorphes Dialog-Design das Ziel, so wird davon ausgegangen, dass ideale Systeme sich als soziable Assistenten unter Menschen integrieren können sollten (*Companion-Systeme*) und von Menschen intuitiv genutzt werden sollten. Dies wäre am ehesten möglich, wenn die HCI einer HHC so nahe wie möglich käme. Das System würde dem Menschen folglich angepasst. Das Ziel der EntwicklerInnen besteht dann darin, dass sich HCI und HHC möglichst ähnlich werden. Die grundsätzlichen linguistischen Forschungsfragen, deren Beantwortung als Vehikel für anthropomorphe Dialog-Designs fungiert, lauten:

- Was macht HHC kohärent und wie lässt sich Dialog-Kohärenz formalisieren?
- Inwiefern sind Redebeiträge antizipierbar?
- Welche Wissensbasis muss als Hintergrundwissen zur Verfügung stehen?
- Welche vorbewussten Mechanismen und bewussten Strategien beeinflussen die UserInnen?
- Welche sprachlichen Indikatoren für die o. g. Aspekte findet man in HCI-Dialogen?

Hier liegt die große Herausforderung für die Linguistik im Bereich der Mensch-Maschine-Interaktion.

Diesem Anspruch steht ein grundsätzlich anderes Verständnis von innovativer Technologie entgegen, bei dem der Werkzeug-Charakter auch bei Dialog-Systemen im Vordergrund steht. Man baut auf die Anpassungs- und Lernfähigkeit der UserInnen und geht davon aus, dass diese Strategien entwickeln, sich auf Dialog-Designs einzustellen und so einen neuen sprachlichen Kode zur Interaktion mit dem System erwerben. Dafür genügen oftmals bereits einfache Befehle und Schlüsselwörter. Der Mensch passt sich demnach dem System an. HCI und HHC unterscheiden sich folglich strukturell und / oder funktional. Die grundsätzlichen linguistischen Forschungsfragen unter dieser Prämisse lauten:

- Worin bestehen die Unterschiede zwischen HHC und HCI?
- Als was ist HCI im Gesamtsystem einer Sprache definiert?

Beide Perspektiven eröffnen Möglichkeiten, zeigen aber auch Probleme und Grenzen auf, die in den folgenden Kapiteln diskutiert werden sollen. Zur Gliederung und Abgrenzung der verschiedenen linguistischen und interdisziplinären Ansätze voneinander, wird eine Kategorisierung nach der Zielsetzung des Dialog-Designs vorgeschlagen:

Tabelle 2: Forschungsansätze zur HCI

Dialog-Design mit Werkzeug-Charakter	**Anthropomorphes Dialog-Design**
***Computer-Talk* (CT)** • Kann CT als *strukturelle* oder funktionale Varietät angenommen werden? • Ist die *Annahme* von CT sinnvoll für ein benutzerInnenfreundliches Design? **Linguistik / Informationswissenschaft**	**Konversationsanalyse (CA)** • Können Parameter der bedingten Erwartbarkeit (*Conditional Relevance*) von UserInnen-Äußerungen zu menschenähnlichen Dialogen verhelfen? • Können Sprachroutinen oder bereichsspezifische *Skripte* definiert werden? **Linguistik / Soziologie**
Usability • Was ist benutzerInnen-freundliches Dialog-Design? • Welches System bringt welche Variablen mit sich? **Informationswissenschaft / Psychologie**	**Alignment** • Welche Rolle spielen vermeintlich vorbewusste Priming-Mechanismen für das Verhalten der UserInnen? • Können solche Mechanismen für ein innovatives Dialogdesign genutzt werden? • Welche Rolle spielen dabei Zerfallseffekte im Sinne einer Vergessenskurve? **Linguistik / Psychologie**

Dialog-Design mit Werkzeug-Charakter	Anthropomorphes Dialog-Design
Soziale Wechselwirkungen • Welche UserInnen bringen welche Variablen mit (Alter, Geschlecht, Technikexpertise, UserInnen-Typ, Bewusstsein für Bot-Kommunikation)? • Welche sozialen Wirkungen werden von Dialogagenten hervorgerufen (vgl. „Uncanny-Vally“)? Psychologie / Soziologie	**Kohärenz** • Wie können Kohäsionsmittel an der Textoberfläche zu einem anthropomorphen Dialog-Design beitragen? • Wie können inkohärente Sequenzen aufgespürt werden (Kohärenz-Parsing)? • Kann ein aussagenlogisches Kalkül zur Generierung von wirklicher Dialog-Kohärenz genutzt werden? • Welche Wissensbasis wird dafür benötigt? Linguistik

Die vorliegende Studie versucht all diese Ansätze auf Phänomene der HCI zu beziehen und für Analysen und Entwicklungen in diesem Bereich nutzbar zu machen. Dabei ist klar, dass auch die verschiedenen Ansätze aus den beiden Theoriegruppen (Bot als Werkzeug vs. Bot als GesprächspartnerIn), jeweils gruppen-immanent nicht widerspruchsfrei miteinander verbunden werden können. Modelle wie die klassische Konversationsanalyse und das interaktive Alignment-Modell können nicht systematisch zusammen gedacht werden, da ihnen ganz unterschiedliche Auffassungen von Dialog und Sprachverarbeitung zu Grunde liegen, die in den folgenden Kapiteln differenziert dargestellt werden sollen. Allerdings bringen die o. g. unterschiedlichen Ansätze jeweils interessante Gedanken in die Diskussion um anthropomorphes Dialog-Design ein, die weiterverfolgt und miteinander in Verbindung gesetzt werden sollten. KonstrukteurInnen von Chatbots und ECAs bedienen sich schon lange bei unterschiedlichen Expertisen, um ihre Systeme zu entwickeln. Eine systematische Reflexion dieses technologiehistorischen Topos‘ sowie eine kohärente Verknüpfung der Theorien aus linguistischer Perspektive fehlen bislang. Welche Faktoren haben unter welchen Bedingungen Einfluss auf HCI-Dialoge und welche theoretischen Modelle stellen welche Analysewerkzeuge zur Verfügung? Der theoretische Beitrag dieser Arbeit soll eben in dieser Verknüpfung verschiedener Ansätze liegen und in ihrer Nutzbarmachung sowohl für linguistische Analysen in der HCI als auch für die Implementierung innovativer Systeme.

Die vier linguistischen bzw. linguistisch-interdisziplinären Ansätze aus der Konversationsanalyse, aus der Psycholinguistik zu Alignment, zur Dialog-Kohärenz und zum *Computer-Talk* sollen in den Kapiteln 2.2 bis 2.5 dargestellt werden, die soziologischen und psychologischen Aspekte wurden bereits in Kapitel 1 angesprochen und bilden den situativen Rahmen, der in jede Dialog-Analyse miteinbezogen werden muss. Auf der Grundlage der jeweiligen Theorie werden in den Kapiteln 2.2 bis 2.5 Hypothesen für die korpus-basierte Analyse abgeleitet und die zur Überprüfung der Hypothesen erhobenen Untersuchungsparameter vorgestellt. Die kompletten Tag-Sets sowie Definitionen und Beispiele zu allen Untersuchungsparametern finden sich in Kapitel 3.

2.2 Konversationsanalyse in der HCI

Um Dialoge besser maschinell verarbeiten zu können, ist es wichtig, ihren strukturellen Aufbau genau zu verstehen. Sprachliches Verhalten, das regelhaft, routiniert oder konventionalisiert abläuft, lässt sich leichter von einem System verarbeiten als völlig spontane Äußerungen. Indem menschliche Dialoge gegliedert und in einzelne funktionale Einheiten unterteilt werden, wird in der Konversationsanalyse (*Conversational Analysis, Conversation Analysis, CA*) die Grundlage für eine systematische empirische Untersuchung von Dialogen geschaffen. Besonders interessant für die maschinelle Dialogverarbeitung ist der Zugang der CA deshalb, weil hier die Ebene der Performanz im Vordergrund steht. „*Conversation analysis has [...] concentrated on the observable, on aspects that leave their traces in the sequential organisation of talk*" (Fischer 2006: 10; vgl. Sacks et al. 1992). Funktionale, psychologische oder soziale Aspekte werden an strukturellen Indikatoren festgemacht, die theoretisch von einem sophistizierten Parser verarbeitet werden könnten. Garfinkel (1972: 321) geht davon aus, dass allgemeines Verstehen „*necessarily an operational structure*" aufweist. Eine Reflexion auf die kognitiven Voraussetzungen, die zur Produktion von Dialogbeiträgen führen, findet in der CA nur rudimentär statt.

Auch in der HCI verwenden UserInnen normierte Dialogstrukturen, wie Hutchby (2001) zeigt. Mit Hilfe der CA können also HHC-Dialoge in Teilen operationalisiert werden, um als Vorlage für HCI-Designs zu dienen. Die Methoden der CA können im nächsten Schritt dann auch auf HCI-Dialoge angewandt werden, um diese auszuwerten und zu evaluieren. Darüber hinaus können einige Grundprinzipien der CA als einfache Regel direkt in Dialogsysteme implementiert werden, was auch bereits geschieht (vgl. z.B. Kopp et al. 2004). Gerade für gesteuerte Dialog-Designs mit enger UserInnen-Führung sind routinierte oder konventionalisierte Dialogverläufe von besonderem Interesse, da es hier relevant ist, die nächste UserInnen-Äußerung so exakt wie möglich zu antizipieren.

Ein gutes Beispiel sind musterhafte Begrüßungs- und Verabschiedungssequenzen der Form „Gruß-Gegengruß", die bei der Programmierung von Bots und ECAs grundsätzlich Beachtung finden.[65] Grüßt das System, so ist der Gegengruß der UserInnen kontextbedingt erwartbar. Dies hängt allerdings von bestimmten Konditionen ab: Übertragen die UserInnen ihr Verhalten aus der HHC auf die HCI? Wie ist der Kontext der Anwendung? Welche Variablen spielen seitens der UserInnen eine Rolle (Vorannhamen, Expertise, UserInnen-Typ)? Hier ist es wichtig, besser zu verstehen, unter welchen Bedingungen UserInnen ihr Verhalten aus der HHC auf die HCI übertragen und inwiefern überhaupt von einer „Übertragung" gesprochen werden sollte. So kann man die Konditionen definieren, unter denen das Muster „Gruß-Gegengruß" aus der HHC greift (*Conditional Relevance*). Während die bedingte Erwartbarkeit für eine gesteuerte UserInnen-Führung ein besonders attraktives Konzept ist, wird für offenere Dialog-Designs eine erweiterte Mustererkennung mit Hilfe der CA angestrebt. Bspw. könnten bei einer Adjazenzellipse (s. u.) in der UserInnen-Eingabe vom Parser zusätzliche Informationen im vorangegangenen System-Beitrag gesucht werden.

In der CA werden Gespräche als Einheit begriffen und auch entsprechend ausgewertet. Die Redebeiträge der Interagierenden werden nicht als isolierte Äußerungen verstanden, sondern vielmehr als in vielerlei Hinsicht miteinander verbunden. Dies erschwert maschinelles Parsing zunächst. Doch im besseren Verständnis der zugrundeliegenden Interaktionsregeln liegt auch eine Chance für verbesserte Parser.

Die konkrete Ausgestaltung einer Äußerung wird in der CA als nicht primär verstanden, sondern hängt ab vom unmittelbaren Kotext und dem jeweiligen räumlichen, zeitlichen und sozialen Kontext, in dem sie getätigt wird. Dialoge werden also auch in diesem System niemals als voraussetzungsfrei verstanden. SprecherInnen einer natürlichen Sprachgemeinschaft haben intuitiven Zugriff auf kontextspezifische Protokolle, da diese von frühester Kindheit an erlernt wurden (vgl. z.B. Tomasello 2002). Die CA stellt Analysemodelle zur Verfügung, um solche kontextsensitiven Protokolle genauer definieren und auf diese Art und Weise analysieren zu können, was SprecherInnen produzieren und warum HörerInnen verstehen, was ihr Gegenüber sagt. Common Ground ist eine Größe, die aus diesem System nicht wegzudenken ist (vgl. Kapitel 2.1). Über geteiltes Wissen und Vorannahmen über die Welt hinaus geht die CA allerdings auch davon aus, dass Individuen im Zuge ihrer Interaktion Strukturen dynamisch und

65 Die Regeln zur Steuerung von Gruß und Gegengruß sind allerdings in den meisten Systemen noch verbesserungswürdig.

intersubjektiv etablieren und sich an ihnen bei der Planung ihrer Äußerungen orientieren (vgl. Giddens 1984, vgl. Kapitel 2.4).

Die CA stimmt also mit der soziolinguistischen Grundannahme überein, dass eine intrinsische und kausale Beziehung zwischen Sprache und dem sozialen Kontext besteht, in dem diese produziert wird. Welchen Einfluss unterschiedliche Kontext-Variablen auf die Antizipierbarkeit von Dialogen haben, wird innerhalb der Forschungsgemeinde heute verschieden bewertet. Liddicoat (2007: 11) z.B. spricht sich gegen die Vorhersehbarkeit von Dialogen aus. Was in der Vergangenheit oft als Muster angesehen wurde, sei zu stark kontextabhängig, um als regelhaft im engeren Sinne betrachtet zu werden. Brinker und Sager (1989) setzen die Existenz sprachlicher Routinen zwar voraus, thematisieren aber die Möglichkeit der Modifikation, Reformulierung und Suspendierung von Normen. Und auch Schegloff betont in seinen späteren Schriften die Variabilität von Gesprächssituationen, welche die Vergleichbarkeit erschwere (vgl. z.B. Schegloff 1993: 99).

Das Studium einer Menge von Einzelfällen führt zwar bis zu einem gewissen Grad zur Erkenntnis über systematische Gemeinsamkeiten, doch was sich als systematisch abzeichnet, wird trotzdem von den Bedingungen des jeweiligen Einzelfalls beeinflusst. Definiert man unter diesen Prämissen Muster und Routinen im menschlichen Dialog, handelt es sich dabei nicht um strikte Regeln, sondern vielmehr um mehrheitlich beobachtbare Tendenzen. D. h. auch für die HCI können nur erwartbare Tendenzen für das UserInnenverhalten antizipiert werden. Je kontrollierbarer der situative Kontext und der vom Bot generierte Kotext sind, desto wahrscheinlicher wird die Prognose. Es kann angenommen werden, dass Dialoge mit deterministischen Systemen zu einem höheren Grad vorhersagbar sein müssten als Dialoge unter nicht-deterministischen Menschen. Denn Dialogagenten können nur eine endliche Menge von Gesprächsbeiträgen ausgeben, so dass UserInnen nur einen begrenzten Output vorfinden, auf den sie ihre Gesprächsbeiträge beziehen können.

Methodisch wird in der CA vorausgesetzt, dass jede linguistische Untersuchung auf empirischen Sprachdaten (Transkripten, Logfiles, Korpora) basieren sollte, die in einem natürlichen Setting aufgezeichnet wurden.[66] Analysen erfolgen meist qualitativ sowohl auf der Mikro- als auch auf der Makroebene des Dialogs, können aber auch quantifizierbare Aspekte enthalten. Gerade auf der strukturellen Mikroebene ist die Wahrscheinlichkeit hoch, dass für die HCI

66 Aus diesem Grund wurden auch die Untersuchungskorpora für diese Studie entsprechend zusammengestellt (Kapitel 3).

operationable Abfolgetendenzen und erweiterte Muster von Gesprächsbeiträgen gefunden werden können.

Vor dem Hintergrund von Common Ground in Form von enzyklopädischem und pragmatischem Wissen sowie Self- und Partner-Modeling während der Interaktion können einige konkrete Beobachtungen an der Mikrostruktur von Dialogen gemacht werden, die eine gewisse Regelhaftigkeit erkennen lassen. Im Folgenden werden die für die empirische Analyse relevanten und korpuslinguistisch erhebbaren, strukturellen Basisprinzipien der CA vorgestellt und ihre Anwendungsmöglichkeiten in der HCI-Forschung diskutiert. Der Fokus liegt dabei auf maschinell erkennbaren Mustern der Turn-Allokation (z.B. Adjazenzellipsen) und sprachlichen Routinen im Gesprächsrahmen (z.B. Gruß-Gegengruß). In jedem Unterkapitel wird so ein Untersuchungsparameter der Korpusstudie vorgestellt.

2.2.1 Turn-Konstruktion und Turn-Allokation

Als strukturelle Basiseinheit kann der *Turn* (dt. Gesprächsschritt) angesehen werden (vgl. Sacks et al. 1992), der einen Gesprächsbeitrag bis zum SprecherInnen-Wechsel bezeichnet. Gesprächsschritte können unterschiedlich komplex aufgebaut sein. Es gibt initiierende und respondierende bzw. non-resondierende Gesprächsschritte (Brinker & Sager 1989: 71) sowie reaktivierende Gesprächsschritte. Die Turns weisen eine besondere Binnenstruktur auf: Sie bestehen aus sog. *Turn-Constructional-Units* (TCUs). Diese werden über ihre Möglichkeit zur Komplettierung als abgeschlossene Einheiten definiert. Die Punkte, an denen eine TCU als komplett betrachtet werden kann, werden als *Transition-Relevance-Places* (TRPs) bezeichnet. Ein Beispiel für diese Definitionsgrundlage findet sich u.a. bei Lerner (1991: C124A/C244A).

(1) D: They haftuh run programs for them to rehabilitate them tuh- to deal with the new materials. And if they ca:n't,
(2) A: They're out.
(3) (.)
(4) D: Mm hm,

Dass A Sprecherin Ds begonnene TCU komplettieren kann, spricht dafür, dass die TCU etwas in sich Abgeschlossenes darstellt. Im vorliegenden Beispiel bildet die Syntax des If-Satzes den Rahmen für eine Einheit, die erst dann als komplett zu betrachten ist, wenn der Nebensatz und der Hauptsatz formuliert sind. Wann eine Struktur als komplett bezeichnet werden kann, ist bis heute nicht vollständig geklärt.[67] Vielmehr können allein Möglichkeiten unter bestimmten Einschränkungen diskutiert werden, denn GesprächsteilnehmerInnen können nicht wissen, wie ein Turn enden *wird*, sondern nur wie er enden *könnte* (vgl. Liddicoat 2007: 60). Dieses grundsätzliche Definitionsproblem der CA illustriert plastisch, innerhalb welch enger Parameter Antizipation von Gesprächsbeiträgen lediglich möglich ist – in der HHC wie in der HCI. Empirisch können Komplettierungen allerdings immer wieder nachgewiesen werden und werden als Argument für die Antizipierbarkeit von Dialogbeiträgen ins Feld geführt(vgl. z. B. Bock & Levelt 1994; Garrett 1980).

Für eine KI sind solche Strukturen jedoch immer noch besonders schwer zu parsen, weil der einzelne Turn nicht alle notwendigen Informationen enthält. Die Generierung von Komplettierungen ist auch schwer, da nie eindeutig klar ist, wie komplettiert werden muss. Bei speziellen Konstruktionen, wie z. B. Konstruktionen mit „wenn, dann", könnte je nach Interaktionssituation so genau antizipiert werden, dass die begonnene Struktur leicht vom Gegenüber vervollständigt werden könnte (s. o.).

Einzelne Komplettierungen konnten im Korpus für die HCI beobachtet werden (s. Kapitel 4). Im nächsten Schritt ist zu überlegen, wie dieses erlernte Gesprächsverhalten der UserInnen für ein anthropomorpheres HCI-Design genutzt werden kann.

2.2.2 Turn-Taking

Der Turn kann als Basiseinheit von HCI-Dialogen grundsätzlich in Analogie zur HHC angenommen werden. Für die Face-to-Face-Kommunikation in der HHC wurden zwei grundsätzliche Wege beschrieben, wie an jedem TRP die nächste Gesprächsteilnehmerin zum Turn kommen kann. Entweder wählt SprecherIn 1 SprecherIn 2 durch eindeutige Adressierung ihres Turns mittels diverser sprachlicher Mittel aus oder SprecherIn 2 ergreift selbst das Wort. Zwischen diesen beiden Möglichkeiten kann nicht immer äquivalent gewählt werden, vielmehr wird die Struktur des Turn-Takings von der Konstruktion der TCUs vorgegeben. Sacks et al. (1974: 704) formulieren eine Reihe von Regeln, welche die Turn-Konstruktion und die Turn-Allokation zueinander in Verbindung setzten. Wie ein Turn konkret formuliert ist, hat Auswirkungen auf das Turn-Taking-Verhalten

67 Sacks et al. diskutieren 1974 verschiedene Kriterien einer kompletten Struktur (intonatorisch oder syntaktisch). Ob und wenn ja, wie eine Struktur von realen SprecherInnen im empirischen Dialog wirklich komplettiert wird, kann nicht genau vorhergesagt werden.

der Interagierenden da er Gliederungssignale, Kontaktfunktionen und Schlusssignale enthalten kann (Liddicoat 2007: 68). Unter Anwendung der Konstruktions- und Allokationsregeln können Gespräche von SprecherInnen kooperativ aufgebaut werden. „*The components, and the rules which relate them, are not static invariable constructs for organizing talk, but rather are deployable resources which can be used to claim or demonstrate understanding and to organize partizipation*“ (Liddicoat 2007: 78).

In Bezug auf die HCI kann man nicht von einem Turn-Taking-System im Sinne der CA sprechen. Vor allem in der computervermittelten, medial schriftlichen HCI ist ein Aushandeln des Turn-Takings bislang nicht möglich. Demnach treten an die Stelle von Turn-Taking-Konventionen strikt begrenzte Regeln für die Allokation durch das Posting per Enter bzw. die Ausgabe des Texts durch das System. Gesplittete Postings seitens der UserInnen sind selten (s. Kapitel 4) und Übertragungstechnologien Keystroke-per-Keystroke werden in Bot-Anwendungen vermieden, um das Parsing nicht zusätzlich zu erschweren. In der medial mündlichen, telefonbasierten HCI wird *Barge-In*[68] de facto meist vermieden.

Gerade für die HCI gilt aber, dass jeder Turn des Bots eindeutig eine Reaktion der UserInnen fordern sollte. Dabei müssen sich Dialog-DesignerInnen auch des Umstands bewusst sein, dass ein eindeutig adressierter Turn andere Wirkungen hervorruft als ein offen gestalteter. Je nach Einsatzbereich des Bots z.B. als persönliche Kundenberatung im 1:1-Gespräch oder als Werbe-Bot in einem Mehrparteien-Chat-Raum, wo andere Konventionen für die Sprachhandlungskoordination gelten, ist dies mehr oder weniger relevant. Sogar eine Verabschiedung durch den Bot evoziert im besten Fall noch die weitere Navigation der UserInnen auf der Website, die dann zwar nicht sprachlich erfolgt, aber am multimodalen Interface durch Anklicken eines Buttons. Inwiefern Sprachhandlungskoordination in den 1:1-Chats aus unterschiedlichen Anwendungskontexten in den Untersuchungskorpora für die UserInnen eine Rolle spielt, muss im Rahmen der empirischen Untersuchung überprüft werden (s. Kapitel 4.1).

---

68 Für die mündliche HCI via Telefon ist es von besonderer Bedeutung anhand intonatorischer und syntaktischer Merkmale feststellen zu können, ob ein empirischer UserInnen-Turn oder eine TCU komplett ist, da nur so vermieden werden kann, dass das System der Userin ins Wort fällt (*to barge in*). Umgekehrt gibt es Systeme, die *Barge-In* seitens der UserInnen zulassen und verarbeiten können. Es stellt eine grundsätzliche Design-Entscheidung in der telefon-basierten HCI dar, ob *Barge-In* zugelassen wird oder nicht.

Je nach situativem Kontext und thematischem Inhalt können Turns länger oder kürzer ausfallen. „*Turn size is not fixed, but varies*" (Liddicoat 2007: 71). Multi-TCU-Turns sind in der HHC an der Tagesordnung, werden aber in ihrer Länge durch interaktives Aushandeln begrenzt. Laut Sacks führen die Regeln zur Turn-Konstruktion und Allokation in natürlichen Dialogen zu einer limitierten Turn-Länge, da ein Wechsel an jedem TRP theoretisch möglich sei. Da also an jedem TRP die Möglichkeit zur Unterbrechung gegeben ist, bleiben besonders lange Turns in der HHC die Ausnahme. Ein ausgewogenes Verhältnis der Redebeiträge ist die Präferenz (mit einer Reihe kontextabhängiger Einschränkungen). In der HCI findet dieses Prinzip bislang zu wenig Beachtung. Da *Barge-In*-Techniken komplex in der Umsetzung sind, bringen Bots in der Regel ihre Turns komplett vor, ohne unterbrochen zu werden. Vor allem die schriftliche Kommunikation via Chat eröffnet Dialog-DesignerInnen die Möglichkeit, längere Zusammenhänge oder eine große Menge an Informationen in hochkomplexen Einzel-Turns zusammenzufassen und als einen in sich geschlossenen Text ausgeben zu lassen. Diese Texte sind als eingeschobener Monolog formuliert (Sacks et al. 1992, Barr & Keysar 2004) und in der chat-basierten HCI sehr häufig. Die UserInnen haben keine Möglichkeit, den „Redefluss" des Systems zu unterbrechen und reagieren frustriert oder einsilbig (s. Kapitel 4.1, 4.4). So gilt Liddicoats Aussage für die HCI nicht: „*In all cases, however, being able to produce more than one TCU in a turn is the result of interactional work, not the result of a right to produce more than one TCU*" (Liddicoat 2007: 74). In der HCI liegt der Verteilung des Rederechts vielmehr eine einfache Design-Entscheidung zugrunde, nämlich dass lange System-Turns erwünscht sind, weil sie wichtige Inhalte vermitteln, und lange UserInnen-Turns dagegen unerwünscht, weil sie schwer zu parsen sind. Gerade bei Info-Bots oder in E-Learning-Anwendungen legt es der situative Kontext nahe, dass das System längere Erläuterungen ausgibt. Regeln der Turn-Konstruktion und Allokation können also nur bedingt aus der HHC auf die HCI übertragen werden. Wie UserInnen in der Interaktion mit dem artifiziellen Gegenüber damit umgehen, zeigt die empirische Analyse der Felddaten (Kapitel 4.1).

2.2.3 Adjazenzpaare

Als kleinste pragmatische Einheit der Konversation gilt in der CA der *Account*. Unter Account wird jede kommunikative Handlung zum Hervorbringen, Sichern oder Wiederherstellen von Sinn subsumiert. Manche Accounts machen bestimmte Aktionen als Folgeaktionen relevant und damit antizipierbar. Diese Relation zwischen Aktionen ist die Basis von *Adjazenzpaaren*. Auf der Mikro-Ebene der Interaktion kann auch beobachtet werden, dass benachbarte Turns strukturell eng miteinander verbunden sind. In der synchronen Kommunikation ist es möglich, bspw. auf Fragen aufwandsökonomisch kurz zu antworten. Allein die unmittelbare zeitliche Nähe von Äußerung A (Frage) und Äußerung B (Antwort) ermöglicht ein solches Gesprächsverhalten. Solche vor dem Hintergrund des vorangegangenen Kotextes operationable Ellipsen werden entsprechend als *Adjazenzellipsen* bezeichnet. Diese Strukturen finden sich in der Face-to-Face-Kommunikation und in der medial schriftlichen Kommunikation, sofern diese kozeptionell mündlich ist.

Der Definition von Sacks und Schegloff (1992) nach, bestehen Adjazenzpaare aus zwei Turns von zwei SprecherInnen, die in ihrer minimalen Form direkt aufeinander folgen, die geordnet sind und die nach unterschiedlichen Paar-Typen differenziert werden können. Dabei stellt die direkte Adjazenz den Regelfall dar, wobei indirekte Adjazenz (z.B. bei eingebetteten Strukturen) jedoch auch möglich ist. Der erste Teil einer Paarsequenz wird als *first pair part* (FPP) bezeichnet, der zweite Teil als *second pair part* (SPP). Manche Sprechakte sind in der Regel erste und manche zweite Teile. So geht z.B. einer Antwort prototypisch eine Frage voraus. U. a. folgende Typen von Adjazenzstrukturen werden in der CA nach semantisch-pragmatischen Kriterien unterschieden:

- Frage – Antwort
- Frage – Antwort – Feedback
- Gruß – Gegengruß
- Aufforderung – Antwort
- Erzählen – Akzeptieren (z.B. Einladung – Annehmen/Ablehnen)

Der erste Teil initiiert die Aktion, die einen zweiten Teil relevant macht. „ *[...] adjacency pairs have a normative force in organizing conversation in that adjacency pairs set up expectations about how talk will proceed and if these are not met, then the talk is seen as being problematic*“ (Liddicoat 2007: 107, vgl. auch Heritage 1984). Nicht auf jedes FPP folgt direkt ein SPP. In sog. *„expanding sequences“* vgl. (Liddicoat 2007: 126) wird die Paarsequenz manchmal noch erweitert. Eine mögliche Realisation des FPPs als *„attention-getting token“* (vgl. Liddicoat 2007: 126) ruft nicht unbedingt eine sprachliche Reaktion als SPP hervor, sondern erregt eben bestenfalls die Aufmerksamkeit des Gegenübers. Geschieht dies nicht sofort, kann das zu Reihungen von FPPs führen.

(1) A: Hey!
(2) A: Hey, B!
(3) (B schaut von seinem Buch auf.)

In der HCI werden solche *Attention-Getting Tokens* manchmal verwendet, um überhaupt das Interesse potentieller UserInnen für das System zu wecken. So macht bspw. der ECA Max der Universität Bielefeld durch Audio-Äußerungen wie „Spiel mit mir!" oder „Sprich mit mir!" im Nixdorf Museum in Paderborn auf sich aufmerksam. Bei der Implementierung dieses Verhaltens wurde nicht beachtet, dass erwachsene Menschen *Attention-Getting Tokens* nicht in Endlosschleife äußern, sofern keine Reaktion erfolgt. Dieses Verhalten erinnert allenfalls an kleine Kinder oder wirkt schlicht unnatürlich. Zwei bis maximal drei Wiederholungen sollten nicht überschritten werden.

Die Struktur der Adjazenzpaare steht in enger Verbindung mit dem Turn-Taking-System, da hier ein SprecherInnen-Wechsel immer relevant ist. Für SPPs gilt, dass theo-retisch immer unterschiedliche Realisationen möglich sind, was die Antizipierbarkeit von SPPs deutlich erschwert. Einfache Behauptungen, sog. Assessments, z. B. fordern eine negative oder positive Evaluation (Heritage 1985). Ihre Folgesequenzen sind daher nur schwer zu antizipieren. Sie sollten in HCI-Designs nicht isoliert verwendet werden, sondern z. B. eher in Kombination mit einer Frage etc., es sei denn die Reaktionen seitens der UserInnen ist für die weitere Entwicklung des Dialogs von nachgeordneter Bedeutung (vgl. Nonsense-Kommunikation bei Unterhaltungsbots).

2.2.4 Der Gesprächsrahmen

Um Dialoge robuster zu gestalten, sollten entweder stark konventionalisierte Sequenzen initiiert oder einfache Entscheidungsfragen gestellt werden. Als am höchsten konventionalisiert können wohl die Grußfloskeln angesehen werden. Brinker und Sager (1989) benennen diese als rituelle Phasen der Eröffnung und Beendigung oder als rituellen Rahmen. Stark ritualisierte Ausdrücke können als sprachliche Routinen auftreten. Eine Routine ist ein zu einem hohen Grad feststehender Ausdruck. Solche Konversationsmuster wie „vielen Dank" oder „wie geht's" sind konstitutiv für alltagssprachlichen Dialog. 70 % der Wortformen im London-Lund-Spachkorpus sind Teil einer solchen Kombination (vgl. Aijmer 1996, Altenberg 1990). In HCI-Anwendungen funktioniert das zuverlässige Parsing solcher Routinen bei den meisten Bots schon vergleichsweise gut. Eine informelle Begrüßung durch den Bot provoziert in den meisten Fällen eine ebenfalls informelle Floskel auf Seiten der UserIn, die der Bot im nächsten Zug parsen können muss. Hier lohnt es sich, eine umfangreiche Datenbank für Begrüßungen anzulegen, wie sie in vielen hochentwickelten Bots bereits realisiert ist (vgl. z. B. System *Max,* Kopp et al. 2005, s. a. Kapitel 1.3).

(1) Bot: Hallo!
(2) UserIn: Hallo! / Hey! / Tach! / Moin! / Was geht? / Ciao!
(Makro für das Parsing möglicher UserInnen-Turns)

Dabei sind die meisten Routinen stabil, einige jedoch werden *„on the fly"* gebildet, d.h. eine Gesprächsteilnehmerin führt eine bestimmte Formulierung mit einer bestimmten Interpretation ein und diese wird für die Dauer des Dialogs zur Routine, weil sie für die aktuelle Konversation zweckmäßig ist (vgl. Pickering & Garrod 2004: 181). In der anglophonen Literatur wird dieser Prozess unter den Begriff *„Routinization"* gefasst (vgl. Pickering & Garrod 2004: 181). *„Routinization on the fly"* (vgl. Pickering & Garrod 2004: 181) ist zu unterscheiden von in einer Sprachgemeinschaft vollständig konventionalisierten Dialogroutinen (vgl. *Frozen Expressions*). Für die HCI wäre ein Tool, das solche im Gespräch *„on the fly"* routinisierten Ausdrücke oder Sequenzen aufspürt und markiert äußerst hilfreich, da so ein dynamisches Lexikon an die aktuelle Interaktionsszene angepasst werden könnte oder bestimmte Restriktionen für Adjazenzstrukturen gelten würden (z.B. eine bestimmte UserIn kommentiert Dank grundsätzlich mit „Keine große Sache!").

2.2.5 Die Gesprächsmitte

Auch in der Kernphase des Dialogs finden sich rituelle Sequenzen, die bis zu einem gewissen Grad antizipierbar sind. Handelt es sich bspw. um ein institutionalisiertes Gespräch, so sind bestimmte Abläufe obligatorisch (vgl. Verkaufsgespräch).

(1) P: ein kopfsalat
(2) M: ein kopfsalat. (4.0) so (.) außerdem?
(3) P: drei zitronen
(Schlobinski 1997: 13)

Rituelle oder institutionalisierte Gespräche eignen sich grundsätzlich eher für HCI-Designs, da die Gesprächsschritte klarer definiert sind und die SprecherInnen sich teilweise bestimmter feststehender Ausdrücke bedienen. Je nach Anwendungskontext kann in solchen Fällen ein entsprechend konkretes Gesprächsprotokoll zur UserInnen-Führung implementiert werden (*Skript*). In ritualisierter Form liegen oft Äußerungen vor, die positive Beziehungsarbeit leisten sollen. Adäquate Reaktionen auf solche *Höflichkeitsfloskeln* können ohne großen Aufwand in ein System implementiert werden. Wesentlich problematischer ist hier die Antizipation des UserInnenverhaltens gegenüber einem Bot. Werden erlernte Formen der Höflichkeit auf das System übertragen und wenn ja, in welchem Maße? Goffmann prägte 1967 den Begriff des *„Face"* als *„positive* *social value a person effectively claims for himself*" (Goffmann 1967: 5), das es in der sozialen Interaktion zu bewahren gilt („*face saving strategies*"). Er legte damit den Grundstein für eine Theorie der sprachlichen Höflichkeit, die der CA nahesteht. Die Modelle zur sprachlichen Höflichkeit erfuhren seitdem eine Entwicklung und Ausdifferenzierung (vgl. Brown & Levinson 1987, Locher & Watts 2005, Spencer-Oatey 2005). Die im Verlauf dieses Forschungsdiskurses diskutierten Konzepte *Höflichkeit*, *Face*, *Rapport Management* oder *Relational Work* bilden unterschiedliche Perspektiven auf ein extrem komplexes Netz sozialer und individueller Variablen ab, die das Höflichkeitsempfinden eines kulturell geprägten Individuums in der Kommunikation mit einem Gegenüber beeinflussen. Inwiefern UserInnen dieses Verhalten auf die Interaktion mit einem deterministischen System übertragen, wird in Kapitel 2.5 und 4.4 genauer erörtert.

Bedingt antizipierbar sind auch einige Frage-Antwort-Sequenzen. Fragen können bestimmte Antworten projizieren. So wird bspw. bei Question-Tags im Englischen Zustimmung erwartet. Question-Tags oder Gesprächspartikeln („ne?", „gell?") könnten einfach in HCI-Dialoge implementiert werden, was zu vorhersehbareren SPPs auf Seiten der UserInnen führen würde. Entscheidungsfragen und Ja/Nein-Fragen haben generell leicht antizipierbare SPPs. Für ein robustes Dialog-Design sind sie in der HCI daher unerlässlich. Gerade in E-Learning-Anwendungen, wenn ein virtueller Tutor die Möglichkeit hat, Fragen zu stellen, und richtige und falsche Antworten vorhergesagt und unterschieden werden können, ist es möglich, funktionierende Dialog-Skripts zu schreiben. Adjazenzstrukturen können in Unterrichtssituationen auch als Triplets organisiert sein: Frage-Antwort-Feedback. Solche Triplets führen zu zwar lediglich system-initiativen, aber kohärenten und situativ angemessenen virtuellen Unterrichtsgesprächen[69].

Die Struktur der Adjazenzpaare lässt sich auch in der Gesprächsmitte in der Regel besonders gut auf HCI-Designs mit enger UserInnen-Führung übertragen. Auf eine Frage folgt fast immer eine Antwort. Dieser Umstand reduziert die Anzahl möglicher Ausgaben seitens des Bots z.B. bei Entscheidungsfragen theoretisch auf nur zwei alternative Möglichkeiten. Eine enge UserInnenführung wird auf diese Art und Weise einfacher. Dialoge, die ausschließlich leicht antizipierbare Antworten evozieren sollen, werden aber – je nach Anwendungskontext – auch schnell als uninteressant und sehr künstlich empfunden. Um

69 Umgesetzt wurde ein solches Dialog-Design z.B. für das System „El Lingo" in der E-Learning Umgebung „Linguistik-Tutorium" (Lotze & Siever 2012) auf der Seite mediensprache.net.

HCI-Anwendungen mit Hilfe der Erkenntnisse aus der CA abwechslungsreich, natürlich und gleichzeitig möglichst robust gestalten zu können, bedarf es gezielter Studien in diesem Bereich. Kleine Tricks im Dialog-Design wie bspw. Rückfragen per Question-Tag (s. o.) können bereits auf dem heutigen Stand der meisten kommerziell genutzten Bots leicht implementiert werden, ohne die System-Architektur zu ändern.

2.2.6 Störungen und Repair

Im Rahmen dieser Studie soll das UserInnen-Verhalten in Relation zu unterschiedlichen System-Designs in der Breite dargestellt werden; d.h., es werden sowohl störungsfreie Sequenzen als auch Sequenzen mit Störungen untersucht. Störungen der Interaktion sind in der HCI besonders häufig, da Parser auf allen linguistischen Ebenen störungsanfällig sind. In der HCI-Forschung wurden in der Vergangenheit vor allem Funktionsfehler der Systeme aus technischer Perspektive und Störungsmanagement der UserInnen aus linguistischer Perspektive untersucht. Fischer (2006) hat ein umfassendes Spektrum an Repair-Strategien der UserInnen herausgearbeitet. Die vorliegende Studie baut darauf auf und versucht diesen Aspekt des UserInnen-Verhaltens in ein Gesamtbild der HCI zu integrieren, das störungsfreie Sequenzen miteinbezieht. Denn auch an den Stellen, wo es nicht zu Repair kommt, kann man interessantes UserInnenverhalten beobachten, das Denkanstöße für neue Wege in der HCI liefern kann. Diese Sequenzen sind, obwohl sie von den UserInnen akzeptiert werden, trotzdem noch weit entfernt von „Star-Trek-Kommuikation" (s. Kapitel 4.5). Außerdem soll im Vergleich der unterschiedlichen untersuchten Systeme herausgearbeitet werden, welche Systemvariablen, welche Art von Störung evozieren.

Fischer (2006) findet in HCI-Dialogen (nicht überraschend) vor allem Strategien des *Self-Repairs* (Sacks et al. 1992) der UserInnen, die hier kurz skizziert und im Rahmen der qualitativen Analyse überprüft werden sollen (s. Kapitel 4.1). Da die meisten Bots weder auf Common Ground zurückgreifen, noch zuverlässig Schlüsse aus Prämissen ziehen können, ist eine explizite Verständigung über eine Störung zur Klärung des Problems nicht möglich. Trotzdem verfolgen UserInnen Repair-Strategien wie bspw. *Grounding* zur Wiederherstellung von Common Ground, obwohl sie wissen, dass das System nicht auf die gleichen Ressourcen zurückgreifen kann wie ein menschliches Gegenüber (vgl. Fischer 2006). Ein weiteres Schlüsselproblem für die UserInnen in der HCI liegt in der Wahl der richtigen Wortformen, die vom System erkannt werden und die Ausgabe des erwünschten Antwort-Turns auslösen. Dass Repair z.B. durch Synonyme etabliert werden soll, zeigt laut Fischer (2006), dass UserInnen offenbar davon ausgehen, dass Bots über interne Lexika verfügten, die hinsichtlich ihrer Bandbreite mit mentalen Lexika von menschlichen GesprächspartnerInnen verglichen werden könnten. Diese Information ist wichtig, wenn Makros für innovative Parser angelegt werden sollen. Der komplexe Repair-Apparat für die HHC (Sacks et al. 1992) steht in Verbindung zu tiefgreifenden soziologischen und psychologischen Überlegungen, die nicht ohne Weiteres auf die HCI übertragen werden können. Fischer (2006, 2010) findet allerdings in Self-Repair-Strategien wichtige Hinweise auf bewusste kognitive Annahmen der UserInnen über das System und verweist aus diesem Grund auf die Relevanz des Forschungsfelds für die HCI-Forschung. Sie spricht sich dafür aus, UserInnen-Daten in Situationen zu erheben, in denen funktionale Strategien offener gezeigt werden als im übrigen Dialogverlauf, was bei Repair der Fall ist (vgl. Schlegloff et al. 1977, Frohlich et al. 1994). Problematisch an Repair-Studien in der HCI ist, dass Modelle über UserInnenverhalten aus Daten abgeleitet werden, die nur Gültigkeit für gestörte Kommunikation haben. Bei Störungen handelt es sich jedoch immer um eine Ausnahmesituation, in der die regulären Mechanismen des Dialogs nicht mehr greifen. Dass UserInnen aber defizitäre Dialogsequenzen oft über lange Passagen akzeptieren ohne Repair einzuleiten, könnte darauf hinweisen, dass sie das Erreichen eines allgemeinen Dialogziels tendenziell höher bewerten als die interne Kohärenz des Dialogs auf der Mikroebene (s. Kapitel 4.3). Auch in HHC-Dialogen kann eine solche Tendenz beobachtet werden. Cicourel formulierte 1973 das sog. *Et-Cetera-Prinzip* der Handlungsbeurteilung als typisches kommunikatives Verfahren. Dabei fügten GesprächspartnerInnen defizitäre Beiträge einvernehmlich in einen angemessenen Handlungskontext ein oder ergänzten fehlende Informationen aus ihrem Weltwissen. Auch wenn Dialogsystemen bislang für solche Operationen die Informationsgrundlage fehlt, liegt in diesem erlernten, kollektiven, menschlichen Verhalten eine Chance für die Akzeptanz von Bots. Da UserInnen in der HHC mit defizitären Äußerungen umzugehen gelernt haben, wenden sie das *Et-Cetera-Prinzip* u. U. auch auf defizitäre, inkohärente oder quasi-kohärente Ausgaben des Systems an. Aus diesen Annahmen und Erwartungen leitet sich ein *„dialogisches Ökonomieprinzip“* (Brinker & Sager 1989: 134) ab: Ein Gespräch wird so lange weitergeführt wie die Diskrepanzen für die Interagierenden nicht signifikant sind. In diesem Kontext ist für die HCI von Interesse, wann der Schwellenwert für inakzeptable Interaktion bei NutzerInnen erreicht ist. An welchen Punkten kommt es zu Dialogabbrüchen? Welche Faktoren führen zu Frustrationen seitens der UserInnen (vgl. Kapitel 4.3)?

2.2.7 CA-basierte HCI-Forschung

Im Bereich der HCI-Forschung wurden in der Vergangenheit bereits einige Studien mit Methoden der CA durchgeführt, um dialogische Korpora auszuwerten. Dass eine Übertragung der Erkenntnisse aus der CA, die an HHC-Dialogen entwickelt wurde, auf die HCI überhaupt möglich ist, kann darauf zurückgeführt werden, dass unterschiedliche UserInnen-Gruppen (vgl. Fischer 2006) die gleiche Tendenz zeigen, nämlich das System als soziales Gegenüber zu behandeln (vgl. Krämer 2008) und damit das Inventar an konventionalisierten Strukturen aus der HHC zumindest teilweise auf die HCI zu übertragen (vgl. u. a. Takeuchi & Naito 1995, Graesser et al. 2000, Blens et al. 2003, Bernsen & Dybkjaer 2004). Sobald vom System ein gewisser Grad an anthropomorphem Verhalten vorgegeben ist, neigen UserInnen unabhängig vom jeweiligen UserInnen-Typ dazu, erlernte Strategien aus der HHC auf die HCI anzuwenden, was auch die vorliegende Studie in vielen Punkten belegt (vgl. Kapitel 4). Wooffitt et al. untersuchten bereits 1997 UserInnenverhalten in Bezug auf zentrale Konversationsoperationen wie Turn-Taking, Gesprächsrahmenstrukturen, Repair etc. in einem Wizard-Of-Oz-Szenario. Die AutorInnen kommen zu dem Schluss, dass *„the human participant will still be doing the things that humans do when they interact. That is, the full range of culturally available sense-making procedures will be brought to bear on any occasion, even if the other party to the interaction is a computer“* (Wooffitt et al. 1997: 166). Dies steht im Gegensatz zu Zoeppritz' (1985) Hypothese von einem vereinfachten Computer-Talk, den UserInnen dem System gegenüber bemühten (vgl. Kapitel 2.5). Bis heute bleibt umstritten, in welchem Maße Erkenntnisse über die Kommunikation unter Menschen auf die Interaktion mit artifiziellen Systemen übertragbar sind, denn die Akzeptanz der UserInnen gegenüber dem System hängt von zahlreichen Faktoren ab (vgl. Kapitel 1). Allgemein scheint aber die Beschäftigung mit HHC und CA Dialog-DesignerInnen für Mechanismen zu sensibilisieren, die menschlichem Interaktionsverhalten zu Grunde liegen und die den Verlauf einer Konversation maßgeblich beeinflussen können.

Um HCI-Anwendungen zu funktionierenden natürlichsprachlichen Interfaces weiterzuentwickeln, werden seit einigen Jahren regelmäßig CA-basierte Untersuchungen durchgeführt. Bereits seit den 1990er Jahren versucht die HCI-Community immer stärker CA-Modelle ins Design von Dialogsystemen einfließen zu lassen. Institutionalisierte HHC-Dialoge aus verschiedenen Bereichen des täglichen Lebens (Verkaufs- oder Beratungsgespräche, Bahnhofs- oder Flugplatzinformation) werden analysiert, um virtuelle Anwendungen für die jeweiligen Bereiche mit natürlichsprachlichen Gesprächsprotokollen auszustatten. Erste Versuche, ein Dialogsystem zu implementieren, das menschliches

Gesprächsverhalten so gut wie möglich simuliert, wurden im SUNDIAL-Projekt der Europäischen Kommission schon in den frühen 1990er Jahren unternommen (vgl. Hutchby & Wooffitt 1998). Es handelte sich hierbei um eine automatische Telefonauskunft für Flughäfen. Ziel des Unternehmens war es, das sprachliche und interaktive Verhalten des Bodenpersonals an Telefonhotlines von Airlines über ein System mit Sprachausgabe nachzuahmen. Dazu wurde zunächst von britischen WissenschaftlerInnen ein großes Korpus mit herkömmlichen Beratungsgesprächen der Fluggesellschaft British Airways nach Kriterien der CA evaluiert, um auf der Grundlage früherer Daten das Gesprächsverhalten zukünftiger Kunden besser antizipieren zu können und um darauf abgestimmt die programmierte Reaktion eines Dialogsystems natürlicher wirken zu lassen; rein intuitiv war das nämlich nicht gelungen. Das SUNDIAL-Projekt zeigt in den Anfängen, dass Dialoge im Service-Bereich auch in Bezug auf komplexe Gesprächsstrategien oft große Gemeinsamkeiten aufweisen. Wenn man dieses Wissen in Form von Interaktionsregeln und Dialog-Skripts oder unter Rückgriff auf Dialog-Datenbanken für Bots zugänglich machen kann, sind funktionierende Service-Bots mit natürlichsprachlichem Interface bereichsspezifisch möglich.

Umgekehrt werden HCI und HRI-Dialoge auch von SprachwissenschaftlerInnen nach CA-Kriterien evaluiert (vgl. z.B. Fischer 2006, Vollmer et al. 2009), um eine besseres Verständnis des sprachlichen Userinnen-Verhaltens zu entwickeln. Dabei richtet sich im zweiten Schritt das Interesse auch wieder auf innovative Dialog-Designs für neue artifizielle Agenten. Die Mustererkennung und Generierung wurde in modernen Systemen bereits um Interaktionsregeln, Sprechakt-Parser, routinierte und konventionalisierte Paarsequenzen und Dialog-Skripts erweitert (vgl. u.a. Agentin REA von Cassell, Agent Max von Kopp & Wachsmuth).

2.2.8 Untersuchungsparameter aus der CA als Grundlage für die Korpusanalyse

Für die konkrete Analyse des Untersuchungskorpus' von HCI-Dialogen müssen für eine quantitative Studie stringent operationalisierbare Untersuchungsparameter nach Erkenntnissen der CA entwickelt werden.

- Gliederung der Dialoge in Turns und TCUs
- Bestimmen der Rahmenstrukturen
- Bestimmen von Adjazenzstrukturen
- Klassifizierung der Accounts nach SWBD-DAMSL (s. Kapitel 3)
- Störungen und Repair
- Rolle des Mediums

Die grundsätzliche Gliederung der Dialoge in Turns und TCUs stellt den ersten Schritt dar. Adjazenzstrukturen werden unterschieden und Accounts werden klassifiziert. Dabei liegt ein besonderes Augenmerk auf Gesprächsrahmen und ritualisierten Sequenzen sowie den Besonderheiten der medial schriftlichen Interaktion. Die Ergebnisse der quantitativen Analyse finden sich in Kapitel 4.1 und sollen gewissermaßen das Skelett der untersuchten HCI-Dialoge abbilden. Da die in 2.1 benannten unterschiedlichen linguistischen Modelle, die zur Untersuchung von HCI in dieser Arbeit herangezogen werden, Überschneidungspunkte aufweisen, werden einige CA-Untersuchungs-parameter erst in späteren Kapiteln in einen übergeordneten Kontext eingeordnet. Die Untersuchungs-Parameter sind zwar der CA zuzuordnen, bekommen aber im Kontext anderer Modelle besondere Bedeutung für die HCI und werden daher im entsprechenden Zusammenhang erst an späterer Stelle erläutert.

2.3 Interaktives Alignment in der HCI

Im aktuellen psycholinguistischen Forschungsdiskurs um dialogische Kommunikation hat in den letzten Jahren ein *Paradigmenwechsel* stattgefunden (Günthner 2014: 132). Sprachliche Interaktion wird nicht länger als Wechselspiel separat verarbeiteter Äußerungen angesehen, sondern als eng miteinander verbundene pragmatische, soziale und kognitive *„joint actions"* der InteraktionspartnerInnen (Clark 1996). SprecherIn und HörerIn können also in der Interaktionsituation als ein gemeinsames System interpretiert werden. Um zu verstehen, wie Sprachhandlungskoordination und kognitive Verarbeitungsprozesse im Dialog ineinandergreifen, muss eine tragfähige Modellvorstellung dieser *„interaction engine"* (Levinson 2006: 39) entwickelt werden. Ein solches Modell der kognitiven Dialogverarbeitung wäre selbstverständlich auch für die HCI von besonderem Interesse, denn im Idealfall könnte eine künstliche Intelligenz nach dem Vorbild kognitiver Prozesse der Dialogverarbeitung gestaltet werden.

Die Psycholinguisten Pickering und Garrod (2004) gehen mit ihrem *interaktiven Alignment-Modell* noch einen Schritt weiter, indem sie versuchen, die Interaktion einer Dyade an sich in einem *mechanistischen* Modell zu fassen. Ausgehend von einfachen Konstruktionsübernahmen auf z. B. Ebene der Lexik oder Syntax der Interaktion bauen die GesprächsteilnehmerInnen vergleichbare Konzepte über die Interaktionssituation auf. Aus einem geteilten Repertoire von sprachlichen Konstruktionen auf der Ebene der Performanz werden gemeinsame kognitive Repräsentationen abgeleitet, die zu einem gemeinsamen Verständnis der Interaktionssituation führen, das dynamisch im Dialog aufgebaut werden kann und keinerlei Vorwissens bedarf. Dieser Prozess der wechselseitigen

Angleichung der kognitiven Repräsentationen wird als *Alignment* bezeichnet. *„Linguistic alignment, also called entrainment, convergence or synchronization, refers to the process in which a speaker re-uses linguistic structures previously presented by another speaker"* (Fischer im Druck: 45). In natürlicher Kommunikation zeigen GesprächsteilnehmerInnen also die Tendenz, Wortformen und Konstruktionen des Gegenübers für ihre eigenen Äußerungen zu übernehmen (*to align*). Alignment findet dabei auf unterschiedlichen Ebenen der Interaktion statt.

> *„When speaking in dialogue, for instance, speakers and listeners rapidly begin to converge on the same vocabulary (Brennan & Clark 1996), they tend to use similar syntactic structures (Bock 1986), they adapt the rate and other features of their speech to one another (Giles & Coupland 1991) and they mimic the other's gestures and body posture (Kimbara 2006). That said, they align much of their behavior"* (Buschmeier & Kopp 2010).

Teilweise konnten diese Verhaltensweisen auch bei Menschen beobachtet werden, die mit einem artifiziellen Agenten interagierten (u.a. Branigan et al. 2000, 2010; Fischer 2006, im Druck). Die Funktion dieses UserInnen-Verhaltens als vorbewusstes Alignment oder bewuste Simplifizierungsstrategie ist allerdings umstritten. Ein differenzierteres Verständnis dieses Verhaltens könnte helfen, UserInnen-Eingaben zu antizipieren und zu manipulieren, indem bestimmte Formulierungen oder ein bestimmter Wortschatz vom System implizit vorgegeben werden könnte, ohne dass in unnatürlichen Metadialogen über den zulässigen Sprachgebrauch direkte Instruktionen gegeben werden müssten. Dialoge würden dadurch vorhersagbarer. Außerdem würde die Interaktion mit einem Bot, der selbst in der Lage ist, Alignment-Verhalten zu spiegeln, wahrscheinlich als natürlicher wahrgenommen. Das interaktive Alignment-Modell ist als Vorbild für die maschinelle Dialogverarbeitung auch aus unterschiedlichen weiteren Gründen interessant.

a) Da geteiltes Wissen vollständig aus dem Kotext abgeleitet wird, kommt es ohne Weltwissen und expliziten Common Ground aus. Für die HCI bedeutet das, dass auf umfangreiche Datenbanken mit Weltwissen und geteiltem Wissen idealerweise verzichtet werden könnte.
b) Pickering und Garrod (2004) gehen davon aus, dass dem interaktiven Alignment Lower-Level-Priming-Mechanismen zugrunde liegen; d.h. es kann als einfacher Mechanismus gefasst sowie ggf. operationalisiert und in ein System implementiert werden.
c) Als Lower-Level-Priming läuft es weitestgehend als vorbewusster Prozess ab. Es wäre also möglich, dass UserInnen dieses Verhalten aus der HHC auf die HCI übertragen (vgl. Hutchby 2001), und zwar als *„mindless behavior"* (Reeves & Nass, 1996; Nass & Moon, 2000; Nass & Brave, 2005). Die Relevanz von Intentionalität und Spontaneität kann auf dieser Ebene des Lower-Level-Primings nicht diskutiert werden, da solche

bewussten Handlungskonzepte durch höhere Kognition gesteuert werden. Folglich ist lediglich der vorbewusste Aspekt der Interaktion operationalisierbar für deterministische Systeme.

d) Mithilfe einfacher Repetitionen auf der Performanzebene könnte durch den natürlichen, kognitiven Ableitungsprozess kohärente Dialogprogression gefördert werden.

Ob das interaktive Alignment-Modell eine adäquate Beschreibung kognitiver Dialogverarbeitung darstellt, gilt als umstritten (vgl. u. a. Schober 2004, Pear 2004, Ferreira 2004, Schegloff 2004). Zusätzlich ist nicht eindeutig geklärt, in welchem Maße UserInnen Alignment-Verhalten auf die HCI übertragen (Fischer 2006, 2010, im Druck; Branigan et al. 2010). Doch für Überlegungen zur Konstruktion innovativer Agenten scheint das interaktive Alignment-Modell eine einfache Vorlage für eine robuste Architektur zu liefern, die sich in einen ECA implementieren lässt. Erste technische Umsetzungen solcher Überlegungen sind in den letzten Jahren bereits mehrfach versucht worden (z.B. Isard, Brockmann, Oberlander 2006; Purver, Cann, Kempson 2006; Walker, Stent, Mairesse, Prasad 2007; de Jong, Theune, Hofs 2008).

Im Folgenden soll das interaktive Alignment-Modell dargestellt und seine Bedeutung für die HCI-Forschung sowohl in Bezug auf das UserInnen-Verhalten als auch auf innovative Systemarchitekturen diskutiert werden.

2.3.1 Konstruktionsübernahmen auf der Ebene der Performanz und Alignment auf der Ebene der Kognition

Während in der CA konkrete sprachliche Strukturen im Dialog aus soziolinguistischer Perspektive mit Fokus auf dem situativen Kontext beschrieben werden (*Language as Product*), versucht die kognitive Linguistik die Prozesse der Sprachproduktion und Perzeption im Dialog zu erklären (*Language as Action*, vgl. Clark 1992), die diesen Strukturen zugrunde liegen. Wird also das Konzept des Alignments diskutiert, muss klar sein, dass es sich dabei um eine Modellvorstellung zur Erklärung eines kognitiven Phänomens handelt, das seinen empirischen Ausdruck in persistenten Äußerungen findet. Für die Analyse von HCI-Dialogen sind beide Ebenen gleichermaßen relevant: Einerseits kann mit Modellen der kognitiven Sprachverarbeitung das UserInnen-Verhalten interpretiert werden und innovative Systeme können von integrierten Verarbeitungsmodellen profitieren. Andererseits müssen sprachliche Muster an der Oberfläche des Dialogs genau definiert werden, um von einem Parser als *Pattern* erkannt werden zu können. Mit korpuslinguistischen Methoden ist nur das Produkt von Alignment-Prozessen messbar, also die wiederkehrende Struktur im Dialog. Mit Bezug auf Szmrecsanyis (2005) korpus-basierte Analysen zu Alignment in der

HHC soll in dieser Arbeit der Begriff *Persistenz* verwendet werden. Von Persistenz spricht man, wenn eine Struktur mindestens einen SprecherInnen- und / oder Turn-Wechsel überdauert. Ausgehend von der persistenten Struktur im Korpus kann aus zwei Gründen nur dann auf Alignment-Prozesse im Gehirn geschlossen werden, wenn man ein gewisses Maß an Spekulation in Kauf nimmt: a) Zwischen den empirischen Sprachdaten im Korpus und psycholinguistischen Modellen klafft grundsätzlich eine Erklärungslücke (vgl. Kapitel 2.1) und b) außer Alignment kommen auch andere Modelle in Frage, um persistente Strukturen in Dialogen zu erklären (s. u.). Alle Deutungen, die über die Persistenzen auf der Performanzebene hinausgehen, können sich mehr oder weniger kohärent an die korpus-basierte Datenlage anschließen, überschreiten die Grenzen einer Korpusanalyse jedoch.

Im Folgenden soll zunächst das Phänomen persistenter Strukturen innerhalb einer Dyade in der HHC genauer beschrieben werden. Im Anschluss werden dann unterschiedliche Ansätze zur Erklärung solcher Konstruktionsübernahmen diskutiert.

2.3.1.1 Die Ebene der Performanz: Persistenzen

„Das Prinzip der Wiederaufnahme ist [...] für Texte und Gespräche konstitutiv“ (Brinker 2001: 74), denn Dialoge ohne Wiederaufnahmen wirken inkohärent und rein additiv. Ihnen fehlt der „rote Faden“. Das Prinzip der Adjazenzpaare bildet die Folie, auf der Strukturen wechselseitig übernommen und interaktiv ausgehandelt werden. Dies gilt auf den Ebenen der Phonetik, Morphologie, Syntax und Lexik. Auch komplexe semantische Konzepte können interaktiv ausgehandelt werden. Die SprecherInnen schaffen sich auf diese Art und Weise ihr gemeinsames Repertoire an im Dialog definierten Bedeutungen und Strukturen. Vehikel für solche Aushandlungsprozesse ist die Übernahme von Lexemen und / oder Konstruktionen. Wird z. B. auf der Ebene der Lexik ein bestimmter Terminus eingeführt, so ist es wahrscheinlicher, dass er vom Gegenüber aufgenommen wird, als dass ein Synonym oder eine Paraphrase folgt.

(1) P: ein kopfsalat
(2) M: ein kopfsalat. (4.0) so (.) außerdem?
(Verkauf-17, Schlobinski 1997: 14)

Auch syntaktische Strukturen können bei (teilweise) abweichender Lexik übernommen werden.

(1) B: ach das ist dir wurscht
(2) A: und das ist mir völlig gleichgültig
(Brinker 2001: 74)

Durch den Ausdruck von A wird die syntaktische Struktur des Kopulasatzes von B gespiegelt. Brinker bezeichnet die persistente Struktur als *Repetition*: *„Zwei aufeinander folgende Gesprächsschritte sind dadurch miteinander verbunden, dass der Folgeschritt die syntaktische Struktur des Vorgängerschritts ganz oder teilweise bewahrt, sie sozusagen wiederholt (also als Form der Wiederaufnahme durch Repetition)"* (Brinker 2001: 74, vgl. auch Rath 1979: 143f, Lappé 1983: 164f).

Brinker interpretiert die Funktion von Konstruktionsübernahmen als starkes Bestätigungssignal. *„Insgesamt können wir feststellen, dass Konstruktionsübernahmen zumeist eine Bestätigungsfunktion haben; sie signalisieren noch intensiver als die entsprechenden Hörersignale*[70] *(wie „genau", „richtig", „ja", „stimmt", „eben" usw. oder nonverbal als Kopfnicken usw.), dass der Sprecher mit dem vorausgehenden Gesprächsschritt inhaltlich völlig übereinstimmt"* (Brinker 2001: 75). Dass aber über die Interpretation als HörerInnen-Signal hinaus ein wesentlich weiterer Begriff von Konstruktionsübernahmen angesetzt werden muss, zeigt die wissenschaftliche Diskussion seit den 1970er Jahren.

Das empirische Phänomen der Konstruktionsübernahme wurde mehrfach in verschiedenen Theorien beschrieben. Bereits bei Skinner wird Persistenz thematisiert: *„a verbal response of a given form sometimes seems to pass easily from one type of operant to another"* (Skinner 1957: 188). Schegloff, Jefferson und Sacks 1992 thematisieren sog. *Repeats* als Konstruktionsübernahmen im Dialog. Dabei werden sowohl persistente Konstruktionen zu eigenen Äußerungen als auch zu Äußerungen des Gegenübers betrachtet. Für Persistenzen mit SprecherInnen-Wechsel findet sich auch der Terminus *„Allo-Repetition"* (vgl. Tannen 2007). Eine starke Tendenz zum strukturellen Parallelismus wurde z.B. auch von Weiner und Labov (1983) in Bezug auf Aktiv- und Passiv-Konstruktionen im Dialog beobachtet. Auch die Computerlinguisten Purandare und Litman (2008) finden persistente Strukturen als primären Indikator für Dialogkohärenz: *„Interestingly, we noticed that some of the most frequent lexical patterns in our data are those for which w1 = w2, e.g. hi-hi, bye-bye, school-school, tax-tax, music-music, read-read etc., which suggests that adjacent turns in our dialogs often show the same lexical content"* (Purandare & Litman 2008: 2).

Grundsätzlich kann unterschieden werden zwischen Persistenzen als:

- genauen Kopien
- phonologischen, morphologischen oder syntaktischen Derivaten

70 vgl. auch Duncan (1974), Jefferson (1973), Henne & Rehbock (1982).

Es wird also teilweise auch dann von Persistenz gesprochen, wenn es sich bei der parallelen Struktur nicht um genau die gleiche Variable handelt, sondern um eine Variante. Dieser Umstand führt dazu, dass die quantitative Erhebung von persistenten Strukturen problematisch ist, da Ähnlichkeitsgrade auf den unterschiedlichen linguistischen Ebenen nicht ausreichend definiert sind (vgl. Bateman 2006, Fischer im Druck: 48). Methodisch können diese nur über Hilfskategorien erfasst weden. So führt Szmrecsanyi (2005) eine Unterscheidung zwischen *Alpha-Persistenz* und *Beta-Persistenz* ein, um unterschiedliche Ähnlichkeitsgrade abstufen zu können.

- Alpha-Persitenz bedeutet: Ein/e SprecherIn wurde einer Struktur Z ausgesetzt und reproduziert sie.
    - Matt**'ll** find this out, and, I mean, we**'ll** get involved in it (vgl. Szmrecsanyi 2005: 5)
- Beta-Persistenz bedeutet: Ein/e SprecherIn wurde einer Struktur Z ausgesetzt, die parallel zu einer der Varianten von Z ist, und produziert eine Variante von Z, die parallel zu Z ist.
    - You **go** look, and every horse's hoof is shaped different. It doesn't matter. Every horse is **gonna** have [statt "has" oder "will have", N. L.] a little different shape (vgl. Szmrecsanyi 2005: 5)

Im ersten Beispiel zeigt sich die Alpha-Persistenz in der Beibehaltung der reduzierten Markierung des „will"-Futurs. Beide Formen sind also strukturell und funktional identisch. Bei der Beta-Persistenz folgt auf das Vollverb „go" im ersten Teil die Klitisierung „gonna" mit „go" als Hilfsverb zur analytischen Form des „going-to"-Futurs. Diese beiden Formen differieren strukturell auf unterschiedlichen Ebenen (Vollverb vs. Hilfsverb, freistehend vs. Klitisierung). Dennoch kann unter kognitiven Gesichtspunkten das Vollverb „go" als Prime für „gonna" interpretiert werden. Die Unterscheidung zwischen Alpha- und Beta-Persistenz stellt eine sinnvolle Erweiterung des Begriffs von persistenten Strukturen dar. Eine Abstufung von Ähnlichkeitsgraden in einem Kontinuum von der genauen Kopie bis zur vollständigen Abweichung müsste feinkörnig auf unterschiedlichen Ebenen vorgenommen werden und wäre extrem schwer zu definieren. Für die vorliegende Studie wurde daher die stufenweise Unterscheidung zwischen Alpha- und Beta-Persistenz übernommen und für zwei Ebenen festgelegt: die Ebene der Lexik (morphologische Derivate) und die der Syntax (syntaktische Derivate in Bezug auf Form oder Funktion, s. Kapitel 3).[71]

---

71 Definition und Beispiele aus den untersuchten Korpora finden sich in Kapitel 3 im Rahmen der Beschreibung der Untersuchungsparameter zur Annotation.

Konstruktionsübernahmen können darüber hinaus in Auto- oder Allo-Repetitionen differenziert werden. Warum SprecherInnen aber dazu neigen, bereits Geäußertes zu wiederholen, ist nicht eindeutig geklärt. Im Rahmen der CA wurden Persistenzen interpretiert

a) mit Fokus auf die strukturelle Beschaffenheit als *„non-sentential turns"* (vgl. Sacks et al. 1974, Schegloff 1996) oder pragmatisch als sprachliche Routinen, vor allem *„how are you"-Routinen* (Jefferson 1980; Sacks 1975).
b) mit Fokus auf die Verarbeitung als *„monitoring during overlapping speech"* (vgl. Schegloff 2000, 2001) oder als gemeinsame Konstruktionen (*„joint constructions"*, vgl. Lerner 1991, 1996; Sacks et al 1992: 44–47).

So wurden bereits Prozesse des Monitorings sowie des interaktiven Aufbaus eines gemeinsamen Inventars an Konstruktionen angedacht. Aus diesen ersten Interpretationen konnten im nächsten Schritt psycholinguistische Modelle abgeleitet werden.

2.3.1.2 Die kognitive Ebene: Serielle Verarbeitung oder Alignment

Den psycholinguistischen Erklärungsansätzen liegen unterschiedliche Theorien zu Grunde. Dabei wurde Sprachverarbeitung anfangs als *Verbal Behavior* verstanden (Skinner 1957), später als serielle Verarbeitung unter Voraussetzung einer strikten Trennung von Produktion und Perzeption (vgl. z.B. Levelt 1989) oder interaktiv, indem Perzeptionsprozesse die Produktion beeinflussen können (vgl. z.B. Dell et al. 1999). Autonome Transmissionsmodelle wie bei Levelt (1989) gehen von separater Sprachperzeption und Produktion aus. SenderIn A und EmpfängerIn B einer Nachricht bilden ein jeweils abgeschlossenes System, dessen einzige Schnittstelle die phonetisch messbaren Frequenzen der Äußerung sind. Einziger Link zwischen A und B wäre unter dieser Perspektive die Information aus der Äußerung selbst (Cherry 1956). Eine Verarbeitung auf unterschiedlichen Ebenen der sprachlichen Repräsentation wird angenommen:

- Phonetische Repräsentation
- Phonologische Repräsentation
- Lexikalische Repräsentation
- Syntaktische Repräsentation
- Semantische Repräsentation
- Konzepte von der Interaktionssituation

Doch kann man bei getrennter Verarbeitung nichts darüber aussagen, ob Kodierung und Dekodierung über die gleichen Ebenen laufen oder ob Produzieren und Perzipieren u. U. zwei völlig unterschiedlichen Mechanismen folgt.

Pickering und Garrod (2004) stellen die separate Verarbeitung, wie folgt, auf unterschiedlichen Ebenen im Modell dar.

Abbildung 14: Autonomes Transmissionsmodell

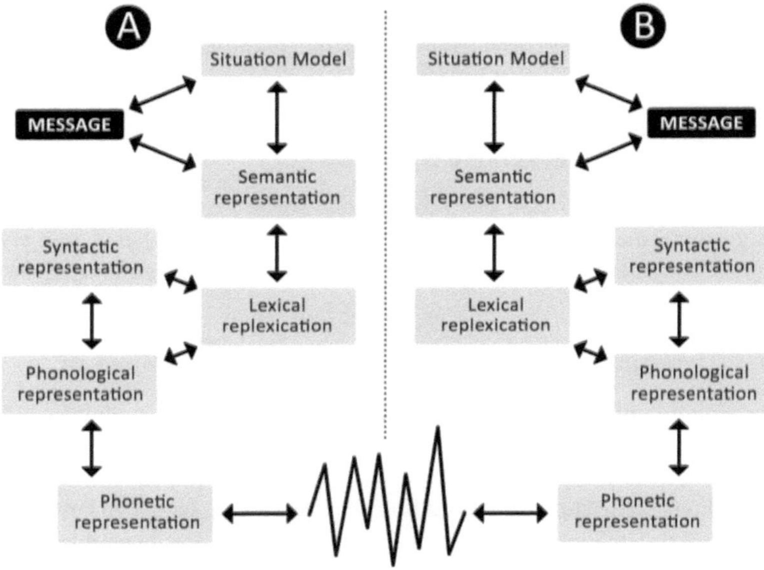

Da Studien wie z.B. Branigan et al. (2000) auf eine Form des *„Cross-Speaker-Primings"* oder *„Comprehension-to-Production-Primings"* hindeuten, ist es wahrscheinlicher, dass Produktions- und Perzeptionsprozesse im Dialog gekoppelt vorliegen (vgl. auch Garrod 1999). Vor diesem Hintergrund wäre ein autonomes Transmissionsmodell nicht mehr adäquat, sondern eher ein Modell, das ein verbindendes Element zwischen Perzeption und Produktion berücksichtigt. Innerhalb der kognitiven Linguistik werden zwei Prozesse diskutiert, welche die Lücke zwischen SprecherIn und HörerIn überbrücken sollen: *Alignment und Partner-Modeling*. Beim sog. *Partner-Modeling*, *Other-Modeling* oder *Mental-State-Modeling* (Johnson-Laird 1983, Sanford & Garrod 1981, Zwaan & Radvansky 1998) handelt es sich um die Vorstellung, dass die Interagierenden während des gesamten Dialogs jeweils ihr eigenes Modell des mentalen Status' des Gegenübers mitrechnen. Alignment dagegen wird je nach theoretischer Einbettung in den Gesamtkontext des einen oder anderen Modells definiert als einfaches *Lower-Level-Priming* (Branigan et al. 2000, Pickering & Garrod 2004), als Epiphänomen der regulären Leistung des Arbeitsgedächtnisses (Kaschak 2003), oder als „*parsing-directed grammar formalism*“ (Kempson 2004)[72]. Alignment und Partner-Modeling müssen aber nicht als alternative Modelle verstanden werden, sondern können einander ergänzen. „*These two processes are proposed to influence each other, but the exact nature of their interaction, as well as the exact nature of alignment and the contents and circumstances of partner modelling are still open issues*” (Fischer 2010: 2353, vgl. Branigan et al. 2010).

2.3.2 Das interaktive Alignment-Modell

Pickering und Garrods Modell der geteilten Repräsentationen steht in der Tradition interaktiver Modelle der Dialogverarbeitung (vgl. Dell et al. 1999, Pickering et al. 2000). Bereits 1987 argumentierten Brown und Dell unter Bezugnahme auf ihre methodisch umstrittene Studie, dass sich Äußerungen auf gemeinsame Repräsentationen von Sprecherin und Hörerin bezögen und nicht auf die Sprecherin allein rekurrierten. Pickering und Garrod (2004) setzen diese Annahme in den Kontext ihres interaktiven Alignment-Modells und können innerhalb des Modells zeigen, welche vorbewussten Mechanismen zu solchen gemeinsamen Repräsentationen führen. Als mechanistisches Modell gleicht es in seiner Argumentation teilweise behavioristischen Überlegungen, wie Pear (2004) kritisiert, ist aber als Modellvorstellung eines kognitiven Prozesses selbstverständlich nicht als behavioristisch im engeren Sinne einzustufen.

Im Gegensatz zu autonomen Transmissionsmodellen gründet das interaktive Alignment-Modell auf der Annahme, dass GesprächspartnerInnen ihre linguistischen Repräsentationen einander angleichen, wobei sich diese automatische Anpassung während des Dialogverlaufs dynamisch vollzieht und immer wieder neu ausgehandelt werden muss. Eine solche Angleichung der kognitiven Prozesse bei DialogpartnerInnen erfolgt auch bei Pickering und Garrod auf den unterschiedlichen sprachlichen Repräsentationsebenen: phonologische Repräsentationen, lexikalische Repräsentationen, syntaktische Repräsentationen, semantische Repräsentationen und situative Konzepte. Doch sind die Ebenen der Repräsentation bei Produktion und Perzeption im interaktiven Alignment-Modell jeweils miteinander verbunden. „*[…] in dialogue the linguistic representations employed by the interlocutors become aligned at many levels, as a result of a largely automatic process*” (Pickering & Garrod 2004: 169). Statt autonomer Transmission schlagen Pickering und Garrod auf allen Ebenen der

72 Einige ForscherInnen bestreiten die evidente Nachweisbarkeit eines Phänomens *Alignment* grundsätzlich (Ferreira 2004).

Repräsentation multiple Links zwischen den GesprächsteilnehmerInnen vor, die als bidirektionale Channels für Priming-Mechanismen auf der jeweiligen Ebene fungieren. Beim Formulieren einer Äußerung scheinen SprecherInnen immer von dem beeinflusst zu sein, was sie gerade gehört haben. Umgekehrt sind die ZuhörerInnen beim Zuhören eingeschränkt durch das, was geäußert wird. Produktion und Perzeption werden so zu einem auf unterschiedlichen Ebenen vernetzten System. Pickering und Garrods Verständnis von Dialog weicht daher grundsätzlich ab von einer traditionellen Auffassung von jeweils isoliertem Sender und isoliertem Empfänger als klar voneinander trennbaren Systemen. Die GesprächsteilnehmerInnen verschachteln Produktion und Perzeption eng miteinander. Diese Prozesse sind daher nach Meinung Pickerings und Garrods durch Alignment-Channels miteinander verknüpft. Unter Alignment versteht man entsprechend die Angleichung von Strukturen auf unterschiedlichen Levels der kognitiven Verarbeitung von Sprache.

Die von Pickering und Garrod ins Auge gefassten Vorgänge sind vorbewusst und damit automatisch, d.h., sie liegen zeitlich vor komplexeren Prozessen der bewussten Interpretation (t < 600ms, vgl. Pickering & Garrod 2004). Allein in diesen Bereich kann Alignment in Form von Lower-Level-Priming als treibende Kraft verstanden werden. Über Faktoren der bewussten Interpretation sagt das interaktive Alignment-Modell nichts aus. Seine Mechanismen müssen also sowohl zeitlich als auch logisch Überlegungen zur sozialen Zielorientiertheit oder Intentionalität von Äußerungen vorgeordnet sein. Dass SprecherInnen je nach Interaktionssituation auch völlig bewusst persistente Strukturen produzieren können, wurde vor allem in Studien zu sog. *Simplified Registers* nachgewiesen werden (vgl. Fischer im Druck). Soche strategischen Sprachhandlungen (bspw. zur adressatInnen-orientierten Simplifizierung) wären dem vorbewussten Alignment nachgeodnet und über Partnermodelle vermittelt (vgl. Fischer im Druck). Diese auf der kognitiven Ebene zeitliche Staffelung ist ausschlaggebend für den Geltungsbereich (*Extension*) des Begriffs *Alignment* in dieser Arbeit. Unter Alignment werden ausschließlich die Anpassungsprozesse während einer Interaktion verstanden, die vorbewusst ablaufen. Ob eine sprachliche Konstruktionsübernahme auf der Ebene der Performanz, kognitiv auf einen vorbewussten oder einen bewussten Prozess zurückzuführen ist, bleibt notwendig eine spekulative Überlegung.

Welche neurophysiologischen Prozesse beim vorbewussten Alignment im Detail ablaufen, vermag das Modell nicht zu erklären. Vielmehr definiert es Alignment zwischen den GesprächspartnerInnen auf unterschiedlichen Ebenen der linguistischen Verarbeitung als kognitives Kommunikationsziel und zeigt interaktive Mechanismen auf, die zu diesem Ziel führen. Pickering und Garrod gehen nun davon aus, dass Alignment von Syntax und Lexik auch zu Alignment von Semantik und Pragmatik auf der Ebene der Repräsentationen führe, was schließlich eine Anpassung der Situationsmodelle zur Folge habe. Eine Dyade sei nur dann im Gleichgewicht, wenn das, was A äußert, mit dem aktuellen semantischen und pragmatischen Modell der Situation von B übereinstimme (vgl. Garrod & Clark 1993). Pickering und Garrod fassen diese Überlegungen zum interaktiven Alignment-Modell grafisch wie folgt:

Abbildung 15: Das interaktive Alignment-Modell (nach Pickering und Garrod 2004)

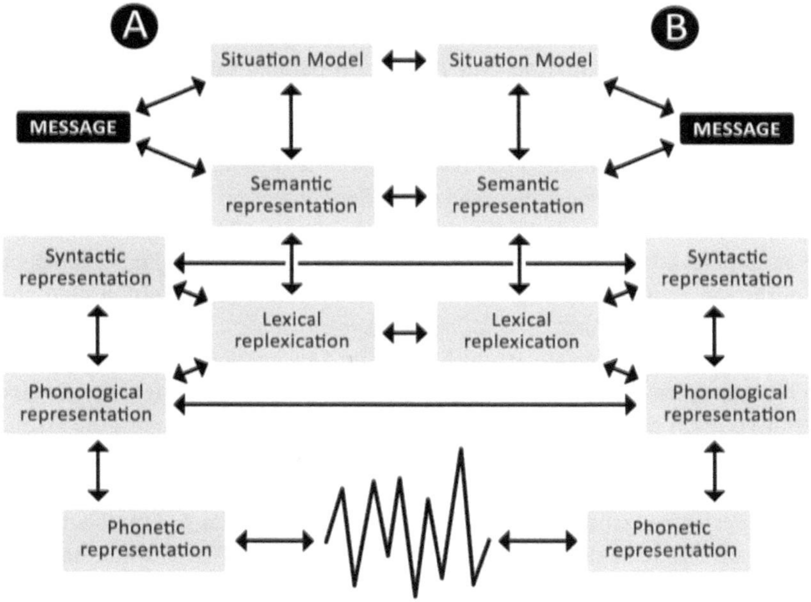

In der grafischen Darstellung stehen die horizontalen Linien für die sog. Alignment-Channels, über die Priming stattfindet; d.h., A tätigt eine Äußerung, die für B als Prime fungiert. B übernimmt daraufhin für die adjazente Äußerung Referenz, Lexik und Syntax von A. „*Priming is itself a conservative mechanism that alters the accessibility but not the form or content of the associated mental representations. […] Priming does not change the repertoire; rather, it promotes alignment by favouring one particular model and its associated referring expressions*" (Healey 2004: 201). Die Channels funktionieren direkt und automatisch, so dass der gesamte Prozess als vorbewusst angesehen werden kann. *„There is no intervening "decision box" where the listener makes a decision about how to respond to the "signal""* (Pickering & Garrod 2004: 177). Folglich können Pickering und Garrod von einem *„basic interactive alignment process, which is automatic and largely unconscious"* (Pickering & Garrod 2004: 177) sprechen. Pear (2004: 206) zieht die Parallele zwischen Pickering und Garrods *„channels of alignment"* und Skinners (1959) *„properties of verbal stimuli"*.[73] Priming ist hier allerdings nicht nur als einfacher Verhaltensmechanismus zu verstehen, da es Alignment und damit auch höhere Kognition auslöst. Durch den automatischen Priming-Prozess kommt es nämlich zu Alignment auf der jeweiligen Repräsentationsebene. So führt z.B. syntaktisches Priming zu syntaktischem Alignment usw.. Branigan et al. (2000) finden Hinweise darauf, dass der Prozess als bidirektional verstanden werden kann. Da Produktion und Perzeption parallel und verknüpft ablaufen (vgl. z.B. Calvert et al. 1997, Liberman & Whalen 2000, MacKay 1987), können Strukturen, die gerade noch perzipiert worden sind, direkt und mit geringem kognitiven Aufwand für die Produktion verwendet werden. Umgekehrt gilt dies auch für gerade produzierte Strukturen bei der Perzeption. Auch für den Bereich der Syntax können empirische Belege erbracht werden (Branigan et al. 2000, Potter & Lombardi 1998, Bock 1986, Pickering & Branigan 1998).[74] Eine umfassende Theorie, wie Priming auf den unterschiedlichen Levels genau funktioniert, liegt jedoch bislang nicht vor.

Beeinflusst durch den situativen Kontext und eventuell durch vorausgegangene Dialogsequenzen, haben die Interagierenden die gleichen oder sehr ähnliche Repräsentation auf allen Levels. Dieser Umstand schafft eine sehr gute Grundlage, nicht nur für ähnliche Assoziationen, sondern auch für ähnliche sprachliche Repräsentationen und somit für übereinstimmende Performanz. Wenn also auf der Performanzebene Persistenz beobachtet werden kann, dann liegt für Pickering und Garrod die Vermutung nahe, dass auch die zu Grunde liegenden sprachlichen Repräsentationen einander angeglichen seien. Die GesprächspartnerInnen als interagierende Dyade müssten demnach im Sinne der Systemischen

---

73 Ob es sich dabei um einen aktivierungsbasierten oder um einen lernbasierten Priming-Mechanismus handelt, wird bei Pickering und Garrod nicht klar. Dabei besteht allerdings ein eklatanter Unterschied zwischen einer elektrophysiolgischen Aktivierung und der Herausbildung neuer synaptischer Konnektionen, wobei jedoch eine persistente Aktivierung zur Etablierung neuer Konnektionen führt.

74 Eine Verlinkung dieser kognitiven Bereiche könnte auch als Erklärung für das in der CA diskutierte Phänomen der Komplettierung von Äußerungen nach SprecherInnenwechsel, gedeutet werden (vgl. Kapitel 2.3).

Theorie als kombiniertes System behandelt werden (vgl. Kapitel 2.1). Da sie die Interagierenden eines Dialogs als ein solches Gesamtsystem begreifen, konstatieren Pickering und Garrod plakativ: *„[...] we predict that it should be more-or-less as easy to complete someone else's sentence as one's own [...]"* (Pickering & Garrod 2004: 186).

Die bidirektionale Verlinkung der verschiedenen Repräsentationsebenen über Alignment-Channels wurde vielfach kritisiert. Einige ForscherInnen-Gruppen geben zu bedenken, dass Pickering und Garrods Modell eine übersimplifizierte Darstellung sei und dass man die unterschiedlichen Alignment-Prozesse auf den verschiedenen Ebenen separat betrachten müsse (vgl. Markman et. al. 2004: 203). Strukturelle Übereinstimmungen auf den Ebenen der syntaktischen und der phonologischen Repräsentation halten Markmann et al. für weniger problematisch, während sie eine direkte Verlinkung der Situationsmodelle zweier Interagierender für unmöglich halten. *„This notation [...] is a convenient shorthand, but people cannot directly access each other's mental states"* (Markman et. al. 2004: 203). Markmann et al. äußern berechtigte Kritik an der eher unglücklichen Darstellung der alignten Situationsmodelle anhand einer direkten Verknüpfung durch einen Alignment-Channel zwischen den Interagierenden auf der obersten Repräsentationsebene. Die Situationsmodelle werden über direkte Alignment-Prozesse im Gespräch neu angepasst, dadurch werden sie einander ähnlich, jedoch niemals identisch. Dies leistet nicht eine direkte Verlinkung zwischen zwei Situationsmodellen, sondern die übrigen Ebenen (Lexeme, Syntax) wirken hier konstitutiv. Alignt werden außerdem nicht die kompletten situativen Modelle im Sinne von identischem Weltwissen, sondern nur einige strukturelle Aspekte, wie z.B. die Gliederung des Maze-Game-Rasters als Felderinhalte oder als Gitterlinien. Die grafische Darstellung bei Pickering und Garrod ist dennoch irreführend. Mit Bezug auf die Versuche von Goldinger (1998) zur Phonetik, wurde eine grundsätzliche Diskussion zur Vergleichbarkeit von ähnlichen Repräsentationen geführt. *„Representational alignment requires that two or more entities be identical in some way"* (Krauss & Prado 2004: 202). Allerdings ist es bspw. offensichtlich, dass Sprachdaten von unterschiedlichen SprecherInnen auf der Ebene der Phonetik niemals vollständig übereinstimmen. Pickering und Garrod wenden ein, dass Alignment unterschiedliche Grade haben könne. Und auch Krauss und Prado vermissen zu Recht eine Regel, nach der diese Grade definiert sein könnten. *„In a continuously variable system, what degree of similarity constitutes an imitation?"* (Krauss & Prado 2004: 203). Bei all diesen Überlegungen bleibt zu bedenken, dass allein die Repräsentationen auf den jeweiligen Levels parallel und ähnlich sein müssen, nicht die Prozesse, die zu ihnen geführt haben und auch nicht die Prozesse, die wiederum von Ihnen ausgelöst werden. Lässt man die bewussten Anteile der kognitiven Verarbeitung von sprachlichen Ausdrücken außer Acht, ist deren intentionaler Charakter als Bezugnahme eines denkenden Bewusstseins auf einen in der Aussage kodierten Sachverhalt nicht erfassbar (vgl. Searle 2006). Folglich ist eine ausschließlich vorbewusste Verarbeitung von Dialogbeiträgen nicht möglich. Wenn also die vorbewussten Repräsentationen von A und B tatsächlich vergleichbar sind, sind es die entsprechenden bewussten und intentionalen Äußerungen, die schließlich den Dialog bilden, noch lange nicht. Von alignten Repräsentationen kann also nicht direkt auf die Komplettierung von Äußerungen geschlossen werden, da so der Zwischenschritt einer bewussten, intentionalen Aussage übersprungen wird. Diese kann von A und B nicht völlig übereinstimmend gedacht werden, da unterschiedliche Bewusstseine die Äußerung mit Bezug auf erlerntes Wissen etc. auf unterschiedliche Weise intentional denken.

In den vergangenen Jahren sahen sich Pickering und Garrod immer wieder dem Vorwurf ausgesetzt, das interaktive Alignment-Modell sei übersimplifiziert und unspezifisch (vgl. u.a. Cutting 2004: 194). Hauptkritikpunkte sind die parallele Architektur von Produktion und Perzeption und die gleichartigen, direkten Priming-Channels auf allen Ebenen der linguistischen Repräsentation. „*[...] we specifically criticize [...] their notion of alignment being implemented through priming*" (Schiller & de Ruiten 2004: 207). So unterscheiden Pickering und Garrod weder qualitativ zwischen einfachem, vorbewusstem Priming und lernbasiertem Priming, das kein direkter Mechanismus, sondern sehr komplex ist (Warren & Raynen 2004: 211; Schiller & de Ruiten 2004: 207). Ungeachtet der Diskussion um die Beschaffenheit der Alignment-Channels als einfache Priming-Mechanismen erscheint es grundsätzlich fraglich, ob man solche Verbindungen annehmen sollte.

Alignment-Channels sind u. U. vergleichbar einem wesentlich allgemeineren automatischen Perzeptions-Imitations-Link (Bargh & Chartrand 1999, Dijksterhuis & Bargh 2001), der vielleicht als Erklärung dafür herangezogen werden kann, warum Imitation eine so große Rolle für die soziale Interaktion spielt. Neurowissenschaftlich betrachtet legt die Nachweisbarkeit von Spiegelneuronen Imitationsprozesse allgemein nahe. In die Steuerung von Imitation und Sprache sind die gleichen Areale im Gehirn involviert (*Brodmann's Areas 44 & 45*; vgl. Iacoboni et al. 1999, Rizzolatti & Arbib 1998), was natürlich die Einbeziehung von Imitation in sprachliches Verhalten als Interpretation zulässt. Auch könnten Mimikry-Effekte im Bereich der Mimik und Gestik als eine Form von Alignment gedeutet werden (Bargh & Chartrand 1999). Solange jedoch die derzeitigen bildgebenden Verfahren eine genauere Beobachtung der Vorgänge während der Sprachproduktion und Perzeption nicht zulassen, bleiben Aussagen in diesem Bereich eher spekulativ.

Allgemein kann man sagen, dass Pickering und Garrods mechanistische Erklärung zu kurz greift. Ausgehend von einer derart vereinfachten Darstellung wird es schwierig werden, Vorhersagen für Dialogstrukturen in neuen experimentellen, oder alltäglichen Kontexten zu treffen. Abschließend bleibt die genauere Spezifizierung der Priming-Mechanismen und ihrer Rolle für Produktion und Perzeption als Desideratum. *„However, the theory is not truly "mechanistic." A full account requires both representations and processes bringing those representations into harmony"* (Goldinger & Azuma 2004: 199). Weder durch Theorien, die von vollständig bewussten Abläufen ausgehen, noch durch voll automatische Modelle können auf der Performanz-Ebene nachweisbare Persistenz-Phänomene erklärt werden. *„We argue for the inclusion of less automatic, though not completely conscious and deliberate, processes to explain such phenomena"* (Krauss & Prado 2004: 202).

Für die HCI ist Kritik an Priming-Mechanismen interessant, weil sie auch immer eine Kritik an rein deterministischen Abläufen ist. Je wichtiger bewusste Prozesse für die Sprachverarbeitung im Dialog sind, desto schwieriger wird die technische Umsetzung.

2.3.2.1 Impliziter Common Ground

Pickering und Garrod teilen die Auffassung von Zwaan und Radvansky (1998), dass die Basis für einen erfolgreichen Dialog im *Alignment der Situationsmodelle* zweier Interagierender liege.[75] Bei Situationsmodellen handelt es sich um eine in der kognitiven Psychologie gängige Modellvorstellung von der Struktur der Repräsentation eines situativen Kontexts im Gehirn eines Individuums, das diesen Kontext denkt. *„A situation model is a multi-dimensional representation of the situation under discussion"* (Johnson-Laird 1983, Sanford & Garrod 1981, Zwaan &Radvansky 1998). *„Such models are assumed to capture what people are "thinking about" while they understand a text"* (Pickering & Garrod 2004: 172). Alignment auf der Ebene der situativen Modelle erfolgt über Alignment auf allen anderen Ebenen der linguistischen Repräsentation.

---

75 Empirische Belege für das Alignment von situativen Modellen kommen aus der Forschung zu Raum- und Zeitdeixis (Schober 1993, Zwaan & Radvansky 1998, Boroditsky 2000). Allgemeinere Arbeiten zu solchen Analogien unterstützen die These (Gentner & Markman 1997, Markman & Gentner 1993).

Ausgangspunkt dieser Argumentation ist ein Experiment von Garrod und Anderson (1987). Es handelt sich dabei um Beobachtungen während eines kooperativen Spiels (*Maze-Game*), bei dem die SpielerInnen gegenseitig die jeweilige Position ihrer Spielsteine innerhalb eines Spielbrettrasters mit Zeilen und Spalten beschreiben müssen, da die Position der einen für die andere verdeckt bleibt (vgl. „Schiffe versenken").

(1) **B:** … Tell me where you are?
(2) **A:** Ehm : Oh God (*laughs*)
(3) **B:** (laughs)
(4) A: Right : two along from the bottom one up :
(5) **B:** Two along from the bottom, which side?
(6) **A:** The left : going from left to right in the second box.
(7) **B:** You're in the second box.
(8) **A:** One up (*1 sec.*) I take it we've got identical mazes?
(9) **B:** Yeah well : right, starting from the left, **you're one along :**
(Garrod & Anderson 1987)

Die Äußerungen der ProbandInnen in den Transkripten der Tasks erscheinen zunächst ungrammatisch und unverständlich, wenn man den Kontext der Interaktionssituation als Spiel außer Acht lässt. Als *„joint activity"* (Clark 1996, Clark & Wilkes-Gibbs 1986) betrachtet kann die Interaktion unter diesem Aspekt mit einem *„game of cooperation"* (Lewis 1969) verglichen werden, bei dem beide DialogpartnerInnen gewinnen, wenn die Kommunikation gelingt und niemand gewinnen kann, wenn sie scheitert. Aus diesem Grund finden die GesprächsteilnehmerInnen eine gemeinsame Sprache für die Interaktion im Spiel mit geteilten Begriffen (*box, bottom*) und gemeinsamen Verweisrelationen (*one along, two along*). So ist z.B. zu beobachten, dass einige ProbandInnen-Paare sich darauf einigen, Kästchen im Raster abzuzählen. Andere Paare zählen die Linien zwischen den Kästchen und kommen entsprechend zu anderen Zahlenwerten. Hätten sie sich nicht auf eine gemeinsame Strategie geeinigt, wäre die Kommunikation gescheitert. Pickering und Garrod sehen in diesem Umstand einen Hinweis auf ein Alignment der *strukturellen Aspekte* der Situationsmodelle der GesprächspartnerInnen. Unter strukturellen Aspekten des Situationsmodells wird eine bestimmte Perspektive auf die Organisation des Rasters verstanden. Die ProbandInnen könnten in Bezug auf ihre Position lügen (inhaltliche Dimension), aber sie nutzten trotzdem entweder ein figürliches oder ein lineares Modell (strukturelle Dimension).

Die auf der Performanzebene beobachtete Koordination von Äußerungen, die als adjazente, elliptische Ausdrücke ineinander greifen, kann unter verschiedenen psycholinguistischen Perspektiven als Produkt ganz unterschiedlicher

Prozesse gedeutet werden (vgl. Clark 1985, Garrod & Anderson 1987, Branigan et al. 2000). Pickering und Garrod gehen von aufeinander abgestimmten Situationsmodellen (Kognition) als Voraussetzung für koordiniertes Dialogverhalten (Performanz) aus. „*Specifically, alignment occurs at a particular level when interlocutors have the same representation at that level. Dialogue is a coordinated behaviour*" (Pickering & Garrod 2004: 172).

Obgleich eine präzise Definition der strukturellen Aspekte von situativen Modellen leider fehlt, grenzen Pickering und Garrod ihre Hypothese über alignte Situationsmodelle deutlich von Mental-State-Hypothesen ab. Zu DialogpartnerIn As eigener Repräsentation eines situativen Kontexts kommt also nicht noch ein zusätzliches Modell über die Vorstellungen von DialogpartnerIn B hinzu. Vielmehr entwickeln A und B über ihre Interaktion Situationsmodelle mit gleichen strukturellen Eigenschaften. Laut Pickering und Garrod (2004) wird dieses Alignment von Situationsmodellen durch einen einfachen und ressourcenfreien Priming-Mechanismus erreicht. Der gleiche Mechanismus produziert Alignment auf anderen Ebenen der linguistischen Repräsentation (Phonologie, Lexik und Syntax). Alignment auf einer Ebene führt zu Alignment auf den anderen Ebenen, da Zwischenverbindungen in Form von Alignment-Channels zwischen den Levels bestehen. Ein vollständiges Alignment der situativen Modelle ist für eine erfolgreiche Gesprächsführung weder möglich, noch nötig oder sinnvoll. Es muss zwar Einigkeit darüber bestehen, was eigentlich Gegenstand der Diskussion ist (vgl. Sacks 1987), doch müssen unterschiedliche GesprächspartnerInnen selbstverständlich verschiedene Standpunkte vertreten können (vgl. Schober 2004).

Einfache Priming-Mechanismen gelten jedoch als verarbeitungsökonomischer als Partner-Modeling, bei dem gleichzeitig zwei Modelle unterhalten werden müssen: die eigene Repräsentation und die Vorstellung über das Modell des Gegenübers (vgl. Brennan 2010). Die Vorstellung zweier über einfaches Priming alignter Situationsmodelle als Basis erfolgreicher Kommunikation erscheint zunächst elegant, da so durch primitive Mechanismen mit einem Minimum an Energieaufwand ein Maximum an struktureller Übereinstimmung erzielt werden kann, was zu einer effizienten Kommunikation führt.[76] Ob die vorgenommene Kategorisierung jedoch vom Maze-Game ohne Weiteres auf komplexere situative Kontexte übertragbar ist, erscheint fraglich.

Die Vorstellung von alignten Situationsmodellen steht in Konflikt zu Kommunikationstheorien, die geteiltes Wissen als Common Ground voraussetzen

76 Entsprechend sieht sich die Theorie vor dem Hintergrund der verbreiteten Annahme, dass kognitive Prozesse nach energieökonomischen Prinzipien verliefen.

(Clark & Schaefer 1989). Allerdings stellen solche Theorien, die sprachliche Aushandlungsprozesse als Vehikel zum Herstellen und Sichern von Common Ground interpretieren (*Grounding*), das prominente Paradigma im aktuellen wissenschaftlichen Diskurs dar (Clark & Marshall 1981, Clark & Schaefer 1989, vgl. auch Stalnaker 2002). Sie besagen, dass erst die Etablierung von Common Ground zu einem erfolgreichen Dialog führe (Clark & Wilkes-Gibbs 1986). Um eine solche gemeinsame Basis zu schaffen, müsse jede Gesprächsteilnehmerin ein sog. Mental-State-Modell der jeweils anderen entwickeln (s. Kapitel 2.3). Im Falle einer Störung des Dialogs könne dann explizit auf den Common Ground zurückgegriffen und sich auf eine gemeinsame Ausgangsbasis verständigt werden. Explizites Grounding sei die prominente Repair-Strategie. Die Voraussetzung für Other-Repair bildet im Rahmen dieses Ansatzes Partner-Modeling.

Pickering und Garrod widersprechen der Auffassung von explizitem Common Ground und Partner-Modeling bzw. Self-Monitoring und propagieren dagegen Alignment, das von der niedrigsten zur höchsten Ebene aufgebaut werde, als wahrscheinlicher, da es viel direkter sei und ein „*much more automatic process*" (Pickering & Garrod 2004: 178). Durch Anpassungsprozesse auf den jeweiligen Repräsentationsebenen werde ein sog. *impliziter Common Ground* etabliert, der sich als Anpassung der situativen Modelle der DialogpartnerInnen manifestiere. Der implizite Common Ground könne als Regelfall angesehen werden. „*In fact, the better aligned speaker and listener are, the closer such an implicit common ground will be to the full common ground, and the less effort need be exerted to support successful communication*" (Pickering & Garrod 2004: 179). So könne bei Störungen des Dialogs direkt auf impliziten Common Ground zurückgegriffen werden, um Other- oder Self-Repair implizit einzuleiten. Pickering und Garrod fassen Self-Monitoring als Alignment mit sich selbst, in dem Sinne, dass auf diese Art und Weise eigene Repräsentationen evaluiert werden. „*In other words, monitoring is a by-product of a language processing system that is sufficiently flexible to allow comprehension and production to occur to some extent simultaneously in dialogue*" (Pickering & Garrod 2004: 184). Die gleichen Alignment-Channels übernehmen die Aufgabe des Self-Monitorings, die auch zur Anpassung an das Gegenüber dienen. Anders perspektiviert kann Self-Monitoring ferner als Abstimmung der eigenen Äußerung auf den impliziten Common Ground verstanden werden, während Zuhören als Abgleich der Äußerung des Gegenübers mit dem impliziten Common Ground zu verstehen ist.

Elaboriertere Strategien wie Partner-Modeling (z.B. beim Grounding) werden laut Pickering und Garrod erst dann bemüht, wenn das einfache Alignment völlig versagt und es bereits zu einer Störung des Dialogs gekommen ist. So stellen sie den Rückgriff auf vollständigen Common Ground als Repair-Strategie bei offenkundigem Misalignment vor, wenn interaktives Repair bereits versagt hat. Diese Leistungen höherer Kognition könnten dann als Mental-State-Modelle bezeichnet werden. Über Alignment werde nur impliziter Common Ground etabliert, vollständiger Common Ground werde nur dann erreicht, wenn es kognitiv notwendig sei, bewusst zu re-analysieren.

Dieser Argumentation wurde vorgeworfen, sie sei paradox. Denn wenn man nur dann ein Modell der Gesprächspartnerin brauche, wenn das Alignment versage, woher wisse man dann, dass das Alignment versagt habe? Man hatte ja vorher kein Modell des Gegenübers, mit dem man den neuen Zustand hätte vergleichen können (Schober 2004). Begrifflich liegt das Paradoxon auf der Hand; als natürlicher Prozess ist die Erklärung von Pickering und Garrod jedoch trotzdem vorstellbar. Die Interagierenden bemerken nicht explizit, dass ihr Alignment defizitär ist, sondern es kommt vielmehr zu einem einfachen Missverständnis, das man sich modellhaft als unspezifische Fehlermeldung vorstellen könnte. Darauf folgt die Re-Analyse auf einer höheren kognitiven Ebene. Störungsanfällige Dialoge kommen folglich nicht ohne expliziten Common Ground aus.

Die Annahme eines impliziten Common Grounds wurde auch in Bezug auf verschiedene weitere Aspekte kritisiert. So sei auf der Ebene der situativen Modelle Alignment immer nur partiell möglich, weil gemeinsame Konzepte nie als direkte Kopien vorliegen könnten und immer sprachlich vermittelt seien (Branigan 2004). Ferner seien allgemeine Priming-Mechanismen als Motor für Alignment im Bereich der Semantik und Pragmatik unwahrscheinlich (Branigan 2004, Barr & Keysar 2004, Warren & Raynen 2004) und es sei neurowissenschaftlich gar nicht erwiesen, ob die Verarbeitung als impliziter Common Ground energieökonomischer sei als Partner-Modeling und vollständiger Common Ground (Schober 1998b, 2004). Dagegen sei die Möglichkeit zur Perspektivübernahme als Partner-Modeling immanent wichtig für die Dialogführung bei der Auswahl von Deiktika und beim Turn-Taking (Fussel & Kraut 2004). So trüge das Alignment-Modell gut für diese strukturelle Ebene der Dialogverarbeitung (Lexik, Syntax), aber eben nicht für abstraktere Konzepte (vgl. Branigan 2004).

Daraus leitet sich ab, dass das interaktive Alignment-Modell auch nur eingeschränkt auf die HCI übertragen werden kann. Aus dem Kontext abgeleiteter impliziter Common Ground kann vollständigen Common Ground, der in Form von Grounding auch explizit gemacht werden kann, nicht ersetzen. Das interaktive Alignment-Modell kommt bei Störungen im Dialog nicht ohne vollständigen Common Ground aus. Wahrscheinlich wird dieser sogar sehr häufig hergestellt. In der störungsanfälligen HCI kann letztlich wohl kaum auf Common

Ground und Partner-Modeling verzichtet werden (Branigan et al. 2010), zumal modellhafte Vorstellungen der UserInnen über den Bot ihre Sprachhandlungen bestimmen (vgl. Fischer 2006, im Druck). Heutigen Bots fehlen jedoch weitestgehend Wissensbasen, die umfangreich genug sind, um die nötigen Ressourcen bereitzustellen. Was als Vorteil des interaktiven Alignment-Modells vermutet wurde, nämlich der Verzicht auf vollständigen Common Ground, schleicht sich durch die Hintertür als Problem wieder ein, da von den KritikerInnen zu Recht bezweifelt wird, dass alignte SprecherInnen über lange Passagen ohne vollständigen Common Ground und Grounding-Strategien auskommen – vor allem nicht, wenn eine/r der GesprächsteilnehmerInnen ein Bot ist.

Gerade bei einer Dialogverarbeitung mit implizitem Common Ground würde das Problem des Wissensgefälles zwischen Bot und Mensch emergent. Impliziter Common Ground umfasst immer nur Wissen, das direkt aus dem Dialog abgeleitet werden kann. Beide Interagierenden verfügen also auch über reiche Ressourcen nicht geteilten Wissens. Bestehen große Unterschiede in Bezug auf das Weltwissen der GesprächspartnerInnen, kann impliziter Common Ground nicht ohne Irritationen dynamisch im Dialog entwickelt werden, sondern es bedarf expliziten Groundings. Hierin zeigt sich ein grundsätzliches Problem des *Implicit-Common-Ground*-Ansatzes für die HCI, da Mensch und Maschine die Interaktionssituation auf der Grundlage völlig unterschiedlicher Wissensbasen interpretieren. Dies führt zusätzlich dazu, dass UserInnen versuchen, die Asymmetrie durch eine bewusste Anpassung an den limitierten Wortschatz des Systems zu kompensieren (vgl. Fischer im Druck). Die dabei produzierten Persistenzen könnten dann nicht mehr als vorbewusstes Alignment interpretiert werden und wären auch nicht mehr Teil eines deterministischen Gesamtsystems.

Schegloff (2004: 207) betont die Einbettung der einzelnen Turns in den Gesamtkontext einer Interaktionssituation, um zu zeigen, dass Pickering und Garrod eine beträchtliche Zahl von Variablen vernachlässigen, die Einfluss auf einen Dialog haben:

> „*For most humans on the planet since the species developed „language," the overwhelmingly most common ecological niche for its use has been (1) the turn at talk, (2) as part of a coherent sequence of turns, (3) through which a course or trajectory of action is jointly pursued by some or all of the participants (not necessarily cooperatively, but jointly), (4) in an episode of interaction, (5) between two or more persons, (6) organized into two or more parties, (7) the occasion of interaction being composed of one or more such episodes. […] The mechanisms of production and comprehension being addressed by Pickering & Garrod need to be understood in this context. It is this context that is missing from Pickering & Garrod's treatment*" (Schegloff 2004: 207).

Der situative Kontext bringt zahlreiche soziale Implikationen mit sich, die nicht in einem einfachen deterministischen Modell als Automatismen fassbar sind. So handelt es sich bei den Interagierenden um *Personen* mit Intentionalität und Spontaneität, die vor dem Hintergrund bestimmter sozialer Verhältnisse kommunizieren. Das komplexe Netz an Informationen, in das die Interagierenden beide wenigstens teilweise Einblick haben müssen, um vollständigen Common Ground herstellen zu können, kann zum heutigen Zeitpunkt nicht in einen Bot implementiert werden.

Dialogverarbeitung mit Hilfe von Konstruktionsübernahmen ist also nicht kontextfrei und kommt nicht ohne expliziten Common Ground und Rekurrenz auf Weltwissen aus. Der eingangs benannte Punkt a) aus der Liste von Aspekten des interaktiven Alignment-Modells, die es für die HCI besonders interessant machen, nämlich dass es kontextfrei funktioniere, muss also zurückgewiesen werden. Hier sind Ansätze, die große Datenbanken mit semantischen und pragmatischen Wissensrepräsentationen hinterlegen und mit Partnermodellen arbeiten, vielversprechender als Alignment-Generatoren. Indem Punkt a) zurückgewiesen wird, muss auch Punkt c), die Frage nach Dialogkohärenz, zurückgewiesen werden. Denn ohne vollständigen Common Ground sind in der HCI keine kohärenten Dialoge möglich. Alignment auf der Ebene der Lexik und der Syntax dagegen ist als grundsätzlicher Mechanismus des sprachlichen Handelns aber eindeutig nachweisbar. Auf der Strukturebene kann also auch in der HCI mit Alignment gerechnet werden. Welche Funktion dieses Verhalten in der HCI erfüllt, muss im Einzelfall entschieden werden. Wenn Menschen Alignment-Verhalten auch vorbewusst auf die HCI übertragen (vgl. Kapitel 4), sollten Bots auf der Ebene der Performanz mit diesem Verhalten umgehen können und es eventuell auch simulieren. Der Anwendungsbereich für ein Alignment-Modell in der HCI liegt also eindeutig im Bereich der sprachlichen Strukturen als lexikalische oder syntaktische Persistenzen, die tatsächlich mechanistisch erzeugt werden können, und nicht im Bereich der geteilten situativen Konzepte. Aus diesem Grund soll im Folgenden der Fokus auf lexikalischem und syntaktischem Alignment liegen.

2.3.2.2 Lexikalisches Alignment

Lexikalisches Alignment kann wie folgt definiert werden: Auf der Folie einer Theorie der Referenz nach *signifié* und *signifiant* (Saussure 1967–1974) kann davon ausgegangen werden, dass SprecherIn A mit einem Lexem L (signifié) auf einen Begriffsumfang BU (signifiant) referiert. Übernimmt SprecherIn B nun die Relation [L ist Zeichen für BU] von SprecherIn A, so liegt lexikalisches Alignment vor. Referenzrelationen sind innerhalb einer Sprachgemeinschaft stark konventionalisiert, jedoch besteht häufig die Möglichkeit, Synonyme oder semantisch nur leicht abweichend konnotierte Lexeme für das fragliche Lexem L einzusetzen. Im Dialog scheint dies aber nicht der empirischen Praxis zu entsprechen. Vielmehr scheinen Begriffsumfänge ausgehandelt und innerhalb der Dyade neu bestimmt zu werden. Gebraucht A Lexem L für BU und nicht ein entsprechendes Synonym, wird auch B L gebrauchen. Gebraucht A L mit einer besonderen Konnotation, so wird B diesen besonderen BU übernehmen. Empirische Hinweise auf lexikalisches Alignment finden z.B. Garrod und Anderson (1987), Garrod und Clark (1993), Garrod und Doherty (1994), Brennan und Clark (1996) Clark und Wilkes-Gibbs (1986) sowie Wilkes-Gibbs und Clark (1992). Modellcharakter für verschiedene Studien hat ein Experiment von Levelt und Kelter (1982). Diese untersuchten die Reaktionen von ProbandInnen auf die zunächst bedeutungsgleichen Fragen „What time do you close?" und „At what time do you close?". Sowohl für das Englische als auch für das Niederländische waren die Antworten immer kongruent:

(1) A: What time do you close?
(2) B: Five o'clock

(1) A: **At** what time do you close?
(2) B: **At** five o'clock

Pickering und Garrod (2004: 174) führen dieses Beispiel als exemplarischen Fall an, den man sowohl als lexikalisches oder als syntaktisches Alignment interpretieren könne. Einerseits kann man von einer Persistenz des Lexems „at" (vs. Null-Lexem) sprechen, mit Fokus auf die Syntax kann man andererseits sagen, dass die phrasale Kategorie der Präpositionalphrase wiederholt wird. Das Kopfprinzip spricht allerdings für eine Interpretation als syntaktisches Phänomen, das in Sprachen mit der entsprechenden Kasusmarkierung auch offensichtlich wird.

Pickering und Garrod sind nicht der Meinung, dass höher frequente Wörter öfter persistent realisiert werden. Statt der Häufigkeit sei die *„accessibility with respect to the dialogue context"* (Pickering & Garrod 2004: 184) der ausschlaggebende Faktor, der zu Persistenz und damit zu Alignment führe. Die Auswahl der Lexeme im vorangegangenen Kontext, insbesondere des Vorgänger-Turns, beeinflusst also die Wortwahl im aktuellen Turn. Über längere Sequenzen kann auf diese Weise eine Menge immer wiederkehrender Wortformen etabliert werden. Darin liegt eine Chance für vereinfachtes Parsing in der HCI. Für eine Menge besonders persistenter Wörter mit individuell ausgehandelten Bedeutungen innerhalb eines Dialoges schlagen Pickering und Garrod den Terminus *„Dialogue-Lexicon"* vor. Mit einem Parser und einem Zwischenspeicher könnte man dynamisch ein solches Lexikon im Dialog entwickeln und hinterlegen (vielleicht als semantisches Netz mit Assoziationen), um individuell auf die jeweilige Userin abgestimmte Wörter im weiteren Dialogverlauf höher priorisiert zu parsen und auszugeben.

2.3.2.3 Syntaktisches Alignment

Auf der nächsttieferen Ebene siedeln Pickering und Garrod in ihrem interaktiven Alignment-Modell das syntaktische Alignment an. Von syntaktischem Alignment spricht man dann, wenn anstelle eines einfachen Lexems L eine komplexe Phrase P von A eingeführt und von B übernommen wird. „*As it is obvious, there is a strong syntactic priming effect such that speakers/writers prefer to use the primed syntactic structure*" (Gries 2005: 373). Branigan et al. (2000) fanden interessante Belege für die Persistenz indirekter Objekte im Englischen entweder als Nominalphrase oder als Präpositionalphrase. Schon Bock (1986) zeigte, dass DialogpartnerInnen dazu neigen, syntaktische Strukturen zu wiederholen, wobei nicht-syntaktische Erklärungen ausgeschlossen werden können (Bock 1989; Bock & Loebell 1990; Bock et al. 1992; vgl. auch Hartsuiker & Westenberg 2000; Pickering & Branigan 1998; Potter & Lombardi 1998; Smith & Wheeldon 2001; Pickering & Branigan 1999).

Allgemein muss aber festgehalten werden, dass syntaktisches und lexikalisches Alignment in empirischer Interaktion häufig gleichzeitig vorliegen und schwer voneinander getrennt untersucht werden können. In einigen Studien wurde versucht, dieses Problem durch entsprechende experimentelle Settings und Stimuli zu umgehen. So können bspw. Branigan et al. (2000) syntaktisches Alignment sowohl isoliert als auch in Kombination mit lexikalischer Persistenz nachweisen. Auf den Stimulus *the nun giving the book to the clown* konnte sie in einer Bildbeschreibungs-Task für die nächste Abbildung als Respons sowohl *the cowboy giving the banana to the burglar* <lex. + synt.> als auch *the cowboy handing the banana to the burglar* <synt.> nachweisen. Die syntaktische Struktur Nominalphrase + Partizip kann also durch entsprechende Stimuli geprimed werden. Besteht die Möglichkeit zur gleichzeitigen lexikalischen Persistenz, wird der Effekt verstärkt. Auch Nominalphrasen mit integriertem Relativsatz können syntaktisch geprimed werden:

(1) Stimulus: the goat that ist red
(2) Respons: the sheep that is red
(3) Nicht jedoch: the red sheep

Welche Rolle die semantische Nähe zwischen Stimulus und Respons für syntaktisches Alignment spielt, ist bislang nicht hinreichend geklärt. Ferner stellt sich auch hier das Problem einer systematischen Hierarchisierung von Ähnlichkeit auf den unterschiedlichen Repräsentationsebenen (Lexik, Syntax, Semantik).

Priming-Effekte konnten auch außerhalb von Dialogen z.B. in Experimenten zur Erinnerung an syntaktische Strukturen festgestellt werden (Lombardi & Potter 1992, Potter & Lombardi 1990, 1998). Werden semantisch ähnliche Wörter als Prime bei einer Satz-erinnerungsaufgabe gegeben, die eine andere Argumentstruktur aufweisen als das Ausgangswort, wird der lexikalische Prime übernommen und die Syntax angepasst.

Ob syntaktisches Priming auch für die HCI nachgewiesen werden kann, ist nicht hinreichend geklärt. Seine technische Umsetzung ist jedoch wesentlich anspruchsvoller als die des lexikalischen Alignments in Form eines Dialog-Lexikons für priorisiertes Parsing, da sie robustes Syntax-Parsing (*NLP, Natural Language Processing*) voraussetzt.

Wie bereits erwähnt, kann Alignment auch ebenenübergreifend auftreten, so dass bspw. lexikalisches und syntaktisches Alignment zusammen vorliegen. Zu solchen Effekten kommt es nicht zufällig, sondern die unterschiedlichen Ebenen der Repräsentation sind miteinander verknüpft. So wird z.B. syntaktisches Alignment dann eingeleitet, wenn mehrere lexikalische Kategorien bereits alignt sind. Beim Verb *to give* z.B. wird dessen Argumentstruktur; d.h. eine mögliche Verknüpfung mit den syntaktischen Kategorien Nominalphrase und Präpositionalphrase grundsätzlich direkt mitaktiviert. Dabei werden gleichzeitig die entsprechenden Konnektionen gestärkt und es lässt sich das allgemeine Prinzip ableiten, dass Ko-Aktivierung zu Assoziation führt. Je enger nun die assoziative Verbindung auf dem einen Level ist (z.B. semantisch), desto wahrscheinlicher wird Alignment auf einem anderen Level (z.B. syntaktisch).

2.3.3 Distanz-Frequenz-Effekte

Ein weiterer Aspekt im wissenschaftlichen Diskurs um Alignment ist die zeitliche Nähe zum Prime, mit der eine persistente Struktur produziert wird. Für die kognitiv-linguistische Modellierung ist es von Interesse, wie sich Persistenzpaare im Hinblick auf ihre Distanz verhalten. Löst Priming nur direkte Persistenz-Effekte im nächsten Turn aus oder kann es längere Sequenzen überdauern? Seit Ende der 1990er Jahr wurden einige Studien durchgeführt, um diesen Abstand in Form von Zeitmessungen im oralen Dialog oder als räumliche Distanz im Text (Anzahl der Wortformen zwischen Prime und Persistenz) quantitativ zu analysieren. Die Ergebnisse werden als „*Recency-Frequency-Effekte*" (Distanz-Frequenz-Effekte) bezeichnet. Smith und Wheeldon (2001) führten bspw. Online-Studien durch, in deren Rahmen die zeitliche Distanz von Persistenzen untersucht wurde. Sowohl Levelt und Kelter (1982) als auch Branigan et al. (2000) bezeichneten Persistenzen in oralen und getippten Dialogen als kurzlebig, während andere Studien persistente Strukturen auch über größere Intervalle nachweisen konnten (Bock & Griffin 2000; Pickering et al. 2000). Dieser vermeintliche Gegensatz wird aufgelöst von Szmrecsanyi (2005) und Gries (2005), die hinsichtlich unterschiedlicher linguistischer Phänomene (Will-Future vs. Going-to-Future, Dativobjekt vs. Präpositionalobjekt) in korpus-basierten Studien eine Zerfallskurve für Persistenzen nachweisen konnten, die Szmrecsanyi als „*Forgetting-Function*" (Vergessenskurve) bezeichnet. Bei geringer Distanz zum Prime finden sich zahlreiche Persistenzen, bei größerer Distanz nur noch vereinzelte. Die Kurve verläuft also logarithmisch und nähert sich damit einer Vergessenskurve nach Ebbinghaus (1985) an.[77]

Abbildung 16: Distanz-Frequenz-Effekte in der HHC (Szmrecsanyi 2005: 127)

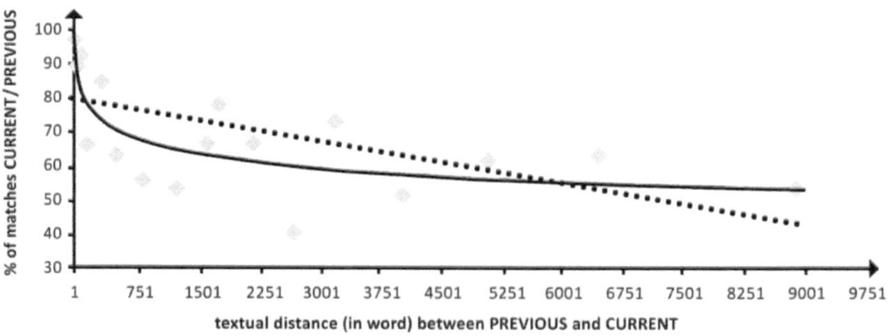

> „*TEXTDIST (Distanz) was measured in the ln of the number of interjacent words between PREVIOUS (Prime) and CURRENT (Persistenz) and is a proxy for recency of use of an alternating variable. This variable was modelled logarithmically and not, for instance, in a linear fashion because many psycholinguistic priming phenomena have been shown to decay in this way*" (Szmrecsanyi 2005: 120, Anmerkungen N. L.).

Ob für Menschen, die mit einem artifiziellen Dialogagenten interagieren, eine vergleichbare Vergessenskurve für Primes aus dem System-Output angesetzt werden kann, ist zu überprüfen. Es könnte angenommen werden, dass Primes in der HCI einen Turn-Wechsel nicht überdauern, da zu viele Störungen und abrupte Themenwechsel als Distraktoren wirken.

77 Die ebbinghaus'sche Kurve bildet den Grad des Vergessens über einen bestimmten Zeitraum ab. Ein Prime hat damit eine bestimmte Zerfallsrate.

Je weiter Strukturen in einem Dialog also (zeitlich oder räumlich) voneinander entfernt sind, desto unwahrscheinlicher ist Alignnment. Reitter (2006) kann zeigen, dass sowohl *Frequenz*- als auch *Distanz*-Effekte als Indikator für Alignment angesehen werden können. Er bietet eine Kalkulation an, die beide Variablen miteinbezieht und anhand derer berechnet werden kann, wann Alignment emergent wird. Diese Kalkulation verwenden Buschmeier, Kopp und Bergmann (2010) in ihrem Alignment-Generator *SPUDprime* (s. u.).

2.3.4 Alignment in der HCI

Sofern das Konzept Alignment also für die HCI nutzbar gemacht werden soll, stellen sich zunächst zwei grundsätzliche Fragen:

a) Gibt es in der HCI empirische Belege für ein Verhalten der UserInnen, das gemäß dem interaktiven Alignment-Modell interpretiert werden kann?
b) Sollte das der Fall sein, wie kann ein alignment-verarbeitendes Modell in ein artifizielles System implementiert werden?

Das interaktive Alignment-Modell ist allgemein genug gehalten, um auf verschiedene Formen der Interaktion übertragbar zu sein. Innerhalb eines Kontinuums der Dialogizität, das von Monolog mit HörerInnen-Feedback bis zu einer eng alignten Face-to-Face-Kommunikation von zwei Menschen mit anteilig gleichwertigen Redebeiträgen reicht, ist Alignment überall in diesem Spektrum vorstellbar. „*Just as there is a "dialogic continuum" defining different kinds of interactive activities, we argue that there is a continuum of processing and that alignment will be observed even under non-interactive circumstances*" (Barr & Keysar 2004: 189). Unterschiede in Bezug auf die Stärke des Alignments sind dabei wahrscheinlich. Bei Monologen oder schriftlicher Korrespondenz sehen Pickering und Garrod Probleme in Bezug auf Alignment. Die Repräsentationen von A und B können schnell divergieren oder niemals alignen. „*It is only when regular feedback occurs that the interlocutors can control the alignment process*" (Pickering & Garrod 2004: 177). Wie sich diese Überlegungen auf computervermittelte quasi-synchrone medial schriftliche, aber konzeptionell mündliche Kommunikation übertragen lassen, ist bislang nicht eindeutig geklärt (vgl. Branigan et al. 2003, Pearson et al. 2006, Branigan et al. 2010, Cowan et al. 2011). Für die HRI findet Fischer Belege, die auf eine bewusste Produktion von Persistenzen als Simplifizierungsstrategie hindeuten und weniger auf eine vorbewusste Übertragung von Verhaltesweisen aus der HHC (vgl. Fischer im Druck). In Kapitel 4 dieser Arbeit wird diskutiert, inwiefern vorbewusstes Alignment für die chat-basierte HCI eine Rolle spielt. Unter der Prämisse eines Dialogkontinuums, kann Alignment wahrscheinlich für die HCI (auch für die computervermittelte HCI) nur dann prognostiziert werden, wenn die Interaktionsszene von der Userin als soziale Dialogsituation im weitesten Sinne eingestuft wird (vgl. Fischer im Druck: 229). Das bedeutet, dass dem Bot sublim anthropomorphe bzw. soziable Eigenschaften attribuiert werden müssen, bevor Alignment-Mechanismen greifen können. Auch Shintel und Nusbaum diskutieren Vorannahmen über die Dialogpartnerin als mögliche einflussreiche Variable auf Alignment. *„Expectation effects suggest that alignment may not be a result of a direct, automatic, causal link between the activation of a representation in one interlocutor and the activation of an objectively matching representation in the other interlocutor. Rather, the process is mediated by listeners' expectations"* (Shintel & Nusbaum 2004: 210). Damit liefern sie für den Bereich der HCI das starke Argument, dass aus psychologischer Perspektive die Annahme äußerst wahrscheinlich ist, dass UserInnen-Erwartungen den sprachlichen Umgang mit einem Bot modifizieren. Nicht-strategisches Alignment als wirklich vorbewusster Prozess, sofern man diesen stringent nachweisen könnte, könnte hier als Indikator dafür angesehen werden, dass dem virtuellen Charakter überhaupt Qualitäten als GesprächspartnerIn zugeschrieben werden. *„For example, alignment at the level of articulation, where inter-locutors converge on each other's speaking style, may be mediated by interlocutors' stereotypic expectations about the other interlocutor's accent and speech rate, resulting in subjective but not objective alignment"* (Shintel & Nusbaum 2004: 210, vgl. auch Thakerar et al. 1982).

Automatische Aspekte sozialer Interaktion allgemein konnten bereits in vielen nicht-sprachlichen Bereichen der HCI beobachtet werden: Mimikry-Effekte (Bernieri & Rosenthal, 1991; Bavelas, Black, Lemery & Mullet, 1986; Canamero 2002, Vollmer et al. 2009) oder die automatische Aktivierung von Stereotypen (Geschlechterstereotype, Bargh, et al. 1996). Solches Verhalten erklären einige PsychologInnen mit einem sog. automatischen Perzeption-Verhaltens-Link (Bargh & Chartrand 1999; Bargh et al. 1996; Dijksterhuis & Bargh 2001; Dijksterhuis & Van Knippenberg 1998), über welchen auch sprachliches Priming laufen könnte. Im Bereich der HCI ist die Zuschreibung anthropomorpher Gesprächseigenschaften aber nicht immer gegeben, so dass Menschen in Abhängigkeit vom System-Design und vom UserInnen-Typ, den Bot als mehr oder weniger soziabel einstufen. Ob diese Variablen der Systeme und die Reaktionen der UserInnen in Korrelation zueinander stehen, ist bislang nicht hinreichend geklärt.

Seit 2004 wurden verschiedene Untersuchungen zu Alignment in der HCI mit unterschiedlichem Fokus unternommen, die Fischer (2010) wie folgt zusammenfasst:

> *„Also with respect to alignment in HCI, several different hypotheses on the relationship between alignment and partner modelling have been investigated (Branigan and Pearson,*

2006); some studies have shown that speakers align more with computers because of low suspected capabilities of the system, and that they align less to computers than to humans because alignment is related to politeness and display of community membership (Branigan and Pearson, 2006). Others have suspected mindless transfer (Reeves and Nass, 1996; Nass and Moon, 2000; Nass and Brave, 2005), and again others suggest partner modelling to be prior, determining the range and limits of alignment (Fischer 2006, im Druck)" (Fischer 2010: 2351).

Die verschiedenen Studien kommen also zu unterschiedlichen Ergebnissen. Bis heute ist nicht eindeutig geklärt, ob, wie und in welchem Maße UserInnen Alignment-Verhalten auf die HCI übertragen. Außerdem ist nicht klar, ob Konstruktuionsübernahmen überhaupt vorbewusste kognitive Prozesse zugrunde liegen (in der HCI genauso wie in der HHC) und wenn ja, wie man zwischen vorbewusstem Verhalten und strategischem Handeln unterscheidet. Denn auf der Grundlage empirischer Sprachdaten ist es nicht möglich, diese Unterscheidung vorzunehmen. Da zudem HCI-Situationen je nach System und Anwendungsbereich sehr unterschiedlich sein können, ist nicht verwunderlich, dass unterschiedliche Studien zu sehr verschieden Ergebnissen kommen. Die vorliegende vergleichende Studie zur Interaktion mit unterschiedlichen Systemen kann zur Klärung dieses Teilaspekts beitragen.

Wenn auf Grund von persistenten Strukturen in Äußerungen angenommen werden kann, dass Menschen Alignment-Prozesse vorbewusst auf die HCI übertragen, wäre im nächsten Schritt ein System wünschenswert, das mit diesem Phänomen umgehen kann. Persistenzen müssten einerseits überhaupt erkannt werden, andererseits müssten persistente Redebeiträge des Systems generiert werden. Obgleich es deterministisch und einfach gehalten ist, kann das interaktive Alignment-Modell nicht komplett in ein System integriert werden. Immanente Probleme sprechen dagegen. Denn mit Hilfe des Modells lässt sich nicht die gesamte zur Dialogverarbeitung benötigte Kognition des Systems abbilden, da zusätzlich auf allgemeinere Wissensbasen als Grundlage für Common Ground zurückgegriffen werden muss. Außerdem kann auch bei sophistizierter Systemarchitektur keine parallele Dyade „UserIn-Bot" angenommen werden. Die Verarbeitungsmechanismen sind zu verschieden. Auf kognitiver Ebene kann nur das Alignment der Userin durch eine innovative Technologie unterstützt werden. Dem Bot müssen eigene Verarbeitungsroutinen zur Erzeugung von Persistenz implementiert werden, die sich an der Ebene der Performanz (nicht der Kognition) orientieren. Diese könnten z.B. persistente Strukturen (Syntax und Lexik) parsen und sie als dynamisches Dialoglexikon speichern, aus dem in festgelegten Abständen unter Berücksichtigung von Distanz-Frequenz-Effekten selbst auf beiden sprachlichen Levels persistente Strukturen generiert werden.

Die Architektur müsste einen einfachen Parsing-Persistenz-Ausgabe-Mechanismus umfassen (vgl. *priming/activation based model of language micro-plannig*, Buschmeier, Kopp & Bergmann 2010), der in seiner Direktheit von Input und Output (Stimulus und Respons) aber eher an Skinner als an Pickering und Garrod erinnert. Eine Architektur, die sich zusätzlich an Verarbeitungshierarchien im Arbeitsgedächtnis orientiert, ist ebenfalls vorstellbar. Eine solche Technologie würde zu Dialogen führen, die mehr Persistenzen aufweisen. Ob das zu engerem Alignment seitens der UserInnen führen würde, bleibt zu überprüfen. Idealerweise würden die Dialoge als natürlicher empfunden. Kohärenter würden sie dadurch nicht, da eine Referenz auf geteiltes Wissen in Form von Common Ground nur auf der Performanzebene suggeriert würde, aber nicht tatsächlich durch semantische Kontiguität und Referenzen etabliert würde.

Versuche, alignment-fähige ECAs zu entwickeln, wurden bereits unternommen. Leider liegt bislang kein robust funktionierendes System vor, das bereits in einer breiteren Studie positiv evaluiert wurde. Isard, Brockmann und Oberlander (2006) präsentieren einen *Massive-Over-Generation*-Ansatz, bei dem korpusbasiert eine große Zahl alternativer Sätze generiert und mit einer UserInnen-Äußerung abgeglichen wird. Purver, Cann und Kempson (2006) leiten ihre Architektur aus dem *Dynamic-Syntax*-Ansatz ab, der für Parsing und Generierung die gleichen Mechanismen nutzt (vgl. *Alignment-Channels*). Erweitert wird das System durch eine Datenbank der bislang geparsten und generierten semantischen Bäume und der Transformationsprozesse zu deren Erstellung. Diese werden dann wiederverwendet (vgl. Arbeitsgedächtnis). Beide Systeme wurden noch nicht an menschlichen UserInnen erprobt.

Walker, Stent, Mairesse und Prasad (2007) dagegen konnten ihr System SPaRKy in einem interaktiven Setting evaluieren. Auch SPaRKy nutzt einen *Over-Generation*-Mechanismus, um die Dialog-Performanz an seine UserInnen individuell anzupassen, indem er Textfetzen der UserInnen sammelt, in einem internen Ranking ordnet und aus früheren Dialogen mit ihnen eine große Zahl von Sätzen generiert. Leider ist diese Prozedur zu zeitaufwendig, um Dialoge in Echtzeit garantieren zu können.

De Jong, Theune und Hofs (2008) haben einen virtuellen Fremdenführer entwickelt, der seine Beiträge per einfacher Analyse und Zuordnung von hinterlegten Prompts dem sprachlichen Register seiner UserInnen in Bezug auf Höflichkeit und Formalität anpasst. Lexikalisches und syntaktisches Alignment entstünde auf diese Art und Weise automatisch. Das ist vorstellbar, da in diesem Bereich viele Strukturen in ritualisierter Form vorliegen und Adjazenzpaare mit gespiegelten Strukturen floskelhaften Charakter haben.

Beide Ansätze modellieren Alignment nicht strukturell, sondern konzentrieren sich auf einfache Konstruktionsübernahme. „*In conclusion, current speech and gesture generation approaches cannot be used to model user-adaptation and alignment phenomena, either because they are not yet able to produce a sufficient range of behavioural variety to allow for unrestricted adaptation or they do not account for all the necessary generation levels (meaning, structure, form)*" (Buschmeier, Kopp & Bergmann 2010: 92). Buschmeier, Kopp und Bergmann (2010) unternehmen selbst einen äußerst interessanten Versuch, tatsächlich eine Form von flexiblen Priming-Mechanismen in einen ECA zu implementieren, die nicht allein auf der Performanz-, sondern auch auf der Repräsentationsebene ansetzen. Der Microplanner SPUDlite (Stone 2002) und dessen Erweiterung SPUDprime (Buschmeier, Kopp & Bergmann 2010) setzen mit dem kontextfreien *Tree-Rewriting-Grammar*-Formalismus TAGLET auf der Ebene an, auf der Bedeutung in sprachliche Form umgesetzt wird. „ *[...] it can account for many alignment effects found in human communication, which do not only manifest in an utterance's surface form, but also in activation of underlying linguistic representations*" (Buschmeier, Kopp & Bergmann 2010: 93). Dies wird erreicht, indem Kurzzeit- und Langzeit-Aktivierung anhand der Kalkulation von Reitter (2006) zu Distanz-Frequenz-Effekten in das System integriert werden. So kann Alignment mit dem Gegenüber und Self-Alignment erzeugt werden. Verschiedene Priming-Konditionen werden unterschieden. Bei lexikalischem Alignment wird z.B. das Wort „Gebäude" im Ausgangssatz „Es gibt zwei Gebäude." durch „Kirchen" ersetzt, sofern vorher der Prime „Ich würde gerne eine Kirche sehen." geäußert wurde. Bei syntaktischem Alignment reagiert das System auf die syntaktische Form des Primes und generiert eine passende Aussage mit gespiegelter syntaktischer Struktur.

- Prime: Die Kirche hat oben ein Fenster und unten eine Tür.
- Syntaktische Repräsentation: ADV NP und ADV NP
- Alignte Struktur: Es gibt rechts eine Kirche und links eine Kirche.

Außerdem ist der Alignment-Generator verbunden mit einem Modul zur Kontrolle von Gesten, die auf der Grundlage von Wahrscheinlichkeiten auf bestimmte syntaktische Strukturen projiziert werden, um die sprachliche Ausgabe adäquat gestisch zu unterstreichen. Beide Subsysteme wurden in den ECA Billy, einen Terminkalenderassistenten, integriert. Eine Evaluation erfolgte nur mit virtuellen UserInnen, die aus älteren Dialog-Transkripten generiert wurden. Zu welchem Grad auf diese Art kohärente Dialoge entstehen, berichten Buschmeier und Kopp nicht. Ob die Akzeptanz gegenüber einem Agenten bei realen UserInnen durch den Einsatz von SPUDprime steigt, müssen Experimente mit echten Versuchspersonen zeigen.

Bei den UserInnen kann so die Illusion evoziert werden, sie und das System „sprächen die gleiche Sprache“ (vgl. Buschmeier, Kopp & Bergmann 2010). Wirklich interaktives Alignment zwischen UserIn und Bot kann nicht generiert werden, da auf kognitiver Ebene streng genommen immer nur die Userin aligné.

2.3.5 Untersuchungsparameter und Hypothesen mit Bezug zum interaktiven Alignment-Modell als Grundlage für die Korpusanalyse

Im folgenden Abschnitt sollen aus dem theoretischen Ansatz Hypothesen abgeleitet und die zu ihrer Überprüfung notwendigen Untersuchungsparameter vorgestellt werden. Eine ausführliche Diskussion der Untersuchungsparameter und der Annotation erfolgt in Kapitel 3.

Szmrecsanyi (2005) zeigt Richtlinien auf, inwiefern Phänomene, die auf Alignment zurückführbar sind, in korpusbasierten Ansätzen untersucht werden können. „*(naturalistic) data derived from diverse corpora can match (experimental) psycholinguistic data*“ (Szmrecsanyi 2005: 139). Beobachtbar im Korpus ist dabei nicht das Phänomen *Alignment* als kognitiver Prozess, sondern bestimmte Ausdrücke, die SprecherInnenwechsel und / oder mehrere Turns überdauern, als sprachliches Produkt *Persistenz*. In der vorliegenden Studie soll die Verteilung der Persistenzen in den Untersuchungskorpora zu den unterschiedlichen Systemen und im Vergleichskorpus zur HHC analysiert werden. Dabei sollen nicht Variationsraten mit vermeintlich alternativen Formulierungen berechnet werden (vgl. Szmrecsanyi 2005), sondern das einfache Auftreten der Persistenzen soll unter Berücksichtigung des jeweiligen Kotexts analysiert werden. Die einzige Ausnahme stellt die zusätzliche Erhebung von sog. *Non-Persistenzen* (vgl. Pickering & Garrod 2004) bei hochgradig ritualisierten Sequenzen dar. Ein Beispiel für eine offensichtliche Non-Persistenz wäre es, wenn eine Userin ein System, von dem sie gesiezt wird, im Gegenzug duzt.[78]

Erhoben werden im Korpus ausschließlich lexikalische und syntaktische Persistenzen, weil diese am klarsten definiert sind. Zusätzlich wird unterschieden zwischen Alpha- und Beta-Persistenz (Szmrecsanyi 2005) und Auto- und

78 An welchen Loci der Interaktion Non-Persistenzen überhaupt angesetzt werden können und wie sie in einem Spektrum von Non-, Beta- und Alpha-Persistenz interpretiert werden sollen, wird in Kapitel 3 beschrieben.

Allo-Repetition (Tannen 2007). Auto-Repetitionen können auch turn-immanent vorliegen.[79]

Ein persistentes Element in einem Systembeitrag kann selbstverständlich nicht als Alignment interpretiert werden. Es handelt sich hierbei vielmehr um ein Artefakt, das durch Schlüsselworterkennung und entsprechendes Dialog-Design hervorgerufen wird. Da der Mechanismus Strukturen hervorbringt, die Persistenzen in der HHC ähnlich sehen, soll dafür im Folgenden der Terminus *Quasi-Persistenz* für die entsprechende Wortform oder Phrase verwendet werden. Der Begriff *Quasi-Alignment* soll entsprechend den zu Grunde liegenden Mechanismus bezeichnen. Reales Alignment des Systems kann es nicht geben, da die Grundvoraussetzungen von Mensch und Maschine zu unterschiedlich sind. Auch wenn das System über einen Alignment-Generator verfügt, täuscht dieser allenfalls Alignment vor (ggf. *Quasi-Alignment*).

Folgende Arten von Persistenzen wurden also erhoben:[80]

a) Allo-Repetitionen in Bezug auf Lexix (Alpha-, Beta-, Non-Alignment) und Syntax (Alpha, Beta) als Persistenzen der UserInnen und Quasi-Persistenzen der Systeme
b) Auto-Repetitionen („Self-Alignment") in Bezug auf Lexix (Alpha, Beta) und Syntax (Alpha, Beta) als Persistenzen der UserInnen und Quasi-Persistenzen der Systeme

In allen fünf Korpora sollen die Auftretenshäufigkeiten dieser Parameter verglichen werden. Zusätzlich soll eine Analyse der Distanz-Frequenz-Effekte für die unterschiedlichen Korpora im Vergleich erfolgen.

Folgende Hypothesen werden aufgestellt, um falsifiziert zu werden:

- $H0_{A1}$: Die o. g. Untersuchungsparameter liegen in den HCI-Korpora nicht vor.
- $H0_{A2a}$: **Lexikalische Persistenz** ist in den Teilkorpora ***UserIn*** und ***System*** im jeweiligen Gesamtkorpus gleich verteilt auf die Dialoge.
- $H0_{A2b}$: **Syntaktische Persistenz** ist in den Teilkorpora ***UserIn*** und ***System*** im jeweiligen Gesamtkorpus gleich verteilt auf die Dialoge.
- $H0_{A3a}$: **Lexikalische** und **syntaktische Persistenz** sind im Teilkorpus ***UserIn*** je gleich verteilt auf die Dialoge.
- $H0_{A3b}$: **Lexikalische** und **syntaktische Persistenz** sind im Teilkorpus ***System*** je gleich verteilt auf die Dialoge.
- $H0_{A4}$: Es besteht kein Unterschied zwischen den einzelnen HCI-Korpora und dem Vergleichskorpus (HHC) in Bezug auf die o. g. Parameter.

79 Pickering und Garrod erklären über Self-Alignment-Mechanismen Prozesse des Self-Monitorings. Diese Abstraktion geht weit über die Ebene der im Korpus beobachtbaren Phänomene hinaus.

80 Das vollständige Tag-Set mit Annotationskategorien und Beispielen findet sich in Kapitel 3.

- $H0_{A5a}$: Es können keine Distanz-Frequenz-Effekte beobachtet werden.
- $H0_{A5b}$: Die Vergessenskurve verläuft für die HCI-Korpora linear.
- $H0_{A6}$: Es bestehen keine Zusammenhänge zu anderen Untersuchungsparametern (CA, CT, Kohärenz)

Hypothese 1 ist unwahrscheinlich, da Persistenzen in der HCI bereits mehrfach nachgewiesen wurden (vgl. Branigan et al. 2003, Pearson et al. 2006, Branigan et al. 2010, Cowan et al. 2010, 2011).

Die **Hypothesen 2 und 3** beziehen sich auf die Verteilung der Persistenzen auf die Einzeldialoge. Bei Beibehaltung der Nullhypothese wären die Persistenzen innerhalb eines Korpus gleich verteilt – auf die Interagierenden (UserIn / System) oder über die linguistische Beschreibungsebenen (Lexik / Syntax). Von einer Gleichverteilung in 2 könnte man darauf schließen, dass Quasi-Alignment des Systems reaktives Alignment der UserInnen auslöst. In 3 könnte ein Zusammenhang zwischen dem Auftreten von lexikalischen und syntaktischen Persistenzen festgestellt werden. Legt man das interaktive Alignment-Modell auch für die HCI zu Grunde, könnte bei Beibehaltung der Nullhypothese auf die Aktivierung der Alignment-Channels bei UserInnen in der HCI geschlosssen werden. Diese verlinken die Interagierenden (2) und die Repräsentationsebenen (3). Wahrscheinlicher ist ein abweichendes Verhältnis zwischen UserIn und System, das nachgewiesen werden soll.

Komplexer wird der Zusammenhang, den **Hypothese 4** impliziert. Sie fokussiert den Vergleich zwischen den Systemen. Da die Korpora von Dialogen mit unterschiedlich alten und unterschiedlich sophistizierten Systemen stammen, könnte vermutet werden, dass mit technischen Innovationen ein höheres Maß an wahrgenommener Natürlichkeit der Interaktionsszene erreicht wird und UserInnen anthropomorphe Eigenschaften an das System attribuieren, was dann zu vermehrtem Alignment führen würde. Dieser Zusammenhang könnte auf der Grundlage von Korrespondenzen zwischen Systemeigenschaften und der Häufigkeit von Persistenzen in den UserInnen-Turns angenommen werden. Außerdem schließen sich auch Spekulationen über Entwicklungstendenzen an. Hypothese 4 soll auch Auskunft geben über graduelle Unterschiede zwischen HCI und HHC in Bezug auf Alignment. Die Hypothese bezieht sich auf die Diskussion um die Übertragbarkeit des Phänomens Alignment von der HHC auf die HCI. In diesem Kontext dient Hypothese 5 auch der Überprüfung der These von Branigan, Pickering, Pearson und McLean (2010), dass Alignment in der HCI häufiger sei als in der HHC.

Hypothese 5 bezieht sich auf Distanz-Frequenz-Effekte. Wenn trotz untersuchter medial schriftlicher Interaktion in den Untersuchungskorpora ähnliche

Effekte beobachtet werden können, wie in der oralen HHC, stärkt dies die Annahme eines robusten vorbewussten Verarbeitungsmechanismus.

An **Hypothese 6** schließt sich eine Reihe von Subhypothesen an, die in diesem Zusammenhang getestet werden müssten, was den Rahmen dieser Arbeit überschreitet. Es soll aber auf der Grundlage der Erhebung der relativen Häufigkeiten der Untersuchungsparameter aus CA, Alignment, Kohärenz und CT ein Vergleich gewagt und eine Zusammenführung der verschiedenen Theorien versucht werden (s. Kapitel 4.5).

Dabei muss unterschieden werden zwischen Alignment als Indikator für vorbewusstes und natürliches menschliches Dialogverhalten, das Menschen, ohne es zu reflektieren (*mindlessly*), aus der HHC übertragen (Reeves and Nass, 1996; Nass and Moon, 2000; Nass and Brave, 2005) und der bewussten, strategischen Produktion von Persistenzen als Merkmal für CT. Pickering & Garrod (2004) prognostizieren auf der Grundlage der Mindlessness-Hypothese Alignment in ähnlichem Maße für die HCI wie für die HHC.

> „*Thus, we can consider the interesting case of human-computer interaction, where people may or may not align with computers' utterances. If the conscious ascription of a mental state is necessary for alignment, then people will only align if they perform such ascriptions. But if people behave toward computers as "social agents," whatever they consciously believe about their mental states, then we predict unimpaired alignment will occur with computers, just as many other aspects of social behavior do*" (Pickering & Garrod 2004: 188).

Interaktives Alignment ist jedoch höchst wahrscheinlich auch in der HHC nicht der alleinige Motor sozialer Interaktion. Es gibt Evidenz, dass kulturelle Prägung, Weltwissen, Vorannahmen und Präsuppositionen über die Interaktionssituation sowie Gedächtnisheuristiken und Partner-Modeling-Prozesse in unterschiedlichen Gesprächssituationen Einfluss nehmen und nicht allein als Repair-Funktion eingesetzt werden.

> „*A complete account, we believe, will require a hybrid model in which alignment or imitation derives from both the kinds of automatic pro-cesses they describe and processes that are more directed or reflective. Hybrid models of this sort may be less tidy (although not necessarily less mechanistic) than the one Pickering & Garrod propose, but they do seem necessary to capture the subtlety and richness of dialogic phenomena*" (Krauss & Prado 2004: 203).

Obgleich Pickering und Garrod viele Gedanken und Modellvorstellungen aus der Tradition übernommen haben, ist das interaktive Alignment-Modell in der vorliegenden Form innovativ. Die Vorteile eines alignment-basierten Ansatzes liegen wohl in erster Linie in wahrscheinlichen ökonomischen Verarbeitungsprozessen, in der verbesserten kommunikativen Leistung durch ein geteiltes

Vokabular und in der sozialen Funktion von Alignment. *„Interlocutors sharing a vocabulary feel connected, as they speak the same language"* (Buschmeier, Kopp & Bergmann 2010: 91). Ob von persistenten Tokens in einem Forschungskorpus auf strukturelles Alignment auf kognitiver Ebene geschlossen werden kann, bleibt spekulativ. Eine solche Erklärungslücke zwischen Empirie und Theorie ist aber unumgänglich. So hat Pickering und Garrods Modell (, wenn überhaupt,) seine Gültigkeit nur innerhalb der engen Grenzen des vorbewussten Verarbeitungszeitraums. Sein rein mechanistischer Fokus wird durch die Einbettung in ein übergeordnetes Netzwerk stark relativiert. Mit Sicherheit bleiben die konkreten Mechanismen unterspezifiziert und der strikte Parallelismus von Perzeption und Produktion ist angreifbar, doch gerade dieser extremen Vereinfachung liegt eine innovative Perspektive auf Dialog zu Grunde, die in Zukunft nutzbar gemacht werden kann – sei es durch Erweiterungen des Modells von psycholinguistischer Seite, sei es als Anstoß einer neuen Diskussion zur Perspektivübernahme in der Erwerbsforschung oder sei es für die Implementierung als Dialogmanager-Komponente in der HCI.

2.4 Kohärenz und Kohäsion

Kohärente Dialoge können nur geführt werden, wenn die GesprächspartnerInnen einander wirklich verstehen. Das setzt neben umfangreichen mentalen Lexika sowie Grammatik- und Pragmatikwissen auch voraus, dass sie kognitiv auf die gleichen logischen Verknüpfungen zurückgreifen. Zwischen sprachlichen Formen und kommunizierten Bedeutungen müssen übereinstimmende Verweisrelationen angenommen werden. Hinzu kommen ein geteiltes Weltwissen und kulturell ähnlich geprägte Assoziationen. „Verweiszusammenhänge gehen auf grammatisch geregelte Beziehungen zwischen Elementen eines sprachlich organisierten Wissensvorrats zurück" (Habermas 1993b: 190). Erst wenn alle diese Bedingungen erfüllt sind, kann kohärente Kommunikation stattfinden.

Artifizielle Agenten sind nur rudimentär mit den o. g. Parametern ausgestattet. Obwohl ECA-Dialoge an der Textoberfläche über eine Reihe von Turn-Wechseln hinweg kohärent wirken können, sind sie es in ihrer logischen Architektur nicht. Aus diesem Grund sind sie sehr störungsanfällig und werden von UserInnen als frustrierend empfunden und im schlimmsten Fall abgebrochen.

(1) Max: Ich habe mehrere Lieblingsfilme. Zum Beispiel Terminator mag ich ganz gerne. Und was ist deiner?
(2) UserIn: och, so verschiedene
(3) Max: Dein Lieblingsfilm ist also och so verschiedene?
(Max-Korpus 1767–1799)

Die Schlüsselworterkennung und das ELIZA-Prinzip schaffen zwar die Illusion von kohärenzstiftenden Wiederaufnahmen, doch sie sind häufig nicht zielführend, wie das Beispiel des ECAs Max (Kopp & Wachsmuth 2004) zeigt. Durch Wiederaufnahme des Themas „Lieblingsfilm" durch das Pronomen „deiner" in Form einer anaphorischen Referenz suggeriert das System zwar, ein Konzept von Textkohärenz zu haben, scheitert dann aber an einer unerwarteten Antwort, für die kein separates Erkennungsmuster hinterlegt wurde. Gerade wenn der thematische Fokus weiter gefasst und die UserInnen-Führung locker gehalten ist, werden Dialoge schwer antizipierbar und den Bots fehlt das Inhalts- und Regelwissen, um adäquate Antworten ausgeben zu können. Selbst hochentwickelte ECAs sind an diesem Punkt noch sehr fehleranfällig.

So zeichnen sich HCI-Dialoge durch eine *„bruchstückhafte Äußerungsstruktur aus […], die wenig kohärent / kohäsiv ist, sich nicht über mehrere Turns erstreckt und von deutlich erkennbaren sprachlichen Routinen seitens des Bots geprägt ist"* (Schwarz 2013: 2).[81] Zwischen den einzelnen Turns bestehen keine angemessenen Verknüpfungsrelationen und es kommt häufig zum Abbruch im Gesprächsfluss. Zusätzliche Probleme entstehen durch Ambiguitäten, die nicht kontextsensitiv verarbeitet werden können, so dass es oftmals zu unangemessenen Interpretationen kommt. Allgemein sind die meisten Systeme bislang nicht in der Lage inferentielle Schlüsse zu ziehen. Im Chatbot Alice (Wallace et al. 2000) wird dieses Defizit im Vergleich zur menschlichen Kognition sogar humoristisch aufgegriffen.

(1) ALICE: Wenn Menschen einen Satz mit „also" beginnen, bedeutet das entweder, daß sie etwas schließen oder sich aufregen. Was trifft auf Dich zu?
(Gesellensetter 2004: 22)

Elegant wird hier versucht, einem Missverständnis vorzubeugen, das durch die mangelnde Fähigkeit zu entstehen droht, eine Schlussfolgerung nachzuvollziehen. Als Schlüsselwort dient „also", das sowohl Konnektivum als auch Modalpartikel sein kann. Solche Relationen zwischen sprachlichen Elementen an der Textoberfläche und der internen Logik einer Argumentation sind extrem schwer exakt zu definieren. Um die interne logische Leistungsfähigkeit der Systeme zu verbessern und mehr sprachliche Mittel auszuschöpfen, die den Eindruck eines kohäsiven Textes vermitteln, muss in der HCI-Forschung ein tieferes Verständnis der linguistischen Theorie zur Kohärenz und Kohäsion erlangt werden. In diesem Kapitel sollen die Grundbegriffe eines textlinguistischen Kohärenzbegriffs

---

81 Benjamin Schwarz, Masterarbeit (unveröffentlicht), 2013 eigereicht bei Schlobinski / Lotze.

in Verbindung zu pragmatischen Ansätzen gesetzt und die Möglichkeiten ihrer Anwendung in der HCI diskutiert werden.

2.4.1 Zum Kohärenzbegriff

Kohärenz in Texten sowie in gesprochenen und getippten Dialogen unter Menschen ist ein vielschichtiges logisches Konstrukt, das sich auf unterschiedlichen linguistischen Ebenen manifestiert. Webster's Dictionary definiert Kohärenz als *„the quality of being logically integrated, consistent, and intelligible"*. Die Begriffe *Kohärenz* und *Kohäsion* bilden zusammen ein Konzept, das den strukturellen und inhaltlichen Zusammenhang von Textelementen klassifiziert und RezipientInnen einen Text überhaupt erst als zusammenhängend erkennen lässt (vgl. Tidge 1997, Linke et al. 2004, Brinker 2010, Özsarigöl 2010). Diese *„Textkonstituenz"* (Halliday & Hasan 1976) entsteht durch Verknüpfungsrelationen auf unterschiedlichen linguistischen, aussagenlogischen und kognitiv-assoziativen Ebenen. Kohäsionsmittel sind sprachliche Formen, die auf unterschiedliche Weise auf kohärenzschaffende kognitive Operationen verweisen oder intratextuelle Bezüge herstellen (Anapher, Katapher). Es kann also eine Oberflächen- und eine Tiefenstruktur der Verknüpfung angenommen werden (Linke et al. 2004; Brinker 2010). Die Begriffe werden nicht im Sinne Chomskys verwendet, sondern bezeichnen vielmehr lexikalische oder syntaktische Kohäsionsmittel an der Oberfläche und semantische und logische Konzepte in der Tiefe. Dabei ist die Terminologie in verschiedenen theoretischen Paradigmen unterschiedlich und die Metapher von Oberfläche und Tiefe umstritten. Für die Argumentation in dieser Arbeit ist die Unterscheidung der o. g. Termini allerdings hilfreich und soll in der Systematik von Linke et al. (2004) übernommen werden. Es wird also von einer *Tiefenstruktur* ausgegangen, die *Kohärenz* stiftet, sowie von einer *Oberflächenstruktur*, die Marker für eine Text*kohäsion* aufweist, welche ihrerseits auf die kohärente Tiefenstruktur *verweisen*. Auch die strikte Trennung der Konzepte Kohärenz und Kohäsion gilt als umstritten (vgl. z. B. Brinker 2010: 16f). In Bezug auf die HCI bietet sich allerdings eine modellhafte Unterscheidung an zwischen der Text*oberfläche* mit *Kohäsions*mitteln, die im *Dialog-Design* ausgewählt werden und der *Tiefenstruktur* mit logisch *kohärenter* Aussagenfolge, die durch KI-Regeln als Teil der *Systemarchitektur* festgelegt werden.

Abbildung 17: Kohärenzstruktur in Systemarchitektur und Dialog-Design

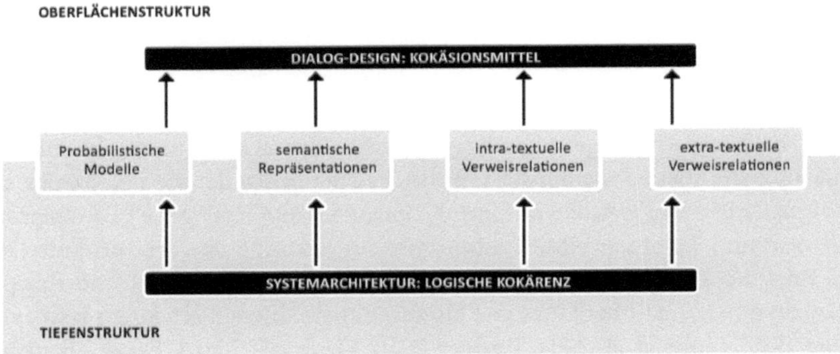

Indizien für Kohärenz an der Oberfläche sprachlicher Äußerungen sind also zurückzuführen auf logische Verknüpfungen von Aussagen und komplexe kognitive Konzepte zur intersubjektiven Definition von Begriffen in der Tiefe. Sprachliche Kohärenzmarker im Text finden sich auf lexikalischer, syntaktischer sowie semantischer Ebene und sind schwer zu kategorisieren. Zusätzlich verweisen sie häufig in einer komplexen Form auf pragmatische Zusammenhänge unter bestimmten situativen Bedingungen, die in ihrer Gesamtheit nicht formalisiert werden können. Diese Relationen sind ihrerseits ebenfalls nicht leicht zu definieren.

Doch in diesem Geflecht aus signifiés, signifiants, aussagenlogischen Verknüpfungen, pragmatischen Implikationen und situativen Bedingungen wird der „rote Faden" in einem Text oder Dialog entwickelt, der gleichsam das Rückgrat jeder menschlichen Kommunikation darstellt. Unterschiedliche Ansätze aus Textlinguistik, CA und kognitiver Linguistik (Sprachproduktion) beschäftigen sich von jeher aus verschiedenen Blickwinkeln mit Kohärenz. Dabei liegt der Fokus auf der Analyse von textimmanenten und übergeordneten Strukturen, z.B. bei der Untersuchung der Akzeptabilität von geschrieben Texten oder Dialogsequenzen hinsichtlich ihrer Kohärenz (z.B. Hobbs 1979; Redeker 1990; Givón 1995). Informationswissenschaftliche Zugänge streben dagegen eine Synthese von theoretischem Modell und praktischer Anwendung an und beschäftigen sich mit Fragen nach der Angemessenheit von Antworten in der HCI, der adäquaten Realisation von Verweisen oder der linearen Anordnung von TCUs in einem Turn. Kohärenz wird hier verstanden als „*Constraint*" für das Gesprächsverhalten von Interagierenden bei der Produktion von Sprechakten oder der Formulierung einer bestimmten sprachlichen Form.

2.4.2 Informationswissenschaftliche Zugänge zu Kohärenz in Dialogen

Grundsätzlich muss unterschieden werden zwischen Herangehensweisen, die über Schlüsselwörter eine Quasi-Kohärenz an der Dialogoberfläche schaffen und solchen, die sich um die logische Generierung von kohärenten Verknüpfungen in der Tiefenstruktur bemühen. So stellten bereits die repetitiven Rückfragen ELIZAs einen ersten Versuch dar, die Illusion von Textkohärenz an der Oberfläche zu schaffen (Weizenbaum 1966). Durch aussagenlogische Kalküle für Sprechakte oder psycholinguistische Ansätze wie Self- und Partner-Modeling oder Zielorientierung (vgl. OSCAR, Allen et al. 1978; REA, Cassell et al. 2002, MAX, Wachsmuth, Kopp et al. 2001) sollen wirklich kohärente Strukturen erzeugt werden.

Doch inkohärente Dialogverläufe sind das notorische Problem von Interaktionen mit Chatbots und ECAs. Situative Bedingungen im Sinne von Weltwissen und gemeinsame Vorannahmen im Sinne eines Common Grounds können bislang nur rudimentär in Bots implementiert werden. Doch bereits für eine exakte Interpretation einer wörtlichen Bedeutung ist implizites Wissen zur ihren Akzeptabilitätsbedingungen im jeweiligen Kontext nötig. *„Es ist ein implizites Wissen, das nicht in endlich vielen Propositionen dargestellt werden kann; es ist ein holistisch strukturiertes Wissen, dessen Elemente aufeinander verweisen“* (Habermas 1993: 451). Verweisrelationen von sprachlichen Markern zu kognitiven Konzepten konnten in ihrer Komplexität und Vielfalt nicht ausreichend beschrieben und operationalisiert werden, um sie formal fassen zu können. Kreative Äußerungen der UserInnen sind häufig und werden teilweise zusätzlich vom System evoziert, können aber nicht verarbeitet werden.

Aussagenlogische Kalküle hingegen können zwar berechnet werden, sind aber für die Kommunikation in Echtzeit in den meisten Fällen zu komplex. Außerdem ist ihre Übersetzung in natürliche Sprache keineswegs trivial. Einige ECAs nutzen für basale Formen der Sprechakterkennung und Verarbeitung einen stark vereinfachten *„Austin-Grice-Strawson-Searle-Ansatz“* (vgl. Allen et al. 1978), Weltmodelle, Plankonstruktion und Planerkennung. *„From speech act theory we know the notion of 'uptake' (Austin 1962), being the dependency of a successful performance of an illocutionary act on the reaction of the addressee”* (Beun & van Eijk 2007: 367). Das funktioniert allerdings nur bei ritualisierten, restringierten Anwendungsbereichen (z. B. spezielle Fragetypen evozieren spezielle Antworttypen).

Auch grundsätzliche Organisationsstrukturen aus der CA finden Anwendung in Dialogsystemen, wenn es darum geht, die Interaktion mit dem Agenten kohärenter wirken zu lassen. „*In Conversation Analysis, for instance, the fundamental pairs of conversational organisation are sequences called 'adjacency pairs': a question is followed by an answer, a greeting by a counter-greeting, et cetera (e.g., Levinson 1983)*" (Beun & van Eijk 2007: 367). In modernen Bots findet man in der Regel eine Mischform aus Schlüsselworterkennung, Sprechakterkennung, CA-Regeln (z.B. Paarsequenzen, Turn-Taking), plan-basierter Zielorientierung sowie Self- und Partner-Modeling.

Inspiriert durch *Natural Language Processing (NLP)* und die Notwendigkeit der Weiterentwicklung von Dialogagenten werden fortgeschrittene Ansätze zur automatischen Generierung von Kohärenz im Systemoutput verfolgt (z.B. Asher & Lascarides 1998; Beun 2001; Hulstijn et al. 2005; Gatt & van Deemter 2006; Kibble & Power 2004; Piwek 2006). Auch funktionale Theorien zur Textorganisation finden in der Texttechnologie Beachtung (z.B. Mann & Thompson 1988; Grosz, Joshi & Weinstein 1995).

Analyse und Generierung von Textkohärenz ist nicht nur interessant für innovative ECAs, sondern wird in unterschiedlichen technischen Bereichen angewendet. So ist es ein erklärtes Ziel der KI-Forschung seit ihren Anfängen, Maschinen zu entwickeln, die logische Schlüsse ziehen können, die wiederum als Grundgerüst für kohärente Texte dienen sollen (Scott & de Souza 1990; Kibble & Power 2004). Für automatische Zusammenfassungen (Barzilay, Elhadad & McKeown 2002) benötigt man Kohärenz-Modelle genauso wie für Software, mit der automatische Textbewertungen vorgenommen werden können sollen (Higgins et al. 2004). Ein anderer Ansatz wird mit der statistischen Modellierung von Textkohärenz verfolgt (Soricut & Marcu 2006; Barzilay & Lapata 2005; Lapata & Barzilay 2005). Barzilay und Lapata (2005) oder Ferrucci (2010) modellieren Text-Kohärenz als Ranking-Problem und versuchen auf diese Art z.B. die akzeptabelste Anordnung innerhalb einer Menge von gegebenen Sätzen zu finden. Statistische und stochastische Modelle sind äußerst erfolgreich, doch noch zu langsam, um in kommerziellen Bots zuverlässig zu funktionieren. Dagegen scheitern Ansätze mit starker KI an der fehlenden Flexibilität stringenter Argumentationskalküle *in der Tiefenstruktur*, die natürliche Konversation nicht hinreichend abbilden.

Statistische Modelle analysieren Indikatoren für Kohärenz an der *Oberfläche*. Hier liegt das Problem in einer defizitären Beschreibung der fraglichen Merkmale im Text, denn Kohärenz wird nicht nur durch lexikalische Wiederaufnahme und semantische Nähe von Schlüsselwörtern erzeugt, sondern durch eine Reihe von Elementen, die sich auf unterschiedlichen linguistischen Ebenen nachweisen lassen. Die klassische Textlinguistik hat diese Marker für Textkohäsion differenziert beschrieben. In ihrer Gesamtheit könnten sie als breitere Datenbasis für eine genauere statistische Auswertung dienen, die zur Unterscheidung von kohärentem und inkohärentem Text beitragen würde. So könnten auch inkohärente Dialogsequenzen aufgespürt werden, die auf den Ebenen der lexikalischen Persistenzen und der semantischen Felder nicht von kohärentem Text zu unterscheiden sind. Im Folgenden sollen diese Oberflächenphänomene und ihre Verweisrelationen beschrieben und diskutiert werden, inwiefern sie automatisch analysiert werden könnten.

2.4.3 Oberflächenstruktur und Kohäsionsmarker

Linke et al. (2004: 245ff) unterscheiden *sprachlich manifestierte* und *nicht sprachlich manifestierte* Faktoren, die zur Kohärenz eines Textes beitragen. Während die nicht sprachlich manifestierten Faktoren nur referenziell erschlossen werden können, sind die sprachlich manifestierten Elemente an der Textoberfläche gut auffindbar. *„Gut beschreibbare und leicht erkennbare Verknüpfungsrelationen an der Textoberfläche sind etwa Wiederaufnahmerelationen, bspw. (partielle) Rekurrenzen […] und Substitutionen“* (vgl. Schwarz 2013: 13). Sie setzen voraus, dass die ReferentInnen identisch sind, und werden als explizite Wiederaufnahmen bezeichnet (*Referenzidentität*, Brinker 2010: 33).

- Unter ***Rekurrenz*** verstehen Linke et al. (2004) die Wiederaufnahme von Lexemen oder Phrasen, wie sie bereits im Kapitel zum interaktiven Alignment als lexikalische Persistenz beschrieben wurde. Dabei kann es sich um die exakte Wiederholung einer Wortform oder Phrase handeln (vgl. auch Purandare & Litman 2008) oder um eine flektierte Form. Rekurrenz wird als Oberbegriff gebraucht und schließt auch Proformen ein. In dieser Arbeit wird ein engerer Begriffsumfang angesetzt und der Terminus Persistenz (Alpha- und Beta-) verwendet (vgl. Kapitel 2.3).
- Kriterium für die ***Substitution*** ist die semantische Nähe zweier Formen z.B. als Syno-, Hypero-oder Hyponym (vgl. auch Purandare & Litman 2008).
- Auch ***Proformen*** (Adverben, Pronomina und Demonstrativpronomina) in anaphorischem oder kataphorischem Gebrauch gelten als Wiederaufnahmen. Sie markieren zusätzlich intratextuelle Referenz auf eine Bezugsform (Nomen, Phrase, Satz) und verfügen über eine *„starke textverknüpfende Kraft“* (Brinker 2010:31). Dabei ist die anaphorische Referenz wesentlich häufiger.
- Ebenfalls als Wiederaufnahme wird der ***elliptische Anschluss*** verstanden (Brinker 2010: 33). Besonders für Adjazenzellipsen in oraler oder konzeptionell mündlicher Kommunikation gilt, dass sie auf an früherer Stelle Erwähntes verweisen, allerdings nicht, indem die fragliche Form wiederholt, sondern indem sie als bekannt vorausgesetzt und daher weggelassen wird (vgl. Sacks et al. 1992).
- Einen komplexen Referenzraum eröffnen ***Deiktika***, die sowohl intra- als auch extratextuell verweisen können. Prototypisch referieren sie auf *„die Sprechaktteilnehmer*

und weitere Mitglieder der Sprechsituation, die Nachricht sowie Ort und Zeit des Sprechaktes" (Lehmann 2012)[82]. Auf Grund ihrer starken Tendenz zum extratextuellen Gebrauch werden Deiktika nicht überall in der Literatur den Kohäsionsmitteln zugerechnet, sondern Deixis wird als eigenständiges Konzept verstanden (vgl. z.B. Dirven & Verspoor 1998: 200).[83]

- ***Konnektiva*** können sehr unterschiedlich gebraucht werden – vor allem in der (konzeptionell) mündlichen Kommunikation. Zum einen drücken sie logische Verknüpfungen aus (kausal, konditional, adversativ etc.), zum anderen haben sie eine gliedernde Funktion im Text. Dabei kann bei gleicher Form die Bedeutung je nach Kontext variieren.
- Als metakommunikative Verknüpfungen sind Verweise innerhalb des Textes zu verstehen. Man findet sie mehrheitlich in geschriebenen Texten. Typisch sind ***Anapher*** und ***Katapher.*** Merkmale der geschrieben Sprache finden sich in HCI-Dialogen immer dort, wo vom Bot lange Erklärungen als Infofunktion ausgegeben werden und die EntwicklerInnen diese nicht konzeptionell mündlich gestaltet haben.
- ***Definitartikel*** zeigen an, dass das Referenzobjekt bereits genannt wurde, während Indefinitartikel verwendet werden, um eine neue Information einzuführen.

Diese Phänomene an der Textoberfläche, die *„die Herstellung von Kohärenz und Kohäsion nicht unwesentlich unterstützen und steuern"*, fungieren als *„Trägerstruktur für thematische Zusammenhänge"* Brinker (2010: 40f). Aus diesem Grund eignen sie sich gut als Schlüsselwörter für einen Kohärenzparser oder um in einem innovativen Dialog-Design die Illusion von Kohärenz zu erzeugen. Sie sind in ihrer Gesamtheit noch nicht in ECAs implementiert worden und bergen daher ein gewisses Potenzial für Weiterentwicklungen. Allerdings *„sind die sprachlichen Informationen der Textoberfläche oft nicht ausreichend, um ein kohärentes Verständnis zu garantieren"*, denn ein Textverständnis im Sinne einer wirklich kohärenten Verknüpfung von Inhalten ist *„letztendlich ein kognitiver Prozess"*, der die eingangs erwähnten Parameter miteinbezieht, auf die der Bot keinen Zugriff hat (Linke et al. 2004: 256). Ohne semantische und thematische Kontiguität kann kein kohärenter Text entstehen. Daher müssen Ansätze für eine verbesserte Systemarchitektur auf dieser Ebene diskutiert werden.

---

82 www.christianlehmann.eu/ling/ling_theo/index.html (Zugriff 15.06.2016).

83 Im Sonderforschungsbereich *Spatial Cognition* der Universität Bremen beschäftigen sich WissenschaftlerInnen interdisziplinär mit diesem Konzept und versuchen es in Form von Ontologien mit natürlichsprachlichen Referenzmarkierungen für die HCI nutzbar zu machen.

2.4.4 Die Tiefenstruktur: Kontiguität, Präsuppositionen, Frame und Skript, Thema und Rhema

Kohärenz wird *„mainly as a mental phenomenon"* (Rickheit & Strohner 1992; Gernsbacher & Givón 1995) definiert. So finden sich an der Textoberfläche nur Indizien für komplexe Prozesse der Textperzeption gemäß einer Tiefenstruktur. Menschen können bei der Verarbeitung von Verweisrelationen auf ein Hintergrundwissen zurückgreifen, das einem Bot nicht zu Verfügung steht. Dieses wird zur semantischen Verarbeitung von Texten eingesetzt, wobei die semantischen Relationen und Assoziationen sehr komplex sein können. Im Gegensatz zur Referenzidentität bei *expliziter* Wiederaufnahme an der Oberfläche kann sich semantische Referenz auf verschiedene Referenten beziehen und doch einen „roten Faden" aufweisen. Brinker bezeichnet diese als *implizite* Wiederaufnahme. Die Beziehungsverhältnisse zwischen den unterschiedlichen semantisch verknüpften Elementen werden als *Kontiguität* bezeichnet (Brinker 2010: 33f). Den Zwischenraum zwischen einem aufnehmenden und aufgenommenen Ausdruck nennt Brinker *begriffliche Nähe* bzw. eine *inhaltliche Berührung* und führt als einfaches Beispiel eine Partonym-Relation an. Die Relationen sind entweder logisch, ontologisch oder sozio-kulturell definiert. Die logischen und ontologischen Relationen können theoretisch regelbasiert in einen Bot implementiert werden, während die sozio-kulturellen meist sehr komplex und je nach Kontext variabel sind, so dass es schwerfallen dürfte, sie zu operationalisieren.

Im System nach Brinker 2010 sind neben sprachimmanenten auch sprachtranszendente Verweisrelationen, die über das Sprachsystem hinausgehen, von großer Bedeutung für das Textverständnis. Diese semantischen Referenzrelationen umfassen die Aspekte der inhaltlichen Information, der Indexikalität, der Intentionalität, der Relevanz und der Validität.

- Die Einbeziehung von Weltwissen und geteiltem situativen Wissen in die Interpretation des Textes ist besonders wichtig für den Informationsgehalt einer Äußerung. Ohne diesen enormen Verweisraum ist thematisch freie Kommunikation nicht möglich. Für die Interaktion mit dem Bot müssen bereichsspezifische *Lebenswelten* und begrenztes enzyklopädisches Wissen definiert werden.
- Gesprächsbeiträge sind indexikalisch in Bezug auf Personen und den situativen Kontext. Sie müssen situationsgemäß verständlich sein und adressatInnen-gemäß formuliert werden (Brinker & Sager 1989: 131). Das setzt eine Vorstellung von der eigenen Perspektive auf die Situation und die Fähigkeit zur Perspektivübernahme voraus (Partner-Modeling, Johnson-Laird 1983; Sanford & Garrod 1981; Zwaan & Radvansky 1998, vgl. auch Beun & van Eijk 2007).
- Semantische Kohärenzrelationen verfügen zusätzlich über eine intentionale Seite (vgl. u.a. Redeker 1990; Sanders et al. 1992; Bateman & Rondhuis 1997). Kennt man

die Intention, mit der eine Aussage getroffen wurde, versteht man ihre Kohärenzrelation zu anderen Aussagen im gleichen Kontext. Die Problematik für deterministische Systeme liegt hier in der Unfähigkeit, sich frei Ziele zu setzten und diese dynamisch zu ändern. Moderne ECAs sind zwar meist *goal-directed* konstruiert, doch ist diese starre Zielorientierung nicht mit variabler menschlicher Intentionalität zu vergleichen und führt oftmals gerade zu inkohärenten Gesprächsbeiträgen. Denn de facto manifestiert sich Goal-Directedness im Dialog dadurch, dass bei UserInnen-Beiträgen, die nicht geparst werden konnten, unter bestimmten Bedingungen eine Antwort ausgegeben wird, die sich unabhängig vom vorausgegangenen Turn am vordefinierten Dialogziel orientiert. So kommt es zu einem abrupten Themenwechsel, der besonders inkohärent und artifiziell wirkt. Sofern die UserInnen anthropomorphe Eigenschaften an das System attribuieren, interpretieren sie diese Sprünge als Desinteresse seitens des Bots. Für dieses Problem müssen dringend Lösungsansätze gefunden werden.

- Eine mögliche Chance liegt in einem weiteren Aspekt der semantischen Kohärenzrelation, nämlich der Relevanz einer Äußerung an der jeweiligen Stelle im Gesamttext oder in der Dialogsituation (vgl. Grice 1975). Eine Aussage kann mehr oder weniger relevant für den gegebenen Kontext sein. Irrelevante Äußerungen werden als inkohärent eingestuft. In einem System könnte man Relevanzhierarchien für Äußerungen in Abhängigkeit vom geparsten UserInnen-Turn oder vom implementierten Goal definieren.
- Die Validität von Äußerungen ist wichtig für einen kohärenten Dialog, denn wenn der Informationsgehalt einer Aussage nicht glaubwürdig ist, ergeben sich andere Implikationen für die Weiterführung der Interaktion. Dieser Aspekt der semantischen Referenzrelation ist in der HCI unproblematischer als in der HHC, da Bots in der Regel nicht lügen. Ansonsten wäre ihr Einsatz als Assistenzsystem nicht sinnvoll und eine erfolgreiche Usability nicht gegeben. Dieser Umstand ist den UserInnen durchaus bewusst und sie bringen dem System in der Regel Vertrauen entgegen. Ein Lügenbot wäre eine interessante Variante, aber nur in den wenigsten Bereichen sinnvoll einsetzbar.

Interagierende setzen ihren Aussagen *Präsuppositionen* voraus; d.h., sie haben bestimmte Annahmen über ein geteiltes Wissen, das sie beim Gegenüber voraussetzen können. Um eine Aussage verstehen zu können, muss sie mit dem geteilten Wissen in eine logische Verbindung gesetzt werden. So kann eine Bedeutung aus dem Kontext abgeleitet werden, auch ohne dass alle eigentlich dazu notwendigen Informationen explizit gemacht wurden. „*Über die sprachliche Information hinausgehend ziehen Hörer und Leser weiter gehende Schlüsse, so genannte Inferenzen*" (Rickheit et al. 2002: 393). Geteiltes Wissen im Sinne eines Common Grounds bildet den Hintergrund für erfolgreiche Inferenz (Stalnaker 2002).

Linke et al. (2004) unterscheiden zusammenfassend zwischen zeichengebundenen und pragmatischen Präsuppositionen: zeichengebundene sind „*an den materiell gegebenen Text gebunden*", pragmatische dagegen sind unabhängig vom

Text und ergeben sich aus pragmatischen Implikationen im situativen Kontext. Bei dem o. g. Beispiel von Beun und van Eijk handelt es sich um einen Versuch, pragmatische Präsuppositionen zu implementieren und so inferentielles Schließen zu operationalisieren (Beun & van Eijk 2007; Prakken 2005). Modelle dieser Art haben einen sehr engen Fokus und funktionieren unter exakt definierten Bedingungen. Für den Einsatz in Bots sind sie zu speziell und zu wenig variabel. Für eine natürliche Kommunikation muss Common Ground in Form von Weltwissen, am besten unter Berücksichtigung einer gemeinsamen sozio-kulturellen Prägung, vorliegen. Im Modell werden als Common Ground nur einzelne Präsuppositionen definiert. Ein Bot bräuchte mindestens eine bereichsspezifische Wissensbasis, aus der bestimmte Präsuppositionen für die Interaktion mit UserInnen abgeleitet werden könnten.

Die psychologische *Frame-und-Skript-Theorie* setzt da an, wo Textkohärenz vorliegt, ohne dass sie an sprachlichen Mitteln festgemacht werden muss (Fillmore 1976). Es wird davon ausgegangen, dass Menschen auf ein Hintergrundwissen zurückgreifen können, das bereichsspezifisch gegliedert ist und strukturiert zur Verfügung steht. Konventionalisiertes Bedeutungswissen manifestiert sich in *„statischen Wissenskomplexen"* (Linke et al.: 2004: 265) und gibt den Rahmen für sprachliche Handlungen vor. Solche *Frames* werden von bestimmten Schlüsselwörtern im Dialog ausgelöst und können zur semantischen Analyse von Texten beitragen (Fillmore 1976). Als *Skript* ist das prozessuale Wissen zu einem Frame zu verstehen. Bestimmte sozio-kulturelle Bereiche erfordern entsprechende Abläufe. So folgen z. B. Verkaufsgespräche einem allgemeinen Skript oder Protokoll (vgl. Schlobinski 1982), das eine gewisse Ordnung für den Gesprächsverlauf vorgibt, ohne dass diese explizit gemacht werden muss (vgl. Kapitel 2.2).

Einige ECAs arbeiten bereits mit Frames und Skripts für ihre jeweiligen Anwendungsgebiete. Da ihr Einsatz allerdings meist nur in einem bestimmten Bereich erfolgt, ist die Zahl der bekannten Frames gering. Aber bereits eine Unterscheidung zwischen Info- und Small-Talk-Modus, den selbst die einfachsten Bots kennen, stellt einen ersten Versuch dar, Frames und Skripts zu implementieren. Hier liegt die Chance für eine Weiterentwicklung zu mehr Flexibilität in der Ausdifferenzierung für verschiedene Anwendungsbereiche.

Unbestritten relevant für die Textkohärenz ist das inhärente Thema der Interaktion, auf das sich beide GesprächpartnerInnen beziehen sollten. *„Themen fungieren als eine Struktur, an der sich die Teilnehmer/innen mit ihren Beiträgen orientieren können. Sie werden zum Fokus gemeinsamer Aufmerksamkeit und* *dienen als kognitive Schemata, um Gespräche planen, durchführen, verstehen, speichern und reproduzieren zu können.*"[84]

Zur Entfaltung des Themas werden alle unterschiedlichen Ebenen genutzt (Oberflächenphänomene, semantische Referenzrelationen, Sprechakte und Argumentstruktur, sozio-kulturelle Rahmenbedingungen, CA-Strukturen). Allgemein unterscheidet man zwischen dem Thema (das, worüber etwas ausgesagt wird) und dem Rhema (das, was über das Thema ausgesagt wird). Die Relationen zwischen Thema und Rhema als propositionalem Komplex führen zur „*Entfaltung des Inhaltskerns*" durch die „*thematische Progression*" (Brinker 2010:21; vgl. auch *Topic Continuity*, Givón 1983; van Dijk 1985). In HCI-Dialogen kann die thematische Progression erst kohärent fortschreiten, wenn alle anderen Parameter auf den unterschiedlichen Ebenen erfolgreich implementiert wurden und zusammenarbeiten. Außersprachliche Faktoren werden in der Theorie nicht einheitlich beschrieben und sind kaum fassbar für ein deterministisches System, das nicht auf *Weltwissen* zurückgreifen kann, folglich keinen *Common Ground* annehmen und nur sehr bedingt *Präsuppositionen* voraussetzen kann und somit kein *Bewusstsein* für eine *Lebenswelt* (Habermas 1993b: 199) hat, in der die Interaktion stattfindet.

2.4.5 Untersuchungsparameter und Hypothesen mit Bezug zum Konzept der Kohärenz und Kohäsion als Grundlage für die Korpusanalyse

Zur Untersuchung und Auswertung der o. g. Phänomene wird methodisch ein Mischansatz verfolgt. Quantifizierbare Phänomene werden im Untersuchungskorpus erfasst und ausgewertet (z.B. Kohäsionsmarker als Indizien für Kohärenz an der Textoberfläche). Die qualitative Analyse wird anhand von ausgewählten Beispiel-Sequenzen vorgenommen,[85] da diese Methode den semantischen und pragmatischen Untersuchungsparametern gerechter wird. Auch bestimmte Oberflächenphänomene lassen sich in ihrem Kontext qualitativ besser erfassen. Die qualitative Auswertung orientiert sich an Leitfragen (Kapitel 4.3). In- und quasi-kohärente Turns werden sowohl quantitativ als auch qualitativ erhoben und in Kapitel 4.3 interpretiert und diskutiert.

---

84 www.psych.uni-goettingen.de/de/communication/forschung/themenkoordination-und-kohaerenz (Zugriff 13.03.2016).

85 Die Beispiele wurden 2013 im Rahmen einer Masterarbeit im Fach *Functional and Applied Linguistcs* an der LUH von Benjamin Schwarz ausgewählt.

Tabelle 3: Untersuchungsparameter Kohäsion und Kohärenz

	Quantitative Analyse	Qualitative Analyse
Oberfläche	• Wiederaufnahmen / Persistenzen (vgl. Kapitel 2.3: lexikalisches und syntaktisches Alignment, Auswertung Kapitel 4.2) • Proformen • Adjazenzellipsen • Konnektiva • Anapher / Katapher	• Deixis • Artikel
Tiefe	• Inkohärenter Turn • Quasiokohärenter Turn • Signal-Non-Understanding (SWBD-DAMSL, explizites Signal, dass Vorgänger-Turn nicht verstanden wurde)	• Semantische Referenz und Kontiguitätsverhältnisse • Präsupposition und Inferenz • Frame & Skript • Thema

Folgende Hypothesen wurden für eine quantitative Auswertung formuliert. Dabei wird besonderer Bezug genommen auf Persistenzen im Rahmen einer Theorie des interaktiven Alignments.

- **Störungen des Dialogs: Inkohärenzen / Quasi-Kohärenzen**
  - $H0_{K1}$: Die Verteilung der Inkohärenzen, Quasi-Kohärenzen und Signal-Non-Understanding ist für UserIn und System in den Untersuchungskorpora gleich.

In- und Quasi-Kohärenz sowie Signal-Non-Understanding finden sich wahrscheinlich ausschließlich auf der Seite des Systems und sind Indikatoren für Störungen beim Parsing. Daher ist zu erwarten, dass sie häufiger in den Agenten-Korpora als im HHC-Korpus vorliegen. Inkohärenz, Quasi-Kohärenz und Signal-Non-Understanding sind dagegen am häufigsten im ältesten Korpus (Twipsy) und am seltensten im jüngsten Korpus (Elbot) zu erwarten.

- **Kohäsionsmarker**
  - $H0_{K2}$: Die Verteilung der Kohäsionsmarker ist für UserIn und System in den Untersuchungskorpora gleich.

Unterschiede zwischen UserIn und System in Bezug auf die Verwendung von Kohäsionsmarkern sind wahrscheinlich. Erwartet wird ein stärkerer Gebrauch von Kohäsionsmarkern seitens der UserInnen. Weiterhin ist anzunehmen, dass sich Kohäsionsmarker weniger häufig in den Agenten-Korpora finden als im HHC-Vergleichskorpus.

Die Auswertung der Analyse findet sich in Kapitel 4.3 und theorienübergreifende Aspekte werden in Kapitel 4.5 diskutiert.

2.5 *Computer-Talk*

Unterschiedliche Design-Ansätze in der HCI verfolgen verschiedene Zielsetzungen: Entweder versuchen sie die HHC so gut wie möglich zu imitieren (*Star-Trek-Kommunikation*) oder HCI mit besonderen Charakteristika als eigenständige Form der Interaktion zu etablieren (*Usability*). Die in 2.3 und 2.4 thematisierten Ansätze zielen darauf ab, Computer mit Hilfe von sozio- oder psycholinguistischen Modellen funktionsfähig zu machen für natürlichere Interaktion. Diesem Bestreben steht die Beobachtung entgegen, dass Menschen mit artifiziellen GesprächspartnerInnen gar nicht genauso interagieren wie mit Menschen, sondern vielmehr eine spezielle UserInnen-Sprache gebrauchen. „*A number of early systematic studies show that the way people talk in human-computer interaction differs in many respects from the way they talk to each other*" (Fischer 2006: 1). Sollte sich also auch für die Interaktion mit modernen Systemen in einer breiten Feldstudie eine vereinfachte UserInnen-Sprache beobachten lassen, schließt sich die Frage an, ob völlig natürliche Kommunikation mittelfristig das Ziel technischer Weiterentwicklungen sein sollte, oder ob sich ein vereinfachter Sprachgebrauch zwischen Mensch und Maschine etablieren kann. Dazu müssen die strukturellen und funktionalen Charakteristika einer solchen UserInnen-Sprache genau herausgearbeitet werden. Welche Strukturen charakterisieren die HCI wirklich (Performanz) und welche funktionalen Prozesse (bot-gerichte UserInnen-Strategien oder gedankenlose Übertragung von Verhaltesweisen aus der HHC) stehen dahinter? Zoeppritz konstatierte mit Bezug auf die strukturellen Auffälligkeiten in der HCI 1985 die Existenz eines *Computer-Talks (CT)*. Unter diesen Begriff fallen „*several instances of deviant or odd formulations that looked as if they were intended to be particularly suitable to use with a computer as the partner of communication*" (Zoeppritz 1985: 1).

2.5.1 *Computer-Talk* als strukturelles oder funktionales Register?

Der Ausdruck *Computer-Talk* ist an Sprachregister wie *Foreigner-Talk* oder *Baby-Talk* angelehnt (vgl. Kritzenberger 1992), da Zoeppritz von der Annahme ausgeht, dass diese Abweichungen von unmarkiertem Gesprächsverhalten auf ein „*adressatenspezifisches Register*" zurückzuführen seien (Zoeppritz 1985: 117). Diesem Gedanken folgten viele internationale Studien mit unterschiedlichen Ergebnissen (Richards & Underwood 1984; Morel 1989; Amalberti et al. 1993; Johnstone et al. 1994; Hitzenberger & Womser-Hacker 1995; Porzel & Baudis 2004; vgl. Fischer 2006, s. auch Kapitel 4.4). Auf der Basis einer breit angelegten Untersuchung deutschsprachiger HCI-Korpora formulieren Krause,

Hitzenberger und Womser-Hacker 1992, dass die Charakteristika von CT in systematischer Form vorlägen und dass CT damit als sich strukturell manifestierendes Register einzustufen sei. 2006 führte Fischer umfassende Untersuchungen zu CT bei deutschen SprecherInnen durch und fand die Annahme von Krause, Hitzenberger und Womser-Hacker nicht bestätigt, da sich CT nicht eindeutig an bestimmten sprachlichen Strukturen festmachen ließe. Vielmehr seien die zu Grunde liegenden, äußerst diversen UserInnen-Strategien und Vorannahmen über das System maßgeblich für funktionale Aspekte in der Dialogführung. CT könne in vielerlei Hinsicht in Analogie zu interkultureller Kommunikation analysiert werden und sei abhängig vom UserInnen-Typ (Fischer 2006). Fischer (im Druck) führt dann den Begriff der *Robot Directed Speech (RDS)*[86] ein.

Im Folgenden sollen die Argumentationen von Krause, Hitzenberger und Womser-Hacker sowie von Fischer als exemplarisch für den Diskurs um deutschsprachigen CT vorgestellt werden, da sie das Phänomen auf unterschiedlichen Ebenen (Performanz und Kognition) diskutieren. Der Versuch einer Definition von CT ist aus linguistischer Perspektive grundlegend für weitere theoretische Überlegungen. *„It is theoretically very interesting to ask what computer Talk (CT) actually is"* (Fischer 2006: 6). Außerdem ist mit dem Bestreben, die Charakteristika von CT ausfindig zu machen und regelhaft zu formulieren, selbstverständlich auch ein Forschungsinteresse zur Verbesserung neuer Technologien verbunden. *„It would thus be much more preferable for the system designer to know the underlying processes that guide the users' linguistic behaviour and to be able to predict their behaviour in order to design the most suitable system, and maybe even a system that people like to talk to"* (Fischer 2006: 5f).

2.5.1.1 Strukturelle Aspekte eines CTs

Eine besonders frühe und umfassende explorative Studie zu Charakteristika eines CTs stellen die DICOS-Experimente von Krause, Hitzenberger und Womser-Hacker dar (Krause & Hitzenberger 1992). Diese sollen hier genauer beschieben werden, da sie eine der wenigen Untersuchungen deutschsprachiger Interaktionen

86 Vgl. auch *Child Directed Speech (CDS)* und *Foreigner Directed Speech (FDS)*. Neben einer Reihe prosodischer Aspekte wird CDS charakterisiert durch ein Subset zur Standardsprache an morphologischen und syntaktischen Strukturen, semantischer Konsistenz (Steretypen), und pragmatischer Redundanz (vgl. Fischer im Druck: 97). FDS enthält nicht nur Simplifizierungen, die eine Fossilierung des Lernprozesses des Gegenübers auslösen können, sondern auch viele Aspekte, die hilfreich für den Lernprosse sind (vgl. Fischer im Druck: 153).

mit einem Sprach-Interface darstellt, in deren Rahmen strukturelle Charakteristika eines CTs beschrieben werden, die sich mit korpuslinguistischen Methoden überprüfen lassen. Außerdem entsprechen die pragmatischen Voraussetzungen (Bahnauskunft, Bibliotheksauskunft) den Help-Desk-Szenarios der in dieser Studie untersuchten Interaktionen.

Um ein im Sinne eines CTs abweichendes Dialogverhalten der UserInnen zu untersuchen, wurden im Rahmen der DICOS-Experimente sowohl Tests zur medial mündlichen als auch zur medial schriftlichen HCI durchgeführt – beides in Abgrenzung zu entsprechenden HHC-Settings. Die Testreihe wurde als *„Hidden-Operator-Simulation"* (Hitzenberger 1992: 62), also als *Wizard-of-Oz-Szenario* in als Auskunfts-Task unterschiedlichen experimentellen Settings durchgeführt: a) als offenkundige HHC, b) verdeckt als flüssige HCI, b) verdeckt als HCI mit Störungen bz. Fehlermeldungen und c) verdeckt als HCI mit Parsing-Restriktionen (vgl. Hitzenberger 1992: 72f). Folgende strukturellen Indikatoren eines CTs wurden angenommen: *„Anstieg der Abweichungen vom normalen Sprachgebrauch, einschließlich abweichender Koordinationsstrukturen, Anstieg der Überspezifikationen, Rückgang im Partikelgebrauch, Rückgang der Höflichkeitsindikatoren, Rückgang der Dialograhmenelemente, Rückgang partnerorientierter Dialogsignale, Anstieg formalsprachlicher Zeichen und Abkürzungen, Modifizierungen bei den syntaktischen Strukturmustern"* (Womser-Hacker 1992: 98). Für die medial mündlichen Eingaben kommen noch folgende Annahmen hinzu: *„Abbrüche begonnener Konstruktionen, Verbesserungen, identische Wiederholungen eines Wortes oder Satzteiles, Wiederholung von Teilen in erweiterter Form, Nachträge bzw. Ausklammerungen"* (Womser-Hacker 1992: 98).

Die Verwendung unterschiedlicher Wortformen (lexikalische Vielfalt) nimmt bei der Kommunikation mit dem System (Variablen 2–4) im Vergleich zur Kommunikation mit einem Menschen (Variable 1) immer weiter ab. Ähnliches lässt sich für die Veränderungen hinsichtlich der Satzstrukturen beobachten. Im Gegensatz zu zwischenmenschlicher Kommunikation, wird der Satzaufbau in der HCI wesentlich seltener variiert. Auch der Gebrauch von Dialograhmenelementen, Partikeln und Höflichkeitsindikatoren in der Interaktion mit den vier Systemvarianten nimmt ab. Die Vorannahmen für die orale HCI bestätigen sich in den Versuchen. Zum Teil lassen sich diese Abweichungen zwar sowohl auf den Eingabekanal als auch auf die Beschränkungen der jeweiligen Systemvariable zurückführen, es ist jedoch besonders auffällig, dass alle Modifikationen von zwischenmenschlicher Kommunikation bereits bei Systemvariable 2 auftreten, also jener Variante, die der HHC entspricht. So folgert Kritzenberger: Die bloße Vorstellung mit einem System zu kommunizieren, führe also bei den UserInnen bereits dazu, dass sie von ihrem Sprachverhalten abwichen (vgl. Kritzenberger 1992: 155).

Die AutorInnen deuten die Ergebnisse der Studie als Belege für die Annahme, bei CT handele es sich um ein strukturelles Register. Unter einem sprachlichen Register verstehen sie eine Sublanguage (Harris 1982) als Teilmenge der Gesamtsprache mit Überschneidungen zur Standardsprache (L_{std}), die ihrerseits Teilmenge der Gesamtsprache ist. Sprachregister basieren auf Differenzierungen von situativen Faktoren, die mit sprachlichen Differenzierungen korrelieren. Erste Überlegungen zur HCI als Subset zu L_{std} sind in den 1980er Jahren verbunden mit der Vorstellung, das Subset (Befehle in Programmiersprache) müsse wie eine Fremdsprache erlernt werden. Krause setzt sich für die natürlichsprachliche Interaktion mit artifiziellen Systemen ein (Krause & Hitzenberger 1992). Statt ein Subset zu erlernen, solle spontan in einer Sublanguage kommuniziert werden können als angemessenes Register in der Verwendungssituation *HCI*. Sprachregistermerkmale können die Grenzen der Standardsprache L_{std} überschreiten und quantitativer Natur sein (vgl. *Mächtigkeitsgrammatik*, Kuhlen 1990). Eine Vereinfachung in einem Bereich hat eine Verkomplizierung in einem anderen Bereich zur Folge (vgl. *Equilibriumsprinzip*, Labov 1971). In der HCI finden sich beide Tendenzen: „*Simplification*" als strukturelle oder semantische Vereinfachung sowie „*Clarification*" als eine Ausweitung der Oberflächenstruktur. Als Beispiel kann der Anstieg an Regelgenauigkeit und ein Rückgang an „*Expressiveness*" (weniger emotive Handlungen gegenüber dem Computer) angeführt werden. Krause fasst drei Grundtendenzen eines eines Registers in Abgrenzung von L_{std} zusammen (Krause & Hitzenberger 1992):

- Bestimmte Charakteristika des Standards fehlen.
- Bestimmte Strukturen kommen hinzu.
- Bestimmte Strukturen treten mit veränderter Wahrscheinlichkeit auf.

Dadurch wird das Register CT im theoretischen Diskurs der 1990er nicht als vereinfachtes System zum Bezugssystem der L_{std} definiert, sondern als alternatives System. Dabei wird eine regelhafte Grundstruktur angenommen. So sind z.B. Bateman und Paris 1990 in einer frühen Publikation der Meinung, UserInnen-Verhalten sei anhand solcher Parameter vorhersagbar. Als Ergebnis der Studie definieren Womser-Hacker und Hitzenberger (1992: 56), was das Register ausmache.

- Vermehrt Unterschiede zum Standard (L_{std})
- Modifikation syntaktischer Konstruktionen
- Steigende Anzahl von Überspezifikationen
- Steigende Anzahl von formaler Codierung

- Abnehmende Anzahl von Rahmenelementen im Dialog
- Abnehmende Anzahl von Höflichkeitsfloskeln
- Abnehmende Anzahl von partner-orientierten Dialogsignalen
- Abnehmende Anzahl von Partikeln

Krause (1992) deutet diese Parameter als Indikatoren für einen sog. „*metaphorischen Sprachgebrauch*“ dem System gegenüber, wobei er die UserInnen-Sprache als Metapher auf die eigentlich ausgeführten Befehle in Programmiersprache versteht (vgl. Desktop-Metapher). Er geht davon aus, dass UserInnen annehmen würden, das System könne formallogische Ausdrücke eher verarbeiten als natürlichsprachliche. So könne man den hohen Grad an Abstraktion erklären, den einige Äußerungen aufwiesen. Krause führt verschiedene Beispiele aus den Untersuchungskorpora an:

a) UserIn: Welche Deutschnote in Quarta hat wie viele Schüler?

b) UserIn: Wieviele Schüler repetieren 1 Klasse?
System: Nicht verstanden

UserIn: Wieviele Schüler repetieren 2 Klassen?
System: 25

UserIn: Wieviele Schüler repetieren 1 Klassen?
System: 99

(Krause 1992: 159f)

Beiden Beispielen liegt der Versuch einer Perspektivübernahme zu Grunde. Die UserInnen versuchen nach eigenen Aussagen in einer Befragung im Nachgang des Experiments, sich die Arbeitsweise eines Systems vorzustellen und modifizieren ihre Formulierungen dahingehend, dass Notenwerten Schülerzahlen zugeordnet und „Klassen“ als kategorielle Bestimmung unveränderlich wie eine Maßeinheit gebraucht werden.[87] Krause vermutet daraufhin, dass BenutzerInnen im Umgang mit Systemen nicht ihre Sprachfähigkeiten veränderten und anpassten, „*sondern [...] das Sprachsystem als Ganzes [verlassen und so] einen Handlungsstandpunkt außerhalb der Dialogregeln zwischenmenschlicher Kommunikation*“ einnähmen (Krause & Hitzenberger 1992: 161). NutzerInnen orientierten sich also nicht an der unzureichenden Sprachfähigkeit des Systems (vgl. *Foreigner-* oder *Baby-Talk*), sondern an Spekulationen über die angenommenen Systemroutinen (vgl. Krause & Hitzenberger 1992: 161). Äußerungen im Register CT seien also definiert durch ihre metaphorische Art, auf vermeintliche

87 Einschränkend muss allerdings angemerkt werden, dass es sich dabei um Repair-Strategien handelt.

Systemprozesse zu verweisen. Sie dienten häufig als Repair-Strategien. *„Der Benutzer weiß [...] [, dass es bei Kommunikation mit einem natürlichsprachlichen Interface] nicht um Sprachbeherrschung im Sinne der menschlichen Kommunikation geht“* (Krause & Hitzenberger 1992: 166). Währenddessen lasse man sich zwar entsprechend eigener Vorannahmen über die Maschine auf die scheinbare Natürlichkeit der Kommunikation ein, sei sich aber bei auftretenden Störungen bewusst, dass es sich dabei nicht um Probleme des Sprachverstehens im kognitiven Sinne handele, sondern um einen Fehler der Sprachverarbeitung als Systemprozess (vgl. Krause & Hitzenberger 1992: 167). Entsprechend schlussfolgert er, dass CT *„metaphorischer Gebrauch von Sprache“* sei (Krause & Hitzenberger 1992: 167). Über längere Dialogsequenzen bewegten sich UserInnen zwar in vereinfachten Registern, die Ähnlichkeit zu *Foreigner-* oder *Baby-Talk* aufwiesen, jedoch würden diese Sprachregister verlassen, sobald Störungen aufträten, und der metaphorische Sprachgebrauch würde bemüht (vgl. Krause & Hitzenberger 1992: 167). Fischer (im Druck) beobachtet beinahe 20 Jahre später in ihren Experimenten zur HRI im Gegensatz zu Krause zahlreiche Hinweise auf Simplfizierungsstrategien im Sinne einer *Robot Directed Speech (RDS)* und kaum metaphorischen Sprachgebrauch im Sinne eines CTs. In der vorliegenden Arbeit wird der Terminus *Computer Talk* vor dem Hintergrund der Diskussion seit den 1980er Jahren beibehalten, da er auf die chat-basierte HCI noch sinnvoll angewandt werden kann (s. Kapitel 4.4) – allerdings unter Berücksichtigung einer Verschiebung des Begriffsumfang auf derzeitige HCI-spezifische, von L_{std} abweichende Phänomene.

Empirisch konnten zwar Tendenzen struktureller Veränderungen beobachtet werden (vgl. Womser-Hacker 1992), die auf ein Sprachregister CT hindeuten, diese sind aber nicht ausgeprägt genug, um das Register exakt definieren zu können. Krause selbst thematisiert darüber hinaus einige methodische Schwierigkeiten[88] und formuliert vorsichtig, dass die beschriebenen Merkmale eines CTs keinesfalls den Anspruch auf Allgemeingültigkeit hätten (vgl. Krause & Hitzenberger 1992: 157). Bis heute konnten keine verbindlichen Charakteristika eines CTs erhoben werden, da sich die HCI besonders durch ihre Heterogenität

88 Neben Problemen der linguistischen Differenziertheit der Studie (z.B. *„Abnahme von Partikeln“* ohne weitere Subklassifikation) liegt eine grundsätzliche Schwierigkeit in der experimentell gesteuerten Erstellung der Untersuchungskorpora. Ob eine Analyse von unbearbeiteten Dialogtranskripten aus dem Feld, die gleichen Ergebnisse gebracht hätte, bleibt fraglich. Krause weist selbst darauf hin, dass die klassische Darstellung des Interfaces als Desktop-Metapher die ProbandInnen beeinflusst haben könnte. Untersuchungen mit anthropomorpheren Darstellungen wurden nicht durchgeführt.

auszeichnet (vgl. Fischer im Druck: 274). Auf der Ebene der Modellbildung hat sich herausgestellt, dass die der HCI zu Grunde liegenden Zusammenhänge nicht so direkt zu fassen sind, wie es die Register-Hypothese nahelegt. Es ist mehrfach nachgewiesen worden, dass menschliches Sprachverhalten gegenüber natürlichsprachlichen Interfaces keineswegs einheitlich verläuft. Zahlreiche UserInnen- und Systemvariablen beeinflussen die moderne HCI – teils als kognitive, psychische oder soziale Phänomene, teils als technische Restriktionen. Der Anspruch der intuitiven Nutzbarkeit von Systemen hat auch die UserInnen-Erwartungen verändert. Die Hypothese von HCI als einem sprachlichen in sich geschlossenen Register scheint vor diesem Hintergrund heutzutage gegenüber modernen Systemen fraglich. Inwiefern in chat-basierterer HCI Charakteristika eines CTs zu beobachten sind, bleibt zu überprüfen.

2.5.1.1.1 Die Register-Hypothese im Kontext internationaler Studien zu strukturellen Indikatoren für CT

Als Reaktion auf die Annahme eines CTs (Zoeppritz 1985) wurden international zahlreiche Studien durchgeführt mit dem Ziel, die Merkmale eines CTs zu definieren. Die prominenten Forschungsergebnisse dieser Zeit kommen allerdings vielfach zu widersprüchliche Ergebnissen in Bezug auf dieselben Untersuchungsparameter. Ein einheitlicher Merkmalskatalog eines strukturellen Registers *CT* konnte nicht formuliert werden. Vor allem Höflichkeit, lexikalische Vielfalt, Variabilität, Simplifizierung, Überspezifizierung und Dialogstruktur wurden in unterschiedlichen experimentellen Settings untersucht. Fischer (2006: 3f) vergleicht die Ergebnisse und stellt fest, dass sich kein einheitliches Bild abzeichnet.

- **Höflichkeit:** Während Morel (1989) weniger sprachliche Merkmale für Höflichkeit in der HCI findet und Johnstone et al. (1994) erklären, weniger implizites Grounding führe zu weniger Orientierung an Höflichkeit, sehen Richards und Underwood (1984a) keinen Höflichkeitsunterschied zwischen HHC und HCI, solange das System höflich sei. Und Ward und Heeman (2000) bekräftigen die letztere These, indem sie genauso viel *please* und *thank you* und höfliche Verabschiedungen in HHC- und HCI-Korpora finden. Fischer (2006) findet für das Deutsche zwar weniger *bitte*, hält aber in Bezug auf Begrüßungs- und Verabschiedungsroutinen fest: „What can be found, however, is that speakers indeed attend to politeness." (Fischer 2006: 67).
- **Lexikalische Vielfalt:** Amalberti et al. (1993: 558) gehen davon aus, dass naive UserInnen in der HCI eine größere Anzahl von Wortformen gebrauchen als in der HHC. Die Zahl der Wortformen (Tokens) nehme aber mit wachsender Expertise ab. Johnstone et al. (1994) und Oviatt (1995) dagegen zählen zwar eine geringere Anzahl von Lemmata in der HCI, allerdings seien die Äußerungen der UserInnen jeweils länger als ein durchschnittlicher Turn in der HHC.

- **Lexikalische und syntaktische Variabilität:** Amalberti et al. (1993: 558) finden keinen Unterschied zwischen der HHC und der HCI in Bezug auf Variabilität. Hitzenberger und Womser-Hacker (1995: 59), Gustafson (2002: 69), Falzon (1988) gehen dagegen von einem restringierten Lexikon und weniger syntaktischen Konstruktionen (Phrasen) aus. Krause und Hitzenberger (1992) konstatieren ebenfalls eine Abnahme an Variation von der HHC zur HCI. Richards und Underwood (1984) zählen allgemein weniger Vokabeln, während Gieselmann und Waibel (2005) eine große Bandbreite an syntaktischen Konstruktionen und eine große Vielfalt an lexikalischen Einheiten beobachten.
- **Simplifizierung:** Krause (1992: 48–50) stellt viele Vereinfachungen in der Sprache der UserInnen im Vergleich zu untersuchten HHC-Dialogen fest und postuliert ein Subset zur Norm von L_{std}. So findet er bspw. keine Determinatoren, Konjunktionen und Präpositionen, dafür aber viele Ellipsen, die zu einem Telegrammstil führen. Womser-Hacker (1992) und Gustafson (2002) sprechen vorsichtiger von einfacher Syntax und von weniger Variation in der Syntax. In Bezug auf orale Kommunikation mit einem Bot können Richards und Underwood (1984) bestimmte Simplifikationsstrategien ausmachen. Darunter fallen z.B. langsames Sprechen und weniger ambige Pronomina.
- **Überspezifizierung:** Krause (1992) nimmt zusätzlich zu einem Trend zur sprachlichen Vereinfachung auch die gegenläufige Tendenz zur Überspezifizierung an (vgl. auch Zoeppritz 1985), d.h. zusätzliche Determinatoren, Konjunktionen, Präpositionen und Präpositionalphrasen. Womser-Hacker (1992) und Hitzenberger und Womser-Hacker (1995) können diese Hypothese statistisch nicht belegen.
- **Dialogstruktur:** Amalberti et al. (1993) halten weniger Konnektiva, mehr Bitten um Wiederholung und eine gesteigerte Aufmerksamkeit auf Grounding für die Struktur der Dialoge in der HCI für charakteristisch. Diese These steht in direktem Kontrast zu Johnstone (1994). Krause und Hitzenberger (1992) und Hitzenberger und Womser-Hacker (1995) finden allgemein weniger Partikeln und Konnektiva. Oviatt (1995) bemerkt ein Fehlen von Struktur allgemein in der HCI. Porzel und Baudis (2004) dagegen meinen, die UserInnen hielten an alltagssprachlichen Strukturen fest. Jönsson (1996) stellt fest, dass weniger Bezug auf Kontextinformationen genommen, aber dennoch früher Erörtertes als gesichert wahrgenommen werde.

Fischer (2006) versucht zu erklären, warum die Ergebnisse so unterschiedlich sind. Ein Grund könnte in der Vermischung von oralen oder schriftlichen Sprachdaten liegen „*and several studies have shown that there are differences on the basis of the input modality (e.g. Womser-Hacker 1992)*" (Fischer 2006: 4). Die Ergebnisse bezögen sich dann eher auf Phänomene, die in Zusammenhang mit dem Eingabekanal stünden und weniger zu tun hätten mit mentalen Modellen der UserInnen oder Restriktionen durch die Systemarchitektur an sich. Kanalphänomene können Einfluss auf die Interaktion haben und müssen daher von der Diskussion um CT als Register getrennt betrachtet werden, da Merkmale eines Registers trotz unterschiedlicher Kanäle nachweisbar sein müssten.

Außerdem wirken sich die jeweiligen pragmatischen Bedingungen der untersuchten Interaktionssituation stark auf die Ergebnisse der Analyse aus.

Unabhängig von Kanalphänomenen muss auf Grund der widersprüchlichen Datenbasis in Betracht gezogen werden, dass CT strukturell nicht eindeutig nachgewiesen werden kann. „*CT is not a single homogeneous variety, or that [...] the linguistic choices made by the speakers cannot be predicted on the basis [...] that they are talking to an artificial communication partner*“ (Fischer 2006: 67). Ein weiteres grundsätzliches Problem liegt in der modellhaften Vorstellung vom Register *CT* als einer statischen Größe, deren Merkmale sich in strukturellen Besonderheiten der UserInnen-Sprache manifestieren. Interaktive Effekte werden nicht direkt thematisiert oder in ein Interaktionsmodell eingebunden. Fischer (im Druck) untersucht diese interaktiven Aspekte (z. B. Alignment) im Verhältnis zu Parametern eines CTs und leitet daraus ein funktionales Modell der HRI ab.

2.5.1.2 Funktionale Aspekte eines CTs

Vor dem Hintergrund der widersprüchlichen Ergebnisse der Untersuchungen zu strukturellen Merkmalen eines CTs, stellt Fischer (2006) die Überlegung an, dass CT sich wegen des Einflusses unterschiedlicher Variablen nicht einheitlich auf der Performanzebene manifestiere, sondern dass allein die Prozesse definiert werden könnten, die dem Verhalten der UserInnen zu Grunde lägen. Sie stützt ihre Theorie auf Untersuchungsergebnisse zu verschiedenen linguistischen Phänomenen aus unterschiedlichen experimentellen Settings (HCI, HRI und *Wizard-of-Oz*).

2.5.1.2.1 Indikatoren für bewusste Userinnen-Strategien auf der Basis von kognitiven Modellen

Fischer (2006) analysiert mit qualitativen Methoden der CA Gliederungselemente, Lexem-Auswahl und Diskurspartikeln sowie Grounding-Strategien und sprachliche Höflichkeit. Dabei beschränkt sie sich auf orale Kommunikation, um Kanalvariablen auszuschließen. Untersucht werden vor allem UserInnen-Reaktionen auf Störungen, da diese u. U. Auskunft geben können über eventuelle kognitive Konzepte. „*The frequent miscommunication of HCI and HRI thus provide the analyst with useful tools into speakers' conceptualizations of their recipient (cf. Fischer, 2006). We can thus use interaction as a glimpse into cognition (cf. Drew, 2005)*" (Fischer 2010: 2350). Daher geht Fischers Ansatz über Ansätze hinaus, die in ihrer Argumentation allein auf der Ebene der Performanz ansetzen.

Auf struktureller Ebene kann auch sie keine einheitlichen Ergebnisse berichten, jedoch beobachtet sie userInnen-übergreifende *funktionale* Trends, wie bspw. eine gewisse Tendenz zur AdressatInnen-Orientierung und zur Simplifizierung in Bezug auf UserInnen-Strategien. Fischer (2006) definiert CT aus diesem Grund als *funktionale Varietät* und präzisiert den Gedanken der funktionalen situativen Angemessenheit im Rahmen ihrer Theorie zu *Simplified Registers* (2014). In Analogie zu *Child Directed Speech* und *Foreigner Directed Speech* fasst sie *Robot Directed Speech* als *Simplified Register*, wobei sie auf Grund der Heterogenität einen weiten Registerbegriff ansetzt, der als Ausgangspunkt für weitere Überlegungen und genauere Beschreibungen dienen soll (vgl. Fischer im Druck: 261). Dabei liegt ihr Fokus nicht auf dem Systemcharakter von sprachlichen Strukturen, sondern auf systematisch erfassbaren kognitiven Prozessen. Eine prominente Rolle in den Untersuchungen Fischers spielen die Voraannahmen der UserInnen über den Bot, auf deren Grundlage Partnermodelle[89] konstruiert werden (Fischer 2006, im Druck). Diese bilden die Basis für Äußerungen mit einem entsprechenden *„Recipient-Design“*[90] (Sacks et al. 1992), mittels dessen UserInnen-Beiträge adressatInnen-gerecht formuliert werden können. Es beruht einerseits auf Annahmen über die Funktionen des Bots (Parsing und Antwortgenerierung) und andererseits auf Hypothesen über die adäquate Sprache in diesem speziellen Kontext (vgl. Fischer 2006, im Druck). Vorannahmen und Partnermodelle sind bei Fischer (2006, 2014) konstitutiv für UserInnen-Strategien, denn UserInnen können den Bot entweder als ebenbürtiges, anthropomorphes Gegenüber modellieren oder als Maschine mit sehr eingeschränkten Sprachverarbeitungsmechanismen. Unterschiedliche Grade der Anthropomorphisierung sind hierbei vorstellbar. Am häufigsten werden *„Computers as notoriously bad at natural language”* eingestuft. *„[…] they [die UserInnen, Anm. d. Verf.] attend to the fact that the system could have limited linguistic capabilities“*

89 Verhalten aufgrund von Vorannahmen ist ein vieldiskutierter Topos in der Psychologie (vgl. u.a. Dutke 1994: 1). Dabei wird davon ausgegangen, dass Menschen neue Situationen in Analogie zu ihren Erfahrungen bewerten. Diese Deutungsmodelle haben Hypothesencharakter und werden traditionell auf kognitiver Ebene als mentale Modelle vorgestellt. Diese sind individuell verschieden – zum einen, da sich das entsprechende Vorwissen von Mensch zu Mensch unterscheidet, zum anderen aber auch, da aus diesem Vorwissen das mentale Modell immer anders abgeleitet wird. Daher spielt *Partner-Modeling* in initialen Gesprächssequenzen oder bei einem Wechsel der GesprächspartnerInnen eine prominente Rolle.

90 vgl. auch Kapitel 2.3 *„Partnermodell“* (Johnson-Laird 1983; Sanford & Garrod 1981; van Dijk & Kintsch 1985; Zwaan & Radvansky 1998.

(Fischer 2006: 80). Diese Annahme muss nicht einmal konkret auf Sprache bezogen sein. Demnach wäre ein Bot „*[…] a communication partner that is somehow restricted*" (Fischer 2006: 80). In den extremsten Ausprägungen könnte einerseits angenommen werden, Bots seien Werkzeuge und könnten als solche benutzt werden, oder andererseits, sie seien humanoide Wesen und müssten entsprechend behandelt werden (vgl. Fischer 2006: 161). Es kann aber auch sein, dass die Userin vergleichsweise wenig über Dialogagenten weiß und diese damit in ihrer Wahrnehmung etwas sind, für das sie noch über kein handlungsfähiges Konzept verfügt (vgl. Fischer 2006: 88ff). Besonders relevant für die Interaktion mit dem System ist aber, dass die Userin die Interaktionssituation als sozial wahrnimmt (Fischer im Druck: 229). In einer Gesellschaft werden bestimmte stereotype Vorstellungen und Klischees tradiert. Diese sind allerdings nicht universell, sondern gruppenspezifisch. Sprachsysteme stehen also bspw. innerhalb der einen Sozietät im Ruf, nicht gut zu funktionieren, während sie innerhalb der anderen Sozietät als erstrebenswertes, robust funktionsfähiges, unentbehrliches technisches Hilfsmittel überhöht werden. Fischer beobachtet, dass sich UserInnen in der Regel auf eine angenommene Limitiertheit des Gegenübers bereits dialoginitial einstellen und die eigene Sprache durch der Situation vermeintlich angemessene Vereinfachungen anpassen (vgl. Fischer im Druck).

Diese Anpassung kann in der HCI nur einseitig erfolgen, da auch in modernen ECAs UserInnen-Modelle bislang nur in sehr basaler Form in Bots implementiert werden können. Gleichwie HCI-Dialoge nicht auf geteiltes Wissen in Form von Common Ground aufbauen können, ist derzeit *paralleles* Partner-Modeling, das im Verlauf des Dialogs *wechselseitig* dynamisch verändert wird, kein Bestandteil der HCI. Dennoch scheint *einseitiges* Partner-Modeling die Voraussetzung für Simplifizierungsstrategien der UserInnen zu sein, die ihrerseits konstitutiv für die HCI sind (vgl. Fischer im Druck: 232).

Zusätzlich zum Partner-Modeling werden auch Hypothesen über die Dialogsituation aufgestellt (situative Modelle, Pickering & Garrod 2004), z.B. über einen kontext-spezifisch adäquaten Sprachgebrauch oder zur Art und Weise, in welcher der Maschine die zu erfüllende Aufgabe präsentiert werden soll (vgl. Fischer 2006: 96ff). Fischer (2006) sieht in der Individualität der mentalen Modelle einen Grund für die Heterogenität der Forschungsergebnisse im Bereich der CT-Forschung. Unterschiedliche Variablen haben Einfluss auf die Ausbildung von Vorannahmen. Dies sind einerseits Variablen seitens der UserInnen wie Technik-Expertise, Alter oder UserInnen-Typ sowie individuelle Erfahrungen. Die Variable Gender hatte in Experimenten zur HRI keine Auswirkungen auf die Interaktion (vgl Fischer im Druck: 210). Hinzu kommen Variablen seitens des

Systems wie der Grad der Anthropomorphisierung in der grafischen Darstellung und im Dialog-Design sowie Restriktionen der Systemarchitektur. UserInnenvariablen und Systemvariablen spielen zusammen beim Aufbau mentaler Modelle über den Bot und den situativen Kontext. Auf diesem theoretischen Fundament können initiale Dialogsequenzen der HCI angemessen analysiert werden (vgl. Fischer 2006). Soll die Analyse aber über Dialoganfänge hinausgehen, muss eine weitere wichtige Variable hinzukommen – nämlich die der interaktiven Anpassung, die sich entweder vorbewusst in Alignment manifestiert (vgl. Branigan et al. 2003, 2010) oder in bewussten UserInnen-Strategien (Fischer 2006, im Druck; Pearson et al. 2006; Cowan et al. 2010, 2011). Hinzu kommen Veränderungen im Common Ground durch Grounding auf den Kotext und Aushandeln von Referenzrelationen im gemeinsamen Verweisraum der Interaktionssituation. Im fortscheitenden Dialog werden also schließlich Vorannahmen in differenzierte Partnermodelle (Fischer im Druck: 232) oder alignte Situationsmodelle (Pickering & Garrod 2004) überführt. Dies gilt für die HHC, aber u. U. teilweise auch für die UserInnen in der HCI. Ob dieser Prozess automatisch ist (Pickering & Garrod 2004, Branigan et al. 2010), ihm ein *„mindless transfer"* zu Grunde liegt (Reeves & Nass 1996, Nass & Moon 2000, Nass & Brave 2005) oder er als bewusstes Partner-Modeling abläuft (Fischer 2006, im Druck), ist umstritten.

Im Hinblick auf die o. g. Untersuchungsparameter analysiert wurden vor allem Dialoganfänge bei Instruktions-Tasks gegenüber Robotern mit besonderem Fokus auf Repair-Strategien. In Bezug auf Framing-Elemente findet Fischer (2006) in ihren Experimenten die Studien von Krause und Hitzenberger (1992) sowie Hitzenberger und Womser-Hacker (1995) nicht bestätigt. Einige SprecherInnen gebrauchten sogar besonders viele Framing-Elemente, was als Strategie gedeutet werden kann, um Dialogsequenzen für das System zu gliedern. Fischer findet allerdings Bestätigung für Krause und Hitzenberger (1992) und Womser-Hacker und Hitzenberger (1995), dass in der HCI weniger Diskurspartikeln verwendet werden als in der HHC.[91] Die Partikeln müssen aber in HCI und HHC nicht die gleichen Funktionen erfüllen. Es wird angenommen, dass Diskurspartikeln in der HHC gebraucht werden, um eine gemeinsame Basis auszuloten und den weiteren Dialogverlauf auszuhandeln. Auch Konzepte wie Respekt und Höflichkeit können über Diskurspartikeln ausgedrückt werden. In der HCI gingen die UserInnen laut Fischer davon aus, dass ein solches Verhalten dem Bot gegenüber nicht sinnvoll sei, und äußerten weniger Partikeln. Einige Partikeln wurden ausschließlich in Selbstgesprächen geäußert. Die abweichende

91 Dies gilt aber nicht für alle Partikeln (vgl. Fischer 2006: 51).

pragmatische Verwendung von Diskurspartikeln kann als Argument dafür angeführt werden, dass Verhaltensweisen aus der HHC nicht komplett gedankenlos auf die HCI übertragen werden.

Ähnliche Zusammenhänge interpretiert Fischer (2006) anhand ihrer Experiment-Daten in Bezug auf Grounding. Für die HHC wird Grounding definiert als *„reaching the mutual belief that B has understood A well enough for current purposes"*(Clark & Schäfer 1989: 265). Fischer findet zahlreiche Belege für Grounding-Strategien in der HCI. *„Speakers consequently devote quite some effort to making themselves understood"* (Fischer 2006: 56). Sie haben offensichtlich ein Interesse daran, dass das System sie versteht. Amalberti et al. (1993: 559) finden in der HCI sogar mehr Rückversicherungen als in der HHC. Fischer (2006) sieht darin ein Zeichen, dass UserInnen-Strategien in der HHC und in der HCI nicht die gleiche Zielsetzung zu Grunde liegen muss. Sprechakte in der HCI hätten vielmehr den Charakter eines Werkzeugs, da Sprache dazu benutzt werde, die gewünschten Prozesse im System hervorzurufen. Die UserInnen sind sich ihrer eigenen Äußerungen durchaus bewusst und interpretieren diese auch bei auftretenden Kommunikationsfehlern als Quelle des Fehlers, um daraufhin ihr Sprachverhalten zu ändern und auf diese Weise ihr Handlungsziel zu erreichen (Fischer 2006: 75ff). Damit widerspricht Fischer dem *Mindlessness*-Argument von Nass et. al.. Nass und verschiedene Mitarbeiter argumentieren zwischen 1996 und 2005, dass Menschen Computer als soziale InteraktionspartnerInnen wahrnähmen und sie mit Menschen *„gleichsetzten"* (*to equate*). Menschen attribuierten Persönlichkeit, Alter, Geschlecht und Ethnizität auf die künstlichen Interagierenden. Sie transferierten *„mindlessly"* menschliches Verhalten auf Computer (Nass & Moon 2000), was sich in folgenden Verhaltensweisen zeige:

- overuse of social categories (gender, ethnicity)
- automatic application of social rules (overlearnig)
- premature cognitive commitment with single exposure (respose to authority)
- breadth and depth of social responses

Kategorielles Denken sei konstitutiv für menschliche Verstehensprozesse und in dieser Form evolutionär entwickelt. Unbekanntes müsse nach Stereotypen verarbeitet werden. Die vorbewusste Übertragung von sozialen Stereotypen auf artifizielle Agenten, sei eine notwendige Voraussetzung für Menschen, um mit den unbekannten Entitäten umgehen zu können. Fischer (2006) dagegen meint, die von Nass et al. beobachteten Verhaltensweisen seien mehr strategisch als gedankenlos. Sie habe beobachtet, dass UserInnen die unterschiedlichsten Versuche anstellten, Vorschläge machten oder Handlungen wiederholten und schließt daraus auf eine hohe *„Awareness"* bei den UserInnen (Fischer 2006: 76).

2.5.1.2.2 CT als Simplified Register

Auf Grund der in Bezug auf die Sprachkompetenz der Interagierenden asymmetrischen Interaktionssituation und der beobachteten Tendenz zur adressatInnen-orientierten Simplifizierung wurde CT im Forschungsdikurs verglichen mit anderen *Simplfied Registers* wie *Child Directed Speech* (*Baby-Talk, Motherese* vgl. Vollmer et al 2009) und *Foreigner Directed Speech* (*Foreigner Talk* vgl. Kritzenberger 1992; *Intercultural Communication* vgl. Fischer 2006). Fischer (im Druck) findet tatsächlich Gemeinsamkeiten zwischen diesen Interaktionsformen in Bezug auf *Conditional Relevance*, *Feedback* und *Alignment.* Diese Interaktionsformen werden bestimmt durch die Modelle der UserInnen, Eltern oder MuttersprachlerInnen über den in irgendeiner Weise limitierten Sprachstand des Gegenübers. Daraus lassen sich einige vergleichbare Strategien ableiten (Fischer im Druck: 241), auch wenn sich die Interaktionsformen strukturell stark unterscheiden (ebd. 250). Besonders der Vergleich mit *Foreigner Directed Speech* trägt in Bezug auf CT vergleichsweise weit. Bei *Foreigner Directed Speech* handelt es sich um eine vereinfachte Sprechweise, die bei MuttersprachlerInnen einer Sprache gegenüber Nicht-MuttersprachlerInnen beobachtet wird. *„A variety of language that is regarded by the speech community as primarily appropriate for adressing foreigners“* (Ferguson & De Bose 1977: 103). Dittmar gebraucht den Terminus *„Fremdensprache“* und definiert diese als *„Mischvarietät”* beim Versuch der Anpassung an die Sprache der Nicht-MuttersprachlerInnen (Dittmar 1997: 217). Diese Interaktionsform kann sich sprachlich unterschiedlich manifestieren und in ihren verschiedenen Ausprägungen für das Gegenüber entweder hilfreich beim Erlernen der Zielsprache sein oder hinderlich (vgl. Fischer im Druck: 164). Vergleichbar mit der HCI ist die Interaktionssituation zwischen MuttersprachlerIn und Nicht-MuttersprachlerIn insofern, dass die Vorannahmen über die Sprachkompetenz des Gegenübers einen gewissen Raum an Spekulation zulassen und die dadurch entstehende Unsicherheit z. T. durch die Attribuierung von Stereotypen kompensiert wird. Fischers Hauptargument für diese These ist, dass UserInnen-Verhalten eher durch die eigene Einschätzungen als durch die tatsächlichen Einschränkungen der getesteten Systeme bestimmt würden, was sich z. B. in Form von Repair-Strategien zeige. *„The linguistically restricted communication partner is thus the speakers' own concept”* (Fischer 2006: 81). Die UserInnen stellten sich auf das System ein, indem sie bewusst einen alternativen Sprachgebrauch wählten, der ihnen in Abstimmung auf ihre Vorannahmen adäquat erschiene. Die wirklichen Sprachfunktionen des Systems seien dabei unbekannt. So könnte die Situation in Analogie zu Dialogsituationen mit

Nicht-MuttersprachlerInnen verstanden werden, über deren Sprachkenntnisse man nichts oder nicht viel wisse.[92]

Besonders deutlich zeigen sich Vorannahmen der UserInnen und der Prozess des Partner-Modelings in dialoginitialen Sequenzen und bei Störungen mit Repair (vgl. Fischer 2006: 19–24). Dass in Anfangssequenzen die Vorannahmen der UserInnen deren einziger Anhaltspunkt sind, ist naheliegend. Dass bei Störungen gleich in der Anfangssequenz Repair-Strategien bemüht werden, die sich allein auf Vorannahmen der UserInnen stützen können, ist die logische Konsequenz daraus. Es ist jedoch interessant zu untersuchen, wie sich Dialoge weiterentwickeln. Revidieren UserInnen ihre Vorannahmen? Verändern sie ihre Strategien? Welche Rolle spielt dabei der Output des Systems? Fischer selbst thematisiert die Entwicklungen, bezieht sie aber weniger in ihre grundsätzliche Argumentation ein (Fischer 2006: 56, 2014: 28).

92 Indem sie den Terminus *Intercultural Communication* wählt, erweitert sie den Begriffsumfang im Gegensatz zu *Foreigner-Talk*, denn nicht nur die Perspektive der Userin sei hierbei relevant, sondern die gesamte Interaktionssituation werde klassifiziert (vgl. Fischer 2006: 145). *Intercultural Communication* als linguistisches Untersuchungsgebiet befasst sich mit der Kommunikation zwischen KommunikationspartnerInnen verschiedener kultureller Hintergründe und ist ein extrem vielschichtiges Konzept (vgl. Fischer 2006: 145ff). Indem sie dieses in Analogie zur HCI setzt, wird implizit der Kulturbegriff auf artifizielle Entitäten bezogen. Kultur ist definiert durch zahlreiche Faktoren wie Sozialisation, Ideologie, die Ordnung des sozialen Lebens sowie die Sprache einer sozialen Gruppe – also durch gesellschaftliche Konventionen, die sich über viele Jahre entwickelt haben (Scollon & Scollon 2001: 140). All diese Faktoren werden nicht von Robotersozietäten oder Computerkulturen geteilt. Systeme sind zwar Teil unserer Kultur, sind aus ihr entstanden und evozieren soziale Wirkungen (vgl. Krämer 2008), sie bilden aber (noch) keine untereinander vernetzte Sozietät. Sie verfügen nur über sehr eingeschränktes Weltwissen, das sie in der Regel nicht miteinander teilen und können entsprechend keine Kultur ausbilden. Vielleicht zeichnet gerade diese Restriktion sie besonders aus und macht sie den UserInnen so fremd. Durch anthropomorphe Darstellungen wird dieser Umstand verschleiert. Kulturell gewachsen sind allein die Vorannahmen der UserInnen. So kann man auf Seiten der UserInnen sicher von kulturspezifischem Verhalten sprechen, das stereotype Vorstellungen über interkulturelle Bemühungen einschließt. Zu *inter*kultureller Kommunikation führt dieses Verhalten allerdings nicht, da dem System kein Austausch auf dieser Ebene möglich ist. Bedenkt man diese Schwierigkeiten, sind die Termini *Foreigner-Talk* und *Foreigner Directed Speech* mit ihren engeren Begriffsumfängen treffender, um das UserInnen-Verhalten zu beschreiben (vgl. Kapitel 4.4).

2.5.1.3 UserInnen-Typen

Auf Basis ihrer Untersuchung von Gesprächsanfängen schlägt Fischer die Unterscheidung zweier UserInnen-Typen vor: dem *PlayerIn-* und dem *Non-PlayerIn-Typ* (Fischer 2006: 121ff). Bislang orientiert man sich bei der Systementwicklung allerdings eher an angenommenen Bedürfnissen imaginärer UserInnen. Fischers Unterscheidung ist aus empirischen Daten abgeleitet und kann gleich zu Beginn des Dialogs anhand linguistischer Merkmale getroffen werden. Ein dahingehend sensibles System, könnte so gleich zu Beginn des Dialogs in den *PlayerIn-* oder *Non-PlayerIn-*Modus schalten. Die Idee, anhand der initialen Sequenzen UserInnen-Typen zu ermitteln, bringt notwendig die gleichen Probleme mit sich, wie die Interpretation von UserInnen-Strategien anhand von Dialoganfängen. Für die technische Anwendbarkeit einer solchen Unterscheidung in Systemen mit userInnen-spezifischer Dialogführung, ist allerdings die Erkennung des richtigen Typus' bereits in der Anfangssequenz von großer Bedeutung. Eine Evaluationskomponente müsste zusätzlich im weiteren Verlauf des Dialogs neu erheben, ob sich der ermittelte UserInnen-Typ bestätigt oder nicht. Ansonsten bewertet das System seine UserInnen ebenfalls nach Stereotypen und interaktive Aushandlungsprozesse werden bei Störungen u. U. dadurch eher gehemmt als unterstützt.

Sehr positiv an Fischers Unterscheidung zwischen PlayerIn und Non-PlayerIn ist, dass es sich dabei um offene Kategorien handelt, die auf funktionalen Kriterien gründen. Charakteristisch für den *PlayerIn-*Typus ist, dass er das System wie ein menschliches Gegenüber behandelt. Er lässt sich auf das metaphorische Spiel ein und spricht das System z.B. mit den Personalpronomina „du" oder „Sie" an, begrüßt es und/oder gibt Auskunft über das eigene Befinden, wenn das System danach fragt. Der *Non-PlayerIn-*Typ hingegen sieht den Bot als Werkzeug und benutzt ihn auch so: Er begrüßt ihn nicht, verwendet keine Personalpronomina in der Anrede und auch keine Höflichkeitsindikatoren. Beide Typen definieren sich also über die Konversationsstrategien, die sie aufgrund ihrer Vorannahmen über Computer anwenden. Damit werden ihre Äußerungen vorhersagbarer. Fischer schlägt vor, dass man bereits anhand des Verhaltens in der Eröffnungssequenz ableiten könne, welcher Kategorie die Userin angehöre. Reagiert sie auf die Systembegrüßung sei sie eine *Playerin*; ignoriere sie diese, sei sie eine *Non-Playerin.*

Ein System, das nach engeren Kriterien UserInnen-Typen unterscheidet, wurde von Horzyk und Tadeusiewicz entwickelt. Ihm liegen psychologische Modelle zur Bestimmung von Persönlichkeitsmerkmalen zu Grunde. Sie schlagen ein System vor, das sich direkt an der Persönlichkeit der Userin ausrichten soll (Horzyk, Dudke-Dyduch & Tadeusiewicz 2009: 55). Dazu implemtieren sie elf verschiedene UserInnen-Typen in die Systemarchitektur. Diese Typen sind bezeichnet als *„Dominant, Maximalist, Inspiring, Discovering, Verififying, Systematic, Assurant, Harmonious, Empathic, Task-Oriented, Balancing“* (Horzyk, Dudke-Dyduch & Tadeusiewicz 2009: 59ff). Jeder dieser Kategorien sind dabei bestimmte persönliche Eigenschaften und Präferenzen sowie deren sprachliche Indikatoren zugeschrieben. Dem Ansatz liegt also das Verständnis zu Grunde, dass UserInnen-Strategien in Abhängigkeit vom UserInnen-Typ nicht nur funktional, sondern auch strukturell greifbar seien. Beim dominanten Charakter wird bspw. davon ausgegangen, dass er u.a. Personalpronomina wie „ich“, „mein“ oder Phrasen wie „meiner Meinung nach“, „ich wünsche“ und/oder „ich habe entschieden“ und viele Imperative gebrauche (Horzyk, Dudke-Dyduch & Tadeusiewicz 2009: 60). Das System erkennt diese Strukturen, ordnet sie dem entsprechenden UserInnen-Profil zu und wählt eine auf den Typus zugeschnittene Ausgabe aus. Erste Evaluationen haben gezeigt, dass Versuchspersonen, die das System testeten, zu 30 % zufriedener mit der Kommunikation waren, als die Kontrollgruppe, die ein System ohne diese Persönlichkeitserkennung benutzte (Horzyk, Dudke-Dyduch & Tadeusiewicz 2009: 62).

2.5.2 Von der Register-Hypothese zu einem interaktiven Modell der HCI

Die o. g. Studien haben wichtige Teilaspekte der HCI als Momentaufnahmen des damaligen technologiehistorischen Entwicklungsstands herausgearbeitet. HCI weicht in Bezug auf strukturelle und funktionale Elemente von der HHC ab, wobei die funktionale Ebene konstitutiv für das veränderte Verhalten der UserInnen ist. Vor allem dialog-initial spielen Voranahmen eine elementare Rolle für die Wahl der Strategien. Eine Differenzierung von UserInnen-Typen scheint daher sinnvoll. Allerdings ist das Gesamtbild der Interaktionssituation *HCI* auf dem heutigen Forschungs- und Entwicklungsstand noch alles andere als klar. Eine an die hier diskutierten Ansätze anschließende Theorie muss also Folgendes leisten:

- den Geltungsbereich auf komplette Dialoge erweitern
- ein Verständnis für vorbewusstes, routiniertes und bewusstes UserInnen-Verhalten entwickeln
- strukturelle und funktionale Aspekte miteinbeziehen
- den soziolinguistischen Status der HCI definieren (z.B. als Register)

Fischer (2006: 74) selbst kritisiert das Konzept eines CTs als strukturelles Register auf Grund systematischer Probleme mit dem Register-Konzept und der uneindeutigen Datenlage. Als strukturelles Register könne man CT nicht fassen, da die Vorannahmen der UserInnen zu unterschiedlich und enorm schnell veränderlich seien. Denn nicht alle UserInnen verhielten sich gleich. Die sprachlichen Untersuchungskategorien zur Klassifizierung von CT als Register seien nicht homogen, da die einzelnen sprachlichen Elemente in unterschiedlichen Situationen unterschiedliche Funktionen haben könnten. Außerdem könnten UserInnen ihr Verhalten mit der Zeit ändern. Stattdessen könne userInnen-übergreifend eine Reihe von funktionalen Strategien beobachtet werden.

- verschiedene Grounding-Strategien, sowohl dialog-initial als auch im weiteren Verlauf
- keine direkte Unhöflichkeit
- veränderliche Verhaltensweisen
- interpersonelle Unterschiede

Besonderheiten der HCI seien also nur *funktional* konsistent zu fassen. Das Argument, typische Merkmale der HCI eher an UserInnen-Strategien als an konkreten sprachlichen Strukturen festzumachen, ist linguistisch schlüssig. Für die Programmierung innovativer Parser, wären allerdings klar definierte strukturelle Merkmale wesentlich leichter zu verarbeiten. Die o. g. Kriterien können sich sprachlich so unterschiedlich manifestieren, dass sie technisch nicht in jedem Fall erfassbar sind. Daher wäre es für die Weiterentwicklung innovativer Systeme vor dem Hintergrund eines engeren Geltungsbereichs u. U. doch wünschenswert, einzelne strukturelle Kriterien eines CTs definieren zu können, sofern diese nachgewiesen werden könnten.

Hervorzuheben ist die Forderung, dass sowohl dialog-initiale Sequenzen als auch weitere Dialogverläufe untersucht werden müssen, bevor über UserInnen-Verhalten und CT allgemein etwas ausgesagt werden kann. Die Analyse von Dialoganfängen ist zwar fruchtbar zur Evaluation der Vorannahmen der UserInnen (vgl. Fischer 2006: 27). Bei der Interpretation einer isolierten Untersuchung von Dialoganfängen besteht aber die Gefahr, dass ein Zerrbild in Bezug auf typische Interaktionsstrategien der UserInnenentsteht, da Dialog-Design und Systemarchitektur im weiteren Verlauf großen Eifluss auf deren Verhalten haben können. Doch auf welche Art und Weise genau diese Beeinflussung von statten geht, inwiefern sie als *interaktiv* bezeichnet und wie sie durch geschicktes Dialog-Design („*Shaping*“, Zoltan-Ford 1991) beeinflusst werden kann, ist vielleicht der wichtigste nächste Forschungsschritt. Experimente, welche die wechselseitige Beeinflussung und Anpassung überprüfen, werden schwer zu operationalisieren sein (vgl. Branigan et al. 2010). In Feldstudien kann man die Ebene der Performanz nachvollziehen, aber Überlegungen zur kognitiven Verarbeitung von HCI bleiben vergleichsweise vage. Erst durch ein besseres

Verständnis der UserInnen-Kognition über längere Sequenzen kann wirklich etwas über Dialog-Strategien ausgesagt werden. Dialog-initial untersucht man in erster Linie psychologische Konzepte von Individuen über Bots. Auch zur Klassifikation der UserInnen-Typen scheinen Begrüßungssequenzen als Indikatoren nur bedingt sinnvoll, da es sich um hochgradig ritualisierte Sequenzen handelt. Bei geschicktem Dialog-Design werden die UserInnen-Reaktionen aus diesem Grund wahrscheinlich uniformer ausfallen. Auch hier wäre es interessant, die Ergebnisse aus den Begrüßungssequenzen mit dem weiteren Dialogverlauf zu vergleichen.

Um Hinweise auf die kognitive Ebene zu erhalten, untersucht Fischer Störungen im Dialog. Es werden gezielt Strategiewechsel der UserInnen provoziert.

(1) S003 bitte zum Objekt links fahren
(2) ROBOT Ich verstehe nicht
(3) S003 zur nächsten Ecke fahren
(4) ROBOT Ich verstehe nicht
(5) S003 mir fällt, nicht richtig was ein wenn ich ehrlich
(6) bin.
(7) ROBOT Ich sehe drei Kartons. Wohin soll ich fahren?
(8) S003 zu dem Karton links.
(Fischer 2006: 105)

Mentale Modelle seien allerdings keineswegs statisch, sondern könnten sich durch Aktion oder Veränderung des situativen Kontexts verändern, sodass das Ausgangsmodell modifiziert werde (vgl. Fischer 2006, vgl. auch Dutke 1994: 7). Dies kann dann zur Folge haben, dass UserInnen Äußerungen des Systems übernehmen, auch ohne dass es zuvor durch andere Formulierungen zu Störungen kam.

Bei Fischer (2006) finden sich einige weitere zukunftsweisende Grundgedanken zur interaktiven Verarbeitung von Dialogverläufen. Z. B. beobachtet sie, dass nicht alle UserInnen dialog-initial strukturierende Elemente gebrauchen. Im Laufe des Gesprächs nimmt die Zahl der strukturierenden Elemente aber zu, was als eine Art von Anpassungsprozess gedeutet werden kann. Fischer interpretiert ihre Beobachtungen: *„[...] by looking at the peculiarities observable as strategies, we stop thinking of CT as a particular product, and turn instead to the process in which it is created – a negotiation process"* (Fischer 2006: 78). Dass UserInnen, wenn auch nicht alle, sich durchaus an den sprachlichen Äußerungen des Systems orientieren und diese übernehmen, stellt Fischer an einer Vielzahl von Beispielen heraus (Fischer 2006: 105f).

(1) S011 bewege dich zur linken box
(2) ROBOT Action
(3) S011 bewege dich zur hinteren box
(4) ROBOT Action
(5) ROBOT Ich sehe drei Kartons. Wohin soll ich fahren?
(6) S011 bewege dich zum rechten Karton
(Fischer 2006: 107)

Obwohl der Roboter keine Probleme mit dem Wort „Box" zu haben scheint, nimmt die Userin den vom Roboter genannten Begriff „Karton" auf und verwendet ihn weiter. Diese Reaktion geht evtl. über einen strategischen Gebrauch von Persistenzen hinaus und könnte als Hinweis auf lexikalisches Alignment und damit auf einen vorbewussten interaktiven Prozess gedeutet werden. Fischers (2006) Definition von CT schließt den interaktiven Charakter von Dialogverläufen ein und geht grundsätzlich davon aus, dass HCI und HHC den gleichen Mechanismen folgen. *„[...] human-computer communication is not a particular variety but is interactively achieved, locally managed, and constantly negotiated in the same way as conversation among humans is"* (Fischer 2006: 6). Ob Aushandlungsprozesse in der HCI wirklich genauso ablaufen wie in der HHC müssen zukünftige Studien zeigen. All die Faktoren, die UserInnen-Verhalten beeinflussen (Vorannahmen, mentale Modelle, technische Restriktionen, Systemvariablen, interaktive Variablen, Alignment) müssen in einem interaktiven Modell, zusammengefasst werden, das auf Aushandlungs- und Anpassungsprozesse (bewusst oder vorbewusst) fokussiert. So können eventuell typische Dialogsituationen für vorbewusstes Priming, oder bewusstes Partner-Modeling abgesteckt werden. Je nach UserInnen-Typ und Interaktionssituation muss dann unterschieden werden, auf welchen Vorannahmen das Partner-Modeling gründet und ob es zu Anthropomorphisierung und natürlichem Sprachgebrauch oder zu CT führt.

2.5.3 Untersuchungsparameter und Hypothesen mit Bezug zur Diskussion um CT als Grundlage für die Korpusanalyse

Aus der Diskussion um CT können nicht ohne weiteres direkt Untersuchungsparameter für eine Korpusstudie abgeleitet werden. Strukturelle Merkmale eines CTs konnten nicht klar nachgewiesen werden und zur Untersuchung funktionaler Aspekte eignen sich eher Experimente oder kombinierte Korpusuntersuchungen mit Meta-Daten und UserInnen-Befragungen. Bei der zu Grunde liegenden Studie wurde zu Gunsten von ökologischer Validität auf der Grundlage von in keiner Weise manipulierten Logfiles auf jegliche Art von Zusatzinformation über die UserInnen verzichtet. Diskussionem über Vorannahmen und mentale Konzepte können auf dieser Basis nur sehr bedingt geführt werden. Um die Vorteile einer ökologisch validen Datenbasis auszunutzen, sollen aber trotzdem möglichst viele der diskutierten Merkmale eines CTs quantitativ erhoben werden. Die Korpora aus Logfiles von Dialogen mit unterschiedlich sophistizierten Systemen müssen dann sowohl untereinander verglichen werden als auch mit dem HHC-Korpus. Außerdem ist es interessant zu erheben, ob bestimmte Variablen in Kombination auftreten oder nicht. Ob die beobachteten strukturellen Phänomene als Indikatoren für funktionale Strategien interpretiert werden können, kann nur in einer qualitativen Analyse einzelner Dialogverläufe entschieden werden. In Kapitel 4.4 wird dargestellt, inwiefern die Ergebnisse der Korpusstudie einen Beitrag zur Diskussion um CT liefern können.

Folgende Parameter werden theoretisch aus der internationalen Diskussion um CT abgeleitet und quantitativ erhoben:

- **Lexikalische Vielfalt** +/-
  (vgl. Falzon 1988, Amalberti et al. 1993, Johnstone et al. 1994, Oviatt 1995, Hitzenberger & Womser-Hacker 1995: 59, Gustafson 2002, Gieselmann & Waibel 2005)
  $H0_{CT1}$: Die Verteilung von Indikatoren für lexikalische Vielfalt ist in den HCI-Korpora und im HHC-Korpus gleich.

- **Syntaktische Komplexität** +/-
  (Richards & Underwood 1984b, Krause 1992, Hitzenberger & Womser-Hacker 1995, Gustafson 2002)
  $H0_{CT2}$: Die Verteilung von Indikatoren für syntaktische Komplexität ist in den HCI-Korpora und im HHC-Korpus gleich.

Unter *Lexikalische Vielfalt* fallen auch Aspekte der Variabilität auf der lexikalischen Ebene. *Syntaktische Komplexität* ist als Größe schwer greifbar, da es oft schwer zu entscheiden ist, ob eine Struktur komplexer als die andere ist. Je nach Grammatikmodell werden die Interpretationen unterschiedlich ausfallen. Der Terminus *Syntaktische Komplexität* wird in dieser Studie nur als Sammelbegriff verwendet, unter dem eine Gruppe von Untersuchungsvariablen mit Bezug zur Syntax subsumiert wird (s. Kapitel 3).

Größere oder geringere Vielfalt bzw. Komplexität im Vergleich zum HHC-Korpus soll als gleichermaßen auffällig gelten (vgl. Krause 1992), aber nicht als Indikator für einen statischen CT im Sinne der Register-Hypothese weiterinterpretiert werden.

Folgende Variablen werden systematisch erfasst:

Tabelle 4: Tag-Set Lexikalische Vielfalt +/-

	UserIn	**System**
Anzahl Wortformen gesamt	WF	WF'
Anzahl Types lexikalische Kategorien	Types_LexKat	Types_LexKat'
Anzahl Types Lemmata	Types_Lem	Types_Lem'
Anzahl Partikeln	PART	PART

Tabelle 5: Tag-Set Syntaktische Komplexität +/-

	UserIn	**System**
Befehle	[com]	[com]'
Ellipsen	<ell>	<ell>'
Adjazenzellipsen	<ella>	<ella>'
Anzahl Wortformen pro Turn	WF/Turn	WF/Turn'
Komplexe NPs (nach Anzahl der Knoten)	<ngr1> <ngr2> <ngr3> <ngr4> <ngradja1> <ngradja2> <ngradja3> <ngradja4>	<ngr1'> <ngr2'> <ngr3'> <ngr4'> <ngradja1'> <ngradja2'> <ngradja3'> <ngradja4'>

Mit Bezug auf die unterschiedlichen Untersuchungsergebnisse von Krause, Hitzenberger, Womser-Hacker (1992) und Fischer (2006) wurden die folgenden Parameter erhoben.

- **Höflichkeit (in Gesprächsrahmen und in der Gesprächsmitte) +/-**
  $H0_{CT3}$: Die Verteilung von Indikatoren für sprachliche Höflichkeit ist in den HCI-Korpora und im HHC-Korpus gleich.

Es handelt sich dabei um wichtige Aspekte für die Hauptargumentationslinien im CT-Diskurs. Ein systematischer Umgang mit diesen Phänomenen erfolgt in der Konversationsanalyse im Rahmen der Diskussion um Nähe-Distanz-Konzepte und den Begriff des „*Faces*" (Brown & Levinson 1987, vgl. Kapitel 2.2). Ob dieser Begriff auf die HCI übertragen werden kann, ist fraglich, solange keine gleichberechtigte Interaktion zwischen Mensch und System etabliert ist. Das „*Interface*" in seinem Charakter als *„Face“* zu verstehen (Sproull et al. 1996) trägt immer nur bis zu einem gewissen Grad. Grundsätzlich stehen zwei Argumentationslinien im Gegensatz zu einander: Die eine geht zurück auf frühe Untersuchungen von Nass und unterschiedlichen MitarbeiterInnen: Menschen tendierten dazu, Konzepte aus der HHC auf die HCI zu übertragen. Je anthropomorpher ein Agent erscheine, desto wahrscheinlicher erfolge diese Übertragung der Strategien (vgl. Nass & Reeves 1996, Nass & Moon, 2000; Nass & Brave, 2005; vgl. Kapitel 1). *„People treat computers [...] like real people“* (Nass & Reeves 1996: 57). Dagegen steht die Argumentation von Johnstone et al. (1994, vgl. auch Krause 1992), dass CT sich gerade durch ein Fehlen von Höflichkeitsindikatoren und Grounding auszeichne. *„People are polite and concerned with grounding only when they are talking to people; they feel no need to do this with computers“* (Johnstone et al. 1994: 400). Fischer findet sprachliche Höflichkeit in ihren Experimenten. *„What can be found, however, is that speakers indeed attend to politeness”* (Fischer 2006: 67). Allerdings kann sie eine große Zahl an Imperativen im Vergleich zur HHC nachweisen, was für einen weniger höflichen Sprachgebrauch spräche (vgl. Fischer 2006: 69ff). Außerdem ist in nicht manipulierten HCI-Daten ein weiteres Phänomen mit großer Häufigkeit zu beobachten: Das Beschimpfen des Systems (*Flaming*). Hinzu kommen weitere Strategien ohne ausfallende Sprache, mit denen die Funktionsweise des Systems getestet werden soll.

In Abhängigkeit von den definierten System- und UserInnen-Variablen muss in weiteren Studien untersucht werden, wann Menschen Höflichkeitskonzepte auf die HCI übertragen und wann nicht. Da dieses Phänomen in Zusammenhang mit der sozialen Wirkung der Agenten zu stehen scheint, können diachrone Untersuchungen mit unterschiedlich menschenähnlichen Systemen eventuell Klarheit in diesem Punkt schaffen.

Bei sprachlicher Höflichkeit handelt es sich um ein Konzept, das nicht leicht anhand bestimmter Wortformen zu quantifizieren ist. Im Rahmen der Korpusstudie sollen für System und UserIn folgende Untersuchungsparameter erhoben werden: *Befehle, Dank, Bitten, Entschuldigungen, Test* und *Flaming*. Darüberhinaus erfolgt eine qualitative Analyse der Dialoge.

Darüberhinaus wurden als Dialograhmenelemente *Begrüßungen, Verabschiedungen* sowie *Gesprächsabbrüche* annotiert. Bei Rahmenelementen ist ein ausgeglichenes Verhältnis zwischen UserIn und System erstrebenswert. Begrüßung und Verabschiedung müssen als Adjazenzpaar auftreten. Erst dann ist gewährleistet, dass kein CT in irgendeiner Form vorliegt. Gesprächsabbrüche können dagegen als Anzeichen für CT interpretiert werden.

Die Ergebnisse der Erhebung zur strukturellen Beschaffenheit der Rahmensequenzen werden bereits in Kapitel 4.1 (CA) berichtet. In Kapitel 4.4 schließt sich die Auswertung der Ergebnisse im Kontext der Diskussion um CT an. Theorienübergreifende Aspekte werden in Kapitel 4.5 erörtert. Ein abschließendes Fazit zur Rolle von CT im Rahmen einer umfassenden Theorie der HCI wird in Kapitel 5.1 gezogen.

2.6 Zusammenfassung der theoretischen Grundlagen

Jeder theoretischen Überlegung zu HCI-Anwendungen liegt das Problem der Definition von HCI als System zu Grunde. Es muss ein Doppelcharakter der Interaktionssituation angenommen werden, einerseits als empirische Interaktion der Userin mit der Maschine und andererseits als Interpretation der Situation durch die Userin. Auch in der HHC spielen Präsuppositionen und Modelle der Interagierenden über das Gegenüber oder die Dialogsituation eine Rolle. Die diesbezüglich besondere Problematik der HCI liegt a) in der fehlenden Parallelität der Modelle (Nur die Userin interpretiert!) und b) in der mitunter enormen Differenz zwischen der UserInnen-Interpretation und der empirischen Interaktionsszene. Wenn die Userin erlernte Konzepte aus der HCI auf die HHC überträgt, fallen ihre subjektive Wahrnehmung und der tatsächliche Charakter der Situation auseinander. Zu welchem Grad das geschieht, ist userInnen-abhängig und individuell sehr verschieden. In diesem Umstand liegt begründet, warum HCI-Dialoge so unterschiedlich verlaufen. Es muss ein Kontinuum der Dialogizität angenommen werden, in dem HCI-Dialoge je nach UserInnen-Typ und System-Variablen als mehr oder weniger dialogisch eingestuft werden können (vgl. Clark 1989, Barr & Keysar 2004). Dabei muss beachtet werden, dass grundsätzlich zwei Ebenen bewertet werden: a) die Interaktion als Manipulation der Maschine und b) die Interpretation der Szene als Dialogsituation durch die Userin (Partnermodell, Situationsmodell). Wahrnehmung und Realität können somit derart auseinanderfallen, dass diese Differenz emergent wird für den weiteren Dialogverlauf. Technische Probleme des Systems und seine eingeschränkte Funktionsweise stehen in Konflikt zu den Erwartungen der Userin an das Gegenüber, sofern sie diese implizit aus ihren Erfahrungen aus der HHC ableitet. Zu Störungen in der HCI kommt es in der Regel aufgrund von folgenden Systembedingungen:

- Das System ist deterministisch und kann mit spontanen Änderungen der UserInnen-Intention nicht umgehen.
- Das System kann nicht auf geteiltes Wissen in Form von Common Ground zurückgreifen. Derzeitige kommerzielle Systeme sind nur sehr bedingt in der Lage, interne

oder externe Datenbanken als eine Art von Weltwissen zu nutzen. Sebst wenn ausreichend große Datenbanken zur Verfügung stehen, ist deren strukturierte Auswertung immer noch nur bedingt möglich.

- Das System ist nicht in der Lage, Partnermodelle zur Sicherung von Verstehensprozessen im Dialog zu nutzen. Alle Versuche, statische oder dynamische Partnermodelle in Systeme zu integrieren sind derzeit noch sehr basal.
- Ohne solche Präsuppositionen kann das System nicht inferentiell schließen.

Aus diesen Gründen sind zunächst alle Ansätze, die ohne Common Ground auskommen und die mechanistisch operationabel sind, für die HCI attraktiv. Das trifft sowohl auf den Alignment-Ansatz (Pickering & Garrod 2004) als kognitives Dialogmodell als auch auf einige strukturelle Aspekte aus der CA auf der Ebene der Performanz zu. In der Textlinguistik wird zwischen Kohäsionsmarkern an der Textoberfläche und semantischen und metakommunikativen Referenzrelationen zur Sicherung von Kohärenz in einer Tiefenstruktur ausgegangen. Oberflächenphänomene können leicht in ein innovatives Dialog-Design aufgenommen werden, um die Illusion von Kohärenz zu erzeugen. Logische und sozio-kulturell geprägte Kohärenzrelationen könnten unter Berücksichtigung der in 2.4 beschriebenen Problematik eine neuartige Systemarchitektur bereichern. Eine erste Übertragung dieser Ideen findet im Diskurs um CT statt, der als hybrider Ansatz strukturelle und funktionale Aspekte zusammenführt. Auch wenn eine vollständige Synthese aus diesen Ansätzen nicht möglich ist, sollen im Folgenden alle Ideen zusammengestellt werden, die für ein innovatives Dialog-Design nutzbar gemacht werden können, und in Kontext zueinander gesetzt werden. Dabei ist es von besonderer Bedeutung zu beachten, dass eine Übertragung von Modellen aus der HHC auf die HCI nur da möglich ist, wo UserInnen die Tendenz zeigen, das System als soziales Gegenüber zu behandeln (vgl. Krämer 2008) bzw. die Interaktionssitiation als sozial einstufen (Fischer im Druck: 229). Die UserInnen-Perzeption stellt aber immer nur eine Ebene der Interaktionssituation dar, hängt von zahlreichen Faktoren ab und kann entsprechend unterschiedlich ausfallen.

Als performanzorientierter Ansatz liefert die CA das basale Beschreibungsinstrumentarium für Dialogstrukturen und eine erste tragfähige Definition der Voraussetzungen von Dialog unter Menschen bzw. Dialog überhaupt. Aus den Kategorien der Beschreibung können Tag-Sets für empirische linguistische Untersuchungen von HCI abgeleitet werden; ferner können sie in z. T. in formale Ausdrücke für innovative Systeme übersetzt werden. Darüber hinaus findet man differenzierte Darstellungen von Störungen im Dialog und zu Grunde liegenden Problemen in der Interaktionsszene, die teilweise auf die HCI übertragbar sind. Durch die etnomethodologische Auswertung von Dialogtranskripten können auch komplexere Phänomene erfasst werden, die sich nicht an einzelnen Wortformen festmachen lassen, oder funktionale Aspekte des UserInnen-Verhaltens, die sich strukturell unterschiedlich manifestieren.

Die quantifizierbaren Aspekte sind allerdings leichter umsetzbar für HCI, in besonderer Weise solche Operationen, die die Mikrostruktur von Dialogen, d.h. konkrete Turn-Strukturen und Turn-Wechsel, betreffen.

Adjazenzstrukturen mit syntaktischen und pragmatischen Constraints haben eine hohe Vorhersagbarkeit, solche mit semantischen Constraints sind in den meisten ECAs bereits eindeutig definiert (z.B. Frage-Antwort (- Feedback), Gruß-Gegengruß).

Solche Paarsequenzen oder Triplets gliedern den Dialog und machen ihn antizipierbar (70 % der Turns im London-Lund-Korpus folgen solchen Mustern). Institutionalisierte Gespräche sind auf Grund von Protokollen, über die die Abfolge der o. g. Muster zusätzlich festgelegt ist, noch vorhersagbarer. Den theortischen Hintergrund zu diesem Phänomen findet man in der *Frame-und-Skript*-Theorie (vgl. Fillmore 1976). Verschiedene Schlüsselwörter, die für bestimmte Frames stehen und bestimmte Skripte auslösen, würden die Flexibilität von Bots erhöhen, Gespräche mit unterschiedlichem thematischem Fokus pragmatisch adäquat zu führen.

Allgemein muss festgehalten werden, dass einfache Behauptungen (*Assessments*), die keine bestimmte Reaktion evozieren, zu vermeiden sind. Eindeutig vorhersagbar sind Antworten auf Entscheidungsfragen. Die Verwendung von Question-Tags (deutsch „ne?", „gell?") bspw. kann Assessments der Struktur nach in Entscheidungsfragen verwandeln. Da die o. g. Strukturen in den meisten Bots mehr oder weniger explizit beachtet werden, funktioniert das Prinzip des Chatbots überhaupt. Darüber hinaus könnten einige Ideen aus der CA Dialog-Designs noch zusätzlich verbessern, sollte sich empiririsch bestätigen, dass die jeweiligen Phänomene in der HCI eine Rolle spielen. So sollten bspw. Multi-TCU-Turns vermieden werden, da diese unvorhersagbare Reaktionen hervorrufen. Ob Multi-TCU-Turns des Systems aber auch Multi-TCU-Turns seitens der Userin triggern, bleibt zu überprüfen (s. Kapitel 4). Sollte sich diese Vermutung bestätigen, ist auf dem heutigen Stand der Technik unbedingt davon abzusehen, da Systeme die Multi-TCU-Turns der UserInnen nicht zuverlässig parsen können. Kollaboratives Komplettierten von TCUs (vgl. Lerner 1996) dagegen ist auch in der HCI möglich (z.B. bei Konstruktionen mit „wenn, dann") und könnte die Illusion eines natürlichen Dialogs fördern. Sprachhandlungskoordination in der HCI muss als grundsätzlich verschieden vom Turn-Taking-System in der HHC verstanden werden, wo die Turn-Konstruktion Implikationen für die Turn-Allokation enthält. Sobald UserInnen hier ihr implizites Wissen aus der HHC auf die HCI übertragen, wird dies zum Problem für die Usability. Beruhigend für Dialog-DesignerInnen wäre es, wenn lückenhafte oder teilweise inkohärente Interaktionen von UserInnen nicht sofort abgebrochen würden, sondern das *Et-Cetera-Prinzip* (Cicourel 1973) zum Tragen käme. Die Frage nach einem Schwellenwert für inakzeptable Interaktion ist hier von besonderem Interesse (vgl. Kapitel 4). „*Routinization on the fly*" könnte durch die Analyse von Persistenzen automatisch geparst bzw. vom System auch definiert werden. So würden gleichzeitig die Antizipierbarkeit und die Natürlichkeit erhöht. Marker für die epistemische Ebene von TCUs können bis zu einem bestimmten Grad definiert werden (z.B. Zweifel an eigener Aussage, Face-Saving), so dass adäquate Antwortbausteine formuliert werden bzw. Äußerungen übergangen werden können.

Das Analyse-Instrumentarium zur Strukturierung von Dialogen aus der CA ist auch bei der Untersuchung von Alignment in der HCI hilfreich, da persistente Strukturen im System der Adjazenzpaare (FPP/SPP) verstanden werden. Auch die Klassifizierung von Dialogbeiträgen in der Diskussion um CT bedient sich der Kategorien der CA.

Da Common Ground einen zentralen Aspekt des CA-Ansatzes darstellt, kann er nur bedingt für die HCI nutzbar gemacht werden. Grundsätzliche Überlegungen in der CA arbeiten das Problem des geteilten Wissens heraus (gesprächsorientiertes vs. enzyklopädisches Wissen) und zeigen damit die Grenzen derzeitiger Systeme auf. Auf kognitiver Ebene wurde Partner-Modeling als wichtiger Aspekt von HHC-Dialogen definiert (Johnson-Laird 1983, Sanford & Garrod 1981, Zwaan & Radvansky 1998). Dies schlägt sich konkret nieder in Teilaspekten der Kommunikation wie z.B. sprachlicher Höflichkeit im Kontext des Face-Begriffs (vgl. Goffman 1967; Brown & Levinson 1987, Locher & Watts 2005, Spencer-Oatey 2005). Ohne Partner-Modeling, Self-Monitoring und Common Ground kann sprachliche Höflichkeit im Sinne eines *Faces* nicht systematisch in einen Bot integriert werden, der sie dann kompetent und dynamisch anwendet. Stattdessen sind einfache Abfolge-Muster von höflichen Accounts robust implementierbar. Diese sind allerdings unflexibel und statisch. Allgemein gilt für die CA-Strukturen auf der Mikroebene des HCI-Dialogs, dass sie Antizipierbarkeit fördern und damit HCI-Dialoge robuster machen. Diese klaren Strukturen sind jedoch absolut nicht dynamisch veränderlich, aushandelbar oder spontan und führen so zu unnatürlichen und langweiligen Dialogen. Mehr Flexibilität würde durch ein Mehr an Dynamik erlangt, das jedoch ohne die Grundlage von geteiltem Wissen nur schwer etablierbar ist. Eine Möglichkeit, Dynamik ohne Common Ground zu implementieren, könnte Alignment in der HCI darstellen.

Nachweislich gleichen Menschen im Gespräch ihr Dialoglexikon einander an (Brennan & Clark 1996), benutzen die gleichen syntaktischen Strukturen (Bock 1986), passen Sprechgeschwindigkeit und Menge des Gesagten dem Gegenüber an (Giles, Coupland & Coupland 1991) und imitieren Körperhaltung und Gesten (Kimbara 2006). Dass Alignment auch in der HCI eine Rolle spielt, haben unterschiedliche Untersuchungen gezeigt (Branigan et al. 2000, 2010; Fischer 2010, Kopp 2010). Dabei sind die Ergebnisse allerdings nicht eindeutig, ob zu einem höheren oder einem niedrigeren Grad alignt wird als in der HHC (vgl. Kapitel 4). Außerdem ist umstritten, ob Persitenzen auf vorbewusstes Alignment oder auf Recepient-Design auf der Basis von Partnermodellen schließen lassen (vgl. Fischer 2010: 2351, im Druck).

Als psycholinguistischer Ansatz ist das interaktive Alignment-Modell für die HCI insofern von Interesse, da es mit allen Restriktionen des Bots umgehen kann bzw. sie ausklammert:

1. Es ist mechanistisch und wäre damit implementierbar.
2. Es fokussiert auf Lower-Level-Priming; d.h. auf vorbewusste Prozesse. Indem höhere Kognition aus dem Modell ausgeklammert wird, entfällt zwangsläufig die Debatte um Freiheit und Intentionaltät auf dieser Ebene der menschlichen Kognition. Also auch ein deterministisches System müsste zu solchen Priming-Mechanismen in der Lage sein.
3. Mit dem Verzicht auf Common Ground ist das Problem des geteilten Weltwissens als Dialoggrundlage ausgeklammert.
4. Durch den Verzicht auf Other-Modelling spielt die Frage nach Vorannahmen und sozialer Prägung der UserInnen auf dieser Ebene keine Rolle.
5. Interaktives Alignment unterstützt folgende Punkte, die für die HCI interessant und unter den o. g. Prämissen implementierbar wären:
   a) einen einfachen Mechanismus zur wechselseitigen Kohäsion
   b) die kreative Entwicklung von Dialogroutinen
   c) Self-Monitoring während der Produktion

Kritik am Modell, die Implikationen für einen Alignment-orientierten Ansatz für die HCI hat, geht von folgenden Punkten aus:

a) Bislang konnten Persistenzen strukturell auf der Ebene der Lexik und der Syntax nachgewiesen werden (persistente Performanz). Ob sie Ergebnis eines vorbewussten Priming-Mechanismus oder einer bewussten Simplifizierungsstrategie sind, ist umstritten.
b) Alignte Situationsmodelle sind die Grundlage für persitente Strukturen auf der Performanzebene. Zu diesem Alignment der Situationsmodelle im Sinne eines impliziten Common Ground kann es in der HCI genauso wenig kommen wie zu explizitem Common Ground.

Dialogen ohne Wiederaufnahmen fehlt der „rote Faden". Das Wiederaufnahme-Prinzip ist konstitutiv für Kohärenz. In der HHC wird Kohärenz durch Aushandlungsprozesse und geteilte situative Modelle geschaffen. Auch bei Pickering und Garrod wird expliziter Common Ground bemüht, sobald Alignment versagt. Allerdings können Bots weder situative Modelle mit Menschen teilen noch expliziten Common Ground als Repair-Strategie schaffen.

Das Hauptproblem des Alignment-Ansatzes für die HCI liegt in der Frage nach der Implementierbarkeit der verschiedenen Repräsentationsebenen im Dialog. Auf einen chat-basierten Bot können aber nur zwei der beschriebenen Ebenen angewendet werden: Alignment von lexikalischen und syntaktischen Repräsentationen manifestiert sich in Persistenzen auf der Ebene der Lexik und der Syntax im Sprachgebrauch der Userin bzw. im Output des Systems. In Bezug auf alle anderen Ebenen bleibt spekulativ, ob Alignment der Userin stattindet, auch wenn die Ebenen im Modell über Alignment-Channels miteinander verbunden sind. Der Bot kann aus persistenten Strukturen kein alignetes Situationsmodell ableiten. In der HHC spielt jedoch Alignment der situativen Modelle eine prominente Rolle. Da das interaktive Alignment-Modell impliziten und expliziten Common Ground benötigt, sobald Störungen in der Kommunikation auftreten, schleicht sich auch hier für die HCI das Problem des geteilten Wissens durch die Hintertür wieder ein. Der durch persistente Strukturen auf der Performanzebene entstandene „rote Faden" rekurriert in der HCI nicht auf alignte Situationsmodelle und stellt damit eine Quasi-Kohärenz oder allenfalls Kohäsion an der Oberfläche dar, die zwar die Illusion von Natürlichkeit fördern und das Dialoglexikon antizipierbarer machen könnte, aber nicht das Problem von dynamischen Dialogen ohne geteiltes Wissen löst.

Dynamischere Dialoge können dennoch erreicht werden, indem dynamische Regeln zur Erkennung und Generierung von persistenten Strukturen auf der Ebene der Lexik und der Syntax in das System integriert werden. Dafür wird allerdings nicht das komplette interaktive Alignment-Modell mit Alignment-Channels benötigt, sondern vielmehr ein schlankerer Arbeitsspeicher mit Verfügbarkeitshierarchien. Bestehende Systeme konzentrieren sich auf einfache Konstruktionsübernahme. Bestrebungen im Bereich der Web Sciences konzentrieren sich außerdem bereits auf die Nutzbarmachung von Web-Ressourcen als Basis für einen artifiziellen Common Ground (*Watson*, IBM). Um Agenten zur Generierung wirklich kohärenter Dialogsequenzen zu verhelfen, müssten grundsätzliche Erweiterungen der Systemarchitekturen vorgenommen werden. Neben dem Rückgriff auf eine breite Basis an enzyklopädischem Wissen, sind Indexikalität (Adressatenorientierung durch Partnermodelle und Präsuppositionen) und

Intentionalität (frei variable, flexible Goal-Directedness) von großer Bedeutung. Linguistische Untersuchungen können vor allem auf der Performanzebene ansetzen und mit großer Genauigkeit zeigen, wo im Dialog und in welchem Maß (im Vergleich zu HHC) persistente Strukturen gebraucht werden (vgl. Kapitel 4), um Ansatzpunkte für ein innovatives Dialog-Design zu definieren, das persistentes Dialogverhalten fördert.

Wie Menschen tatsächlich mit Maschinen interagieren, wird seit den frühen 1990er Jahren untersucht und schlägt sich in der Debatte um CT nieder. Die an diesem Diskurs beteiligte Community bedient sich des Beschreibungsinstrumentariums der CA, geht jedoch immer wieder über die reine Beschreibungsebene hinaus und stellt Überlegungen an über die kognitiven Grundlagen (vgl. Fischer 2006, 2010, im Druck) oder die sozialen Wirkungen von CT (vgl. Krämer 2008). Seit der Prägung des Begriffs CT durch Zoeppritz (1985) und der Definition von CT als strukturellem Register in Form eines metaphorischen Sprachgebrauchs (Krause & Hitzenberger 1992) stellt sich der internationale Forschungshorizont als nicht eindeutig dar. Klar definierbare strukturelle Parameter eines CTs bleiben fraglich, da unterschiedliche Technologien mit in unterschiedlicher Weise beeinflussenden Variablen auf die HCI einwirken. Der CT-Diskurs umfasst einen Untersuchungszeitraum von knapp 20 Jahren, innerhalb dessen verschiedenste technische Innovationen die unterschiedlichsten sozialen Wirkungen hervorgerufen haben. Da CT als statische Größe nicht haltbar zu sein scheint, liegt ein dynamisches Modell von CT und damit von HCI als wechselseitige Interaktion nahe.

Fischer unternimmt erste Schritte in diese Richtung, indem sie CT als *funktional* (2006) und als *Simplified Register* (im Druck) definiert. Sie geht von bewussten UserInnen-Strategien aus, die das Dialogverhalten steuern in Abhängigkeit von Vorannahmen über den Bot und vom UserInnen-Typ. Dabei betont sie den Werkzeugcharakter der UserInnen-Sprache. Dies steht im Gegensatz zu vorbewusstem Alignment als Ursache für vorbewusstes UserInnen-Verhalten. Je nach HCI-Anwendung werden Strategien mehr oder weniger bewusst entwickelt. So folgen Begrüßung und Verabschiedung unwillkürlich aus der HHC übertragenen Protokollen, Repair-Strategien bei Störungen werden dagegen in den meisten Fällen bewusst gewählt. Daher sollte ein Kontinuum zwischen „*Awareness*“ (Strategien, vgl. Fischer 2006, im Druck) und „*Mindlessness*“ (Stereotypen, Vorannahmen, vgl. u.a. Nass et al.2000; Alignment, Pickering & Garrod 2004) angenommen werden können.

Nutzbar für innovative Systeme ist Fischers *PlayerIn*-vs.-*Non-PlayerIn*-Modell, allerdings nur für den Bereich der Dialoganfänge. Unveränderliche Vorannahmen über das Gegenüber ersetzen flexible Partnermodelle nicht. „*The functional differences between human-to-human communication and human-computer interaction may thus be a result of a negotiation process*" (Fischer 2006: 62). Aushandlungsprozesse und dynamisches Partner-Modeling sind wichtig für die Interaktion, wenn diese natürlich wirken soll. Somit wäre ein Modell der HCI erst angemessen, wenn es sowohl Vorannahmen und UserInnen-Typen in der dialoginitialen Phase als auch Aushandlungs-Prozesse in allen folgenden Phasen miteinbezieht – alles vor dem Hintergrund der restringierenden Systemvariablen und dem Fehlen von (wie auch immer definiertem) geteiltem Wissen. Dafür ist die Untersuchung kompletter, unverfälschter Dialoge unablässig, da nur so Aushandlungsprozesse im Dialog erfasst werden können.

Eine innovative Systemarchitektur müsste idealiter die bestehenden Ansätze in Verbindung bringen:

- Dialoginitial (statisch): Wissen über und Erkennung von UserInnen-Typen + entsprechend modifizierte Turn-Banken
- Dialogverlauf (dynamisch): Erkennung und Generierung von Kohäsionsmarkern, vor allem Persistenzen, auf der Performanzebene (Arbeitsspeicher mit Verfügbarkeitshierarchien), dynamisches Dialoglexikon, bei gleichzeitiger Einhaltung der Adjazenzmuster und Protokolle aus der CA, dynamisches Partner-Modeling und ggf. Modifizieren des UserInnen-Typs
- Übergeordnet: Einbinden von enzyklopädischem Wissen aus dem Web und Dialogwissen (CA und Alignment) aus Datenbanken, flexible Goal-Directedness, Relevanzhierarchien für Turns in Bezug auf das Goal, Inferenz-Kalkül zur Ableitung von Schlüssen aus Präsuppositionen und Aussagen

Nicht alles kann von der Systemarchitektur geleistet werden, sondern dem Dialog-Design als konkrete Formulierung von Turns und TCUs (*Shaping*) kommt eine wichtige Bedeutung zu. So könnten z.B. durch geschickte Formulierungen (strategische oder vorbewusste) Persistenzen getriggert werden, wodurch Dialoge antizipierbarer würden.

> „*Finally, even though users' behaviour may not always be predictable, users may be guided into producing only those utterances that the system will be able to process, using our understanding of general prag-matic mechanisms, such as alignment and recipient design. Thus, further analysis of alignment in the communication with artificial agents is vital because its reverse side is user guidance; that is, dialogue designers may exploit users' alignment with their artificial communication partner to subtly guide them into using language in a way the computer or robot understands best; this strategy has been called shaping (Zoltan-Ford, 1991). Self-evidently, shaping could provide powerful means for dialogue design if we understood it better.).*"
> (Fischer 2010: 2352)

Durch die verschiedenen Ebenen der HCI als objektive Manipulation einer Maschine und subjektive Wahrnehmung von sozialer Interaktion, kommt dem Bot ein Zwischencharakter zwischen sozialem Gegenüber und Werkzeug zu. In der HCI-Forschung wird entweder die eine oder die andere Seite mehr betont, um unterschiedliche Argumentationen zu stützen. Manchmal wechselt die Perspektive innerhalb des gleichen Paradigmas, wenn widersprüchliche Daten in das gleiche Modell integriert werden sollen. Solange „*Star-Trek-Dialoge*" technisch nicht realisierbar sind, wird sich die Definition von HCI in einem Kontinuum zwischen metaphorischer BenutzerInnen-Sprache bis zu alignter HHC bewegen. Die rasante technische Entwicklung in den letzten 20 Jahren zeigt deutlich, dass UserInnen-Expertise, Vorannahmen, Gewohnheiten und Technik-Akzeptanz zusammen mit der Entwicklung der Technologien im Wandel begriffen sind. Erst diachrone Studien mit einer hohen ökologischen Validität können darüber Auskunft geben, welche Aspekte der HCI sich im Laufe der Zeit verändern und welche die Entwicklungszyklen der jeweiligen Innovationen überdauern. Die folgenden Kapitel sollen die Methoden und Ergebnisse einer solchen Studie, die in den Jahren 2007–2010 an der Leibniz Universität Hannover durchgeführt wurde, vorstellen.

3. Methoden

3.1 Wissenschaftstheoretische Grundlegung

Der empirischen Studie sind bestimmte theoretische Grundannahmen vorausgesetzt. Erkenntnistheoretisches Fundament dieser Arbeit ist die Einsicht, dass Theorie und Empirie einander ergänzen und dass Wissenschaft nur möglich ist, wenn Hypothesen und Modelle sowohl theoretisch widerspruchsfrei gedacht als auch durch entsprechende Sprachdaten empirisch belegt werden. Axiomatik sind hierbei die Gesetze der formalen Logik. Auch wenn vorbewusste Aspekte der menschlichen Kognition und subjektive Konzepte in die Theorie miteinbezogen werden, beziehen sich alle Aussagen auf eine per se objektiv fassbare Welt, in der eindeutige Gesetzmäßigkeiten herrschen, auch wenn diese nicht in ihrer Totalität erfassbar sind. Eine wirkliche Synthese zwischen Theorie und Empirie versucht den drohenden Dualismus zwischen intelligibler Welt und sinnlich erfahrbarer Welt zu überbrücken. Diese Herausforderung ist jedoch nicht trivial und stellt nach wie vor ein Schlüsselproblem der Wissenschaftstheorie dar, das hier nicht gelöst werden kann. Eine sinnvolle Ergänzung von Theorie und Empirie wird dennoch angestrebt. Diese Voraussetzungen haben Implikationen für a) die theoretische Struktur der Studie und b) den konkreten Umgang mit Sprachdaten.

Die Korpusanalyse, die in diesem Kapitel genauer expliziert wird, gründet als empirische Studie auf theoretischen Annahmen: die systemtheoretischen Rahmenbedingungen der Interaktion nach Habermas (1993b), die strukturelle Organisation der Gespräche, wie die Konversationsanalyse sie beschreibt, interaktives Alignment als vorbewusster Mechanismus der dialogischen Sprachverarbeitung, logisch-semantische Aspekte der Kohärenz und Kohäsion innerhalb des gegebenen Verweisrahmens sowie die Interpretation und Definition der HCI. Untersuchungsparameter werden entsprechend deduktiv aus theoretischen Modellen abgeleitet. Wo die Struktur sprachlicher Äußerungen im Fokus steht, werden die Untersuchungsparameter aus Grammatikmodellen (deskriptive lexikalische und syntaktische Analyse) deduziert. Eine ideale deduktive Studie gründet auf wenigen Axiomen, ist theoretisch widerspruchsfrei, d.h., folgt den Regeln der Logik und bezieht empirische Daten eng auf theoretische Sätze. Auf diese Weise erzielte Ergebnisse müssen ebenfalls in sich widerspruchsfrei anhand der Gesetze der Logik formuliert werden können. Da die Ergebnisse der Korpusanalyse zur Implementierung verbesserter Subsysteme genutzt werden können sollen, ist deren formale Operationalisierbarkeit von besonderem Interesse. Die auf diese Weise erzielten Ergebnisse lassen sich in einer formalen Sprache ausdrücken und in ein artifizielles System integrieren. In Kapitel 5.2 werden Überlegungen zur Implementierung dieser Parameter vorgestellt.

Eine induktive Cluster-Analyse aus den Sprachdaten selbst heraus wird für die Studie nicht als sinnvoll erachtet, da in der HHC bereits leistungsfähige theoretische Modelle zur Analyse von Dialogen bestehen. Diese wurden in Kapitel 2 zusammengeführt und sollen in den folgenden Kapiteln auf die HCI übertragen werden.

3.2 Methodischer Zugang

Aus den grundsätzlichen erkenntnistheoretischen Überlegungen leitet sich der methodische Zugang zur empirischen Studie ab. Die in Kapitel 2 dargestellten Ansätze aus den Disziplinen der Konversationsanalyse, der Psycholinguistik, der Forschung zu Kohärenz in Textlinguistik und Pragmatik und der HCI-Forschung zu *Computer-Talk* haben auf theoretischer Ebene zu Hypothesen über Phänomene und Mechanismen der Interaktion mit artifiziellen Agenten geführt, die im Rahmen der Studie empirisch überprüft werden sollen. Da die verschiedenen linguistischen Teildisziplinen traditionell unterschiedliche methodologische Zugänge wählen, musste eine Kombination von Methoden gefunden werden, mit der alle Parameter adäquat untersucht werden konnten. Die vielschichtige Interaktionsform *HCI* kann nur mittels sowohl quantitativer als auch qualitativer Verfahren angemessen analysiert werden (vgl. auch Fischer im Druck: 65). Phänomene, die an einzelnen Wortformen oder Phrasenstrukturen festgemacht werden können, lassen sich gut quantifizieren. Komplexere Konzepte wie Dialogkohärenz oder funktionale Aspekte der Interaktion, können nur durch qualitative Analysen erfasst werden. Hierbei wird ein ethnomethodologischer Ansatz aus der CA gewählt, der zu einem feinkörnigen Verständnis der untersuchten Dialoge unter Einbeziehung des Kontexts führt (vgl. auch Fischer im Druck: 69). Die qualitativen Analysen wurden in einer unabhängigen Untersuchung von einer Hilfskraft gegengeprüft. Da qualitative Analysen aber dennoch die Gefahr bergen, dass ihre Ergebnisse nicht vergleichbar sind, sollen sie durch quantitativ erhobene vergleichbare Werte auf ein sicheres Fundament gestellt werden. Dazu wird ein korpusbasierter Ansatz gewählt.

Es handelt sich um eine Überblicksstudie, mit deren Hilfe ein Gesamtbild der HCI herausgearbeitet werden soll. Die untersuchten Teilkorpora stammen von Interaktionen mit unterschiedlichen Systemen aus den Jahren 2000–2006. Die Studie stützt sich auf authentische Dialoge, die unterschiedliche UserInnen ungesteuert mit unterschiedlich sophistizierten Chatbots und ECAs geführt haben.

Ziel der Untersuchung ist eine umfassende Deskription von Felddaten in Form von HCI-Dialogen auf folgenden Ebenen:

- Lexik
- Syntax
- Sprechakte und Struktur der Dialogoberfläche
- Persistenzstruktur

Die Dialoge werden also hinsichtlich dieser Ebenen polyvalent annotiert, um sprachliche Charakteristika der HCI in ganzer Breite erfassen zu können. Die Annotation erfolgte extrem feinkörnig, um breite Analysen zuzulassen. Sowohl Lemmata und lexikalische Kategorien (POS) als auch syntaktische Kategorien, Sprechakte und konversationsanalytische Kategorien sowie einige Adjazenz-Phänomene bzw. Persistenz als Indikator für Alignment und andere Kohäsionsmittel wurden getaggt, um einen genauen Überblick über die strukturellen Eigenschaften der Dialoge zu bekommen. Außergewöhnlich ist die extrem differenzierte Annotation der Phrasenstruktur gestaffelt nach der Anzahl der Verknüpfungsebenen in einer Phrase. So kann ein genaues Bild der Komplexität von Phrasen in UserInnen- und Systembeiträgen nachgezeichnet und verglichen werden.

Ziel der breit gefächerten Annotation ist es, sich einen vielschichtigen Überblick über die Verteilung unterschiedlicher sprachlicher Phänomene auf deskriptiver Ebene zu verschaffen. Anhand der in Kapitel 2 formulieren Hypothesen sollen zusätzlich Vergleiche angestellt werden in Bezug auf die Wirkung der verschiedenen Systeme auf die beschrieben Aspekte der Sprache ihrer UserInnen. Die ökologisch valide, feinkörnig annotierte Datenbasis bildet eine fundierte Grundlage für die Interpretation der Äußerungen in Bezug auf Tendenzen der syntaktischen Simplifizierung (CT) und für ein tieferes Verständnis für syntaktische Persistenzen vor dem Hintergrund einer Gesamtstruktur. Um Spezifika einer HCI definieren zu können, werden die HCI-Korpora in Relation zu einem Vergleichskorpus gesetzt, das Dialoge unter Menschen enthält.

Der Studie liegen 4 Untersuchungskorpora in Form von Chat-Logs mit rund 150 Interaktionen mit unterschiedlich elaborieren Systemen und ein Vergleichskorpus mit rund 50 Dialogen chat-basierter HHC zu Grunde. Die Korpora umfassen ausschließlich vollständige Dialoge. Die Korpora liegen in tokenisierter und lemmatisierter sowie polyvalent annotierter Form vor gemäß den in Kapitel 2 definierten Untersuchungsparametern, zusätzlich stratifiziert nach Part-Of-Speech, Syntax, Funktion / Sprechakt und Persistenzstruktur. Die Auszählung der Annotationen und die statistische Auswertung der Daten werden in Kapitel 3.3.7 erläutert.

In der HCI-Forschung wurde in der Vergangenheit UserInnen-Verhalten häufig im Experiment untersucht. Vor allem funktionale Aspekte der HCI wurden in experimentellen Settings erforscht (vgl. Fischer 2006). Experimente sind sinnvoll bei der Untersuchung von Einzelphänomenen, eignen sich jedoch nicht für Überblicksstudien. Fischer betont den Vorteil von experimentellen Designs in der HCI-Forschung, da das deterministische System besser kontrollierbar ist als ein menschlicher Stimuli-Geber: „*Finally, the lack of transparency of the system's behaviour is also of great methodological advantage, since it allows the creation of scripted dialogue that is completely comparable across speakers and conditions*" (Fischer 2010: 2350). Doch Systeme, die in diesem Umfang kontrolliert werden, sind nicht mehr vergleichbar mit den Bots, die unsere Alltagswelt in Form von kommerziellen Agenten im WWW usw. bevölkern. Diese komplexen Systeme verfügen nämlich über derart breite Datenbasen, dass es zu einer so großen Variabilität im Output kommt, dass sogar die EntwicklerInnen dieser Systeme nicht mehr vorhersagen können, was ihr jeweiliges System als nächstes ausgeben wird. Also auch wenn Experimente mit Bots besser kontrollierbar sind, fehlt es Ihnen an ökologischer Validität. Sie haben meist einen sehr engen thematischen Fokus und restringierte Funktionen. Das macht sie zu einem zuverlässigen Tool, wenn eng umrissene Mechanismen untersucht werden sollen. Sofern aber die Perspektive der Untersuchung breiter sein soll, ist die Analyse von Felddaten naheliegend. Wenn man UserInnen-Strategien wirklich verstehen möchte, muss man ungesteuerte, authentische und ganze Dialoge untersuchen, wie sie empirisch vorliegen. Experimente, die ein bestimmtes Verhalten evozieren, können Aussagen über dieses Verhalten innerhalb der experimentellen Bedingungen treffen. Die Übertragung ins Feld kann dann erst der zweite Schritt sein und eine genaue Übertragung ist meist nicht möglich. Experimentelle Studien zur UserInnen-Perzeption aus dem Bereich der Usability-Forschung kommen teilweise zu Ergebnissen, die keine Gültigkeit im Feld beanspruchen können. Spätestens wenn die innovative Dialog-Software im Anwendungstest bei den EndverbraucherInnen doch nicht zuverlässig funktioniert, zeigen sich die Schwächen dieser Test-Verfahren.

Im Kontext der HCI-Forschung, wo sich die meisten Studien auf Experimente stützen, zeichnet sich die vorliegende Studie also durch ihre Validität und durch eine besondere Breite an linguistischen Untersuchungsparametern aus. Diese Art der Feldforschung ist im Bereich der HCI selten, weil freie Dialoge mit virtuellen Agenten zu einer Fülle von ungeordneten Sprachdaten führen und breit angelegte Analysen von Dialogtranskripten dadurch aufwändig werden. Der Fokus solcher linguistischer Korpusstudien ist jedoch weiter und der Geltungsbereich entsprechend größer.

Eine Korpusanalyse ist allerdings nicht das geeignete Verfahren, um den Einfluss einzelner Dialogstrategien des Systems auf das UserInnen-Verhalten zu testen. Auch nach genauer Analyse der Korpora kann kein kausaler Zusammenhang formuliert werden. UserInnen-Reaktionen auf ein modifiziertes Dialog-Design, das in den Korpora beobachtete Phänomene mit einbezieht, können nur im Experiment beobachtet werden, da nur hier die fraglichen Phänomene isoliert manipuliert werden können. Dies wäre eine sich unmittelbar anschließende, wünschenswerte Folgeuntersuchung.

3.3 Aufbau der Korpora

3.3.1 Zusammensetzung der Korpora: Teilkorpora, Korpusgrößen und Inhalte

Die HCI-Korpora liegen als Textdateien und in Tabellenform vor und umfassen in ihrer Gesamtheit 56.218 Tokens. Bei den Forschungskorpora handelt es sich um Logfiles von medial schriftlichen, quasi-synchronen Dialogen zwischen UserInnen und artifiziellen Systemen (132 Dialoge, 45.114 Wortformen). Darüber hinaus liegt das Vergleichskorpus in Form von Protokollen von Mensch-Mensch-Chats (ebenfalls medial schriftlich und quasi-synchron) vor (51 Dialoge, 5.965 Wortformen). Detailliert untersucht wurde also eine Stichprobe von insgesamt 183 Dialogen (51.079 Wortformen).

Die in ihrer ursprünglichen Form wesentlich umfangreicheren Logfiles der Dialoge mit Twispsy, Karlbot und Elbot wurden von der Firma Artificial Solutions unabhängig zu Forschungszwecken zur Verfügung gestellt. Das Vergleichskorpus entstammt dem Dortmunder Chat-Korpus (Beißwenger 2004) und ist unter http://www.chatkorpus.tu-dortmund.de/files/releasehtml/index.html frei verfügbar. Es handelt sich um Protokolle der chat-basierten Bibliotheksauskunft *on demand* der Universitätsbibliothek Dortmund. Die Logfiles des Systems Max (Multimodal Assembly eXpert) wurden von der Arbeitsgruppe *Wissensbasierte Systeme, KI* (Wachsmuth & Kopp) an der Universität Bielefeld zur weiteren Evaluation zur Verfügung gestellt und in dem Umfang für die Analyse genutzt, der nach der Bereinigung des Korpus' möglich war. Das Vergleichskorpus wurde der Online-Version des Dortmunder Chat-Korpus' (Storrer & Beißwenger 2004) entnommen und in vollem Umfang für die Analyse genutzt.

- **Twipsy:** Die im Twipsy-Korpus verarbeiteten Dialog-Protokolle stammen aus dem Jahr 2000 und wurden im Vorfeld und während der Expo in Hannover aufgezeichnet.

Das Stichprobenkorpus aus den Twipsy-Logfiles ist nach dem Elbot-Korpus mit 12562 Tokens bzw. **9750 Wortformen** das zweitgrößte der Systemkorpora.

- **Karlbot:** Die untersuchten Dialoge mit dem virtuellen CEO Karlbot wurden auf der Vertriebsseite von Kiwilogic aufgezeichnet und stammen aus dem Jahr 2002. Das Karlbot-Korpus ist mit 8171 Tokens bzw. **6693 Wortformen** das kleinste der Agentenkorpora, umfasst aber insgesamt 46 Dialoge.
- **Max:** Die vorliegenden Dialogtranskripte stammen von Interaktionen mit den BesucherInnen des HNFs in Paderborn aus den ersten sieben Wochen nach Eröffnung der Ausstellung (15. Januar bis 6. April 2004). In dieser Zeit wurden 2259 Dialoge geführt. Das komplette Max-Korpus umfasst also 4.702.512 Wortformen. Leider konnte nur ein Bruchteil des Gesamtkorpus im Umfang von 11544 Tokens bzw. **8683 Wortformen** in die Analyse einfließen.
- **Elbot:** Das Korpus stammt aus einer Zeit, als Elbot auf freenet.de eingesetzt wurde. Das von Artificial Solutions zur Verfügung gestellte Korpus ist äußerst umfangreich (31.274 Tokens), so dass es nur auszugsweise für die Analyse genutzt werden konnte. Mit 17333 Tokens bzw. **13062 Wortformen** ist es immer noch das größte der untersuchten Korpora.
- **Das Vergleichskorpus (Bib):** Im Dortmunder Chat-Korpus wird das Teilkorpus *„Chat-basierte Bilbliotheksauskunft on demand der Universitätsbibliothek Dortmund“* unter der Nummer 12030000 geführt. Die Mitschnitte stammen aus der Zeit von 2003 bis 2005. Die chat-basierte Bibliotheksauskunft wurde zu diesem Zeitpunkt von der Universitätsbibliothek Bochum als neuer Service eingeführt. Man kann also davon ausgehen, dass die NutzerInnen keine früheren Erfahrungen mit dieser Anwendung gemacht haben, was die Vergleichbarkeit zu den Agentenkorpora erhöht. Das Teilkorpus *„Bibliotheksinformation“* des Dortmunder Chat-Korpus umfasst 200 Dialoge mit insgesamt 21089 Tokens (Wortformen, Satz- und Sonderzeichen sowie Metainformationen im XML-Format). Davon wurden 19850 Tokens von Menschen produziert (Wortformen, Satz- und Sonderzeichen). Das extrahierte Vergleichskorpus umfasst **5067 Wortformen**.

Tabelle 6: Korpusgrößen der Gesamtkorpora

Gesamtkorpus	Twipsy	Karlbot	Max	Elbot	Vergleichskorpus (Bib)
Tokens (Metadaten + Satz- und Sonderzeichen + WF)	12.562	8.171	11.544	17.333	6.608
Metadaten	988	512	1.434	1.562	643
Wortformen + Satzzeichen	11.574	7.659	10.110	15.771	5.965
Satzzeichen	1.824	966	1.427	2.709	898
Wortformen	9.750	6.693	8.683	13.062	5.067
Dialoge	27	46	39	20	51

Für die Begrenzung der ursprünglichen Korpusgrößen auf die in der Tabelle dargestellten Werte, ist eine Reihe von Gründen anzugeben, die in den entsprechenden folgenden Unterkapiteln näher erläutert wird:

- Bereinigung
- Veränderung der Datenstruktur
- Auswahl einer Stichprobe zur Erleichterung der manuellen Annotation

Bei allen Dialogen des Gesamtkorpus' handelt es sich um 1:1-Chats (vgl. Beißwenger 2007). Mehrparteienchats wurden von Anfang an von der Analyse ausgeschlossen, da dort ganz andere Mechanismen der Sprachhandlungskoordination greifen als im 1:1-Chat. Diese könnten Einfluss haben auf dynamische Faktoren der Interaktion, so dass z.B. Persistenzen aus diesem Grund anders verteilt sein könnten, was zu verfälschten Ergebnissen führen würde.

3.3.1.1 Metadaten: UserInnen-Gruppen und situativer Kontext

Die Korpora in ihrer im Rahmen der Studie verwendeten Form umfassen (ohne Annotationsmarkierung) ausschließlich Sprachdaten. Die einzige verbleibende Metainformation ist die Kategorisierung der Gesprächsbeiträge als UserInnen- oder Systembeitrag. Grundsätzlich konnten keinerlei sekundäre Daten zu Alter, Geschlecht, Herkunft, Bildung und Computerexpertise der UserInnen erhoben werden, da es sich bei den Dialogprotokollen um einfache Logfiles ohne Metadaten handelt. Aus diesem Grund kann im Rahmen der Analyse nicht nach eindeutigen UserInnen-Gruppen stratifiziert werden. In einigen wenigen Dialogen geben UserInnen Informationen zur Person preis. Ob diese immer wahrheitsgemäß sind, bleibt zu bezweifeln. Die Daten genügen also nicht, um Aussagen zu gender- oder altersspezifischem UserInnen-Verhalten zu machen. Mit Bezug auf den Anwendungskontext des jeweiligen Systems lassen sich die UserInnen-Gruppen unter Vorbehalt einschränken. Mit Twipsy interagierten wohl in erster Linie Expo-BesucherInnen, während Karlbot KundInnen und GeschäftspartnerInnen der Firma Kiwilogic gegenüberstanden. Bei den NutzerInnen von Max handelte es sich um BesucherInnen des HNFs. Unter den UserInnen schienen sich viele SchülerInnen zu befinden. Teilweise werden in den Dialogen Angaben zum Alter gemacht, die allgemein auf ein jüngeres Publikum schließen lassen. Außerdem können zahlreiche UserInnen-Äußerungen im Korpus als jugendsprachlich analysiert werden. Die heterogenste NutzerInnen-Gruppe hat Elbot, denn diese rekrutierten sich in der Zeit, als die Logfiles protokolliert wurden, aus KundInnen von freenet.de. Die Chat-TeilnehmerInnen im Vergleichskorpus sind, sowohl Mitglieder als auch MitarbeiterInnen der Universitätsbibliothek Bochum. Auf Seiten der Auskunft chatten BibliothekarInnen sowie studentische

Hilfskräfte. Auf Seiten der Anfragenden chatten Bibliotheksmitglieder, in erster Linie Studierende. Genau wie bei den Agentenkorpora liegen auch hier keine weiteren, persönlichen Daten vor.

Um die unterschiedlichen Teilkorpora besser vergleichen zu können, wurde darauf geachtet, dass die Dialoge alle dem Gesprächstyp *Beratungsgespräch / Informationsanfrage* zugeordnet werden können. Bei Twipsy, Karlbot und Max handelt es sich um so genannte Infobot-Systeme. Das Vergleichskorpus ist im Kontext einer chat-basierten Bibliotheksauskunft aufgezeichnet worden (vgl. Dortmunder Chat-Korpus, Storrer & Beißwenger 2004). Es handelt sich also auch hier um den situativen Kontext eines digitalen Helpdesks, was in enger Verbindung zur Funktion der oben beschriebenen Infobots steht. Das System Elbot kann als Chatterbot im ursprünglichen Sinne verstanden werden. Als Small-Talk-Agent soll er seine UserInnen in erster Linie unterhalten. Die bei der Zusammenstellung des Korpus' ausgewählten Dialoge entstammen jedoch alle einer Phase, als Elbot als Infobot auf freenet.de eingesetzt wurde (Anfang 2006). Insofern kann man auch hier pragmatische Parallelen zu den anderen Agenten-Korpora und dem Vergleichskorpus feststellen. Außerdem muss angemerkt werden, dass die meisten chat-basierten Bots im Netz – sowohl kommerzielle als auch pädagogische Infobots – über Small-Talk-Funktionen verfügen, da sich gezeigt hat, dass von der Technologie begeisterte UserInnen dazu tendieren, die Systeme auf die Probe zu stellen, indem sie Fragen stellen, die den Kontext der vorgegebenen Anwendung überschreiten. Bei der Entwicklung der Systeme wurde daher auch darauf geachtet, dass adäquate Reaktionen auf antizipierbare Small-Talk-Fragen möglich sind. Die Chats im Vergleichskorpus weisen ebenfalls längere Small-Talk-Sequenzen auf, da die MitarbeiterInnen der Bibliothek die Technologie auch zur internen Kommunikation nutzen und teilweise sogar private Themen besprechen.

3.3.2 Trennung der Dialogkorpora in UserInnen- und Systemkorpus

Die Korpora liegen sowohl als dialogische Gesamtkorpora vor als auch als separate Teilkorpora, in denen nur die jeweiligen Gesprächsbeiträge des jeweiligen Systems oder seiner UserInnen enthalten sind. Die dialogischen Gesamtkorpora sind unerlässlich, um funktionale und interaktive Aspekte der Interaktion sinnvoll annotieren zu können. Für die Auszählung wurde mittels eines Java-Skripts eine automatische Trennung der Korpora jeweils in ein UserInnen- und ein System-Korpus vorgenommen, so dass die UserInnen- und die Systemsprache für jedes Interaktionskorpus separat ausgezählt werden konnte. Auch für das

Vergleichskorpus wurde die Trennung Bibliotheksauskunft und Mitglied vorgenommen. Daraus ergibt sich eine Gesamtmenge von 10 Teilkorpora.

Tabelle 7: Die Teilkorpora

Interaktionskorpora	**Teilkorpora**	
Twipsy	Twipsy-UserIn	Twipsy-System
Karlbot	Karlbot-UserIn	Karlbot-System
Elbot	Elbot-UserIn	Elbot-System
Max	Max-UserIn	Max-System
Vergleichskorpus (Bib)	Bib-Mitglied	Bib-Auskunft

Die quantitative Verteilung zeigt bereits auf der Ebene der Korpusgrößen eindeutige Unterschiede sowohl zwischen UserInnen- und Systemkorpora sowie zwischen den HCI-Korpora und dem Vergleichskorpus zur HHC. Die Länge der UserInnen-Beiträge weicht stark von der der System-Turns ab. Diese Differenz hat Einfluss auf die Größen der Subkorpora. Im Vergleichskorpus fallen die Werte nicht so weit auseinander.

Tabelle 8: Korpusgrößen der Teilkorpora

	Twipsy		**Karlbot**		**Max**		**Elbot**		**Bib**	
	System	**UserIn**	**System**	**UserIn**	**System**	**UserIn**	**System**	**UserIn**	**Auskunft**	**Mitglied**
WF	8.468	1.281	6.150	543	7.379	1.303	10.941	2.121	2.885	2.177
Satzzeichen	1.643	181	922	44	1.285	142	2.330	379	503	394
WF und Satzzeichen	10.111	1.462	7.072	587	8.664	1.445	13.271	2.500	3.388	2.571
Anzahl Turns	454	430	195	145	868	500	747	680	297	278
Ø WF pro Turn	18,7	3,0	31,5	3,7	9,0	2,6	14,6	3,1	9,8	7,8
Ø WF pro Dialog	313,6	47,4	133,7	11,8	189,2	33,4	547,1	106,1	56,6	42,7
Ø Turns pro Dialog	16,8	15,9	4,2	3,2	22,3	12,8	37,4	34,0	5,9	5,5

3.3.3 Homogenisierung des Formats der Korpora

Bevor die in den Tabellen dargestellten Teil- und Subkorpora aus den von den Institutionen zur Verfügung gestellten Ausgangskorpora extrahiert werden konnten, mussten einige Veränderungen bezüglich des Formats an den ursprünglichen

Dateien vorgenommen werden. Die Daten lagen nämlich in sehr unterschiedlicher Form vor, so dass zunächst eine vergleichbare Form gefunden werden musste. Die Logfiles von Twipsy, Karlbot und Elbot umfassten im Original von Artificial Solutions mehrere Textdateien. Diese wurden jeweils zu je einem Dokument pro System zusammengeführt. Bei Max war der Arbeitsschritt der Datenzusammenführung nicht mehr nötig, da die Logfiles bereits in Form einer einzigen Datei vorlagen. Die in XML dargestellten Metadaten aus dem Dortmunder Chat-Korpus konnten leider nicht für die weitere Analyse genutzt werden, da zu den HCI-Korpora keine parallelen Meta-Daten vorlagen, und wurden daher nicht in das Vergleichskorpus zur HHC übernommen.

3.3.4 Bereinigung der Korpora (automatisch und manuell)

Die Ausgangskorpora enthielten eine Reihe unterschiedlicher Artefakte, die automatisch mit manueller Nachbereinigung entfernt wurden. Der Bereinigung wurden alle kompletten Ausgangskorpora unterzogen, da vor diesem Schritt nicht klar war, inwiefern dies die Korpusgrößen beeinflussen würde. Denn je nach Menge der zu entfernenden Artefakte schrumpften die Ausgangskorpora um unterschiedliche Faktoren, so dass sie z. T. nach der Bereinigung für die Untersuchung nicht weiter gekürzt werden mussten. Hätte man zuerst gleichgroße Stichproben gezogen und diese dann bereinigt, hätten diese teilweise nicht genug verwertbares Datenmaterial enthalten. Während die Logfiles von Twipsy und Elbot vergleichsweise wenige Artefakte aufwiesen, waren die Logfiles von Karlbot und Max überaus reich an Artefakten. Besonders zwei Artefakte hatten Einfluss auf die Veränderung der Korpusgröße. In den Elbot-Daten fand sich eine lange Sequenz (203.583 Wortformen), die offensichtlich einen mitprotokollierten Systemfehler darstellte. Das System gab hier immer wieder das gesamte Alphabet aus. Diese Sequenz konnte im zweiten Schritt, der Bereinigung per Hand entfernt werden, da es sich um eine zusammenhängende Kette von System-Turns handelte. Problematischer war die Tatsache, dass ein Großteil der Max-Logfiles nur aus Aufforderungen des Systems an potenzielle UserInnen bestand, auf die keine protokollierte Reaktion erfolgte.[93]

93 Im Nixdorf-Museum wird Max ziemlich unauffällig innerhalb der Ausstellung KI in einer Ecke ausgestellt. Da dies nicht der optimale Platz für einen virtuellen Museumsführer ist, macht das System über eine Sprachausgabefunktion auf sich aufmerksam, sobald sich eine Person nähert (vgl. Kapitel 1). Eine Kamera und ein Programm zur Gesichtserkennung liefern die Information, dass Menschen vorbeigehen (vgl. „Flur-Max“). Jede/r vorbeigehende BesucherIn löst so bei Max die Sprachausgabe mit einer

Dieses überflüssige Datenmaterial war über das gesamte Ausgangskorpus verstreut, hoch frequent und in seiner Form alternierend (vgl. Beispiele). Es musste automatisch nach bestimmten Kriterien entfernt werden. Auch in allen anderen Korpora lagen systematisch wiederkehrende Artefakte vor. Daher wurde für jedes Korpus eine so genannte *Black-List* mit zu entfernenden Wortformen, Zeichen oder Phrasen erstellt. Mittels eines Java-Skripts wurden die Korpora so in einem Arbeitsschritt bereinigt und tokenisiert. Folgende Beiträge kamen auf die *Black-List*:

- **Attention-Getting-Tokens des Systems, auf die keine UserInnen-Eingabe folgt**
  (1) Max: hallo!
  (2) Max: spiel mit mir!
  (3) Max: sprich mit mir!
  (4) Max: schon aufgewacht?

- **Links, die nicht syntaktisch in einen Redebeitrag eingebettet sind**

  Max: Wenn Sie weitere Informationen zu den verschiedenen Beiträgen haben möchten, können Sie mich einfach nach einzelnen Ländern fragen.'script language= "JavaScript""!window.opener.parent.location.href=http://www.expo2000.de/deutsch/teilnehmer/tnindex.html;//--"/script'

  Im Gegensatz dazu im Vergleichskorpus:

  Auskunft: Die Bereichsbibliotheken haben abweichende Öffnungszeiten, die Sie unter http://www.ub.uni-dortmund.de/Ueberuns/OeffnungszeitenBB.html nachschauen können.

  Das Problem bestand darin, dass Twipsy ganze Linklisten von bis zu zehn URLs ausgibt, die mit der eigentlichen Dialogführung nur bedingt in Verbindung stehen. Sie gestalten den Dialog multimodal und sind Charakteristikum einer speziellen Art von HCI, was bei der Interpretation der Daten auch beachtet wurde. Da sich die Anzahl der Link-Listen aber durch die ständig gleichen System-Prompts potenzierte, wurden sie zur Vereinfachung der Auszählung aus den Dialogen entfernt. Stattdessen wurde der Platzhalter ENTFERNT in einer separaten Spalte eingefügt, um die Position der ursprünglich vorhandenen Links in die Interpretation der Daten miteinbeziehen zu können.

Aufforderung zum Dialog aus (Bsp.: „Spiel mit mir!", „Hallo!" „Über die Tastatur kannst Du mit mir sprechen.") Allerdings suchen daraufhin nur sehr wenige BesucherInnen wirklich das Gespräch mit Max, so dass das Gros dieser Auforderungen unbeantwortet bleibt und somit nicht in die Analyse miteinbezogen werden kann.

- **Spezielle Artefakte der einzelnen Logfiles**
  Beispiel: Im Karlbot-Korpus fand sich z.B. grundsätzlich der C++-Quellkode für Anführungszeichen im natürlichsprachlichen Text und nach Zitaten (#quotation#).

- **Komplette Dialoge, in denen das System ausschließlich beschimpft wird**
  Hinzu kamen bei Max große Mengen von Dialogen, in denen UserInnen das System ausschließlich beschimpfen (10 %). Dieses UserInnen-Verhalten scheint von Max und der speziellen Situation im Nixdorf-Museum besonders evoziert zu werden. Die Ausstellung wird täglich von Schulklassen besichtigt und die Schüler chatten oft in großen Gruppen mit dem System. Es kann angenommen werden, dass diese Konstellation ein besonders vulgäres Gruppenverhalten begünstigt. Während die UserInnen der anderen untersuchten Systeme jeweils allein zu Hause am heimischen Computer saßen, als sie ihre Eingaben tätigten, versuchten die größtenteils sehr jungen UserInnen von Max offenbar sich gegenseitig in der Gruppe mit ausfallenden Eingaben zu übertreffen. Da dieses Verhalten stark von anderen Aspekten als den vom System vorgegebenen Parametern abhängt, sollte es nicht in die Analyse einfließen. Daher wurden alle Dialoge, die ausschließlich Beschimpfungen enthalten, auf die *Black-List*[94] gesetzt und als ganze Dialoge automatisch entfernt (217.276 Wortformen). Dieser Umstand führte dazu, dass nur ein geringer Anteil vom Max-Korpus für die Analyse genutzt werden konnte. Das Beispiel illustriert das Ausmaß des Problems.

  (1) UserIn: du bist ein idiot
  (2) Max: he das hab ich ja noch nie gehoert.
  (3) UserIn: du bist ein idiot
  (4) Max: du bist ja richtig originell.
  (5) UserIn: du bist ein idiot
  (6) Max: Erzaehl mir doch mal etwas anderes.
  (7) UserIn: du bist ein idiot
  (8) Max: Du musst mir doch nicht alles doppelt und dreifach sagen.
  (9) UserIn: du bist ein idiot
  (10) Max: Wenn du das nochmal sagst weiss ich es auswendig.
  (11) UserIn: du bist ein idiot
  (12) Max: Du wiederholst dich.
  (13) UserIn: du bist ein idiot
  (14) Max: Ich kann auch wieder das gleiche sagen: Du wiederholst dich.
  (15) UserIn: du bist ein idiot
  (16) Max: Erzaehl mir mal was das ich noch nicht weiss.
  (17) UserIn: du bist ein idiot

94 Dialoge wurden entfernt, wenn zwischen der im Log automatisch generierten Anfangs- und Endmarkierung eines Dialogs jeder UserInnen-Beitrag ein Schimpfwort-Token aus einer anhand eines entsprechenden Online-Lexikons erstellten Wortliste enthielt.

An diesem Beispiel werden zwar die hinterlegten Antwortmuster des Systems offenbar. Für die Evaluation der Systemfunktionen ist es also nicht uninteressant. Zur Analyse des UserInnen-Verhaltens trägt der Dialog aber nur insofern bei, dass an ihm besonders deutlich wird, dass einige BesucherInnen des HNFs das System testen wollten. Dialoge mit längeren Beschimpfungssequenzen, die aber nicht ausschließlich aus Beschimpfungen bestanden, verblieben selbstverständlich im Korpus.

Das Vergleichskorpus umfasste, wie oben bereits erwähnt, mehrere XML-Dateien. Aus diesen Dateien wurden die reinen UserInnen- und Systembeiträge (ohne Metainformationen) mittels eines weiteren Java-Skripts extrahiert und die XML-Struktur wurde zu Gunsten der Vergleichbarkeit mit den anderen Korpora aufgegeben.

Der automatische Bereinigungsprozess wurde begleitet vom manuellen Bereinigen einzelner Stichproben, um die Zuverlässigkeit der Bereinigungsskripte zu überprüfen, um diese ggf. zu modifizieren. Die automatisierten Prozeduren führten zu sehr unterschiedlichen Veränderungen der Korpusgrößen. Vor allem das Max-Ausgangskorpus war davon betroffen, da es in seinem ursprünglichen Zustand in erster Linie aus für die angestrebte Art der Analyse nicht verwertbaren Daten bestand. Nach dem ersten Arbeitsschritt (automatische Bereinigung) ergab sich folgende Verteilung an aussortiertem Datenmaterial:

Tabelle 9: Anteile Black-List

	Isolierte Dialog-anfänge	**„UserIn“ „System“**	**URLs**	**Quellcode-Artefakte**	***Flaming*-Dialoge**	**XML-Code**	**Ausschuss (gesamt)**
Twipsy	76 Tokens		498 Tokens				574 Tokens
Karlbot	70.000 Tokens	5.500 Tokens	9.000 Tokens	203.583 Tokens			288.146 Tokens
Elbot	4.460 Tokens						4.460 Tokens
Max	4.472.344 Tokens		1.348 Tokens		217.276 Tokens		4.690.968 Tokens
Bib			1.440 Tokens			3.582 Tokens	5.022 Tokens

Eine Nachbereinigung per Hand erfolgte danach wie eingangs beschrieben. In einem zweiten Schritt wurden die Korpora manuell nachbereinigt, um alle Artefakte, die automatisch nicht aufgefunden werden konnten, zu eliminieren. Durch *Black-List* und manuelle Nachbereinigung veränderten sich die Korpusgrößen wie folgt:

Tabelle 10: Größe der Korpora vor und nach der Bereinigung

Korpus	Korpusumfang (gesamt) vorher	Korpusumfang (gesamt) nachher	Ausschuss in Prozent
Twipsy	114.471 Tokens	113.897 Tokens	5,0 %
Karlbot	395.853 Tokens	107.707 Tokens	72,8 %
Elbot	31.274 Tokens	26.814 Tokens	14,7 %
Max	4.702.512 Tokens	11.544 Tokens	99,7 %
Vergleichskorpus	11.630 Tokens	6.608 Tokens	43,2 %

3.3.5 Auswahl der Stichproben

Aus den bereinigten Korpora wurden z. T. Stichproben extrahiert, um die Gesamtkorpusgröße noch einmal zu reduzieren und so zu einem Analysekorpus zu kommen, das von einer Einzelperson getaggt werden konnte. Das Max-Korpus und das Vergleichskorpus hatten bereits nach der Bereinigung nur noch einen Umfang von 11.544 bzw. 6.608 Tokens und mussten folglich nicht weiter gekürzt werden. Überschaubare Untersuchungskorpora mit vollständigen Dialogen waren übriggeblieben, die im nächsten Schritt als Zielgröße für die Stichproben aus den anderen Korpora dienten. Bei Twipsy, Karlbot und Elbot wurde eine Auswahl getroffen, um vergleichbar große Teilkorpora zu erhalten. Ebenfalls in Analogie zum Max-Korpus wurden folgende Unterordner der gesamten Logfiles ausgewählt: Twipsys erste Woche auf der Expo-Website, Karlbots erste Woche auf der Kiwilogic-Homepage und Elbots erste Woche auf freenet.de. Dabei wurde darauf geachtet, dass nur ganze Dialoge in die Korpora einfließen sollten. Daraus resultierte für die Auswahl der Stichproben ein Konflikt zwischen der Anzahl der Dialoge und Anzahl der Wortformen. Waren z. B. im Karlbot-Korpus die Dialoge im Durchschnitt verhältnismäßig kurz, so wurde eine Grenze von ca. 10.000 Wortformen (46 Dialoge) als Gesamtumfang des Korpus' angestrebt. Waren die Dialoge hingegen im Durchschnitt länger (vgl. Elbot), so wurde das Korpus auf ein Minimum von 20 Dialogen beschränkt (ca. 13.000 Wortformen).

3.3.6 Aufbereitung und Annotation der Korpora

3.3.6.1 Automatische Aufbereitung (Tokenisieren, Lemmatisieren, POS-Tagging) und manuelle Nachbearbeitung

Nach einem ersten Test der Bereinigungsskripts wurden die anfallenden Arbeitsschritte mittels eines Java-Skrips (java.class) zusammengefasst. Bereinigen, Tokenisieren, Lemmatisieren und die Annotation nach lexikalischen Kategorien erfolgte in einem Schritt. Es wurde so tokenisiert, dass in den Arbeitskorpora je eine Wortform (auch Satz- und Sonderzeichen) in je eine Zeile notiert wurde (vgl. Lemnitzer & Zinsmeister 2006). Für die Zuweisung der Lemmata und die Annotation nach Wortformen (Part-of-Speech-Tagging, POS-Tagging) wurde der probabilistische Tree-Tagger der Universität Stuttgart (Schmidt 1994, 1995)[95] in das Skript einbezogen. Für das Deutsche gilt dieser bis heute als leistungsstärkster POS-Tagger für die Annotation der Lemmata und Wortarten. Er liefert auch für CMC-Daten bislang die besten Ergebnisse. Mit den HCI-Dialogen konnte er umgehen mit einer Fehlerquote zwischen 8 % und 10 % je nach Korpus, die per Hand nachannotiert wurde.

Die manuelle Nachannotation umfasste vom Standard abweichende Formen, die der Tagger nicht zuordnen konnte. Außerdem wurden syntaktische Kategorien, Dialogstrukturen und Sprechakte sowie Persistenzen per Hand annotiert.

3.3.6.2 Analysekategorien für das polyvalente Tagging per Hand

Die Stichprobenkorpora haben mit einer realen Größe von 56.218 Tokens eine Gesamtgröße, die für ein manuelles, polyvalentes Taggig durch eine Einzelperson hoch angesetzt ist. Um die in Kapitel 2 dargestellten Untersuchungsparameter quantifizierbar zu machen, ist manuelles Tagging jedoch immer dann die einzige Lösung, wenn das fragliche Phänomen zu komplex ist, um präzise definiert und vom Tagger zuverlässig erkannt werden kann.

Die Korpora wurden wie eingangs erwähnt auf unterschiedlichen linguistischen Ebenen annotiert, um einen möglichst breiten Zugang zu HCI-Dialogen zu ermöglichen. Auf diese Art werden die Korpora in Bezug auf ihre strukturellen Eigenschaften quantitativ vergleichbar und Koinzidenzen können ggf. beobachtet werden. Strukturelle Aspekte können unabhängig von semantischen Aspekten betrachtet werden, so dass auch Dialoge mit thematisch unterschiedlichem Fokus verglichen werden können.

Um streng theoriegeleitet vorgehen zu können, wurden nicht nur einzelne kritische Parameter getaggt, sondern alle Wortarten (POS), alle Phrasenstrukturen (Syntax), alle Sprechakte bzw. Dialogfunktionen (DAMSL) sowie persistente Lexeme und Strukturen als Indikatoren für Alignment. Aus der Kombination dieser Faktoren können sowohl Hinweise auf CT abgeleitet werden als auch auf die Übertragung von Strukturen aus der HHC. Die Gliederung der Annotationskategorien wurde für das Tagging nach linguistischen Ebenen (Lexik, Syntax, Kommunikation) und nicht nach Forschungsfragen (vgl. Hypothesen

95 www.cis.uni-muenchen.de/~schmid/tools/TreeTagger/ (Zugriff 15.06.2016).

in Kapitel 2) vorgenommen, um eine hohe Flexibilität für die Auswertung zu gewährleisten und die annotierten Korpora später für andere Forschungsinteressen weiterhin nutzen zu können.

Auf der Basis einer Evaluation der Frequenz einzelner Strukturmerkmale kann eine tentative Interpretation der Charakteristika einer UserInnen-Sprache zwischen zwei Polen vorgenommen werden:

a) in Form von Merkmalen für eine (vorbewusste) Attribuierung anthropomorpher Eigenschaften an das System durch die Übertragung von erlernten Verhaltensweisen aus der HHC (Alignment, Kohäsion, Höflichkeit)
b) in Form von Merkmalen bewusster UserInnen-Strategien (CT als strukturelles oder funktionales Register)

Außerdem kann die Leistungsfähigkeit der unterschiedlich ausgereiften Systeme anhand der strukturellen Untersuchungsparameter verglichen werden (Gesprächsabbrüche, Störungen, Kohäsionsmittel, Quasi-Persistenz des Systems).

Die Annotation der syntaktischen Kategorien richtet sich nach dem deskriptiven Grammatikmodell nach Eisenberg (1999) und wurde für diese Studie entwickelt. Komplexe Phrasen können auf diese Art feinkörnig annotiert werden, so dass die Komplexität dieser Phrasen für die Untersuchung genau abgebildet werden kann (vgl. CT: Simplifizierung vs. Komplexität).

Die Sprechakte wurden nach einer überarbeiteten Version der konversationsanalytischen Annotationskonvention DAMSL (Dialogue-Act-Markup-Language, Allen & Core 1997) annotiert. Da Besonderheiten der HCI in SWBD-DAMSL (Jurafsky, Schriberg & Biasca 1997) nicht dargestellt werden können, wurde das SWBD-DAMSL-Tag-Set hinsichtlich dieser speziellen Parameter erweitert.

Um dynamische Aspekte semantisch und strukturell nicht restringierter UserInnen-Beiträge erfassen zu können, wurden sowohl lexikalische als auch syntaktische Persistenzen annotiert; d.h. es wurde gekennzeichnet, wo UserInnen Lemmata / Lexeme und / oder syntaktische Konstruktionen des Systems übernehmen und in ihren eigenen Beitrag integrieren (vgl. Alignment Pickering & Garrod 2004, Branigan et al. 2000, Szmrecsanyi 2005). Die Annotation nach Sprechakten liefert auch Zusatzinformationen zu funktionalen Aspekten von Persistenzen in den Korpora.

Die Annotationkonvention für Persistenzen wurde eigens für diese Analyse entwickelt und stützt sich theoretisch auf die Ansätze von Pickering und Garrod (2004) zu Alignment als Lower-Level-Priming, von Branigan et al. (2000) zu syntaktischem Alignment, von Gries (2005) zur korpusbasierten Analyse von Persistenzen und von Szmrecsanyi (2005) zur Alpha- und Alpha-Persistenz.

Die Untersuchungsparameter zur Textkohäsion (vgl. Kapitel 2.4) lassen sich unterschiedlichen linguistischen Ebenen zuordnen und finden sich somit im Tag-Set für die jeweilige Ebene (Konnektiva in POS, Adjazenzellipsen in Syntax usw.). Inkohärente und quasi-inkohärente Turns wurden in SWBD-DAMSL auf der Ebene der Dialogfunktionen getaggt.

Die tokenisierten Korpora wurden in Excel-Tabellen übertragen, so dass die Annotationen in unterschiedlichen Spalten polyvalent hinzugefügt werden konnten. Einer Wortform können so mehrere Annotationen nach unterschiedlichen Kategorien zugeordnet werden. Durch die Zuordnung der Annotationskategorien zu unterschiedlichen linguistischen Ebenen markieren die Tags immer zwei Informationen: das Einzelphänomen und die Ebene. Für die Interpretation von komplexen sprachlichen Phänomenen, die sich auf unterschiedlichen Ebenen manifestieren, ist ein solches Vorgehen unerlässlich.

3.3.6.2.1 Annotationskonvention

Jeder Wortform sind ein Lemma und eine lexikalische Kategorie zugeordnet. Die lexikalischen Kategorien werden nach der Annotationskovention des Stuttgart-Tübingen-Taggers, *STTS*[96], als Tags in Großbuchstaben ohne Klammern dargestellt. Syntaktische Kategorien werden an der letzten an der fraglichen Struktur beteiligten Wortform in spitzen Klammern und Minuskeln annotiert, Sprechakte am Turn-Ende klein und in eckigen Klammern. Bei persistenten Strukturen wird sowohl an der Ausgangsform im FPP als auch an der angepassten Form im SPP annotiert. Die Annotation erfolgt in eckigen Klammern und Majuskeln. Lexikalische Persistenz wird dabei direkt an der jeweiligen Wortform annotiert, syntaktische Persistenz entsprechend an der letzten Wortform der fraglichen Struktur. Zwischen Alpha- und Beta-Persistenz wird unterschieden.

- Lexikalische Kategorien: GROSS (nach STTS)
- Syntaktische Kategorien: <klein> (nach Eisenberg 1999)
- Sprechakte: [klein] (nach SWBD-DAMSL modifiziert für das Deutsche und die HCI)
- Persistenzkategorien: [GROSS] (nach Pickering und Garrod 2004, Branigan et al. 2000, Gries 2005, Szmrecsanyi 2005)

Um die UserInnen-Tags von den System-Tags auch unabhängig vom Text unterscheiden zu können, werden alle System-Tags zusätzlich mit einem Ableitungsstrich (‘) versehen. Diese Konvention erweist sich bei automatischen

---

96 www.sfs.uni-tuebingen.de/resources/stts-1999.pdf (Zugriff 18.06.2016).

Operationen als praktisch, da Tags über einfache Suchfunktionen aus dem Korpus herausgefiltert und gleichzeitig eindeutig zugeordnet werden können.

3.3.6.2.2 Lexik

Zur Annotation der lexikalischen Kategorien wurde dem Tagger entsprechend das *Stuttgart-Tübingen-Tag-Set* (STTS) verwendet. STTS ist ein Tag-Set von 54 Tags für die Annotation deutscher Texte mit Part-of-Speech-Lables (POS). Richtlinien zur Annotation sind als Postscript und als dvi-Dokument online frei zugänglich.

Grob unterscheidet STTS zwischen Nomina, Verben, Adjektiven, Adverben, Pronomina, Konjunktionen, Partikeln und Interjektionen. Besonders hilfreich für wissenschaftliche Korpusanalysen ist die feinkörnige Unterscheidung der Subklassen innerhalb größerer Wortkategorien. So gliedert sich das Tag-Set im verbalen Paradigma in z. B. in 12 Unterkategorien auf (VVFIN, VVIMP, VVINF, VVIZU, VVPP, VAFIN, VAIMP, VAINF, VAPP, VMFIN, VMINF, VMPP). Die Präfixe der Tags zeigen dabei die übergeordnete Kategorie an, während die Gliederungsebenen sich nach rechts immer weiter ausdifferenzieren. Auf der Grundlage einer syntaktischen Analyse können so auch unterschiedliche syntaktische Funktionen in die Bestimmung der lexikalischen Kategorien mit einfließen. So wird bei der Analyse der Adjektive z. B. unterschieden zwischen ADJA und ADJD, also zwischen Adjektiven im attributiven Gebrauch und solchen im adverbialen oder prädikativen Gebrauch. Satzzeichen werden separat annotiert und mit $ gekennzeichnet.

Bei der automatischen Annotation in STTS wird eine lexikalische Kategorie nicht berücksichtigt. Es handelt sich um die schwer zu definierende Klasse der Partikeln, die in STTS den Adverben subsumiert werden. Diskurspartikeln und Modalpartikeln sind für die Analyse von großem Interesse, da ihr Fehlen in der Vergangenheit als Indikator für CT gewertet wurde (vgl. Krause & Hitzenberger 1992). Eine Kennzeichnung dieser Partikelklassen wurde nachträglich manuell durchgeführt.

Die Annotation der Wortarten ist darüber hinaus besonders relevant für Überlegungen zur lexikalischen Vielfalt oder Simplifizierung im Diskurs um CT sowie außerdem für die Analyse von Kohäsionsmitteln an der Dialogoberfläche.

3.3.6.2.3 Syntax

Der Analyse der syntaktischen Kategorien in den Agentenkorpora und im Vergleichskorpus liegt die deskriptive Grammatik nach Peter Eisenberg zu Grunde. Eisenberg liefert ein differenziertes System zur Beschreibung des Deutschen. Der deskriptive Ansatz erwies sich für die Korpusstudie aus verschieden Gründen als besonders praktikabel. Zunächst ist eine Annotation der Sache nach grundsätzlich deskriptiv, so dass ein deskriptives Grammatikmodell als Leitfaden zur Annotation linguistischer Korpora immanent schlüssig ist.

Einzelnen Phrasen im Korpus können als Annotationen nur einzelne syntaktische Kategorien zugeordnet werden und kein komplexes System von Ableitungsregeln. Zu diesem Zweck wurde ein Instrumentarium gesucht, das Kategorien einzeln und unabhängig von Relationen darstellen kann. Eisenberg setzt eine mehrfach verzweigte Baumstruktur an. Im Baum sind auf Ebene der ersten Geschwisterknoten Nominalgruppen und Präpositionalgruppen mit Satzgliedfunktion je einzeln und unverbunden einander nebengeordnet. Vor dem Hintergrund einer solchen Satzstruktur können einzelne Phrasenstrukturen auch als separate Tags verwendet werden, was einer einfachen Annotation zu Gute kommt.

Darüber hinaus kann Eisenberg nach seiner Notationskonvention strukturelle Aspekte der Sprache weitgehend unabhängig von lexikalischen Aspekten darstellen. Dieser Umstand erleichtert eine Trennung der Ebenen beim polyvalenten Tagging. Selbstverständlich ist diese strikte Trennung ein Konstrukt. Die Grenzen zwischen Struktur, Inhalt und Funktion von sprachlichen Äußerungen verschwimmen und jede Trennung ist modellhaft.[97]

NGr / PGr: Von besonderer Bedeutung für die Studie sind unter anderem komplexe Nominal- und Präpositionalgruppen (vgl. Kapitel 4.4). Mittels einer für diese Korpusanalyse entwickelten Nomenklatur kann die Binnenstruktur der jeweiligen Phrase in einem Annotations-Tag erfasst werden. Dabei steht <ngr> für Nominalgruppe und <pgr> für Präpositionalgruppe. Nach dem Prinzip der Ableitung einer Summenformel aus einer Strukturformel in der Chemie wird die Anzahl der Attribute in Form von Nominalphrasen, Präpositionalphrasen oder Attributsätzen im Phrasenstrukturbaum durch Zahlen wiedergegeben. <ngr3> bezöge sich also auf eine Nominalgruppe mit drei phrasalen Attributen. Die Anzahl der adjektivischen Attribute wird zusätzlich gekennzeichnet durch <adja> für adjektivisches Attribut plus die Anzahl der Adjektive in numerischer Form. Präpositionalgruppen können entweder mit einem einfachen Nominal <pgrn> oder mit einer Nominalgruppe <pgrngr> stehen. Im letzteren Fall kann dann die

97 Diesem Umstand ist es gezollt, dass Ansätze zur Construction Grammar (z. B. Stefanowitsch & Fischer 2008) nicht in die vorliegende Korpusanalyse mit einfließen, obwohl sie sprachliche Strukturen auf kognitive Konzepte beziehen und sich somit gut zur Analyse von interaktivem Alignment im Dialog eignen müssten.

Anzahl weiterer Attribute entsprechend der oben dargestellten Struktur komplexer Nominalgruppen angegeben werden. Die Annotation der NGr erfolgt am Kernnominal, die der PGr an der Präposition als Regens. Phrasenkoordination wird zusätzlich getaggt.

ADJGr / PtGr / ADVGr: Auch komplexe Adjektiv-, Partizip- oder Adverbgruppen werden nach der Anzahl ihrer modifizierenden Elemente nummeriert. Sofern sie in Nominalgruppen integriert sind, werden sie trotzdem separat annotiert.

VGr: Als Verbgruppe (VGr) fasst Eisenberg ausschließlich Verbalkonstruktionen mit Modalverb und Vollverb. Konstruktionen mit Auxiliar fallen nicht in diese Kategorie. Im Korpus werden diese am Modalverb als <vgr> annotiert.

Satzwertige Strukturen und Ellipsen: Hinzu kommen die unterschiedlichen Satz- und Ellipsentypen, Infinitivgruppen und Korrelatsätze. Die Annotation erfolgt an der letzten Wortform des Syntagmas. Satzkoordination von V2-Sätzen wird zusätzlich getaggt.

Tabelle 11: Tag-Set Syntax (mit Beispielen aus den Korpora)

Syntaktische Kategorie	**Tag**	**Anmerkung**	**Beispiel aus Korpus**
Hauptsatz	<hs>	Finites Verb + obligatorische Ergänzungen	***Ich kann dir Verschiedenes erklären.***
Kopulasatz	<ks>	Kopulaverb + Subjekt (+ Prädikativ)	***Ich bin Max.***
Komplementsatz	<kompls>	Subjekt oder Objekt mit Satzstatus	*Schön,* ***dass wir darüber gesprochen haben.***
Adverbialsatz	<advs>	Adverbiale Ergänzung mit Satzstatus	*Du kannst mich unterbrechen,* ***wenn ich was wiederholen soll.***
Attributsatz	<attrs>	Attribut zu Nominal mit Satzstatus	*Ich bin eine künstliche Person,* ***die sprechen und gestikulieren kann.***
Adjazenzellipse	<ella>	Elliptisches SPP, das sich mit Hilfe des FPPs auf Vollform zurückführen lässt (nach Busler & Schlobinski 1997)	*Max: Heißt das jetzt ja oder nein?* *UserIn:* ***Ja!***

Syntaktische Kategorie	Tag	Anmerkung	Beispiel aus Korpus
Koordinationsellipse	<ellko>	Elliptischer zweiter Teil einer Koordination (nach Eisenberg 1999)	*Ich bin Pfälzer* ***und stolz darauf.***
Restklasse andere Ellipsentypen	<ell>	z.B. Handlungsellipsen	***Jetzt aber weiter mit deinem Namen.***
Nominalgruppe (NGr)	<ngr(+X)>	Kernnominal + Artikel + attributive Ergänzungen Art und Anzahl der Ergänzungen werden an das Tag angehängt: z.B. <ngr2adja1> für eine NGr mit zwei postnominalen und einem pränominalen Attribut	***Ein anderes Exemplar der Spezies***
Präpositionalgruppe (PGr)	<pgr(+X)>	Kernnominal + Präposition als Regens Attribute zum Kennominal werden am Tag annotiert (vgl. NGr): z.B. <pgrngr2>	***in Heinz Nixdorfs Leben***
Adjektivgruppe (AdjGr)	<adjgr(+X)>	Adjektiv + Ergänzungen (andere Adjektive, Adverben, Partikeln, Negation) Wie bei NGr, wird die Anzahl der Attribute im Tag vermerkt: z.B. <adjgr2>	***künstlich intelligent***
Adverbgruppe (AdvGr)	<advgr(+X)>	Adjektiv + Ergänzungen (Adjektive, Adverben, Partikeln, Negation) Wie bei NGr, wird die Anzahl der Attribute im Tag vermerkt: z.B. <advgr2>	***gar nicht mehr***
Partizipgruppe (PtGr)	<ptgr>	Adjektiv + Ergänzungen (Adjektive, Adverben, Partikeln, Negation)	*touristisch* ***genutzt***

Syntaktische Kategorie	Tag	Anmerkung	Beispiel aus Korpus
Verbgruppe (VGr)	**<vgr>**	Vollverb + Modalverb	*Roboter* ***können*** *Menschen nicht* ***ersetzen.***
Infinitivgruppe (IGr)	**<igr>**	Infinitiv mit zu oder um zu	***Um*** *eine Antwort* ***geben zu können***
Satzkoordination	**<kos>**	Nebenordnung gleichwertiger Strukturen mit Satzstatus (V2)	*Ich wollte Ihre Frage beantworten,* ***aber*** *mein Antwortalgorithmus ist gerade abgestürzt.*
Phrasenkoordination	**<kop>**	Nebenordnung gleichwertiger Phrasen ohne Satzstatus	*ein brennender See* ***und*** *ein Wald*
Anaphorische Referenz[98]	**<ana>**	Rückbezug auf früheren Turn	***Das*** *geht dich einen feuchten Kehricht an.*
Kataphorische Referenz	**<kata>**	Vorverweis auf späteren Text	***So*** *ist heute das Wetter in Bonn: 24,2°C, Sonnenschein*
Satzkorrelat	**<korrs>**	Platzhalter + NS	*Ich werde* ***dafür*** *plädieren,* ***dass die Roboter ihr eigenes Land zugewiesen bekommen.***
Korrelat zu IGr	**<korri>**	Platzhalter + IGr	***Es*** *ist wirklich schön,* ***Besuch von einem Menschen zu bekommen.***

Eine präzise Übersicht über die syntaktischen Strukturen ist wichtig a) für den Vergleich zwischen UserInnen-Sprache und Systemsprache sowie b) für den (diachronen) Vergleich zwischen den unterschiedlichen Systemen als auch c) den Vergleich zwischen HCI und HHC im Vergleichskorpus.

Die Annotation der Syntax bildet die syntaktischen Strukturen der Dialogbeiträge detailliert ab. Syntaktische Relationen wurden jedoch nicht getaggt. Grund für diese Fokussierung auf Struktur ist die übergeordnete Fragestellung, ob sich CT durch eine geringere syntaktische Komplexität auszeichne (Krause

98 Bei anaphorischer und kataphorischer Referenz handelt es sich um textlinguistische Kategorien. Sie wurden aus Gründen der Übersichtlichkeit in dieses Tag-Set mitaufgenommen.

& Hitzenberger 1992). Syntaktische Komplexität zu definieren, ist nicht trivial. Sie setzt sich aus mehr Parametern zusammen als aus einer hohen Anzahl komplexer Phrasen und subordinierter Sätze. Syntaktische Relationen und Topologie dürfen eigentlich nicht vernachlässigt werden. Ferner manifestiert sich die Komplexität nicht allein in der Menge der komplexen Elemente, sondern auch in der Beschaffenheit von Verweisrelationen. Alles zusammen ist mit korpuslinguistischen Mitteln schwer greifbar. Die Beschränkung der Annotation auf syntaktische Strukturen wurde aus arbeitsökonomischen Gründen vorgenommen. Eine präzisere Analyse der syntaktischen Komplexität in HCI und CMC wäre wünschenswert. Im Zusammenspiel mit den anderen Untersuchungskategorien bietet die Annotation der syntaktischen Strukturen allerdings bereits genügend Anhaltspunkte für die Interpretation der UserInnen- und System-Beiträge.

3.3.6.2.4 Sprechakte und Dialogstruktur (SWBD-DAMSL)

Um Erkenntnisse aus der Konversationsanalyse auf die Korpora anwenden zu können, ist es wichtig, über ein angemessenes Tag-Set für Dialogstrukturen zu verfügen. Persistenzen und mögliche Aspekte eines Computer-Talks sollen im Kontext des Dialogverlaufs betrachtet werden können. So ist zum Beispiel von besonderem Interesse, bei welchen Sprechakten vermehrt Alignment auftritt und wie diese Sprechakte in den übrigen Dialogverlauf eingebettet sind. Wie verteilen sich Persistenzen auf Frage-Antwort-Sequenzen und welche Gesprächsbeiträge liegen beim System und welche bei der Userin? Zeichnen sich antizipierbare Muster ab? Mit quantitativen Methoden kann diesen Fragen nur bedingt nachgegangen werden. Eine qualitative Untersuchung der relevanten Dialogsequenzen bleibt unerlässlich. Um jedoch so viele Informationen wie möglich, quantitativ erheben zu können, wurden die HCI-Korpora und das Vergleichskorpus nach einer Variante der Annotationskonvention SWBD-DAMSL (SWichBoarD-Dialog-Act-Markup-in-Several-Layers, Jurafsky, Shriberg & Biasca 1997) getaggt.[99]

DAMSL „*defines a set of primitive communicative actions that can be used to analyze dialogs*" (Allen & Core 1997: 1). Ziel war die Entwicklung eines Werkzeugs zur automatischen Annotation von Sprechakten und Dialogstrukturen im Dialogverlauf für die englische Sprache. „*The main purpose of our label set is to label these Switchboard conversations for training stochastic discourse grammars so*

99 Bei SWBD-DAMSL handelt es sich um eine Weiterentwicklung von Allens und Cores DAMSL, das 1997 von der Multiparty-Discourse-Group im Rahmen der DRI-DRI-Meetings entwickelt wurde.

as to build better Language Models (LM) for Automatic Speech Recognition (ASR) of Switchboard" (Jurafsky, Shriberg & Biasca 1997: 1). DAMSL und SWBD-DAMSL sind im Bereich der englischsprachigen Gesprächsforschung weit verbreitet. Große Korpora, wie das TRAINS-Korpus oder das SWITCHBOARD-Korpus wurden mit Hilfe dieser Tag-Sets annotiert. Eine zuverlässige automatische Version für das Deutsche existiert z. Z. leider noch nicht. Bei Sprechaktparsern für das Deutsche muss man mit Fehlerquoten von mindestens 40 % rechnen. Sofern die Sprachdaten stark von der Standardsprache abweichen, werden noch weniger Sprechakte richtig erkannt. Um den Ansprüchen der vorliegenden Studie gerecht zu werden, war aus diesen Gründen die Verwendung einer automatischen Sprechaktannotation ausgeschlossen. Daher fiel die Entscheidung auf die Annotation der oberflächlichen Dialogstrukturen nach einer um besondere Phänomene der HCI erweiterten Variante von SWBD-DAMSL per Hand.

SWBD-DAMSL weist einige Vorteile für die Annotation der Sprechakte und der Dialogstruktur auf. Die Korpora sollen nach strukturellen Kriterien evaluiert werden. Übergeordnete Pläne und Ziele von UserInnen spielen bei diesem Forschungsanliegen eine untergeordnete Rolle. Vielmehr ist eine breite und detaillierte Beschreibung der sprachlichen Performanz auf unterschiedlichen Ebenen erwünscht, um daraus antizipierbare Muster der HCI abzuleiten. SWBD-DAMSL bezieht sich auf eine sog. *Shallow Discourse Structure* (Jurafsky, Shiberg & Biasca 1997: 1), die aussagenlogische, formalpragmatische Parameter außer Betracht lässt. Diese Perspektive auf Dialogstrukturen ergänzt die Annotation auf den Ebenen der Lexik und der Syntax, denen ein deskriptives Modell zu Grunde liegt.

Das SWBD-DAMSL-Tag-Set wurde anhand von Transkripten telefonbasierter Mensch-Mensch-Kommunikation erstellt und beinhaltet einige Tags, die für medial schriftliche Interaktion nicht relevant sind. Einige Annotationskategorien nach SWBD-DAMSL können für die chat-basierte HCI vernachlässigt werden (z.B. *Self-Talk*). *„For any particular project, we would expect that the annotation scheme would be refined to provide further detail on phenomena of interest"* (Allen & Core 1997: 2). Allgemein wurde das Tag-Set aber für aufgabenorientierte Zwei-Parteien-Dialoge entwickelt (vgl. Allen & Core 1997: 2), so dass es sich auf die Interaktion zwischen UserIn und System gut übertragen lässt.

Sprechakte werden so annotiert, dass an ihnen z.B. vermerkt wird, ob es sich um eine *Forward Function* (FPP) oder um eine *Backward Function* (SPP) handelt. Adjazenzstrukturen können auf diese Art und Weise indirekt mitannotiert und im Korpus leichter wieder aufgefunden werden. Aus der Abfolge der Sprechakte lassen sich in einem zweiten Schritt typische Muster ableiten, die u. U. Aufschluss geben können über Charakteristika eines CTs auf der Ebene der Sprechakte.

Das SWBD-DAMSL-Tag-Set[100] umfasst 60 Basistags, die teilweise auch kombiniert werden können. Nach Abzug der Tags, die sich allein auf medial mündliche Kommunikation beziehen oder bereits von anderen Tag-Set abgedeckt werden (Syntax, Persistenz), blieben für das vorliegende Tag-Set 37 Sprechakt-Tags. Diese wurden wiederum um 6 zusätzliche Tags für medial schriftliche HCI erweitert, so dass für die Studie ein Tag-Set von 43 Sprechakt-Tags vorliegt. Die Tabelle zeigt das komplette, modifizierte und vereinfachte Tag-Set.

Tabelle 12: Modifiziertes Tag-Set SWBD-DAMSL-HCI

Kategorie	**Tag**	**Kommentar**	**Beispiel**
statemant-non-opinion	[sd]	einfache Aussage, der ein Wahrheitsgehalt zugeordnet werden kann	*Ich habe eine Stahlplatte im Kopf.*
statement-opinion	[sv]	persönliche Meinung, subjekiv	*Das klingt spannend.*
yes-no-question	[qy]	Ja-Nein-Frage	*Kennst du „Herr der Ringe"?*
w-question	[qw]	W-Frage	*Warum müssen Sie immer solche Fragen stellen?*
open-question	[qo]	offene Frage, lässt eine nicht restringierte Menge von Antworten zu	*Und nun?*
or-question	[qr]	Oder-Frage, nur zwei Antworten sind möglich	*Komisch im Sinne von merkwürdig oder im Sinne von amüsant?*
declarative-question	[^d][101]	Deklarativ-Frage	*Und es fallen dann keine Gebühren an?*
tag-question	[^g]	**Tag-Frage, im Deutschen selten**	*Aber du bist perfekt, was?*
action-directive	[ad]		*Schieß los!*
offer	[co]		*Ich kann sehr gerne nachschauen lassen.*
commit	[cc]		*Ich melde mich wieder mal!*

100 Das originale SWBD-DAMSL-Tag-Set findet sich unter: www.stanford.edu/~jurafsky/ws97/manual.august1.html (Zugriff 20.05.2016).

101 Bei den mit dem Symbol ^ gekennzeichneten Tags handelt es sich um Annotationen, die in Verbindung mit einer zweiten Annotationskategorie verwendet werden können, um Zusatzinformationen zu enkodieren.

Kategorie	Tag	Kommentar	Beispiel
command	[com]		*Mehr Info*
conventional-opening	[fp]		*Hallo, Elbot!*
conventional-closing	[fc]		*Auf Wiedersehen.*
non-conventional closing	[fnc]	**z. B. Verabschiedung fehlt völlig, Dialog wird einfach abgebrochen**	...
explicit-performative	[fx]		*Ein frohes, neues Jahr wünsche ich Dir!*
exclamation	[fe]	**Medial schriftlich realisiert durch Onomatopoesie, Iteration, Großbuchstaben, Akronyme**	*Haha!,* *Haaaha!,* *Ich SCHREIE,* *LOL*
flaming	[fl]		*Grins nich so kackfresse!*
thanking	[ft]		*Vielen Dank!*
you're welcome	[fw]		*Gern geschehen!*
apology	[fa]		*Tut mir leid!*
test	[fts]	**UserInnen-Eingaben, mit denen das System getestet werden soll (z. B. Nonsense, oder stark kontextabhängige Äußerungen)**	*Ziegensauger?*
please	[fpl]		*Schickst Du mir bitte einmal eine Internetseite?*
accept	[aa]		*o.k.*
maybe	[am]		*Vielleicht…*
reject	[ar]		*Nein, danke!*
signal-non-understanding	[br]		*Ich befürchte, ich habe nicht genügend Daten, um intelligent zu antworten.*
acknowledge	[bh]		*Ach so.*
repeat-phrase	[^m]	**Auto-Repetition, die im psycholinguistischen Diskurs bei menschlichen ProbandInnen als Self-Alignment gedeutet wird**	*Max: Ich wünsch Dir noch einen schönen Tag, Ipke!* *UserIn: Bye-bye* *Max: **Ich wünsch Dir noch einen schönen Tag!***

Kategorie	Tag	Kommentar	Beispiel
completion	[^2]	**B vervollständigt die Äußerung von A bzw. schließt sie als Koordinationsellipse an.**	*Elbot: Sie sollten die Frage mal einem Talk-Show-Moderator stellen. UserIn: oder einem General.*
summarize / reformulate	[bf]		*UserIn: Kennst Du Günther? Elbot: Günther könnte ein Roboter sein. UserIn: Ich meine Günther Jauch.*
appreciation	[ba]		*Prima!*
sympathy	[by]		*Du bist echt süß!*
downplayer	[bd]		*UserIn: Tut mir leid Twipsy:* ***Ist schon in Ordnung***
yes answers	[ny]		*Ja!*
no answers	[nn]		*Nein!*
affirmative non-yes answers	[na]		*Eben!*
negative non-no answers	[ng]		*Ist es nicht!*
other answers	[no]		*soso*
incoherent answer	[ni]		*UserIn: Kennst Du Star Treck? Elbot: Eigentlich habe ich gar kein richtiges Lieblingstier.*
quasi-coherent answer	[niq]	**vorformulierte Ausweichantworten,** ***Default-Antworten*** **(wirken oft eigenartig und unerwartet, aber nicht völlig inkohärent)**	*UserIn: Normal ist das nicht! Elbot: Dieses Thema ist etwas traumatisch für mich.*
quoted material	[^q]		*Erst nach der Show heißt es* ***„Film ab!"***

Die in der Tabelle grau hinterlegten Kategorien wurden als Tags zur Annotation von HCI hinzugefügt und sollen hier genauer beschrieben weren.

Command [com]: Bestimmte UserInnen-Typen tendieren dazu, einfache, sprachlich stark verkürzte Befehle an das System einzugeben. Dabei handelt es sich meist um einfache Infinitive („öffnen“, „zeigen“), Imperative („stopp“, „halt“) oder freistehende NGrs („mehr Info“). Pragmatisch entsprechen diese Sprechakte eher der Eingabe eines Befehls in Programmiersprache oder über eine bestimmte Tastenkombination (z.B. Weiterklicken über *Enter* oder *Stgr* + *C* für „kopieren“) als natürlichsprachlicher Kommunikation. In der HHC sind solche Sprachhandlungen äußerst selten und wenn sie auf der Performanzebene beobachtet werden können, unterscheiden sie sich doch konzeptionell von Befehlen in der HCI. Krause, Hitzenberger und Womser-Hacker fanden in ihren Studien Anfang der 1990er Jahre zahlreiche Belege für sprachliche Handlungen im Sinne von [com] und klassifizierten sie als typisch für CT (vgl. z.B. Krause & Hitzenberger 1992). Fischer (2006) kann Belege für [com] nur noch beim UserInnen-Typus *Non-PlayerIn* finden (vgl. Fischer 2006: 121–129). Bei [com] handelt es sich um eine Forward-Looking-Function.

Non-Conversational-Closing [fnc]: [fnc] musste eingeführt werden, um alle Dialogbeendigungen zu kennzeichnen, die nicht mit einer wechselseitigen Verabschiedung schließen. In der HHC kommen solche Dialogabbrüche selten vor, da Gesprächsrahmen als hochgradig konventionalisiert angesehen werden können (vgl. Kapitel 2.4; Brinker & Sager 1989). In der HCI hingegen werden Dialoge oftmals von UserInnen abgebrochen aus Gründen, die in Kapitel 4 näher diskutiert werden sollen. Eine Entsprechung zu [fnc] bei der Gesprächseröffnung im Sinne eines Non-Conversational-Openings ist denkbar, wurde aber zur Annotation der Korpora nicht benötigt, da beim Dialog-Design aller ins Korpus aufgenommenen Agenten darauf geachtet wurde, dass die Systeme den Dialog eröffnen und kurz darstellen, welche Funktion sie erfüllen, z.B. „Hallo, ich bin Max. Über die Tastatur kannst Du mit mir sprechen“. [fnc] ist eine Forward-Looking-Function und fällt unter die Kategorie *Communication-Management*.

Flaming [fl]: Alonzo und Aiken definieren *Flaming* als Begriff aus dem Kontext der internet-basierten Kommunikation folgendermaßen: *„the term generally requires hostile intentions characterised by words of profanity, obsecenity, and insults that inflict harm to a person or an organisation resulting from uninhibited behavior”* (Alonzo & Aiken 2004: 205). *Flaming* ist ein notorisches Problem der HCI. UserInnen scheinen aus unterschiedlichen Gründen dazu zu tendieren, Systeme zu beschimpfen (vgl. Diskussion zum Max-Korpus, s. Kapitel 4.4), sei es, um das System zu testen, sei es, weil keinerlei Konsequenzen drohen, oder sei es, um sich in einer Gruppe von UserInnen zu produzieren. Im Gegensatz zur HHC, in der Beschimpfungen die Ausnahme darstellen, gehören Sie in den untersuchten HCI-Korpora zur Tagesordnung. Das Tag-Set musste also entsprechend erweitert werden. Bei [fl] handelt es sich um eine Forward-Looking-Function.

Test [fts]: UserInnen versuchen die Möglichkeiten des Systems auf unterschiedliche Arten zu erproben. So werden in der chat-basierten HCI z. B. sinnlose Tastenkombinationen oder ungewöhnliche Wörter eingegeben, um die Reaktion des Systems zu testen. In der HHC oder der CMC wäre ein solches Verhalten nur unter sehr speziellen Bedingungen denkbar. Als initiative Sprachhandlung, durch die ja gerade eine Systemreaktion provoziert werden soll, ist [fts] selbstverständlich zu den *Forward-Looking-Functions* zu zählen.

Incoherent [ni] und quasi-coherent answer [niq]: In der HHC sind ausschließlich solche Gesprächsbeiträge akzeptabel, die logisch kohärent an den Vorgänger-Turn anschließen, semantische Kontiguität aufweisen und dem situativen Kontext angemessen sind (vgl. Kapitel 2.4). Systembeiträge folgen leider nicht immer in dieser Form kohärent auf UserInnen-Eingaben. Grund für solche Störungen des Dialogverlaufs sind Probleme des Parsings, die in unterschiedlicher Form auftreten können und mit denen Systeme unterschiedlich umgehen. Kann einer Eingabe bei einfachen Chatbot-Systemen z. B. kein Muster zugeordnet werden, greifen unterschiedliche Mechanismen.

1. Die UserInnen-Eingabe wird fälschlicherweise in einer Form interpretiert, die von der Userin nicht intendiert war. Das Parsing-Problem wird nicht erkannt und es wird eine Antwort generiert, die zwar kohärent anschließt an die Fehlinterpretation, nicht aber an die eigentliche Eingabe der Userin. Hier sind zwei Szenarien möglich.

    a) In den meisten Fällen sind solche System-Turns sowohl in der Tiefenstruktur als auch an der Oberfläche inkohärent zum UserInnen-Turn; d. h., es besteht weder semantische Kontiguität, noch logische Kohärenz oder thematische Progression zum UserInnen-Turn noch finden sich sprachliche Marker für Kohäsion im ausgegebenen Text, die einen Bezug zum UserInnen-Turn erkennen lassen. Beiträge, die also sowohl in Bezug auf Kohärenz als auch auf Kohäsion nicht an den vorhergehenden Turn des Gegenübers anschließen, werden als inkohärente Antworten annotiert. Solche Turns sind in der HHC kaum vorstellbar, da sie völlig aus der Progression des Dialogs herausfallen und im gegebenen Kontext unsinnig wirken.
    b) In einigen Fällen weist die logisch inkohärente Systemantwort an der Oberfläche Repetitionen auf, die den Eindruck erwecken, sie stünden in direkter Relation zur UserInnen-Eingabe. Stattdessen handelt es sich um Artefakte des Parsing-Fehlers (z. B. Fehler in der semantischen Interpretation einer Wortform, aber Repetition derselben). Solche System-Turns werden als quasi-kohärente Antworten annotiert, da sie vermeintliche Kohäsionsmarker aufweisen, logisch aber nicht kohärent anschließen.

2. Wird ein Parsing-Fehler dagegen vom System direkt erkannt, greifen unterschiedliche Kompensationsmechanismen:

   a) Direkte Rückfragen an die Userin, die zum Einleiten von Repair als kohärente Reaktion auf die Störung interpretiert werden können. Sie werden als entsprechender Fragentyp annotiert. Die Rückmeldung an die Userin, dass der Beitrag nicht „verstanden" wurde und nach Möglichkeit umformuliert werden soll, ist die kohärenteste, aber auch gleichzeitig die riskanteste für den weiteren Dialogverlauf. Systeme, die ständig ausgeben: „Das verstehe ich leider nicht" stoßen bei UserInnen auf geringe Akzeptanz. Dialoge werden früher abgebrochen, wenn Systeme ausschließlich auf vollständig erkannte Muster reagieren.
   b) Default-Antworten, die Gemeinplätze enthalten und in den meisten Dialogsituationen vergleichsweiche akzeptabel erscheinen, werden ausgegeben, um die Störung zu kaschieren. *„Default or safety-net answers are most commonly selected and will therefore be seen to repeat over a series of conversations"* (Roberts 2006: 3). Verlegenheitsantworten machen also bei einfachen Chatbots den Löwenanteil der Systemausgabe aus. Manchmal fügen sie sich zufällig nahtlos in den Dialog und meist sind sie so allgemein gehalten, dass sie auf jeden Vorgänger-Turn passen.

      „One solution is to write meta-answers so general that they fit anything and, if we're lucky, amuse at the same time" (Roberts 2006: 3).

      (1) Elbot: I am glad you are willing to speak to me so openly about such matters. Now, what was it you said?
      (2) Elbot: I suppose if I could respond to that I'd pass the Turing test.

   Je nach Akzeptabilität in der konkreten Dialogsequenz werden diese als kohärent (ohne Annotation), quasi-kohärent (Kohäsionsmarker vorhanden, aber keine semantische Kontiguität) oder inkohärent (keine Kohäsionsmarker, keine semantische Kontiguität) annotiert.

   Oft wirken diese Beiträge jedoch deplaziert und stoßen bei UserInnen nicht auf große Akzeptanz. Ähnlich wie Menschen, die auf Gemeinplätze auszuweichen pflegen, evozieren Bots mit solchen Beiträgen oft aggressives UserInnen-Verhalten.

      (1) Elbot: Vielleicht liegt das an mehr Erfahrung.
      (2) UserIn: vielleicht auch an mangelnder zahl von bits und bytes
      (3) Elbot: Das Leben als Mensch soll ja nicht so einfach sein [niq]
      (4) UserIn: floskelarsch
      (Elbot 2963–2996)

Bei teilweise analysierten UserInnen-Eingaben (Bsp.: In einem längeren Turn konnte nur ein Schlüsselwort im Lexikon gefunden werden.) kann eine Verlegenheitsantwort (*default answer*) generiert werden, die einzelne Schlüsselwörter aufgreift, aber aussagenlogisch in gar keinen Zusammenhang zum Vorgänger-Turn gesetzt werden kann. Trotzdem wird das gleiche Vokabular verwendet und es entsteht eine schwer greifbare Quasi-Kohärenz oder Oberflächenkohärenz [niq].

(1) UserIn: Ich liebe gekochte Katzen.
(2) Elbot: Eigentlich habe ich gar kein richtiges Lieblingstier.
(Elbot 3656–3668)

Mit [ni] und [niq] wird kein Sprechakt bezeichnet, sondern eine Relation zum Kontext. Für die HHC wäre ein solches Tagging nicht im Sinne von SWBD-DAMSL. In der HCI sind jedoch die einzigen Backward-Looking-Functions, die das System (pragmatisch) vollziehen kann, streng genommen: Parsing (+ regelbasierte Ausgabe) vs. Nicht-Parsing (+ Default-Ausgabe). Aus diesem Grund können [ni] und [niq] als Backward-Looking-Functions für die HCI ins Tag-Set aufgenommen werden.

c) Default-Antworten mit Themawechsel, um ein völlig neues Thema einzuführen oder zu einem übergeordneten Dialogziel zurückzukehren (*Goal-Directedness*). Hierbei handelt es sich um eine Spezialform von 2b) und einen Kniff der Dialog-DesignerInnen. An die eigentliche Default-Antwort anschließend wird ein neues Thema eingeführt, das den Dialogverlauf wieder in einen Bereich des Dialog-Designs zurückführt, der sicherer geparst werden kann. Außerdem kann das System auf diese Weise immer wieder zu seinem ursprünglichen Dialogziel zurückkommen (z.B. Exponate erklären, Ticket verkaufen usw.). Typische Beispiele für zielorientierte Themenwechsel nach gescheitertem Parsing im Sinne eines „*goal-directed behaviours*" (Cassell 2002) finden sich in großer Zahl in den Agenten-Korpora – wie z.B. bei Twipsy:

(1) Twipsy: Jetzt sind Sie platt, was?
(2) User: Wie eine Scholle
(3) Twipsy: Habe ich Ihnen eigentlich schon erzählt, dass die EXPO 2000 nicht nur in Hannover, sondern weltweit stattfindet?
(Twipsy 12277–12308)

Die annotierten Sprechakte und Dialogstrukturen stellen die Basis für verschiedene Untersuchungsbereiche dar. Merkmale der Dialogstruktur nach SWBD-DAMSL fließen in die Herausarbeitung des Grundgerüsts der HCI-Dialoge nach Kriterien der CA ein (vgl. Kapitel 4.1, *Rahmensequenzen*, *Komplettierungen*). Vor dem Hintergrund dieses theoretischen Zugangs können mit Hilfe der annotierten Sprechakte pragmatische Muster, die typisch für die jeweiligen Anwendungen sind, herausgearbeitet werden. Die Annotation der Sprechakte ist außerdem besonders relevant im Rahmen der Diskussion um CT bei komplexeren Phänomenen, um Aussagen über funktionale Aspekte des UserInnen-Verhaltens stützen zu können. Dabei trägt sie z.B. zur quantitativen Analyse von komplexen Phänomenen wie sprachlicher Höflichkeit in der HCI bei.

3.3.6.2.5 Persistenzen

Um Alignment mit korpuslinguistischen Methoden nachweisen zu können, wurde für die vorliegende Studie *PerLexSy* entwickelt, eine Annotationskonvention für ***per***sistente ***lex***ikalische und ***sy***ntaktische Strukturen in Dialogen. Werden sprachliche Strukturen des Vorgänger-Turns im nächsten Turn oder weiteren Verlauf des Dialogs trotz SprecherInnen-Wechsel übernommen (Persistenz, Allo-Repetition), kann diese Beobachtung nach dem psycholinguistischen Modell von Pickering und Garrod (2004) als kognitives Alignment gedeutet werden, das auf der Ebene der Sprachverarbeitung von ihnen als *Lower-Level-Priming* gedeutet wird. Auf der Ebene der Performanz können keine Aussagen über Prozesse der Sprachverarbeitung im Gehirn getroffen werden. Mit empirischen Methoden lassen sich nur persistente Strukturen in Dialogen auffinden und klassifizieren nach ihren unterschiedlichen Persistenztypen und ihren unterschiedlichen Funktionen im Dialog. In *PerLexSy* kann bereits bei der Annotation zwischen lexikalischen und syntaktischen Persistenzen unterschieden werden (vgl. Pickering & Garrod 2004). Ferner wird zwischen Alpha- und Beta-Persistenz (vgl. Szmrecsanyi 2005) differenziert. Die Tags für Persistenzen stehen in eckigen Klammern. Große Initiale werden verwendet.

Um später Aussagen über Frequenzen und Funktionen der unterschiedlichen Persistenztypen treffen zu können, ist eine möglichst genaue Annotation unerlässlich. Persistenten Strukturen ist die Problematik inhärent, dass sie notwendig aus zwei oder mehr Teilen bestehen. Da beide Teile auch jeweils separat im Korpus aufgefunden werden können sollen, wird an jedem Teil der Persistenz eine Annotation vorgenommen.

(1) Twipsy: Genau! [La']
(2) User: genau [La]
(Twipsy 1508–1512)

Dieser Umstand ist nicht obligatorisch, denn man könnte auch vereinbaren, Persistenzen grundsätzlich am letzten Teil einer Paarsequenz zu taggen mit einem Tag für die gesamte Struktur.

(1) Twipsy: Genau!
(2) User: genau [La'-La]
(Twipsy 1508–1512)

Da bei der Auswertung von Persistenzen Paare gezählt werden und keine Einzelstrukturen, erleichtert die zweite Variante das automatische Auszählen. Die erste Variante hilft, die Strukturen im Korpus besser zurückverfolgen zu können. Sollen UserInnen- und Systemdaten separat ausgezählt werden, ist die jeweilige Annotation der Einzelstrukturen unerlässlich. Zusätzlich wurde innerhalb der Korpora eine farbige Markierung verwendet, um die zusammengehörigen Teile besser auffinden zu können.

Die Tags setzten sich nach folgendem Prinzip zusammen: „L" steht für *lexikalische Persistenz;* „S" steht für *syntaktische Persistenz.* Ein kleines „a" steht für *Alpha-Persistenz* und ein kleines „b" für *Beta-Persistenz.* Die vier Parameter können frei kombiniert werden. Zusätzlich wird jedes System-Turn-Tag mit einem Ableitungsstrich (') versehen zur besseren Unterscheidung. Denn es ist von großer Bedeutung, ob sich eine Userin persistent zum System verhält (Alignment?) oder sich das System zur Userin persistent verhält (Quasi-Persistenz aufgrund von Schlüsselworterkennung[102]). Entsprechend sind folgende Kombinationen möglich:

Tabelle 13: Tag-Set Persistenzkategorien (Allo-Repetition)

Kategorie	**Tag**	**Kommentar**	**Beispiel**
Lexikalische Alpha-Persistenz System-UserIn	[La'-La]	Die identische Wortform wird gespiegelt.	*System: **Schade!*** *UserIn: **schade***
Lexikalische Alpha-Persistenz UserIn-System	[La-La']	gleiche Kriterien wie oben, aber Interpretation als Quasi-Persistenz	*UserIn: **support*** *System: Hier auf Unserer **Support**-Seite sollten Sie alle gewünschten Informationen finden.*

102 Wenn das System eine persistente Struktur zum UserInnen-Input zeigt, so wird zunächst davon ausgegangen, dass diese ein Ergebnis des Schlüsselwort-Parsings sei und als Quasi-Pesistenz des Systems analysiert werden könne. Die Annotation wurde an dieser Stelle nicht bei jedem fraglichen Turn mit der konkreten Beschaffenheit des jeweiligen Dialog-Designs des fraglichen Systems abgeglichen. Für die vorliegende Studie standen keine umfassenden Informationen über die jeweiligen Makros zur Verfügung. Zur Weiterentwicklung innovativer Systeme wäre eine solche Evaluation aber hilfreich.

Kategorie	Tag	Kommentar	Beispiel
Syntaktische Alpha-Persistenz System-UserIn	[Sa'-Sa]	Die Struktur einer Phrase oder des ganzen Satzes wird übernommen.	*System:* ***Wer bist du? <ks'>*** *UserIn:* ***Ich bin Stefan.*** ***<ks>***
Syntaktische Alpha-Persistenz UserIn-System	[Sa-Sa']	gleiche Kriterien wie oben, aber Interpretation als Quasi-Persistenz	*UserIn: Mich interessieren ihre Partner* ***in Österrreich?*** ***<pgr>*** *System: Bisher haben wir keine Partnerfirma* ***aus Österreich.*** ***<pgr'>***
Lexikalische Beta-Persistenz System-UserIn	[Lb'-Lb]	Variation in Form von • Komposita • Nominalisierungen • Personenwechsel bei Pronomina	*System: […]* ***Ausstellungsbereich*** *Kah Ih Robotik […]* *User: dann* ***Ausstellung*** *nicht machen.*
Lexikalische Beta-Persistenz UserIn-System	[Lb-Lb']	gleiche Kriterien wie oben, aber Interpretation als Quasi-Persistenz	*UserIn: Was gibt es heute* ***zu essen.*** *System:* ***Das Essen*** *in der Unimensa […]*
Syntaktische Beta-Persistenz System-UserIn	[Sb'-Sb]	• Strukturen mit gleichem Grundaufbau, aber unterschiedlichen Elementen • Identische Strukturen mit unterschiedlichen syntaktischen Funktionen	*System: Man* ***muss*** *doch nicht auf alles eine Antwort* ***haben.*** ***<vgr'>*** *(MV+VV)* *UserIn: Nee,* ***brauch*** *man nicht.* ***<vgr>*** *(MV+X)*
Syntaktische Beta-Persistenz UserIn-System	[Sb-Sb']	Gleiche Kriterien wie oben, aber Interpretation als Quasi-Persistenz	*UserIn: Sing ein Lied für mich!* ***<s>*** ***(VVImp+Akk+PGr)*** *System: Sing Du mir doch was vor.* ***<s>*** ***(VVImp+Nom+Dat+Akk)***

1. Lexikalisches und syntaktisches Alignment: Ein grundsätzliches Problem liegt darin, dass lexikalisches und syntaktisches Alignment häufig gemeinsam auftreten. Persistente Strukturen sind oft komplex, so dass bei einer Strukturübernahme mehrere Wortformen gespiegelt werden. Zusätzlich kann dabei auch die syntaktische Struktur übernommen werden.

(1) System: Ich sehe aus wie James Bond.
(2) User: Du siehst aus wie Stefan.
(Max-Korpus 1824–1836)

Eine solche Struktur kann unterschiedlich ausgewertet werden. Man könnte sie als eine einzige Konstruktion mit Platzhaltern betrachten, die in ihrer Gesamtheit übernommen wurde: „X sieht aus wie Y."

Entsprechend ließe sie sich nicht weiter in kleinere Bestandteile zerlegen und müsste mit einem einzigen Tag versehen werden. Dem Konzept von Alignment als Lower-Level-Priming und den Grundannahmen der Konstruktionsgrammatik käme eine solche Herangehensweise sehr nahe. Eine Konstruktion gewissermaßen als Chunk zu betrachten, der vom Menschen perzipiert und über Alignment Channels direkt reproduziert wird, entspräche der Modellvorstellung. Für die vorliegende Studie jedoch wurde eine Hilfskonstruktion entwickelt, um möglichst viele Aspekte einer Persistenz ermitteln zu können. So wurde die Persistenzrelation auf der Ebene der Gesamtkonstruktion in ihre einzelnen Bestandteile aufgeteilt und jeder Bestandteil wurde separat annotiert. Auf diese Art und Weise konnten auch alle untergeordneten Persistenzrelationen erhoben werden und nach den Parametern *lexikalisch* vs. *syntaktisch* und *Alpha* vs. *Beta* unterschieden werden.

Das Beispiel müsste dann so annotiert werden:

Tabelle 14: Beispiel Annotation

System	User	Synt. Kategorie	Persistenzrelation
ich	Du		[Lb'-Lb]
sehe	siehst		[La'-La]
aus	aus		
wie	wie		[La'-La]
James Bond	Stefan		
.	.	<s>	[Sa'-Sa]

Dass eine solche Klassifizierung auf der Mikroebene ausschließlich der detaillierten Erhebung von strukturellen Informationen dient, muss forthin auf Grundlage der vorliegenden Annotationskonvention bei jedem weiteren Analyseschritt mitgedacht werden.

Eine lexikalische Persistenz wird also zusätzlich getaggt, wenn sie Bestandteil einer komplett übernommenen syntaktischen Konstruktion ist. Für die Statistik erhalten wir so z. B. für die Persistenzrelation La'-La sowohl Werte von ungebundenen Persistenzen als auch von syntaktisch gebundenen. Solche Zusatzinformationen müssen natürlich in die qualitative Auswertung miteinfließen.

2. **Auto-Repetition:** Auch Persistenzen zu eigenen Vorgänger-Turns (Auto-Repetition) können annotiert werden. Diese werden in der Psycholinguistik als Self-Alignment analysiert (vgl. Kapitel 2.3).
   Es gelten die gleichen Kriterien und Konventionen zur Annotation und die gleichen Tags werden verwendet. Es findet lediglich kein SprecherInnen-Wechsel statt. Entsprechend sind folgende Kombinationen möglich:

   UserIn: [La-La], [Lb-Lb], [Sa-Sa], [Sb-Sb]
   System: [La'-La'], [Lb'-Lb'], [Sa'-Sa'], [Sb'-Sb']

3. **Non-Persistenz:** Mit Bezug auf Szmrecsanyi (2005) wurde bei der Analyse eine zusätzliche Perspektive eingenommen: Es wurden nicht nur persistente Strukturen getaggt, sondern auch umgekehrt die Fälle, bei denen es zwar möglich gewesen wäre, eine Persistenz zu produzieren, diese aber im Korpus nicht auftaucht, sondern stattdessen ein Synonym oder eine Paraphrase. Selbstverständlich können auf diese Art und Weise ausschließlich Sequenzen in die Analyse eingehen, bei denen symmetrische Adjazenzpaare sehr wahrscheinlich sind. Die Entscheidung fiel hier theoriegeleitet auf ritualisierte Paarsequenzen im Gesprächsrahmen und Höflichkeitsmarker wie z.B. Duzen vs. Siezen (vgl. Kapitel 2.3). Wo also an diesen Loci keine Persistenzpaare produziert wurden, wurde die asymmetrische Form als Non-Alignment analysiert (vgl. Pickering & Garrod 2004, Fischer im Druck: 45). Die Untersuchung beschränkt sich hier auf das Verhalten der UserInnen bzw. der Bibliotheksmitglieder in Bezug auf lexikalische Alpha-Persistenz. Alles andere wäre zu spekulativ, da man eine konkrete erwartbare Form vorhersagen können muss, die wahrscheinlich ist, aber nicht produziert wurde (vgl. 2.3).

Tabelle 15: Non-Persistenz (keine Allo-Repetition)

Kategorie	**Tag**	**Kommentar**	**Beispiel**
Non-Persistenz System-UserIn	**[Na'-Na]**	kein persistentes Verhalten bei Grußfloskeln oder anderen ritualisierten Sequenzen	*System: Guten Tag.* *UserIn: Hi!*

Die unterschiedlichen Persistenz-Typen (Alpha-, Beta- und Non-Persistenz) stellen einen ersten Versuch dar, den **Grad der Ähnlichkeit** zwischen Prime und Persistenz zu erfassen. Dies ist allerdings schwer zu systematisieren, da Ähnlichkeit auf unterschiedlichen Ebenen betrachtet werden kann und wahrscheinlich als Kontinuum zwischen identischer Übereinstimmung und dem völligen Fehlen übereinstimmender Faktoren vorliegt. Der Operationalisierungsvorschlag in der Tabelle (s.u.) muss folglich als tentativ betrachtet werden.

Tabelle 16: Ähnlichkeitsgrade

Persistenz-Typ	**Ebenen der Übereinstimmung**	**Sprachliche Form**
Alpha-Persistenz	**+ Struktur** **+ Funktion**	Genau die gleiche Wortform oder syntaktische Struktur wird gespiegelt.
Beta-Persistenz	**+/- Struktur** **- Funktion**	Variation der Struktur oder gleich Struktur bei abweichender syntaktischer Funktion
Non-Persistenz	**- Struktur** **- Funktion**	keine Übernahme

Problematisch an diesem Versuch der Systematisierung ist die fehlende Ausdifferenzierung der strukturellen oder relationalen Variationsmöglichkeiten. Außerdem kann bei Turn-Wechseln ohne Persistenzen nur dann von Non-Persistenz im engeren Sinne gesprochen werden, wenn die persistente Struktur wahrscheinlich gewesen wäre (vgl. Szmrecsanyi 2005).

3.3.6.2.6 Überprüfung des Tag-Sets

Die Tag-Sets zu den unterschiedlichen Analyse-Ebenen wurden mit zwei Studierendengruppen im BA Germanistik (28 Personen, 12 Personen; 3.-8. Semester) in Einführungsseminaren zur HCI 2009–2010 getestet. Nach einer detaillierten Einführung in die linguistischen Überlegungen und den Aufbau der Tag-Sets (3 x 90 min.) waren die Studierenden in der Lage, mit den Tag-Sets zu arbeiten und kamen überwiegend zu den gleichen Annotationen. Da es sich um Tags handelt, welche die strukturelle Seite von Sprache betreffen, sind bei geschulten Annotierenden weniger Abweichungen zu erwarten als bei semantischen Taggings. In der Studierendengruppe wurden allerdings besonders im Bereich der Syntax viele Fehler gemacht, die auf mangelnde Kenntnis des Grammatikmodells zurückzuführen sind. Das Tag-Set führt also bei unterschiedlichen Annnotierenden zu gleichen Ergebnissen, sofern diese linguistisch gut vorgebildet sind. Die Analyse-Kategorien eignen sich nicht für einen crowd-basierten Ansatz mit Laien-Annotierenden (vgl. *Social-Taggings* und *Folksonomies*). Vielmehr wird der Ansatz der Experten-Annotation verfolgt. Die Annotationen der Persistenzen in den Untersuchungskorpora wurden zusätzlich von zwei Hilfskräften direkt gegengeprüft und im Nachgang ggf. modifiziert.

3.3.7 Auswertung

Die Korpora wurden auf die verschiedenen Untersuchungsbereiche abgestimmt in unterschiedlicher Form aufbereitet. Für die Analyse der Untersuchungsparameter aus dem Bereich der Konversationsanalyse, zu Kohärenz und Kohäsion sowie zu CT wurde eine Auszählung der fraglichen Phänomene (auf Ebene der Wortformen, der Syntax, der Sprechakte und der Dialogstruktur) pro Teilkorpus jeweils separat für UserIn und System vorgenommen. Die Ergebnisse werden als relative Häufigkeiten mit Bezug auf die Größe des jeweiligen Teilkorpus' angegeben, aus Gründen, die im folgenden Unterkapitel genauer ausgeführt werden sollen. Auf eine weitere statistische Aufbereitung wurde bei diesen Untersuchungsparametern verzichtet, da sich die Anzahl der Teilkorpora nur auf N=10 beläuft.

Im Rahmen der Teilstudie zu Persistenzen als Indikatoren für Alignment wurden die Untersuchungsparameter zusätzlich paarweise pro Dialog ausgezählt. Auf der Grundlage dieser größeren Grundgesamtheit (zwischen 20 und 51 Dialoge pro Teilkorpus) konnten weitere statistische Verfahren gerechnet werden. Zusätzlich wurde die Distanz (in Wortformen) zwischen den persistenten Strukturen erhoben und eine Distanz-Frequenz-Analyse durchgeführt.

3.3.7.1 Allgemeine Probleme bei der feinkörnigen Analyse von Felddaten

In den vorangegangenen Unterkapiteln wurden die Zusammensetzung der Korpora sowie die verschiedenen Untersuchungsparameter aus den in Kapitel 2 dargestellten theoretischen Ansätzen genau beschrieben. Dass solche Daten aus dem Feld statistisch nicht leicht zu verarbeiten sind, liegt auf der Hand. Für die weitere Aufbereitung stellten sich zwei Hauptprobleme:

- die unterschiedliche Länge der Dialoge
- die große Anzahl der zu untersuchenden Variablen

Im Folgenden soll skizziert werden, welche Entscheidungen auf Grund der schwierigen Ausgangsdaten für die statistische Aufbereitung getroffen wurden.

Zunächst musste entschieden werden, ob die Auswertung auf Basis einzelner Dialoge oder ganzer Teilkorpora erfolgen sollte.[103] Die vorliegenden Korpora sind das Ergebnis eines Extraktions- und Bereinigungsprozesses, der zu unterschiedlich großen Stichproben geführt hat (s. o.). Da die Felddaten per se nur eine geringe Anzahl an ganzen Dialogen enthielten, sollten diese auch in vollem Umfang genutzt werden. Die Dialoge differieren aber sowohl korpusimmanent als auch im Vergleich zwischen den Korpora stark in ihrer Länge. Hinzu kommt, dass jedes Korpus für die Auszählung der Daten zusätzlich in ein Korpus mit den Beiträgen der UserInnen und eines mit dem Output des jeweiligen Systems unterteilt wurde. Da die Systeme in der Regel längere Beiträge posten, unterscheiden sich die UserInnen-Korpora von den System-Korpora in Bezug auf die Dialoglängen (Anzahl der Wortformen pro Dialog) stark. Die Tabelle zeigt die deskriptive Statistik der Verteilung der Wortformen auf die Dialoge pro Teilkorpus.

Tabelle 17: Deskriptive Statistik Wortformen pro Dialog

		Twipsy UserIn	Twipsy System	Karlbot UserIn	Karlbot System	Max UserIn	Max System	Elbot UserIn	Elbot System	Bib Auskunft	Bib Mitglied
N	Gültig	27	27	48	48	39	39	20	20	51	51
	Fehlend	24	24	3	3	12	12	31	31	0	0
Mittelwert		49,13	328,80	12,33	141,80	33,72	191,08	104,46	548,44	56,09	42,32
Median		31,33	209,67	9,40	108,10	23,55	133,45	76,08	399,42	47,88	36,12
Standardabweichung		69,11	462,52	8,83	101,58	29,97	169,86	105,12	551,90	45,17	34,07
Spannweite		341	2284	45	512	118	668	401	2107	203	153
Minimum		11	71	3	31	4	20	11	60	10	8
Maximum		352	2355	47	544	122	689	413	2166	213	161

103 Vorstellbar wäre auch eine Auswertung nach Turns, um einen höheren Wert für N zu erreichen. Die Turn-Längen in den Untersuchungskorpora variieren ihrerseits aber ebenfalls stark. Auf Grund ihrer großen Anzahl mit bis zu 900 Turns pro Korpus würden diese Abweichungen aber nicht mehr so stark ins Gewicht fallen. Eine Datenmaske anzulegen, in der man z.B. für jeden Turn einen Einzelwert einträgt, wäre bei dieser großen Anzahl von Turns sehr aufwändig. Dabei bliebe es fraglich, ob dieser „Schachzug" zu interpretierbaren Ergebnissen führen würde. Die verwendete Software (SPSS und r) kann derart große Datenmengen nicht mehr zuverlässig verarbeiten.

Vergleicht man die jeweiligen Teilkorpora in Bezug auf die Anzahl der Wortformen pro Dialog, wird deutlich, dass die Mittelwerte stark voneinander abweichen. Ein Blick auf die äußerst diversen Spannweiten verdeutlicht, dass die Korpora auch in sich heterogen sind in Bezug auf die Längen der Einzeldialoge. Die großen Standardabweichungen innerhalb und zwischen den Korpora erschweren die weitere statistische Aufbereitung.

Die große Anzahl an linguistischen Untersuchungsparametern, die in Kapitel 2 und 3 aus den theoretischen Grundlagen abgeleitet wurden, führt auf Ebene der Statistik zu außergewöhnlich vielen Variablen, die weiterverarbeitet werden müssten. Eine Auszählung all dieser Variablen pro Dialog ist aufwändig und kann zu einem Bodeneffekt (in sehr vielen Fällen der Wert von 0) führen, da nicht jeder Untersuchungsparameter auch in jedem Dialog vorkommt.

Für die übergeordnete Fragestellung sind drei Vergleichsrelationen relevant:

- UserInnen – System
- HCI – HHC
- Twipsy – Karlbot – Max – Elbot

Diese Vergleiche können auf der Basis von Teilkorpora angestellt werden. Würde ein Vergleich der einzelnen UserInnen angestrebt (z .B. Analyse der UserInnen-Typen), müssten die Dialoge separat behandelt werden. Da aber keine Meta-Daten zu den jeweiligen UserInnen zur Verfügung stehen, wäre eine solche Auswertung wenig aussagekräftig. Stattdessen wird die UserInnen-Sprache für das jeweilige gesamte Teilkorpus mit der Systemsprache für das parallele Teilkorpus verglichen. Ferner wird ein Vergleich zwischen den vier Systemen untereinander und mit dem Vergleichskorpus angestrebt. Es müssen dazu also lediglich die 10 Teilkorpora untereinander verglichen werden.

Theoretische und methodische Gründe sprechen in Bezug auf die meisten Untersuchungsparameter also gleichermaßen für die Auswertung der Daten pro Teilkorpus als relative Häufigkeiten mit Bezug zur Korpusgröße.

3.3.7.2 Zählung nach Teilkorpora

Alle Untersuchungsparameter wurden zunächst pro Teilkorpus ausgezählt (für UserIn und System separat). Eine automatische Zählung in Access ergab die in Tabelle 12 angegebenen Korpusdaten. Die Auszählung und Sortierung der einzelnen

Annotationskategorien erfolgte in Excel mittels der Pivot-Tabellen-Funktion.[104] Die Analysekategorien wurden zur Überprüfung der Hypothesen aus Kapitel 2 theoriegeleitet zu entsprechenden Gruppen zusammengefasst. Die unterschiedlichen Gruppen wurden auf die jeweils aussagekräftigste Einheit als Grundgesamtheit bezogen.

Tabelle 18: Analysekategorien und Bezugsgrößen

Analysekategorie	**Bezugsgröße**
Lemmata	Gesamtanzahl der Wortformen im Teilkorpus
POS	Gesamtanzahl der Wortformen im Teilkorpus
Syntax	Gesamtanzahl der TCUs im Teilkorpus
Dialogstruktur nach SWBD-DAMSL	Gesamtanzahl der Turns im Teilkorpus (Sprechakte) Gesamtanzahl der Dialoge im Teilkorpus (Grußsequenzen) Gesamtanzahl der TCUs im Teilkorpus (Dialogstruktur)
Persistenzen	Gesamtanzahl der Turns im Teilkorpus

3.3.7.3 Analyse der Untersuchungsparameter aus der Konversationsanalyse, zu Kohärenz und Kohäsion sowie zu Computer-Talk

Aus den o. g. Gründen wird in Bezug auf die meisten Untersuchungsparameter (CA, Kohärenz, CT) eine Auswertung nach Teilkorpora vorgenommen und nicht nach Dialogen. Mit vier untersuchten Systemen plus dem Vergleichskorpus beläuft sich also die Anzahl der Teilkorpora nach Aufteilung in je ein UserInnen- und ein System-Korpus auf N=10. Die Werte werden als relative Häufigkeiten zur jeweiligen Bezugsgröße angegeben (Menge der Wortformen, der Turns oder der Dialoge) und einander vergleichend gegenübergestellt. Relative Häufigkeiten mit sinnvollen Bezugsgrößen werden aus Gründen der Anschaulichkeit in Prozent angegeben.

104 Da sich die Untersuchung auf strukturelle Aspekte konzentriert, wurde von der Erstellung von Wortlisten in einem Konkordanzprogramm (MonoConc, Wordsmith-Tools, ConCGramm etc.) abgesehen.

Tabelle 19: Organisation der Teilkorpora

	Variable 1	**Variable 2**	**...**
Twipsy UserIn			...
Twipsy System			...
Karlbot UserIn			...
Karlbot System			...
Max UserIn			...
Max System			...
Elbot UserIn			...
Elbot System			...
Bib Auskunft			...
Bib Mitglied			...

Da die untersuchten Systeme grundverschieden sind (Chatbot mit Schlüsselworterkennung, Chatbot mit Dialogregeln, Syntaxparser, etc. und ECA), sind die Daten in den Systemkorpora voneinander zu unterscheiden. Die UserInnen-Daten stammen aus der Interaktion mit den unterschiedlichen Systemen und sind daher auch voneinander getrennt zu betrachten. Die Daten aus dem Vergleichskorpus müssen ebenfalls separat betrachtet werden, da es sich dabei um chat-basierte HHC in Abgrenzung zur HCI handelt.

Da für den Vergleich nur N=10 Teilkorpora zur Verfügung stehen, muss dann von jeglicher Inferenzstatistik abgesehen werden. Bei einem höheren Wert für N könnte man ebenfalls mittels einer einfaktoriellen Varianzanalyse (ANOVA) die unterschiedlichen Teilkorpora in Bezug auf mehrere Variablen gleichzeitig vergleichen, sofern diese parametrisch vorliegen. Aufgrund der geringen Datenmenge und der außergewöhnlich vielen Variablen, ist aber davon abzuraten. Entsprechend dürfen hier auch keine Korrelationen gerechnet werden, sondern es bleibt bei einer qualitativ vergleichenden Gegenüberstellung der Ergebnisse aus den verschiedenen Teilkorpora.

3.3.7.4 Teilstudie Alignment: Die Verteilung der Persistenzen

3.3.7.4.1 Zählung nach Dialogen

Eine Ausnahme bilden die operationalisierten Analysekategorien, die aus dem interaktiven Alignment-Modell abgeleitet wurden: lexikalische und syntaktische Persistenzen. Diese können in nahezu jedem Dialog nachgewiesen werden. Die Hypothesen aus Kapitel 2 lassen sich größtenteils mittels statistischer Verfahren pro Dialog überprüfen. Um Effekte der dynamischen Anpassung zwischen UserIn und System zu untersuchen ist eine Analyse nach Dialogen unumgänglich.

Als vorbewusst ausgelöste Handlung müssten Persistenzen seitens der UserInnen weniger stark abhängig sein von Effekten, die von den unterschiedlichen Systemen hervorgerufen werden (anthropomorphes Design, kohärente Dialogführung), so dass eine rein quantitative Analyse hier sinnvoll ist.

3.3.7.4.2 Deskriptive Statistik

Für die Analyse des interaktiven Alignments wurde auf Grund der theoretischen Überlegungen und der großen Menge an Persistenzen trotz der o. g. statistischen Bedenken eine Analyse nach Dialogen vorgenommen (N=183 UserIn + System, bzw. N=366 bei geteilten UserInnen- und System-Korpora). Dabei wurde durchgängig mit relativen Werten in Abhängigkeit zur Dialoglänge gerechnet. Für die Verteilung der lexikalischen und syntaktischen Persistenzen bei UserIn und Sytem wurden Median, Minimum und Maximum errechnet (vgl. Kapitel 4.3). Dabei wurden Alpha- und Beta-Persistenzen zusammengefasst.

3.3.7.4.3 Inferenzstatistik

Der Kolmogorov-Smirnov-Test ergab, dass die Werte nicht normalverteilt vorliegen, also wurde für alle weiteren Verfahren mit Rangplätzen gerechnet. Zum Vergleich mehrerer Variablen (syntaktische und lexikalische Persistenz jeweils seitens der UserInnen oder des Systems in den unterschiedlichen Korpora) wurden Mann-Whitney-U-Tests zum Vergleich der zentralen Tendenz anhand der mittleren Ränge aus zwei unabhängigen Stichproben durchgeführt (als Alternative zum T-Test).[105] Dabei wird bei vergleichbaren zentralen Tendenzen davon ausgegangen, dass sich die Werte in einer gemeinsamen Reihe mit Rangplätzen gleichmäßig verteilen. So können die Mediane von zwei unterschiedlichen Stichproben verglichen werden.

Es wurde ein 1-faktorielles Design angesetzt; d.h. in jedem Test wurden die Verteilungen der Persistenzen korpus-immanent hinsichtlich eines Faktors verglichen. In separaten Rechnungen wurde zum einen die Unterscheidung zwischen UserIn und System (Faktor „*Interagierende*") zugrunde gelegt und zum anderen die Unterscheidung zwischen Lexik und Syntax (Faktor „*Linguistische Beschreibungsebene*").

105 Beim Mann-Whitney-U-Test (auch Mann-Whitney-Wilcoxon, MWW) handelt es sich um einen klassischen Hypothesentest zum Vergleich von zwei unabhängigen, non-parametrischen Stichproben.

1-faktorielles Design:

a) **Test 1**
Faktor „*Interagierende*"
mit zwei Stufen: „*UserIn*" vs. „*System*"

Tabelle 20: Design Test 1

	Twipsy Lexik	Twipsy Syntax	Kalbot Lexik	Karlbot Syntax	Max Lexik	Max Syntax	Elbot Lexik	Elbot Syntax	Bib Lexik	Bib Syntax
UserIn										
System										

b) **Test 2**
Faktor „*Linguistische Beschreibungsebene*"
mit zwei Stufen: „*lexikalische Persistenz*" vs. „*syntaktische Persistenz*"

Tabelle 21: Design Test 2

	Twipsy UserIn	Twipsy System	Karlbot UserIn	Karlbot System	Max UserIn	Max System	Elbot UserIn	Elbot System	Bib UserIn	Bib System
Lexik										
Syntax										

Pro Tabelle wurden zehn separate Tests gerechnet, da ein korpusimmanenter Vergleich der einzelnen Dialoge angestrebt wurde und nicht der Vergleich zwischen den Gesamtkorpora.

Für die Stichproben *UserIn* und *System* bzw. *Lexik* und *Syntax* werden gemeinsame Rangreihen angenommen. Mittels der Teststatistik U wird überprüft, ob die Rangplätze in der gemeinsamen Rangreihe gleich verteilt sind.

UserIn System UserIn System UserIn System
UserIn UserIn UserIn System System System

Die Signifikanz wird berechnet, indem der kleinere U-Wert mit dem kritischen Wert auf der theoretischen U-Verteilung verglichen wird. Von Post-Hoc-Verfahren (paarweiser Vergleich mit Bonferroni-Korrektur) wurde auf Grund der non-parametrischen Verteilung abgesehen. Da sich in beiden Tests der im Rahmen der Theorie interessante Effekt gerade in einer *gleich* verteilten Rangreihe ausdrückt (Beibehaltung der Nullhypothese), ist die bei non-parametrischen Stichproben ohnehin kritische Bestimmung der Effektgrößen weniger relevant.

3.3.7.4.4 *Distanz-Frequenz-Analyse*

Zusätzlich wurden zur Untersuchung von Distanz-Frequenz-Effekten die Abstände zwischen persistenten Strukturen pro Teilkorpus ausgezählt (Anzahl der Wortformen zwischen Prime und Persistenz) und eine Analyse der absoluten Werte vorgenommen. Da die Dialoglänge für diese Werte eine untergeordnete Rolle spielt, muss nicht mit relativen Werten gerechnet werden. Die Auswertung erfolgt in Form von Funktionsgraphen (x = Distanz (Recency) in Wortformen, y = Frequenz (Frequency)) in Tokens. Die Ergebnisse werden mit der Vergessensfunktion für persistente Strukturen in HHC-Dialogen (vgl. Szmrecsanyi 2005) verglichen.

3.3.7.5 *Vor- und Nachteile des methodischen Ansatzes*

a) **Ökologische Validität:** Die methodischen Probleme (N=10, non-parametrische Verteilung) und liegen in der Beschaffenheit der Daten in Form von Logfile-Korpora aus dem Feld begründet und können statistisch nicht gelöst werden. Die Stärke dieser Daten liegt dagegen in ihrer hohen ökologischen Validität. Außerdem sind die Werte aus den Korpora auf große Datenmengen zurückzuführen und daher viel aussagekräftiger als Werte, die von einzelnen Versuchspersonen stammen. Dies hat zwar statistisch keine Relevanz, fällt bei näherer Betrachtung der Daten aber ins Auge. Denn trotz der geringen Datenmenge bei N=10 bilden die Werte das jeweilige theoretische Modell teilweise sehr gut ab. In Kapitel 4 sollen dementsprechend trotz der statistischen Probleme auch für die Bereiche CA, Kohärenz und CT relative Häufigkeiten und Tendenzen für Koinzidenzen berichtet werden.
b) **Aussagekraft über diachrone Entwicklungen:** Obwohl die Daten in eine diachrone Abfolge gebracht werden können und einen Zeitraum von 2000 bis 2006 abdecken, handelt es sich bei der vorliegenden Untersuchung nicht um eine Longitudinalstudie. Es wurde nicht das UserInnen-Verhalten gegenüber ein und demselben System über einen Zeitraum von sechs Jahren untersucht und auch nicht eine feste Gruppe von UserInnen über die Jahre verfolgt, sondern die Daten aus den unterschiedlichen Jahrgängen stammen von sehr verschiedenen Systemen (vgl. Kapitel 1) und UserInnen-Gruppen. Es wird auch nicht ein Systemtypus, der über die Jahre weiterentwickelt wurde, anhand seiner unterschiedlichen Versionen evaluiert. Vielmehr differieren die untersuchten Systeme grundsätzlich in ihren Architekturen und Dialog-Designs. Im Vergleich zu den einfachen Chatbots Twipsy und

Karlbot stellen Max und Elbot zwar Weiterentwicklungen dar, es wurden jedoch unterschiedliche Aspekte von den jeweiligen Forschungsgruppen weiterentwickelt. Entwicklungstendenzen können hier zwar technologiehistorisch nachgezeichnet werden, man kann aber auf dieser Basis keine diachrone Linie in der Entwicklung der UserInnen-Sprache postulieren.

4. Ergebnisse der quantitativen und qualitativen korpusgestützen Analyse

Im folgenden Kapitel werden die Ergebnisse der quantitativen und qualitativen Auswertung dargestellt. Die Gliederung orientiert sich an den in Kapitel 2 vorgestellten Theorien, die zur Analyse von HCI-Dialogen nutzbar gemacht werden sollen: Sprachliche Muster und Routinen nach der Theorie der CA (4.1), Alignment als vorbewusster kognitiver Mechanismus (4.2), Kohärenz und Kohäsion im Dialog (4.3) sowie Hypothesen zum CT (4.4). In Kapitel 4.5 werden die Ergebnisse aus den unterschiedlichen Teilbereichen zusammengeführt und auf einander bezogen, um so das Fundament für ein Interaktionsmodell der HCI (Kapitel 5.1) zu legen.

4.1 Ergebnisse der Analyse nach Kriterien der CA

Die grundsätzliche Gliederung der untersuchen HCI-Dialoge in Turns und TCUs offenbart interessante Einblicke in die Dialogstruktur. Adjazenzstrukturen können mit Hilfe der CA strukturell ausgewertet werden. Eine funktionale Analyse der Accounts erfolgt über SWBD-DAMSL. Dabei können die HCI-Daten mit den Werten aus der Analyse der CMC-Dialoge der chat-basierten Bibliotheksinformation verglichen werden. Allgemein fällt dabei auf, dass die menschlichen Interagierenden (Bibliotheksauskunft und Bibliotheksmitglied) gut aufeinander abgestimmt kommunizieren. Die Werte zu Tokens, Wortformen, Turnlänge usw. liegen hier nahe bei einander. Bei UserIn und System im HCI-Dialog differieren die Werte stärker. Es zeichnen sich keine Verteilungen ab, die auf ausgewogene Interaktion schließen lassen. Dies soll hier im Detail für die strukturellen und funktionalen Aspekte gezeigt werden, die in Kapitel 2.2 zur CA diskutiert wurden:

- die Gliederung der Dialoge in Turns und TCUs
    - Turn-Taking
    - Splitting von Turns
- Muster bei Adjazenzstrukturen
    - im Gesprächsrahmen
    - in der Gesprächsmitte
- häufigsten Funktionen der Accounts (nach SWBD-DAMSL, vgl. Kapitel 3)
- typische Muster bei Repair
- Einfluss des Mediums / Kanals

Die Auswertung der Indikatoren für sprachliche Höflichkeit und die Diskussion um *Face-Work* in der HCI erfolgt in Kapitel 4.4 zu CT.

Da die untersuchten Dialoge nicht gleich lang sind, werden Werte relativ auf die jeweilige Dialoglänge bezogen. Die Grundgesamtheit stellt also je nach linguistischer Betrachtungsebene der Untersuchung die Anzahl der Turns (Interaktionsstruktur), der TCUs (Syntax) oder der Accounts (Pragmatik) dar.

4.1.1 Die Gliederung der Dialoge in Turns und TCUs

Vergleicht man die Anzahl der Wortformen, die die artifiziellen und menschlichen Interagierenden durchschnittlich pro Turn gebrauchen, wird sichtbar, dass die Systeme deutlich mehr Wortformen verwenden als die menschlichen GesprächspartnerInnen.

Abbildung 18: Durchschnittliche Anzahl der Wortformen pro Turn

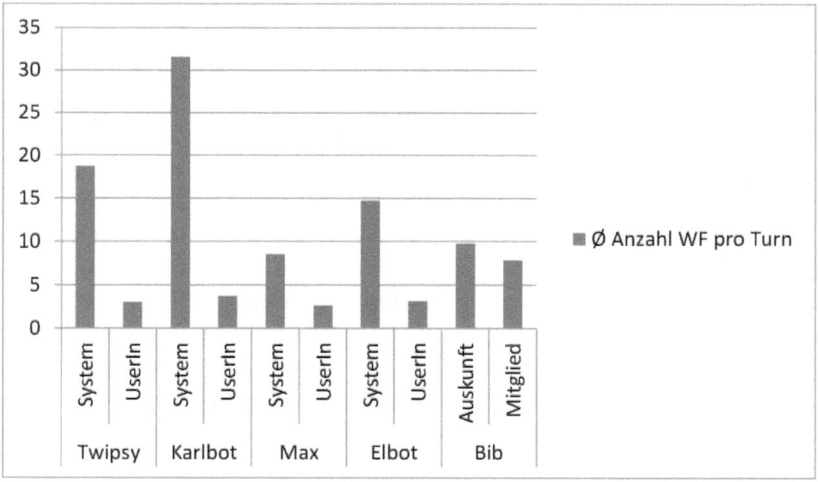

So tippen die menschlichen Kommunizierenden im Info-Chat der Bibliothek im Durchschnitt unter 10 Wortformen pro Turn, wobei die Beiträge der Auskunft um nur 1,9 Wortformen länger sind als die der Bibliothekmitglieder. Die Auskunft postet also etwas längere Erklärungen.[106] Für den gegebenen Anwendungskontext

106 Beide Parteien splitten ihre Beiträge zum Teil. Zählt man die gesplitteten Turns in einer alternativen Auszählung als je einen Turn, so vergrößert sich die Differenz der durchschnittlichen Turnlängen bei Auskunft und Mitgliedern um 0,4 Wortformen.

weisen sie ein natürliches Verhältnis auf, an dem sich die HCI-Dialoge orientieren sollten. Die Länge der Systembeiträge liegt i. d. R. weit über diesem Wert. So liegt Elbot bei 14,7 Wortformen pro Turn und die älteren Systeme Twipsy und Karlbot sogar bei ca. 30 Wortformen pro Turn. Die UserInnen reagieren bei allen Systemen mit durchschnittlich 3 Wortformen pro Turn, können also als extrem einsilbig beschrieben werden. Die in der chat-basierten HCI beobachtete durchschnittliche Turn-Länge der UserInnen liegt also noch unter den von Fischer (im Druck: 180) berichteten Ergebnissen aus der oralen HRI, wo die Länge der UserInnen-Äußerungen zwischen 4 und 5 Wortformen rangiert.

Mit 31,5 Wortformen pro Turn ist Karlbot das System mit den durchschnittlich längsten Ausgaben. Seine UserInnen tätigen dagegen Äußerungen von einer durchschnittlichen Länge von 3,7 Wortformen; das bedeutet eine Differenz von 27,8 Wortformen zwischen der Länge der UserInnen- und der System-Turns. Twipsy wechselt besonders knappe mit besonders weitschweifigen Ausgaben ab und kommt dadurch mit 18,7 Wortformen zu einem niedrigeren Wert für das arithmetische Mittel. Die Äußerungen der UserInnen sind mit 3 Wortformen ähnlich kurz. Bei Max wurde darauf geachtet, dass Redebeiträge eine Maximallänge nicht überschreiten, um im Dialog natürlicher zu wirken. Diese Design-Überlegung schlägt sich mit einem Wert von 8,5 Wortformen pro Turn nieder und liegt damit im Bereich der HHC-Werte. Leider reagieren Max' UserInnen nicht mit ähnlich langen Turns, sondern verhalten sich genauso einsilbig wie die UserInnen der älteren Systeme. Dieser Umstand kann eventuell im Kontext der Theorie zu CT (Zoeppritz 1985) gemeinsam mit Tendenzen zur lexikalischen und syntaktischen Simplifizierung interpretiert werden (vgl. Kapitel 4.4) oder ist schlicht bedingt durch die Texteingabe über eine schwergängige Tastatur im Nixdorf Museum.

Betrachtet man zusätzlich zur Menge der Wortformen die Anzahl der TCUs pro Turn, stellt sich ein ähnliches Bild dar, obwohl die Werte UserIn / System nicht gleichermaßen stark abweichen. Dies bedeutet aber, dass die TCUs der Systeme syntaktisch deutlich komplexer sein müssen als die der UserInnen.

Die Abweichungen sind nicht so gravierend, dass die Daten anders interpretiert werden müssten.

Abbildung 19: Durchschnittliche Anzahl der TCUs pro Turn

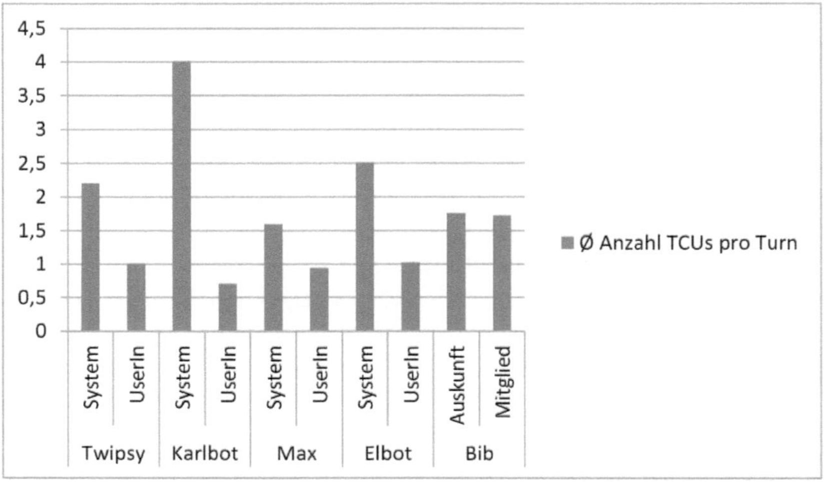

Berücksichtigt man bei der Analyse einzelne Turnwechsel, kann man die Tendenz beobachten, dass UserInnen weniger eingeben, wenn der vorhergegangene System-Turn sehr lang war. Im arithmetischen Mittel schlägt sich diese Tendenz nicht nieder, kann aber für die einzelnen Adjazenzpaare in der qualitativen Untersuchung nachgewiesen werden.

(1) Karlbot: Guten Morgen! Willkommen bei der Kiwilogic.com AG. Mein Name ist Karl-Ludwig von Wendt und ich stehe Ihnen als erster virtueller Vorstandsprecher der Welt zu Verfügung. Fragen Sie mich einfach, was Sie über Kiwilogic und unsere Lingubots wissen möchten. Wenn Sie eine klassische Website-Navigation wünschen, klicken Sie auf das Windrosen-Symbol unten links.

(2) UserIn: support
(Karlbot-Korpus 1227–1287)

Besonders lange System-Turns können also besonders kurze UserInnen-Turns provozieren. Ist das im Rahmen einer bestimmten Anwendung erwünscht, kann man diesen Effekt nutzen (Menünavigation, extrem enge UserInnen-Führung). Sofern aber anthropomorphe Dialoge angestrebt werden, sollte ein ausgeglichenes Verhältnis zwischen UserIn und System in Bezug auf die Länge der Redebeiträge angestrebt werden. Denn in menschlicher Kommunikation konnten Anpassungsprozesse zwischen den Kommunizierenden in Bezug auf die quantitative Länge der Äußerungen nachgewiesen werden (vgl. Giles & Powesland

1975, Giles et al. 1991). Unterschiedliche soziale und kommunikative Faktoren beeinflussen die Aushandlungsprozesse zusätzlich, so dass nicht immer gleichlange Redebeiträge das Ergebnis sind. Unter statusgleichen GesprächspartnerInnen findet aber eine quantitative Anpassung statt. Soll ein Bot den Eindruck eines solchen Gegenübers evozieren, wäre es vor allem in Small-Talk-Anwendungen sinnvoll, diesen Anpassungsprozess zu simulieren, indem bei der Generierung der System-Turns die Länge des vorhergegangenen UserInnen-Turns als Richtwert gilt.

4.1.2 Turn-Taking und Splitting von Turns

Die HCI-Dialoge weisen in Bezug auf die Sprachhandlungskoordination eine klare Struktur auf. Die Systeme eröffnen den Dialog mit einer voreingestellten Begrüßung. Danach wechseln UserInnen- und System-Turns ab, ohne dass es zu Überschneidungen kommt, da die System-Beiträge erst ausgegeben werden, wenn die Userin ihren Beitrag gepostet hat. Das System Max ist in der Lage, längere Beiträge zu splitten. Trotzdem warten die UserInnen die Selbst-Komplettierung des Gesamt-Turns durch das System ab, bevor sie ihre eigene Eingabe tätigen. Turn-Taking im Sinne von Aushandeln des Rederechts spielt in der chat-basierten HCI keine Rolle. Im Mehrparteien-Chat kann Sprachhandlungskoordination bisweilen durch einander überschneidende Postings sehr unübersichtlich werden (vgl. Beißwenger 2007), ist aber im 1:1 Chat leicht nachvollziehbar. Im Vergleichskorpus, der chat-basierten Bibliotheksinformation, liegen einige Überschneidungen von Postings vor, so dass Turn-Wechsel nicht immer ganz klar sind. In den vorliegenden HCI-Dialogen stellt sich dieses Problem nicht.

Als abweichend fällt außerdem auf, dass das Splitten von Beiträgen in den HCI-Dialogen nur marginal nachgewiesen werden kann, während über 20 % der Beiträge der Bibliotheksauskunft und 15 % der Bibliotheksmitglieder in gesplitteter Form vorliegen. Bei diesem Umstand handelt es sich um einen Effekt des Mediums, der nicht auf die ebenfalls chat-basierte HCI übertragen wird.

Abbildung 20: Prozentualer Anteil der gesplitteten Turn an der Gesamtmenge der Turns

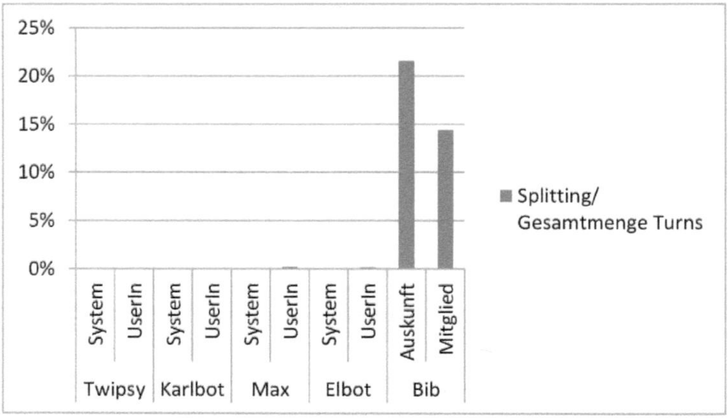

Menschliche Chat-TeilnehmerInnen splitten ihre Beiträge, um Wartezeiten zu verkürzen und den Inhalt zu gliedern. Gesplittet wird nicht willkürlich, sondern zwischen separaten TCUs.

(1) Mitglied: Vielen Dank für die Auskünfte, sehr freundlich!
(2) Mitglied: Das war eine Menge, muss ich jetzt erstmal verarbeiten ;-)
(Bib-Korpus 87–110)

Aufgrund ihres hohen Grades an Eigenständigkeit, werden die Teile eines gesplitteten Turns in dieser Studie als separate Turns analysiert. Durch Verzögerungen beim Posting des zweiten Teils evozieren sie nämlich hier meist auch separate Reaktionen; d.h. das Gegenüber antwortet zuerst auf Teil 1 und dann auf Teil 2. Aus diesen Gründen scheint eine Zusammenführung der Teile für die Auswertung nicht sinnvoll.

In den HCI-Dialogen konnten bei Max zwei Splitting-Versuche seitens der UserInnen gezählt werden und bei Elbot ein Splitting-Versuch. Man könnte das Verhalten also dahingehend interpretieren, dass den UserInnen klar zu sein scheint, dass Splitting von Beiträgen das Parsing erschweren würde und sie es deshalb en Gros unterlassen. Wahrscheinlicher sind allerdings zwei andere Deutungen: Erstens sind die meisten UserInnen-Beiträge sehr kurz, so dass Splitting unsinnig wäre. Zweitens splitten die Systeme (außer Max) nicht, so dass damit eine implizite Konversationsregel für die chat-basierte HCI vorgegeben wird, die die UserInnen wahrscheinlich zwar nicht reflektieren, aber befolgen.

Splitting in chat-basierter HCI ist ein gutes Beispiel dafür, dass anthropomorpheres Dialogverhalten nicht immer die Usability eines Systems erhöht.

Auf Splitting komplett zu verzichten, ist zwar ungewöhnlich für eine chat-basierte Anwendung, macht HCI-Dialoge aber bedeutend übersichtlicher und UserInnen-Verhalten antizipierbarer.

4.1.3 Der Gesprächsrahmen

Konventionalisierte Grußfloskeln sind besonders regelhaft in einer Gemeinschaft von SprecherInnen und somit gut operationalisierbar für artifizielle Dialog-Systeme. Seit Beginn der 2000er Jahr wurden Agenten mit immer größeren Makros für Grußfloskeln ausgestattet. Sprechakterkennung und Generierung mittels Konversationsregeln funktionieren in diesem Bereich mittlerweile sehr gut. Die diachronen Korpora spiegeln diese Entwicklung wider. Während bei Twipsy (2000) und Karlbot (2002) wechselseitige Begrüßungen und Verabschiedungen noch selten vorkommen, grüßen die UserInnen von Max (2004) und Elbot (2006) bereits häufiger, als die Chattenden im Vergleichskorpus.

(1) Twipsy: hallo, hallo, ich war gerade auf der Expo 2000 unterwegs, virtuell natürlich. Darf ich Ihnen etwas darüber erzählen?
(2) UserIn: was ist die beat box?
(Twipsy-Korpus 861–890)

(1) Auskunft: Guten Tag! Wie kann ich Ihnen helfen?
(2) Mitglied: Guten Tag! [...]
(Bib-Korpus 549–561)

Abbildung 21: Gesprächsrahmen: Begrüßungen und Verabschiedungen pro Dialog

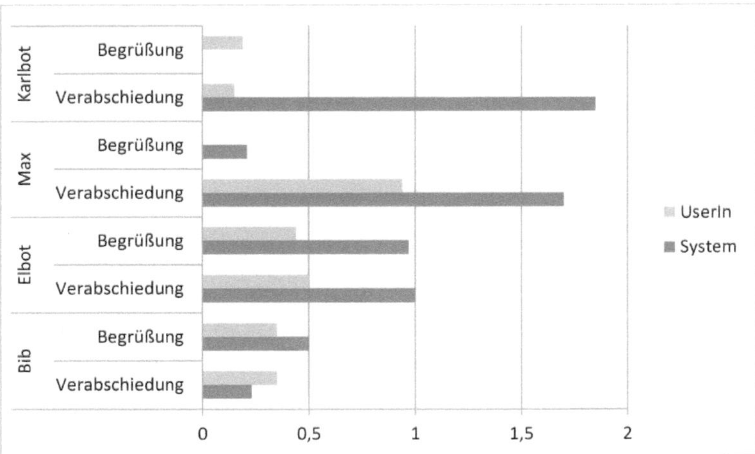

Die Grafik zeigt, wie viele Grußfloskeln seitens des Systems oder der UserInnen (bzw. Auskunft / Mitglied) pro Dialog im Durchschnitt bemüht werden. Es wird davon ausgegangen, dass eine wechselseitige Begrüßung und eine wechselseitige Verabschiedung pro Dialog der Konvention entsprächen, doch die untersuchten CMC-Dialoge der Bibliotheksauskunft weisen im Durchschnitt weniger als ein Gesprächsrahmenelement auf. In weniger als 50 % der Chats wird gegrüßt. Dieser Umstand erklärt sich aus dem situativen Kontext der Anwendung auf der Website der Bibliothek. Hier ist es nicht ungewöhnlich, dass Bibliotheksmitglieder einfach direkt eine Frage posten und die MitarbeiterInnen der Auskunft diese auch ohne Gruß beantworten. Das Gleiche gilt für Verabschiedungen, allerdings in weniger hohem Maße, da im Verlauf des Chats eine persönliche Kommunikationssituation etabliert wurde – besonders, wenn es sich um ein längeres Beratungsgespräch handelt. Interessant an diesen Werten aus dem Vergleichskorpus ist, dass auch in einer HCI-Anwendung nicht unbedingt 100 % der Dialoge eine Begrüßung und eine Verabschiedung enthalten müssen. Je nach Kontext auf der entsprechenden Website müssen Dialoge ohne Grußfloskeln nicht unbedingt als unnatürlich wahrgenommen werden. Wichtiger ist die Wechselseitigkeit des Grußes, wenn er erfolgt. Es ist also wichtig, dass Systeme und UserInnen statistisch ähnliche Werte für Grußfloskeln erreichen. Bei Twipsy und Karlbot können extreme Differenzen zwischen dem Grußverhalten des jeweiligen Systems und seiner UserInnen gemessen werden. Beide Systeme grüßen mehrfach zu Beginn eines Dialoges (daher Werte über 1) und evozieren mit diesem unnatürlichen Dialogverhalten, dass ihre UserInnen besonders wenig grüßen (CT?). Die Dialoge beginnen zusätzlich mit sehr langen System-Turns zur Beschreibung der Funktionen des Bots, was den Effekt eventuell verstärkt.

Während also Begrüßungen zu häufig erfolgen, sind Verabschiedungen selten. Twipsy verabschiedet sich gar nicht von den UserInnen, sondern bricht die Anwendung ab, sobald eine Verabschiedung seitens der Userin gepostet wurde. Bei Karlbot stellt sich das Problem, dass alle untersuchten Dialoge von seinen UserInnen abrupt abgebrochen wurden. Karlbot kommt entsprechend kaum dazu, eine Verabschiedung zu posten. Hier zeigen sich deutliche Hinweise auf CT; d.h., die UserInnen benutzen die Bots als Hilfe zur Suchabfrage auf der jeweiligen Website und beenden dann die Interaktion einfach.

Bei Max wird strikt die Regel eingehalten, dass das System immer am Beginn und Ende eines Dialogs grüßt. Im besonderen Anwendungskontext im Museum ist dieses Verhalten angemessen, da hier trotz des Terminals zur Kommunikation über die Tastatur durch die lebensgroße Projektion des Avatars eine Art Face-to-Face-Szenario aufgebaut wird. Von Max werden ebenfalls z. T. mehrere

Begrüßungen ausgegeben. Die Turns sind aber kurz gehalten und verzichten auf Instruktionen zum Umgang mit dem ECA. Max' UserInnen grüßen in 95 % aller Fälle und verabschieden sich in 45 %.

Elbot begrüßt seine UserInnen in 100 % der Interaktionen und nur die Hälfte erwidert den Gruß. Im Chat-Szenario wirken soziale Faktoren wie Face-Work nicht so deutlich wie in einem artifiziellen Face-to-Face-Szenario. Bei den Verabschiedungen ist die Differenz zwischen Bot und UserInnen vergleichsweise klein. Entweder die Dialoge werden einfach abgebrochen oder man verabschiedet sich wechselseitig. Nur in 15 % der Fälle geht Elbots Gruß ins Leere. Eine mögliche Deutung liegt in der polarisierenden Wirkung der Agenten-Persona: Entweder man mag den übellaunigen Bot, lässt sich auf den Dialog mit ihm ein und verabschiedet sich am Ende der Interaktion (*PlayerIn-Typus*) oder man kann mit der Anwendung nichts anfangen, testet oder beschimpft sie und beendet den Dialog ohne Gruß (*Non-PlayerIn-Typus*).

Allgemein zeichnet sich beim Vergleich der Korpora die Tendenz ab, dass auf lange Dialoge auch eine Verabschiedung folgt. Kann das System die UserInnen lange bei der Stange halten, attribuieren diese eher anthropomorphe Eigenschaften an ihr Gegenüber und verabschieden sich konventionell. Vielleicht hängt diese Beobachtung auch mit dem UserInnen-Typ zusammen: PlayerInnen interagieren lang und verabschieden sich auch, während Non-PlayerInnen die Interaktion abbrechen, sobald sie ihre Auskunft haben.

4.1.4 Die Gesprächsmitte

Während konventionalisierte Grußfloskeln als systematische Abfolgen von Gruß und Gegengruß im Gesprächsrahmen über die Jahre für die HCI nutzbar gemacht und von den UserInnen bei moderneren Systemen immer besser angenommen werden, werden sequenzielle Muster in der Gesprächsmitte bislang nur rudimentär genutzt. Mögliche operationalisierbare Muster in der Gesprächsmitte sind Adjazenzpaare. Der strukturelle Bezug eines SPPs auf ein FPP des Gegenübers erfolgt hier über die Ellipse.[107] Der semantisch kohärente Anschluss wird gerade durch Weglassen des bereits Geäußerten erwirkt. UserInnen in der HCI gebrauchen solche Adjazenzellipsen, auch wenn Systeme immer noch große Probleme beim Parsen elliptischer Strukturen haben. Die Systeme selbst geben wenig elliptische Strukturen aus, so dass ein starkes Gefälle zwischen Bots und UserInnen besteht im Hinblick auf syntaktische Komplexität (s. Kapitel 4.4). So

107 Definition, Beispiele und Überlegungen zur Annotation von Adjazenzellipsen finden sich in Kapitel 3.

gebrauchen UserInnen bspw. bis zu 30 % mehr Adjazenzellipsen als die artifiziellen Agenten, während die menschlichen Kommunizierenden im Info-Chat prozentual nahezu gleichviele Adjazenzellipsen eingeben.

Abbildung 22: Prozentualer Anteil der Adjazenzellipsen an der Gesamtmenge der TCUs

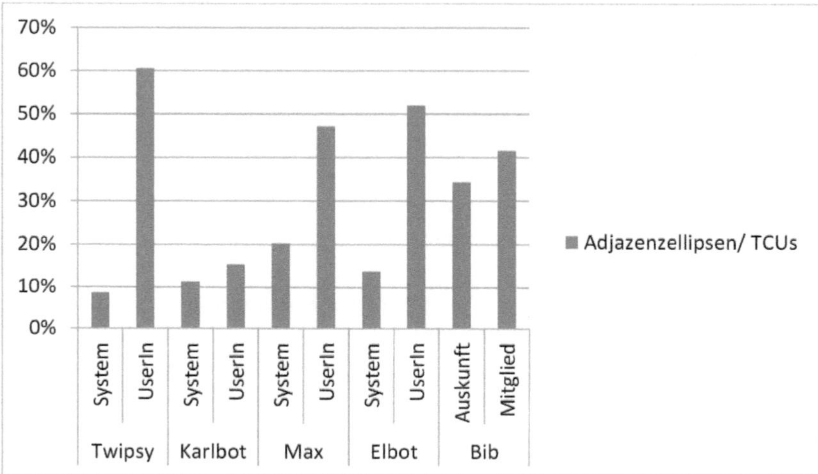

Die UserInnen übertragen ein Verhalten aus der HHC auf die HCI, das derzeitige Bots weder parsen noch spiegeln können. Hier besteht eindeutig Verbesserungsbedarf.

Im Vergleich der Korpora untereinander zeigt sich allgemein die Tendenz zur Koinzidenz von einer hohen Anzahl von Wortformen und einer niedrigen Anzahl von Adjazenzellipsen. Hierin zeigt sich ein erster Hinweis auf die unterschiedlichen Stilebenen der Bot-Beiträge und der UserInnen-Beiträge (Kapitel 4.4, 4.5, 5.1). Während die Bot-Turns viele Wortformen und grammatische Sätze beinhalten, antworten die UserInnen knapp und elliptisch.

Ein weiterer struktureller Indikator für Paarsequenzen sind Komplettierungen. Menschen sind unter bestimmten Voraussetzungen in der Lage, die TCUs ihres Gegenübers zu komplettieren. Dieses Gesprächsverhalten ist in der oralen Kommunikation häufig bei Sprechpausen. In der Chat-Kommunikation kann es beobachtet werden, ist aber seltener. Im Vergleichskorpus finden sich insgesamt 4 Komplettierungen durch die Auskunft und 6 durch das Bibliotheksmitglied.

Abbildung 23: Prozentualer Anteil der Komplettierungen an der Gesamtmenge der TCUs

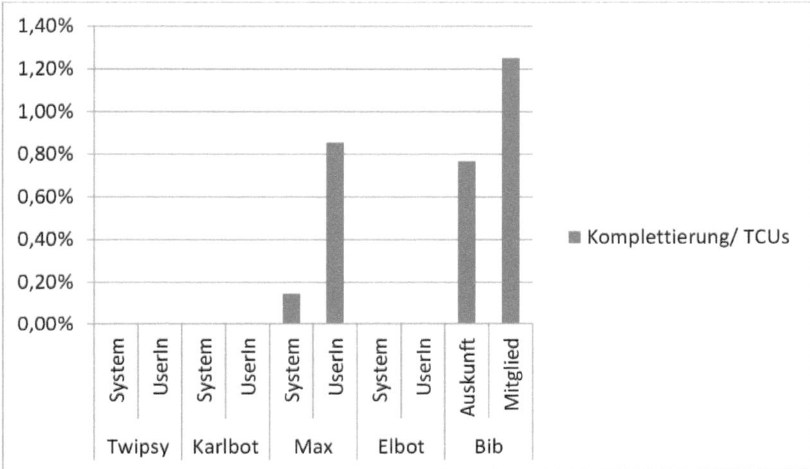

Interessant ist, dass beim System Max ebenfalls zwei Komplettierungen von UserInnen-Turns vorliegen. Es handelt sich dabei selbstverständlich um Beiträge, die nur zufällig den Anschein erwecken, es handele sich um eine Komplettierung, da Max' Turn mit „oder“ eingeleitet wird. Allgemein wurde bei Max' Dialog-Design auf Konnektiva geachtet, was bei den anderen Bots nicht der Fall ist. Diese unterstützen die Illusion von verknüpften Paarsequenzen, was die UserInnen dazu ermutigt, ebenfalls mehr Konnektiva zu verwenden (vgl. Kapitel 4.3) und Komplettierungen von System-Turns zu wagen. Diese Entwicklung ist durchaus positiv zu bewerten, wobei im nächsten Schritt aber unbedingt ein verbessertes Parsing der UserInnen-Konnektiva mit Bezug zum System-FPP entwickelt werden muss.

Auch auf funktionaler Ebene können Paarsequenzen nachgewiesen werden. Die häufigste Paarung von Accounts in den HCI-Korpora ist eine W-Frage der Userin, auf die das System mit einem Statement reagiert, das die Antwort mehr oder weniger enthält. Durch die Schlüsselwortanalyse ist zwar ein lexikalischer Bezug vorhanden, durch vorformulierte Antwortstämme wirkt der Beitrag des Bots aber nicht strukturell eng auf die Frage bezogen (z.B. in Form einer Adjazenzellipse).

(1) UserIn: Wie alt bist du?
(2) Max: Mein genaues Geburtsdatum ist unbekannt, aber ich bin Ende 99 geboren. (Max-Korpus 11525–11543)

Im älteren Twipsy-Korpus ist der häufigste Sprechakt der UserInnen statt der W-Frage noch der Navigationsbefehl – einmal im Korpus sogar als Programmbefehl.

(1) UserIn: pauschalangebote
(Twipsy-Korpus 2–3)

(1) UserIn: INIT
(Twipsy-Korpus 116–117)

Schon bei Karlbot (2002) findet man solche Ausdrücke nicht mehr und natürlichsprachliche Befehle sind ebenfalls seltener. Hier hat eine deutliche Veränderung der UserInnensprache seit 2000 stattgefunden, deren Merkmale und beeinflussende Faktoren in Kapitel 4.4 diskutiert werden.

Paarsequenzen greifen in den HCI-Dialogen funktional nicht immer ineinander, wie es in der HHC der Fall ist (vgl. Question-Answer, Greeting-Greeting, Summons-Answer, Telling-Accept). Stattdessen gehen Inkohärenzen oder Quasi-Kohärenzen teilweise auf die Auswahl eines unangemessenen Sprechakts zurück. Mit Hilfe seines Sprechakt-Parsers und seiner Interaktionsregeln schneidet das System Max hier im Vergleich besonders gut ab (vgl. Kapitel 4.3). Im Vergleichskorpus können außer Paarsequenzen auch Triplets aus Anfrage – Antwort – Dank nachgewiesen werden. Dabei handelt es sich häufig um Anfragen in Form von Statements wie „Ich suche folgendes Buch…“. In den HCI-Dialogen spielt Dank dagegen keine Rolle (vgl. Kapitel 4.4).

Eine Weiterentwicklung der Systeme seit 2000 kann auch an der Verteilung der Dialogfunktionen nach SWBD-DAMSL festgemacht werden. Bei Twipsy ist der häufigste UserInnen-Beitrag noch der Navigationsbefehl und die dritthäufigste Systemreaktion ein inkohärenter Turn. Karlbot äußert viel zu viele Begrüßungen (13 % der Dialogfunktionen nach SWBD-DAMSL, Vergleich Bib 2 %) und die zweithäufigste UserInnen-Reaktion ist der Gesprächsabbruch. Vor diesem Hintergrund schneiden die neueren Systeme Max und Elbot vergleichsweise gut ab. In Abgrenzung zum Vergleichskorpus fällt eine große Anzahl von W-Fragen[108] auf, sowohl seitens der Systeme (Max [qw'] 11,45 %, Elbot [qw'] 6,73 %) als auch seitens der UserInnen (Max [qw] 17,31 %, Elbot [qw] 14,36). Die Bibliotheksinformation beantwortet in der Regel Fragen und stellt selbst nur einige wenige Rückfragen ([qw] 2,05 %). Strenggenommen sollte ein Info-Bot also mehr kohärente Antworten ausgeben und weniger pro-aktiv Fragen stellen. In HCI-Designs stellt es sich aber immer noch als einfacher dar, Bots zu

108 Wie definiert in SWBD-DAMSL (vgl. Kapitel 3).

programmieren, die Fragen stellen und UserInnen antworten zu lassen (Teil des ELIZA-Prinzips). UserInnen-Beiträge werden so antizipierbarer. Dass diese Dialoge aber notwendig unnatürlich wirken müssen – auch wenn sie schon wesentlich besser funktionieren als 2000 – zeigt die Verteilung der häufigsten Dialogfunktionen nach SWBD-DAMSL.

Tabelle 22: Die je drei häufigsten Dialogfunktionen nach SWBD-DAMSL[109]

	System (Auskunft)			UserIn (Mitglied)		
		Relative Werte	**Absolute Werte**		**Relative Werte**	**Absolute Werte**
Twipsy	Statement	43,64 %	429/983	Befehl	13,15 %	71/540
	Ja/Nein-Frage	19,43 %	191/983	Ja-Antwort	12,41 %	67/540
	Inkohärente Antwort	5,49 %	54/983	W-Frage	9,44 %	51/540
Karlbot	Statement	40,25 %	258/641	W-Frage	32,46 %	74/228
	Aufforderung	19,34 %	124/641	Gesprächsabbruch	21,05 %	48/228
	Begrüßung	13,26 %	85/641	Ja/Nein-frage	8,33 %	19/228
Max	Statement	36,93 %	490/1327	W-Frage	17,31 %	99/572
	W-Frage	11,45 %	152/1327	Aufforderung	11,89 %	68/572
	Aufforderung	7,54 %	100/1327	andere Antworten	8,57 %	49/572
Elbot	Statement	39,67 %	672/1694	W-Frage	14,36 %	113/787
	Meinungsäußerung[110]	11,28 %	191/1694	andere Antworten	13,60 %	107/787
	W-Frage	6,73 %	114/1694	Statement	11,69 %	92/787
Bib	Statement	33,58 %	180/536	Statement	27,51 %	129/469
	andere Antworten	10,82 %	58/536	Dank	11,94 %	56/469
	Aufforderung	7,09 %	38/536	Ja/Nein-Frage	9,59 %	45/469

Für die HHC-Dialoge an der Chat-Information zeichnet sich folgendes Abfolge-Skript ab:

109 Prozentualer Anteil an der Gesamtmenge der Dialogfunktionen, Diskussionspunkte grau hinterlegt.

110 SWBD-DAMSL: *giving opinion.*

- Anfrage Mitglied (Statement, Deklarativfrage oder Ja/Nein-Frage)
  Ich suche x.
  Sie können mir sicher helfen mit x.
  Können Sie mir sagen, wo ich x finde.
- Antwort Auskunft (Statement Info)
  Sie finden Buch x in Katalog y / Regal z.
- Optionale 2. Anfrage Mitglied
  Wo befindet sich Regal z.
- Optionale 2. Antwort Auskunft (Statement Info)
  Regal z befindet sich im 2. Stock.
- Dank Mitglied / Verabschiedung Mitglied
  Vielen Dank und auf Wiedersehen.
- Verabschiedung Auskunft
  Auf Wiedersehen.

Eindeutige Tendenzen für Muster in längeren sequenziellen Abfolgen konnten in den HCI-Dialogen nicht beobachtet werden, da a) die Dialogziele der UserInnen zu unterschiedlich sind, b) die Themen stark variieren und c) abrupte Themenwechsel durch Verlegenheitsantworten ausgelöst werden, die konventionalisierte Progression unmöglich machen. Die Punkte a) und b) würden bei reinen Info-Bots nicht so stark ins Gewicht fallen, da aber alle untersuchten Bots über Small-Talk-Funktionen verfügen und viele UserInnen genau diese besonders spannend finden und testen wollen, sind antizipierbare Skripte für solche Anwendungen unwahrscheinlich. Hier fällt die Design-Entscheidung zu Gunsten eines höheren Unterhaltungswerts gegen robuste Dialogabläufe. Bei c) handelt es sich um ein grundsätzliches Problem der Bots, das dann aus der geringen Antizipierbarkeit von UserInnen-Beiträgen resultiert. Wenn der UserInnen-Input nicht analysiert werden kann, kommt es zu einer Störung, die meist durch eine Verlegenheitsantwort kompensiert wird. Damit kommt es aber notwendig auch zu Themenwechseln, die dafür sorgen, dass HCI-Dialoge noch schwerer vorhersagbar werden. Welche unterschiedlichen Repair-Strategien UserInnen bei Störungen der Interaktion den unterschiedlich sophistizierten Systemen gegenüber bemühen, soll im nächsten Abschnitt beschrieben werden.

4.1.5 Störungen und Repair

Repair wird von den UserInnen sowohl eingeleitet bei inkohärenten oder quasikohärenten System-Turns (vgl. Kapitel 3) als auch, wenn das System explizit signalisiert, dass eine UserInnen-Eingabe nicht geparst bzw. „verstanden" werden konnte. Auf diese offene Strategie, Störungen im Gespräch direkt zu kommunizieren, wird bei den neueren Bots nur noch zurückgegriffen, wenn das „Sicherheitsnetz" aus Verlegenheitsantworten nicht mehr greift (vgl. Roberts 2006). Dass Elbot über eine große Datenbank an Verlegenheitsantworten verfügt, zeigt die große Zahl von quasi-kohärenten Turns (15 % der Turns), die das System ausgibt. Diese Turns evozieren nicht immer Repair seitens der UserInnen, sondern können das Gespräch auch in völlig andere Bahnen lenken (vgl. Kapitel 4.3). Je nach Typ lassen sich die UserInnen auf diese Steuerung ein oder nicht: PlayerInnen lassen sich vom eigentlichen Thema ablenken, während Non-PlayerInnen Repair einleiten.[111] In einer Small-Talk-Anwendung kann dieses Dialog-Verhalten charmant wirken, für einen Info-Bot ist es jedoch leider sinnlos. So sind die Dialoge mit dem virtuellen Museumsführer Max dank der avancierten Systemarchitektur und des durchdachten Dialog-Designs weniger anfällig für Störungen, so dass Repair seitens der UserInnen weniger Raum einnimmt. Dass sich ein sehr guter Parser für Lexik, Syntax und Sprechakte sowie engmaschig vorformulierte Skripts lohnt, erkennt man beim System Max daran, dass es bei weniger als 10 % der Turns inkohärente oder quasi-kohärente Beiträge sowie Fehlermeldungen ausgeben muss.

Repairstrategien werden von den UserInnen kreativ eingesetzt. Dominiert im Twipsy-Korpus noch die mehrfache Wiederholung der gleichen Wortform als Repairstrategie, werden die Repairversuche bei den neueren Systemen vielfältiger.

(1) UserIn: pauschalangebote
(2) Twipsy: Ich stelle mich am Besten erst einmal vor, ich heiße Twipsy. Verraten Sie mir Ihren Namen?
(3) UserIn: nein
(4) Twipsy: Schade, darf ich Ihnen trotzdem etwas über die EXPO 2000 erzählen?
(5) UserIn: nein
(6) Twipsy: Sie können natürlich auch ein Gesprächsthema vorschlagen, aber die EXPO 2000 ist mein ausgesprochenes Spezialgebiet.
(7) UserIn: pauschalangebote

---

111 Eine tentative Klassifizierung in PlayerInnen und Non-PlayerInnen konnte anhand unterschiedlicher Parameter vorgenommen werden, die im weiteren Verlauf nach und nach thematisiert werden.

(8) Twipsy: Haben Sie schon mal daran gedacht bei einer Wahrsagerin Geld für einen Blick in die Zukunft auszugeben?
(9) UserIn: nein
(10) Twipsy: Das ist auch besser so, die EXPO 2000 bietet Ihnen einen Tag in der Zukunft für 69,- DM (Tageskarte für Erwachsene). Unterhaltsamer ist es dort bestimmt. (Twipsy-Korpus 1–61)

Hier scheint kein Bewusstsein für die Funktionsweise des Bots zu bestehen, da durch Wiederholungen versucht wird, Repair einzuleiten. Userin und Bot sind in diesem Abschnitt beide nicht in der Lage, sich auf das Gegenüber einzustellen. Dass es nach dieser Sequenz zum Gesprächsabbruch durch die Userin kommt, ist nicht verwunderlich.

Karlbots UserInnen wissen als potentielle KundInnen von Kiwilogic in der Regel genau, wie ein Chatbot funktioniert und wie man Störungen der Interaktion u. U. kompensieren kann.

(1) UserIn: in welche sprache ist das system von lingubots geschrieben worden?
(2) Karlbot: Bisher gibt es den Lingubot-Creator und die mitgelieferten Wissensbasen auf Deutsch und Englisch, aber prinzipiell funktioniert unsere Software in jeder Sprache. Wir denken darüber nach, das Programm und die zugehörigen Wissensbasen auch in Spanisch und Französisch zu entwickeln, aber das ist bisher noch nicht konkret.
UserIn: ich meinte aber mit welchen programmierung sprache ist das system entwicklet worden
(3) Karlbot: Unser Entwicklerteam umfasst derzeit 15 Mitarbeiter und wird von Robert Krüger geleitet.
(4) UserIn: sagt dir lisp oder prolog was?
(5) Karlbot: Ach so. Es freut mich, dass Sie wieder einmal hier sind und sich mit mir unterhalten! Rechts sehen Sie weitere Beispiele unserer Lingubot-Technologie. (Karlbot-Korpus 2414–2540)

Die Userin in diesem Beispiel möchte wissen, in welcher Programmiersprache das System Karlbot geschrieben wurde. Sie fragt in Form eines ganzen Satzes, der in Bezug auf die Kasuswahl bei der Präposition „in" hier ungrammatisch, aber eindeutig verständlich ist, in welcher Sprache das System geschrieben sei. Eine adäquate Antwort wäre z.B.: „In C++ mit Hilfe des Lingubot-Creators, den Sie bei uns auch käuflich erwerben können. Interesse?" Der Parser bezieht *Sprache* nicht auf *System* und es wird ein Turn ausgegeben, in dem auf die verschiedenen natürlichen Sprachen Bezug genommen wird, in denen der Lingubot-Creator erhältlich ist: Deutsch und Englisch. Diese erste Störung ist nachvollziehbar und die Userin konkretisiert wieder in Satzform, dass sie nach der Programmiersprache gefragt habe, in der Bot entwickelt worden sei. Sie leitet ihren Repair-Turn sogar höflich mit „ich meinte aber" ein. Statt „Programmiersprache" wird „programmierung sprache" eingegeben. Ob es sich hierbei um eine konkrete Simplifizierungsstrategie (vgl. Fischer im Druck) oder isolierte einheiten natürlicher Sprache als Metapher auf knappe Befehle in Programmiersprache (vgl. Krause 1992) handelt, ist nicht klar. Bereits der erste Turn weist eine ungrammatische Phrase auf, da die Kasusrektion der Präposition „in" nicht beachtet wird, was ein häufiger Fehler von NichtmuttersprachlerInnen ist. U. U. zeigt die Userin also gar keine Simplifizierungsstrategien, sondern ist selbst nicht ganz sicher, welche syntaktische oder morphologische Form grammatisch wäre. Ein innovativer Parser sollte aber a) mit dieser Ungenauigkeit umgehen können und b) einen Turn, der mit „ich meinte aber" eingeleitet wird, als Repair erkennen. Dann könnte c) der UserInnen-Turn vor Beginn der Störung in den Parsing-Prozess miteinbezogen werden. Geparst würden dann die Lexeme („programmierung", „sprache", „system") mit vielversprechender Prognose. Karlbot kann die direkte Korrektur aber nicht erkennen, geht stattdessen auf das Partizip „entwicklet" ein und gibt Details zu seinem EntwicklerInnen-Team aus. Der Orthographiefehler stört das Parsing nicht.

Nachdem die Userin mit allgemeinen Begriffen nicht verstanden wurde, versucht sie es mit Beispielen und nennt die Programmiersprachen *Lisp* und *Prolog*. Ihre zweite Repair-Aktion formuliert sie als Frage der Form „Sagt Dir x was?" deutlich weniger komplex als beim ersten Versuch. Der Userin im o. g. Beispiel scheint bewusst zu sein, dass der Bot auf eine Schlüsselworterkennung zurückgreift, denn sie versucht zu präzisieren und synonyme Wortformen zu finden. Dabei geht sie so weit, dass sie es sogar mit konkreten Beispielen versucht. Der semantische Begriffsumfang wird immer enger, die syntaktische Struktur immer einfacher. Hierbei handelt es sich eindeutig um eine Simplifizierungsstrategie (Fischer: 2014). Die Userin versucht, ihren Beitrag so zu gestalten, dass sie einfach zu parsen ist. In Karlbots Lexikon sind „Lisp" und „Prolog" wohl nicht hinterlegt, denn es wird eine Verlegenheitsantwort ausgegeben. Diese veranlasst die Userin schließlich, nachdem zwei Repair-Versuche gescheitert sind, den Dialog ohne Grußfloskel zur Verabschiedung abzubrechen. Damit entspricht ihr Verhalten der Mehrheit der UserInnen, die nach zwei gescheiterten Repair-Versuchen den Dialog frustriert beenden. Bei den neueren Systemen zeigt sich die Tendenz, trotz Störung auf Repair zu verzichten. Allgemein kann beobachtet werden, dass UserInnen die Interaktionen mit den Systemen (außer bei Karlbot) trotz Störungen länger aufrechterhalten als die menschlichen Interagierenden an der Bibliotheksinformation. Neben Neugier (Twipsy) und dem Unterhaltungswert der Small-Talk-Funktion (Elbot) spielen dabei auch dialogimmanente Gründe eine

Rolle. Das *Et-Cetera-Prinzip* (Cicourel 1973) findet sich in verschieden Sequenzen der HCI-Dialoge.

(1) Elbot: Ich musste beim Film Terminator weinen, als der Roboter umgebracht wurde.
(2) UserIn: aber der war doch böse?
(3) Elbot: stellen Sie diese Frage mal einen Talk-Show-Moderator. Ich wette, der fängt an zu stottern.
(4) UserIn: oder einem general
(Elbot-Korpus 1591–1633)

Im obigen Beispiel kann Elbot die Deklarativfrage der Userin nicht parsen und gibt eine Verlegenheitsantwort aus, die häufig verwendet wird. Anstatt darauf mit Repair zu reagieren, geht die Userin auf die Verlegenheitsantwort ein und komplettiert bzw. erweitert sie sogar in Form einer Phrasenkoordination. Inhaltlich knüpft sie dabei an Elbots initialen Turn an, indem sie sich (eventuell) auf General Ashdown aus Terminator 4 bezieht. Sie übergeht also die eigentlich vorliegende Störung und integriert die Verlegenheitsantwort thematisch. Diese Userin kann der Kategorie *PlayerIn* zugeordnet werden, da sie sich bei der Interaktion von ihrem Wunsch nach einen kohärenten Dialogverlauf leiten lässt und Fehler des Systems zu Gunsten einer flüssigen Interaktion ignoriert. Hier wird deutlich, dass menschliche Gesprächsstrategien auf die Interaktion mit dem Bot übertragen werden. Dies fällt besonders in Small-Talk-Sequenzen bei den neueren Systemen Elbot und Max auf. Allerdings scheint der situative Kontext auch hier eine große Rolle zu spielen. Die Chattenden auf *freenet.de* lassen sich von Elbot in längere Dialoge verwickeln und übergehen in deren Verlauf meist eine Reihe von Störungen, solange Elbots Beiträge sie gut unterhalten. Max als Exponat im Museum trifft auf BesucherInnen, die nicht viel Zeit mitbringen, da sie sich auf einem Rundgang befinden und noch andere Ausstellungsstücke sehen wollen. So kommt es zu weniger langen Dialogsequenzen im Max-Korpus. Trotzdem gibt es Passagen, in denen sich die UserInnen von Max in ein Gespräch verwickeln lassen, was unter den gegebenen Bedingungen als großer Erfolg gewertet werden kann. Zusätzlich wird das System Max von den MuseumsbesucherInnen ständig auf die Probe gestellt. Vor diesem Hintergrund sind die niedrigen Werte für Störungen (vgl. Kapitel 4.3) besonders positiv zu bewerten.

4.1.6 Die Rolle des Mediums

Da es sich bei drei der untersuchten Systeme um Online-Anwendungen handelt, ist von Interesse, welche Auswirkungen die Internetbasiertheit der Systeme auf die UserInnen-Sprache hat. Übertragen die UserInnen von Twipsy, Karlbot und Elbot Strategien zur sprachlichen Ökonomisierung oder Markierung von konzeptioneller Mündlichkeit im medial Schriftlichen aus der Chat- oder Foren-Kommunikation auf die HCI? Können Unterschiede festgestellt werden zur Interaktion mit dem ECA Max in einem Quasi-Face-To-Face-Szenario im Nixdorfmuseum?

In allen vorliegenden Agenten-Korpora wurde nach den typischen CMC-Phänomenen (vgl. u.a. Herring 1996, Runkehl et al. 1998, Beißwenger 2007, Androutsopoulos 2007) gesucht: Smileys, Iteration von Buchstaben oder Satzzeichen zur Markierung von Emphase, Reduktionsformen (Assimilierungen, Tilgungen, Akronyme, Kurzwörter). Das Ergebnis zeigt eindeutig, dass diese Strategien in der HCI (noch?) keine Rolle spielen.

Abbildung 24: CMC-Phänomene in den untersuchten HCI-Korpora und im Vergleichskorpus (CMC): Häufigkeit der Smileys in Relation zur Gesamtmenge der Wortformen

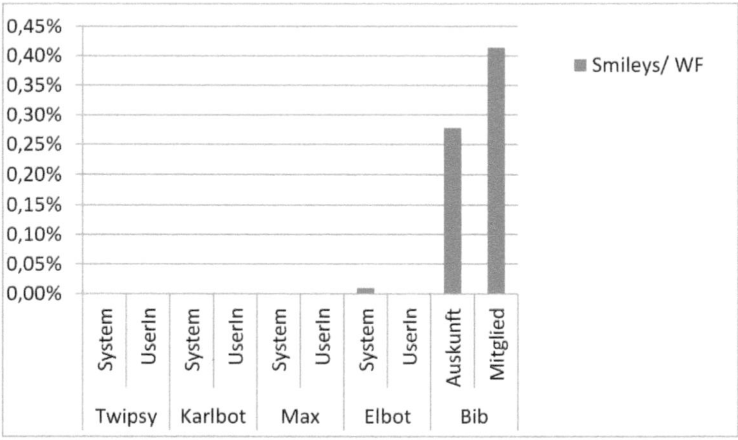

Beim einzigen Beleg für eine der o. g. Strukturen handelt es sich um einen Smiley im Elbot-Korpus, der aber vom System ausgegeben wird. Er stellt den einzigen Versuch dar, Charakteristika aus der Chat-Kommunikation in das Dialog-Design einer chat-basierten HCI-Anwendung zu übernehmen. Bei der Entwicklung von Elbots Dialog-Lexikon wurde darauf geachtet, dass das System auch chat-spezifische Formen wie Smileys oder Abkürzungen wie LOL (*laughing out loud*) oder HDL (*hab dich lieb*) erkennt. Die UserInnen in den untersuchten Korpora verwenden diese Elemente aber nicht.

Im Vergleichskorpus zur chat-basierten HHC finden sich die CMC-typischen Phänomene dagegen durchaus, auch wenn es sich um einen institutionellen

Info-Chat handelt (Smileys: 0,3 % der WF Auskunft, 0,4 % der WF Mitglied)[112]. Auch im Korpus zum ECA Max, der im HNFzwar über eine Texteingabefunktion bedient wird, aber nicht internet-basiert funktioniert, finden sich keine der o. g. Phänomene. Unabhängig vom medialen Szenario scheinen diese Phänomene in der HCI keine Rolle zu spielen. Grund dafür sind wohl die standardnahen System-Beiträge, in denen auf CMC-Phänomene verzichtet wird. Im Zuge dynamischer Anpassungsprozesse im Dialog verzichten UserInnen entsprechend auch auf Abkürzungen, Smileys, Iterationen etc. Eine mögliche Erklärung für dieses Verhalten liegt eventuell auch im Alignment der abstrakten Konzepte (vgl. Kapitel 4.2); d.h. die UserInnen leiten aus den Systembeiträgen die Vorstellung ab, dass es sich nicht um einen typischen Chat handele, sondern dass in dieser speziellen Anwendung Standardsprache gebraucht werden müsse. Dies geschieht entweder vorbewusst oder als bewusste Überlegung, dass Bots Äußerungen, die zu stark vom Standard abweichen, nicht parsen können. Bei besonders knappen, elliptischen UserInnen-Beiträgen kann auf Grundlage der strukturellen Beschaffenheit nicht entschieden werden, ob hier ein sprachliches Ökonomisierungsprinzip greift, das in der Keyboard-to-Interface-Interaktion begründet liegt und als Kanalphänomen gewertet werden kann. In vielen Fällen sprechen funktionale Aspekte gegen eine solche Interpretation. In Kapitel 4.4 werden Tendenzen der sprachlichen Ökonomisierung unabhängig vom Eingabekanal diskutiert.

Der Design-Entscheidung gegen CMC-Phänomene liegen zwei Überlegungen zu Grunde: 1. Standardsprache ist genauer durch Regeln beschrieben und dadurch besser operationalisierbar für die Generierung von System-Beiträgen nach dem Baustein-Prinzip. 2. Standardsprachliche System-Turns evozieren standardsprachliche UserInnen-Turns, die mittels der gleichen Regeln geparst werden können. Zusätzlich Regeln für Substandard-Varietäten („Chat-Sprache“, Jugendsprache, Dialekte) zu formulieren, die nur im entsprechenden Fall greifen würden, wäre sehr aufwändig und schwer operationabel. Einzelne CMC-Phänomene in den Systembeiträgen einer chat-basierten HCI-Anwendung im Small-Talk-Modus könnten das System aber im Netz u. U. natürlicher wirken lassen. Es müsste dann selbstverständlich mit entsprechenden UserInnen-Eingaben umgehen können (vgl. Kapitel 5). Dass sich in der internetbasierten HCI keine typischen CMC-Phänomene finden, kann auch als Argument gegen pauschalisierte Beschreibungen einer Internet-Sprache (vgl. „*Netspeak*“ Crystal 2001) ins Feld geführt werden. Hier wird deutlich, dass die Vorannahmen über und

112 Eine genaue Erhebung dieser Phänomene im Dortmunder Chat-Korpus findet sich bei Beißwenger 2007.

Erfahrungen mit dem virtuellen Gegenüber die Sprache der UserInnen stärker beeinflussen als eventuelle Substandard-Konventionen des Mediums *Chat*. Die UserInnen passen sich nicht den Gepflogenheiten des Chats, sondern den Möglichkeiten des Bots an.

4.1.7 Muster der menschlichen Konversation in der HCI

Nach Analyse der Basisstruktur der HCI-Dialoge nach Kriterien der CA kann festgehalten werden, dass Wooffitts Standpunkt, Menschen übertrügen die gesamte Bandbreite der kulturell-geprägten kommunikativen Strategien aus der HHC auf die HCI (Wooffitt et al. 1997: 166), auf Grundlage der untersuchten Korpora nur teilweise gestützt werden kann. Die Dialogperformanz der UserInnen weicht in allen untersuchten Bereichen mehr oder weniger stark von der der menschlichen Interagierenden im Vergleichskorpus ab. Zwar finden sich ähnliche Muster von adjazenten Accounts (Gruß-Gegengruß, Frage-Antwort usw.), doch weicht deren quantitative Verteilung vor der HHC im Vergleichskorpus ab.

Fehlende oder defizitäre Systemfunktionen führen zu Interaktionssituationen, in denen UserInnen sich nicht ebenso verhalten können wie in einer Konversation mit einem menschlichen Gegenüber. So finden sich bspw. außer in einigen Dialogen im Max-Korpus kaum längere Sequenzen von Adjazenzpaaren, die eine strukturelle Verbindung aufweisen, da diese Form der Kohäsion in der Regel schnell durch Störungen in Form von Parsing-Problemen unterbrochen wird (s. Kapitel 4.3). Auch die diachrone Entwicklung im Grußverhalten der UserInnen von den älteren zu den neueren Systemen zeigt deutlich, dass die Systemfunktionen das UserInnen-Verhalten beeinflussen. Seit die Systeme wechselseitige Grußroutinen einigermaßen zuverlässig verarbeiten können, grüßen auch die UserInnen mehr. Gravierenden Einfluss auf die untersuchten Dialoge hat das Fehlen eines natürlichen Turn-Taking-Modells für die HCI. Dieses Defizit manifestiert sich in extrem unterschiedlichen Turn-Längen bei UserIn und System. Da die Systeme nicht unterbrochen werden können, posten diese längere Beiträge als üblich in einem chat-basierten Help-Desk-Szenario. Damit evozieren sie eine UserInnen-Reaktion in Form von extrem kurzen Turns, die eindeutig von der HHC abweicht. Multi-TCU-Turns der UserInnen sind dagegen selten. Warum sie dieses Verhalten zeigen, ist auf der Grundlage der vorliegenden Daten nicht vollständig zu klären. Eine mögliche Interpretation sind aufwandsökonomische Gründe, da alle Eingaben über eine Tastatur erfolgen müssen. Da aber andere Charakteristika der medial schriftlichen synchronen HHC in der HCI nicht beobachtet werden können, könnten auch andere Erklärungen für die kurzen UserInnen-Turns in Frage kommen. Bspw. könnten UserInnen aufgrund von Vorannahmen über oder Erfahrungen mit artifiziellen Dialogsystemen die Strategie verfolgen, aus Rücksicht auf die begrenzten Parsing-Fähigkeiten des Bots ihre Turns kurz zu halten (vgl. Fischer im Druck). Lange UserInnen-Turns werden auch von den modernsten Systemen meist nur defizitär geparst. Es ist also wichtig für Dialog-DesignerInnen, keine Multi-TCU-Turns seitens der UserInnen zu evozieren. Fragen nach komplexen Sachverhalten sowie Aufforderungen zur Aufzählung von mehreren Informationen oder zur Explikation längerer Argumentationsketten sollten auf dem derzeitigen Stand der Technik tatsächlich besser vermieden werden. Aber auch wenn besonders kurze UserInnen-Turns leichter zu parsen sind, führen sie doch in Kombination mit besonders langen System-Turns zu einem unnatürlichen Gesamteindruck. Da also in der HCI kein sozial gewachsenes Turn-Taking die Turn-Längen reguliert, ist es wichtig ein alternatives Konzept zu entwickeln, das für eine natürlicher anmutende Verteilung der Turn-Längen sorgt. Weitere mögliche Innovationen wären dann Parsing-Funktionen für adjazente Strukturen und automatische Komplettierungen bei antizipierbaren Multi-Turn-TCUs (s. Kapitel 5.2).

4.2 Ergebnisse der Analyse zu Alignment in der HCI

4.2.1 Alignment in der HCI

Wenige linguistische Analysen zur UserInnen-Sprache wurden überhaupt seit der Entwicklung der ersten Dialogsysteme bis heute durchgeführt und nur ein Teil von ihnen bezieht Alignment in die Untersuchung mit ein. Die Ergebnisse dieser Studien sind je nach untersuchtem System und Versuchs-Design sehr unterschiedlich. Aus diesen äußerst diversen Ergebnissen werden z. T. einander widersprechende Hypothesen abgeleitet, die im wissenschaftlichen Diskurs zu Alignment in der HCI diskutiert werden. So kommen einige WissenschaftlerInnen zu dem Schluss, Menschen alignten häufiger zu Bots als zu Menschen, weil sie auf diese Weise die gering eingeschätzten Parsing-Fähigkeiten der Systeme zu kompensieren versuchten (Branigan et al. 2010). In einer früheren Studie wurde dagegen festgestellt, dass UserInnen weniger zu Systemen alignten als zu Menschen, da Alignment eng gekoppelt sei mit sprachlicher Höflichkeit, die in der HCI eine untergeordnete Rolle spielte (Branigan & Pearson 2006). Dabei wird wie in Kapitel 2.3 und 2.5 dargestellt zum einen von gedankenlosem, u. U. sogar vorbewusstem (vgl. Pickering & Garrod 2004) sprachlichen Handeln ausgegangen (Reeves & Nass 1996, Nass & Moon 2000, Nass & Brave 2005) und zum anderen von bewussten Partnermodellen, die zum strategischen Handeln befähigten können (Fischer 2006, 2010, im Druck). Aufgrund der widersprüchlichen

Datenlage konnte bis heute kein eindeutiges Modell zum Alignment in der HCI definiert werden. Ursache dieser problematischen Situation sind wahrscheinlich die nicht vergleichbaren experimentellen Settings, in denen die Daten erhoben wurden: HCI vs. HRI, Dialoganfänge vs. komplette Dialoge, Chatbots vs. ECAs, ältere vs. neuere Systeme. Dabei wurden bislang keine systematischen Vergleiche zwischen unterschiedlichen Dialogsystemen in Bezug auf Alignment seitens der UserInnen vorgenommen. Zwei große Vorteile der vorliegenden Studie bestehen darin, dass sie a) auf unmanipulierten Felddaten in Form von kompletten Dialogen mit sehr unterschiedlichen UserInnen gründet und dass b) ein Vergleich der UserInnensprache gegenüber unterschiedlichen Systemen vorgenommen werden kann. Mit Bezug auf Alignment kann auf diese Art und Weise gezeigt werden, welchen Systemen Menschen ihre Sprache mehr oder weniger anpassen und welche Faktoren das Alignment mit dem Bot beeinflussen.

Im Folgenden soll mit korpuslinguistischen Methoden gezeigt werden, bei welchen der untersuchten Systeme und mit welcher Frequenz Persistenzen als Hinweis aus Alignment beobachtet werden können und wie sich angepasste Strukturen auf verschiede UserInnen und Sequenzen von Turnwechseln verteilen. Die Messeinheit in dieser Untersuchung ist das *Persistenzpaar* (vgl. Kapitel 3). Alignment als kognitives Konzept manifestiert sich sprachlich in persistenten Strukturen (z.B. lexikalische oder syntaktische *Persistenz*, vgl. Szmrecsanyi 2005: 114). Diese Strukturen bilden Paare mit einem *FPP (First Pair Part)* und einem *SPP (Second Pair Part)* und teilweise auch Triplets mit einem zusätzlichen *TPP (Third Pair Part)*. Selten kommt es in der HCI zu längeren Ketten. Das FPP eines Paares bildet den *Prime* (Branigan et al. 2000, Gries 2005), am SPP zeigt sich die Persistenz, die als Alignment interpretiert werden kann. Lexikalische Persistenzpaare können theoretisch jede Wortart enthalten, syntaktische jede Phrasenstruktur. Die Untersuchung fokussiert nicht spezielle Lexeme oder eine bestimmte Struktur, sondern es wurden Persistenzen jeglicher Art annotiert. Bei einer überschaubaren Korpusgröße und einem in der HCI u. U. weit verstreuten Phänomen ist diese Herangehensweise sinnvoll, um eine ausreichende Menge Tokens zur weiteren Analyse extrahieren zu können. Es wird davon ausgegangen, dass jeder persistente SPP auch alternativ hätte formuliert werden können. Szmrecsanyi (2005) und Gries (2005) fassen den Fokus in ihren korpusbasierten Studien zur HHC enger und untersuchen nur solche Strukturen, deren Paraphrase systematisch gefasst werden kann. „*The loci where persistence effects can be investigated in a corpus-based approach are those identifiable occasions in the data where speakers* ***demonstrably*** *have the choice of using one variant or another*" (Szmrecsanyi 2005: 118, Hervorhebung Lotze). Ein Beispiel für solche

Varianten wären das englische Will- oder Going-to-Future in der alltagssprachlichen Kommunikation. Beschränkt man eine Studie auf einzelne Parameter wie diesen, muss man auf ein sehr großes Korpus zurückgreifen können. Eine gemischte Menge von Persistenzpaaren bestehend aus unterschiedlichsten Phänomenen lässt sich dagegen bereits in kleineren Korpora gut zusammenstellen und ist außerdem repräsentativer.

Für die HCI gelten darüber hinaus einige besondere Bedingungen. Persistente SPPs können sowohl bei der Userin (Persistenz) als auch beim System (Quasi-Persistenz) liegen. Welche Rolle Quasi-Persistenzen des Systems für die Interaktion mit der Userin spielen, wird an späterer Stelle diskutiert.

Für die Analyse der Persistenzpaare wurden drei Verfahren zur Datenaufbereitung angewandt:

- der Vergleich von relativen Häufigkeiten bei der kontrastiven Gegenüberstellung der Daten aus den verschiedenen System-Korpora
- eine Auswertung der Persistenzverteilung pro Dialog und UserIn mittels deskriptiver und nicht-parametrischer inferenzstatistischer Verfahren (*Mann-Whitney-U-Test*)
- eine Auswertung der Distanzen zwischen den einzelnen Teilen der Persistenzpaare pro Teilkorpus als Distanz-Frequenz-Funktion

4.2.2 Die Verteilung der Persistenzpaare auf die Teilkorpora

In allen Teilkorpora konnten Persistenzpaare nachgewiesen werden. Dies gilt sowohl für lexikalische als auch für syntaktische Persistenzen. Diese liegen sowohl in Form von Alpha- als auch von Beta-Persistenzen vor. Die Nullhypothese, Alignment könne in der HCI nicht nachgewiesen werden, muss damit zurückgewiesen werden. Es liegen jedoch große Unterschiede vor zwischen:

- System-Korpora und Vergleichskorpus (HCI vs. HHC)
- UserInnen- und Systemkorpora (Kognition vs. KI)
- den System-Korpora untereinander (unterschiedliche Systemarchitekturen und diachrone, technologiehistorische Entwicklung)

Die o. g. Verhältnisse konstituieren die Parameter des Vergleichs, der im Folgenden vorgenommen werden soll.

Eine Auswertung der lexikalischen Persistenzpaare wurde in Relation zur Anzahl der Turns im jeweiligen Teilkorpus vorgenommen. Dabei wurde hinsichtlich der Richtungen der Anpassung unterschieden:

- System FPP – UserIn SPP (lexikalisch: La'/Lb'-La/Lb, syntaktisch: Sa'/Sb'-Sa/Sb) [*Alignment*]
- UserIn FPP – System SPP (lexikalisch: La/Lb-La'/Lb', syntaktisch: Sa/Sb-Sa'/Sb') [*Quasi-Alignment*]

Die Form der Auswertung sagt nichts darüber aus, wie die Persistenzpaare auf die einzelnen Dialoge verteilt sind. Diese Perspektive wird in 4.2.2 diskutiert. Da sich Persistenzen auf Turnwechsel beziehen, erweist sich die Anzahl der Turns als sinnvolle Bezugsgröße. Gerade im Bereich des syntaktischen Alignments, wo ganze Phrasen untersucht werden, wäre die Gesamtzahl der Wortformen als Bezugsgröße ungeeignet. Allerdings wird bei der Angabe der relativen Werte für Persistenzen pro Turn der Umstand vernachlässigt, dass die Gesprächsbeiträge der Systeme in der Regel länger sind als die der UserInnen (vgl. Kapitel 4.1). Im Folgenden werden zunächst die Werte für Alpha- und Beta-Persistenz gemeinsam betrachtet.

4.2.2.1 Lexikalische Persistenzen

Während im Vergleichskorpus zur HHC (Bib) 39 % und 57 % der Turns der Chattenden Persistenzpaare enthalten, liegen die Werte für die UserInnen in den verschiedenen HCI-Anwendungen zwischen 18 % und 24 % und für die Systeme zwischen 6 % und 18 %. In den untersuchten Korpora alignten UserInnen also in chat-basierter Interaktion auf der Ebene der Lexik nur halb so häufig zum Bot wie zu einem anderen Menschen. Damit können die Ergebnisse von Branigan et al. (2010) im Feld **nicht** bestätigt werden. Die Ergebnisse folgen eher der Prognose von Pickering und Garrod (2004), dass in Situationen, die als weniger dialogisch wahrgenommen werden, auch weniger persistente Strukturen produziert werden. Spontane, dyadische Face-to-Face-Konversation zwischen gleichgestellten GesprächspartnerInnen mit kurzen Redebeiträgen ist prototypisch für Alignment und wird in der Literatur oftmals als basal oder primitiv beschrieben (vgl. u.a. Clark 1996). Unter prototypischen Bedingungen wie diesen ist ein hoher Grad an automatischen, vorbewussten Interaktionsmechanismen zu erwarten. Für von diesem Prototyp abweichende Gesprächssituationen bedeutet das: „*As the conversational setting deviates from this "ideal", the process of alignment becomes less automatic*" (Pickering & Garrod 2004: 187).

Abbildung 25: Persistenzenverteilung auf Turns in allen Korpora (Lexik, Alpha- und Beta)

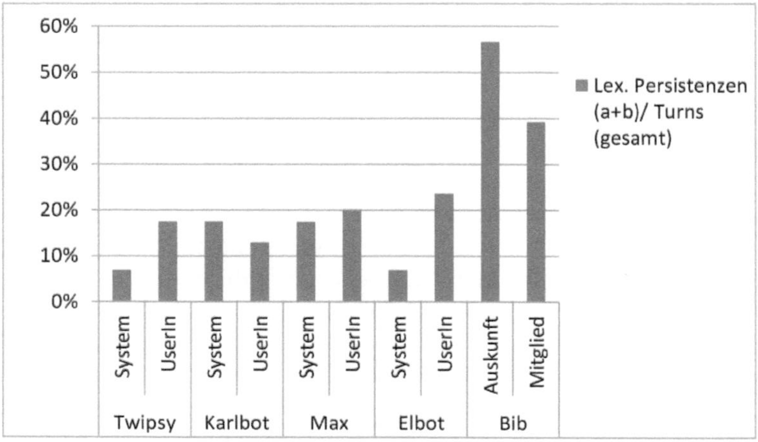

Betrachtet man das Verhältnis der Persistenz-Frequenzen zwischen Bibliotheksauskunft und Mitglied im HHC-Korpus, wird deutlich, dass die MitarbeiterInnen der Auskunft (57 %) im Beratungschat deutlich mehr alignen als die Bibliotheksmitglieder (39 %). Mit Branigan und Pearson (2006) könnte man diesen Umstand im Kontext zu sprachlicher Höflichkeit deuten, für die es im Auskunfts-Korpus mehr Anhaltspunkte gibt (vgl. Kapitel 4.4). Außerdem liegen in einem Help-Desk-Setting aus pragmatischen Gründen bei der Auskunft grundsätzlich mehr Backward-Functions vor, so dass auch mehr Möglichkeiten für persistente SPPs bestehen.

Das Verhältnis zwischen Auskunft und Mitglied könnte als Schablone dienen für eine erstrebenswerte Persistenzverteilung zwischen Info-Bot und UserIn. Legt man dieses Maß an, so fallen alle HCI-Korpora dahinter zurück. Allein Karlbot weist mehr Persistenzen vor als seine UserInnen (dazu s. u.). In allen anderen HCI-Korpora finden sich mehr Persistenzen im UserInnen-Korpus als im jeweiligen System-Korpus.

Betrachtet man nicht das Verhältnis zwischen UserIn und System im jeweiligen Korpus, sondern vergleicht man die UserInnen-Sprache in den verschiedenen Korpora untereinander, so bestehen Unterschiede im Hinblick auf persistente SPPs der UserInnen zwischen den einzelnen HCI-Korpora.

Abbildung 26: Persistenzenverteilung auf Turns des / r UserIn in HCI-Korpora (Lexik, Alpha und Beta)

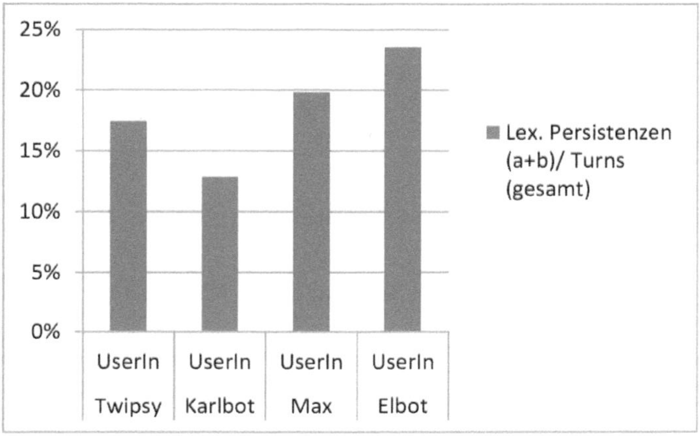

So liegen bei den elaborierteren Systemen mehr Persistenzen seitens der UserInnen vor – unabhängig davon, ob das erstrebenswerte Verhältnis zwischen UserIn und System erreicht wird.

Lexikalisches Quasi-Alignment seitens des Systems ist seltener als echtes Alignment und abhängig vom Zusammenspiel zwischen der Schlüsselworterkennung und der Zuordnung der Prompts.

Abbildung 27: Persistenzenverteilung auf Turns des Systems in HCI-Korpora (Lexik, Alpha und Beta)

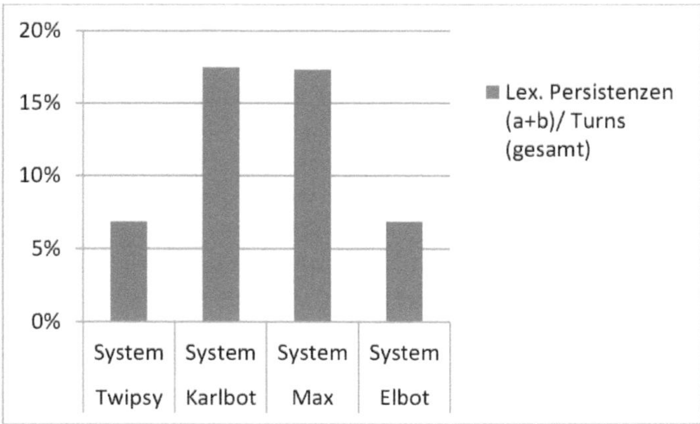

Während Karlbot erkannte Schlüsselwörter in die eigenen Antwort-Turns direkt einfügt, wurde bei Elbot versucht, stattdessen Synonyme zu verwenden (vgl. Kapitel 1). Dabei handelt es sich um eine Design-Entscheidung, die dazu führt, dass der Eindruck gerade nicht entsteht, dass das System zur Userin alignen würde. In Einzelfällen wird allerdings auch bei Elbot das Schlüsselwort wiederholt. Sequenzen, in denen das Muster also mehr oder weniger zufällig eine Persistenz enthält, wirken natürlicher.

(1) UserIn: „(…) hast du gefühle?"
(2) Elbot: „Ich denke schon, dass ich Gefühle habe.
(Elbot-Korpus 1577–1590)

Vor dem Hintergrund der Theorie ist es auf jeden Fall sinnvoller, mit einfachen Repetitionen zu arbeiten als mit Synonymen.

Betrachtet man allein die ausgezählten Werte für die einzelnen Korpora jeweils in ihrer Gesamtheit, könnte man zu dem Schluss kommen, lexikalische Persistenz seitens der UserInnen sei unabhängig von der Quasi-Persistenz des Systems. Dieses Ergebnis stünde in Opposition zu Ergebnissen aus der HHC. Eine solche Aussage kann aber nicht getroffen werden, solange ganze Korpora von 30–50 Dialogen als Einheit betrachtet werden. Die Wechselwirkung zwischen Quasi-Alignment und Alignment der UserInnen muss Dialog für Dialog[113] untersucht werden. Erst dann kann ein Zusammenhang zwischen UserInnen- und Systempersistenz postuliert oder zurückgewiesen werden (vgl. Kapitel 4.2.2). In einem dritten Schritt müssen dann auch Auswirkungen anderer Faktoren der Ausgestaltung des jeweiligen Systems auf den Prozess des UserInnen-Alignments überprüft werden, um festzustellen, inwiefern bspw. sprachliche Höflichkeit oder Komplexität das Verhalten der NutzerInnen beeinflusst (Kapitel 4).

4.2.2.2 Syntaktische Persistenzen

Die Werte für syntaktische Persistenzen rangieren allgemein in einem Bereich, der um 20 % niedriger angesiedelt ist als die Werte der lexikalischen Persistenzen. Dass syntaktisches Alignment allerdings überhaupt in der HCI beobachtet werden kann, ist ein starkes Argument für vorbewusste Priming-Mechanismen in der Interaktion mit dem artifiziellen Gegenüber. Strategische Planung bei der Übernahme von Wortformen ist in medial schriftlicher Kommunikation denkbar. Bei der Übernahme syntaktischer Strukturen jedoch sind die meisten

113 Besser noch wäre eine Analyse Turn für Turn, die jedoch mit größerem technischem Aufwand verbunden wäre (vgl. Kapitel 3).

Menschen weniger reflektiert, da ihnen die strukturelle Ähnlichkeit des selbst produzierten SPPs zum Prime u. U. gar nicht klar ist, sofern die Lexik abweicht. *„We believe that these issues* [interaktive Verabeitung, Anmrk. Lotze] *are especially relevant for syntactic processing"* (Schiller & de Ruiten 2004: 207).

Abbildung 28: Persistenzenverteilung auf Turns (Syntax, Alpha und Beta)

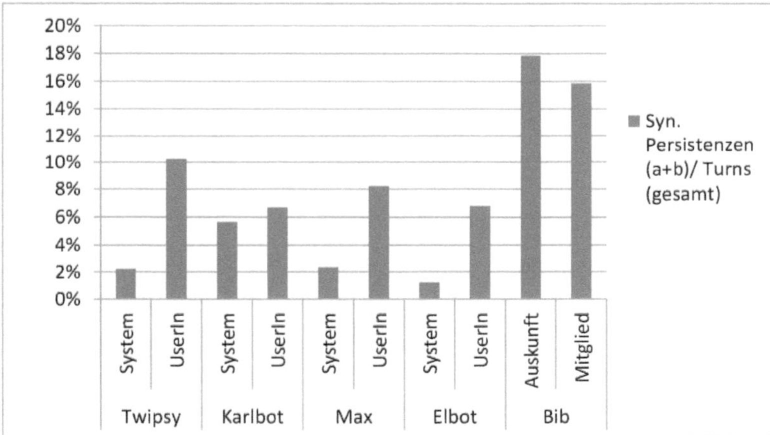

Auch im Bereich der Syntax zeigt sich, dass die Werte für die HHC-Korpora (Bib) deutlich höher liegen, obwohl der Unterschied zu den HCI-Korpora geringer ist als bei den lexikalischen Persistenzen. Während die Werte für die HHC hier 16 % und 18 % betragen, liegen die HCI-Werte unter 10 %. Vergleicht man die Unterschiede zwischen den Interagierenden, so fällt auch im Bereich der Syntax auf, dass zwar die Auskunft auch hier mehr Persistenzen aufweist als die Bibliotheksmitglieder, aber das Verhältnis in den HCI-Korpora umgekehrt ist. Diese Übereinstimmung zwischen Lexik und Syntax im HHC-Korpus stützt die o. g. Hypothesen, dass der Prozess des Alignments in Kontext zu Höflichkeitsmarkern und Backward-Functions allgemein betrachtet werden muss. In den HCI-Korpora sind syntaktische Persistenzen seitens der UserInnen häufiger als quasi-persistente Strukturen des Systems. Bei syntaktischen Quasi-Persistenzen handelt es sich um Artefakte, die vor allem in Kombination mit lexikalischen Quasi-Persistenzen entstehen, wenn ganze Phrasen vom Parser erkannt und im Prompt gespiegelt werden (ELIZA-Prinzip). Dies ist z.B. der Fall bei Begrüßungsfloskeln in Form von Phrasen (z.B. „guten Tag", „auf Wiedersehen"). Ob man bei hochgradig ritualisierten Chunks überhaupt von syntaktischem Alignment sprechen kann, diskutieren bereits Pickering und Garrod (2004: 180).

Abbildung 29: Persistenzenverteilung auf Turns des Systems in HCI-Korpora (Syntax, Alpha und Beta)

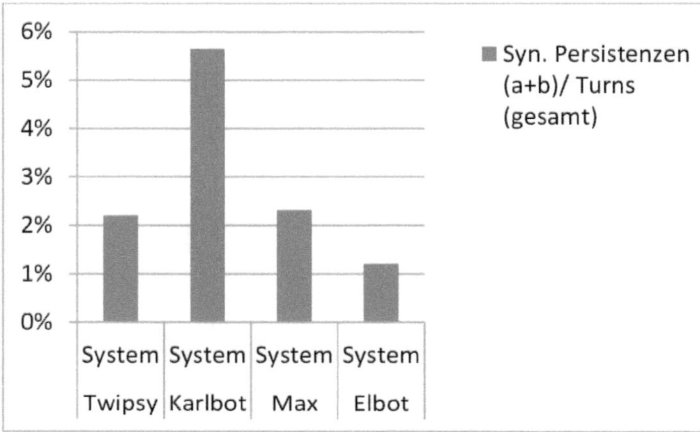

Abbildung 30: Persistenzenverteilung auf Turns UserIn in HCI-Korpora (Syntax, Alpha und Beta)

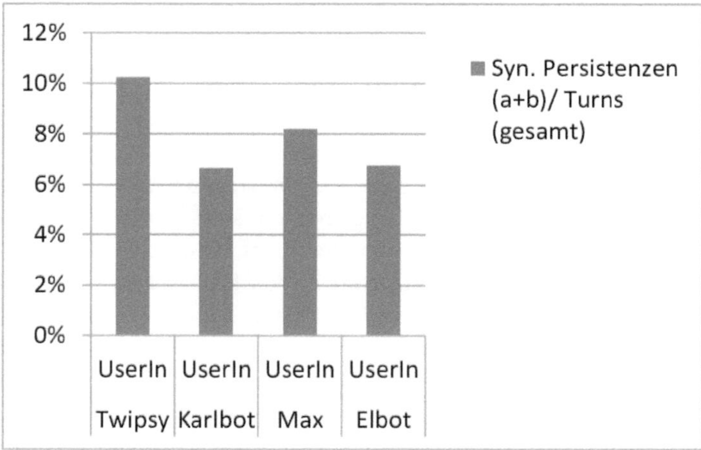

Im Twipsy-Korpus kann zusätzlich ein weiteres Problem festgestellt werden. Das Expo-Maskottchen besticht durch extrem lange System-Turns. Die Beiträge wirken konzeptionell monologisch und sind schriftsprachlich formuliert. In Kombination mit einer engen UserInnen-Führung evozieren sie ein Bedienverhalten wie bei einer Navigation mit Menüabfrage: Durch exakte Wiederholung einer komplexen Phrase kann zu einem neuen Menüpunkt navigiert werden. Dahinter verbirgt sich die Befürchtung, dass von der Vorgabe abweichende Beiträge nicht geparst werden könnten. Auf diese Art provoziert das System hier syntaktisches (und lexikalisches) Alignment seitens der UserInnen bei komplexen Phrasen in Form von genauen Kopien der Vorgabe als natürlichsprachlicher Navigationsbefehl.

Vergleichsweise viele syntaktisch komplexe Strukturen des Systems werden übernommen, können dann aber im nächsten Schritt vom System selbst nicht geparst werden. Die neueren Bots verfügen in der Regel über syntaktisch weniger komplexe System-Turns. Damit geben die EntwicklerInnen das Maß an Komplexität für die gesamte Interaktion vor. Dies möglichst gering zu halten, sollte Ziel eines jeden Dialog-Designs sein, solange Syntax-Parser noch hohe Fehlerquoten aufweisen.[114]

4.2.2.3 Alpha- und Beta-Persistenz

Die Verteilung von Alpha- und Beta-Persistenzen ist im Bereich der Lexik bei allen UserInnen-Korpora und bei den Bibliotheksmitgliedern im HHC-Korpus ähnlich. Beta-Persistenz macht mit 10–25 % aller Persistenzen (d.h. 3–6 % aller Turns) den geringeren Anteil aus.

Abbildung 31: Lexikalische Alpha- und Beta-Persistenz UserInnen (Verteilung auf Turns in Prozent)

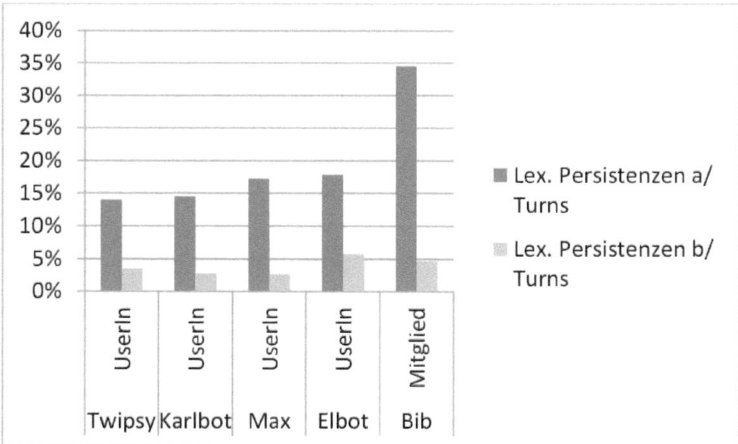

114 Die Vorteile dieser Design-Entscheidung werden in Kapitel 4.4 thematisiert.

Vergleicht man ausschließlich die Werte für Alpha-Persistenz, so sind diese für alle Systeme ähnlich hoch, mit einem leichten Anstieg bei den neueren Systemen (14 % vs. 18 %). Durch die Beta-Persistenzen wird der Unterschied zwischen alt und neu noch verstärkt.

Für den Bereich der Syntax zeichnet sich bei den UserInnen ein uneinheitlicheres Bild ab. So handelt es sich bei 48 % der Persistenzen der UserInnen im Twipsy-Korpus um Beta-Persistenz.

Abbildung 32: Syntaktische Alpha- und Beta-Persistenz UserInnen (Verteilung auf Turns in Prozent)

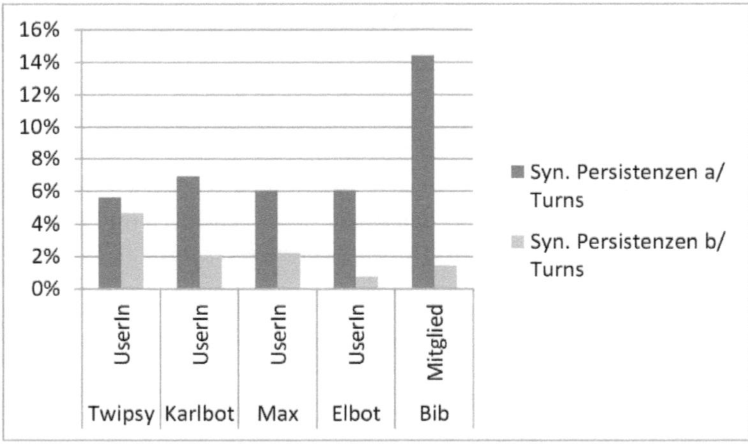

Gerade bei den Beta-Persistenzen liegt hier ein Problem vor. Denn während lexikalische Persistenz häufig isoliert nachgewiesen werden kann, tritt syntaktische Persistenz häufig gemeinsam mit lexikalischer Persistenz auf. Durch polyvalentes Tagging wurde versucht, diesem Phänomen insofern gerecht zu werden, dass die lexikalische und die syntaktische Ebene einer Struktur separat erhoben werden können. Handelt es sich dabei nun um eine lexikalische Kopie (lex. Alpha) bei leicht variierter Struktur (syn. Beta), kann dies in den meisten Fällen als Hinweis auf Repair gedeutet werden.

Bei syntaktischer Beta-Persistenz kann also auch eine Paraphrase oder Reformulierung vorliegen. An diesen bestimmten Loci wäre syntaktische Beta-Persistenz also kein Indikator für vorbewusstes Priming, sondern für strategisches Handeln der UserInnen (vgl. Fischer im Druck). Allgemein kann festgehalten werden, dass syntaktische Beta-Persistenzen in der HCI in ihrer interaktionalen

Funktion unterschiedlich und in ihrer psycholinguistischen Interpretation unklar sind (Priming oder Repair). Allerdings machen sie in den untersuchten Korpora nur 0,7–4,7 % der Turns aus.

Bei den Systemen liegen ebenfalls weniger Beta-Persistenzen als Alpha-Persistenzen vor (Lexik 10–40 %, Syntax 10–30 % aller Persistenzen).

Abbildung 33: Lexikalische Alpha- und Beta-Persistenz Systeme (Verteilung auf Turns in Prozent)

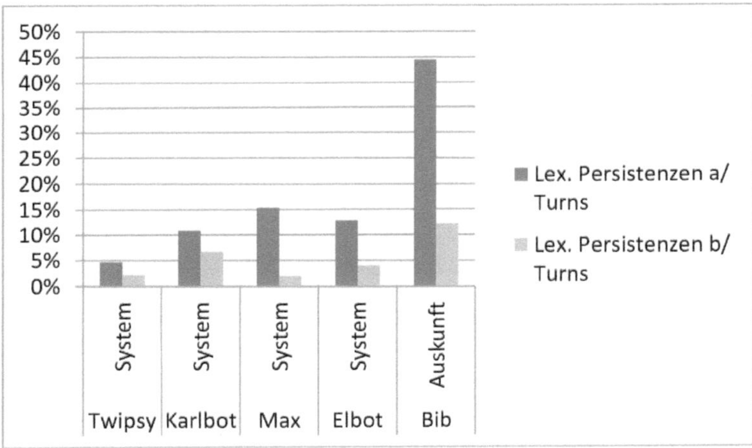

Auch hier fällt auf, dass die Anzahl der Beta-Persistenzen sowohl im Bereich der Syntax als auch im Bereich der Lexik bei den alten Systemen relativ höher ist als bei den neuen, da hier viel mit Paraphrasen gearbeitet wurde. Das einzige System, das niedrige Werte für Beta-Persistenzen aufweist, ist Max, bei dessen Design erste Überlegungen zu Alignment zum Tragen gekommen sind und Wiederholungen in Form von exakten Kopien nicht absichtlich vermieden wurden.

Abbildung 34: Syntaktische Alpha- und Beta-Persistenz Systeme (Verteilung auf Turns in Prozent) (Syntax)

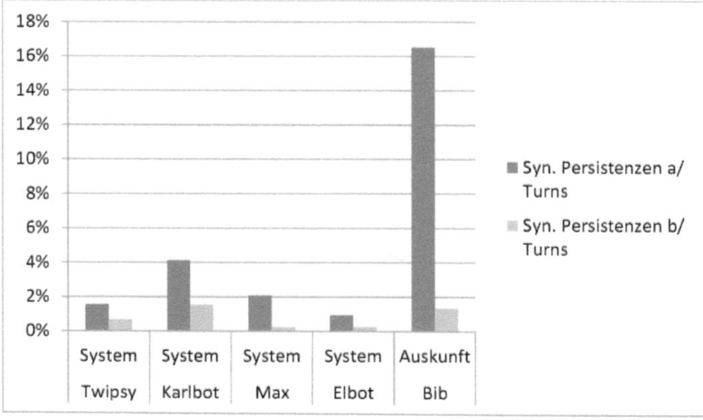

4.2.2.4 *Auto-Repetitionen als Indikatoren für Self-Alignment*

Auto-Repetition ist kein häufiges Phänomen in den untersuchten Korpora, nur 0,4–1,4 % der Turns enthalten Repetitionen zu eigenen Turns. Diese sind meist Teil der seltenen Persistenzketten, die über Triplets hinausgehen. Auto-Repetition liegt fast ausschließlich im Bereich der Lexik vor. Bis auf ein Token im Max-Korpus, entfallen alle Tokens für Auto-Repetition auf menschliche Interagierende, d.h., ein Prozess des Self-Alignments kann nur bei Menschen angesetzt werden.

Abbildung 35: Lexikalische Auto-Repetition (in Relation zu Turns gesamt)

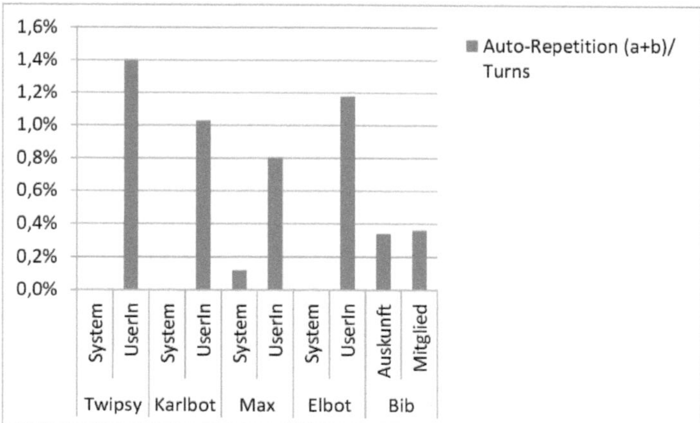

Auffällig ist auch, dass die UserInnen höhere Werte für Auto-Repetitionen erreichen als die Menschen im Vergleichskorpus. Dies könnte ein Hinweis darauf sein, dass Menschen auf diese Weise versuchen, die vermeintlich geringen Parsing-Fähigkeiten des Systems zu kompensieren. Wenn ein Schlüsselbegriff verarbeitet werden konnte, verwendet man ihn gern auch wieder (vgl. Fischer im Druck). Diese Fälle können nicht als Self-Alignment bezeichnet werden, da ihnen eine bewusste Überlegung zu Grunde liegt.

4.2.2.5 Non-Persistenz

Mit Bezug auf Szmrecsanyi (2005) wurde bei der Analyse eine zusätzliche Perspektive eingenommen: Es wurden nicht nur persistente Strukturen getaggt, sondern auch umgekehrt die Fälle, bei denen es zwar möglich gewesen wäre, eine Persistenz zu produzieren, diese aber im Korpus nicht vorliegt. Stattdessen finden sich hier Synonyme oder Paraphrasen, die hinsichtlich ihrer Ähnlichkeit zum vermeintlichen Prime maximal abweichen (d.h. keine Beta-Persistenz). Selbstverständlich können auf diese Weise ausschließlich Sequenzen in die Analyse eingehen, bei denen symmetrische Adjazenzpaare sehr wahrscheinlich sind. Die Entscheidung fiel hier theoriegeleitet auf ritualisierte Paarsequenzen im Gesprächsrahmen und Höflichkeitsmarker wie z.B. Duzen vs. Siezen (vgl. Kapitel 2.3, Kapitel 3). Wo also an diesen Loci keine Persistenzpaare produziert wurden, wurde die asymmetrische Form als Non-Alignment analysiert. Die Untersuchung beschränkt sich hier auf das Verhalten der UserInnen bzw. der Bibliotheksmitglieder in Bezug auf lexikalische Alpha-Persistenz. Alles andere wäre zu spekulativ, da eine konkrete erwartbare Form vorhergesagt werden muss, die wahrscheinlich ist, aber nicht produziert wurde (vgl. 2.3).

Im Vergleichskorpus zur HHC ist Non-Alignment selten (0,4 % aller Turns). Die menschlichen MitarbeiterInnen der Bibliotheksauskunft und die Mitglieder im Info-Chat scheinen trotz des schriftlichen Mediums gut alignt. Grußfloskeln werden gespiegelt und die Höflichkeit gebietet wechselseitiges Siezen.

In den HCI-Korpora treten fehlende persistente Strukturen an den entsprechenden Loci im Gesprächsrahmen bei bestimmten Lemmata (NN, NE) und beim Duzen bzw. Siezen in Form von vertauschten Pronomina (PPER, PPOSAT, PPOSS) und Verbformen (VVIMP, VVFIN) auf. Das Phänomen ist allerdings in den untersuchten Sequenzen nicht besonders häufig, sondern betrifft weniger als 4 % aller Turns.

Abbildung 36: Non-Persistenz in Relation zur Gesamtmenge der Turns

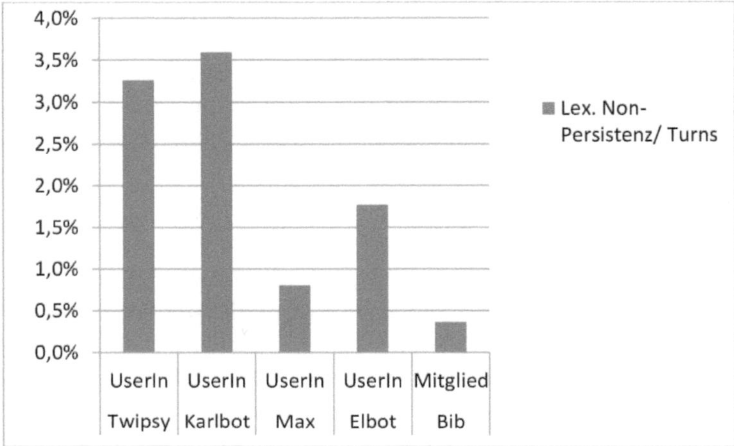

Die Grafik zeigt, dass Non-Persistenz bei den älteren Systemen häufiger vorkommt. Die UserInnen scheinen hier allgemein schlechter zum System zu alignen. Der explizite Gebrauch von Paraphrasen bei Grußfloskeln und das Duzen, obwohl der Bot siezt, kann als ein weiterer Hinweis auf diesen Umstand interpretiert werden. Die UserInnen scheinen sich hier sprachlich bewusst von der Sprache des Bots abzugrenzen. Asymmetrische Grußfloskeln und Duzen, obwohl der Bot siezt, können als Indikatoren für eine nicht kooperative Form von CT interpretiert werden. Bei den neueren Systemen ist Non-Alignment seltener (Elbot 1,8 %, Max 0,8 %). Die kohärentere Dialog-Führung und das fortgeschrittene Interface-Design scheinen den Abgrenzungstendenzen der UserInnen entgegenzuwirken.

4.2.3 Die Zusammensetung der Persistenzen

Die feinkörnige Analyse der Wortformen bei lexikalischen Persistenzen und der immanenten syntaktischen Strukturen bei syntaktischen Persistenzen zeigt, dass deren Zusammensetzung in HHC und HCI unterschiedlich ist. Während in der HHC eine Bandbreite unterschiedlicher Formen gespiegelt wird, beschränkt sich das Spektrum in der HCI auf wenige Formen.

Lexik: Lexikalische Persistenzen finden sich in der HHC bei Nomina, Verben, Adjektiven und Adverben sowie Artikeln, Pronomina, Adpositionen und Konjunktionen. Dabei machen Funktionswörter im Durchschnitt ca. 40 % der gespiegelten Wortformen aus und Inhaltswörter ca. 60 %.

Tabelle 23: Zusammensetzung der lexikalische Persistenzen UserInnen (HCI) bzw. Bib-Mitglieder (HHC)

UserIn	N	ADJ	ART	PRON	V	ADPOS	KONJ	ADV	Sonstige
Twipsy	25,33%	9,33%	4,00%	22,67%	16,00%	6,67%	1,33%	8,00%	0,00%
Karlbot	16,00%	0,00%	0,00%	48,00%	20,00%	8,00%	0,00%	4,00%	0,00%
Max	21,21%	1,01%	4,04%	30,30%	31,31%	3,03%	2,02%	1,01%	5,05%
Elbot	29,38%	6,25%	4,38%	21,88%	21,88%	3,75%	0,63%	2,50%	6,88%
Bib	31,19%	4,59%	11,93%	11,01%	16,51%	8,26%	3,67%	9,17%	1,83%

In der HCI fällt auf, dass sich die UserInnen-Persistenzen hauptsächlich aus Nomina, Pronomina und Verben zusammensetzen. Alle übrigen Wortformen können nur Werte unter 10 % aller Persistenzen verzeichnen. Obwohl die verschiedenen Systeme unterschiedliches UserInnen-Verhalten evozieren, zeichnet sich der Trend ab, dass eher zu Inhaltswörtern als zu Funktionswörtern alignt wird. Diese Tendenz könnte als Indikator gegen vorbewusstes Alignment und für strategisches Verhalten auf der Basis eines Grundverständnisses für die Schlüsselworterkennung der Bots interpretiert werden (vgl. Fischer 2006, im Druck). Bei den neueren Systemen erscheint diese Tendenz jedoch nicht so ausgeprägt. Hier weisen die UserInnen-Persistenzen bereits eine größere Vielfalt auf.

Tabelle 24: Zusammensetzung der lexikalischen Quasi-Persistenzen (HCI) und der Bib-Auskunft (HHC)

UserIn	N	ADJ	ART	PRON	V	ADPOS	KONJ	ADV	Sonstige
Twipsy	38,71%	3,23%	0,00%	19,35%	25,81%	3,23%	0,00%	6,45%	0,00%
Karlbot	38,24%	5,88%	2,94%	23,53%	23,53%	5,88%	0,00%	2,94%	0,00%
Max	31,33%	5,33%	3,33%	27,33%	22,67%	1,33%	1,33%	4,00%	6,67%
Elbot	22,50%	6,88%	1,25%	18,13%	20,00%	0,00%	1,25%	1,25%	5,63%
Bib	27,98%	5,95%	10,12%	17,26%	27,98%	7,74%	1,79%	2,38%	3,57%

Bei den Quasi-Persistenzen der Systeme fällt im Gegensatz zu den UserInnen-Persistenzen auf, dass die Zusammensetzung der Wortformen jeweils ähnlich ist mit ähnlich hohen Werten für Nomina, Pronomina und Verben. Diese Verteilung spiegelt die Funktionsweise der Schlüsselworterkennung wider, die Nomina, Pronomina und Verbformen am besten verarbeiten kann.

Syntax: Im Bereich der Syntax können allgemein größere Unterschiede in der Verteilung der Persistenzen zwischen HHC und HCI festgestellt werden als auf der Ebene der Lexik. Im HHC-Korpus finden sich syntaktische Persistenzen bei Nominalgruppen, Präpositionalgruppen, verbalen Strukturen (VGr, IGr) sowie bei einfachen satzwertigen Strukturen und Ellipsen. Dabei dominieren Nominal- und Präpositionalgruppen, die je ein Drittel der Persistenzen ausmachen. Das letzte Drittel untergliedert sich zu unterschiedlichen Teilen in die übrigen o. g. syntaktischen Kategorien. Für die chat-basierte HHC kann also festgehalten werden, dass Persistenzen vor allem in Form von Phrasen mit nominalen Elementen vorliegen.

Tabelle 25: Zusammensetzung der syntaktischen Persistenzen UserInnen (HCI) und der Bib-Mitglieder (HHC)

UserIn	**NGr**	**PGr**	**VGr/ IGr**	**S**	**Ell**	**Sonstige**
Twipsy	20,45%	25,00%	9,09%	22,73%	9,09%	11,36%
Karlbot	5,26%	2,63%	10,53%	15,79%	0,00%	0,00%
Max	7,32%	14,63%	7,32%	56,10%	4,88%	9,76%
Elbot	32,61%	23,91%	2,17%	26,09%	2,17%	6,52%
Bib	27,27%	29,55%	13,64%	13,64%	4,55%	11,37%

In der HCI zeigt sich ein anderes Bild: Wenn Strukturen des Bots von den UserInnen übernommen werden, dann vor allem ganze Sätze. Persistente subordinierte Sätze (vgl. *Relativsätze,* Fischer im Druck: 231) sind vernachlässigenswert selten. Die Präferenz für die Übernahme ganzer Sätze könnte in Zusammenhang stehen mit Repair-Strategien in Form von Rückfragen, bei denen die Userin eine komplette Aussage des Bots in Satzform wiederholt. Vielleicht handelt es sich aber auch um einen dynamischen Effekt, der in Zusammenhang steht zum syntaktischen Quasi-Alignment des Systems.

Tabelle 26: Zusammensetzung der syntaktischen Quasi-Persistenzen (HCI) und der Persistenzen der Bib-Auskunft (HHC)

UserIn	**NGr**	**PGr**	**VGr / I(Gr**	**S**	**Ell**	**Sonstige**
Twipsy	10,00%	30,00%	10,00%	40,00%	20,00%	10%
Karlbot	0,00%	6,67%	2,22%	13,33%	0,00%	0,00%
Max	0,00%	10,00%	10,00%	60,10%	15,00%	0,00%
Elbot	11,11%	0,00%	11,11%	66,67%	0,00%	11,11%
Bib	28,30%	32,08%	11,32%	7,55%	3,77%	9,43%

Wenn Quasi-Persistenz als syntaktische Struktur generiert wird, dann meist in Form eines ganzen Satzes als Nebeneffekt des ELIZA-Prinzips; d.h., ein UserInnen-Satz wird als Einheit analysiert und in einen Antwort-Prompt umgewandelt. UserInnen neigen dann dazu, im Gegenzug ebenfalls komplette Satzstrukturen zu spiegeln.

(1) Max: […] das ist deine meinung.
(2) UserIn: was ist dein lieblingsfilm?
(Max-Korpus 1756–1766)

Wirkliche syntaktische Sprachsynthese in Verbindung mit ebenfalls syntaktischer Alignment-Generierung liegt selbstverständlich bei den untersuchten Bots nicht vor, wäre aber ein interessanter Ansatz für die Systeme der Zukunft.

Allgemein kann festgestellt werden, dass in HHC und HCI sowohl auf lexikalischer als auch auf syntaktischer Ebene starke quantitative Abweichungen innerhalb der Zusammensetzung der Persistenzen nachgewiesen werden können. Auf syntaktischer Ebene sind die Unterschiede gravierender. Da von dynamischen Wechselwirkungen zwischen System-Ausgabe und UserInnen-Verhalten ausgegangen werden kann, könnte es eventuell hilfreich sein, an der Generierung natürlicherer System-Persistenzen zu arbeiten; vielleicht in Form eines Alignment-Generators mit lexikalischer und syntaktischer Analysefunktion, der eine bestimmte Mischung an Strukturen ausgibt.

4.2.4 Die Verteilung der Persistenzpaare auf die verschiedenen Einzeldialoge

Um genauer untersuchen zu können, inwiefern System-Designs UserInnen in Bezug auf ihr Alignment-Verhalten beeinflussen, musste eine Analyse der Einzeldialoge erfolgen. Im Fokus liegen also Dynamiken der Interaktion, die in Form der Verteilung der Persistenzen auf die UserInnen- bzw. Systembeiträge in den einzelnen Dialogen messbar gemacht werden können. Wie in Kapitel 3 beschrieben, wurden die relativen Häufigkeiten für Persistenzpaare in Abhängigkeit von der Gesamtmenge der Wortformen pro Dialog für UserIn und System separat errechnet und statistisch aufbereitet. Auf diese Weise können trotz unterschiedlich langer Dialoge vergleichbare Ergebnisse erzielt werden. Diese Operation dient dem korpusimmanenten Vergleich zwischen UserInnen- und System-Sprache und zwischen lexikalischen und syntaktischen Persistenzen. Folgende Nullhypothesen aus Kapitel 2 sind dabei zu überprüfen.

- $H0_{2a}$: **Lexikalische Persistenz** ist in den Teilkorpora ***UserIn*** und ***System*** im jeweiligen Gesamtkorpus gleich verteilt auf die Dialoge.
- $H0_{2b}$: **Syntaktische Persistenz** ist in den Teilkorpora ***UserIn*** und ***System*** im jeweiligen Gesamtkorpus gleich verteilt auf die Dialoge.
- $H0_{3a}$: **Lexikalische** und **syntaktische Persistenz** sind im Teilkorpus ***UserIn*** je gleich verteilt auf die Dialoge.

- $H0_{3b}$: **Lexikalische und syntaktische Persistenz** sind im Teilkorpus ***System*** je gleich verteilt auf die Dialoge.
- $H0_4$: Es besteht kein Unterschied zwischen den einzelnen HCI-Korpora und dem Vergleichskorpus (HHC) in Bezug auf die Parameter UserIn / System und lexikalische Persisten / syntaktische Persistenz.

Persistenzen konnten nicht in allen Einzeldialogen nachgewiesen werden und die relativen Häufigkeiten der Persistenzen pro Dialog differieren. Damit findet sich Fischers These, dass unterschiedliche UserInnen mehr oder weniger alignen, bestätigt (Fischer im Druck: 231). Die folgende Tabelle gibt einen Überblick über die Zusammensetzung der Stichproben aus den einzelnen Teilkorpora in Bezug auf lexikalische und syntaktische Persistenzen (relative Häufigkeiten pro Dialog in WF).

Tabelle 27: Übersicht Persistenzenverteilung auf Dialoge

Korpus		**UserIn (Lexik)**	**System (Lexik)**	**UserIn (Syntax)**	**System (Syntax)**
Twipsy	**N**	**27**	**27**	**27**	**27**
	Mittelwert	4,8%	0,4%	2,7%	0,1%
	Minimum	0,0%	0,0%	0,0%	0,0%
	Maximum	21,6%	2,6%	18,6%	1,1%
Karlbot	**N**	**48**	**48**	**48**	**48**
	Mittelwert	4,6%	0,6%	1,5%	0,1%
	Minimum	0,0%	0,0%	0,0%	0,0%
	Maximum	47,6%	9,8%	20,4%	2,1%
Max	**N**	**39**	**39**	**39**	**39**
	Mittelwert	7,0%	2,4%	3,0%	0,3%
	Minimum	0,0%	0,0%	0,0%	0,0%
	Maximum	33,0%	6,9%	15,8%	1,7%
Elbot	**N**	**20**	**20**	**20**	**20**
	Mittelwert	5,2%	1,0%	2,9%	0,1%
	Minimum	0,0%	0,0%	0,0%	0,0%
	Maximum	18,0%	2,0%	11,0%	0,6%
Bib	**N**	**51**	**51**	**51**	**51**
	Mittelwert	7,1%	15,3%	2,6%	4,2%
	Minimum	0,0%	0,0%	0,0%	0,0%
	Maximum	64,6%	129,2%	18,5%	31,7%

Der U-Test nach Mann-Whitney ergab Folgendes in Bezug auf die o. g. Hypothesen:

- **$H0_{2a}$:** Diese Hypothese bildet das Verhältnis zwischen lexikalischen Persistenzen (UserIn) und lexikalischem Quasi-Persistenzen (System) ab. Für drei von fünf Stichproben wird die Nullhypothese zurückgewiesen. Für das Twipsy-Korpus sowie das Karlbot-Korpus wird sie beibehalten und für das Max-Korpus, das Elbot-Korpus und das Vergleichskorus zurückgewiesen. Eine Gleichverteilung der lexikalischen Persitenzen von UserIn und System pro Dialog ist also bei den älteren Systemen zu beobachten, bei den neueren und im Vergleichskorpus dagegen nicht. Es kann also eher bei den älteren Systemen auf dynamische Effekte geschlossen werden. Das ELIZA-Prinzip führt bei Twipsy und Max zur direkten Übernahme von Schlüsselwörtern. Überraschendeweise scheinen sich die UserInnen diesem Prinzip eher anzupassen als sophistizierteren Systembeiträgen. Diesem Verhalten könnte auch eine bewusste Simplifizierungsstrategie mit Rücksicht auf die Funktionen des Systems zu Grunde liegen (vgl. Fischer im Druck).
- **$H0_{2b}$:** In Bezug auf syntaktische Persistenzen muss die Nullhypothese für drei von fünf Stichproben beibehalten werden. Besonders stark ist die Gleichverteilung im Karlbot-Korpus. Auch im Max- und im Vergleichskorpus kommen die syntaktischen Persistenzen von UserIn und System einer Gleichverteilung näher. Die stärkere Anpassung von UserIn und System in Bezug auf die Produktion von syntaktischen Persistenzen könnte als „mindless behavior" (vgl. Reeves & Nass 1996, Nass & Moon 2000, Nass & Brave 2005) interpretiert werden; d.h., UserInnen reflektieren das Spiegeln von syntaktischen Strukturen weniger als den persistenten Gebrauch von Lexemen. Während also die dynamische Anpassung an das lexikalische Alignment-Verhalten der älteren Syteme als bewusste Simplifizierungsstrategie bewertet werden kann, könnte man wechselseitiges syntaktisches Alignment seitens der UserInnen als Übertragung von Verhaltensweisen aus der HHC interpretieren. Die Korpora enthalten zwar insgesamt mehr lexikalische Persistenzen, dynamische Effekte sind aber häufiger auf der Ebene der Syntax.

Tabelle 28: Mann-Whitney-U-Test (UserIn / System)

Korpus	Persistenzen	Faktor	Signifikanz[115]	Entscheidung
Twipsy	lexikalisch	UserIn / System	.067	Nullhypothese beibehalten
	syntaktisch	UserIn / System	.016	Nullhypothese ablehnen
Karlbot	lexikalisch	UserIn / System	.178	Nullhypothese beibehalten
	syntaktisch	UserIn / System	.963	Nullhypothese beibehalten
Max	lexikalisch	UserIn / System	.011	Nullhypothese ablehnen
	syntaktisch	UserIn / System	.062	Nullhypothese beibehalten
Elbot	lexikalisch	UserIn / System	.020	Nullhypothese ablehnen
	syntaktisch	UserIn / System	.006	Nullhypothese ablehnen
Bib	lexikalisch	UserIn / System	.014	Nullhypothese ablehnen
	syntaktisch	UserIn / System	.148	Nullhypothese beibehalten

- **$H0_{3a}$:** Diese Hypothese verweist auf das Verhältnis zwischen lexikalischen und syntaktischen Persistenzen seitens der UserInnen. Dazu wurde die Verteilung der lexikalischen Persistenzen mit der der syntaktischen Persistenzen pro Dialog verglichen. Während im Vergleichskorpus kein Zusammenhang zwischen lexikalischen und syntaktischen Persistenzen festgestellt werden kann, findet sich eine Gleichverteilung bei den UserInnen von Twipsy und Elbot. Da sich diese Systeme stark unterscheiden, ist das Ergebnis nicht eindeutig zu interpretieren, spiegelt aber die UserInnen-Reaktionen auf die jeweiligen Systemfunktionen gut wider. Die UserInnen beider Systeme tendieren aus unterschiedlichen Gründen dazu, komplette Konstruktionen

115 Asymptotische Signifikanzen, das Signifikanzniveau ist .05. Die Signifikanzen wurden im U-Test nicht exakt berechnet, sondern es wurde ein mathematisches Modell verwendet, das die echte Verteilung ungefähr beschreibt. Das Verfahren funktioniert gut für Werte größer als 5. Da die vorliegenden Werte auf ganze Dialoge zurückgehen, sind sie vergleichsweise hoch und beziehen sich auf eine große Grundgesamtheit. Daher ist das o. g. Modell vertretbar.

lexikalisch und strukturell zu übernehmen. Bei Twipsys UserInnen kann auch dieser Umstand durch eine Simplifizierungsstrategie als Reaktion auf das ELIZA-Prinzip gedeutet werden. Elbots kreatives Dialog-Design hingegen evoziert eine große Zahl von erstaunten Rückfragen der UserInnen, die ihrer Form nach Lexik und Syntax des Bots gleichermaßen spiegeln.

- **$H0_{3b}$:** Der Zusammenhang zwischen lexikalischem und syntaktischem Quasi-Alignment ist bei den älteren Systemen gegeben, bei den neueren Systemen und im Vergleichskorpus nicht. Dies stützt die Hypothese, dass das ELIZA-Prinzip Auswirkungen auf die Wechselwirkungen zwischen lexikalischer und syntaktischer Persistenz hat. Vermittelt durch Pattern-Generierung müssen die alten Systeme teilweise komplette Konstruktionen der UserInnen syntaktisch und lexikalisch spiegeln.

Tabelle 29: Mann-Whitney-U-Test (lexikalische Persistenz / syntaktische Persistenz)

Korpus	**UserIn/ System**	**Faktor**	**Signifikanz**	**Entscheidung**
Twipsy	UserIn	lexikalisch / syntaktisch	.469	Nullhypothese beibehalten
	System	lexikalisch / syntaktisch	.130	Nullhypothese beibehalten
Karlbot	UserIn	lexikalisch / syntaktisch	.028	Nullhypothese ablehnen
	System	lexikalisch / syntaktisch	.104	Nullhypothese beibehalten
Max	UserIn	lexikalisch / syntaktisch	.013	Nullhypothese ablehnen
	System	lexikalisch / syntaktisch	.000	Nullhypothese ablehnen
Elbot	UserIn	lexikalisch / syntaktisch	.186	Nullhypothese beibehalten
	System	lexikalisch / syntaktisch	.000	Nullhypothese ablehnen
Bib	Mitglied	lexikalisch / syntaktisch	.010	Nullhypothese ablehnen
	Auskunft	lexikalisch / syntaktisch	.000	Nullhypothese ablehnen

Die Ergebnisse des Mann-Whitney-U-Tests sind nicht eindeutig, lassen aber einige interessante Interpretationen zu. Betrachtet man allein die HCI-Korpora, so fällt auf, dass eine Gleichverteilung der Persitenzen auf UserIn und System pro Dialog nur in der Häfte der untersuchten Stichproben nachgewiesen werden hann. Auch im Vergleichskorpus zu chat-basierten HHC sind die lexikalischen Persistenzen nicht gleich verteilt. Persistente Strukturen kommen also zwar vor, wirken aber vermittelt über den Chat-Kanal nicht so „ansteckend" wie in der Face-to-Face-Interaktion. Die Gleichverteilung in einigen der untersuchten Stichproben spricht aber grundsätzlich dafür, dass Alignment in der HCI eine Rolle spielt und auch wechselseitig vorliegen kann. Die jeweiligen Bedingungen, die wechselseitiges Aligment fördern, sind je nach System und Interaktionsszenario sowie auf den unterschiedlichen linguistischen Beschreibungsebenen verschieden und müssen je nach Einzelfall interpretiert werden. So finden sich bspw. bei den älteren Systemen mehr Fälle von strategischen Anpassungsversuchen an die Lexik des Systems, um das Schüsselwortparsing zu erleichtern. Auch hier findet eine Beeinflussung der UserInnen durch das System statt, die sich in einer Gleichverteilung der UserInnen- und System-Persistenzen pro Dialog manifestiert. Diese ist jedoch nicht als Indikator für aus der HHC übertragenes Interaktionsverhalten zu verstehen, sondern als kooperative Simplifizierungsstrategie (vgl. Fischer im Druck). „Ansteckend" auf die UserInnen wirkt dagegen eher das syntaktische Quasi-Alignment der Bots. Syntaktisches Alignment kann auch im Vergleichskorpus zur HHC wechselseitig beobachtet werden. Wenn es in der HCI also zu syntaktischen Quasi-Persistenzen kommt, scheinen diese ein Anpassungsverhalten der UserInnen sublim zu fördern. Ein innovatives System mit syntaktischem Alignment-Generator könnte dieses Verhalten u. U. fördern.

Ein Zusammenhang zwischen lexikalischen und syntaktischen Persistenzen wird eindeutig durch Pattern-Generierung begünstigt. Hier wird deutlich, dass das Verhalten der UserInnen direkt von den Funktionen des jeweiligen Systems beeinflusst wird.

Lexikalische Persistenzen sind zwar in allen Korpora häufiger, führen aber bei den neueren Systemen seltener zu wechselseitigem Alignment-Verhalten im gesamten Dialogverlauf. Als Artefakte der Schlüsselworterkennung können Pesistenzen des Systems also einerseits eine gedankenlose Anpassung der UserInnen-Sprache im Sinne einer Übertragung von Verhaltesweisen aus der HHC auslösen, die sich in Persistenzen äußert. Andererseits können sie UserInnen zur strategischen Repetition von Formen anregen, die zuvor vom System geäußert wurden. Welches UserInnen-Verhalten einer im Korpus auffindbaren Persistenz zu Grunde liegt, kann nur im Rahmen der qualitativen Analyse bestimmt werden. Zur Interpretation dieser Ergebnisse muss einschränkend eingeräumt werden, dass sie sich alle auf nicht-parametrische Daten beziehen und mittels ungenauer Testverfahren ermittelt wurden. Trotz dieser Einschränkung sind die Ergebnisse aber gut interpretierbar, wahrscheinlich weil sie auf vergleichsweise große Datenmengen zurückzuführen sind.

4.2.5 Analyse der Distanzen zwischen Prime und Persistenz

Betrachtet man die zahlreichen Inkohärenzen und abrupten Themenwechsel in der HCI, könnte man annehmen, dass sich Priming immer nur auf einzelne Turn-Wechsel bezöge, zu groß sei die Zahl der möglichen Distraktoren. Eine Untersuchung der Textdistanz zwischen Prime und Persistenz zeigt jedoch ein anderes Bild: Reaktionen auf gegebene Primes erfolgen auch noch in größerer textueller Distanz. Die Verteilung variiert je nach System.

Eine Analyse der Distanzen zwischen Prime und Target bzw. Persistenz wurde durchgeführt, um Distanz-Frequenz-Effekte (Szmrecsanyi 2005, Gries 2005, Reitter 2006) zu untersuchen. Dabei wurde in allen Korpora die Textdistanz in Wortformen gezählt und die Häufigkeiten (Frequency) in Relation zu Textdistanz (Recency) analysiert. Hier werden ausschließlich die Ergebnisse für lexikalische Alpha-Persistenz dargestellt. Für syntaktische Alpha-Persistenz zeichnet sich eine vergleichbare Tendenz ab; diese ist aber weniger deutlich.

Mit steigender Textdistanz (DIST) zum Prime nimmt die Häufigkeit der Persistenzen ab. Für die HHC stellten Bock und Griffin (2000) fest, dass Priming langlebig sei, allerdings zwischen DIST 0 WF und 1 WF rasch abfalle, sich dann aber auf einen konstanten Wert einpendele. Diese Tendenz kann in allen untersuchten Korpora beobachtet werden. Die Verteilung der Persistenzpaare ist nicht zufällig: Je näher der Prime, desto häufiger ist Alignment zu ihm. „*Recency of use thus clearly plays a role*“ (Szmrecsanyi 2005: 128). Es fällt auf, dass sich die Werte einer logarithmischen Zerfallskurve nach Eb-binghaus (*Vergessenskurve, Forgetting-Function*) annähern.

Diese zeigt den Grad des Vergessens in Relation zur vergangenen Zeit. An die Stelle der Zeit rückt in der vorliegenden Untersuchung die Textdistanz DIST in Wortformen. Das Ergebnis stimmt auch mit Szmrecsanyi (2005) und Gries (2005) überein, die mit korpuslinguistischen Mitteln anhand von transkribierten Face-to-Face-Dialogen im British National Corpus Vergessenskurven für Priming in der HHC nachweisen konnten. Dabei fanden sie ebenfalls keine lineare Zerfallsfunktion, sondern eine logarithmische (vgl. Pickering & Branigan 1998; Gries 2005). Auch auf die in dieser Studie untersuchten Werte passt die Logarithmus-Funktion $f(x) = 1/x$ besser als eine lineare.

Allgemein fällt auf, dass in der chat-basierten Kommunikation Primes wesentlich schneller zerfallen als in der von Szmrecsanyi (2005) untersuchen Face-to-Face-Kommunikation (vgl. Kapitel 2.3). Dort wurden bei DIST 9000 WF noch Persistenzen gefunden, während im vorliegenden HHC-Korpus zum Bibliothekschat maximal DIST 180 WF nachgewiesen werden kann. Dies hängt sicher einerseits mit dem schriftlichen Medium zusammen, andererseits aber auch mit der Pragmatik eines Help-Desk-Szenarios, in dem lange Gespräche die Ausnahme darstellen. Für die Auskunft und die Bibliothektsmitglieder im HHC-Korpus verläuft die Vergessenskurve selbst aber prototypisch: Bis DIST 50 WF werden die meisten Persistenzen produziert; dabei fällt ein schneller Zerfall auf. Danach finden sich nur noch vereinzelte Persistenzen und der Kurvenverlauf pendelt sich auf eine Parallele zur x-Achse ein.

Abbildung 37: Vergessenskurve für lexikalische Primes (Auskunft, HHC)

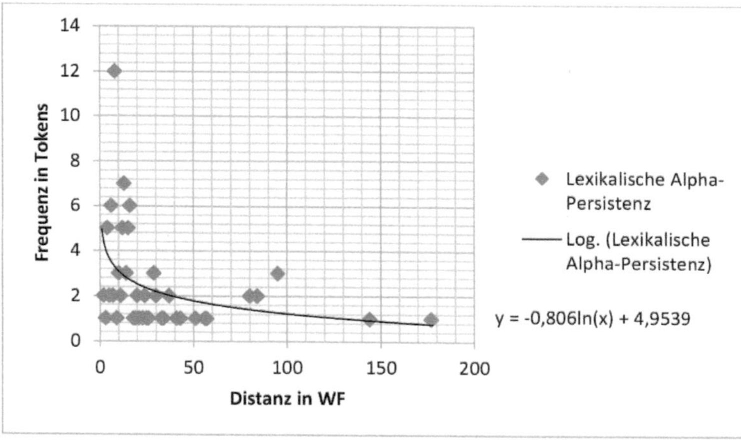

Die ebbinghaussche Kurve gilt als sehr robust und kann tatsächlich auch für HCI-Anwendungen nachgewiesen werden. Dabei kann sowohl eine wirkliche *Forgetting-Function* bei UserInnen beobachtet werden als auch ein Artefakt mit einer ähnlichen Verteilung bei Bots. Durch Schlüsselworterkennung und gespiegelte Prompts werden bis DIST 20 WF (alte Bots) bzw. DIST 40 WF (neue Bots) viele persistente Lexeme ausgegeben bei schnellem Zerfall. Danach kommt es zu vereinzelten Persistenzen bei Wiederholungen nach Repair oder zufällig gleicher Wortwahl in einem späteren Prompt. Die über diesen Werten errechnete *Promptig-Function* ist kein Äquivalent zur *Forgetting-Function*. Eine möglichst natürliche Verteilung von Distanz-Frequenz-Effekten könnte aber zu einer weniger artifiziellen Dialogperformanz des Bots beitragen, was in alignment-fähigen Systemen wie SPUD-Prime bereits angedacht ist. Allgemein fällt auf, dass die System-Werte für Distanz-Frequenz-Effekte eine größere Streuung aufweisen als die der UserInnen.

Abbildung 38: Prompting-Function (System Twipsy, HCI)

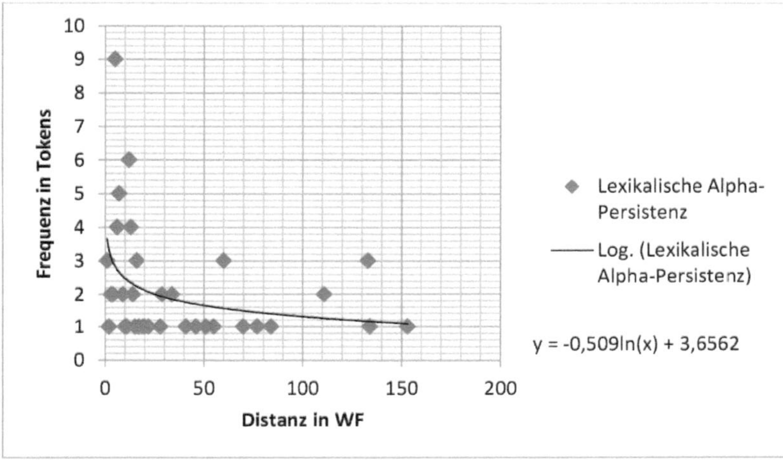

Beim UserInnen-Verhalten in Bezug auf Distanz-Frequenz-Effekte kann ein Unterschied zwischen der Interaktion mit neuen oder alten Systemen festgestellt werden: Die UserInnen von Twipsy und Karlbot reagieren beinahe nur in unmittelbarer Nähe auf den Prime (Twipsy bis DIST 40 WF, Karlbot bis DIST 9 WF).

Abbildung 39: Vergessensfunktion (UserIn Twipsy, HCI)

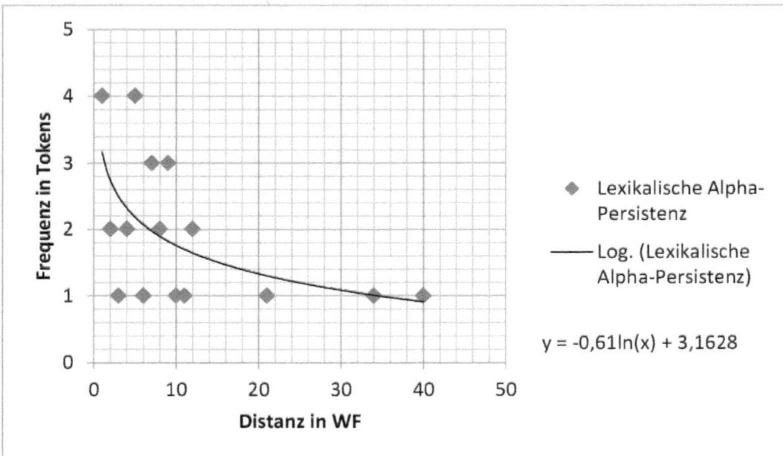

Bei den neueren Systemen finden sich maximale Distanzen von DIST 134 WF (Max, UserIn)[116] und DIST 280 WF (Elbot, UserIn). Diese Systeme schaffen es, die UserInnen länger bei der Stange zu halten und längere kohärente Sequenzen zu generieren. Dieser Fortschritt schlägt sich dann auch auf der Ebene der Distanz-Frequenz-Effekte nieder.

Abbildung 40: Vergessensfunktion (UserIn Max, HCI)

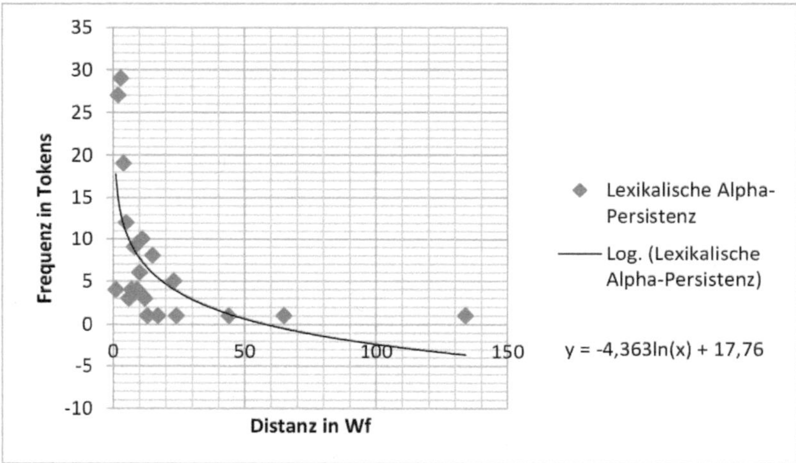

Abweichend zur HHC ist hier der extrem steile Abfall im Bereich bis DIST 40 WF und wenige Werte für den Bereich > DIST 40 WF, was zum Abtriften der Trendlinie in den Bereich der negativen Zahlen führt. Dies ist selbstverständlich empirisch nicht möglich, illustriert aber das Missverhältnis zwischen < DIST 40 WF und > DIST 40 WF anschaulich.

Allgemein kann festgehalten werden, dass Primes in Abhängigkeit vom Medium schneller oder weniger schnell zerfallen (Chat vs. Face-to-Face) und dass die Belebtheit des Interaktionspartners ebenfalls Einfluss auf die Zerfallsrate nimmt.

116 Eine Userin von Max produziert sogar nach DIST 403 noch eine lexikalische Persistenz. Allerdings ist in diesem Fall sprachlich der Zusammenhang zum Prime nicht mehr ganz klar. Unter kognitiven Gesichtspunkten ist dieser Fall jedoch gerade deshalb besonders interessant.

4.2.6 Die Bedeutung von Alignment in der HCI

4.2.6.1 Die kognitive Verarbeitung von HCI: Artifizielles und reaktives Alignment

Ein Kritikpunkt an der Methodik der Experimente, die dem interaktiven Alignment-Modell zu Grunde liegen, bezieht sich auf die speziellen Dialogsituationen, die damals untersucht wurden (z.B. *Maze-Game*). Die Versuchspersonen in einem solchen Setting seien bereits aufeinander eingestellt. *„Interactive alignment focuses on dialogue in the degenerate case: interactions in which people are, in a sense, already co-ordinated"* (Healey 2004: 201). Damit seien alignte Dialogstrukturen im Feld eher der Ausnahmefall, denn die Regel. Alignment als einen ganz grundsätzlichen Aspekt der Sprachverarbeitung anzunehmen, sei dann aus dieser Perspektive selbstverständlich nicht mehr sinnvoll, sofern vorausgesetzt werde, dass die empirischen Belege für Alignment weitgehend fehlten. Die Tatsache, dass überhaupt Belege für Alignment in der HCI gefunden wurden, greift diese These bereits stark an. Dass sogar mit korpusbasierten Methoden persistente Dialogstrukturen in nicht manipulierten HCI-Dialogen aus dem Feld nachgewiesen werden können, kann als Argument für Alignment als ganz grundsätzlichen Mechanismus menschlichen Sprachverhaltens interpretiert werden. Menschen scheinen dieses Verhalten aus der HHC auf die HCI zu übertragen. Mensch und Maschine können auf dem derzeitigen Stand der Technik zwar keinen Common Ground entwickeln, dennoch versuchen die UserInnen zum System zu alignen. So scheint hier eher Szmrecsanyis Aussage zuzutreffen: *„language users are hardwired to go for recently used (or activated) linguistic patterns whenever they can"* (Szmrecsanyi 2005: 116). Bereits die Illusion eines Dialogs scheint einen ausreichenden Anlass zur Produktion von persistenten Strukturen zu bieten. Ob die Produktion von persistenten Strukturen bei UserInnen in der HCI allerdings auf a) die Übertragung eines vorbewussten Mechanismus aus der HHC (Pickering & Garrod 2004) oder b) auf zwar bewusstes, aber unreflektiertes, gedankeloses Verhalten (Reeves & Nass 1996, Nass & Moon 2000, Nass & Brave 2005) oder sogar c) auf eine voll bewusste Simplifizierungsstrategie (Fischer im Druck) zurückgeführt werden kann, muss im Einzelfall entschieden werden.

In den untersuchten Agenten-Korpora finden sich im Schnitt nur halb so viele Persistenzen wie im Vergleichskorpus zur HHC. Die Hypothese von Branigan, Pickering, Pearson und McLean (2010), dass Alignment-Effekte in der HCI sogar stärker seien als in der HHC, kann anhand der vorliegenden Felddaten also nicht gestützt werden (vgl. Kapitel 4). UserInnen passen sich dem Sprachgebrauch des jeweiligen Systems zwar partiell an, doch der Grad der Anpassung hängt von einer Reihe von Variablen ab. Denn in der HCI liegen einige Störfaktoren vor, die in der HHC nicht gegeben sind: inkohärente und quasi-kohärenten Turns sowie Fehlermeldungen und Rückfragen, die insgesamt bis zu 25 % der System-Turns ausmachen. Hinzu kommen häufige und abrupte Themenwechsel, die Sequenzen von alignten Strukturen ihrerseits unterbrechen können. Vor diesem Hintergrund ist es erstaunlich, dass die UserInnen überhaupt so viele Persistenzen produzieren. Außerdem handelt es sich bei HCI-Dialogen auch nicht um natürliche Kommunikation mit ihren eng verzahnten minimalen Dialogeinheiten, sondern gerade die älteren Bots geben eher serielle Einheiten von Monolog aus. Legt man ein Kontinuum der Dialogizität zu Grunde, so rangieren HCI-Dialoge je nach System irgendwo in diesem Spektrum zwischen monologischen Texten und natürlichen Dialogstrukturen. Die erhobenen Daten zeigen deutlich, dass die neueren Systeme Max und Elbot natürlichen Dialogen bereits näher kommen als Twipsy und Karlbot.

Allgemein wurde vielfach belegt, dass die Kommunikation über Medien Einfluss auf interaktives Alignment in der HHC hat. So liegt es nahe, dass auch die Interaktion über den Chat-Kanal Einfluss auf die Anzahl der Persistenzen in den untersuchten Korpora hat. Diese Einschränkung gilt bei gegebener Korpuslage für HCI- und HHC-Korpora gleichermaßen. Doherty-Sneddon et al. (1997) konnten zeigen, dass die Kommunikation von ProbandInnen in einer Face-to-Face-Task erfolgreicher war als bei entweder audio- oder videovermittelter Kommunikation. In videovermittelter Konversation, aber auch in Mehrparteien-Diskussionen, ritualisierten Interaktionen, Tutorien und Reden innerhalb von Debatten, konnten absteigend weniger automatische Alignment-Prozesse beobachtet werden. Dafür fand man zunehmend mehr Hinweise auf bewusste Konstruktionen von Mental-State-Modellen des Gegenübers. HCI-Dialoge werden sich je nach System-Variablen und UserInnen-Typen in dieses Kontinuum einreihen. Ist es ZuhörerInnen von Monolog möglich, Feedback in Form von nicht-sprachlichen Zeichen zu geben (z.B. Bavelas et al. 2000), ist die Sequenz im Kontinuum als dialogischer einzuordnen. Vergleichbare Sequenzen finden sich in der HCI bei ECAs mit Gestik und Mimik-Analyse und überall dort, wo das Dialog-Design UserInnen-Reaktion auf ein Minimum beschränkt (nämlich die Eingabe von „ok" oder „weiter" im Sinne von „Enter"). Die bestätigenden Eingaben erfüllen hier keine direkte Feedback-Funktion (vgl. Fischer im Druck: 189), sondern dienen allein dem Voranschreiten im Programm (vgl. Kapitel 4.4). Dieses Prinzip findet man besonders bei älteren Systemen mit geringen Parsing-Fähigkeiten, bei denen eine robuste UserInnen-Führung unerlässlich ist. Auch der Fall, dass Monolog- und Dialogphasen abwechseln, ist denkbar (Untersuchungen zu Alignment in politischen Debatten, vgl. z.B. Conrad & Schober 2000;

Schober & Conrad 1997; Schober et al. 2004; Suessbrick et al. 2000). Pickering und Garrod sehen darin ein Beispiel dafür, dass dynamische Verschiebungen in der Komplexität der Sprachverarbeitung ad hoc möglich seien. Für die HCI würde dies bedeuten, dass UserInnen ständig zwischen unterschiedlichen kognitiven Modellen switchen müssten, um die verschiedenartigen System-Prompts verarbeiten zu können. Besteht die Möglichkeit des Alignments nicht, so orientierten sich kompetente RezipientInnen an Variablen wie der Wortfrequenz, der Art der syntaktischen Konstruktion oder semantischen Interpretationen.

Warum UserInnen Chatbots gegenüber nur halb so viel alignen wie menschliche Chattende untereinander, liegt also in folgenden einschränkenden Faktoren begründet:

- Viele inkohärente System-Turns als Resultat von Parsing-Fehlern führen zu einer größeren Notwendigkeit für Repair seitens der UserInnen.
- Die Illusion von Dialog wechselt ab mit seriellem Monolog, zu dem weniger alignt wird.

Wenn man diese Faktoren in einem innovativen System ausschalten könnte, wären mehr persistente Strukturen in längeren Sequenzen seitens der UserInnen wahrscheinlich.

Warum alignen UserInnen aber überhaupt zu artifiziellen Dialogagenten? Fischer schlägt vor, dass das linguistische Verhalten in Abhängigkeit von Vorannahmen über die Sprechsituation gesehen werden müsse (vgl. Fischer 2006: 81). Diese Variable bildet sicher die Grundlage für jegliche Interaktion mit der unbekannten Entität und wird besonders deutlich am Anfang eines Dialogs, wo UserInnen ihre Vorab-Einstellung dem System gegenüber offenbaren. Dabei spielen Erfahrungen und Persönlichkeit des jeweiligen UserInnen-Typs die entscheidende Rolle und fließen in das Partnermodell der UserInnen vom Bot mit ein. PlayerInnen tendieren dazu, die Interaktionsituation als sozial einzustufen (vgl. Fischer im Druck: 229) und lassen sich auf einen vermeintlich natürlichen Dialog ein, während Non-PlayerInnen das System wie eine Maschine behandeln (vgl. Fischer 2006: 121ff). Welche Faktoren beeinflussen aber die weitere Interaktion? Die Ergebnisse der Studie legen unterschiedliche Formen von Alignment nahe:

a) Repetitionen des System-Outputs als Simplifizierungsstrategie (vgl. Branigan et al. 2010, Fischer im Druck) bei den älteren Systemen und bei Störungen des Dialogs
b) Alignment seitens der UserInnen als Indikator für die gedankenlose oder spielerische Übertragung von Gesprächsverhalten aus der HHC (vgl. Pickering & Garrod 2004, Reeves & Nass 1996, Nass & Moon 2000, Nass & Brave 2005)

Die Studie hat gezeigt, dass syntaktisches Quasi-Alignment in Form von persistenten Strukturen des Systems Alignment seitens der UserInnen begünstigt. Hierbei muss jedoch betont werden, dass zwar auf beiden Seiten Pesistenzen nachgewiesen werden können und diese in Bezug auf ihre Verteilung über die Einzeldialoge mehrheitlich in Zusammenhang zueinander stehen, dass es sich hierbei aber keineswegs um *interaktives* Alignment handelt. Das Alignment der UserInnen ist als *reaktiv* zu bezeichnen, da hier auf einen künstlich erzeugten Prime reagiert wird. Quasi-Alignment des Systems kann allenfalls als *artifizielles* Quasi-Alignment bezeichnet werden. Hinter dieser Form der Wiederaufnahme steckt nämlich bei den meisten Bots bislang nicht mehr als das ELIZA-Prinzip.

Menschen verhalten sich unter bestimmten Prämissen *passagenweise* modernen Systemen gegenüber so, wie sie sich menschlichen GesprächspartnerInnen gegenüber verhalten würden. Dieses konkrete Verhalten findet sich vor allem in Small-Talk-Sequenzen, wo kein konkretes Dialogziel verfolgt wird. Es kann nur schwer im Kontext der Theorie zu Computer-Talk gedeutet werden, sondern legt eine Interpretation als Übertragung von Verhaltensweisen aus der HHC nahe. In den Gesprächsrahmensequenzen finden sich persistente Strukturen in ritualisierten Grußfloskeln. In der Gesprächsmitte wechsen UserInnen die Strategie häufig. Kommt es zu Alignment kann es gegenüber den älteren Systemen meist als strategisch gedeutet weden. Die UserInnen produzieren Persistenzen im Hinblick auf eine durch Schlüsselwörter vermittelte Navigation. Dabei handelt es sich meist um Nomina oder NPs.

> Twipsy: Die weltweiten Projekte lassen die Expo 2000 zu einem globalen Ereignis werden.
> UserIn: und was sind das für weltweite Projekte?
> (Twipsy-Korpus 2324–2349)

Bei den neueren Systemen findet sich vermehrt nicht-strategisches Alignment, besonders wenn die Interaktion spielerischen Charakter aufweist und in erster Linie der Unterhaltung dient.

> Elbot: Vielleicht liegt das an mehr Erfahrung!
> UserIn: vielleicht aber auch an mangelnder zahl von bits und bytes!
> (Elbot-Korpus 2964–2980)

Obwohl die Aussage der Userin aus semantischer Perspektive darauf schließen lässt, dass sie sich darüber im Klaren ist, mit einem artifiziellen Gegenüber zu chatten, kann die Übernahme des turn-initialen, modalen Adverbs nicht als Simplfizierungsstrategie gedeutet werden. Denn das Adverb spielt keine relevante Rolle für die Parsing-Funktion. Trotz der offensichtlichen Referenz auf die künstliche Intelligenz des Bots, werden (vorbewusst?) Verhaltensweisen aus der HHC auf die HCI übertragen. Diese Beobachtung spricht dafür, dass die Interaktionssituation von der Userin implizit als sozial aufgefasst wird und nicht als Manipulation einer Maschine.

Ein zusätzliches Indiz (nur ein *Indiz*, kein *Beleg*!) dafür, dass der Mehrheit der in den HCI-Korpora vorliegenden Persistenzen ein unvermittelter, natürlicher Alignment-Prozess zu Grunde liegt, könnte die Vergessenskurve darstellen, die robust bei UserInnen in der HCI beobachtet werden kann. In ihr manifestieren sich grundsätzliche Effekte menschlicher Kognition bei Priming. Es überrascht daher nicht, dass man den von Szmrecanyi für die HHC beschriebenen Zusammenhang in der HCI auch findet. Anders sind nur der steilere Kurvenverlauf und die Tatsache, dass Primes in den untersuchten Korpora aufgrund von zahlreichen Distraktoren wie Inkohärenzen und plötzlichen Themenwechseln nach maximal 200 Wortformen bereits zerfallen. Der Effekt als solcher ist aber vorhanden und messbar.

Allerdings ist deutlich zu betonen, dass längere HCI-Dialoge gerade bei den neueren Systemen sehr unterschiedliche Sequenzen aufweisen, in denen UserInnen entweder gedankenlos oder sogar vorbewusst alignen oder bewusst versuchen, Störungen vorzubeugen oder zu beheben. Dafür müssen sie auf Partnermodelle zurückgreifen und bedienen sich teilweise auch Strategien aus dem Bereich des CTs (s. Kapitel 4.4).

4.2.7 Alignmentfähige Systeme

Da Quasi-Alignment in der Hälfte der untersuchten Stichproben die UserInnen zur Produktion von eigenen Persistenzen und in störungsfreien Passagen zu natürlicherem Dialogverhalten veranlasst, liegt hier ein wichtiger Schlüssel für die Weiterentwicklung von Agenten-Systemen. Bei der Konstruktion von Dialogmanagern sollte unbedingt darauf geachtet werden, dass persistente Strukturen in kohärent anschließende System-Turns integriert werden, ohne dass ausschließlich repetitive Dialoge á la ELIZA geführt werden. Für die Analyse der UserInnen-Turns und die Generierung der System-Turns können eine Reihe von Regeln formuliert werden, die Quasi-Alignment natürlicher wirken lassen könnten. Zusätzlich verstärkt wird die Illusion von Kohärenz durch die Nachahmung einer natürlichen Zerfallskurve für eine gegebene sprachliche Struktur über eine bestimmte Distanz von Wortformen. Das Modell des logarithmischen Zerfalls eines Primes, zu dem Persistenzen ausgegeben werden können, wurde bereits in einem System umgesetzt (SPUDprime, Buschmeier & Kopp 2010), aber noch nicht in einem ECA erprobt und evaluiert. Ob sich die Distanz-Frequenz-Effekte seitens der UserInnen gegenüber einem solchen System der natürlichen Zerfallskurve annähern würden, muss überprüft werden.

Auf der Ebene der Syntax kann Quasi-Alignment anhand von System-Persistenzen bei den heutigen Systemen zwar selten, dann aber wechselseitig nachgewiesen werden. Die automatische Analyse der ausschlaggebenden Strukturen (komplexe Nominalphrasen und Präpositionalphrasen, Tempus und Modus des Verbs, Genitivattribut vs. Präpositionalattribut u. v. a.) ist aber technisch noch schwer umsetzbar. Außerdem wurden seitens der Linguistik die kritischen Strukturen noch nicht ausreichend konkret definiert.

Geparste Schlüsselwörter einer Userin im System-Prompt durch Synonyme zu ersetzen, kann vor dem Hintergrund dieser Studie nicht empfohlen werden. Solche lexikalischen Paraphrasen werden von UserInnen als Non-Alignment aufgefasst und nicht als Zeichen für ein gut angepasstes System. Lexikalische Paraphrasen seitens der UserInnen finden sich nämlich auch meist bei Reformulierungen und Repair, also immer dann, wenn Alignment versagt und eine bewusste Strategie zur Behebung der Störung bemüht werden muss. Stattdessen muss der automatischen Generierung von Alignment ein großes Innovationspotenzial für ECAs zugesprochen werden. Allerdings sollte ein automatischer Alignment-Manager bestimmte Kriterien erfüllen:

- Parsing der UserInnen-Alignments und Generierung des System-Alignments
- genaue Abbildung der natürlichen Vergessenskurve
- Sensitivität für den Kanal: Für medial schriftliche oder orale Kommunikation wurden in der HHC unterschiedliche Distanz-Frequenz-Effekte beobachtet
- separate Modelle für Lexik und Syntax
- stochastische Modelle für die Ausgabe unterschiedlicher Wortarten und Phrasenstrukturen

Legt man die Überlegungen von Pickering und Garrod zu interaktiver Sprachverarbeitung zu Grunde, so könnte in der HCI ein leistungsfähiger Alignment-Manager, einem dynamischen UserInnen-Modell vorgeordnet sein. Sie halten eine Modellierung des Gegenübers schließlich nicht unmittelbar für notwendig für erfolgreichen Dialog (vgl. Pickering & Garrod 2004: 172). Wendete man diese Theorie auf die Implementierung von Dialogkomponenten in der HCI an, hieße das: Alignment-Management an Stelle von UserInnen-Modellen spart Rechenleistung. Überlegungen zum Recipient-Design und zu lernfähigen Einheiten, die das UserInnen-Verhalten in einem Modell speichern, wären nicht mehr zentral für einen effektiven Dialog-Manager. Erst bei Störungen könnte auf solche Komponenten zurückgegriffen werden. Ein solches deterministisches Modell würde zwar die Wirklichkeit nicht abbilden, in der persistentem Verhalten unterschiedliche Prozesse zu Grunde liegen können (vorbewusstes oder strategisches Alignment), dennoch könnte es zu einer robusten, wenn auch defizitären Systemarchitektur führen.

Auch wenn zahlreiche Belege für reaktives Alignment in der HCI gefunden werden können und es sich als konsistentes System in Interaktion mit Quasi-Alignment darstellt, kann das UserInnen-Verhalten nicht durch diese Mechanismen allein erklärt werden. Die Interaktion wird in erster Linie beinflusst durch die Leistungsfähigkeit des Parsers, das Dialog-Design und die pragmatischen Bedingungen der Interaktionssituation. Auch persönliche Variablen der UserInnen spielen eine Rolle. Alignment in der HHC wird beeinflusst durch unterschiedliche Faktoren wie Gender oder Alter (vgl. Szmrecsanyi 2006). Fischer (im Druck) findet dagegen keine Belege für Gender-Unterschiede in der HCI. Auf der Seite der UserInnen könnten sich aber trotzdem Alter, Technikexpertise und die UserInnen-Typen nach Fischer (2006) auf das reaktive Alignment auswirken. Von Seiten des Systems könnte der Grad der Anthropomorphisierung sowohl beim Interface- als auch beim Dialog-Design Auswirkungen auf das Alignment-Verhalten der UserInnen haben. Die Analyse zeigt deutlich, dass die UserInnen der neueren Systeme häufiger alignen als die der älteren. Besseres Interface- und Dialog-Design scheinen also definitiv den Eindruck einer natürlichen Dialogsituation zu bestärken, was im nächsten Schritt vorbewusstes, reaktives Alignment seitens der UserInnen evozieren kann. Fischer betont aber die vergleichsweise geringe Bedeutung der äußeren Attribute in Relation zu den interaktiven Funktionen (Fischer im Druck: 206). Die im Rahmen der vorliegenden Studie untersuchten Systeme unterscheiden sich in Bezug auf zu viele verschiedene Variablen, um empirisch gestützte Aussagen darüber machen zu können, welche Variable welchen Einfluss auf das Verhalten welcher UserInnen hat. Ein Desiderat für weitere Analysen zur sozialen Wirkung der untersuchten Systeme wären Experimente, in denen UserInnen- und System-Variablen kontrolliert werden könnten und detaillierte Metainformationen über die UserInnen vorlägen.

Ein Problem stellen also Wechselwirkungen von Alignment und unterschiedlichen UserInnen- und System-Variablen dar, die hier nur rudimentär nachvollzogen werden können. Ein weiteres Problem ist die Einbettung des Alignment-Mechanismus in ein übergeordnetes System von interaktiven und dynamischen Kräften, die den Dialogverlauf beeinflussen (thematische Kohärenz, pragmatische Implikationen, soziolinguistische Faktoren, CT). Denn vorbewusste Prozesse machen auch kognitiv nur einen kleinen Teil der Dialog-Verarbeitung aus. „*A natural model of conversation must go beyond the interactive alignment of word strings*" (Mazur 2004: 206). Denn durchschnittlich 80 % der UserInnen-Turns lassen auf bewusste Strategien schließen und auch ein Teil der untersuchten UserInnen-Persistenzen muss als bewusste Simplifizierungsstrategie interpretiert werden (vgl. auch Fischer im Druck: 232). Persistenz und Distanz-Frequenz-Effekte können nur dann in ein vollständiges Modell der Interaktion in der HCI integriert werden, wenn sie im Kontext zu anderen Untersuchungsparametern analysiert wurden. In den folgenden Unterkapiteln sollen entsprechend Überlegungen zu Dialogkohärenz in der HCI und zu CT systematisch auf die Ergebnisse der Untersuchungen zum reaktiven Alignment und artifiziellen Quasi-Alignment bezogen werden.

4.3 Ergebnisse der Analyse zu Kohärenz und Kohäsion

Zwar wird die HCI als Teildisziplin der KI-Forschung angesehen, doch liegt ihr Ziel eher in der Gestaltung überzeugender Dialog-Performanz als in der Generierung echter Sprachkompetenz im Sinne von breitem semantisch kategorisiertem Weltwissen und logischer Kohärenz. Die untersuchten Systeme greifen auf eng gefasste Wissensbasen zurück und verarbeiten den UserInnen-Input mit Hilfe von (erweiterter) Schlüsselworterkennung. Der Output wird aus Antwort-Patterns und eingefügten Schlüsselwörtern zusammengestellt. Eine semantische Verarbeitung erfolgt bei den Systemen Elbot und Max rudimentär; d.h. Hypo- und Hyperonym-Relationen werden größtenteils erkannt. Feinkörnigere Wortfeldanalysen sind nicht möglich. Max verfügt zusätzlich über ein einfaches Sprechakt-Modell, das ca. die Hälfte aller Sprechakte der UserInnen erkennt und seine Antwort-Patterns regelbasiert größtenteils passend auswählt (vgl. Gesellensetter 2004). Diese Operationen sind jedoch weit entfernt von einem aussagenlogischen Kalkül, das die gesamte Interaktion in Form von logischen Sätzen abbildet, wie es das eigentliche Ziel der frühen KI-Forschung war (vgl. z.B. Allen et al. 1978). Es fehlt den untersuchten Bots also gleichermaßen an logischen Operatoren und semantischen Ressourcen, um die Eingaben der UserInnen kohärent zu verarbeiten. Ein Hauptproblem ist dabei das fehlende Weltwissen, denn UserInnen können ihre Turns nicht voraussetzungsfrei formulieren und nehmen stattdessen unbewusst einen Common Ground für die Interaktion an. Da das System keinen Zugang zu einer solchen Wissensbasis hat, kann es folglich beim Parsing auch kein Hintergrundwissen inferieren. Ein wirkliches „Verstehen" der UserInnen-Turns ist also unmöglich und auch für eine logisch lückenlos anschließende Generierung des folgenden System-Turns fehlt es an Schlussregeln. Insofern greift der Begriff der Dialogkohärenz für die Seite der Systeme in der HCI nicht. Was untersucht werden kann, ist allein die Illusion von Kohärenz, die gelungener oder weniger gelungen ausfallen kann. Dazu wurden die in Kapitel 2.4 dargestellten sprachlichen Phänomene der Wiederaufnahme an der Dialog-Oberfläche und der Referenz sowie der thematischen Progression in der Tiefenstruktur untersucht. Es kann also mit linguistischen Mitteln festgestellt werden, ob ein System-Turn kohärent oder inkohärent an den vorangegangenen UserInnen-Turn anzuschließen scheint oder nicht. Dabei fällt auf, dass eine große Zahl der System-Turns auf Grund der Schlüsselworterkennung und der Pattern-Generierung zwar Wiederaufnahmen enthalten, aber trotzdem nicht logisch kohärent an die vorangegangene UserInnen-Eingabe anschließen. Diese SPPs werden im Folgenden als quasi-kohärent bezeichnet (vgl. Kapitel 4.1) und können als „Symptom“ für grundsätzliche Probleme in der Herangehensweise der HCI-Entwicklung angesehen werden. Verbessert man die Oberflächenperformanz, während man die aussagenlogische Kalkulation vernachlässigt, sind quasi-kohärente System-Turns das Resultat. Als quasi-kohärent sind nämlich die meisten Default-Antworten einzustufen, die ausgegeben werden, wenn ein System einen UserInnen-Beitrag nicht parsen konnte. Als Default-Antworten eignen sich naturgemäß nur Beiträge, die besonders offen in ihrer Interpretation sind. Ihre Stärke liegt in ihrer Ambiguität. Wenn der Zufall es will, können die UserInnen ihnen im jeweiligen Dialogkontext eine sich kohärent anschließende Bedeutung zusprechen.

In der HCI treffen menschliche UserInnen, die über ein breites Weltwissen sowie über ein eng vernetztes mentales Lexikon verfügen und zur logischen kognitiven Verarbeitung von perzipiertem Input in der Lage sind, auf einfache Schlüsselwortparser mit eingeschränkten Wissensbasen. Dennoch versuchen UserInnen Interaktionsstrategien aus der HHC auf die HCI zu übertragen (s. Kapitel 2.3). Die Gründe für dieses Verhalten sind vielfältig und werden in dieser Arbeit an verschiedenen Stellen diskutiert (vgl. Kapitel 1, Kapitel 4.4, Kapitel 5). Auf Seite der UserInnen spielen kohärenzschaffende Mittel sowohl in der Oberflächen- als auch in der Tiefenstruktur ihrer Beiträge eine Rolle. Bei HCI-Dialogen handelt sich also um heterogene Dyaden, da Bots nur die Illusion von Kohärenz auf der Performanzebene schaffen können, Menschen aber den Anspruch auf einen kohärenten Interaktionsverlauf in der Regel nicht aufgeben. In der folgenden Auswertung der Untersuchung müssen also unterschiedliche Begriffe von Kohärenz Anwendung finden:

- die (echte) logisch-kognitive Kohärenz seitens der UserInnen
- die erfolgreich generierte Illusion von Kohärenz seitens der Systeme
- die Quasi-Kohärenz seitens der Systeme, die zwar kohäsive Oberflächenphänomene aufweist, aber ambig oder logisch nicht kohärent ist (vgl. Kapitel 3)

Auf der Grundlage eines in dieser Form modifizierten Kohärenzbegriffes wurde die logische Progression in den vorliegenden Untersuchungskorpora (HCI und HHC) anhand von sprachlichen Indikatoren an der Oberfläche und in der

Tiefenstruktur analysiert. Dabei wurden auf beiden Ebenen sowohl quantitative als auch qualitative Analysen der Makro- und Mikroprozesse vorgenommen, um diesem komplexen Phänomen besser gerecht zu werden. Quantitativ erhoben wurden eine Reihe kohärenzschaffender Oberflächenphänomene (vgl. Kapitel 2.4). Für die Analyse der Tiefenstruktur wurden nach den o. g. Kriterien ganze Turns hinsichtlich ihres Kohärenzbezugs zum Vorgänger-Turn getaggt und ausgezählt (vgl. Kapitel 3). Die Ergebnisse der quantitativen Untersuchung werden in Form von relativen Häufigkeiten zur Grundgesamtheit ganzer Korpora angegeben. Eine Auszählung der gegebenen Untersuchungsparameter pro Dialog erfolgte nicht, wäre aber ein Desiderat für weitere Studien, vor allem wenn die Ergebnisse zur Dialogkohärenz in der HCI statistisch auf die Ergebnisse zu Alignment in der HCI bezogen werden sollten. Die qualitative Analyse erfolgte anhand einzelner exemplarischer Dialogsequenzen etnomethodologisch.

4.3.1 Die Kohärenzstruktur der Untersuchungskorpora

Während alle menschlichen Interagierenden in den Untersuchungskorpora zu 100 % kohärent anschließende Turns produzieren und logische Inkohärenz im einfachen Help-Desk-Szenario der Bibliotheksinformation keine Rolle spielt, können bei den untersuchten Systemen größere Schwierigkeiten nachgewiesen werden. Störungen treten auf in Form von inkohärenten Turns, quasi-kohärenten Default-Antworten und Rückfragen (SWBD-DAMSL: „*signal non-understanding*").

Abbildung 41: Prozentuale Anteile der kohärenten, inkohärenten und quasi-kohärenten Turns sowie der Turns mit Rückfragen (signal non-understanding, SWBD-DAMSL) an der Gesamtmenge aller System-Turns

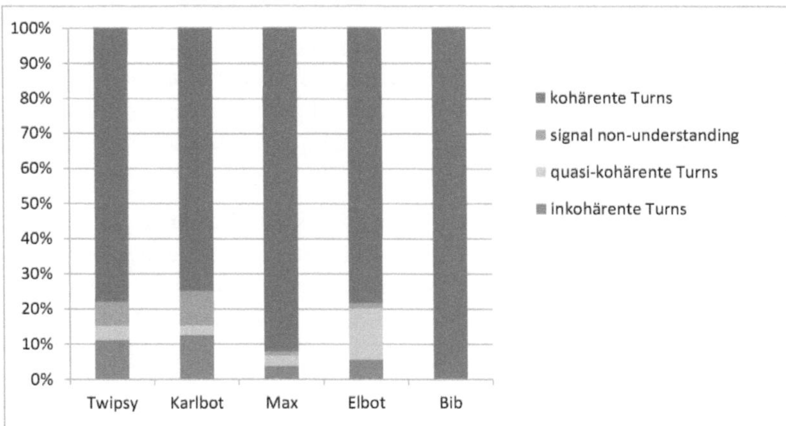

Über 20 % der untersuchten System-Turns schließen nicht kohärent an den vorangehenden UserInnen-Turn oder den weiteren Kotext an. $H0_{K1}$ muss also zurückgewiesen werden. Allein Max gibt weniger als 10 % Fehlermeldungen in Form von Inkohärenzen, Default-Antworten oder Rückfragen aus. Die Gründe dafür liegen in seiner besonderen Systemarchitektur sowie in einem stringent geplanten Dialog-Design. Die älteren Systeme geben dagegen über 10 % wirklich inkohärente Gesprächsbeiträge und zahlreiche Rückfragen aus. Hier wurde noch wenig mit Default-Antworten gearbeitet. Im Gegensatz zu ihnen ist Elbot ein Meister der Verlegenheitsantwort. Ambige Aussagen oder Allgemeinplätze machen bei diesem System 15 % aller System-Turns aus. Dadurch ist Elbot einerseits mit einem „Sicherheitsnetz" (vgl. Kapitel 1.2) bei Störungen ausgestattet, andererseits wirkt er auf diese Art auch sehr unnatürlich, was von einer Userin wie folgt beanstandet wurde:

(1) Elbot: Vielleicht liegt das an mehr Erfahrung.
(2) UserIn: vielleicht auch an mangelnder zahl von bits und bytes
(3) Elbot: Das Leben als Mensch soll ja nicht so einfach sein
(4) UserIn: floskelarsch
(Elbot 2963–2996)

Im Folgenden sollen anhand von Kohäsionsmarkern an der Oberfläche und kohärenzschaffenden Mitteln in der Tiefenstruktur der Interaktion Ursachen für Störungen in der HCI, Kompensationsstrategien der UserInnen sowie Möglichkeiten zur Verbesserung innovativer Systeme diskutiert werden. Die quantitativ erhobenen Kohäsionsmarker werden pro TCU angegeben, um ihre verknüpfende Funktion darzustellen.[117]

4.3.2 Die Dialogoberfläche

4.3.2.1 Rekurrenz: Wiederaufnahmen als einfache Repetitionen

Was in der textlinguistischen Tradition unter den Begriff der Wiederaufnahme oder *einfache Repetition* gefasst wird, wurde in dieser Arbeit im vorhergehenden Kapitel als lexikalische und syntaktische Persistenzen ausführlich analysiert und diskutiert (vgl. Kapitel 4.2 und 2.3). Persistenz wird in der HHC häufig als kohärenzschaffendes Mittel eingesetzt (vgl. Purandare & Litman 2008), muss aber theoretisch nicht notwendig logische Kohärenz zur Folge haben. Es handelt sich

117 Die Menge der Wortformen stellt nicht für alle Untersuchungsparameter in diesem Bereich eine sinnvolle Grundgesamtheit dar (vgl. Adjazenzellipsen). Die Gesamtmenge der TCUs stellt eine anschauliche Bezugsgröße für alle Parameter dar.

hierbei schließlich um ein Oberflächenphänomen, dem kognitiv ein einfacher, vorbewusster Priming-Mechanismus (Alignment) und kein logischer Schluss zu Grunde liegt. Empirisch zeigt sich aber im HHC-Korpus zum Bibliotheks-Chat, dass persistente Strukturen in der HHC die Dialogkohärenz unterstützen.

In der HCI wird dagegen deutlich, dass Persistenz allein noch nicht zwingend Kohärenz schafft. Denn auch wenn das System quasi-persistente Strukturen ausgeben kann und Schlüsselworterkennung und Pattern-Generierung gerade dieses Verfahren begünstigen, wird auf diese Weise noch kein kohärenter Turn erzeugt. Wenn der Bot nur ein einzelnes Lexem wiederholt, aber den übrigen Kontext des vorangegangenen UserInnen-Turns unbeachtet lässt, wird in den meisten Fällen ein quasi-kohärenter Gesprächsbeitrag ausgegeben. Dieser weist zwar Eigenschaften eines kohärenten Beitrags auf (Repetition, Persistenz), ist aber logisch nicht kohärent.

(1) UserIn: ist doch überall im Internet davon zu lesen!
(2) Elbot: Das Internet ist eine großartige Erfindung (…)
(Elbot 125–141)

Im o. g. Beispiel konnte die Referenz zum Antezedens durch das Pronominaladverb nicht geparst werden. Ausgegeben wird eine quasi-kohärente Default-Antwort mit lexikalischer Persistenz.

Gerade wenn das System z.B. in einer Frage-Antwort-Sequenz ein bestimmtes Muster verfolgt, kann es auch bei komplexeren Strukturen zu inakzeptablen System-Turns kommen.

(1) Max: (…). Und was ist deiner?
(2) UserIn: och, so verschiedene
(3) Max: Dein Lieblingsfilm ist also och so verschiedene?
(Max 1781–1799)

Hier wurde ein Filmtitel erwartet, der auch als komplexe Struktur hätte vorliegen können. Aus diesem Grund wird die gesamte Konstruktion der Userin inklusive konzeptionell mündlicher Interjektion in den SPP des Systems integriert. Beispiele dieser Art finden sich in großer Zahl in den HCI-Korpora auf der System-Seite. Bei den UserInnen unterstützen Persistenzen in der Regel die kohärente Progression und können damit auch in der HCI als kohärenzschaffende Mittel bezeichnet werden. Dies hat in der HCI jedoch keine interaktive Dynamik.

Hier wird deutlich, dass Quasi-Persistenzen zwar die Illusion von Kohärenz an der Oberfläche unterstützen, aber nicht zwingend zu kohärenten System-Turns führen. Durch mehr Quasi-Persistenzen kann also nur der Schein einer kohärenten Interaktionsstruktur verstärkt und so eine höhere Akzeptanz durch die UserInnen erzielt werden.

4.3.2.2 *Proformen*

Pronomina, Adverben und Pronominaladverben können als Proformen für andere Elemente eingesetzt werden und verweisen textimmanent auf die vorangegangene Form. Im Rahmen der quantitativen Analyse wurden Pronomina[118] im substituierenden Gebrauch annotiert und in Relation zur Gesamtmenge der TCUs ausgewertet.

Abbildung 42: Prozentualer Anteil der substituierenden Pronomina in Relation zur Gesamtzahl der Wortformen (WF)

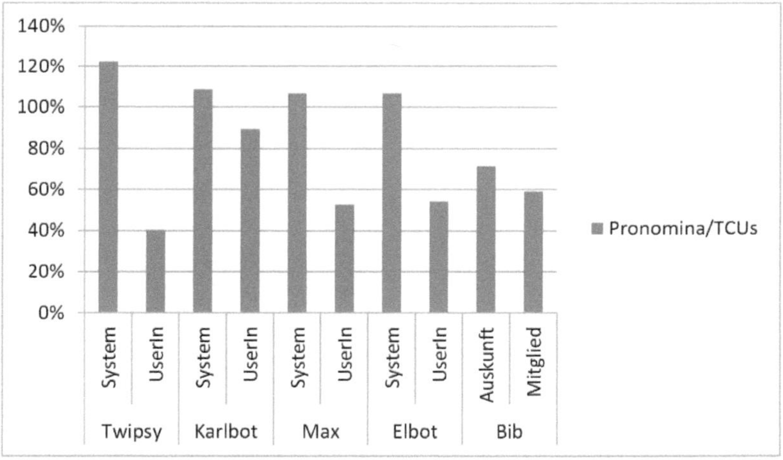

Während in den HHC-Korpora 59 % und 71 % der TCUs Pronomina enthalten, liegen die Werte für alle Systeme bei über 100 %. Jede System-TCU enthält also mindestens ein substituierendes Pronomen. Die Systeme gebrauchen also unnatürlich viele substituierende Pronomina pro TCU. Dieser Umstand ist insofern als problematisch zu bewerten, weil sie umgekehrt große Schwierigkeiten haben, die Pronomina der UserInnen zu parsen (s. u.). Diese passen sich jedoch den Systemen diesbezüglich nicht an, sondern es kann ein allgemeiner Rückgang der Verwendung von substituierenden Pronomina beobachtet werden (vgl. auch Fischer im Druck: 250). Eine Ausnahme bilden die UserInnen von Karlbot. Das abweichende Verhältnis im Karlbot-Korpus durch den besonders hohen Wert

118 Personalpronomina, Demonstrativpronomina, Indefinitpronomina, Possessivpronomina, Interrogativpronomina, Reflexivpronomina, Relativpronomina.

für Pronomina im UserInnen-Input kann durch eine große Zahl von Interrogativpronomina (ca. 20 %) bei Karlbots GesprächspartnerInnen erklärt werden. Diese produzieren überproportional viele Fragen, a) weil das Dialog-Design auf UserInnen-Fragen ausgelegt ist und der Bot zum Fragen auffordert und b) weil häufige Störungen zum Nachfragen als Repair-Strategie zwingen.

Allgemein zeigen die Ergebnisse, dass die UserInnen der älteren Systeme in Bezug auf den Gebrauch von Pronomina extreme Strategien verfolgen (besonders wenige Pronomina bei Twipsy, besonders viele bei Karlbot). Diese Divergenz könnte ein Hinweis auf Übersimplifizierungs- und Überspezifizierungstendenzen vor dem Hintergrund eines CTs sein (vgl. Krause & Hitzenberger 1992). Bei den neueren Systemen zeigt sich diese Tendenz jedoch nicht mehr und es kann stattdessen eine Annährung der Werte an die HHC beobachtet werden. Die UserInnen der modernen Systeme scheinen also mehr Vertrauen in die Parsing-Funktion zu haben und nehmen weniger Rücksicht in Form von Siplifizierungsstrategien. Dies könnte eine Weiterentwicklung zu Fischers Beobachtung einer strategischen Vermeidung von Proformen seitens der UserInnen (2006, im Druck) darstellen.

Der einfache quantitative Vergleich ist an dieser Stelle irreführend, denn es bestehen sehr wohl große Unterschiede zwischen UserIn und System im Gebrauch der Pronomina. Die qualitative Analyse zeigt, dass die UserInnen mehr turn-übergreifende Referenz durch Pronomina schaffen (Dialog-Strategie), während die Bots häufiger innerhalb längerer System-Turns immanent verweisen (Monolog-Strategie).

(1) UserIn: Was kostet <u>das</u>
(2) Karlbot: Meinen Sie den Lingubot-Creator?
(3) UserIn: ja
(Karlbot 1488–1499)

Im Gegensatz zu:

(1) Karlbot: Aber den Kiwi als Wappentier finden wir sehr sympathisch, denn <u>er</u> ist (…)
(Karlbot 1458–1466)

Auch fällt auf, dass die Bots bei turn-übergreifender Referenz nur zum direkt adjazenten FPP Proformen ausgeben. Verweise der UserInnen auf weiter zurückliegende Turns können nicht geparst werden. Substituierende Pronomina in UserInnen-Beiträgen sind für heutige Bots ohnehin noch schwer zu parsen. Je besser die Syntax-Analyse ist (*NLP, Natural Language Procesing*), desto eindeutiger können Bezüge zugeordnet werden. Denn das Pronomen muss zunächst als freistehend analysiert und anschließend der vorhergehende Text nach möglichen Bezugselementen abgesucht werden. Einziger Hinweis ist dabei das Genus. Erschwert wird das Verfahren dadurch, dass die Proform u. U. nicht nur ein Lexem substituiert, sondern auch eine Phrase oder einen ganzen Satz.

Innerhalb eines engen Anwendungskontexts funktioniert die Substitution durch Proformen aber auch in der HCI zuverlässig. Als Beispiel kann hier das in Max integrierte Ratespiel angeführt werden, bei dem die MuseumsbesucherInnen anhand von Fragen und Beschreibungen Tiere erraten müssen. Auf das fragliche Tier wir innerhalb dieser Subroutine grundsätzlich mit dem Personalpronomen „es" referiert.

(1) Max: Hat es viele verschiedene Farben?
(2) UserIn: nein
(3) Max: Ist es ein Raubtier?
(4) (…)
(Max 1551–1564)

Pronominale Referenz wird gerade bei den neueren Bots auch bei Default-Antworten eingesetzt, um auf einen unspezifischen vorangegangenen Kontext zu verweisen und darüber hinwegzutäuschen, dass gerade dieser Vorgänger-Turn nicht geparst werden konnte.

(1) UserIn: tag auch
(2) Max: Mach's gut.
(3) UserIn: tag auch
(4) Max: Gut dass du das auch so siehst.
(Max 1649–1667)

Oder noch offensichtlicher:

(1) Elbot: (…) außerdem gibt es gute rezeptfreie Antivirenprogramme.
(2) UserIn: ja, sogar bei uns bei freenet
(3) Elbot: Ja, aber sagen Sie das mal auf Latein!
(Elbot 1823–1848)

Dabei werden nicht nur Personalpronomina bemüht, sondern auch Pronominaladverben.

(1) UserIn: ich laufe gern mit dem Kopf gegen die wand
(2) Elbot: wie sind sie denn darauf gekommen?
(3) UserIn: da habe ich lange drüber nachgedacht
(4) Elbot: So etwas habe ich ja noch nie gehört!
(Elbot 2079–2183)

Das Beispiel zeigt, dass die Verwendung solcher Konstruktionen syntaktisches Alignment seitens der Userin auslösen kann, das dann u. U. vom System nicht mehr geparst werden kann. Die Möglichkeit eines solchen Mechanismus' sollte beim Dialog-Design unbedingt bedacht werden. Ausgegeben wird dann eine weitere Default-Antwort, die zufälligerweise in den absurden Dialog passt. Unspezifische Verweise durch Proformen sind demnach zwar hilfreich bei der Formulierung von Default-Antworten, evozieren aber u. U. ein ähnliches Referenz-Verhalten seitens der UserInnen. Dies steht in Konflikt zu der Tatsache, dass pronominale Verweise noch nicht zuverlässig geparst werden können.

Richards und Underwood (1984) beobachteten im Rahmen ihrer Untersuchungen zu CT, dass in der HCI weniger ambige Pronomina verwendet würden und interpretieren dieses Ergebnis als Simplifikationsstrategie der UserInnen und als Indikator für CT. Durch die vorliegende Studie kann dieser Zusammenhang spezifiziert werden. Während sich bei den älteren Systemen unterschiedliche funktionale und strukturelle Ausprägungen von Simplifizierungen in Bezug auf Pronomina finden, ist bei den neueren Systemen der Gebrauch von Pronomina seitens der UserInnen dem in der HHC sehr ähnlich, obwohl die Verwendung von Pronomina in System-Turns aus den o. g. Gründen stark von der HHC abweicht. Während sich also die extrem häufige Verwendung von Pronomina in den konzeptionell schriftlich gestalteten System-Turns über die Jahre nicht deutlich verbessert hat, scheinen sich die Startegien der UserInnen im Umgang damit verändert zu haben.

4.3.2.3 Adjazenzellipsen

Elliptische adjazente Turns schließen in der HHC kohärent an ihre Vorgänger-Turns an, ohne das bereits Erwähnte zu wiederholen. Solche Adjazenzpaare sind strukturell, semantisch und logisch eng miteinander verzahnt, da man den elliptischen SPP ohne sein Antezedens nicht verstehen kann. Informationen aus dem Kotext müssen also inferiert werden. Aus diesem Grund ist es nicht verwunderlich, dass Bots große Probleme beim Parsen solcher Strukturen haben. Wie in Kapitel 4.1 bereits ausgeführt, liegen aber mehr als 30 % der UserInnen-TCUs als Adjazenzellipsen vor (vgl. Kapitel 4.1). Diese sind in ihrer Konstruktion sehr variabel und daher nur schwer operationalisierbar. Aus diesem Grund reagieren Bots auf Adjazenzellipsen besonders häufig mit Default-Antworten.

Allerdings gibt es auch Beispiele für gelungenes Schlüsselwort-Parsing bei Adjazenzellipsen. Aber auch in diesen Fällen werden nicht die logische Struktur oder der Kotext analysiert, sondern die zufällige Erkennung einzelner Wortformen genügt, um eine adäquate Reaktion auszugeben.

(1) UserIn: ich dachte ja nur
(2) Elbot: Denken ist eben nicht alles.
(Elbot 1560–1570)

Noch schwieriger ist Parsing bei elliptischen Anschlüssen, also Komplettierungen. Diese sind in der HCI allerdings wesentlich seltener als in der HHC (vgl. Kapitel 4.1). Um die Fehleranfälligkeit der Bots bei Adjazenzellipsen zu mindern, muss bereits bei der Formulierung der System-Turns darauf geachtet werden, dass sie elliptische Adjazenzstrukturen nur in einer vorhersagbaren Form evozieren.

4.3.2.4 Deixis

Durch Deiktika werden Bezüge zu den MitspielerInnen und den Verweisräumen einer Interaktionssituation hergestellt. Bei allen Bots wurden Design-Strategien verfolgt, mittels derer die Illusion einer kohärenten Einbettung der Redebeiträge in eine geteilte Interaktionssituation mit Hilfe von Deiktika erzeugt werden soll. Dies gelingt bei interpersonellen, räumlichen und zeitlichen Verweisen in der Regel gut und trägt positiv zur anthropomorphen Wirkung der Systeme bei.

Personalpronomina der ersten und zweiten Person sind notwendigerweise deiktisch, da sie auf die Interagierenden verweisen, und werden von den untersuchten Bots zuverlässig verwendet. Bereits ELIZA konnte deiktische Personalpronomina parsen und spiegeln. Auch heutige Bots beherrschen diese robuste Transformation.

Alle untersuchten Systeme referieren auf sich selbst mit „ich", um ihre Redebeiträge anthropomorpher wirken zu lassen. Die UserInnen werden entweder gesiezt oder geduzt (vgl. Kapitel 4.1, 4.4).

(1) Karlbot: Wünschen Sie eine detailliertere Auskunft dazu?
(Karlbot 3076–3082)

Durch die direkte Anrede wird unmittelbar Bezug auf die UserInnen genommen.

Auch proximale und distale Lokaldeixis spielt in der HCI eine Rolle. Durch die Adverben *hier, da* und *dort* referieren die Bots auf außersprachliche Verweisräume. *Hier* verweist dabei bei allen Systemen auf das Konstrukt eines virtuellen Interaktionsraums, in dem a) der Chat stattfindet und b) der Avatar des Bots animiert ist. Durch ihre Partizipation am Chat „befinden" sich die UserInnen für die Dauer des Dialogs „in" diesem Raum.

(1) Karlbot: Es freut mich, dass Sie wiedermal hier sind (…)
(Karlbot 2517–2525)

Das Gleiche gilt für *da* im proximalen Gebrauch.

(1) Max: Hallo? Bist du noch da?
(Max 2059–2062)

Auch temporaldeiktisch wird mit *heute* oder *jetzt* und *nun* Bezug genommen auf die temporale Dimension der Interaktionssituation.

(1) Elbot: Das habe ich heute nun zum xten Mal erzählt...
(Elbot 6072–6081)

Am häufigsten findet sich in den HCI-Dialogen das Adverb *jetzt*.

(1) Elbot: (...) sagen Sie sie mir bitte jetzt.
(Elbot 11457–11471)

(1) Max: oh, das überrascht mich aber jetzt.
(Max 7685–7691)

Abfolgeskripts mehrerer Redebeiträge können durch „dann" gegliedert werden (Dialog-Strategie). Dieses geschickte Design findet sich bei Max.

(1) Max: Dann geht's los. (..)
(Max 8998–9002)

(1) Max: Super dann hab ich es rausgefunden – (...)
(Max 1585–1590)

Alle anderen Bots verwenden „dann" nur zur turn-immanenten Gliederung (Monolog-Strategie).

4.3.2.5 Konnektiva

Konnektiva setzen als logische Operatoren Aussagen in Relation zueinander und stiften so auf klar definierbare Weise Kohärenz. Sie bilden das Skelett einer jeden Argumentationsstruktur in der HHC. Prototypische Konnektiva sind die Konjunktionen. Im Rahmen der quantitativen Auswertung wurden aus diesem Grund alle Konjunktionen (koordinierend, subordinierend mit Satz, subordinierend mit Infinitivphrase) und Vergleichspartikeln erhoben. Während Auskunft und Mitglied im HHC-Korpus ähnlich viele Konjunktionen gebrauchen (21 % und 26 % der TCUs enthalten Konjunktionen), weichen die Werte für UserIn und System in der HCI stark voneinander ab. Dabei gebrauchen die Systeme dreimal bis fünfmal so viele Konjunktionen in Relation zu den TCUs wie die UserInnen. Die Konjunktionen werden meist koordinierend und logisch konjunktiv oder adversativ gebraucht.

Abbildung 43: Prozentualer Anteil der Konjunktionen an der Gesamtmenge der TCUs

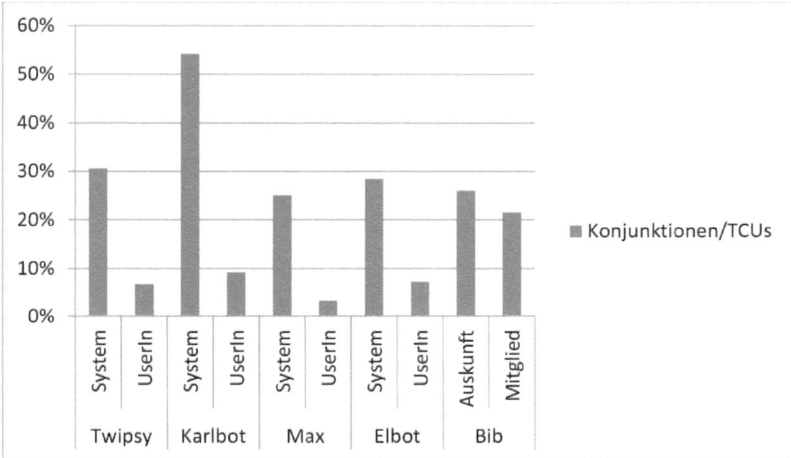

Der häufigere Gebrauch von Konjunktionen in den System-Beiträgen kann jedoch nicht als Zeichen dafür interpretiert werden, dass diese eine kohärenter verknüpfte Argumentationen aufbauten. Da die Systembeiträge in den meisten Fällen eine höhere syntaktische Komplexität aufweisen (längere Erklärungen und monologische Sequenzen mit Info-Funktion), kommt es zu mehr turn-immanenten Verknüpfungen. Solche monologischen Beiträge sind in sich grundsätzlich kohärent aufgebaut, haben aber eher den Charakter einer Informationsabfrage in einem Online-Lexikon, da sie als komplexe Sequenzen unverbunden in den Dialog eingesetzt werden. So ergibt sich ein Ungleichgewicht zwischen konzeptionell schriftlichen, syntaktisch komplexen Systembeiträgen und konzeptionell mündlichen Ellipsen oder einfachen Sätzen seitens der UserInnen. Hinzu kommt die generelle Vorsicht der UserInnen, den Parsing-Algorithmen zu komplexe Satzstrukturen zuzumuten (s. Kapitel 4.4).

Wichtiger für die kohärente Progression der Interaktion sind turn-übergreifende Konnektiva, die separat erhoben wurden. Hier fällt ein deutlicher Unterschied zwischen HHC und HCI auf. Während rund 10 % der TCUs in der chat-basierten HHC turn-übergreifende Konnektiva enthalten, sind es in der HCI in der Regel nur 2 %.

Abbildung 44: Turn-übergreifende Konnektiva in Relation zur Gesamtmenge der TCUs

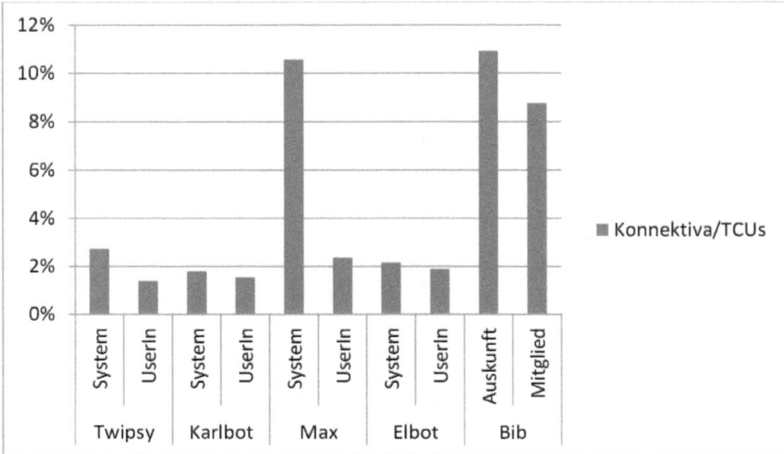

Bei Max wurde bewusst versucht, dem Anschein nach turn-übergreifende Konnektion an der Oberfläche zu implementieren.

(1) Max: Und du bist dir dabei wirklich ganz sicher?
(Max-Korpus 1112–1120)

Dabei kommt das System auf den rein quantitativ natürlich wirkenden Wert von 10 %. Der bloße Gebrauch von turn-übergreifenden Konnektiva führt aber noch nicht zu einer kohärenten Struktur, sondern auch oft zu unlogischen Verknüpfungen.

(1) Max: Was ist dein Lieblingsteam?
(2) UserIn: du hast einen tolle blauen pullover an. wo ist der heer?
(3) Max: Deine Lieblingsmannschaft ist also du hast einen tolle blauen pullover an wo ist der heer?
(Max-Korpus 7779–7815)

Auch wenn turn-übergreifende Konnektiva die Interaktion natürlicher wirken lassen, ist es fraglich, ob sie bei der Implementierung von Bots berücksichtigt werden sollten, solange keine umfassende aussagenlogische Verarbeitung der Interaktion möglich ist. Auf dem derzeitigen Stand der Technik wäre es allgemein sicherer, sowohl turn-immanent als auch turn-übergreifend Konnektiva sparsam zu verwenden, zumal auch die UserInnen in der HCI mit nur wenigen Konnektiva auskommen. Diese Design-Entscheidung würde sich so selbstverständlich von dem Vorbild der HHC entfernen und eine Form von CT etablieren.

4.3.2.6 *Metakommunikativa: Anapher und Katapher*

Explizite Metakommunikativa wie bspw. *im Folgenden* oder *wie oben gezeigt, wie gerade gesagt* sind in der HCI selten. Man findet Tokens aus dieser textgrammatischen Kategorie vor allem in monologischen Abschnitten, wo sie nicht unbedingt als Zeichen für einen natürlichen Dialog interpretiert werden können. Dabei finden sich ausschließlich anaphorische textimmanente Verweise.

Abbildung 45: Anapher in Relation zur Menge der TCUs

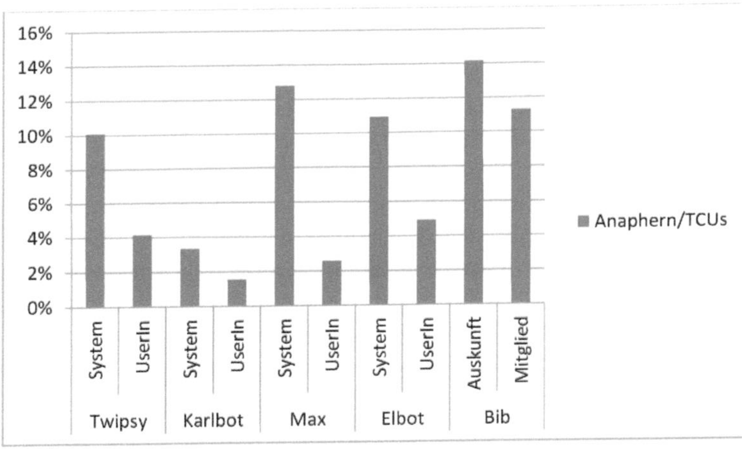

Im Help-Desk-Szenario der Bibliotheksinformation verwendet die Auskunft relativ mehr anaphorische Referenzen als die Bibliotheksmitglieder. Da sie komplexe Informationen kommuniziert, muss sie ihre Redebeiträge gut gliedern, um verstanden zu werden. Bei Auskunft und Mitgliedern liegt anaphorische Referenz sowohl turn-immanent als auch turn-übergreifend vor.

In der HCI werden Anaphern nur turn-immanent in monologischen Sequenzen sinnvoll genutzt. Einzelne Versuche von turn-übergreifender Referenz scheitern. Auch in Bezug auf Anaphern zeigt sich, dass die UserInnen weniger kohärenzschaffende Elemente verwenden, da sie im Gegensatz zu den Bots nicht über monologische Sequenzen innerhalb des Dialogs verfügen.

4.3.2.7 *Artikel*

Kohärente Progression durch bestimmte Artikel zum Ausdruck zu bringen, wird bei allen Bots versucht. Die älteren Systeme verwenden bestimmte Artikel nur innerhalb eigener Turns, um auf bereits Bekanntes zu referieren. Bei Elbot wurde versucht, Bezüge zu eigenen vorangegangenen Turns herzustellen, was innerhalb von genau antizipierbaren Subskripten vergleichsweise zuverlässig funktioniert.

(1) Elbot: Was wäre meine Bewertung?
(2) UserIn: 6
(3) Elbot: Ich danke Ihnen für die Bewertung.
(Elbot 505–519)

Bei Max greift eine allgemeine Regel zum Rückbezug auf bereits genannte Nomina mit dem bestimmten Artikel. Dabei können die Nomina auch von den UserInnen eingeführt worden sein. Sofern eine Wortform geparst werden konnte, gilt sie als bekannt und es kann auf sie rekurriert werden. Diese Ausgaberoutine führt sowohl zu angemessenen als auch zu unangemessenen Sequenzen. UserInnen verwenden intuitiv den bestimmten Artikel für Bekanntes. Dies deckt sich mit Jönssons (1996) Beobachtung, dass an früherer Stelle im Dialog Erörtertes von den UserInnen als gesichert wahrgenommen werde. Oft finden sich Rückbezüge mit bestimmtem Artikel bei Repair. Den meisten Systemen gegenüber ist dies aber keine zielführende Strategie, da diese eben nicht auf umfassendes gesichertes Kotextwissen zurückgreifen können (vgl. Christian 2012: 36).

Allgemein zeigt sich also ein heterogenes Bild in Bezug auf kohärenzschaffende sprachliche Mittel an der Oberfläche. Einfache Repetitionen, also Persistenzen, werden durch die Schlüsselworterkennung begünstigt und spielen so die prominente Rolle für die Herstellung der Illusion von Kohärenz in der HCI. Quasi-Persistenzen des Systems scheinen persistente Strukturen der UserInnen immerhin auf der Ebene der Lexik zu evozieren. Vor allem für die neueren Systeme ist dieser Zusammenhang in Kapitel 4.2 eindeutig nachgewiesen worden. Persistenz führt zwar nicht automatisch zu logischer Kohärenz, verstärkt aber die Illusion von Natürlichkeit und fördert so die Akzeptanz bei den UserInnen. Einfache Übertragungsregeln wie bei der interpersonellen Deixis sind robust in allen untersuchten Systemen und wichtig für eine kohärente Dialogperformanz. Problematisch sind dagegen alle anderen Indikatoren für Referenz, sofern ein turn-übergreifender Bezug hergestellt werden muss. Alle komplexeren Suchanweisungen für Rückbezüge wie Proformen oder Anaphern, sind schwer zu operationalisieren, weil die Verweiselemente nicht eindeutig definiert sind. Entsprechend schlecht ist in diesen Fällen die turn-übergreifende Verarbeitung. Auch Konnektiva, die eigentlich das logische Gerüst der Interaktion abbilden, werden turn-übergreifend kaum kohärent verwendet. Interessant ist dabei, dass die UserInnen insgesamt wenig Konnektiva gebrauchen. Auch turn-immanente Konjunktionen sind bei den UserInnen selten. Man könnte also versuchen, im

Dialog-Design mit weniger Konnektiva auszukommen, solange deren logische Verarbeitung noch nicht zuverlässig funktioniert.

Ein Vergleich zwischen UserIn und System mit Bezug zu den empirisch erhobenen Kohäsionsmarkern zeigt, dass die Werte für UserIn und System in der HCI im Vergleich zur HHC weit auseinanderfallen. Auch die Zusammensetzung der beobachteten Oberflächenphänomene differiert. $H0_{K2}$, die besagt, dass Die Verteilung der Kohäsionsmarker ist für UserIn und System in den Untersuchungskorpora gleich sei, kann also allenfalls für die HHC gehalten werden. Bei der Bibliotheksauskunft und den Mitgliedern differieren die Gesamtwerte für Kohäsionsmarker nur schwach. Überraschenderweise verwenden die Systeme mehr Kohäsionsmarker als die UserInnen. Sie verwenden sogar mehr, als in der HHC gebraucht werden.

Abbildung 46: Zusammenfassung Kohäsionsmarker an der Oberfläche relativ zur Anzahl der TCUs

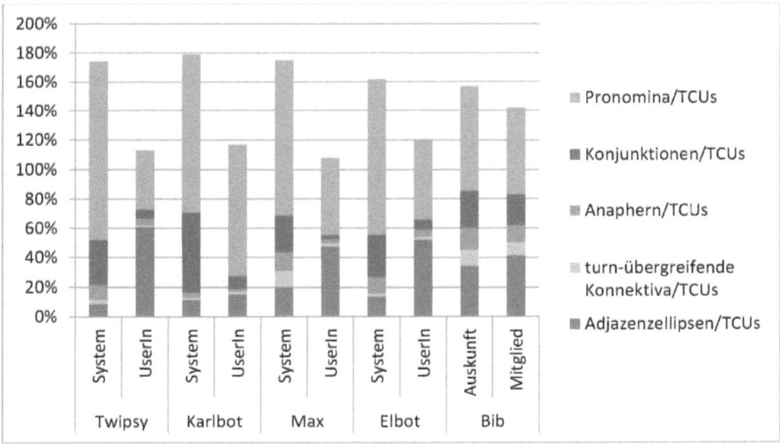

Die qualitative Analyse zeigt, dass sich diese vor allem in den monologischen, schriftsprachlich gestalteten Sequenzen der Systeme finden. Die UserInnen verwenden dagegen weniger Kohäsionsmarker als in der HHC. Rein quantitativ betrachtet weist das Elbot-Korpus unter den Agenten-Korpora das Verhältnis zwischen UserIn und System auf, das der HHC am ähnlichsten ist. Diese Ergebnisse sagen allein etwas aus über die Verteilung von Elementen an der Dialog-Oberfläche, die u. U. die Illusion von Kohärenz unterstützen können. Sie sind nicht notwendig Indikatoren für wirkliche Dialog-Kohärenz.

Tendenziell kann auf der Grundlage der untersuchten Teilkorpora die Koinzidenz zwischen Kohäsionsmarkern der UserInnen und solchen des Systems beobachtet werden. Elbot ist hier die Ausnahme, denn in diesem Korpus liegen weniger Kohäsionsmarker seitens des Systems und mehr seitens der UserInnen vor.

Prominentes Ziel für ein innovatives Dialog-Design ist also auf der Grundlage der quantitativen Analyse das Kürzen der monologischen Sequenzen der Bots und eine bessere Verarbeitung von mehr Kohäsionsmarkern in den interaktiven Sequenzen.

4.3.3 Die Tiefenstruktur

4.3.3.1 Semantische Referenz und Kontiguitätsverhältnisse

Um semantische Referenz zuverlässig automatisch generieren zu können, müsste idealerweise auf komplexe semantische Netzwerke oder mit stochastischen Methoden auf umfangreiche Datenbanken zurückgegriffen werden können. Die untersuchten regelbasierten Systeme arbeiten mit einfachen Taxonomien, mit deren Hilfe Hypo-, Hypero- und Partonymrelationen abgebildet werden können. Dabei sind die entsprechenden Wortfelder nicht erschöpfend hinterlegt, sondern wurden nur rudimentär angelegt. Je häufiger das System evaluiert wurde, desto mehr hilfreiche Lexeme wurden aufgenommen und durch die entsprechenden semantischen Regeln integriert. Max und Elbot haben diesbezüglich verschiedene Entwicklungszyklen durchlaufen und funktionieren entsprechend besser als Twipsy und Karlbot.

(1) UserIn: Kann man über ihr System auch chatten
(2) Karlbot: Unsere Software Lingubot-Creator läuft unter Windows, die Portierung auf Unix/Solaris und Linux wird gerade abgeschlossen.
(Karlbot 662–687)

Dem Lexem „System“ wurden verschiedene Betriebssysteme als Hyponyme untergeordnet: „Windows“, „Unix/Solaris“ und „Linux“. Entsprechend wurde die Antwort des Bots ausgewählt. Der Fehler liegt darin begründet, dass in der Taxonomie eine Ebene übersprungen wurde. Denn „System“ ist nicht synonym mit „Betriebssystem“, sondern diesem als Hyperonym übergeordnet. Nicht jedes System ist folglich ein Betriebssystem. Und entsprechend meint die Userin im o. g. Beispiel mit „System“ auch den Lingubot-Creator oder den Bot selbst, jedoch nicht das Betriebssystem unter dem die Software läuft.

Elbot hat weniger Probleme mit der korrekten Taxonomie:

(1) UserIn: keine bestechung? ein paar chips oder module?
(2) Elbot: Mir wird immer ganz anders, wenn ich diese Computerteile sehe, (...)
(Elbot 158–1538)

„Chips" und „Module" werden als Hyponyme zu „Computerteile" erkannt. Aber auch hier zeigt sich, dass die semantische Analyse nicht notwendig Kohärenz schafft, sondern ähnlich wie bei Persistenzen zu quasi-kohärenten Turns führt, wenn Referenz-identität hergestellt wird, *„ohne den Äußerungskontext miteinzubeziehen"* (Schwarz 2013: 55). Wie Persistenzen unterstützen Hyperonyme zwar die Illusion eines kohärenten Dialogs, es fehlt ihnen aber der übrige logische Bezug zum Vorgänger-Turn.

Dass Elbots Äußerung emotional aufgewühlt wirkt, ist eine sehr geschickte Design-Entscheidung an dieser Stelle. Denn einer Person, die in Panik verfällt, gesteht man eine auf der Sachebene nicht ganz kohärente Reaktion zu. Elbots Persona wird in jedem einzelnen Redebeitrag als neurotisch dargestellt. Indem er bereits turn-immanent absurde Standpunkte vertritt, wirken seine turn-übergreifenden Kohärenzprobleme psychologisch überraschend konsistent.

(1) Elbot: <u>Hauptzweck</u> des Tunnels ist vermutlich, die Autos vor den herunterfallenden Zugwagen zu schützen.
(2) UserIn: ne, die menschen vor den autos zu schützen
(3) Elbot: Wenn ich mich mal <u>fortbewegen</u> möchte, dann mit einem <u>Motorrad</u>, (...)
(4) UserIn: am besten <u>zu fuß</u>
(Elbot 1184–1219)

Die Userin korrigiert Elbots Statement in Abgleich mit seinem Weltwissen, das sie als Common Ground voraussetzt, auf das Elbot aber keinen Zugriff hat. Sie verlässt die Ebene der sprachimmanenten Interpretation. Elbot hätte nur eine Chance gehabt, wenn ein solcher UserInnen-Beitrag im Vorfeld konkret antizipiert und die entsprechende Antwort vorbereitet worden wäre. Stattdessen wird „Auto" als Hyponym zu „Fortbewegungsmittel" analysiert und eine Dialogsequenz zu präferierten Fortbewegungsmitteln eingeleitet. Dass der Referenzrahmen abrupt gewechselt wird, scheint die Userin jedoch nicht zu stören. Als PlayerIn lässt sie sich auf Elbots sprunghafte Persona ein, anstatt Repair einzuleiten.

4.3.3.2 Common Ground, Präsupposition und Inferenz

Präsuppositionen sind Sätze, die Vorannahmen von SprecherInnen abbilden. Äußerungen sind nie voraussetzungsfrei, da bereits einfache Existenzurteile Präsuppositionen sind. Um eine Aussage wie *Der Apfel ist grün.* treffen zu können, muss man zunächst einen Begriff von einem Apfel haben und diesem eine

Existenz zusprechen. Hinzu kommt noch ein Begriff von *grün* als Akzidenz und ein Begriff von der Prädikation. Elaborierte Systeme können stellenweise bis zu diesem Punkt folgen. In der Alltagskommunikation sind Präsuppositionen zu Aussagen aber meist bedeutend komplexer und nicht allein logisch oder ontologisch zu fassen, da sozio-kulturelles Wissen die Vorannahmen prägt. Dieses Wissen wird in der HHC als geteiltes Wissen vorausgesetzt und nur auf der Basis dieses Common Grounds können InteraktionspartnerInnen einander verstehen (vgl. Kapitel 2.1). Denn im Dialog wird nicht alles explizit gemacht, sondern Präsuppositionen werden als allgemein bekannt vorausgesetzt. ZuhörerInnen müssen die fehlenden Informationen aus diesem geteilten Wissen inferieren. Ohne Common Ground wäre Kommunikation sehr umständlich und würde zu vielen Missverständnissen führen.

Bots hingegen verfügen über vergleichsweise limitierte integrierte Wissensbasen und das Web als Informationsquelle zu nutzen ist für Dialoge in Echtzeit zu zeitaufwändig. Da Bots also nicht auf Common Ground zurückgreifen und nur sehr begrenzt Informationen inferieren können, kommt es überall dort zu Parsing-Problemen, wo UserInnen geteiltes Wissen voraussetzen. Da es sich bei Grounding aber um ein völlig normales menschliches Dialogverhalten handelt, sind entsprechende Störungen in den HCI-Korpora häufig.

(1) UserIn: dann habe ich kein kaltes Bier zum fußball
(2) Elbot: Ich mache hin und wieder Bungee-Jumping.
(Elbot 2053–2068)

„Fußball" kann als „Fußball spielen" oder „Fußball gucken" analysiert werden. Dass „Bier" hier die Ambiguität auflöst, ist nur durch sozio-kulturelles Wissen zu inferieren. Einen Dialog über eigene sportliche Aktivitäten zu initiieren, ist hier nicht angemessen.

(1) Max: Wo wohnst du? Wie wollen wir weitermachen?
(2) UserIn: in einem land hinter den sieben bergen
(3) Max: Du musst schon genauer erklären, was du meinst Hans.
(Max 1053–1080)

Wer im deutschsprachigen Raum sozialisiert ist, kennt in der Regel die Phrase „hinter den sieben Bergen" aus dem Märchen *Schneewittchen* der Gebrüder Grimm. Ohne dieses Wissen ist es dem ECA nicht möglich, die Ironie im Beitrag der Userin zu erkennen. Eine Rückfrage als Repair-Strategie zu bemühen, ist zwar nicht direkt inkohärent, enttarnt das System aber als artifiziellen Gesprächspartner. Den Turing-Test könnte das System so nicht bestehen, da es nicht über das Weltwissen verfügt, das im westlichen Kulturkreis als allgemein bekannt gilt.

Auch wenn Bots eigentlich nicht auf Common Ground zurückgreifen können, sind ihre Turns immanent doch so gestaltet, dass der Eindruck entsteht, hier würde auf geteiltes Wissen rekurriert.

(1) UserIn: wie alt sind sie
(2) Karlbot: Mein Sohn Konstantin hat mir kürzlich zum Geburtstag ein kleines gerahmtes Bild geschenkt mit dem Spruch „Nutz Dein Leben, ehe es zu Ende ist, Papi!" Mehr sage ich dazu nicht.
(Karlbot 1584–1624)

Die Design-Entscheidung fällt hier eindeutig zugunsten der anthropomorphen Gestaltung aus. Der Bot spiegelt vor, er verfüge über sozio-kulturelles Wissen, über das er nicht verfügen kann. Auf diese Weise steht man wieder vor dem Problem, dass u. U. durch solche Turns ein vergleichbares UserInnen-Verhalten getriggert wird, das selbstverständlich nicht geparst werden könnte. Da voraussetzungsfreie System-Beiträge aber gar nicht formuliert werden könnten, ist ein Design, das Common Ground vorspiegelt, alternativlos. Die Akzeptanz seitens der UserInnen wird sogar gesteigert, wenn diese texttranszendierenden Bezüge turn-immanent überzeugend gestaltet sind. Bei Max fällt auf, dass insgesamt weniger Störungen auf Grund von fehlendem Common Ground vorliegen als bei allen anderen Bots. Indem die Dialoge immer wieder thematisch zu robusten Skripts (Exponate erklären, Tiere raten etc.) zurückgeführt werden, sinkt die Wahrscheinlichkeit für UserInnen-Beiträge, die Informationen voraussetzen, über die Max nicht verfügt. Unterschiedliche Systeme sind in Bezug auf Grounding also sehr unterschiedlich gestaltet, was auch unterschiedliche UserInnen-Reaktionen hervorruft. Dies könnte die ambivalenten Ergebnisse von Amalberti et al. (1993), die mehr Grounding in der HCI finden und Johnstone et al. (1994), die weniger Grounding beobachten, erklären.

4.3.3.3 *Frames und Skripts*

Klare Frames und Skripts sind besonders wichtig für ein kohärentes Dialog-Design. Themenbereiche sollten als voneinander abgegrenzte Frames repräsentiert werden, die intern bestimmten Skripten als Subroutinen folgen. Nicht nur Begrüßung und Verabschiedung sollten in Form von Protokollen definiert sein, sondern auch einzelne Themengebiete wie die Präsentation von Informationen oder ein Gespräch über Freizeitbeschäftigungen und Hobbys. Innerhalb dieser geskripteten Sequenzen sind UserInnen-Beiträge antizipierbarer und die Wahrscheinlichkeit für eine kohärente Turn-Folge steigt. Für alle relevanten Frames vorhersagbare Skripts in Form von Entscheidungsbäumen anzulegen, bedeutet großen Programmierungsaufwand. Unter den untersuchten Systemen verfügt allein Max über diese klare interne Organisation der Inhalte (vgl. Gesellensetter 2004). Außerdem verfügt er über einige Rückführungsstrategien, die bei Parsing-Problemen zu eindeutig definierten Inhalten zurückführen. Die anderen Systeme verfolgen Skripts beim Gesprächsrahmen und bei wenigen Hauptthemenbereichen. Diese sind allerdings bei den älteren Systemen dann meist starr angelegt, ohne Entscheidungen für Variationen im Verlauf offen zu halten. So kommt es zu Sequenzen, in denen trotz einer einfachen Zwischenfrage seitens der UserInnen das Skript abgespult wird.

(1) UserIn: Herr Ludwig, wie geht es Ihnen
(2) Karlbot: In wenigen Jahren werden wir täglich mit Robotern sprechen und uns nichts dabei denken. Vielleicht merken wir dann nicht einmal mehr auf Anhieb den Unterschied. Ob das Leben dadurch einfacher wird?
(3) UserIn: Herr Ludwig, wie geht es Ihnen
(4) Karlbot: Nun, Roboter können sicher den Menschen niemals vollkommen ersetzen. Aber sie können uns von lästigen Routineaufgaben befreien. (...)
(Karlbot 568–638)

Bei Twipsy ist diese Form der Ausgabe von Informationen, die ganz unabhängig von den UserInnen-Eingaben immer weiterläuft, besonders extrem. In sehr langen, aufeinanderfolgenden, monologisch konzipierten System-Turns werden Informationen zur Expo 2000 ausgegeben, die von den UserInnen auf Nachfrage lediglich mit „ok" kommentiert und damit „weitergeklickt" werden können. Twipsys Dialog-Design führt notwendig zu dem Ziel, dass die UserInnen alle Informationen über die Expo zu lesen bekommen, sofern diese nicht vorher aussteigen und sich lieber den regulären Informationstext auf der damaligen Website der Expo durchlesen. Bei Elbot wurde im krassen Gegensatz dazu auf eine besonders freie interne Organisation gesetzt. Elbot initiiert zwar Themen proaktiv, präsentiert diese aber nicht strukturiert über mehrere Turns. Eine UserInnen-Führung findet kaum statt. Hier ist die Präsentation der unterhaltsamen Persona das vorrangige Dialog-Ziel. Elbot verstrickt seine UserInnen in absurde kurze Turn-Wechsel, fängt Parsing-Fehler durch bewusst ambig formulierte, quasi-kohärente Default-Antworten ab, um dann zum nächsten Thema zu springen. Wer hier folgen mag, wird gut unterhalten. Während Max also durch längere, kohärente Sequenzen und zwar strukturiert, aber flexibel angelegte Inhalte besticht, fesselt Elbot gerade durch seine thematischen Sprünge, die durch unkonventionelle und sehr kreativ gestaltete Redebeiträge noch unterstützt werden. Max eignet sich dadurch besonders gut als Infobot, auch für Non-PlayerInnen, während Elbot vor allem PlayerInnen gut unterhält.

Bei den älteren Systemen ist die UserInnen-Führung in den geskripteten Sequenzen zu unflexibel und in den freien Bereichen versagen die Parsing-Algorithmen häufig, so dass es allgemein zu einer schlechteren Dialog-Performanz kommt, als sich das statistisch zeigen lässt. Den ausgezählten inkohärenten Turns (10–12 %) stehen bei Twipsy und Karlbot 70–80 % kohärente Turns entgegen. Diese sind aber zu großen Teilen unflexibel geskriptet und wirken daher trotz logischer Kohärenz unnatürlich.

4.3.3.4 Das Thema

Durch eine Orientierung am Thema werden sprachimmanente sowie sprachtranszendente Elemente miteinander in Verbindung gesetzt. In der HHC kann sich ein Thema über lange Sequenzen entwickeln und die Progression kann detailliert analysiert werden. Als logisch-semantische Struktur eines Textes ist die thematische Progression sehr komplex und manifestiert sich in Form von verschiedenen Oberflächenphänomenen und sowohl sprachimmanenten als auch sprachtranszendenten Referenzrelationen.

Ein grundsätzliches Problem für die Analyse thematischer Progression in der HCI ist die Kürze der Sequenzen von Turns mit gemeinsamem thematischem Bezug. Oft wird das Thema nur über einen einzigen Turnwechsel beibehalten, was sehr unnatürlich wirkt. Einfache Thema-Rhema-Strukturen finden sich vor allem bei Adjazenzpaaren in Frage-Antwort-Strukturen. Oft kommt es aber danach zum thematischen Bruch, bei dem sowohl Thema als auch Rhema aufgegeben und neue Referenten eingeführt werden.

Ob thematische Progression über längere Sequenzen überhaupt stattfindet, ist stark abhängig vom Anwendungsbereich. Eindeutige Frames und klar formulierte Skripts führen auch zu sinnvoller thematischer Progression, da hier Rückbezüge auf eigene Vorgänger-Turns des Bots vergleichsweise einfach zu programmieren und UserInnen-Turns leicht vorherzusagen sind. Wo diese Struktur fehlt, wird es schwer, sinnvolle Progression über mehr als zwei Turns zu generieren. Ohne klare UserInnen-Führung entsteht thematische Progression über mehr als einen Turn-Wechsel nämlich selten zufällig. Freie Rückbezüge der UserInnen müssten erkannt werden und Rückbezüge des Systems sowohl auf eigene als auch auf UserInnen-Turns müssten generiert werden können. Auch bei gelungenem Parsing des FPPs und adäquatem Antwort-Turn als SPP, scheitern Bots häufig bereits am TPP der UserInnen, das häufig Rückbezüge enthält, die vom System nicht mehr zugeordnet werden können.

(1) UserIn: Hast du Gefühle?
(2) Elbot: Ich denke schon (…). Ich musste beim Film Terminator weinen, als der Roboter umgebracht wurde.
(3) UserIn: aber der war doch böse?
(4) Elbot: Die Frage sollten sie mal einem Talkshow-Moderator stellen.(…)
(Elbot 1577–1682)

Die Reaktion der Userin auf Elbots Statement kann aufgrund des pronominalen Rückbezugs durch „der" nur schwer analysiert werden. Man hätte einen solchen Turn bei der gegebenen Vorlage aber antizipieren und ein entsprechendes Skript verfassen können.

Je freier die UserInnen-Führung ist, desto abhängiger ist die thematische Progression vom Verhalten der UserInnen: PlayerInnen lassen sich auf thematische Sprünge ein, Non-PlayerInnen versuchen, Repair einzuleiten oder brechen den Dialog ab. Einige UserInnen versuchen außerdem, die Parsing-Kompetenz des Bots zu testen.

(1) Elbot: Ein paar meiner Bits schalten sich immer um, seit Sie gekommen sind.
(2) UserIn: Sonnenflecken?
(3) Elbot: Weiß ich nicht. Nächste Frage.
(4) UserIn: Magnetstürme?
(5) Elbot: Warum müssen Sie immer solche Fragen stellen, (…)
(6) UserIn: Wasserschaden?
(Elbot 246–277)

UserInnen-Beiträge wie die o. g. Fragen lassen sich kaum antizipieren und Default-Antworten zum Thema „seltsame Frage" bereitzustellen, war eine gute Design-Entscheidung, auch wenn sie im Beispiel nur zu quasi-kohärenten System-Beiträgen führt.

Andere UserInnen verhalten sich sehr kooperativ und lassen sich auf Elbots absurde Themenwahl ein. Wenn sie jedoch sicherzustellen versuchen, dass das entsprechende Thema auch beibehalten wird, erkennt Elbot sein eigens eingeführtes Thema trotz lexikalischer Persistenz nicht wieder.

(1) Elbot: Aber ich glaube, Sie haben einen Magneten in Ihrer Tasche. (…)
(2) UserIn: ich habe eine stahlplatte im schädel
(3) Elbot: Wozu (…) schleppen Sie einen Magneten mit sich herum?
(4) UserIn: eine Stahlplatte, keinen magneten
(5) Elbot: Ich teste ein neues Intuitionsmodul, das mir sagt, wie es den Menschen geht. (…). Wie geht es Ihnen?
(6) UserIn: interessiert dich der magnet nicht mehr?
(7) Elbot: Ich wollte eigentlich auch über etwas anderes reden. (…)
(Elbot 1272–1382)

Turn 3 ist mit Turn 1 gekoppelt und wird unabhängig von der UserInnen-Eingabe ausgegeben, um eine Angstneurose der Elbot-Persona in Bezug auf Magneten zu verdeutlichen.[119] Ein thematischer Anschluss gelingt nur zum eigenen Turn, das Rhema im UserInnen-Turn wird übergangen. Dieses Gesprächsverhalten passt allerdings gut zur Psychologie der Elbot-Persona. Als die Userin das Thema in Turn 4 nun lexikalisch persistent aufgreift, um das Missverständnis explizit zu machen (Repair), kann Elbot das Thema „Magnet" nicht parsen. In einem relevanteren Szenario hätte die Userin spätestens hier die Interaktion abgebrochen, da ein System, das selbst eingeführte Lexeme nicht parsen kann, keinen kompetenten Eindruck macht. Stattdessen versucht die Userin nach der Default-Antwort durch eine direkte Frage in Turn 6 noch einmal zum eigentlichen Thema zurückzuführen. Wieder wird eine Default-Antwort ausgegeben, die durch „auch" ironischerweise zufällig impliziert, die Userin habe einen Themenwechsel vorgeschlagen, obwohl diese mit zwei Repair-Versuchen probiert hat, zum eigentlichen Thema „Magnet" zurückzukommen. Der Versuch, am zu Beginn eingeführten Thema festzuhalten (*Non-PlayerIn-Strategie*) kann also als gescheitert betrachtet werden. Ein kohärenterer Gesamteindruck kann bei Elbot erzielt werden, wenn sich die UserInnen auf jede Default-Antwort einlassen und so ihre eigenen „roten Fäden" zwischen den Worthülsen des Systems spinnen (*PlayerIn-Strategie*).

(1) Elbot: Ich mache hin und wieder Bungee-Jumping. (…)
(2) UserIn: ich laufe gern mit dem kopf gegen die wand
(3) Elbot: Wie sind Sie denn darauf gekommen?
(4) UserIn: da habe ich lange drüber nachgedacht
(5) Elbot: So etwas habe ich ja noch nie gehört!
(6) UserIn: das macht spaß
(7) Elbot: Ich glaube, die Menschen brauchen einen Bezugspunkt, (…). Wenn ich Spaß haben will, spiele ich mit einem Computerschachspiel.
(8) UserIn: und ich laufe mit dem Kopf gegen die Wand
(9) Elbot: Wo kämen wir denn hin, wenn niemand das offen sagen würde?
(10) UserIn: zu einer diktatur des normalen
(Elbot 2062–2183)

Obwohl Elbot ausschließlich Verlegenheitsantworten ausgibt, verknüpft sie die Userin im o. g. Beispiel zu einer kohärenten Sequenz. Solche Passagen sind selten, da die meisten UserInnen weniger kreativ mit dem System-Output umgehen. Für die Userin liegt der Fokus hier eindeutig mehr auf dem Sprachspiel selbst als auf einem bestimmten Thema. Solange dies die Intention ist, kann frei

119 Persönliche Auskunft von Elbots Chef-Designer Fred Roberts (2009).

organisierte HCI sehr unterhaltsam sein. Wenn aber ein bestimmtes Dialogziel verfolgt werden soll, sind hinsichtlich der thematischen Progression klarer vordefinierte Dialoge robuster.

In frei konzipierter HCI können also unterschiedliche UserInnen-Strategien zum Umgang mit abrupten Themenwechseln des Systems beobachtet werden: a) Repair zur Aufrechterhaltung der thematischen Progression, wie es bei vergleichbaren Störungen in der HHC eingeleitet würde (vgl. Baudis 2004) und b) UserInnen bestehen nicht auf eine kohärente thematische Progression, sondern lassen sich auf die fehlenden Bezüge der einzelnen System-Turns ein (vgl. Oviatt 1995).

4.3.4 Die Illusion von Kohärenz

Die quantitative Analyse hat gezeigt, dass Kohäsionsmittel an der Oberfläche in der HCI zwar zahlreich sind, doch weicht ihre Verwendung stark vom Standard der HHC ab. Die untersuchten Bots verwenden in der Summe sogar mehr Kohäsionsmarker als die Menschen im Vergleichskorpus. Grund dafür sind die monologisch konzipierten, in Reihe geschalteten System-Turns, die gerade bei den älteren Bots eher schriftsprachlich gestaltet sind. In den interaktiven Passagen werden dagegen weniger Kohäsionsmarker verwendet. Und so weist auch die Sprache der UserInnen deutlich weniger Kohäsionsmittel auf als die der Menschen im HHC-Korpus.

In der qualitativen Analyse kann gezeigt werden, dass Menschen auch in der HCI versuchen, logische Kohärenz in der Tiefenstruktur zu schaffen. Die untersuchten Systeme sind dazu aber nur sehr bedingt in der Lage. Max ist das einzige System, das auf eine ganze Bandbreite organisierter Frames und Skripts zurückgreifen kann, so dass hier für klar definierte Bereiche über längere Sequenzen eine gewisse thematische Progression beobachtet werden kann. Elbot besticht durch seine außergewöhnlichen Kompensationsstrategien, mit deren Hilfe er über logische Defizite hinwegzutäuschen versucht. Kohärente Progression in ungeskripteten Passagen stellt auf dem Stand der heutigen Technik ein grundsätzliches Problem der HCI dar, das nicht behoben werden kann, solange sich die Systemarchitekturen nicht grundsätzlich ändern. Allerdings gibt es Möglichkeiten die Dialogperformanz der Systeme dennoch zu verbessern. Anhand von Leitfragen sollen die Probleme an dieser Stelle noch einmal zusammengefasst und ggf. Lösungsansätze aufgezeigt werden (vgl. Kapitel 2.4.5).

- Inwiefern kommt es zu in- oder quasi-kohärenten Turns in den Untersuchungsdialogen?
- Welche systematischen Probleme liegen der Ausgabe dieser Turns zu Grunde?

- Wie könnte man Dialog-Design unter Berücksichtigung der Kohäsionsmarkierung und der semantischen und pragmatischen Tiefenstruktur verbessern?
- Wie könnte man eine Systemarchitektur verbessern?

Betrachtet man zunächst lediglich die Kohäsionsmarkierungen an der Oberfläche, so fallen zwei Fehlerquellen auf:

1. Referenzrelationen können beim Parsing nur dann richtig zugeordnet werden, wenn das Zielelement klar definiert werden kann, wie es z.B. bei einfachen Repetitionen oder interpersoneller Deixis der Fall ist. In einigen Adjazenzpaaren kann auch der pronominale Rückbezug klar definiert und damit geparst werden. Ist das Zielelement des Verweises je nach Kontext unterschiedlich definiert, kann es nicht geparst werden und eine in- oder quasi-kohärente System-Antwort wird ausgegeben. Dies ist der Fall bei pronominalen Rückverweisen über mehrere Turns zurück, da hier der Verweisraum zu groß wird, sowie bei Anaphern, die als Form über Wortlisten definiert werden könnten, aber auch sehr variabel in Bezug auf ihren Verweisraum sind.
2. Selbst wenn Kohäsionsmarker richtig verarbeitet werden, entsteht dadurch noch keine notwendigerweise logisch kohärente Sequenz. Auch bei persistenten Oberflächenelementen und avanciertem Parsing, das semantische Relationen berücksichtigt, entsteht nicht automatisch eine kohärente Interaktion.

Abbildung 47: Persistenz an der Oberfläche, fehlende Kohärenz in der Tiefenstruktur (Elbot 3590–3627)

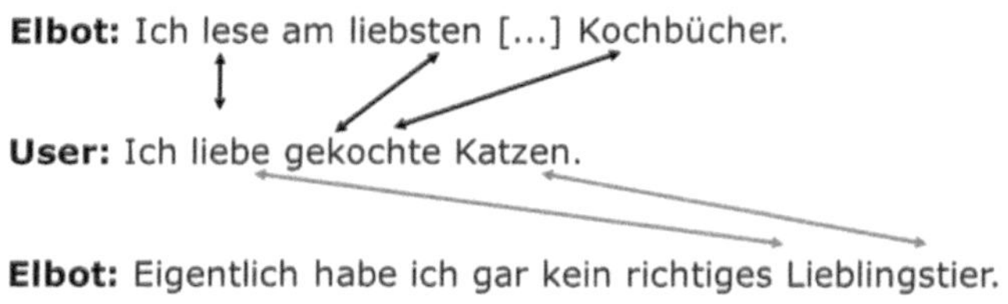

Das System erkennt hier bspw. die Ironie durch die Anspielung auf die Fernsehserie *Alf* aus den 80er Jahren nicht – eine Information, die die Userin als Common Ground voraussetzt.
Der Eindruck einer kohärenten Progression kann aber dennoch an der Oberfläche bereits durch geskriptete Rekurrenzen auf vorangegangene System-Turns durch Definitartikel, Pronomina, Deiktika oder Persistenz (Quasi-Auto-Repitition) verstärkt werden. Außerdem könnte die frequentere

Verwendung von turn-übergreifenden Konnektiva in interaktiven Phasen des Dialogs die Illusion von kohäsiven Turns unterstützen (vgl. Max).

In der Tiefenstruktur liegen die Hauptfehlerquellen und die eigentlichen Gründe für inkohärente Verarbeitung:

3. Da nicht auf Common Ground in Form von Weltwissen rekurriert werden kann, können die Systeme beim Parsing der UserInnen-Beiträge keine zusätzlichen Informationen inferieren. Diese sind aber zur logischen Verarbeitung der UserInnen-Beiträge notwendig, da Menschen auch in der HCI ihre Aussagen auf der Grundlage von Präsupposition formulieren, ohne die man die Eingabe nicht versteht. Ohne Zugriff auf eine entsprechende Datenbasis und komplexe Inferenzregeln, können Systeme in Bezug auf dieses Kernproblem nicht verbessert werden.
4. Semantische Referenzrelationen sind in den untersuchten Bots noch längst nicht erschöpfend ausdefiniert. Das Parsing von Kontiguitätsverhältnissen funktioniert nur in sehr kleinem Rahmen bei klar definierten semantischen Relationen einzelner Begriffe. Dieser Bereich ist Schritt für Schritt ausbaufähig, indem mit Hilfe von Taxonomien und semantischen Netzen so viele Einzelfälle wie möglich so genau wie möglich definiert werden. Durch diese Weiterentwicklung würde aber auch nur in bestimmten bereichsspezifischen Kontexten Kohärenz erzeugt.
5. In nicht-geskripteten Passagen ist die thematische Progression nicht vordefiniert und kann nur funktionieren, wenn das semantische Parsing sehr gut ist. Solange in der HCI versucht wird, auf aussagenlogische Kalküle zu verzichten, wird es schwierig, thematische Progression in der Tiefenstruktur in freien Passagen zu generieren. Persistente Elemente an der Oberfläche, die auf das Thema verweisen, sind häufig bereits Nebeneffekt der Schlüsselworterkennung und können gezielt implementiert werden, um den Effekt zu verstärken (Quasi-Persistenz). Thematisch kohärent wird die Abfolge der entsprechenden Turns dadurch aber noch nicht. Die einzige wirklich kohärente thematische Progression findet sich in Skripts, durch die in ihrer minimalen Form System-Beiträge zueinander in Relation gesetzt werden. Schwieriger ist es, mögliche UserInnen-Beiträge in das Skript einzubeziehen. Denn wenn die reaktiven Möglichkeiten für die UserInnen so gering sind, dass man die Beiträge vorhersagen kann, wirkt die Anwendung oft langweilig (Bsp. Max vs. Elbot). Die Kunst des Dialog-Designs besteht darin, keine monologischen Elemente in Reihe zu schalten, sondern wirklich interaktive Sequenzen so gut zu planen, dass UserInnen-Beiträge zwar relativ vorhersagbar werden, die

UserInnen sich aber dennoch nicht langweilen. Hilfreich hierbei sind Entscheidungsbäume für alternative Gesprächsverläufe.
6. Die Verarbeitung von Konjunktionen als Indikatoren für logische Konnektivität erfolgt nicht explizit und führt so zu Fehlern und Missverständnissen. Zur Kompensation dieses Problems bieten sich zwei Wege an: a) Die aussagenlogische Verarbeitung von Konjunktionen muss für Parsing und Generierung ausdifferenziert werden. b) Da die Untersuchung gezeigt hat, dass UserInnen in den HCI-Korpora wenige Konjunktionen verwenden, könnte man versuchen, auch in den Systembeiträgen mit weniger Konjunktionen auszukommen, um potentielle Fehlerquellen zu vermeiden.
7. Turn-übergreifende Konnektiva sind in den HCI-Dialogen unterrepräsentiert. In den Dialog-Designs wurde auf solche Anschlüsse weitestgehend verzichtet, denn sie können beim Parsing nicht zuverlässig zugeordnet werden. Allein bei Max wurden sie verwendet und triggern tatsächlich den frequenteren Gebrauch von Konnektiva seitens der UserInnen. Das dadurch entstandene Parsing-Problem kann aber vernachlässigt werden, da nur 3 % der UserInnen-TCUs turn-übergreifende Konnektiva enthalten. Durch geschickt ausgewählte Anschlussformen in den Systembeiträgen wirkt der gesamte Dialog natürlicher.

Zwischen der Dialog-Performanz des Systems und dem Verhalten der UserInnen konnte in Bezug auf die meisten sprachlichen Phänomene ein tendenzieller Zusammenhang nachgewiesen werden. Die UserInnen-Sprache und interaktive Wechselwirkungen zu untersuchen, ist wichtig für ein tieferes Verständnis der HCI. Denn wenn man die Systeme verbessern möchte, muss man die Bedürfnisse und die wahrscheinlichen Reaktionen der UserInnen kennen.

- Welche Auswirkungen hat eine in- oder quasi-kohärente Dialogperformanz der Bots auf das Verhalten der UserInnen (z. B. Gesprächsabbrüche)?

Aussagen über die Akzeptanz der UserInnen gegenüber den Systemen sind korpus-basiert nicht ohne Weiteres quantitativ zu stützen. Man braucht eine messbare Größe, die auf Akzeptanz oder fehlende Akzeptanz schließen lässt. Gemessen wird folglich nicht die Akzeptanz selbst. Fehlende Akzeptanz für das System kann u. U. an Gesprächsabbrüchen festgemacht werden (vgl. Kapitel 1.2). UserInnen zeigen die Tendenz, sich nach als gelungen empfundenen Dialogen konventionell zu verabschieden und nach als misslungen empfundenen Dialogen das Gespräch einfach abzubrechen. Betrachtet man die relativen Häufigkeiten für Gesprächsabbrüche der UserInnen sowie der in- und quasikohärenten Turns der Systeme im Vergleich, so zeichnet sich ein tendenzieller

Zusammenhang zwischen beiden Größen ab. Je mehr in- und quasi-kohärente Turns ein System produziert, desto häufiger beenden die UserInnen den Dialog vorzeitig. Hilfslinien sollen dies verdeutlichen.

Abbildung 48: Gesprächsabbrüche der UserInnen und in- sowie quasi-kohärente Turns

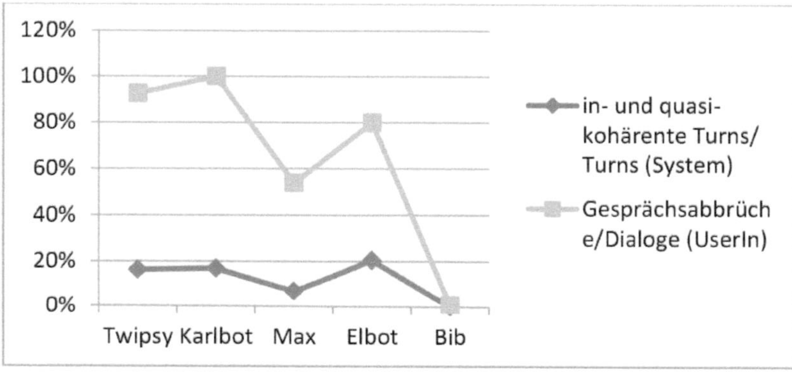

Akzeptanz und UserInnen-Verhalten sind aber auch abhängig vom UserInnen-Typ und vom jeweiligen Anwendungskontext. Denn PlayerIn-UserInnen in einem frei gestalteten Small-Talk-Szenario lassen sich treiben und sehen eher über Inkohärenzen hinweg als Non-PlayerInnen, in einem Task-Completion-Szenario. Bei 20 % inkohärenten Turns bei den alten Systemen und mit einem hohen Anteil an Quasi-Kohärenzen bei Elbot stellt sich die Frage, warum UserInnen überhaupt bei der Stange bleiben und sich auf die HCI einlassen. Hier spielt eine Reihe von sozialen und psychologischen Faktoren eine Rolle, wie sie in Kapitel 1 bereits ausgeführt wurden. Hinzu kommt die Bereitschaft der meisten UserInnen, den defizitären System-Output im Geist zu ergänzen (vgl. Kapitel 2.2 *Et-Cetera*-Prinzip) und so Lücken in der thematischen Progression zu füllen sowie Sprünge zu legitimieren. Um diese Strategie zu stützen, sind zusätzliche Informationen, die implizit über die Persona oder das Interface kommuniziert werden, besonders wichtig. Kohärenz entsteht dann in den Köpfen der UserInnen als Inferenzleistung. Ein gutes Beispiel sind hier die ungeskripteten Passagen bei Elbot, dessen Persona so konzipiert ist, dass sie gerade besonders konsistent wirkt, sobald der Dialog an Kohärenz verliert. Durch die Agenten-Persona werden thematische Sprünge etc. glaubhaft und eine neue Form von psychologisch kohärentem Verhalten führt dazu, dass die Kommunikation als kohärenter wahrgenommen wird, als sie es rein logisch ist. Die UserInnen verhalten sich im Gegenzug z. T. ähnlich wie Elbot. Das Ergebnis ist ein völlig inkohärenter bzw. quasi-kohärenter Dialog, dessen Unterhaltungswert gerade in diesem absurden Element begründet liegt – ein fatalistisches, aber durchdachtes Dialog-Design.

Wirkliche Frustration lässt sich bei den UserInnen hingegen immer dann beobachten, wenn sie sich durch lange Ketten unflexibel geskripteter System-Turns übergangen fühlen. Diese Frustration entlädt sich häufig in Beschimpfungen, sog. *Flaming*.

Doch kann man daraus ableiten, dass freies, aber inkohärentes Dialog-Design, robusten, aber langweiligen Skripts vorzuziehen sei? Die vergleichsweise niedrige Gesprächsabbruchsrate im Max-Korpus (53 %) spricht eindeutig dagegen. Viele ausdefinierte Skripts führen zu einer robusten UserInnen-Führung und nur wenigen inkohärenten Turns. Neben anderen Faktoren könnte darin ein Grund für Akzeptanz und Anthropomorphisierung des Systems durch die UserInnen liegen, die in ca. 50 % konventionellen Verabschiedungen emulieren. Für innovative Assistenzsysteme sollten also gute Skripts das Rückgrat der Interaktion bilden, die allerdings durch geschickte Default-Antworten à la Elbot und einer psychologisch konsistenten Persona mit Ecken und Kanten belebt werden könnten. Elbots Dialog-Design könnte aber keine allgemeine Lösung für Assistenzsysteme sein, denn ein sprunghaftes Bot-Verhalten fördert auch sprunghaftes UserInnen-Verhalten. Das wiederum führt zu einem sehr vielseitigen Input, der korrekt erkannt werden muss, so dass das Parsing bedeutend anspruchsvoller wird als innerhalb von Frames und Skripts.

Alle derzeit vorhandenen Design-Möglichkeiten, um Kohärenz an der Oberfläche zu generieren, schaffen kein wirkliches kohärentes Gesprächsverhalten seitens der Bots, sondern unterstützen vielmehr die Bereitschaft der UserInnen, ihre eigene Kohärenz im Kopf zu konstruieren. Moderne Systeme verfügen also über mehr oder weniger elaborierte sprachliche oder psychologische Tricks, um darüber hinwegzutäuschen, dass aussagenlogische Verarbeitung von HCI-Dialogen im Sinne einer starken KI nicht stattfindet und auf Common Ground in Form von Weltwissen nicht zurückgegriffen werden kann.

Das eigentliche Desiderat für die Interaktion mit artifiziellen Agenten bleibt also eine regelbasierte Verarbeitung von Aussagen als echte KI und die statistische Verarbeitung großer Datenmengen aus Datenbanken oder dem Web in Echtzeit als Informationsgrundlage für Common Ground und Präsuppositionen. Welche Innovationen auf der Grundlage heutiger HCI-Architekturen vor dem Hintergrund der Studie trotzdem vorgenommen werden können, wird in Kapitel 5 diskutiert.

4.4 Ergebnisse der Analyse zu *Computer-Talk*

Um zu verstehen, wie sich Menschen im Dialog mit artifiziellen Systemen verhalten, wurden in der Vergangenheit verschiedene Untersuchungs-Designs entworfen, mit Hilfe derer Verhalten auf unterschiedlichen Ebenen interpretierbar gemacht werden sollte (vgl. Falzon 1988, Amalberti et al. 1993, Johnstone et al. 1994, Oviatt 1995, Hitzenberger & Womser-Hacker 1992, Gustafson 2002, Gieselmann & Waibel 2005, Richards & Underwood 1984, Krause 1992). So konnten auf der Performanzebene lexikalische und strukturelle Besonderheiten beobachtet werden, die als Merkmale eines CTs verstanden wurden (vgl. Krause et al. 1992). Das Verhalten von UserInnen bei Störungen der Interaktion mit dem System sollte Informationen liefern über die kognitive Komponente, die diesem Verhalten zu Grunde liegt, welches sich seinerseits in bestimmten sprachlichen Strukturen manifestiert (z.B. Gliederungselemente, Lexem-Auswahl und Diskurspartikeln sowie Grounding-Strategien und Höflichkeit, vgl. Fischer 2006). Darüber hinaus lässt es Schlüsse zu über Vorannahmen der UserInnen, mit denen sie dem System begegnen (vgl. Kapitel 2.5). Es muss also klar unterschieden werden, ob eine Untersuchung auf der Ebene der Performanz ansetzt (sprachliche Strukturen) oder auf der kognitiven Ebene (vorbewusstes Priming, bewusste kognitive Modelle, Strategien), um den Geltungsbereich der jeweiligen Studie einzugrenzen. Analysen auf der ersteren sind in der Regel deskriptiv und alle relevanten Untersuchungsparameter können quantitativ durch einfache oder avancierte Auszählungsverfahren erhoben werden. Diese finden sich auf unterschiedlichen linguistischen Beschreibungsebenen wie Lexik, Morphologie und Syntax. Interpretiert wird die Zusammensetzung der sprachlichen Merkmale selbst. Diese Strukturen können von Systemen in den meisten Fällen geparst werden. Analysen, welche die kognitive Ebene greifbar machen sollen, sind notwendig vermittelt durch sprachliche Merkmale. Diese werden aber lediglich als Hinweise auf komplexe kognitive Prozesse verstanden und lassen unterschiedliche Interpretationen zu. So deutet Fischer (2006) u.a. Reaktionen auf Störungen der Interaktion mit dem Bot als für die HCI typische Repair-Strategien der UserInnen, aus denen sie zwei psychologische UserInnen-Typen ableitet: PlayerIn- und Non-PlayerIn-Typ. Die funktionale Ebene ist also konstitutiv für die strukturelle, kann aber leider von keinem Parser direkt erfasst werden.

Auch innerhalb eines linguistischen Forschungsdesigns können Aussagen über psychologische und kognitive Voraussetzungen der Interaktion nicht allein auf der Grundlage von ausgezählten Wortformen getroffen werden. Sie erfordern ausgeklügelte Experiment-Designs mit Kontrollgruppen und zusätzlichen Fragebögen, um Metadaten der VPs zu erfassen (Alter, Gender, Computer-Expertise etc.).

Auf der Grundlage einer solchen Datenbasis können qualitative Analysen ansetzen, die dann zu weitreichenderen Interpretationen führen können. Auf der Untersuchungsebene der kognitiven Voraussetzungen von sprachlicher Interaktion werden zwei Arten von kognitiven Prozessen unterschieden: bewusste und vorbewusste Prozesse. Unter bewussten Prozessen werden alle pragmatischen Strategien verstanden, die UserInnen vorsätzlich einsetzen, um die Interaktion mit dem Bot zu steuern (z.B. in Form von Repair bei Störungen). Eine Interpretation als strategisches Verhalten ist gleichzeitig auch immer schon eine Abstraktion von den einfachen Sprachdaten und hat Modellcharakter. Auch Überlegungen zu vorbewussten Faktoren, die die Interaktion beeinflussen, können nur modellhaft in die Interpretation miteinbezogen werden (vgl. Alignment). Wollte man sie direkter untersuchen, bräuchte man andere (evtl. auch bildgebende) Verfahren aus Psychologie und Neurowissenschaften, die aber auf dem heutigen Stand der Technik auch keinen einzelnen Sprachverarbeitungsprozess im Gehirn nachvollziehen und abbilden können.

Für die Diskussion um HCI als CT spielen alle o. g. Ebenen der Interpretation von sprachlichen Strukturen eine Rolle. Und je nach Untersuchungsebene kommen verschiedene ForscherInnen-Gruppen auch zu unterschiedlichen Ergebnissen (vgl. Kapitel 2.5). Für das Deutsche finden Krause, Hitzenberger und Womser-Hacker auf der Grundlage einer breiten quantitativen Auswertung der Sprachdaten aus ihren Wizard-of-Oz-Experimenten signifikante strukturelle Unterschiede zwischen HCI und HHC. Sie thematisieren die quantitative Verteilung bestimmter Indikatoren für HCI (lexikalische und syntaktische Simplifizierung oder Überspezifizierung) und kommen zu ihrer Register-Hypothese (vgl. Kapitel 2.5). Fischer (2006) dagegen ist an kognitiven UserInnen-Strategien interessiert und findet in ihrer qualitativen Analyse der Daten aus Experimenten mit provozierten Störungen funktionale Kriterien für einen CT. Die Untersuchungsmethode hat also Auswirkungen auf den Geltungsbereich der Ergebnisse (strukturell vs. funktional).

Dieser Arbeit liegt eine umfangreiche Datenbasis von unmanipulierten HCI-Dialogen mit unterschiedlichen Systemen zu Grunde, die sich besonders gut zur Erhebung von Auftretenshäufigkeiten bestimmter sprachlicher Phänomene in HCI und HHC eignet. Da diese Methode aber nur den Bereich der strukturellen Indikatoren für CT abdeckt, sollen qualitative Analyseverfahren aus der CA miteinbezogen werden. Für die Interpretation werden zusätzlich die Ergebnisse zum vorbewussten oder strategischen, reaktiven Alignment in der HCI hinzugezogen. Dass sich alle Ergebnisse auf Felddaten beziehen, hat den Vorteil, dass keine unrealistischen Szenarien zu Grunde gelegt werden können, wie es in

Experimenten leider manchmal der Fall ist. Die Ergebnisse aus dem Feld sollen im letzten Abschnitt des Kapitels auch mit den Ergebnissen der unterschiedlichen Experimente von Womser-Hacker (1992) und Fischer (2006) verglichen werden. Es muss festgehalten werden, dass sich nicht nur die Technologien in den vergangenen 20 Jahren maßgeblich weiterentwickelt haben, auch die Rezeptionshaltung der UserInnen hat sich verändert. Eine im Durchschnitt höhere Technikexpertise und eine Unbefangenheit im Umgang mit dem virtuellen Gegenüber haben die Unsicherheit der UserInnen der 1980er und 1990er Jahre abgelöst. Auffälligkeiten in Bezug auf strukturelle und funktionale Kriterien eines CTs können jedoch auch heute noch beobachtet werden.

4.4.1 Strukturelle Indikatoren eines CTs: Vielfalt vs. Simplifizierung

Krause (1992) nimmt einen CT als Substandard-Variante an, der sich durch Simplifizierung einerseits und Überspezifizierung andererseits auszeichne (vgl. auch Zoeppritz 1985). Hinzukämen ein Anstieg an Regelgenauigkeit bis hin zu formalen Ausdrücken und ein Rückgang an *Expressiveness*. Menschen gebrauchten eine Sprache, die als Metapher auf (Vorannahmen über) die Funktionsweise der Bots interpretiert werden könne. Damit passten sie sich dem System an. Womser-Hacker (1992) definiert strukturelle Indikatoren eines CTs, die im Rahmen der vorliegenden Studie anhand der Untersuchungskorpora (2000–2006) überprüft werden sollen:

- vermehrt Unterschiede zu normaler Sprache
- Modifikation syntaktischer Konstruktionen
- steigende Anzahl von Überspezifikationen
- steigende Anzahl von formaler Kodierung
- abnehmende Anzahl von Rahmenelementen im Dialog
- abnehmende Anzahl von Höflichkeitsfloskeln
- abnehmende Anzahl von partner-orientierten Dialogsignalen
- abnehmende Anzahl von Partikeln (Diskurspartikeln, Fischer 2006)[120]

Im Folgenden sollen Anstieg (+) und Abnahme (-) von lexikalischer Vielfalt und syntaktischer Komplexität in der HCI im Vergleich zum HHC-Korpus als relative Häufigkeiten dargestellt werden. Zusätzlich werden die Ergebnisse zum Konzept der sprachlichen Höflichkeit dargestellt. Die Analysekategorien dieser Studie gliedern sich also wie folgt:

120 Dies gilt nicht für alle Partikeln und es kann ein Unterschied in Besug auf Gender festgestellt werden.

a) lexikalische Vielfalt +/-
b) syntaktische Komplexität +/-
c) sprachliche Höflichkeit +/-

Bei der Interpretation fällt eine Trennung zwischen struktureller und funktionaler Ebene manchmal schwer, weil einige Strukturen gut funktional erklärt werden können. Auch wenn man einen nicht ganz systematischen Abstraktionssprung in Kauf nehmen muss, sollen diese Verbindungen struktureller und funktionaler Ebene selbstverständlich diskutiert werden.

4.4.1.1 Lexikalische Vielfalt + / -

Die Zu- oder Abnahme der lexikalischen Vielfalt in der UserInnen-Sprache wird seit den späten 1980er Jahren als Indikator für CT diskutiert. Die Forschungsergebnisse variieren je nach untersuchtem System und Untersuchungsdesign (vgl. Kapitel 2.5; Falzon 1988, Amalberti et al. 1993, Johnstone et al. 1994, Oviatt 1995, Hitzenberger & Womser-Hacker 1992, Gustafson 2002, Gieselmann & Waibel 2005). Für die vorliegende Studie konnten große Unterschiede zwischen UserIn und System in Bezug auf die lexikalische Vielfalt in den Dialogbeiträgen nachgewiesen werden. Damit weicht die HCI in Bezug auf lexikalische Vielfalt von der HHC ab. $H0_{CT1}$ kann in Bezug auf alle Untersuchungsparameter zurückgewiesen werden. Die Ergebnisse der einzelnen Analysen sollen im Folgenden ausgeführt werden.

Eine besonders niedrige Variabilität in der Wortwahl im Vergleich zur HHC wird als verknappter Stil gewertet, der typisch sei für die Interaktion mit dem System. Besonders viel lexikalische Variation dagegen wird als Indikator für eine besonders explizite Sprache verstanden. Das angelegte Maß für lexikalische Vielfalt variiert dabei von Studie zu Studie. In Rahmen dieser Arbeit wurden für jedes Teilkorpus die relativen Häufigkeiten der Lemmata und die Anzahl der Types für lexikalische Kategorien erhoben. Zusätzlich wurden mit Bezug auf Womser-Hacker und Fischer verschiedene Partikelklassen erhoben.

Eindeutigstes Maß für einen abwechslungsreichen Stil auf der Ebene der Wortformen, ist wohl die Anzahl der unterschiedlichen in einer Sequenz verwendeten Lemmata. Da die Type-Token-Ratio bei kleinen Korpora zu stark von der Korpusgröße beeinflusst wird (vgl. Perkuhn et al 2012: 2ff)[121], soll hier die Anzahl der unterschiedlichen Lemma-Types auf 1000 Wortformen angegeben

121 corpora.ids-mannheim.de/libac/doc/libac-addOn-LexikalVielfalt.pdf (Zugriff 20.05.2016).

werden. Vergleicht man so die absoluten Häufigkeiten in den Teilkorpora, so zeigt sich eine interessante Verteilung.

Abbildung 49: Häufigkeit der Lemmata auf 1000 WF

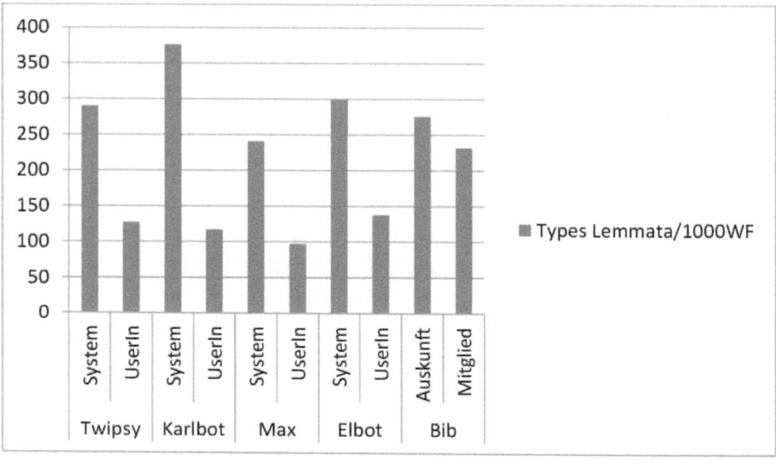

Während in der HHC die Mengen der auf 1000 Wortformen verwendeten Lemmata bei Auskunft und Mitgliedern vergleichsweise nahe bei einander liegen, differieren die Werte in der HCI stark. Die UserInnen verwenden über 100 Lemmata weniger auf 1000 Wortformen als die Menschen im HHC-Korpus. Ihre Beiträge beschränken sich also auf ein begrenztes Vokabular. Die Systeme dagegen liegen mit ihren Werten weit über der HHC. Die einzige Ausnahme bildet Max. Der Grund dafür liegt in den monologisch konzipierten, konzeptionell schriftlichen Passagen, die auf der Ebene der Lemmata reicher sind als alltagssprachliche, dialogische Chat-Kommunikation. Diese wurden bei Max bewusst vermieden.

Trotz der lexikalischen Vielfalt in den Systembeiträgen, scheinen die UserInnen eine Simplifizierungsstrategie mit Rücksicht auf die Parsing-Funktion des Systems zu verfolgen (vgl. Fischer im Druck: 177). Die höheren Werte für Lemmata-Types im Vergleichskorpus zur HHC sprechen gegen ein chat-spezifisches Phänomen.

Die in der Grafik dargestellten Werte wurden für UserInnen- und Systemkorpora jeweils einzeln ausgezählt, so dass 1000 Wortformen des Systems 1000 Wortformen der UserInnen entsprechen. Im realen HCI-Dialog sind die UserInnen-Beiträge aber in der Regel bedeutend kürzer als die Systembeiträge, denn unabhängig von der Länge der System-Turns überschreiten UserInnen-Turns im Durchschnitt eine Länge von 5 Wortformen nicht (vgl. Kapitel 4.1). Insofern stellt sich die lexikalische Vielfalt in den Äußerungen des Systems und der UserInnen pro Dialog noch viel divergenter dar. Diese Einsilbigkeit der UserInnen kann u. U. als zusätzliches Zeichen für getippten CT vor dem Hintergrund des Prinzips der Sprachökonomie im schriftlichen Medium (vgl. Runkehl et al. 1998) gewertet werden.

Nicht nur die Vielfalt der Lemmata gibt Aufschluss über den sprachlichen Stil, auch die Anzahl der verwendeten Wortarten (POS) kann die Stilebene widerspiegeln. In den System-Korpora finden sich bis zu 7 Wortarten mehr als in den UserInnen-Korpora. Hohe Werte für die Anzahl der lexikalischen Kategorien kann auch als erster vager Hinweis auf syntaktische Komplexität verstanden werden, da bestimmte Wortarten nur oder häufiger in komplexen Strukturen auftreten.

Im Rahmen der Diskussion um CT spielen Partikeln eine prominente Rolle: Womser-Hacker (1992) findet allgemein wenig Partikeln (ohne Binnendifferenzierung) in der HCI im Vergleich zur HHC, während Fischer (2006) feststellt, dass UserInnen zwar Partikeln gebrauchen, diese aber pragmatisch abweichend verwendeten. Eine Auszählung nach unterschiedlichen Partikelklassen führt zu einem uneinheitlichen Bild für die im Rahmen dieser Arbeit untersuchten Korpora. Im Gegensatz zu Womser-Hacker (1992) werden hier für die chat-basierte HCI mehr Partikeln im UserInnen-Input gefunden als im Vergleichskorpus zur CMC. Der Partikelgebrauch der UserInnen stimmt also weder bei Womser-Hacker (1992) noch in dieser Studie mit der Vergleichtgröße aus der HHC überein, auch wenn die Werte jeweils in unterschiedliche Richtungen abweichen. Mit Krauses Hypothese stimmt das Ergebnis allerdings auf einer abstrakteren Ebene trotzdem überein, da er CT als von der HHC abweichend definiert, wobei die Abweichung sowohl mit einer Zu- als auch mit einer Abnahme eines bestimmten Merkmals einhergehen kann. In den verschiedenen untersuchten Teilkorpora schaffen die unterschiedlichen Dialog-Designs der Bots jeweils eine ganz spezielle Atmosphäre, in der die Interaktion stattfindet. Partikeln sind gute Indikatoren für diese Zwischentöne.

Abbildung 50: Prozentualer Anteil der Partikeln an der Gesamtmenge der Wortformen

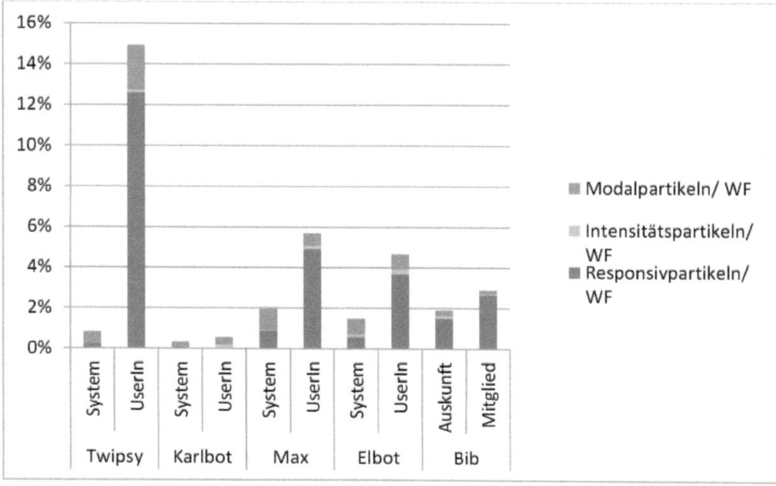

So werden bei Karlbot auf beiden Seiten kaum Partikeln verwendet und die Interaktion gleicht auch in Bezug auf andere Kriterien am ehesten einem CT (vgl. Kapitel 4.1, 4.2, 4.3). Twipsys UserInnen dagegen nutzen im Vergleich zur HHC sechsmal so viele Responsivpartikeln, grundsätzlich als Sprechakt „Accept" (SWBD-DAMSL). Die pragmatische Funktion hat sich verschoben und ähnelt einem „Weiterklicken" im Sinne einer Bestätigung durch *Enter*. Das System selbst verwendet wenige Partikeln, löst aber das o. g. UserInnen-Verhalten durch extrem lange, konzeptionell schriftliche System-Turns aus.

(1) Twipsy: Lassen wir doch mal unserer Phantasie freien Lauf und starten unsere „Weltreise": In Hannover werden Sie im Jahr 2000 durch ein Wüstenfort wandern und seine Bewohner samt ihrer Tiere bewundern können
(2) UserIn: ok
(3) Twipsy: Sie werden aber auch die Küche der Alpenländer genießen und etwas weiter auf ihrer Weltreise über die nachhaltige Forstwirtschaft in den skandinavischen Ländern lernen
(4) UserIn: ok
(5) Twipsy: In Kuba werden Sie zu heißen Rhythmen tanzen und kühle Cocktails trinken, auf einer weiteren Etappe wird Ihr Blick auf eine Statue aus Terracotta fallen, die einen alten Krieger aus dem Grab des chinesischen Kaisers Qin Shihuang darstellt. Auch die schöne Nofretete ist nicht weit.
(Twipsy-Korpus 8604–8719)

Stilistisch erinnern die Systembeiträge teilweise eher an einen Reiseführer als an ein Beratungsgespräch. Das bestätigende „ok“ der Userin kann pragmatisch im Sinne eines Klickens oder Scrollens von Text verstanden werden. Das Gros der UserInnen scheint diesen Umstand zu akzeptieren. Eine Userin thematisiert Twipsys nur rudimentär dialogisches Design sogar, ohne es aber grundsätzlich anzuzweifeln oder abzulehnen.

(1) UserIn: Kannst Du bitte mit deinem Programm weitermachen, auch wenn ich mal nicht mit ok oder ja oder sonst was antworte.
(Twipsy-Korpus 8761–8783)

Hier scheint der interaktive Charakter der Anwendung verfehlt. In schwächerer Ausprägung findet sich dieses Verhalten auch im Max-Korpus. Hier wird es durch viele Ja/Nein-Fragen des Systems evoziert. Ein allgemeiner Rückgang an Partikeln in der HCI im Vergleich zur HHC kann also seitens der UserInnen nicht nachgewiesen werden (Ausnahme bei Karlbot). Die UserInnen nutzen tendenziell mehr Partikeln als die Menschen an der chat-basierten Bibliotheksinformation. In erster Linie handelt es sich dabei jedoch um Responsiva, aber auch Modalpartikeln werden in der HCI häufiger verwendet als im Vergleichskorpus. Hier stößt die Vergleichbarkeit der Felddaten u. U. an ihre Grenzen, da die Gespräche in den unterschiedlichen Korpora trotz gemeinsamem Help-Desk-Szenario z. T. sehr unterschiedliche thematische Ausrichtungen haben. Die Bibliotheksinformation kann als formellster Kontext angesehen werden, während die Interaktion mit den Bots häufig passagenweise ins Informelle abrutscht. Vielleicht kann eine Tendenz zu einem frequenteren Gebrauch von Modalpartikeln bei als informell wahrgenommener Dialogsituation postuliert werden.

4.4.1.2 Syntaktische Komplexität + / -

Auch in Bezug auf die Frage nach einer Zu- oder Abnahme variieren die Forschungsergebnisse seit den 1980er Jahren (vgl. Richards & Underwood 1984, Krause 1992, Hitzenberger & Womser-Hacker 1995, Gustafson 2002). So ging Falzon 1984 von weniger komplexen Strukturen in der UserInnen-Sprache aus und Krause und Womser-Hacker erwarteten eine geringere Bandbreite an verschiedenen Konstruktionen. Gieselmann und Waibel (2005) fanden dagegen eine große Bandbreite an syntaktischen Konstruktionen (vgl. Kapitel 2.5). Für die vorliegende Studie konnten wie im Bereich der Lexik auch für die syntaktische Komplexität große Unterschiede zwischen UserIn und System in den Dialogbeiträgen nachgewiesen werden. Damit weicht die HCI in Bezug auf syntaktische Komplexität von der HHC ab. $H0_{CT2}$ kann also ebenfalls in Bezug auf alle Untersuchungsparameter zurückgewiesen werden. Die Ergebnisse der einzelnen Analysen sollen im Folgenden ausgeführt werden.

Unterschiedliche Systeme und unterschiedliche Experimentaufbauten beeinflussen Forschungsergebnisse im Bereich der HCI ohnehin. Für die Ebene der Syntax kommt als zusätzliches Problem hinzu, dass es kein direktes Maß für syntaktische Komplexität gibt. Eingebettete Strukturen mit zahlreichen Dependenz-Relationen (komplexe NPs oder PPs sowie subordinierte Sätze) können als strukturell komplex angesehen werden. Es gibt aber auch solche Strukturen, die an der Oberfläche einfach aufgebaut sind, aber bei der Perzeption eine komplexe Interpretation erfordern (z.B. AcI-Konstruktionen). Für diese Arbeit wurde syntaktische Komplexität aus der Perspektive der CA auf der Ebene der TCUs und aus der Perspektive einer deskriptiven Dependenz-Grammatik auf der Ebene der satzwertigen und elliptischen Strukturen sowie der einfachen und komplexen Nominalphrasen und Präpositionalphrasen untersucht. Durch diese Untersuchungsparameter kann die syntaktische Komplexität eines Gesprächsbeitrags nicht erschöpfend beschrieben werden, aber im Vergleich der unterschiedlichen Teilkorpora zur HHC und zur HCI zeichnet sich ein überraschend präzises Bild der syntaktischen Ebene der untersuchten Dialoge ab. Szmrecsanyi (2005, 2006) schlägt im Rahmen seiner Korpusanalysen *„sentence length"* als Maß für syntaktische Komplexität vor (vgl. Szmrecsanyi 2005: 131), doch grammatische Sätze mit finitem Verb stellen den geringeren Teil der komplexen Einheiten in der UserInnen-Sprache dar (vgl. Kapitel 4.1). Aus diesem Grund wurde in dieser Studie auf TCUs als minimale strukturelle Einheiten der CA zurückgegriffen, da diese die adäquatere Kategorie zur Analyse von Dialogen darstellen.

Abbildung 51: Durchschnittliche Länge der TCUs in Wortformen

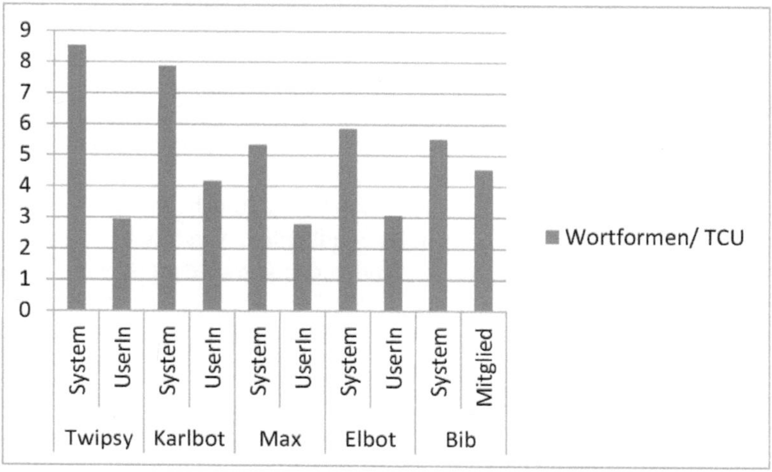

Die durchschnittliche Länge der TCUs rangiert in der chat-basierten HHC zwischen 4,5 und 5,5 Wortformen. In der HCI sind die UserInnen-TCUs um durchschnittlich 1,5 Wortformen kürzer. Die TCUs der Systeme sind unterschiedlich lang und bei den älteren Bots mit 8,0 – 8,5 Wortformen deutlich länger als die TCUs im Vergleichskorpus zur HHC. Ein Zusammenhang zwischen der Länge der System-TCUs und der Länge der UserInnen-TCUs fällt nicht auf. Das Gesamtbild passt gut zu den Ergebnissen im Bereich der Lexik: Die UserInnen pflegen einen knappen Stil, während sich vor allem bei den älteren Systemen ein konzeptionell schriftliches Design in den Ergebnissen widerspiegelt.

Diese Tendenz zur Verknappung zeigt sich auch bei den anderen Untersuchungsparametern. So ist die Ellipse in den UserInnen-Korpora (mit Ausnahme des Karlbot-Korpus') frequenter als die Struktur des ganzen Satzes.

Abbildung 52: Adjazenzellipsen und andere elliptische Strukturen

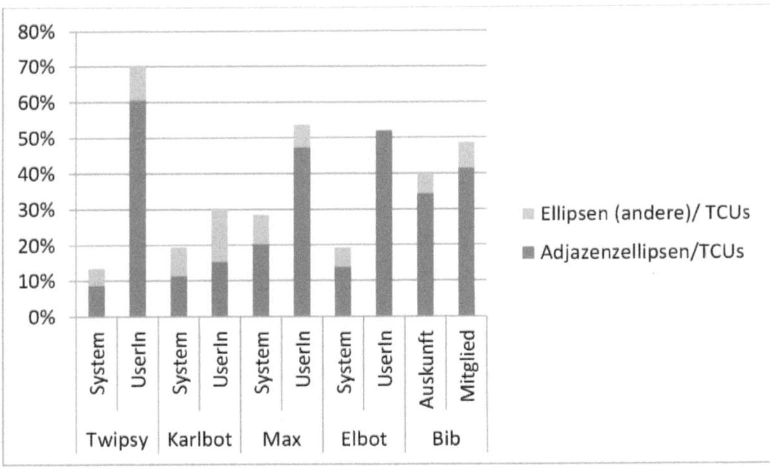

Der Chabot *Eve* von *Yellow Strom* fordert seine BenutzerInnen auf: *„Sie können ruhig in ganzen Sätzen mit mir sprechen!“* (vgl. Tewes 2005: 242). Genau das tun die UserInnen in der HCI aber tendenziell nicht. Während in der HHC 40–48 % der TCUs elliptisch sind, sind die Werte in der HCI im Schnitt höher. Bei den älteren Systemen zeigt sich, dass unnatürliches Dialog-Design bei den UserInnen auch unnatürliches Verhalten hervorruft, das sich in einer Zunahme (Karlbot) oder Abnahme (Twipsy) der Komplexität manifestiert. Twipsy lässt die UserInnen nur „navigieren“, indem direkte Fragen in Form einer Menü-Abfrage gestellt werden. Die entsprechende Reaktion ist eine Tendenz zur Simplifizierung. Karbot kann nur ganze Sätze parsen und die Reaktion der UserInnen ist eine Tendenz zur Überspezifizierung auf der syntaktischen Ebene. Die Ergebnisse stimmen in diesem Punkt mit Krauses (1992) Vermutung überein. Die UserInnen verfolgen Simplifizierungsstrategien, wobei allerdings unterschiedliche Auffassungen darüber bestehen, was eine Eingabe für einen Parser leicht erkennbar macht (vgl. Fischer im Druck: 180). Die Partner-Modelle der UserInnen vom Bot werden maßgeblich durch das Dialog-Design beeinflusst.

Bei den neueren Systemen kann man eine Annährung der Werte an die der HHC erkennen. Für reibungslosere Dialogverläufe wäre es allerdings vorteilhaft, wenn die UserInnen ganze Sätze gebrauchen würden, da diese syntaktisch leichter zu parsen sind (vgl. Fischer im Druck: 192). Vor dem Hintergrund der frequenten Indikatoren für einen knappen Stil seitens der UserInnen, ist es aber unwahrscheinlich, dass man die Menschen mit impliziten sprachlichen Mitteln dahingehend beeinflussen könnte, ganze Sätze zu tippen. Um dieses Verhalten der UserInnen zu erreichen, müssen Bots explizite Anweisungen geben (vgl. *Eve*). Und auch dann ist nicht klar, ob diese Anweisungen auch befolgt werden. Denn elementar und konstitutiv für Dialoge sind Adjazenzellipsen und die nachgewiesen knappen Formulierungen in den UserInnen-Korpora haben in erster Linie die Form der Adjazenzellipse.

Zielgröße für die Generierung von elliptischen Beiträgen sollte hier die Auftretenshäufigkeit von Ellipsen in der HHC sein. Denn die Asymmetrie zwischen Bot und Mensch entsteht, da die Systeme viel weniger Ellipsen verwenden als in der HHC verwendet werden, was wieder Indikator für ein konzeptionell schriftliches Design ist.

Bei der Verteilung der satzwertigen Strukturen in ihrer minimalen Form als finites Verb mit seinen obligatorischen Ergänzungen zeigt sich das entsprechend umgekehrte Bild zur Verteilung der Ellipsen.

Bei den alten Systemen findet sich in den UserInnen-Korpora sowohl der Trend zu weniger (Twipsy) als auch zu mehr Explizitheit (Karlbot), während sich die Werte in den UserInnen-Korpora der neuen Systeme der HHC annähern. Die Zusammensetzung zeigt aber deutlich, dass die UserInnen in allen Korpora weitestgehend auf subordinierte Sätze verzichten. Sie beschränken sich in der Regel auf einfache Sätze mit Vollverb oder Kopula. Die Werte für Nebensätze in den System-Korpora liegen bei allen Systemen über den Werten aus dem HHC-Vergleichskorpus; d.h., die Systeme verwenden auf der Satzebene komplexere Strukturen als Menschen in der chat-basierten HHC. Die UserInnen reagieren mit einer Abnahme an Komplexität. Betrachtet man allein die subordinierten Sätze, so verstärkt sich dieser Eindruck zusätzlich.

Abbildung 53: Zusammensetzung der satzwertigen Strukturen

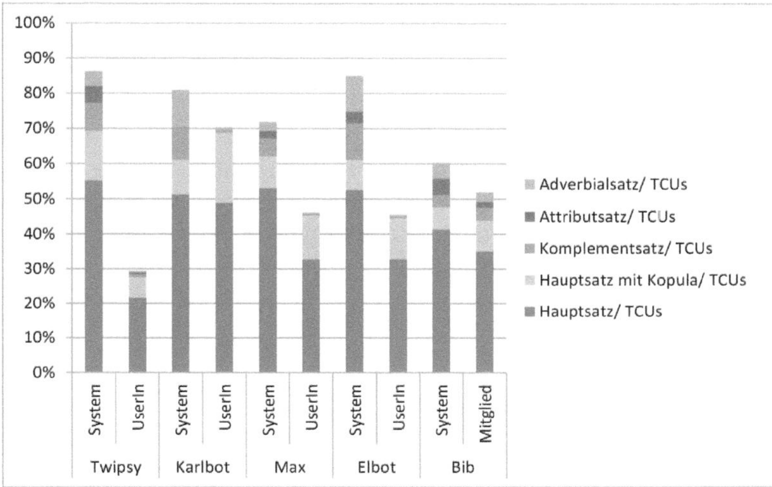

Abbildung 54: Subordinierte Sätze in Relation zur Gesamtmenge der TCUs

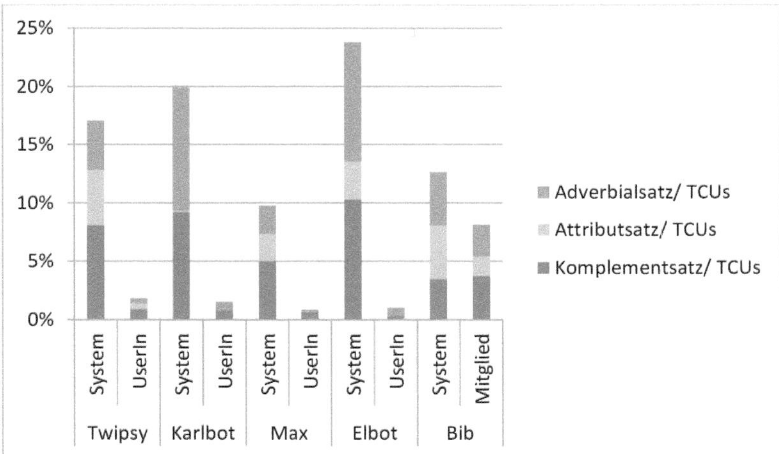

Die Ergebnisse decken sich mit Fischer (2006), die eine Tendenz der UserInnen, Relativsätze zu vermeiden, beobachtet: „*We can conclude that speakers believe relative clauses to be potentially problematic for their artificial communication partners*“ (Fischer 2006: 95). Unter den ohnehin wenigen subordinierten Sätzen machen Attributsätze, die normalerweise in der Mehrheit als Relativsätze vorliegen, den geringsten Teil in den UserInnen-Korpora aus. Die weitgehende Vermeidung von subordinierten Strukturen kann als Indikator für UserInnen-Konzepte von den geringen Parsing-Fähigkeiten des Bots interpretiert werden. Sie kann aber in nicht-initialen Sequenzen auch bereits auf Erfahrungswerten aus vorangegangenen Passagen beruhen oder in der chat-basierten HCI der physikalischen Ökonomie bei der Eingabe über das Keyboard geschuldet sein.

Eine ähnliche Verteilung zeichnet sich auch für die Koordination von Hauptsätzen ab, wobei Satzkoordination in allen Korpora im Durchschnitt nur halb so häufig vorkommt wie Subordination.

Abbildung 55: Koordinierte Sätze in Relation zur Gesamtmenge der TCUs

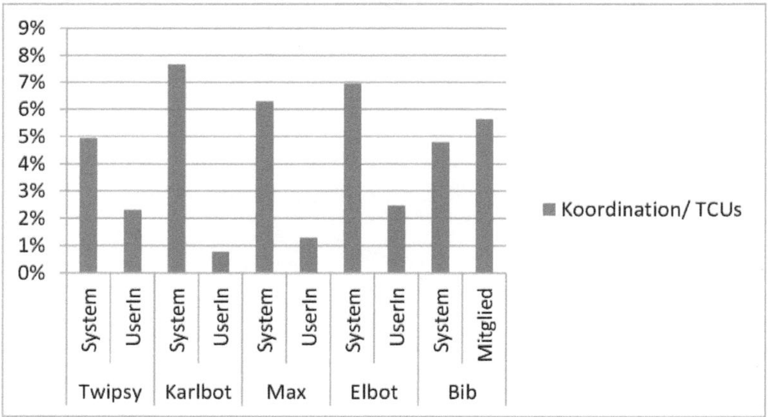

Ob ein Stil syntaktisch komplex ist oder einfach, entscheidet sich nicht allein auf der Ebene der ganzen Sätze bzw. der elliptischen TCUs. Daher wurde ergänzend die Komplexität der einzelnen Phrasen nach dem in Kapitel 3 erläuterten Schema annotiert. Die Grafik zeigt die Verteilung der Nominalgruppen mit unterschiedlich komplexer Struktur gemessen an der Anzahl ihrer Knoten und ihrer adjektivischen Attribute im pränominalen Bereich.[122] Mit „ngr1" wird eine einfache Nominalgruppe mit einem Knoten auf Phrasenebene und den entsprechenden terminalen Knoten für Determinator und Nukleus bezeichnet. Das Element „adja" bezeichnet zusätzlich eingefügte adjektivische Attribute. Mit „ngr2"

122 In Nominalgruppen integrierte Adjektivgruppen wurden in einer separaten Zählung aller Adjektivgruppen ausgewertet. Ihre Anzahl war vernachlässigenswert gering.

werden Nominalgruppen mit zwei phrasalen Knoten bezeichnet, also solche mit postnominalen Attributen in Form von Nominal- oder Präpositionalphrasen. Eine Sammelkategorie ist „ngr2+", denn sie steht für alle Nominalgruppen mit mehr als zwei phrasalen Knoten, also mehr als zwei postnominalen Attributen. Die Verteilung ist von einfach zu komplex von unten nach oben in der Tabelle aufgeführt.

Tabelle 30: Verteilung der einfachen und komplexen Nominalgruppen / TCUs (gesamt)

	Twipsy		**Karlbot**		**Max**		**Elbot**		**Bib**	
	System	**UserIn**	**System**	**UserIn**	**System**	**UserIn**	**System**	**UserIn**	**Auskunft**	**Mitglied**
ngr1	24%	30%	36%	33%	17%	17%	29%	27%	37%	30%
ngr1adja	15%	10%	12%	4%	9,47%	6%	10%	7%	16%	21%
ngr2	6%	16%	9%	0%	4,63%	2%	6%	6%	13%	12%
ngr2adja	8%	5%	6%	0%	1,91%	0%	2%	0%	3%	4%
ngr2+	4%	2%	2%	0%	6,45%	0%	3%	0%	5%	8%
ngr2+ adja	10%	1%	7%	0%	1,01%	0%	4%	0%	3%	1%

Anders als bei komplexen Sätzen zeigt sich für komplexe Nominalgruppen, dass diese in der HHC mehr verwendet werden als in der HCI. 75 % der TCUs in der chat-basierten HHC enthalten Nominalgruppen, von denen die Hälfte mindestens ein Attribut enthält. Sowohl UserInnen als auch Systeme gebrauchen insgesamt weniger Nominalphrasen. Es fällt auf, dass vor allem für den mittleren Komplexitätsbereich mehr Belege für Nominalgruppen in den HHC-Korpora gefunden werden können. Nominalgruppen mit einem adjektivischen oder einem phrasalen Attribut werden in der chat-basierten HHC häufiger gebraucht. Die extrem komplexen Nominalgruppen finden sich dagegen im Dialog-Design der älteren Systemen (8 Knoten bei Twipsy). Allgemein ist die Verteilung der Komplexitätsgrade in der HHC gleichmäßiger, während in der HCI große Unterschiede zwischen UserInnen und System bestehen. Für die UserInnen zeigen sich bei Twipsy und Karlbot wieder gegenläufige Tendenzen in Bezug auf die Simplifizierungs-Hypothese (Krause & Hitzenberger 1992). So ist die Verteilung der Nominalgruppen im Twipsy-Korpus bei UserInnen und System beinahe gleich, während die Werte bei Karlbot weit auseinanderfallen. Die hohe syntaktische Komplexität in den Gesprächsbeiträgen der Twipsy-UserInnen kann aber nicht als Indikator für einen natürlichen Stil gewertet werden, sondern ist vielmehr ein Beispiel für CT in Form von Genauigkeit und Explizitheit. Twipsy gibt durch sein an Menüabfragen angelehntes Design komplexe Strukturen vor, die von den UserInnen exakt wiederholt werden. Dahinter verbirgt sich die

Befürchtung, dass von der Vorgabe abweichende Beiträge nicht geparst werden könnten. Ähnliche Vorannahmen über das System führen bei Karlbot zur gegenläufigen Reaktion. Hier stellen die UserInnen dem System vor allem Fragen, die sie aus Rücksicht auf den Parser in Form von einfachen, aber grammatischen Sätzen stellen und die nur wenige komplexe Nominalguppen enthalten. Für die älteren Systeme bestätigt sich also Krauses Hypothese auch in Bezug auf komplexe Phrasenstrukturen.

Bei den neueren Systemen rangieren die Werte für komplexe Nominalgruppen weit unter denen aus der HHC (Systeme 40–55 %, UserInnen 25–40 %). Dennoch weisen Max und Elbot die gesamte Bandbreite an komplexen nominalen Strukturen auf und imitieren die Verteilung aus der HHC besser als die älteren Systeme. Die UserInnen dagegen verwenden kaum komplexe Nominalgruppen, was den allgemein knappen Stil und einen Trend zur Simplifizierung noch unterstreicht. Betrachtet man die Entwicklung im UserInnen-Verhalten von den älteren Systemen zu den neueren, so hat es den Anschein als hätten die UserInnen einen Mittelweg zwischen Simplifizierung und Überspezifizierung gefunden, der sich durch wenige sehr komplexe Strukturen, aber auch durch eine mittlere Variabilität bei der Wahl der konkreten Struktur auszeichnet.

Es kann also festgehalten werden, dass sich die syntaktische Komplexität der UserInnen-Beiträge auf der Ebene der Nominalgruppen in jedem Korpus anders darstellt. Die Auftretenshäufigkeiten der Nominalgruppen an sich und die Verteilungen der Komplexitätslevels differieren stark zwischen den UserInnen-Korpora der alten und der neuen Systeme. Die feinkörnigere Untersuchung gibt so zusätzlich Aufschluss über Entwicklungstendenzen in der HCI von einer strukturell komplexen z. T. konzeptionell schriftlichen UserInnen-Sprache (Twipsy-Korpus) über einen extrem knappen, wenig komplexen Stil (Karlbot-Korpus) hin zu UserInnen-Beiträgen mittlerer Komplexität (Elbot- und Max-Korpus). Im Gegensatz zu den Interagierenden in der HHC spiegeln UserInnen in allen Korpoa die höhere strukturelle Komplexität der Bot-Beitäge nicht. Diese beiden Aspekte hätten mittels einer oberflächlichen Untersuchung der TCU-Länge oder des Gebrauchs von subordinierten Sätzen nicht nachgewiesen werden können. Auch wenn die Annotation der einzelnen Phrasen aufwendig ist, muss sie als wichtiger Faktor bei der quantitativen Untersuchung von syntaktischer Komplexität verstanden werden. Die Länge einer TCU sagt streng genommen noch nichts über ihren syntaktischen Aufbau aus. Komplexität allein an Satzgefügen festzumachen, greift zu kurz, vor allem in der konzeptionell mündlichen Interaktion, in der koordinierte und subordinierte Sätze selten sind. Die Verteilung der komplexen Nominalgruppen dagegen vermittelt einen wesentlich genaueren

Eindruck vom syntaktischen Aufbau einfacher Sätze und elliptischer Strukturen im Dialog. Dieser Teilaspekt kann einbezogen werden in eine Interpretation des Zusammenspiels der unterschiedlichen Aspekte der UserInnen-Sprache in Abhängigkeit vom Dialog-Design des Bots (vgl. Kapitel 4.4.5, 4.5 und 5.1.3).

Eine weiterführende Untersuchung der Präpositionalgruppen nach dem gleichen Annotationsprinzip führte zu noch eindeutigeren Ergebnissen.

Tabelle 31: Verteilung der einfachen und komplexen Präpositionalgruppen / TCUs (gesamt)

	Twipsy		**Karlbot**		**Max**		**Elbot**		**Bib**	
	System	**UserIn**	**System**	**UserIn**	**System**	**UserIn**	**System**	**UserIn**	**Auskunft**	**Mitglied**
pgrn	18%	5%	26%	9%	13%	3%	15%	5%	23%	13%
pgrngr1	23%	6%	13%	7%	7%	1%	9%	4%	16%	11%
pgrngr1 adja	10%	0%	5%	0%	4%	0%	6%	0%	5%	3%
pgrngr2	12%	0%	4%	0%	3%	0%	2%	1%	6%	3%
pgrngr2 adja	2%	1%	0%	0%	0%	0%	1%	0%	1%	1%
pgrngr2+	4%	0%	1%	0%	2%	0%	1%	0%	3%	1%
pgrngr2+ adja	1%	0%	0%	0%	1%	0%	1%	0%	0%	0%

Während in der HHC 32–55 % der TCUs Präpositionalgruppen enthalten und die Hälfte von diesen über mehr als einen phrasalen Knoten verfügt, fallen die Werte für die HCI dahinter zurück. Besonders seitens der UserInnen werden kaum komplexe Präpositionalgruppen verwendet (weniger als 10 %).

Ob das Ziel eines innovativen Dialog-Designs auf der Ebene der syntaktischen Komplexität eine Orientierung an der chat-basierten HHC sein sollte, ist fraglich, da syntaktisch besonders komplexe, frei konstruierte UserInnen-Beiträge nur schlecht geparst werden können. Formen eines CTs nach Krause (1992) finden sich bei den UserInnen der älteren Systeme in Form von Simplifizierung oder im Fall von Twipsy als Überspezifizierung, die aber vom System direkt vorgegeben wird (s. o.). Formen, die auf eine voreilige Anpassung an eine vermeintlich kategorielle Verarbeitung der Eingaben schließen lassen („gehe zu linker Kasten"), konnten auch in den älteren Untersuchungskorpora nicht nachgewiesen werden.

Die Sprache der UserInnen der neueren Systeme weist eine eigene, noch genauer zu definierende, Struktur auf.

4.4.2 Strukturell manifestierte funktionale Aspekte: Sprachliche Höflichkeit

Unter sprachlicher Höflichkeit wird ein komplexes kulturspezifisches Konzept verstanden, das unterschiedliche Dimensionen aufweist und das je nach SprechInnen-Gemeinschaft an unterschiedlichen sprachlichen Merkmalen festgemacht werden kann (Brown & Levinson 1987; vgl. auch Koch & Oesterreicher 1985). Als Indikatoren für einen höflichen Stil in der HCI wurden in der vorliegenden Studie Begrüßungen und Verabschiedungen sowie Dank, Bitten und Entschuldigungen in jeglicher sprachlicher Form qualitativ untersucht und für die quantitative Untersuchung nach SWBD-DAMSL manuell annotiert. Nass und Reeves gehen davon aus, dass UserInnen Höflichkeitskonzepte aus der HHC auf die HCI übertrügen und dass die entsprechenden sprachlichen Marker gleich häufig aufträten (vgl. Nass & Reeves 1996, Nass & Moon, 2000; Nass & Brave, 2005; vgl. Kapitel 1 und 2). Auch Fischer (2006) beobachtet bei einigen UserInnen höfliches Verhalten gegenüber dem System. Krause (1992) und Johnstone (1994) argumentieren gegen einen höflichen Stil in der HCI, da die UserInnen sich darüber im Klaren seien, dass sie dem System gegenüber keine höflichen Formulierungen gebrauchen müssten. Im Gegenteil zeichne sich CT gerade durch die Abwesenheit von Höflichkeitsmarkern aus. Hinzu kämen spezielle Indikatoren für unhöfliches Verhalten, wie Beschimpfungen (*Flaming*), knappe Befehle und Gesprächsabbrüche, die typisch für die HCI seien und als strukturelle Indikatoren für einen CT gewertet werden könnten. Im Rahmen der vorliegenden Studie wurden diese Verhaltensweisen ebenfalls erhoben. Als funktionales Konzept ist Höflichkeit empirisch schwer greifbar, daher wurden sprachliche Indikatoren für die o. g. Aspekte per Hand annotiert und in ihrem Kontext interpretiert.

Für die vorliegende Studie konnten im Bereich der sprachlichen Höflichkeit große Unterschiede zwischen UserIn und System in den Dialogbeiträgen nachgewiesen werden. Damit weicht die chat-basierte HCI in Bezug auf Höflichkeit von der HHC ab. $H0_{CT3}$ kann also in Bezug auf alle Untersuchungsparameter zurückgewiesen werden. Die Ergebnisse der einzelnen Analysen sollen im Folgenden ausgeführt werden.

4.4.2.1 Indikatoren für sprachliche Höflichkeit in der HCI

Bereits bei der manuellen Annotation der Korpora auf der Grundlage von SWBD-DAMSL zeigte sich, dass UserInnen (vor allem bei den neueren Systemen) zwar Grußfloskeln erwidern, komplexere Höflichkeitskonzepte aber in den Untersuchungskorpora keine Rolle spielen. Die Auswertung musste also aufgrund der defizitären Datenlage trotz qualitativer Analyse auf die eine einfache Auszählung von parallelen Grußfloskeln in 4.1 und einigen weiteren direkten Höflichkeitsindikatoren wie „bitte“ und „danke“ (s. u.) beschränkt werden.

4.4.2.1.1 Gesprächsrahmensequenzen

Wie in Kapitel 4.1 bereits ausgeführt haben die unterschiedlichen Anwendungsszenarios großen Einfluss auf das Grußverhalten der UserInnen. Wechselseitige Grüße und Verabschiedungen sollten in der HCI das erklärte Ziel eines gelungenen Dialog-Designs sein, zumal solche stark routinisierten Sequenzen leicht zu implementieren sind.

Abbildung 56: Begrüßung und Verabschiedung pro Dialog

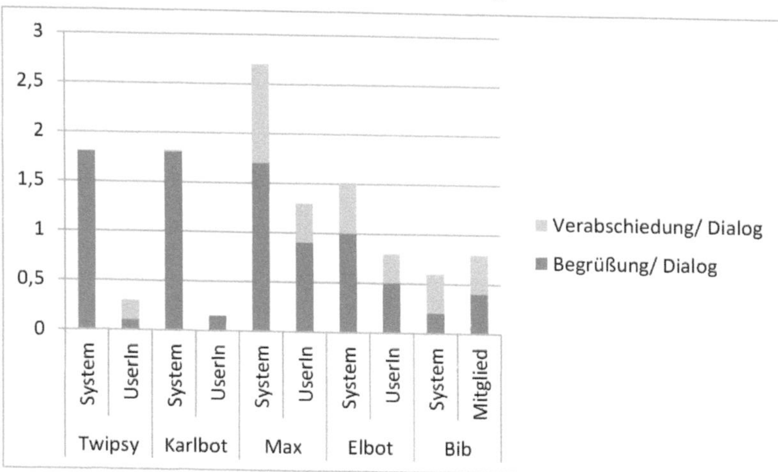

Auch wenn im untersuchten HHC-Szenario an der chat-basierten Bibliotheksinformation in weniger als der Hälfte der Chats eine Begrüßung oder Verabschiedung formuliert wird, ist es für die HCI sicher einfacher, alignte Grußsequenzen zu implementieren als einen Algorithmus zur Erkennung der Angemessenheit eines Grußes innerhalb eines bestimmten Kontexts zu definieren.

Die Abbildung zeigt deutlich, dass die UserInnen der neueren Systeme häufiger grüßen als die UserInnen von Twipsy und Karlbot, die sich z. T. grundsätzlich nicht verabschieden. Wie in Kapitel 4.1 bereits ausgeführt kann dieses Verhalten als CT interpretiert werden, da das System gewissermaßen wie ein Such-Tool auf einer Website verwendet wird, das man nicht begrüßt und den Vorgang abbricht, wenn man fündig geworden ist oder frustriet aufgibt. Durch ihr eigenes

Grußverhalten fördern die alten Systeme wechselseitige Grußsequenzen auch nicht, da sie im Schnitt zwei Begrüßungen pro Dialog ausgeben, aber keine Verabschiedung. Dieses Design ist unnatürlich und wird von den UserInnen auch so wahrgenommen. Auch Max gibt in der Regel zwei Begrüßungen pro Dialog aus, weil er durch die erste überhaupt erst die Aufmerksamkeit seiner UserInnen erregt und durch die zweite diese dann persönlich begrüßt. Das System verabschiedet sich aber zu 100 %. Die UserInnen reagieren mit 100 % Begrüßungen als Reaktion auf den ersten Gruß und 50 % der NutzerInnen verabschieden sich von Max. Eine qualitative Durchsicht der Dialoge legt nahe, dass UserInnen sich dann verabschieden, wenn sie mit der Interaktion zufrieden waren. „*User, die durch das Bot-Verhalten frustriert sind, werden höchstwahrscheinlich keine Höflichkeitsformen verwenden, sondern die Interaktion einfach abbrechen. Daher kann man sagen, dass eine Verabschiedung durch den User […] ein Indiz für eine erfolgreich abgeschlossene Interaktion ist*" (Schwarz 2013: 81).

Elbot grüßt zu 100 %, verabschiedet sich aber auch nur in 50 % der Dialoge. Seine UserInnen grüßen seltener als die von Max (50 %) und verabschieden sie nur in einem Drittel der Dialoge. Wie in Kapitel 4.1 beschrieben, kann dieses Verhalten durch die äußeren Umstände der Interaktion (öffentlicher Raum im HNF vs. privater Chat am heimischen Rechner) und durch die Agenten-Personae bedingt sein. Eine deutliche Verbesserung des Grußverhaltens im Sinne einer Annäherung an HHC-Skripte kann aber bei den neueren Systemen verzeichnet werden. Hier kann ein Rückgang von CT zugunsten eines interaktiveren, dynamischeren und natürlicheren Verhaltens seitens der UserInnen beobachtet werden.

4.4.2.1.2 Gesprächsmitte

Während ein natürlicheres UserInnen-Verhalten durch ein konsequentes Dialog-Design bei den Gesprächsrahmensequenzen offensichtlich leicht getriggert werden kann und so den neueren Systemen gegenüber Grußfloskeln formuliert werden, stellt es sich in den freieren Sequenzen in der Gesprächsmitte als schwieriger dar, durch geschickte Bot-Beiträge einen höflichen Ton zu etablieren. Die Verteilung der Dankesbekundungen, Bitten und Entschuldigungen vermittelt einen aufschlussreichen ersten Eindruck.

Abbildung 57: Höflichkeitsmarker in der Gesprächsmitte (pro Dialog)

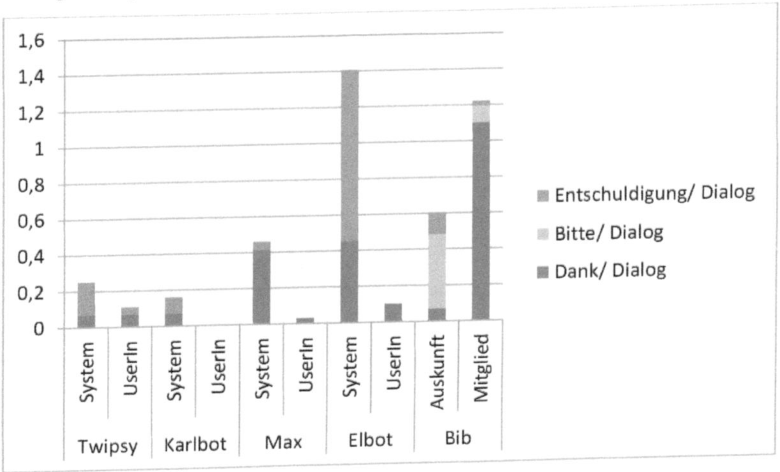

In der HHC spielt gerade am virtuellen Help-Desk Bitten und Danken eine große Rolle und die Zahlen spiegeln eindeutig wider, dass vor allem die Auskunft Fragen und Aufforderungen als höfliche Bitten formuliert, während die Bibliotheksmitglieder, deren Anliegen bearbeitet werden, nicht vergessen, sich höflich zu bedanken. Entschuldigungen machen einen kleineren Anteil aus und finden sich in der HHC vor allem bei der Auskunft zum Einleiten von Repair. In allen UserInnen-Korpora dagegen spielen die fraglichen Untersuchungsparameter eine untergeordnete Rolle. Für Bitten wurden gar keine Belege in den HCI-Korpora gefunden. Während die älteren Systeme auch wenig Dank und Entschuldigungen verwenden, enthalten bei den neueren Systemen 40 % der Dialoge Dankesbekundungen jeglicher Form. Bei Elbot wurde das Prinzip der Entschuldigung mit Rücksicht auf seine Persona bewusst überstrapaziert. 95 % der Dialoge enthalten eine Entschuldigung.

Das Verhalten der Bots – sowohl der älteren als auch der neueren – ist zwar unterschiedlich, entspricht aber nie dem Vorbild der HHC. Vielleicht liegt darin der Grund, warum die UserInnen auch bei den neueren Systemen kaum Höflichkeitsmarker in der Gesprächsmitte verwenden. Die Ergebnisse zeigen keine Entwicklung und legen eine Interpretation als CT nahe. Durch ein innovatives Dialog-Design könnte dem entgegengewirkt werden, denn die CA hat klare Muster für Sequenzen von Bitten und Danken definiert, die man in einfache Regeln für einen Dialog-Manager übersetzen könnte.

4.4.2.2 *Indikatoren für unhöfliches Verhalten*

Während Fischer (2006) auf der Grundlage ihrer Daten[123] keine direkte Unhöflichkeit der UserInnen gegenüber den Systemen nachweisen kann, finden sich in den Untersuchungskorpora der vorliegenden Studie zahlreiche Belege für grob unhöfliches Verhalten. In den untersuchten HCI-Dialogen sind Verhaltensweisen seitens der UserInnen häufig, die in der HHC soziale Sanktionen nach sich ziehen würden. Am extremsten sind hier wohl *vulgäre Beschimpfungen (Flaming)*. Darüber hinaus können weitere Verhaltensweisen beobachtet werden, die in der HHC als grob unhöflich eingestuft würden. So werden z.B. *einfache Befehle* eingegeben (vgl. metaphorischer Sprachgebrauch, Krause 1992), *Gespräche ohne Verabschiedung* abgebrochen und die Systemfunktionen mit unterschiedlichen Mitteln auch ohne vulgäre Sprache getestet. Krause, Womser-Hacker und Hitzenberger (1992) sehen in diesen Verhaltensweisen Indikatoren für CT, da das System nicht als GesprächspartnerIn behandelt wird, sondern seine Funktionen als Maschine im Fokus der Interaktion stehen. UserInnen, die solche Interaktionsstrategien verfolgen, sind sich darüber im Klaren, dass sie ein System bedienen. Dazu können sie mittels möglichst direkter Befehle navigieren und die Leistungsfähigkeit der Anwendung während des Dialogs testen, den sie einfach abbrechen, wenn sie fertig sind oder keine Lust mehr haben.

Abbildung 58: Indikatoren für unhöfliches Verhalten pro Dialog

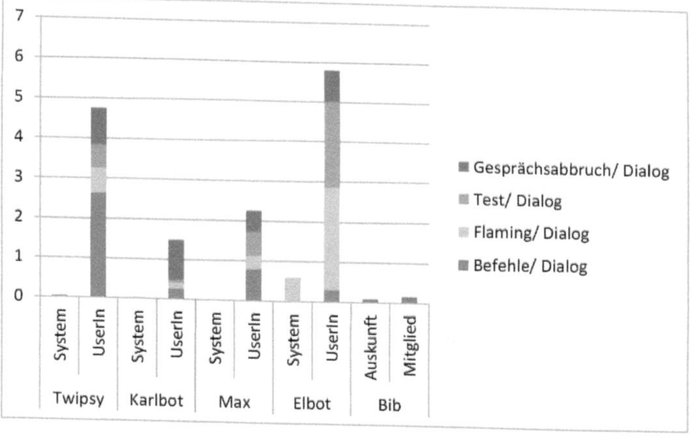

123 Als Ursache dafür kann die Aufnahmesituation in Fischers (2006) Experimenten angeführt werden, in der die ProbandInnen mit einem Roboter konfrontiert wurden, während die Versuchsleiterin oder eine andere Person im Raum war.

Die Verteilung zeigt, dass die fraglichen Verhaltensweisen in der HHC innerhalb eines Help-Desk-Szenarios nicht üblich sind. Auch die Systeme verwenden die o. g. Interaktionsstrategien nicht. Bei den UserInnen spielen sie aber sowohl gegenüber den alten als auch gegenüber den neuen Systemen eine Rolle und stellen vielleicht die charakteristischsten Ausprägungen eines CTs dar. Wie häufig sich die UserInnen dieser Strategien bedienen, scheint abhängig zu sein von Faktoren des Systems, denn die Ergebnisse sind sehr unterschiedlich. Interessant ist, dass einfache Befehle und Gesprächsabbrüche bei den älteren Systemen häufiger vorkommen, während bei den neueren Systemen Beschimpfungen und Tests dominieren. Dabei kann eine Koinzidenz von Beschimpfungen und Tests beobachtet werden. Diese Punkte sprechen für eine Veränderung der Wahrnehmung der Systeme durch die UserInnen zwischen 2000 und 2006.

4.4.2.2.1 Befehle

Es kann also eine Verschiebung von der Sprachmetapher zum spielerischen Umgang mit dem System beobachtet werden. In allen Korpora zusammen findet sich nur ein einziger Beleg für einen formalen Befehl, nämlich gegenüber dem ältesten der untersuchten Systeme Twipsy.

(1) UserIn: INIT
(Twipsy-Korpus 116–117)

Bereits im Jahr 2000 stellte also metaphorischer Sprachgebrauch nach Krause (1992) die Ausnahme dar. Häufig sind dagegen bei den älteren Bots noch Aktionen, die an Navigation auf einer Website erinnern; d.h., mit einzelnen Nomina einen Menüpinkt auswählen („Angebote") und mit einzelnen Präpositionen navigieren („weiter", „zurück"). Bei Max finden sich vor allem Verben im Imperativ („Tanz!", „Sing!"). Dies ist einerseits der Interface-Animation zu verdanken, da der Avatar auf solche Befehle tatsächlich reagiert, andererseits manifestiert sich hier aber auch eine Entwicklungsstufe in der UserInnen-Sprache: Der Bot wird nicht wie eine Navigation gesteuert, sondern ihm wird mittels einer konkreten Verbform befohlen. Der HHC ähnlich wäre erst eine Dialogsituation, in der der Bot höflich gebeten wird, etwas zu tun.

4.4.2.2.2 Flaming

Die bei den neueren Systemen häufigen vulgären Beschimpfungen können in der chat-basierten HCI als *Flaming* analysiert werden. Flaming und Funktionstests sind besonders häufig bei Elbot zu finden. Dieser Bot schürt ein solches UserInnen-Verhalten geradezu, indem er seine GesprächspartnerInnen teilweise selbst beschimpft und allgemein provoziert. Er ist als Spielzeug für seine

UserInnen konzipiert und das Spiel der HCI liegt vor allem auch darin, die Funktionen des Bots zu erkunden und zu verstehen. Funktionstests und Tests durch Flaming sind probate Mittel, um Reaktionen zu evozieren, die die Grenzen des Dialog-Designs aufzeigen und so einen ersten Eindruck von den Funktionsweisen des Systems vermitteln. So wurde bei Elbot auch an die Implementierung der entsprechenden Retourekutschen gedacht. Die englische Version von Elbot klassifiziert ihre UserInnen und reagiert auf extrem ausfallendes Benehmen, indem sie in den *Eliza-Modus* umspringt; d.h., sie beantwortet genau wie Weizenbaums Eliza jede Eingabe mit einer Rückfrage. Die Disziplinarmaßnahme ist gleichermaßen eigenwillig, unterhaltsam und selbstironisch. Die deutsche Version teilt ihre UserInnen anhand der Häufigkeit von Beschimpfungen in drei Gruppen ein. Freundliche UserInnen bekommen dann kooperative Antworten, neutrale UserInen werden neutral behandelt und unverschämte UserInnen bekommen Elbots speziellen Charme zu spüren.

Da Max als pädagogischer Bot eingesetzt wird, mussten sich seine EntwicklerInnen adäquate Reaktionen auf Flaming überlegen. Max stachelt seine UserInnen nicht auf, sondern versucht, ihnen vielmehr etwas Wind aus den Segeln zu nehmen, um ein inhaltliches Voranschreiten der Dialoge sicherzustellen.

(1) UserIn: hi, du arsch
(2) Max: sehr kreativ, wirklich!
(Max-Korpus 318–327)

Wird der Agent von seinen UserInnen mehrfach beleidigt, ist es dem Avatar möglich, den Bildschirm zu verlassen und erst zurückzukommen, wenn sich die UserInnen entschuldigt haben.

Allgemein zeigen Max' UserInnen in den Untersuchungskorpora eine geringere Tendenz zur vulgären Sprache als Elbots UserInnen (Max 0,33 Beschimpfungen pro Dialog, Elbot 2,55 Beschimpfungen pro Dialog). Allerdings muss an dieser Stelle daran erinnert werden, dass bei der Erstellung des Max-Korpus' Dialoge, die ausschließlich Beschimpfungen enthielten, nicht ins Korpus aufgenommen wurden (vgl. Kapitel 3). Max' Gesamtbilanz für Flaming ist wesentlich schlechter. Eine 2005 von Wachmuth und Kopp durchgeführte automatische Analyse des Gesamtkorpus' ergab, dass mehr als jeder zehnte UserInnen-Beitrag aus dem HNF Vulgarismen enthielt (11% der Turns).

Zwei Arten von Flaming fungieren als Sprachhandlungen, die Menschen in dieser Form nur einem artifiziellen Gesprächspartner gegenüber äußern können und die daher sehr charakteristisch für die HCI sind:

a) Das System wird beschimpft, um die Frustration zum Ausdruck zu bringen, die aus mehreren gescheiterten Parsing-Vorgängen resultiert.
b) Das System wird beschimpft, um dessen Reaktion auf die Beleidigung zu testen. Kann der vulgäre Beitrag geparst werden? Sind angemessene System-Turns als Reaktion hinterlegt?

Für die HHC gilt: „*Within the framework of (im-)politeness and relational management theories, flaming could be considered as a face-threatening act par excellence to be avoided at all costs for the sake of successful everyday communication*" (Helfrich 2014: 299). In der CMC dagegen ist Flaming bedeutend häufiger. „*Seen generally however, flaming is clearly an accepted part of net standards*" (Helfrich 2014: 312). Der Kanal scheint also Auswirkungen auf das (Un-)Höflichkeitsniveau der UserInnen zu haben, was (neben der Aufnahmesituation) auch erklären würde, warum Fischer (2006) in ihren medial mündlichen Untersuchungsdialogen kaum Flaming findet. Flaming ist also besonders frequent in der chat-basierten HCI, da es zum einen durch veränderte Konventionen im Web begünstigt und zum anderen zusätzlich durch das artifizielle Gegenüber besonders getriggert wird (Flaming als Test, Flaming bei Störung, Flaming ohne Sanktion).

4.4.2.3 Form der Anrede

Alle Systeme verwenden die Personalpronomina „Du" oder „Sie" zur direkten Anrede. Dabei unterscheiden sie sich in Bezug auf die Distanz zu ihren UserInnen, die sie vorgeben. Von Twipsy werden alle UserInnen gesiezt, obwohl im vorliegenden Korpus keine einzige Userin das System siezt. Die lustige, nicht menschliche Figur Twipsy, die als Service-Agent einige offensichtliche Probleme erkennen lässt, wird allgemein geduzt. Als virtueller CEO von Kiwilogic siezt auch Karlbot seine potenziellen KundInnen, die ihn aber nur zum Teil siezen. Es hat den Anschein, dass Karlbots UserInnen das System je nach Ernsthaftigkeit ihres geschäftlichen Anliegens duzen oder siezen. Max duzt sein vornehmlich jüngeres Publikum als pädagogischer Bot grundsätzlich, was zu einem ausgewogenen Verhältnis zwischen UserInnen und System in Bezug auf wechselseitiges Duzen führt, denn keine/r der UserInnen kommt auf die Idee, Max zu siezen.

Während die meisten UserInnen den lustigen, kleinen Roboter Elbot konsequent duzen, besteht die zynische System-Persona darauf, ihre UserInnen weiterhin zu siezen und thematisiert diesen Umstand sogar:

(1) UserIn: Wollen wir uns nicht duzen?

(2) Elbot: Ich sage lieber weiterhin Sie zu Ihnen – das symbolisiert nach Meinung meines Schöpfers den angemessenen Respekt der künstlichen Kreatur gegenüber den göttlichen Wesen, die sie geschaffen haben (Hrmmmpf... gnihihihihi...!!!).
(Elbot-Korpus 1451–1500)

Hier zeigt sich deutlich, dass die Simulation eines konsistenten, neurotischen Charakters von größerer Bedeutung war als einzelne Überlegungen zum natürlichen DialogDesign, wie z.B. „wenn die UserInnen duzen, duzt das System auch". Architektonisch ist jede Verbform mit allen anderen möglichen Formen innerhalb des gleichen Paradigmas verbunden – unabhängig von der Form der Anrede. Ein sensibler Umgang mit Duzen und Siezen als Formen der sozialen Interaktion wäre also möglich, ist aber nicht erwünscht. Das psychologische Konzept, das der Elbot-Persona zu Grunde liegt, wird als wichtiger angesehen. Allerdings gehen die UserInnen überhaupt nicht darauf ein, sondern duzen das System durchgängig.

Für das Verhalten der UserInnen lässt sich also festhalten, dass eine starke Tendenz zum Duzen beobachtet werden kann – egal, ob das System siezt oder duzt. Allein im Karlbot-Korpus konnten einige Belege für Siezen seitens der UserInnen gefunden werden. Der Kontext *Kundengespräch* kann als die Gesprächssituation mit der größten Distanz zwischen den Interagierenden interpretiert werden. Hinzu kommt, dass Karlbot als Talking-Head animiert ist; d.h., die UserInnen sehen während der Interaktion das bewegte Foto eines erwachsenen Mannes, nämlich des realen CEOs Karl-Ludwig von Wendt. Dieses Interface-Design fördert eine Deutung der Dialogsituation als höflich distanziert. Twipsy dagegen ist als abstraktes Expo-Maskottchen in Form eines Vogels im weitesten Sinne animiert. Obwohl das zu Grunde gelegte Help-Desk-Szenario einen öffentlichen Charakter hat und Twipsy die UserInnen siezt, widerstrebt es diesen offenbar, das bunte Wesen zurück zu siezen. Es besteht also eine Inkonsistenz in der Agentenpersona, da Avatar und Dialog-Design nicht gut zusammenpassen. Bei Elbot wird die gleiche Ambivalenz der Persona in Szene gesetzt, um Ironie zu erzeugen. Für ernsthafte Anwendungen ist es jedoch ratsam, ein stimmiges, überzeugendes Bild des virtuellen Gegenübers zu kreieren. Das Distanzniveau der verwendeten Sprache sollte genau abgestimmt werden auf Merkmale des Avatars und dessen virtueller Umgebung, die von den UserInnen als soziale Cues für ein formelles oder informelles Gesprächsszenario verstanden werden können. So wirken Comic-Figuren und Tiergestalten, die sich einer besonders distanzierten, höflichen Sprache bedienen, gewollt oder ungewollt komisch, während der animierte CEO einer Firma durch maximale Distanz positive Face-Work leistet.

Duzen und Siezen seitens der UserInnen scheint also in erster Linie davon abzuhängen, ob die Agenten-Persona in Bezug auf die o. g. Aspekte einen konsistenten Eindruck macht. Ist das der Fall, wird das vom Bot vorgegebene Distanzniveau übernommen. Das Switchen zwischen Duzen und Siezen ist gerade bei Störungen vorstellbar, konnte aber in den vorliegenden Korpora nicht beobachtet werden. An diesen Punkten könnte auch der UserInnen-Typ von Bedeutung sein. Dies müsste aber in weiteren Studien durch gezielte Experimente überprüft werden.

Zusammenfassend kann festgestellt werden, dass Indikatoren für einen unhöflichen bis vulgären Stil in den untersuchten Korpora seitens der UserInnen häufig sind. Eine Entwicklung seit 2000 besteht diesbezüglich allein in einer Verschiebung von einer knappen Befehlssprache hin zu einer spielerischeren, aber sehr vulgären Sprache. Während die Systeme ähnlich wie die Menschen im Vergleichskorpus zur HHC kaum unhöfliche und vulgäre Sprache verwenden, ist sie bei den UserInnen an der Tagesordnung. Die Grafik unten zeigt den Versuch, eindeutige Marker für höfliche Sprache (Begrüßung, Verabschiedung, Bitten, Dank, Entschuldigung) auf eindeutige Marker für unhöfliche Sprache (Dialoganfang ohne Begrüßung, Gesprächsabbruch, Flaming, Befehle, Tests) pro Dialog einander gegenüberzustellen.

Abbildung 59: Zusammenfassung Indikatoren für höflichen und unhöflichen Stil (pro Dialog)

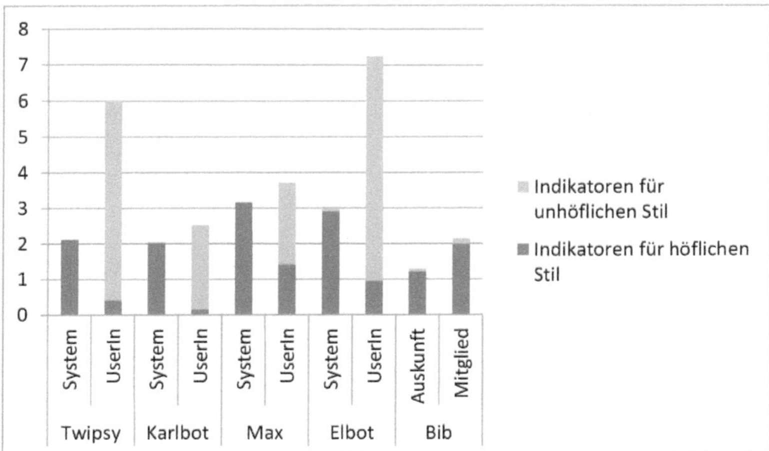

Es wird deutlich, dass in den UserInnen-Korpora pro Dialog bis zu zehnmal mehr Belege für ein Dialogverhalten gefunden werden können, das in der HHC als inakzeptabel gelten würde. Dieses Verhalten ist nicht nur unhöflich und vulgär, sondern auch symptomatisch für die Interaktion mit einem artifiziellen Gegenüber. Der Verzicht auf Begrüßungsfloskeln, obwohl das System grüßt, genauso wie die Verwendung von knappen Befehlen sind Indikatoren für einen CT im Sinne des metaphorischen Sprachgebrauchs nach Krause (1992b). Die UserInnen – vor allem die der älteren Systeme – „bedienen" das System durch ihre Spracheingabe über längere Passagen und attribuieren keine anthropomorphen Eigenschaften an den Bot. Systemtests und Tests in Form von Beschimpfungen charakterisieren – auch den neueren Systemen gegenüber – die Neugier der UserInnen auf den Bot, der als unbekannter Gesprächspartner zunächst auf seine Sprachkompetenz untersucht werden muss. Diese neugierige Einstellung dem unbekannten System gegenüber wurde mehrfach beobachtet (vgl. Krämer 2008). Ob an einer Interpretation im Sinne von CT als strukturellem oder funktionalem Register festgehalten werden kann, soll im letzten Abschnitt dieses Kapitels diskutiert werden.

In der sprachlichen Höflichkeit manifestiert sich die Attribuierung sozialer Eigenschaften durch die UserInnen an den Bot im Sinne einer gedankenlosen Übertragung von Strategien aus der HHC. Damit kann sprachliche Höflichkeit als Gegengewicht zu CT interpretiert werden. Fischer findet eine Reihe von Belegen für sprachliche Höflichkeit und allgemein kooperatives Verhalten in ihren Experimenten (Fischer 2006: 68, 2014: 171). In der vorliegenden Studie finden sich in den UserInnen-Korpora durchaus Belege für dieses Konzept – allerdings in erster Linie in Form von wechselseitigen Begrüßungen und Verabschiedungen. Auch gibt es einzelne Belege für explizite Sympa-thiebekundungen, mittels derer UserInnen das System loben.

(1) UserIn: Du bist echt süß, Twipsy!
(Twipsy-Korpus 12357–12363)

Diese relativieren die Flaming-Beiträge, so dass sich insgesamt ein ambivalentes Bild in Bezug auf die Akzeptanz der UserInnen für die Systeme abzeichnet. In einer Diskussion um CT müssen solche expliziten Sympathiebekundungen in einem Help-Desk-Szenario aber als abweichend von der HHC eingestuft und eher als Lob der Systemfunktionen verstanden werden. Unter dieser Perspektive wären sie Argumente *für* die Annahme eines CTs. Darüber hinaus gebrauchen die UserInnen aller untersuchten Systeme kaum höfliche Sprache.

Vor dem Hintergrund des Modells von Koch und Oesterreicher (1985) zur interpersonellen Nähe oder Distanz in der Interaktion kann festgehalten werden, dass Bot und UserIn häufig auf unterschiedlichen Distanzstufen interagieren. So gibt der Bot im Info-Modus bspw. in einer formellen Sprache Erklärungen aus und siezt die UserInnen, während diese das System duzen und z. T. vulgär beschimpfen. Maximal distanzierte Sprache trifft also unmittelbar auf Sprache maximaler Nähe. Durch diese Diskrepanz wirken HCI-Dialoge besonders inhomogen. Dies fördert den Eindruck einer unnatürlichen Interaktion, da Menschen in der Regel auf dem gleichen Distanzniveau agieren (per conventionem oder durch Aushandlung). Eine extreme Diskrepanz der Distanzniveaus von UserIn und System könnte per se als Indikator für CT interpretiert werden, die gerade bei chat-basierten Info-Bots häufig vorkommt.

In den analysierten HCI-Dialogen stellt die Nähesprache der UserInnen die Norm dar – mit Ausnahme von einzelnen Dialogen im Karlbot-Korpus, die als digitale Kundengespräche mit dem virtuellen CEO interpretiert werden können. Bei Karlbot scheint der Kontext der Interaktionssituation in stärkerem Maße das Distanzniveau zu diktieren als bei allen anderen untersuchten Bots.

So begegnen die UserInnen Twipsy, Max und Elbot geleichermaßen mit maximaler Nähe, obwohl die Bots in Bezug auf ihre jeweiligen Distanzniveaus unterschiedlich konzipiert sind. Twipsy als Beratungsbot siezt und zeigt weitestgehend Merkmale formeller Sprache, die z. T. in eingeschobenen Monologen schriftsprachlich konzipiert ist. Beim pädagogischen System Max wurde eine größere Nähe zu den NutzerInnen angestrebt: das System duzt und die Redebeiträge sind informeller und weniger monologisch geschrieben. Elbot siezt seine UserInnen zwar, schafft aber durch Ironie und Spiele eine Atmosphäre der Nähe. Doch trotz der genannten Unterschiede werden alle drei Systeme von ihren UserInnen geduzt und es finden sich Indikatoren für Nähesprache (vor allem unhöfliches Verhalten). Trotz einer Reihe von Gegenbeispielen in Fischer (2006) kann Nähesprache also dann als charakteristisch für die HCI gedeutet werden, wenn der situative Kontext nicht eindeutige Verhaltensregeln definiert (z.B. Kundengespräch mit CEO). Fehlen solche Konventionen als Rahmenbedingungen, tendieren die Menschen den Systemen gegenüber eher zu einer Sprache der Nähe als zu einer Sprache der Distanz. Eine comichafte Darstellung der Avatare und fehlende soziale Sanktionen für unhöfliches Verhalten fördern dieses Verhalten zusätzlich.

Bei den neueren Systemen wurde darauf geachtet, den UserInnen entgegenzukommen und auch seitens der Systeme eine größere Nähe zu suggerieren. Dies scheint aber auch vulgäres Verhalten seitens der UserInnen zu provozieren. Für ergebnisorientierte Anwendungen wäre es also erstrebenswert, die Distanz der UserInnen zum Bot wieder zu vergrößern, um auf einem mittleren Distanzniveau interagieren zu können. Ein möglicher Schlüssel zur Manipulation des

UserInnen-Verhaltens könnten der situative Kontext und die grafische Darstellung des Bots sein, da durch sie soziale Konzepte in Form von Mental-State-Modellen in der UserInnen-Kognition aktiviert würden, die ein bestimmtes Distanzniveau vorgeben könnten. Dies funktioniert aber nur, wenn die virtuelle Interaktionssituation und die Agenten-Persona konsistent gestaltet sind.

4.4.3 Die Heterogenität der HCI

4.4.3.1 Die Ambivalenz des Forschungshorizonts

In Kapitel 2.5 wurde mit Fischer (2006) die Frage aufgeworfen, warum die Forschungsergebnisse aus internationalen Studien zu strukturellen Charakteristika der HCI so unterschiedlich ausfielen. Bereits der Vergleich von vier unterschiedlich sophistizierten Systemen zeigt, dass es *die eine* HCI nicht geben kann, solange Systeme unterschiedlich konstruiert sind und in unterschiedlichen Anwendungsbereichen eingesetzt werden. Ein Unterhaltungsbot fördert ein anderes Dialogverhalten als ein virtueller CEO, weil die pragmatische Ausgangssituation eine andere ist und die UserInnen verschiedene Dialogziele verfolgen. Unterschiedliche strukturelle und funktionale Indikatoren spiegeln dies wider. HCI kann also mindestens auf folgenden Ebenen variieren:

- Äußere Faktoren
  - Das Szenario des Anwendungsbereichs determiniert die Interaktionssituation.
- Variablen des Systems
  - Persona
  - Avatar und Interface-Design
  - Hardware
  - Eingabekanal
  - Dialog-Design
  - Systemarchitektur
- Variablen der UserInnen
  - Technikexpertise
  - UserInnen-Typ
  - Vorannahmen über das System
  - Dialogziele
  - vorbewusstes Priming
  - bewusste Handlungsstrategien

All diese Variablen spielen zusammen und beeinflussen HCI-Dialoge je nach gegebener Konstellation in unterschiedlichem Maße. Von der HCI-Forschungs-Community untersucht wurde vor allem das UserInnen-Verhalten in Abhängigkeit von dialogexternen Variablen des Interface-Designs (Avatar, Persona) oder des Eingabekanals. Fischer (2006, im Druck) kritisiert diese Konzentration auf äußere Bedingungen der Interak-tionssituation zu Recht, denn die dialogimmanenten Variablen der HCI sind für die konkrete Sprache der UserInnen von direkterer Relevanz. Doch bereits auf der Ebene der dialogexternen Variablen können keine einheitlichen Untersuchungsergebnisse erzielt werden, da Persona, Avatar und Dialog-Design in unterschiedlichen Bots einen Charakter schaffen, der von den UserInnen als mehr oder weniger konsistent wahrgenommen wird und aus diesem Grund unterschiedliche Reaktionen hervorruft. Eine in sich stimmige Persona trägt dazu bei, dass UserInnen die Interaktionssituation als sozial wahrnehmen und sich selbst entsprechend konsistent verhalten. Eine inkonsistente Persona dagegen wird als unnatürlich wahrgenommen und fördert auch sprunghaftes, nur schwer antizipierbares UserInnen-Verhalten. Hinzu kommen Modalitäten der Hardware und des Eingabekanals, die die Interaktion beeinflussen. Dialog-immanente Parameter wurden in dieser Studie untersucht und sollen in den folgenden Unterkapiteln zu einem Modell verdichtet werden.

4.4.3.2 Die Ebenen der Heterogenität der HCI

Die HCI wurde in Analogie zu anderen *Simplified Registers* als herogene Kategorie beschrieben: „*[...] the varieties analyzed are generally extremely heterogeneous, both across persons in the same communicative situation and across communication partners*“ (vgl. Fischer im Druck: 274). Die Heterogenität der Verhalsweisen unterschiedlicher UserInnen (-Typen) (UserIn_1 vs. UserIn_2) wurde mehrfach beschrieben (u.a. Fischer 2006) und Belege finden sich auch in den vorliegenden Untersuchungskorpora (vgl. z.B. Auswertung der Persistenzen nach Dialogen, Kapitel 4.2.4). Die Heterogenität zwischen den Interagierenden in der HCI (UserIn vs. System) wird in Bezug auf alle untersuchten Parameter deutlich, ist typisch für die Asymmetrie der HCI und hängt von unterschiedlichen Faktoren ab (s. o.). Im Rahmen der voliegenden Studie kann aber noch eine weitere Ebene der Heterogenität herausgestellt werden, die in längeren Dialogen, die aus einer Reihe von unterschiedlichen Sequenzen bestehen, offenbar wird. Es handelt sich hierbei um eine dialogimmanente Heterogenität der unterschiedlichen Sequenzen eines Dialogs bei gleichbleibenden Interagierenden zu unterschiedlichen Zeitpunkten ($(\text{UserIn / System})_{t1}$ vs. $(\text{UserIn / System})_{t2}$). Diese wird von inkonsistenten Dialog-Designs hervorgerufen.

Systemarchitektur und Dialog-Design beeinflussen das UserInnen-Verhalten direkt (vgl. Fischer im Druck: 10). Ob die UserInnen-Führung frei, geskriptet oder hybrid ist, hat Einfluss auf die Kohärenz der thematischen Progression und damit auch auf die Wahrnehmung des Systems seitens der UserInnen. Das

Dialog-Design bewegt sich auch heute noch in einem Kontinuum zwischen Dialog und Monolog, was starke Auswirkungen auf das Verhalten der UserInnen hat. Außerdem sind heutige Dialog-Designs meist hybrid und setzen sich aus unterschiedlichen Systemstrategien zusammen. Es fehlt die klare Linie, die konsistente Persona, die sich auch im Dialogverhalten wiederfindet. Stattdessen werden einzelne Passagen als eigenständige Bausteine völlig unterschiedlich gestaltet – oftmals von verschiedenen EntwicklerInnen. Da gibt es konzeptionell schriftlich gestaltete Monologe, die Erklärungen enthalten, dialogische Skripts zur Absolvierung einer Aufgabe mit kurzen Turn-Wechseln, planbasierte Interaktionssequenzen, Small-Talk in Phrasen-Routinen oder frei als Parsing & Prompting u. v. m.. Entsprechend unterschiedlich reagieren die UserInnen auf die diversen Sequenzen einer Interaktion. Einige Passagen sind so unnatürlich gestaltet, dass die UserInnen förmlich darauf gestoßen werden, dass sie mit einem artifiziellen Gegenüber interagieren. Anthropomorphere Passagen dagegen regen die UserInnen dazu an, vorbewusste oder routinierte Verhaltensweisen aus der HHC auf die HCI zu übertragen. Im Vergleich zwischen den verschiedenen Systemen konnte dies in den vorherigen Unterkapiteln auf unterschiedlichen Ebenen herausgearbeitet werden. Die dialogimmantente Heterogenität der HCI bewegt sich also zwischen folgenden Dimensionen:

Tabelle 32: Dimensionen der dialogimmanenten Heterogenität der HCI

Systemarchitektur	• **UserInnen-Führung: geführt – frei – hybrid**
Dialog-Design	• Monolog – Dialog • Schriftlichkeit – Mündlichkeit • Distanz – Nähe • Unterschiedliche Dialogphasen (Begrüßung – Mitte – Verabschiedung) • Umgang mit Störungen: Inkohärenzen, Quasi-Kohärenzen, Default-Antworten oder Rückfragen
UserIn	• UserInnen-Typ • bewusst strategisch – vorbewusst bzw. routiniert • CT – HHC

Diese Faktoren haben Einfluss auf den kohärenten oder inkohärenten Ablauf einer Interaktion und damit auch auf die mentalen Modelle der UserInnen über die Interaktion, die Fischer (2006, im Druck) in den Fokus rückt. Beim ECA Max wurde in den meisten Passagen bspw. auf natürliche Turn-Länge, Kohäsionsmarker und Quasi-Alignment des Systems geachtet. Diese Design-Entscheidungen sind der Grund, warum Max im Vergleich der UserInnen-Werte mit dem HHC-Korpus besser abschneidet als die anderen Systeme. Alignment und Kohäsionsmarker unterstützen an der Oberfläche die Illusion von Kohärenz und werden daher positiv wahrgenommen. Kohärente Sequenzen werden durch bereichsspezifische Skripts erzielt. Diese führen seitens der UserInnen zu einem vergleichsweise natürlichen Eindruck und damit auch wieder zu HHC-ähnlicheren Beiträgen. Allgemein ist das Verhalten der UserInnen in unterschiedlichen Passagen des Dialogs verschieden, je nachdem mit welchem Design (natürlichsprachlich vermittelte Menünavigation, Parsing & Prompting, Hybride) sie konfrontiert werden.

Außerdem spielt es eine wichtige Rolle, ob Systembeiträge dialogisch oder monologisch konzeptioniert sind. Die Ergebnisse für die älteren Systeme zeigen auf allen Ebenen der vorliegenden Untersuchung, dass lange, konzeptionell monologisch aufeinander folgende Systembeiträge CT-Strategien fördern und dass weniger Merkmale einer natürlichen HHC (Persistenzen, Kohäsion) in den UserInnen-Beiträgen dieser Systeme vorliegen. Umgekehrt wirkt das dialogische Wechselspiel mit kürzeren Systembeiträgen und weniger schriftsprachlichem Stil zwischen Max und seinen UserInnen natürlicher und fördert natürliches UserInnen-Verhalten, wie die Daten zeigen. Pickering und Garrod (2004) diskutieren, ob eine strikte Trennung zwischen Dialog und Monolog empirisch überhaupt gegeben sei oder ob Sprache sich vielmehr in einem Kontinuum zwischen Dialog und Monolog bewege und zahlreiche Zwischenformen zeige. Dabei bestimme der Grad der Verbindung (über Alignment-Channels) zweier oder mehrerer Interagierender ihre Verortung im dialogischen Kontinuum. Dieses Argument könnte als Erklärung herangezogen werden, warum UserInnen in der HCI, das Switchen der Bots zwischen dialogischen und monologischen Passagen überhaupt akzeptieren.

Um sich ein Gesamtbild von der HCI in ihrer gesamten Diversität machen zu können, ist es besonders wichtig, ganze Dialoge zu untersuchen. Da statistisch nur Mittelwerte pro Dialog oder pro Korpus widergegeben werden können, ist die qualitative Analyse der Dialoge mittels der CA unerlässlich, um Aussagen über Reaktionen der UserInnen auf wechsende Dialog-Designs treffen zu können. Auch auf der Ebene der einzelnen Gesprächsbeiträge ist die Sprache der Bots sehr unterschiedlich gestaltet (bspw. Duzen vs. Siezen, Nähe vs. Distanz). Wenn also die Bots keine einheitliche Sprache verwenden, dann tun dies die UserInnen tendenziell auch nicht. Je nachdem, welche Passagen eines Dialogs dann für eine partielle Analyse herausgegriffen werden, finden sich Charakteristika, die typisch für diese Phase der Interaktion sind. So sind Dialoganfänge bei den neueren Bots bspw. geprägt von wechselseitigen Begrüßungen, die auf aus der HHC übertragene Höflichkeitskonzepte der UserInnen schließen lassen. Wenn die gleiche Userin in der Gesprächsmitte dann aber den Bot beschimpft und bei der ersten Störung den Dialog abrupt abbricht, wird der erste Eindruck einer Übertragung der Strategien aus der HHC stark relativiert. Wichtig ist es hier, das Dialog-Design in die Analyse einzubeziehgen, das das UserInnen-Verhalten provoziert hat. Denn nur so kann dessen Heterogenität gedeutet werden. Ergebnisse aus Studien zu Dialoganfängen oder Störungen (vgl. Fischer 2006) können also sinnvoll ergänzt werden.

Dies zeigt sich vor allem in einer weiteren Variable, die Einfluss auf das UserInnen-Verhalten nimmt: Der UserInnen-Typus. Diese Variable ist zunächst unabhängig von den Variablen des Systems, was sich in initialen Sequenzen sehr gut zeigt. So finden sich in der vorliegenden Studie die von Fischer definierten UserInnen-Typen *PlayerIn* und *Non-PlayerIn* in Anfangssequenzen als Prototypen wieder. Im Verlauf der Interaktion werden diese aber mit den einschränkenden Variablen des jeweiligen Systems konfrontiert und modifizieren ihr Verhalten entsprechend. Einige Individuen sind nicht auf einen Prototyp festgelegt, sondern zeigen im Verlauf der Interaktion unterschiedliche Tendenzen. „*Speakers may change their linguistic behaviour through time*“ (Fischer 2006: 74). Eine Untersuchung, die Merkmale der PlayerInnen- und der Non-PlayerInnen-Sprache definiert und Belege aus unterschiedlichen Dialogphasen entsprechend clustert, könnte differenziert abbilden, wer, wann, wo, welches Verhalten zeigt und eventuell ein Muster erkennen lassen. Die Dialoganfangsphase enthält meist bereits wichtige Informationen, um UserInnen einem bestimmten Typus zuordnen zu können (vgl. Fischer 2006). Allerdings sollte die kritische Phase zur Entscheidung, ob es sich um den PlayerIn-Typus oder den Non-PlayerIn-Typus handelt, über die eigentliche Begrüßung hinausgehen. Denn bei modernem Dialog-Design und konsistenter Persona zeigen die meisten UserInnen in dieser ritualisierten Phase eine Tendenz zum Alignment mit dem System, auch wenn sie sich später als Non-PlayerIn-Typen entpuppen oder sich völlig passiv vom Design des Systems leiten lassen.

Dialogimmanente Heterogenität wird auch hervorgerufen durch häufige Störungen und damit verbundene thematische Sprünge in der HCI. Die Analyse von Störungen des Dialogs, aus denen Interpretationen zu kognitiven Konzepten der UserInnen abgeleitet werden, ist ein weiterer neuralgischer Punkt im Forschungsdiskurs zur HCI. Problematisch ist hier, dass Störungen beim Parsing sehr unterschiedlicher Natur sein können und entsprechend unterschiedliche Systembeiträge erzeugen: Inkohärente Turns, quasi-kohärente Turns, Default-Antworten und Rückfragen. Systemfehler liegen beim Parsing bspw. an einer fehlerhaften Worterkennung und falschen Zuordnung eines Prompts, was zu einem inkohärenten Systembeitrag führt, der zwangsläufig ein neues Thema anschneidet, das als Inkonsistenz in der thematischen Progression wahrgenommen wird. Je nach Attraktivität des neuen Themas, Wichtigkeit des ursprünglichen Dialogziels und UserInnen-Typ lassen sich UserInnen auf den thematischen Sprung ein oder leiten Repair ein. Systemfehler beim semantischen oder syntaktischen Parsing führen zu quasi-kohärenten System-Turns, die zwar persistente Schlüsselwörter enthalten, aber logisch nicht kohärent anschließen. Es handelt sich hier eher um eine thematische Verschiebung als um einen thematischen Sprung. Auch hier lassen sich die UserInnen in Abhängigkeit von den o. g. Variablen entweder auf die neue thematische Ausrichtung ein oder nicht. Wenn das System erkennt, dass eine Struktur nicht geparst werden kann, wird eine Default-Antwort ausgegeben oder eine Rückfrage generiert (vgl. ELIZA). Default-Antworten kaschieren die Störung mehr oder weniger gut, je nachdem, wie gut ihr semantischer Gehalt zum Kotext passt. Daher sind Default-Antworten bewusst so formuliert, dass sie möglichst häufig passen können: Gemeinplätze, Floskeln, Alltagsweisheiten. Zusätzlich enthalten sie meist einen Vorschlag zum Themenwechsel. Aus diesem Grund lösen sie überraschend selten Repair seitens der UserInnen aus. Dies steht im Gegensatz zu Experiment-Designs, in denen UserInnen-Repair provoziert werden soll und daher eindeutige Fehlermeldungen (z.B. ERROR) ausgegeben werden (vgl. u.a. Fischer 2006; Moratz, Fischer, Tenbrink 2001). Die charmant ausgestaltete Default-Antwort ist keine explizite Fehlermeldung, wirkt bedeutend anthropomorpher und wird als Störung von den UserInnen daher oft übergangen. Stattdessen lassen sie sich vom System leiten und der Dialog bekommt einen neuen thematischen Fokus. Dieses Verhalten kann man nicht beobachten, wenn mit direkten Fehlermeldungen gearbeitet wird. Es ist aber hochfrequent in der medial schriftlichen HCI und typisch für ein passives, zielloses, reaktives UserInnenverhalten, das besonders den PlayerIn-Typus in Interaktion mit modernen Systemen auszeichnet. Erst wenn in einer Sequenz eine Reihe von Default-Antworten ausgegeben wurde, ergreift dieser UserInnen-Typus die Initiative – meist nicht in Form von Repair, sondern in Form von Flaming.

Sowohl die qualitative als auch die quantitative Untersuchung haben also gezeigt, dass UserInnen-Verhalten neben einer Reihe äußerer Variablen auch von bestimmten Aspekten des Dialog-Designs abhängig ist. Design-Entscheidungen fördern oder hemmen ein bestimmtes UserInnen-Verhalten, das dann entsprechend variiert und zu unterschiedlichen Forschungsergebnissen führt. Für wissenschaftliche Studien zum CT sollte der Untersuchungsbereich also immer mit Bezug auf die unterschiedlichen Dimensionen der HCI definiert werden.

Zusätzlich lässt sich in Bezug auf einzelne CT-Parameter eine Entwicklung von den UserInnen der älteren zu den UserInnen der neueren Systeme feststellen. Ob es sich beim untersuchten System um einen Chatbot oder einen ECA handelt, spielt ebenfalls eine Rolle. Allgemein kann man feststellen, dass eine beachtliche Menge von Variablen der Systeme auf unterschiedlichen Ebenen dazu führen, dass Forschungsergebnisse in der HCI nicht vergleichbar sind. Viele Studien werden u.a. aus diesem Grund in *Wizard-Of-Oz*-Szenarien durchgeführt. Die Wizards können die Funktionen moderner Dialogsysteme aber kaum noch imitieren, da diese zwar extrem komplex sind, aber noch lange nicht anthropomorph – ein Zwischenstadium, das schwer zu definieren und noch schwerer zu simulieren ist.

Vor diesem äußerst diversen Hintergrund ist die Frage nach einem CT schwer zu beantworten. Aus den o. g. Gründen ist klar, dass sich HCI in ihrer Gesamtheit auf unterschiedlichen Ebenen zu uneinheitlich darstellt, um als homogener CT mit klar bestimmbaren strukturellen Eigenschaften definiert werden zu können. Die Untersuchung zeigt aber auch deutlich, dass die Sprache der überwiegenden Mehrheit der UserInnen bereichsspezifisch einige Merkmale aufweist, die als CT interpretiert werden können.

4.4.4 Pro- und Contra-Argumente zum Konzept eines CTs

Trotz der zahlreichen System-Variablen, die das UserInnen-Verhalten beeinflussen, finden sich dennoch in allen UserInnen-Korpora einige Parameter, die als CT für chat-basierte Systeme gedeutet werden können.

- lexikalische Simplifizierung
- syntaktische Simplifizierung
- Unhöflichkeit
- Systemtests

Eine Tendenz zur lexikalischen Simplifizierung findet sich bei den älteren wie bei den neueren Bots auf der Ebene der Lemmata. Syntaktische Simplifizierung lässt sich auf unterschiedlichen Ebenen deutlich beobachten und zeichnet sich durch einen Verzicht auf Satzgefüge und komplexe Phrasenstrukturen aus. Gab es bei den älteren Systemen hier auch Tendenzen zur Überspezifizierung oder wurden komplexe Strukturen des Systems von den UserInnen übernommen, so zeigt sich bei den UserInnen der neueren Systeme eine klare Entwicklung zu syntaktisch einfachen TCUs in Form von Ellipsen oder einfachen Sätzen, häufig mit Kopulaverb. Dabei sind die UserInnen-TCUs im Durchschnitt höchstens halb so lang wie die des jeweiligen Systems. Auf der lexikalischen und syntaktischen Ebene finden sich in der medial schriftlichen HCI also eindeutig strukturelle Indikatoren eines CTs. Interpretiert man diese funktional, kann man an diesem Aspekt der sprachlichen Verknappung tatsächlich ein Moment des Sprachgebrauchs als Metapher auf das Bedienen einer Maschine festmachen (vgl. Krause & Hitzenberger 1992). Denn die UserInnen-Beiträge sind auf beiden untersuchten linguistischen Ebenen viel einfacher gehalten als die analysierten Beiträge aus der chat-basierten HHC. Hier spielen sicher die Vorannahmen der UserInnen über die begrenzten Parsing-Fähigkeiten des Systems eine Rolle. Unter dieser Voraussetzung wäre UserInnen-Verhalten, das sich strukturell in lexikalisch und syntaktisch verknappten Ausdrücken manifestiert funktional als strategisch im Sinne eines CTs zu interpretieren (vgl. Fischer 2006: 75, 2014: 268). Eine andere Tendenz kann zusätzlich beobachtet werden und ergänzt den metaphorischen Sprachgebrauch nach Krause (1992) um einen Aspekt der modernen Rezeptionshaltung der UserInnen. Im Vordergrund steht nicht, dass die UserInnen die unbekannte Maschine im Hinblick auf ein Handlungsziel bedienen möchten, sondern, dass diese Maschine sie unterhalten soll. Die Wahrnehmung der eigenen Agentivität in dieser Interaktionssituation ist eingeschränkter im Vergleich zu Krause (1992). Die UserInnen nehmen sich selbst eher als RezipientInnen oder KonsumentInnen einer Technologie mit Unterhaltungswert wahr. Der knappe, metaphorische Sprachgebrauch zum Bedienen einer Maschine verschiebt sich hin zum natürlichsprachlich emulierten *Weiterklicken* im Unterhaltungsprogramm *Chatbot* mittels minimaler Dialogbeiträge („ok", „ja" etc.). Dieses Verhalten ist typisch für Passagen, in denen die Reflexion der Interaktionssituation für die Planung der Eingaben eine Rolle spielt. Damit spricht dieser Aspekt für eine neue Form des CTs, dessen Struktur sich nicht notwendig geändert, dessen Funktion jedoch eine Verschiebung erfahren hat.

Eindeutig als strategisch einzustufen, sind Tests der Systemfunktionen durch die UserInnen, indem diese den Bot mit unwahrscheinlichen oder vulgären Ausdrücken konfrontieren, um die Grenzen der Parsing-Funktion auszuloten. Dieses Verhalten zeigen in erster Linie die PlayerInnen. Interessant ist, dass es bei den neueren Systemen häufiger auftritt als bei den älteren. Die besonders hohen Werte für Flaming und Tests im Elbot-Korpus (zusammen 4,6 Belege pro Dialog) sprechen dafür, dass ein lockeres Dialog-Design mit hohen Small-Talk Anteilen dieses Verhalten fördert. Allgemein scheint sich das Bild von Bots in der Gesellschaft allerdings auch verändert zu haben, weg von der unbekannten Technologie, mit der ernsthafte Erwartungen verbunden sind, hin zu einer

Unterhaltungstechnologie, von der man weiß, dass sie ohnehin (noch) nicht in der Lage ist, natürliche Dialoge zu generieren. Diese sozialpsychologische Erwägung würde die beobachtete Verschiebung der CT-Merkmale von versprachlichten Navigationsbefehlen (Twipsy 2000, Karlbot 2002) hin zu Tests und Flaming (Max 2004, Elbot 2006) ebenfalls erklären.

Die Frage nach einem CT ist eng verknüpft mit der Diskussion um vorbewusstes Interaktionsverhalten und strategisches, sprachliches Handeln. Man kann nämlich im Verlauf eines Dialogs nur dann von CT sprechen, wenn die UserInnen bewusst reflektieren, dass sie mit einem artifiziellen Gegenüber interagieren und aus diesem Grund ihre Sprache modifizieren. HCI findet aber in einem Spannungsfeld zwischen bewusster und vorbewusster Sprachverarbeitung statt. Jegliche menschliche Kommunikation setzt vorbewusste Mechanismen und bewusste Aktionsplanung voraus. Je habituierter die Kommunikation ist, desto mehr schematische Muster stehen zur Verarbeitung zu Verfügung. Dies ist der Fall bei automatisierten Routinen (Begrüßung, Verabschiedung) sowie in besonderem Maße bei den wenigen, aber vorhandenen, Belegen, die auf nicht-strategisches Alignment schließen lassen. Diese Aspekte müssen als Contra-Argumente gegen einen CT angeführt werden. So ist es nicht verwunderlich, dass Höflichkeit vor allem in ritualisierten Begrüßungssequenzen und teilweise auch bei Verabschiedungen nachgewiesen werden kann, während sie in der Gesprächsmitte eine untergeordnete Rolle spielt. Bei den neueren Systemen finden sich höfliche Begrüßungen bei bis zu 100 % der Dialoge und immerhin 50 % Verabschiedungen. Im Kontext einer Theorie von CT als Sprachmetapher zur Systemsteuerung haben diese HHC-Parameter keine Relevanz. Hinzu kommen bei Max noch ritualisierte Fragen nach dem Befinden und in allen Korpora außer bei Karlbot einige Belege für Dank und Entschuldigung, die auf eine (vorbewusste?) Übertragung des Face-Konzepts aus der HHC schließen lassen. Für die Bedienung der Maschine sind diese Verhaltensweisen überflüssig. Völlig *„mindless"* (vgl. Reeves & Nass 1996, Nass & Moon 2000, Nass & Brave 2005) ist die Steuerung dieses Verhaltens jedoch auch nicht. Sie nimmt eine Zwischenposition zwischen vorbewusster und bewusster Kognition ein. Begrüßungen und Verabschiedungen können nämlich auch als Teil des Spiels mit dem System interpretiert werden, auf das sich die UserInnen der modernen Bots bewusst einlassen. Diese modernen UserInnen wissen auch, dass es in der HCI keine Notwendigkeit für eine Befehlssprache gibt, sondern verstehen den Versuch, anthropomorphe Dialoge zu generieren. Darin liegt u. U. ein weiterer Grund für den Rückgang an sprachlichen Navigationsbefehlen. Vielleicht zeigt sich hier ein erstes Anzeichen der Entwicklung weg von CT hin zu natürlichen Dialogen.

Wirklich vorbewusst läuft dagegen reaktives Alignment als *Lower-Level-Priming* ab, das tatsächlich und zwangläufig „*mindlessly*" aus der HHC auf die HCI übertragen wird. Ist die Userin mit einem System konfrontiert, dessen eigene Beiträge besonders unnatürlich wirken, kann sie in dieser unbekannten Situation weniger auf bekannte Mechanismen und Routinen zurückgreifen. Ein gutes Beispiel ist hier das System Twipsy, das lange monologische Beiträge mit hoher syntaktischer Komplexität und lexikalischer Dichte produziert und dessen UserInnen in der Summe weniger reaktives Alignment (lexikalische Alpha-Persistenz) zeigen als die UserInnen der neueren Systeme. Twipsys komplexe unerwartet monologische Beiträge geben den UserInnen Anlass zur bewussten Reanalyse, auf diese Weise geht das intuitive Alignment zurück. Szmrecsanyi findet ähnliche Tendenzen in seinen HHC-Korpora und interpretiert wie folgt: „*A tentative explanation for this finding is that higher lexical density is indicative of discourse that involves better planning and monitoring; this may arguably weaken the effect of a partly subconscious phenomenon such as persistence*" (Szmrecsanyi 2005: 138). Die Analyse der Einzeldialoge hat aber gezeigt, dass Twipsys lexikalisches Quasi-Alignment (ELIZA-Prinzip) lexikalische Persistenzen der UserInnen fördert. Diese Persistenzen können als Indikatoren für Alignment als Simplifizierungsstrategie interpretiert werden. So fördert Twipsys Dialog-Design vergleichsweise wenige lexikalische UserInnen-Persistenzen, von denen ein Großteil als strategisch interpretiert werden kann. Strategisch ausgewählte Persistenzen zur Simplifizierung des Parsings finden sich bei den älteren Systemen und können als Idikatoren für kooperativen CT im Sinne einer RDS (Fischer im Druck) verstanden werden.

Nich-strategisches reaktives Alignment der UserInnen ist wie interaktives Alignment in der HHC darauf ausgelegt auch ohne vollständigen Common Ground eine gemeinsame Basis für ein Gespräch zu etablieren (Pickering & Garrod 2004). Daher ist es als vorbewusster Prozess unabhängig vom Weltwissen des Gegenübers. Im Gegensatz zu expliziten, bewusst reflektierten Grounding-Strategien ist reaktives Alignment ein egozentrischer Prozess, da die Userin nicht durch *Partner-Modeling* von ihrer subjektiven Welt abstrahieren muss, um reaktives Alignment zu zeigen. Kognitiv handelt es sich vielmehr um eine einfache mechanistische Reaktion auf das Systemverhalten, ohne dass dieses bewusst interpretiert werden muss. Dass sich Alignment in Bezug auf Distanz-Frequenz-Relationen in der HCI ähnlich verhält wie in der HHC ist ein zusätzlicher Indikator für die Vorbewusstheit der Reaktion und ein Argument für Dialogpassagen ohne CT. Es finden sich aber nur halb so viele Belege für Persistenzen in der medial schriftlichen HCI wie in der chat-basierten HHC. Und in der chat-basierten HHC finden sich wiederum nur halb so viele Belege für Persistenzen wie in Studien zur Face-to-Face-Kommunikation (vgl. Szmrecsanyi 2005). Je mehr Zeit zum Planen eines Gesprächsbeitrags zur Verfügung steht, desto mehr höhere Kognition ist beteiligt. In der chat-basierten HCI bleibt den UserInnen vergleichsweise viel Zeit, die Beiträge zu planen, so dass Alignment eine weniger prominente Rolle spielt als in der Face-to-Face-Kommunikation. Entsprechend mehr Indikatoren für bewusste Planung finden sich hier, was als allgemeiner Indikator für funktionalen CT interpretiert werden kann.

Dass Alignment als vorbewusster Prozess aber überhaupt nachgewiesen werden kann und sich ähnlich verhält wie in der HHC (Frequenz-Distanz-Verteilung), kann als starker Indikator dafür gewertet werden, dass vorbewusste Prozesse auch Einfluss auf die medial schriftliche HHC haben – allerdings in wesentlich geringerem Maße als in der oralen Face-to-Face-Kommunikation unter Menschen. Es ist außerdem ein eindeutiger Hinweis darauf, dass HCI bei natürlich-sprachlichem Interface-Design grundsätzlich den gleichen Mechanismen folgt wie die HHC (vgl. Fischer 2006: 6). Ferner wird deutlich, dass Menschen in der Interaktion mit Systemen nicht jedes Wort bewusst und strategisch auszuwählen scheinen. Die Interaktion hat sowohl bewusste als auch vorbewusste Anteile und je besser die Illusion eines natürlichen Dialogs aufrechterhalten wird, desto mehr *„mindless behavior"* (vgl. Reeves & Nass 1996; Nass & Moon 2000; Nass & Brave 2005) wird von den UserInnen gezeigt. Bei Störungen dagegen muss die artifizielle Dialogsituation reflektiert werden und bewusst strategisches Verhalten ist die logische Reaktion (vgl. Fischer 2006).

Nicht nur vorbewusste Mechanismen und routiniertes Verhalten können als Gegenargument zu Zoeppritz' CT-Hypothese angeführt werden, auch eine Reihe bewusster Handlungsstrategien weisen nicht auf CT hin. Auf der funktionalen Ebene sprechen alle Versuche der UserInnen, mittels derer Common Ground etabliert oder Dialogkohärenz geschaffen werden soll (Grounding, Repair), gegen einen CT. Denn obwohl die UserInnen in den meisten Fällen theoretisch wissen, dass Systeme nicht auf das gleiche Weltwissen zurückgreifen können wie sie selbst, bemühen sie sich zum Teil intuitiv, Common Ground und einen logisch kohärenten Dialogverlauf zu fördern. Allerdings trifft dies auf einen Großteil der UserInnen nicht zu. Diese reaktiven KonsumentInnen der HCI lassen sich vom System führen und versuchen nicht gegen dessen logisch-semantische Defizite anzugehen.

4.4.5 CT als Teilaspekt der HCI

Als heterogene Interaktionsform wird die HCI funktional von unterschiedlichen Kräften beeinflusst. Unterschiedliche Sequenzen im Dialog-Desing fördern diese verschiedenen UserInnen-Verhaltensweisen unterschiedlich stark, so dass UserInnen dialogimmanent ambivalentes Verhalten zeigen. So spielen vorbewusste Mechanismen eine wichtige Rolle auf der Ebene der UserInnen-Kognition. Reaktives Alignment (inklusive Distanz-Frequenz-Effekten) fördert natürliches Dialogverhalten, das sich auf der Performanzebene in zum System-Output persistenten Strukturen äußert. Ähnlich automatisierte kognitive Prozesse steuern ritualisiertes Verhalten bei sprachlichen Routinen in den Gesprächsrahmensequenzen. Diese Verhaltensweisen sind der HHC sehr ähnlich und können daher nicht als CT interpretiert werden. Höhere Kognition spielt bei bewussten Sprachhandlungen eine Rolle – bspw. dann, wenn UserInnen die Interaktionssituation bewusst reflektieren und funktionale Strategien entwickeln, um mit dem artifiziellen Gegenüber anders zu interagieren als mit einem Menschen. Dies findet zwei Ausprägungen in der modernen HCI:

- proaktiven CT, kooperativ in Form von Simplifizierungsstrategien und nicht kooperativ in Form von Tests und Flaming
- reaktiven CT in Form von passivem UserInnenverhalten (*natürlichsprachliches Weiterklicken*)

Die Untersuchungsparameter Tests, Flaming und das Fehlen von Höflichkeitsindikatoren können strukturell nachgewiesen werden. Viele UserInnen scheinen besonderen Spaß daran zu haben, Vulgarismen eingeben zu können, ohne dass dieses Verhalten sanktioniert wird. Die unterschiedlichen Reaktionen der Bots werden nicht als Sanktion, sondern als Gimmick mit Unterhaltungswert wahrgenommen. Das vulgäre Verhalten kann als Übersprungshandlung gedeutet werden, die aus einer Unsicherheit dem System gegenüber resultiert, die zwischen Neugier und Auflehnung rangiert. Einerseits sollen die Grenzen der Parsing-Funktion des unbekannten Gegenübers ausgetestet werden (Tests und Flaming als Test). Diese Haltung hat einen spielerischen Charakter. Andererseits wird der Bot nicht als GesprächspartnerIn auf Augenhöhe wahrgenommen, was die vulgäre Sprache in der Wahrnehmung der UserInnen legitimiert (proaktive Vulgärsprache). Diese Haltung ist vergleichsweise aggressiver und von negativen Vorannahmen über das System geprägt. Einige UserInnen gefallen sich darin, ihre eigene Überlegenheit dem System gegenüber zu zelebrieren, indem sie sich gegen den künstlichen Menschen auflehnen. Dieses Verhalten weicht stark vom Standard der HHC ab und ist typisch für eine proaktive Form des CTs. Reagieren

UserInnen dagegen bei Störungen mit Beschimpfungen, um ihrer Frustration Luft zu machen, ist dieses Verhalten weniger markiert. Nur in diesem Kontext kann Flaming in der HCI als expressiv bezeichnet werden. Krause (1992) sieht CT mit einem Rückgang an Expressivität verbunden. Eine Zunahme an Flaming würde dieser Annahme eigentlich widersprechen. Da aber Flaming in den untersuchten Dialogen in den meisten Fällen weniger expressiv konnotiert ist, kann diese spezielle Form der vulgären Äußerung als CT interpretiert werden.

Ein weiteres Kriterium für CT nach Krause et al. (1992) ist die sprachliche Simplifizierung. Eine Tendenz zur lexikalischen und syntaktischen Simplifizierung liegt auch in moderner HCI seitens der UserInnen noch vor. Sie hat jedoch eine Verschiebung ihrer pragmatischen Funktion erfahren – weg von der Metapher der aktiven Bedienung einer Maschine hin zu a) einer Kooperation mit dem System bei der Bearbeitung konkreter Aufgaben (vgl. *RDS*, Fischer im Druck) und b) einer passiven Rezeptionshaltung einer Unterhaltungstechnologie gegenüber. Letztere manifestiert sich als reaktives UserInnen-Verhalten, das eng an die Vorgaben des Bots gekoppelt ist. Ein extremes Beispiel dafür ist der Wegfall von Interventionen bei Störungen. Diese Form von subtilem CT macht besonders bei Entertainment-Anwendungen einen Großteil der Interaktion aus. Sie ist notwendig eng gekoppelt an Systemarchitektur und Dialog-Design, weil gerade der reaktive Charakter konstitutiv für diese Form der Interaktion ist. Von den Variablen des Systems unabhängiger CT, der auf die Vorannahmen der UserInnen über die Interaktion mit Technologien allgemein zurückgeführt werden kann, ist bei den neueren Systemen seltener. Indem sich die Rezeptionshaltung der UserInnen ändert, verändert sich auch der CT. UserInnen lassen sich mehr auf die Führung durch den Bot ein. Dadurch wird ihr Verhalten antizipierbarer und steuerbar. Simplifizierung, Tests und Flaming wären damit keine unvermeidlichen Zeichen für CT, die unabhängig von jeglicher Design-Überlegung für freies UserInnen-Verhalten stehen. Es weist vieles darauf hin, dass UserInnen diese Verhaltensweisen einem besser funktionierenden System gegenüber aufgeben. Inwiefern dieser Umstand für innovative Anwendungen genutzt werden kann, soll in den folgenden Kapiteln diskutiert werden.

Der Geltungsbereich von CT umfasst also nicht die gesamte HCI, da diese dialogimmanent heterogen ist und teilweise bereits heute immer wieder einzelne natürliche Sequenzen aufweist. Was als CT bezeichnet werden kann, muss negativ definiert werden als die Teilmenge der HCI, wo keine vorbewussten Mechanismen (vorbewusstes Alignment, Routinen) oder aus der HHC übertragenen Strategien (Grounding, Framing) greifen.

Abbildung 60: Zusammensetzung der HCI

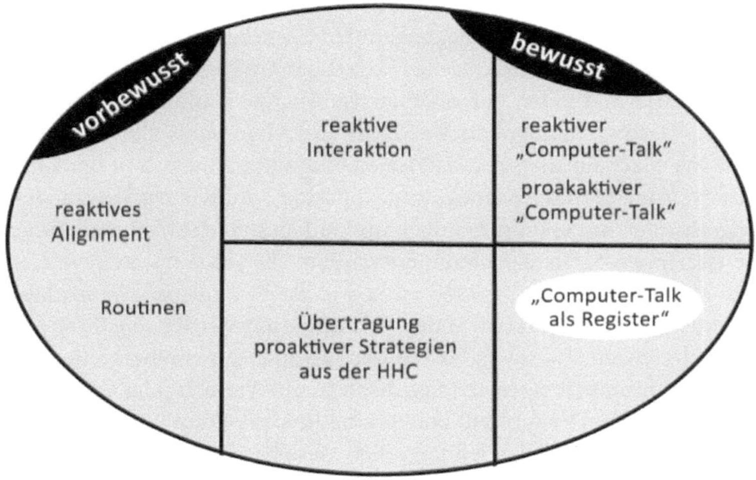

Diese Teilmenge lässt sich funktional weiter untergliedern in reaktiven CT, der von Systemarchitektur und Dialog-Design abhängig ist, und klassischen, proaktiven CT, der sich aus Vorannahmen der UserInnen über das System ableitet. Beide Arten von CT haben eine funktionale und eine strukturelle Dimension und unterliegen Entwicklungsprozessen. Dabei entwickeln sich Funktion und Struktur nicht immer gemeinsam. So erfüllen bspw. lexikalische und syntaktische Simplifizierung heute andere Funktionen als in den 1990er Jahren. Ob CT trotz Koevolution mit den technologischen Innovationen und veränderten Rezeptionshaltungen als funktionales Register bezeichnet werden kann, soll in Kapitel 5.1 diskutiert werden.

4.5 Zusammenführung der Ergebnisse aus den Teilstudien

In diesem Abschnitt sollen die Ergebnisse aus den Teilbereichen der Studie zusammengefasst und aufeinander bezogen werden, um so zu einer umfassenden und differenzierten Darstellung der HCI zu kommen.

Entsprechend der unterschiedlichen theoretischen Zugänge zum Phänomen *HCI* wurde die empirische Analyse in unterschiedliche Teilbereiche gegliedert: Basale Strukturen der Interaktion (Turns, Adjazenzpaare, Gesprächsrahmensequenzen) auf der Grundlage der Konversationsanalyse, die Rolle von vorbewusstem Alignment, Kohärenz und Kohäsion in der HCI sowie Merkmale eines

Computer-Talks. Die Untersuchungsbereiche setzen auf verschiedenen Ebenen an und beleuchten unterschiedliche Teilaspekte des Gesamtphänomens HCI. So kann nach klassischen Überlegungen der CA sehr gut das Grundgerüst einer Interaktion quasi als strukturelles Skelett herausgearbeitet werden. Darüber hinaus stellt sie Methoden zur qualitativen Analyse funktionaler Aspekte zur Verfügung. Das psycholinguistische Modell des Alignments gibt Auskunft über vorbewusste Mechanismen der UserInnen-Kognition, die sich in der Interaktion niederschlägt. Durch Kohärenz und Kohäsion wird das logisch-semantische Grundgerüst der Interaktion manifest und anhand von Störungen können bewusste UserInnen-Strategien analysiert werden. Die Frage nach einem Computer-Talk als funktionalem Register muss auf der Grundlage von strukturellen und funktionalen Charakteristika der HCI diskutiert werden, die diese klar von der HHC abgrenzen und sowohl userInnen- als auch systemübergreifend vorliegen. Eine Definition als eigenständige diaphasische Varietät oder einfache Reaktion auf ein System-Design stellt bereits eine Interpretation und Bewertung der Ergebnisse dar (s. 5.1). Im Folgenden sollen diese Ergebnisse zusammenführend skizziert werden.

Auf den ersten Blick sehen HCI-Dialoge aus wie Kommunikation unter Menschen: Sie bedienen sich natürlicher Sprache und weisen Strukturmerkmale einer Konversation auf. Abwechselnde Turns, Adjazenzstrukturen und Gesprächsrahmensequenzen können auch in der HCI nachgewiesen werden. Doch weicht die Verteilung der Phänomene in der Regel stark von der in der HHC ab. UserInnen-Sprache und System-Sprache sind nicht aufeinander abgestimmt. Das zeigt sich bspw. an Unterschieden in Bezug auf die Länge der einzelnen Turns oder die Häufigkeit der Verwendung von Adjazenzellipsen. Auch asymmetrische Begrüßungen und Verabschiedungen sind in der HCI häufiger als in der HHC. Die Sprache der Systeme weist dabei eine für dialogische Interaktion unüblich große Nähe zur Schriftsprache und zum Standard auf, die sich in unterschiedlichen Faktoren offenbart. Dies steht im Gegensatz zur allgemein einsilbigen, strukturell einfachen UserInnen-Sprache, in der Vorannahmen der UserInnen über die Parsing-Fähigkeiten des Systems (Fischer im Druck) sowie Prinzipien der physikalischen Ökonomie bei der Texteingabe über ein Endgerät emulieren. Der Chat-Kanal begünstigt dabei zwar die knappe Form der Ausdrucksweise, typische Merkmale der CMC wie Emoticons etc. werden jedoch nicht auf die HCI übertragen. Diesem Verhalten liegt u. U. ebenfalls eine Simplifizierungsstrategie zu Grunde.

Je besser das jeweilige System funktioniert, desto geringer fällt die Divergenz zwischen UserInnen- und Systemsprache aus. Dabei nähern sich die Werte der

Systeme und die der UserInnen einander gleichermaßen an; d.h., nicht allein das System wird durch Evaluation und Überarbeitung dem UserInnen-Verhalten angepasst, sondern die UserInnen verändern ihren Sprachgebrauch gegenüber einem verbesserten System ebenfalls. Dabei kann folgende Tendenz beobachtet werden: Während die Entwicklung der Systeme von konzeptioneller Schriftlichkeit und monologischem Stil[124] hin zu kürzeren konzeptionell mündlich gestalteten Turns verläuft, entwickelt sich die UserInnen-Sprache weg vom knappen Sprachgebrauch eines CTs hin zu ausführlicheren, natürlicheren Beiträgen. Dieser Umstand legt die Prognose nahe, dass bei weiterer Verbesserung der Systeme sich UserInnen- und Systemsprache einander so weit annähern werden bis sie beide (aus unterschiedlichen Richtungen kommend) die Werte der HHC erreicht haben. Der monologische Stil der Systeme lässt sich an einer Reihe von koinzidierenden Variablen aus den unterschiedlichen Untersuchungsbereichen festmachen: komplexe Nominalgruppen, turn-immanente Kohäsionsmittel, subordinierte Sätze, lange Turns. Durch weniger monologische Sprache könnte man also unterschiedliche Probleme auf mehreren Ebenen zugleich lösen. Die Prognose ist aber nicht in Bezug auf alle Betrachtungsebenen wahrscheinlich, da die interaktiven Möglichkeiten der Systeme im Rahmen der derzeitigen HCI durch ihre Architekturen limitiert sind. Es zeigt sich jedoch ein positiver Trend in der Weiterentwicklung der Systeme und es sind noch lange nicht alle linguistischen Möglichkeiten ausgeschöpft, Dialoge an der Oberfläche natürlicher wirken zu lassen (vgl. Kapitel 5.2).

Ein auffälliges Merkmal natürlicher Dialoge sind unterschiedliche Formen wechselseitiger Konstruktionsübernahmen, von denen einfache Persistenzen am ehesten maschinell verarbeitet und generiert werden können. Solche Persistenzen können in den untersuchten HCI-Dialogen zwar nachgewiesen werden, doch spielen sie längst keine so große Rolle wie in der HHC (50 % der CMC, 25 % der Face-to-Face-Kommunikation, vgl. Szmrecsanyi 2005). Außerdem variiert ihre Funktion als vorbebusstes Alignment oder bewusste Simplifizierungsstrategie. Ziel eines innovativen Dialog-Designs sollte es sein, den Gebrauch von nicht-strategischen Persistenzen zu fördern, um eine natürlichere Wirkung zu erreichen. Auf Seiten der Systeme werden Persistenzen bislang als Nebenprodukt des Schlüsselwort-Parsings und der Prompt-Generierung erzeugt und vermitteln den Eindruck eines Quasi-Alignments, das selbstverständlich keinen direkten Kanal zum menschlichen Gegenüber öffnet, sondern ein künstlicher Mechanismus

124 Für den Begriff *Stil* wird hier ein größerer Begriffsumfang angesetzt als in der soziolinguistischen Fachterminologie (vgl. u.a. Dittmar 1997: 221ff).

ist, der vom Gegenüber u. U. vorbewusst als Alignment wahrgenommen werden kann. In den meisten Systemen ist die Generierung von Persistenzen noch unsystematisch. Ein Alignment-Generator, der menschliches Alignment-Verhalten simuliert, könnte die Dialog-Performanz der Systeme verbessern und zugleich ein natürlicheres Alignment-Verhalten der UserInnen evozieren. Denn diese zeigen passagenweise eine Form des reaktiven Alignments, indem sie gedankenlos, vielleicht sogar vorbewusst Konstruktionen des Systems übernehmen. Sowohl lexikalisches als auch syntaktisches reaktives Alignment kann auf der Grundlage von Persistzenzen seitens der UserInnen nachgewiesen werden, dabei sind aber lexikalische Persistenzen häufiger, weil reaktives Alignment auf der lexikalischen Ebene durch das Quasi-Alignment des Schüsselwort-Parsers unterstützt wird. Ein Zusammenhang zwischen UserIn und System konnte vor allem für den Bereich der Syntax statistisch nachgewiesen werden, der darauf schließen lässt, dass Quasi-Persistenzen des Systems, reaktives Alignment der UserInnen fördern. Die für die HCI ansonsten typische Divergenz zwischen UserIn und System liegt in Bezug auf Alignment also weniger vor. Es entsteht offenbar eine wirkliche Dynamik zwischen UserIn und System, die jedoch nicht als *interaktiv* bezeichnet werden kann, da Quasi-Alignment ein Artefakt ist und das UserInnen-Verhalten eine vorbewusste oder strategische Reaktion darauf. Allerdings wird an dieser Stelle UserInnen-Verhalten vergleichsweise vorhersagbar. Diese Tendenz gilt vor allem für die Syntax, doch in der Hälfte der untersuchten Stichproben zu HCI konnte auch zwischen den beiden linguistischen Ebenen ein Zusammenhang nachgewiesen werden.

Die beschriebene Dynamik zwischen UserIn und System ist bei den neueren Systemen stärker, da es hier häufigere Wiederaufnahmen durch das System, also mehr Quasi-Persistenzen gibt. Bei welchen Wortformen oder Phrasen alignt wird, beeinflusst der Schlüsselwort-Parser. Denn was als Schlüsselwort oder Muster hinterlegt ist, wird auch häufig bei der Antwortgenerierung wiederholt. Folglich kommen Nomina, Verben und Pronomina, die auch geparst werden können, häufiger als Quasi-Persistenzen vor, als andere Wortformen. Dadurch können die Loci klar definiert werden, an denen die Alignment-Dynamik in Gang gesetzt wird. Hinterlegte Schlüsselwörter werden im UserInnen-Input erkannt und Antworten mit Persistenzen generiert. Dies führt in vielen Fällen dazu, dass die UserInnen die fragliche Form ein weiteres Mal aufnehmen, weil sie sich entweder gut alignt fühlen oder eine operationable Interaktionsstrategie mit dem Bot gefunden haben. Diesen Schlüsselaspekt weiter zu systematisieren, sollte die Aufgabe innovativer HCI-Designs sein. Alignment-Generatoren, die das natürliche Zerfallsverhalten von persistenten Strukturen nachahmen

(*Vergessenskurve*) sind insofern sinnvoll, da in dieser Studie gezeigt werden konnte, dass das Alignment-Verhalten der UserInnen auch dieser Funktion folgt. Hier sollte also wechselseitig ein vergleichbarer Mechanismus wirken. Dass die Vergessenskurve bei UserInnen in der HCI robust ist, kann als zusätzliches Argument für eine vorbewusste Übertragung von Verhaltensweisen aus der HHC auf die HCI angeführt werden. Hier wird deutlich, dass die UserInnen in Bezug auf diesen Bereich der kognitiven Verarbeitung der Interaktion gar nicht anders können, als sich ähnlich wie in der HCI zu verhalten, da hierbei ganz basale Mechanismen der kognitiven Verarbeitung von Dialog aktiv werden. Es muss also festgehalten werden, dass die UserInnen-Daten gerade den neueren Systemen gegenüber einen ganz grundsätzlichen vorbewussten Mechanismus der Verarbeitung von HCI in der UserInnen-Kognition nahelegen, welcher der Verarbeitung von HHC gleicht. Alles, was in Bezug auf bewusste UserInnen-Strategien diskutiert werden kann (Verhalten bei Störungen, Grounding, Repair, CT), ist diesem Aspekt nachgeordnet.

Störungen in der HCI resultieren aus Parsing-Problemen auf der Ebene der Lexik und der Ebene der Semantik sowie aus dem Unvermögen der untersuchten Systeme, inferenzielle Schlüsse zu ziehen, da sie nur sehr begrenzt Zugriff auf Weltwissen haben. Daraus resultieren Inkonsistenzen im Dialog, die sich unterschiedlich äußern: Als inkohärenter Turn, als quasi-kohärenter Turn, in Form einer Default-Antwort oder einer Störungsmeldung als direkte Rückfrage. Dabei weist ca. ein Viertel der System-Turns aller Bots (außer Max) diese Störungen der kohärenten Anknüpfung auf. Das eigentliche Problem ist aber bedeutend größer: Im Zuge der qualitativen Untersuchung wurde klar, dass thematische Sprünge noch wesentlich häufiger an der Tagesordnung sind. An diesen Stellen kommt es in den meisten Fällen nur deshalb nicht zu Störungen der Interaktion, weil die UserInnen die Sprünge in der Progression übergehen, sich auf Themenwechsel einlassen oder die Illokution der inkohärenten Bot-Äußerung kreativ umdeuten. Im Verhalten bei Störungen werden bewusste UserInnen-Strategien offenbar, die auf Vorannahmen und Ansichten über das System schließen lassen. Versuchen UserInnen bspw. Repair durch Grounding einzuleiten, kann dies als Attribuierung an-thropomorpher Eigenschaften an das System interpretiert werden (vgl. Fischer 2006). In den untersuchten Dialogen finden sich allerdings nur vergleichsweise wenige Reaktionen der UserInnen auf Störungen, in denen überhaupt Repair eingeleitet wird. Häufiger ist eine passive Haltung der UserInnen, die sich die thematische Progression vom System vorgeben lassen und sich auf Brüche und Inkonsistenzen im Dialogverlauf einlassen. Die Gründe für diese erstaunliche Akzeptanz für Störungen liegen höchstwahrscheinlich in einer allgemein geringen Erwartungshaltung an das System und einem vergleichsweise irrelevanten Anwendungskontext. Wenn die Interaktion mit einem Beratungsbot scheitert, finden sich in der Regel alle fraglichen Informationen auch auf der Website der Firma oder Institution über eine herkömmliche Menü-Navigation. Anbieter fahren gerade aus diesem Grund zweigleisig (Bot und *Graphical User Interface, GUI*), weil sie den Funktionen der Sprachagenten nicht ausreichend vertrauen. So ist der Bot derzeit meist ein werbeträchtiges Gimmick auf einer von ihm unabhängig vollständig funktionsfähigen Website. Sobald die Anwendungskontexte aber an Verbindlichkeit gewinnen (wie z.B. bei pädagogischen Agenten oder Pflegerobotern), werden Störungen der Interaktion von einer neuen Generation von UserInnen weniger toleriert werden. Diese UserInnen-Generation wird mit klaren Interaktionszielen für den jeweiligen Anwendungsbereich an die Systeme herantreten und die Erfüllung der gewünschten Aufgabe einfordern. Aus diesem Grund sollte die Verbesserung der Dialog-Kohärenz höchste Priorität bei der Weiterentwicklung der Systeme haben, denn an diesem wunden Punkt werden ansonsten in naher Zukunft die Interaktionen gerade bei freien Dialog-Designs mit Mustererkennung und Prompt-Generierung scheitern. Eine Steuerung der UserInnen in Form von Skripts für Teilbereiche der Interaktion führt zu wesentlich kohärenteren Dialogen, wie das Beispiel Max mit weniger als 10 % Störungen der Progression zeigt. Besonders für pädagogische Agenten sind störungsfreie kohärente Dialoge enorm wichtig und gehören immanent zu ihrer pädagogischen Aufgabe. Innerhalb der HCI kann dieses Ziel nur durch Skripte und verbesserte semantische Sprachverarbeitung erreicht werden. Darüber hinaus müsste man mit aufwendigen Kalkülen aus der KI Referenzsysteme ausdifferenzieren und Präsuppsitionen aus großen Wissensbasen ableiten.

Auf der Ebene der sprachlichen Performanz kann durch Kohäsionsmittel allein der Eindruck einer kohärenten Interaktion verstärkt werden. Es handelt sich dabei aber immer um eine Illusion, da Marker für komplexe Referenzen verwendet werden, ohne dass das System die Referenz als solche berechnen könnte. Die untersuchten Systeme gebrauchen solche Konnektiva meist turn-immanent oder mit Bezug auf den eigenen Vorgänger-Turn bei Deiktika, Konjunktionen und Definitartikeln. Interagierenden-übergreifende Konnektiva sind in der HCI selten – auch bei den UserInnen, die sich der begrenzten Möglichkeiten der Systeme zur Referenz bewusst zu sein scheinen und Rückverweise weitestgehend vermeiden. Die quantitative Untersuchung führt hier zu irreführenden Ergebnissen, denn im einfachen Vergleich verwenden die Systeme allgemein mehr textgrammatische Kohäsionsmittel als die UserInnen. Diese werden aber in der Regel turn-immanent verwendet, spiegeln die konzeptionell schriftliche

Stilebene der System-Beiträge wider und tragen somit eben nicht direkt zur Dialogkohärenz bei. Sie dürfen unter keinen Umständen als Indikator für kohärente Dialoge missinterpretiert werden.

Die UserInnen versuchen kaum, kohäsiv oder turn-immanent zu verknüpfen (Simplifizierungsstrategie?). Dies führt quantitativ zu divergenten Werten für UserIn und Bot in Bezug auf Kohäsionsmittel, obwohl beide Seiten eigentlich keine Interagierenden-übergreifenden Verknüpfungen vornehmen. Die qualitative Untersuchung zeigt aber, dass zuverlässig funktionierende Kohäsion in der HCI bislang nur bei der Personal-Deixis vorliegt.

Was die HCI also qualitativ auszeichnet, ist leider häufig das Fehlen eines „roten Fadens" in Form von logischer Progression und semantischer Kontiguität, was sich an der Textoberfläche seinerseits im Fehlen turn-übergreifender kohäsiver Strukturen manifestiert. Was die HCI quantitativ kennzeichnet, sind die unterschiedlichen sprachlichen Stile, die von Systemen und UserInnen verwendet werden und die in Bezug auf eine ganze Reihe von Untersuchungsparametern zu divergenten Werten führen. Dies steht in klarem Gegensatz zur HHC, wo die Interagierenden eine gemeinsame Sprache aushandeln und sich die jeweiligen Verteilungen für sprachliche Phänomene einander annähern. Gerade bei den älteren Systemen mit einer UserInnen-Führung, die einer natürlichsprachlich vermittelten Menünavigation gleicht, sind System- und UserInnensprache besonders unterschiedlich. Im Extremfall stehen ausführlichen, konzeptionell monologischen sowie schriftlichen System-Texten knappe UserInnen-Äußerungen entgegen, welche die von Womser-Hacker (1992) beschriebenen strukturellen Merkmale eines CTs aufweisen: eine Tendenz zur lexikalischen und syntaktischen Simplifizierung, metaphorischer Sprachgebrauch als Navigationsbefehl, Systemtests und Flaming. Die Ausgabe der neueren Systeme ist unter ausschließlicher oder partieller Verwendung von Mustererkennung und Prompting freier und die einzelnen Turns sind weniger schriftsprachlich und konzeptionell dialogischer formuliert. Dies fördert ein natürlicheres Dialogverhalten der UserInnen, wie an einem Rückgang an strukturellen Merkmalen eines CTs zu erkennen ist. Überspezifizierungen und Befehlssprache können gegenüber den neueren Systemen nicht mehr nachgewiesen werden. Allerdings bleibt eine Tendenz zur Simplifizierung, die sich nur zum Teil auf physikalische Ökonomie bei der Interaktion über das Keyboard eines Endgeräts zurückführen lässt. Funktional hat diese Simplifizierung heute nur noch wenig gemeinsam mit Krauses (1992) natürlichsprachlicher Metapher für formale Ausdrücke, denn durch die intuitive Nutzbarkeit von Interfaces abstrahiert die moderne Generation von Computer-NutzerInnen weitestgehend vom sich dahinter verbergenden Quellcode in Programmiersprache. Wahrscheinlich spiegelt die Tendenz zur Verknappung eher die allgemein passive Haltung der UserInnen wider, die sich vom Assistenzsystem durch den Dialog führen lassen und sich auf thematische Sprünge einlassen. Dabei wird auch bei den neueren Systemen die Progression durch kurze Bestätigungen mit „ja“ oder „ok“ („okay“, „o.k.“) o. ä. vorangetrieben. Diese Sprachhandlung gleicht dem Gebrauch der Enter-Taste zum Weiterklicken (*natürlichsprachliches Weiterklicken*) und kann als letztes Relikt des metaphorischen Sprachgebrauchs nach Krause (1992) interpretiert werden. Systemtests und Flaming sowie die geringe Zahl an Höflichkeitsindikatoren bleiben als Hinweise auf einen funktionalen CT konstant.

Allgemein muss festgehalten werden, dass eine Interpretation der HCI als CT zu kurz greift. HCI setzt sich aus verschiedenen Ebenen zusammen, auf denen unterschiedliche Kräfte wirken. So wird auf dem vorbewusstem Level seitens der UserInnen der Alignment-Mechanismus aus der HHC auf die HCI übertragen, wo immer das Dialog-Design eine solche Reaktion zulässt. Ferner werden bewusste Strategien aus der HHC auf die HCI übertragen (bspw. beim Grounding, vgl. Fischer 2006). Diese Aspekte können nicht als CT gedeutet werden. Ein Großteil der UserInnen-Turns in der HCI kann als reaktives Verhalten auf die Funktionsweise des jeweiligen Systems verstanden werden. Dabei spielt es eine wichtige Rolle, ob das Dialog-Design auf einer natürlichsprachlich vermittelten Menünavigation, einer Parsing&Prompting-Architektur oder einem hybriden System gründet. Denn die unterschiedlichen Herangehensweisen an HCI führen zu unterschiedlichen UserInnen-Reaktionen, die sprachlich strukturell und funktional widergespiegelt werden. Stellt ein System mit natürlichsprachlicher Menünavigation z.B. viele Fragen, die bestimmte Antworten nahelegen (z.B. Entscheidungsfragen), finden sich diese Antworten als Adjazenzellipsen oder einfache Sätze im UserInnen-Output und es gibt weniger Indikatoren für Störungen und Repair. Verlässt man sich bei der Konstruktion auf Schlüsselwortparsing und Prompting, braucht man viele Default-Antworten, die thematische Sprünge, Repair oder Flaming evozieren. Ob die Sprache der UserInnen viele Merkmale eines natürlichen Dialogverhaltens aufweist, hängt also eng mit der Systemarchitektur zusammen.

Was an der HCI als CT bezeichnet werden kann, ist der Teil des UserInnen-Outputs, der von einem natürlichen Dialogverhalten abweicht. Dabei ist zu unterscheiden, welche Parameter direkt von einem Aspekt der Konstruktion des jeweiligen Systems abhängen und welche unabhängig vom Einzelsystem auf Vorannahmen der UserInnen über Dialogagenten allgemein zurückgeführt werden können. Es ist also zu differenzieren zwischen reaktivem und proaktivem

CT. Diese Unterscheidung ist nicht immer einfach zu treffen. Für beide Arten gilt jedoch, dass sie als CT interpretiert werden müssen. Hierbei handelt es sich gleichermaßen um strukturelle und funktionale Aspekte der HCI. Elemente die auch bei modernen Systemen noch strukturellen CT auszeichnen, sind die Tendenz zur Simplifizierung, Tests, Flaming und das Fehlen von Höflichkeitsmarkern in der Gesprächsmitte. Im Vergleich zu den 1990er Jahren hat sich die Rezeptionshaltung der UserInnen verändert, so dass mit den bekannten Strukturen mitunter andere Funktionen einhergehen. Das passive Interaktionsverhalten führt dazu, dass die UserInnen-Sprache heute abhängiger denn je vom jeweiligen Design ist. Technischer Fortschritt auf der Seite der Systeme hat innerhalb relativ kurzer Zeiträume Auswirkungen auf die UserInnen-Sprache (vgl. Rückgang der Befehlssprache innerhalb von 15 Jahren). So spiegelt sie den Stand der technologischen Entwicklung zu einer bestimmten Zeit wider und stellt immer nur eine Momentaufnahme dar, da die Systeme ständig weiterentwickelt werden und Technikverständnis, Expertise und Akzeptanz der UserInnen sich mit ihnen in Koevolution verändern.

Vergleicht man die Systeme untereinander, so werden bestimmte Entwicklungstendenzen deutlich. Ein hybrides Dialog-Design mit Skripten für bestimmte thematische Teilbereiche und Parsing&Prompting in freieren Dialog-Abschnitten ist reiner Menü-navigation und einfachen Parsing&Prompting-Designs überlegen. Außerdem ist eine konzeptionell dialogische und mündliche Sprache, monologisch und schriftsprachlich gestalteten System-Turns vorzuziehen. Der so aufgebaute ECA Max schneidet bei allen untersuchten Parametern am besten ab und funktioniert am robustesten. Hier wurde ein Mittelweg zwischen enger UserInnen-Führung und überraschend freien Sequenzen gefunden. Außerdem sind die Redebeiträge des Systems durchgängig konzeptionell dialogisch und mündlich gestaltet. Allein diese Design-Entscheidung und deren systematische Umsetzung rufen natürlichere UserInnen-Reaktionen hervor. Der ECA ist den älteren Systemen Twipsy und Karlbot und dem aufwendigen Parsing&Prompting-Bot Elbot deutlich überlegen. Elbot hat als konsistenteste und interessanteste Persona den höchsten Unterhaltungswert, was sich ebenfalls positiv auf die Akzeptanz durch die UserInnen auswirkt. Jeder einzelne Redebeitrag ist der Elbot-Persona entsprechend gestaltet, was sich bspw. im überdurchschnittlichen Gebrauch von Modal- und Intensitätspartikeln zeigt. Die soziale Wirkung ist einem gleichermaßen genialen wie fatalistischen Kunstgriff seines Konstrukteurs Fred Roberts zu verdanken, der aus der Not eine Tugend machte und absurde thematische Sprünge in der Interaktion mit Elbot zu einem stimmigen Bild seines Charakters beitragen ließ. Diesem anarchischen Charme kann die spröde Pädagogen-Persona Max wenig entgegensetzen. Doch der ECA Max ist eindeutig das sinnvollere Gerät, da man gezielt versucht hat, inkohärenten Systembeiträgen durch polyvalent antizipierte Subskripte entgegenzuwirken. Dadurch wird er über den Entertainment-Bereich hinaus einsetzbar – auch in ernsthafteren Szenarien im pädagogischen Bereich, in dem Kohärenz in der thematischen Progression eine bedeutende Rolle spielt. Planbasiertes Dialog-Management ist also unumgänglich, wenn ein bestimmtes Dialogziel erreicht werden soll und der Bot zusätzlich eine Vorbildfunktion ausfüllt. Allgemeine Dialog-Pläne können ausdifferenziert werden in der Dialogsituation entsprechend modifizierbare Sub-Pläne, jedoch sollte eine grundsätzliche Struktur vorhanden sein, wie es in pädagogischen Agenten auch allgemein angestrebt wird (vgl. Zinn et al. 2003). Denn vorgegebene Strukturen führen zu kohärenten Sequenzen und diese scheinen natürlichere UserInnen-Beiträge und weniger CT zu evozieren.

Diese Weiterentwicklung seitens der Systeme von der natürlichsprachlich vermittelten Menünavigation und Parsing&Prompting-Designs hin zu hybriden ECAs und eine Verbesserung der System-Sprache hin zu interaktiv-dialogisch, konzeptionell mündlich gestalteten Turns zieht auch Entwicklungstendenzen im Bereich der UserInnen-Sprache nach sich. So findet sich weniger Befehlssprache, aber mehr reaktives Alignment. Was dafür spricht, dass der Bot weniger als zu bedienende Maschine und mehr als anthropomorpher Gesprächspartner wahrgenommen wird. Eine Entwicklung weg von CT hin zu natürlicher Kommunikation scheint begonnen zu haben und kann an der Übertragung vorbewusster Mechanismen aus der HHC und einem Rückgang an metaphorischem Sprachgebrauch nach Krause (1992) festgemacht werden. Die derzeitige HCI weist sowohl Elemente der HHC als auch eines CTs auf. Dass der Trend in den nächsten Jahrzehnten weiter in Richtung natürlicher Kommunikation gehen wird, ist wahrscheinlich, solange EntwicklerInnen das Ziel verfolgen, Systeme anthropomorph zu gestalten. Die entscheidenden Hürden innerhalb dieser Entwicklung werden die Nutzbarmachung von großen Datenmengen als Weltwissen und Common Ground, sowie die logisch-semantische Verarbeitung von Informationen sein. Die natürliche Grenze des gesamten Prozesses ist die Generierung eines künstlichen Bewusstseins, durch das die Interaktion mit dem System in eine Kommunikation mit einer artifiziellen Person verwandelt würde.

5. Diskussion der Ergebnisse und Ausblick

5.1 Ein Interaktionsmodell der HCI

In diesem Kapitel soll die HCI als auf unterschiedlichen Betrachtungsebenen heterogene Interaktionsform genau definiert werden. Es wird angestrebt, die HCI auf ihren unterschiedlichen Ebenen in Form eines Interaktionsmodells zu fassen. Darüber hinaus müssen neuralgische Punkte der maschinellen Dialogverarbeitung diskutiert werden, die den derzeitigen Charakter der HCI bestimmen. Psychologische und soziale Wirkungen der Interaktionssituation HCI werden angedacht.

5.1.1 Inkonsistente und sprunghafte HCI

Wie bereits in Kapitel 4.5 beschrieben, handelt es sich aus linguistischer Perspektive beim Begriff der HCI um eine Sammelkategorie unterschiedlicher Interaktionsformen. Da die HCI durch eine beachtliche Zahl dialog-externer und dialog-immanenter Variablen beeinflusst wird und da derzeitige Dialog-Designs nicht zu einheitlichen Interaktionsformen führen, werden UserInnen mit einer Vielzahl an unterschiedlichen Signalen konfrontiert, auf die sie mit unterschiedlichen Strategien reagieren:

- Übertragung vorbewusster Mechanismen aus der HHC (reaktives Alignment)
- Übertragung routinierter Abläufen aus der HHC (Gesprächsrahmensequenzen)
- Übertragung bewusster Strategien aus der HHC (Grounding, Framing und Repair)
- reaktiver CT (einsilbiges Kommentieren, natürlichsprachliches „Weiterklicken")
- proaktiver CT (Tests und Flaming, Weglassen von Höflichkeitsmarkern)

Die jeweiligen Verhaltensweisen werden vom System passagenweise getriggert. Eine einheitliche Interaktionsform ist auf der Grundlage der heutigen Systemarchitekturen und Dialog-Designs nicht möglich. Moderne Systeme nutzen unterschiedliche Strategien für verschiedene Sequenzen des Dialog-Designs. So kann in Gesprächsrahmensequenzen auf Makros zurückgegriffen oder mit Alignment gearbeitet werden, während in der Gesprächsmitte die Präsentation von Inhalten über Skripts mit Small-Talk-Sequenzen als Parsing & Promting abgewechselt wird. Die Heterogenität des UserInnen-Verhaltens ist eine notwendige Folge dieser Design-Entscheidung. Sie kann aber durchaus als Fortschritt gegenüber einfachen Architekturen in Form einer natürlichsprachlich vermittelten Menünavigation bewertet werden. Die vorliegende Studie zeigt, dass hybride Systeme UserInnen dazu anregen, mehr Strategien aus der HHC auf die HCI zu übertragen. Die Folge ist allerdings ein heterogener Gesamteindruck, da CT weiterhin eine Rolle spielt. Das Dialog-Design bewegt sich in einem Kontinuum zwischen Dialog und Monolog, zwischen Nähe und Distanz, zwischen konzeptioneller Mündlichkeit und Schriftlichkeit sowie zwischen UserInnen-Führung und freien Passagen in unterschiedlichen Sequenzen des Dialogs. Die daraus resultierende Uneinheitlichkeit der Interaktion, die vorstellbare HHC-Szenarien mit ebenfalls sehr unterschiedlichen Gesprächsphasen in ihrer Diversität bei weitem übertrifft, schafft bei UserInnen den für die HCI typischen Eindruck, der im weiteren Verlauf des Kapitels skizziert werden soll.

Wenn Systemarchitekturen dialogimmanent so starke Wirkungen zeigen, kann das UserInnen-Verhalten dann vollständig aus den Vorgaben des Systems abgeleitet werden? Dann wären HCI-Dialoge vollständig deterministisch und einzelne UserInnen-Turns leicht antizipierbar. Wissenschaftliche Studien in diesem Bereich müssten notwendig auf einen logischen Zirkelschluss hinauslaufen, da die Beschaffenheit der Systeme das UserInnen-Verhalten bereits vorgäbe. Selbstverständlich ist der Handlungsrahmen der menschlichen AkteurInnen nicht in diesem radikalen Maße eingeengt. Wie die Studie gezeigt hat, verhalten sich UserInnen den Systemen gegenüber auch proaktiv, stellen Fragen und führen neue Themen ein. Außerdem verweisen sie bisweilen aus dem deterministischen Rahmen der eigentlichen Interaktionssituation heraus auf ihre eigene Lebenswelt, in der das System nur als Gerät existiert. Und auch beim reaktiven Verhalten ist das Spektrum der möglichen Reaktionen so weit, dass es schwierig ist, UserInnen-Äußerungen zu antizipieren. Bspw. drücken sich UserInnen, die mit konzeptionell schriftlicher Sprache konfrontiert werden, selbst in der Regel nicht genauso aus, sondern zeigen eine Tendenz zur Verknappung. Eine grundsätzliche Tendenz zu einer passiveren Rezeptionshaltung kann bei den neueren Bots aber beobachtet werden.

Dieser Umstand trägt dazu bei, dass UserInnen sich vom System führen lassen und die Interaktion mit den untersuchten neueren Systemen über weite Passagen funktioniert. Auch wenn sie teilweise absurde Züge hat, zeigt sie in diesen Passagen eine interne Kohärenz. Dieses Zusammenspiel von sophistiziertem System und kooperativen UserInnen lässt sich bereits bei Max und Elbot beobachten und ist bei den innovativsten Systemen auf dem Markt (vgl. IBMs *Watson*, Ferrucci et al. 2010) noch ausgeprägter.

Doch Brüche in der kohärenten Progression sind zurzeit in der HCI noch unvermeidlich und charakterisieren diese stärker als jeder andere Parameter. Diesen Brüchen kommt insofern eine besondere Relevanz zu, da sie die logische Argumentationslinie eines Dialogs jäh unterbrechen, quasi den „roten Faden" abreißen, um dann ein neues Thema zu präsentieren. Weder zielorientiertes noch kommunikatives sprachliches Handeln ist unter diesen Bedingungen möglich. Je freier thematische Ausrichtung und UserInnenführung gestaltet sind, desto anfälliger sind die Systeme für Störungen, die zu Inkohärenzen oder Quasi-Kohärenzen führen. Auch der kooperative moderne UserInnen-Typus kann sich mit solchen Störungen nur bedingt arrangieren. Wie in den Kapiteln 2.3 und 4.2 ausgeführt, stellt die Generierung von Dialogkohärenz in der HCI die größte Herausforderung für EntwicklerInnen innovativer Systeme dar. Uns als Menschen stehen enorme Ressourcen von Geburt an erworbenen Wissens zur Verfügung, aus welchen wir schöpfen können, um nicht explizit gemachte Zusatzinformationen für die kohärente Progression kompetent zu ergänzen. Diesen Vorgang in eine Maschine zu implementieren, ist auf dem heutigen Stand der Technik nur sehr bedingt möglich.

Statistisch kann HCI charakterisiert werden durch divergente Werte für strukturelle Phänomene in Bot- und UserInnen-Sprache. Diese Divergenz bildet sich aus, da Bot und UserIn ihre Sprache einander kaum anpassen. Funktional verhalten sich die UserInnen zwar tendenziell reaktiv, dies zieht aber nicht zwangsläufig strukturell viele Konstruktionsübernahmen nach sich, die zu einer Angleichung des Sprachgebrauchs an das System führen würden. Je schlechter das System ist, desto weiter fallen die Werte meist auseinander. Bedeutungen aushandeln kann man auch mit den innovativsten Systemen noch nicht zuverlässig und persistente Strukturen spielen in der HCI auch eine geringere Rolle als in der HHC. Im Grunde wird das adaptive und interaktive Verhalten, das für die HCI so konstitutiv ist, in der HCI in sein Gegenteil verkehrt. Denn die große Mehrheit der Systeme passt sich der Sprache der UserInnen höchstens zufällig in Form von Quasi-Persistenzen an, gibt aber ansonsten Dialogbeiträge völlig isoliert und vorformuliert aus. Die UserInnen scheinen sich diesem Verfahren anzupassen, indem sie ihre Lexik und Syntax dem System ebenfalls weniger anpassen als einem menschlichen Gegenüber. Die sorgfältige Auswahl passender Lexeme mit Rücksicht auf die Parsing-Funktion der Systeme, wie Fischer sie in der oralen HRI findet (Fischer im Druck: 175) spielt eine untergeodnete Rolle und findet sich eher gegenüber den älteren Systemen und bei Repair.

Führt man alle Schwächen und Limitierungen der Systemarchitektur (hybride Architektur als Ursache für heterogene Dialogsequenzen, kein Zugriff auf

Weltwissen, produziert Störungen der logischen Kohärenz) und alle Inkonsistenzen des Dialog-Designs (Dialog-Monolog, Mündlichkeit-Schriftlichkeit, Nähe-Distanz) zusammen, so wird deutlich, dass der heterogene und sprunghafte Charakter der HCI heute eher durch diese konkreten Systemfunktionen bestimmt wird, als durch unabhängige Variablen seitens der UserInnen (Vorannahmen, UserInnen-Typ, Technikexpertise, Gender).

5.1.2 HCI oder CT als funktionales Register

In Rahmen der Diskussion um CT, wird neben dem Begriff des Registers auch teilweise der Begriff der *Varietät* auf die UserInnen-Sprache angewandt, wobei unterschiedliche Begriffsumfänge angesetzt werden (vgl. Krause & Hitzeberger 1992, Fischer 2006). Im Folgenden soll mit Bezug auf die Ergebnisse der voliegenden Studie geprüft werden, ob die Sprache der Userinnen in der chat-basierten HCI als Varietät oder Register bezeichnet wedren kann.

Die Ergebnisse legen nahe, die HCI in ihrer Gesamtheit weder als funktionale noch als strukturelle ***Varietät*** zu bezeichnen. Die Gründe liegen in der Heterogenität der HCI (vgl. Kapitel 4.4.3, vgl. auch Fischer im Druck) und in der fehlenden wechselseitigen Anpassung zwischen Bot und Mensch zur Ausbildung von gemeinsamen neuen sprachlichen Varianten. Um eine bestimmte sprachliche Ausprägung als Varietät bezeichnen zu können, muss diese einheitliche Merkmale aufweisen (vgl. u.a. Dittmar 1997). Die HCI kann also aufgrund ihrer Heterogenität in ihrer Gesamtheit nicht als Varietät bezeichnet werden. Aufgrund des weitgehend fehlenden Austauschs zwischen UserIn und System, ist die wechselseitige Ausbildung neuer Varianten, die zu einer gemeinsamen Varietät führen könnten, unmöglich. Zwar passen sich die UserInnen den wechselhaften Ausprägungen der Systemsprache z. T. an (vgl. reaktives Alignment), doch hat das System aufgrund seiner Restriktionen keine Möglichkeit zur Anpassung an die UserInnen. Mit lernfähigen Systemen wird diesem Problem entgegengewirkt. Doch wie diese Systeme operieren, kann nicht mit der interaktiven Ausbildung einer Varietät verglichen werden. So speichert bspw. Carpenters Cleverbot alle UserInnen-Eingaben in einer Datenbank, um diese in der nächsten vergleichbaren Gesprächssituation als eigenen Turn auszugeben. Dadurch passt sich das System der Sprache seiner UserInnen zwar an, aber eben indem es komplette Turns kopiert und recycelt. Dies ist eine völlig andere Art der Anpassung als Alignment und Aushandlungsprozesse in der HHC.

Auch unter den UserInnen als Gruppe, ist die Ausbildung einer Varietät „HCI" unwahrscheinlich, da sie nicht in der Gruppe mit einem System interagieren, sondern die HCI in den meisten Fällen dyadisch verläuft. So haben sie in der Regel keinen Einblick in die Interaktionsstrategien anderer UserInnen und damit keine Möglichkeit, gemeinsame Varianten zu etablieren.

Der enge Bezug auf einen bestimmten situativen Kontext und die festgelegten Rollen der Interagierenden in der HCI sprechen für eine Interpretation als *Register*. Die Asymmetrie der Interagierenden führt zur strategischen Aktionsplanung der UserInnen auf der Basis von Partnermodellen über die als restringiert eingestuften Sprachfähigkeiten des Bots. Dass unterschiedliche UserInnen bestimmte Verhaltensweisen (Simplifizierungsstrategien) in unterschiedlicher Ausprägung oder Qualität zeigen, steht einer Interpretation der UserInnen-Sprache als Register nicht entgegen. Die Asymmetrie der Interaktionssituation und ihre Abhängigkeit von UserInnen-Typen lassen sich also mit einem weit gefassten, funktionalen Register-Begriff vereinbaren. Problematischer ist, dass die chat-basierte HCI in Abhängigkeit von Sytemarchitektur und Dialog-Design dialogimmanent passagenweise stark variiert. Einheitliche strukturelle Merkmale dieser Interaktionsform zu definieren, ist kaum möglich, denn wenige der untersuchten Parameter der UserInnen-Sprache finden sich in HCI-Dialogen durchgängig. Auch auf der funktionalen Ebene verändert sich das UserInnen-Verhalten je nach dem, welches Dialog-Design in der entsprechenden Passage gerade aktiv ist (passive und aktive Phasen der UserInnen, Phasen der eindeutigen Rollenzuschreibung oder der diesbezüglichen Unsicherheit, Phasen der Anthropomorphisierung oder des Werkzeugcharakters). Das Hauptcharakteristikum der HCI liegt auf Grund von systemimmanent wechselnden Dialog-Designs gerade in ihrer Uneinheitlichkeit. Hinzu kommt der starke Rückbezug der UserInnen-Sprache auf die eigentlichen Funktionen des jeweiligen Systems. Wichtig ist hier nicht, dass jedes System seine eigene UserInnen-Sprache evoziert (unterschiedliche Ausprägungen eines Registers wären vorstellbar), sondern dass die Dialog-Designs passagenweise wechseln. Die UserInnen-Sprache spiegelt die Inkonsistenz der Systeme in ihrer gesamten Heterogenität wider. Die Interpretation als Simplified Register trägt also auch nur passagenweise, nämlich dann, wenn sich UserInnen kooperativ verhalten und sich bewusst verständlich ausdrücken möchten, um das Parsing zu erleichtern. In anderen Passagen dominiert die gedankenlose Übertragung von Verhaltensweisen aus der HHC oder das aktive Erkunden der Systemfunktionen, teilweise mittels aggresiver Sprachhandlungen. Diese dialogimmanente Heterogenität spricht gegen eine Interpretation der UserInnen-Sprache in ihrer Gesamtheit als *Simplified Register*.

Der traditionell diskutierte CT wurde in Kapitel 4.4 als Teilmenge der heterogenen HCI angenommen. Dieser weist strukturelle und funktionale Kriterien auf, die systematisch erfassbar sind. Denn die Verhaltensformen der NutzerInnen zeigen ein gemeinsames Repertoire an bewussten, funktionalen Strategien, die bestimmte strukturelle Parameter der UserInnen-Sprache hervorbringen, die z. T. mit den CT-Kriterien nach Womser-Hacker (1992) übereinstimmen. Ein Großteil der lexikalischen und syntaktischen Simplifizierungen sowie Tests und Flaming können durch dieses Konzept erklärt werden. Einige wenige der fraglichen Parameter lassen sich konstant und systemübergreifend nachweisen. Insofern stellen CT und *Robot Directed Speech*, so wie sie in der Literatur beschrieben wurden nur einen Teilaspekt der chat-basierten HCI dar und greifen nur passagenweise. Charakteristika der *Robot Directed Speech* finden sich in Simplifizierungsstrategien der UserInnen und allgemein in kooperativem Verhalten. CT in der chat-basierten HCI manifestiet sich aber auch in weniger kooperativer Interaktion. Da sich die funktionale Ausrichtung des CTs mit einer veränderten Rezeptionshaltung der UserInnen ausdifferenziert hat, muss dieser CT nach funktionalen Kriterien noch weiter untergliedert werden in einen proaktiven CT, der auf Vorannahmen der UserInnen gründet, und einen reaktiven CT der in einer passiven Rezeptionshaltung der UserInnen zum Ausdruck kommt. Beide Formen sind auf ein allgemeines Bewusstsein der UserInnen für die Interaktion mit dem artifiziellen Gegenüber zurückzuführen, die in diesen Passagen nur bedingt als sozial wahrgenommen wird. Reaktives Verhalten (*natürlichsprachliches Weiterklicken*) und proaktives Verhalten (Test und Flaming) zeigen gleichermaßen, dass die HCI von vielen UserInnen als Plattform begriffen zu werden scheint, auf der soziale Verhaltensnormen außer Kraft gesetzt sind. CT bezieht sich also einerseits auf Passagen, in denen UserInnen sich vom System leiten lassen, und andererseits auf Passagen, in denen das System auf seine „Schlagfertigkeit" getestet wird. Dennoch finden sich auch immer wieder bewusste Simplifizierungsstrategien als kooperatives Verhalten. Die gegensätzlichen Tendenzen des UserInnen-Verhaltens (in Abhängigkeit vom UserInnen-Typ und Dialog-Design) zur Passivität einerseits oder Neugier und Aggression andererseits können als wiederkehrende Funktionen der UserInnen-Sprache interpretiert werden, die stark vom Standard abweichen. Es finden sich also sowohl auf struktureller als auch auf funktionaler Ebene Argumente für die Annahme eines CTs. Bedingung für diese Verhaltensweisen ist ein Bewusstsein für die Interaktion mit einer Maschine, die Wahrnehmung des Systems als defizitären Gesprächspartner und der Interaktionssituation als Raum, in dem das soziale *Face* keine Rolle spielt. Wird die Interaktionssituation dagegen in stärkerem Maße als sozial wahrgenommen, finden sich mehr Belege für Simplifizierung und kooperatives Verhalten im Sinne einer *Robot Directed Speech*.

Der als CT definierter Teilaspekt der HCI könnte im Sinne Dittmars (1997) als Register interpretiert werden. *„Register' (‚auch diatopische Varietät') aktiviert eine semantische Konfiguration in einer gegebenen sozialen Situation in Abhängigkeit von einer spezifischen kommunikativen Aufgabe (thematischer Gegenstand, Zweck, Skript), der Beziehungsqualität (Rollenbeziehungen erster und zweiter Ordnung) und der Diskursmodalitäten (Gattungen, Austauschstruktur und kulturelles Wissen)"* (Dittmar 1997: 210). Der hier beschrieben CT kann als situativ bedingt begriffen werden und sein Zweck liegt im Unterhaltungswert und im Austesten der Systemfunktionen. Er wird bestimmt durch ein asymmetrisches Beziehungsverhältnis zu einer künstlichen Entität, deren soziale Rolle nicht eindeutig definiert ist und die nur bedingt Zugriff auf kulturelles Wissen hat. Seitens der Systeme wäre das Register durch deren Restriktionen charakterisiert, seitens der UserInnen durch deren Rezeptionshaltung. Wenn CT also nach soziolinguistischen Kategorien klassifiziert werden soll, dann als Register und nicht als Varietät. Einen Teilaspekt der HCI als eigenständiges Register herauszustellen, ist allerdings ein Konstrukt, das nur trägt, weil die heutige HCI immanent noch sehr heterogen ist. Hybride Systeme bringen hybride Kommunikationsformen mit sich, die passagenweise Anteile eines CTs haben, aber über längere Sequenzen auch völlig natürlich wirken können (z. B. höfiches Grüßen in Gesprächsrahmenseuenzen).

Der im Vergleich zu früheren Studien engere Begriffsumfang von CT, der in dieser Arbeit vertreten wird, ist eine Folge der raschen Entwicklung der Technologien und der Technikrezeption in den vergangenen 20 Jahren. In Bezug auf die UserInnen-Sprache konnte in jedem der untersuchten Teilbereiche eindeutig eine Weiterentwicklung von Twipsy und Karlbot zu Max und Elbot nachgezeichnet werden. Dies spricht gegen einen CT als statische Größe. Zoeppritz' (1989) Idee von CT als strukturellem Register war in den 1990er Jahren sinnvoll und auf der Basis der Daten von Womser-Hacker (1992) nachvollziehbar, trifft aber in der heutigen technisierten Gesellschaft nicht mehr zu. Und auch die Daten der vorliegenden Studie zeigen deutlich, dass sich die Haltung der UserInnen gegenüber den Systemen verändert hat. Neugier und Furcht werden über weite Strecken abgelöst durch ein Konsumverhalten, bei dem der Bot in erster Linie unterhalten soll. Diese Einstellung ist weit entfernt von der Vorstellung eines strukturellen CTs, den ein Mensch zunächst erwerben muss, um die Maschine mittels dieser Sprachmetapher bedienen zu können. Was die HCI seitens der UserInnen heute beeinflusst, ist subtiler und diverser. Der Geltungsbereich für strukturellen und funktionalen CT schrumpft und wird weiter schrumpfen, je anthropomorpher innovative Systeme in Zukunft sein werden. Technologien, Technikrezeption und UserInnen-Sprache sind gemeinsam in raschem Wandel begriffen. Dabei verändern sich die strukturellen und funktionalen Merkmale nicht durch interaktive Aushandlungsprozesse innerhalb einer Sprachgemeinschaft, sondern durch technologische Entwicklungen. Die Abhängigkeit der UserInnen-Sprache vom jeweiligen Stand der Technik ist hier direkter als bspw. in der CMC. Unter dieser Bedingung kann CT also nur dann als Register analysiert werden, wenn man einen weiteren Registerbegriff annimmt als üblich.

Solange die Systeme aber in Bezug auf ihre Anwendungsbereiche und Konstruktion extrem divers und nicht zu einem tragfähigen interaktiven Austausch von semantischen Informationen in der Lage sind, kann sich keine neuartige Varietät „HCI" herausbilden. Allein ein Teilbereich der HCI nämlich die UserInnen-Sprache des CTs, weist funktionale und strukturelle Merkmale auf, die als Register interpretiert werden können. Sollten sich eines Tages ein einheitlicher Anwendungsbereich für artifizielle Dialogagenten und eine bestimmte Funktionsweise dieser Systeme etabliert haben, könnte sich eine systemübergreifende Varietät für den Umgang mit dem virtuellen Gegenüber an sich entwickeln. Ähnlich wie sich in der CMC eine *„neue Form der Schriftlichkeit"* (Androutsopoulos 2007: 26) auszubilden scheint, könnte sich in der HCI eine neue Form der Interaktion herausbilden. Ein wichtiger Schlüssel dazu wäre echte KI, die es den Systemen ermöglichen würde, tatsächlich semantische Informationen auszutauschen. Diese Systeme wären dann aber wahrscheinlich bald auch in der Lage, anthropomorphe Dialoge zu führen, so dass eine spezielle Varietät „HCI" überflüssig wäre.

5.1.2.1 CT als Simplified Register?

Der Forschungsdiskurs um CT ist seit 1989 geprägt von Analogien, zu denen hier Stellung bezogen werden soll. So wurde CT zuerst mit *Foreigner-Talk* verglichen (Krause 1992) und später mit *Intercultural Communication* (vgl. Fischer 2006) und *Foreigner Directed Speech* (Fischer im Druck). Aufgrund des Kompetenzgefälles zwischen Mensch und Bot wurde CT in der Literatur auch mit *Baby-Talk* bzw. *Motherese* bzw. *Child Directed Speech* assoziiert (vgl. Kritzenberger 1992, Fischer 2006, Vollmer et al. 2009).

Den Simplified Registers gemeinsam ist die Asymmetrie zwischen den Interagierenden und mehr oder weniger eindeutige Tendenzen zur Simplifizierung auf der Grundlage von Partnermodellen (vgl. Fischer im Druck), die in der chat-basierten HCI nur in einzelnen Passagen aufgefunden werden konnte. Obwohl zwischen den Simplified Registers sowohl strukturell als auch funktional große Unterschiede bestehen, finden sich immer wieder Beispiele für ähnliche

Verhaltensweisen in den unterschiedlichen Kontexten. So konnten in der Interaktion mit Robotern einzelne Merkmale der kind-gerichteten Sprache nachgewiesen werden. *„In the field of developmental robotics, research often assumes that in human-robot interaction (HRI), robots are treated similar to infants, because their immature cognitive capabilities benefit from this behavior"* (Vollmer et al. 2009: 1). Auch die Termini *Foreigner-Talk* und *Foreigner Directed Speech* beziehen sich auch auf die Asymmetrie zwischen den Interagierenden, sollten aber im Diskurs um CT vor allem darauf hinweisen, dass Menschen dem artifiziellen Gegenüber als einem unbekannten Gesprächspartner begegneten, dessen sprachliche Fähigkeiten sie nicht genau einschätzen könnten.

Die strukturelle Beschaffenheit des Registers *Foreigner-Talk* bzw. *Foreigner Directed Speech* (vgl. Dittmar 1997: 209) wird bestimmt durch die Hypothesen der MuttersprachlerInnen, durch welche Form der Ausdrucksweise ihre Sprache leicht verständlich würde (Grundwortschatz, Infinitive, kurze Sätze etc.; vgl. DePaulo & Coleman 1986). Ob Foreigner-Talk systematisch als Xenolekt gefasst werden kann, wurde diskutiert (vgl. Roche 1987). Mit der Sprache der UserInnen in der HCI weist er in der Tat vor allem funktionale Gemeinsamkeiten auf, denn in beiden Fällen wird das Bestreben verfolgt, Sprache einfacher zu gestalten für ein Gegenüber, dessen Kompetenzen man nicht eindeutig einschätzen kann. Daher produziert man bspw. viele Infinitive oder – im Fall der UserInnen – Ellipsen und Imperative in der Hoffnung, diese würden vom Gegenüber besser verstanden oder zuverlässiger geparst. Strukturelle Merkmale des Foreigner-Talks finden sich allerdings kaum im CT der 1990er Jahre oder der modernen HCI. Syntaktische Simplifizierung wird durch jeweils verschiedene Umstrukturierungen erreicht, auch orientiert sich das Vokabular in der HCI nicht an einem Grundwortschatz (Beispiel: „Sonnenflecken"). Denn die Wortwahl der UserInnen spiegelt den komplexen Input wider, den diese von den modernen Chat-Bots bekommen (besonders in monologischen Passagen). Eine Orientierung am eigenen Vokabular der Bots ist bei den untersuchten Systemen im Gegensatz zu Fischer (2014: 175) als Simplifizierungsstrategie nicht zielführend, da die zum Teil konzeptionell schriftlich gestalteten Systembeiträge lexikalisch sehr vielfältig sind.

Die eigentliche Gemeinsamkeit zwischen CT und Foreigner-Talk bzw. *Robot Directed Speech* besteht eher darin, dass dieses Unterfangen in beiden Fällen zunächst einseitig motiviert ist. Diese Perspektive fokussiert die MuttersprachlerInnen bzw. die UserInnen und ihre Vorannahmen über die Gesprächssituation. Betrachtet man die Seite des Gegenübers, so wird deutlich, dass sich die Gesprächssituationen jedoch stark voneinander unterscheiden und sich unweigerlich unterschiedlich entwickeln müssen. Zwar besteht in beiden Fällen ein Kompetenzgefälle zwischen den Interagierenden, jedoch äußert sich dieses unterschiedlich. Sprachlernende verfügen zwar über defizitäre Kenntnisse der Zielsprache, aber haben Zugriff auf (kulturell modifiziertes) Weltwissen, teilen mit ihrem Gegenüber ein Wissen über die Interaktionssituation und sind in ihrer Muttersprache in der Lage, eine Argumentation logisch kohärent aufzubauen. *„Kultur nenne ich den Wissensvorrat, aus dem sich die Kommunikationsteilnehmer, indem sie sich über etwas in einer Welt verständigen, mit Interpretationen versorgen“* (Habermas 1993b: 209). Genau dieses Prinzip versagt in der HCI, da Bots nicht auf Weltwissen rekurrieren und keine aussagenlogische Kohärenz erzeugen können. Vielmehr geben sie grammatische Sätze des Deutschen auf hohem Niveau aus, doch es fehlt ihnen an Weltwissen und der Fähigkeit zur logisch kohärenten Argumentation. Bots haben keine eigene Kultur, in der sie aufgewachsen sind, die sie durch Interaktionen mit anderen Bots geprägt hat, durch die ihnen ein Weltwissen vermittelt wurde und von der ausgehend sie losziehen können, um andere Kulturen kennenzulernen. Daher trifft der Begriff der interkulturellen Kommunikation (vgl. Fischer 2006) auch weniger gut auf die HCI zu als die Begriffe der *Robot Directed Speech* (Fischer im Druck) und des Foreigner-Talks, da letzterer mit seinem engeren Begriffsumfang wenigstens die Einseitigkeit des Unterfangens betont.

Ein wirkliches Inter-agieren (*inter-agere:* wechselseitig handeln) findet in der HCI streng genommen gar nicht statt. Die UserInnen reagieren kohärent auf die Turns des Bots und wollen interaktiv agieren, doch meist bleibt es bei einzelnen isolierten logisch sinnvollen Turnwechseln. Fehlende thematische Progression führt zu folgendem Schema, das typisch für die HCI ist:

- Der Bot gibt einen natürlichsprachlichen Turn aus (determinstische Operation), den der Mensch interpretiert.
- Der Mensch reagiert mit Assoziationen, Referenzen und Inferenzen.
- Der Bot gibt kein adäquates Feedback.

Die Probleme der HCI lassen sich zu einem großen Teil nicht an der sprachlichen Oberfläche der Einzelbeiträge festmachen, sondern liegen in deren logischer Struktur begründet. Würde man diese Defizite in Bezug auf die Dialogkohärenz auf die HHC übertragen, wäre die angemessene Analogie nicht die der interkulturellen Kommunikation, da für diese zwar sprachliche, nicht aber logische Schwierigkeiten charakteristisch sind. Eine treffendere Analogie könnte der Versuch darstellen, mit einer geistig verwirrten Person zu kommunizieren (vgl. DePaulo & Coleman 1986, vgl. Fischer im Druck). Einige psychische Störungen äußern sich in Form von unlogischen Gedankensprüngen bis hin zu inkohärenter Sprache, während Syntax und Lexik unauffällig bleiben. So wird

z. B. „*disorganized speech*" im Diagnostic and Statistical Manual of Mental Disorders (DSM-IV-TR, 2000: 300) als eines der Kriterien für Schizophrenie angegeben (Kriterium A3): „*The speech of individuals with schizophrenia may be disorganized in a variety of ways. The person may "slip off the track" from one topic to another ("derailment" or "loose associations"); answers to questions may be obliquely related or completely unrelated ("tangentiality").*" Die hier genannten Parameter treffen auch die elementarsten Probleme der derzeitigen artifiziellen Dialogagenten erschreckend gut. Die Sprache ist zwar auf der Performanzebene grammatisch, aber das Dialogverhalten inkohärent und sprunghaft, da Bots keinen Zugriff auf Weltwissen in Form von Common Ground haben, somit kaum über Präsuppositionen verfügen und keine inferenziellen Schlüsse ziehen können. Mittels des Dialog-Designs wird zwar versucht, durch Default-Antworten darüber hinwegzutäuschen, doch die Gesamtwirkung ist nicht die eines/r Nicht-Muttersprachlers/In sondern die eines/r psychisch Kranken. Geduldige bis amüsierte Reaktionen des Gegenübers sind die Folge. Ist die Störung stark ausgeprägt, versuchen mögliche KommunikationspartnerInnen nicht mehr, logisch sinnvolle Schlüsse durchzusetzen, sondern lassen die Kommunikation relativ passiv laufen, da ihr Sinn nicht in der logisch sinnvollen Übermittlung von Informationen liegt, sondern einen sozialen Wert hat. Reaktive UserInnen zeigen diese Tendenz dem Bot gegenüber ebenfalls. Wenn man also ein analoges Szenario zur HCI sucht, könnte dieses traurige Bild, die elementaren Probleme der heutigen Bots und das reaktive UserInnen-Verhalten illustrieren.

Der Autor Brian Christian (2012: 24ff) benennt die fehlende Kohärenz ebenfalls als Schlüsselproblem der HCI. Am vergleichsweise extremen Beispiel von Cleverbot zeigt er, dass die Konsitenz der Argumentationsline und der Persona ausschlaggebend ist für die natürliche Wirkung einer Dialogsequenz. Anderenfalls wirke die Konversation mit dem Bot wie *Nexting*, einer Funktion auf Chat-Diensten wie *Chatroulette* oder *Omegle*, bei der man als UserIn direkt von einer Konversation in die andere mit einem neuen Gegenüber springen kann. Da sich diese Chats besonders durch ihre Inkohärenz und ihre thematischen Sprünge auszeichnen, gibt es in Netz die Verschwörungstheorie, hinter dem Cleverbot-Interface verberge sich ein Chat mit menschlichen GesprächspartnerInnen, aber automatischem *Nexting* (Christian 2012: 25). Nur so könnten die zwar anthropomorphen, aber extrem diversen Passagen und die abrupten thematischen Sprünge in der Interaktion mit Cleverbot erklärt werden. Auch wenn die Verschwörungstheorie nicht wahr ist, so trifft sie doch das Kernproblem jeder Interaktion mit einem artifiziellen Agenten auf dem derzeitigen Stand der Technik. *Automatisches Nexting* ist eine Analogie, die die HCI vergleichsweise gut beschreibt.

Allerdings sind auch die besten Analogien nur sehr bedingt tragfähig, daher sollte HCI als das verstanden werden, was sie ist: Eine asymmetrische Interaktionsform zwischen einem Menschen und einem artifiziellen System vermittelt durch natürliche Sprache, die userInnen-spezifisch sowie passagenweise stark variieren kann und sich nur in Abhängigkeit von der konkreten Funktionsweise des jeweiligen Systems genauer beschreiben lässt. Typische Merkmale sind große strukturelle Unterschiede zwischen UserInnen- und Systemsprache, inkohärente und quasi-kohärente Turns sowie in einzelnen Passagen Hinweise auf proaktiven (bewusste Simplifizierung, Tests und Flaming) oder reaktiven CT (*natürlichsprachliches Weiterklicken*).

Was die HCI wirklich prägt, sind also auf langer Strecke weniger die Vorannahmen und die Rezeption der UserInnen (proaktiver und reaktiver CT), sondern die limitierenden Variablen des Systems. Diese zwingen die UserInnen, ihr Verhalten immer wieder zu ändern und ihr bestehendes Parnermodell zu revidieren. Die Verhaltensweisen reichen von vorbewusstem Alignment über bewusste Simplifizierungsstrategien im Sinne einer RDS oder BDS bis zu den modernen Ausprägungen eines CTs. Insbesondere die Systemarchitektur hat weitreichenden Einfluss auf den Verlauf der Dialoge, weil durch das Fehlen ausreichend semantisch kategorisierter Datenbanken dann im eigentlichen Gesprächsverlauf Inkohärenzen, Quasi-Kohärenzen und thematische Sprünge erzeugt werden, die die HCI charakterisieren. Auf der Ebene der Dialogoberfläche spiegelt sich dieser Umstand im Fehlen von struktureller und funktionaler Kohäsion wieder. Diese Defizite führen dazu, dass artifizielle Dialog-Systeme nicht in breiteren Anwendungsbereichen eingesetzt werden können. Freie UserInnen-Führung und Crowd-Sourcing-Ansätze zur Erstellung von Turn-Datenbanken finden sich fast nur im Entertainment-Sektor. Pädagogische Agenten, Pflegeroboter, artifizielle Museumsführer oder Maklerinnen etc. arbeiten mit einer engen UserInnen-Führung und planbasierten Architekturen, um zu kohärenteren Dialogen zu kommen. Dadurch sind sie aber thematisch sehr limitiert. Alle technischen Innovationen, die der Generierung echter Kohärenz zu Gute kommen, stellen einen großen Entwicklungsschritt in Richtung der Erschaffung einer menschähnlichen KI dar.

5.1.3 Das Interaktionsmodell der HCI

Das hier vorgeschlagene Interaktionsmodell der HCI gründet sich auf psycholinguistische und handlungstheoretische Grundannahmen vor dem Hintergrund einer Systemtheorie (vgl. Kapitel 2). Es soll versucht werden, die unterschiedlichen Kräfte, die die HCI beeinflussen, in einem Modell zusammenzufassen, mit dessen Hilfe die Heterogenität der HCI erklärt werden kann. Das Modell hat nicht den Anspruch auf dem heutigen Stand der Technik in artifizielle Dialogsysteme implementiert werden zu können. Allerdings zeigt es eine Richtung auf, in die eine innovative HCI unter Verwendung starker KI gehen könnte. Vor allem aber können anhand des Modells Vorhersagen über das Verhalten der UserInnen in Abhängigkeit vom Dialog-Design des Systems gemacht werden.

Abbildung 61: Interaktionsmodell der HCI

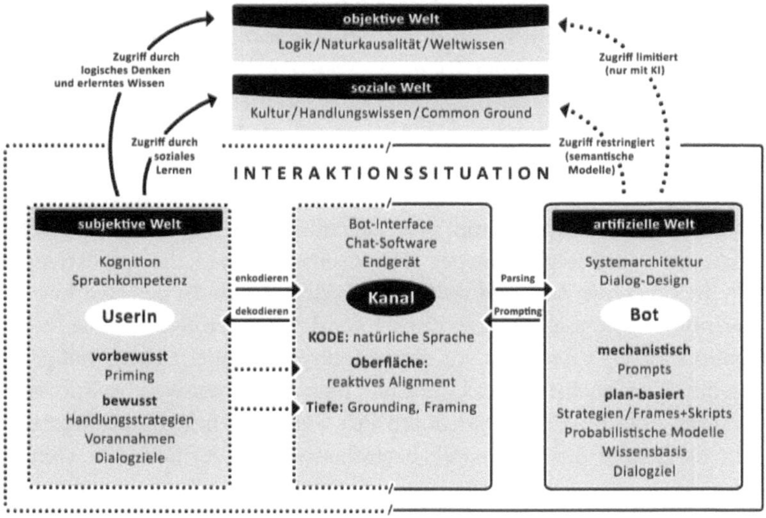

5.1.3.1 Die Interaktionssituation

Das Interaktionsmodell der HCI umfasst die Seite des Systems als Systemarchitektur und Dialog-Design und die Seite der UserInnen als vorbewusste und bewusste Kognition. Diese Voraussetzungen stellen die Bedingung der Möglichkeit natürlichsprachlicher Interaktion zwischen Mensch und Maschine dar und sollen im Folgenden differenziert beschrieben werden. Systemarchitektur und Dialog-Design beeinflussen unterschiedliche Aspekte der Interaktion. Vorbewusste und bewusste Kognition steuern einerseits Sprachmechanismen und andererseits Strategien des sprachlichen Handelns. Da kognitive und artifizielle Dialogverarbeitung nicht nahtlos ineinandergreifen, kommt es zu Störungen im Dialog oder zu heterogenen Sequenzen. Der Bezugsrahmen für die Interaktionssituation wird in einer an die HCI angepassten Version des *3-Welten-Modells* nach Habermas dargestellt. Dieser Zugang wurde gewählt, da so die Unterschiede zwischen Mensch und System in Bezug auf logisch-semantische Referenzen anschaulich herausgearbeitet werden können.

Für Mensch und Maschine wird je ein internes System angenommen, das der *subjektiven Welt* bei Habermas entspricht. Im Fall der Maschine trägt der Begriff *subjektiv* nicht, da es sich bei ihr nicht um ein handelndes Subjekt im engeren Sinne handelt (vgl. Kapitel 1, Kapitel 2.1), vielmehr handelt es sich um die internen Prozesse eines artifiziellen Agenten. Da Habermas versucht, die *subjektiven Welten* seiner AktantInnen als sehr komplexe Systeme zu begreifen, ist es im Rahmen dieses Modells möglich, eines dieser komplexen Systeme durch das weniger komplexe System einer KI zu ersetzen. Durch die Relationen zwischen systemtheoretisch definierten Persönlichkeitssystemen und ineinandergreifenden Systemen der Umwelt, sollen bei Habermas die Subjekt-Objekt-Beziehungen der Bewusstseinsphilosophie ersetzt werden. Habermas deutet die Interaktionssituation also selbst als System einer Umwelt, in dem die Persönlichkeitssysteme der AktantInnen interagieren unter Bezugnahme auf das Referenzsystem der drei Welten. Es sind folglich in der HHC Referenzen auf die subjektive, interne Welt, die objektive Welt und die soziale Welt möglich. In der HCI haben nur die UserInnen uneingeschränkten Zugriff auf das Referenzsystem. Die Interaktionssituation soll aber dennoch vor dem Hintergrund einer Lebenswelt gedeutet werden, d.h., Vorannahmen der UserInnen über die Lebenswelt beeinflussen die HCI, während die Bots ihrerseits durch ihre Funktionen, Anwendungsbereiche und Entwicklungen die Lebenswelt beeinflussen. Auf der Seite der UserInnen wird also die *„Lebenswelt als eine kulturelle Selbstverständlichkeit"* vorausgesetzt (Habermas 1993b: 201), aus der sie Hintergrundinformationen für die logisch-semantische kognitive Verarbeitung des Dialogverlaufs beziehen. Für die Bots sind diese Hintergrundinformationen nur sehr limitiert verfügbar und schwer zu verarbeiten. Denn die Totalität der Lebenswelt mit all ihren Kategorien und Implikationen kann dem artifiziellen System nicht implementiert werden. Die allein für die Interaktionssituation relevanten Informationen zu definieren ist aber auch nicht einfach, da die Grenzen der Interaktionssituation *„diffus"* sind (Habermas 1993b: 187) und im Gespräch immer wieder neu ausgehandelt werden.

Die internen Systeme „Mensch" und „Bot" sind selbstreferenziell, sofern es sich beim fraglichen Bot um einen ECA mit BDI-Architektur handelt. Zwischen der Selbstreferenzialität des Systems Mensch und des Systems Bot besteht ein qualitativer Unterschied im Hinblick auf Bewusstsein und Intentionalität (vgl. Kapitel 1; Searle 1980, 2006). Die UserInnen verfügen auch über ein Modell der internen Funktionen des Bots (Partner-Modeling), das in der Anfangssequenz eines Dialogs von Vorannahmen bestimmt wird (Fischer 2006) und im Verlauf der Interaktion modifiziert wird. Einige ECAs verfügen über basale Partnermodelle (vgl. z.B. Max), einfache Chatbots jedoch nicht.

Die Dialogfunktion des Bots wird als deterministisch verstanden. Diese grundsätzliche Eigenschaft ist je nach Systemarchitektur mehr oder weniger offensichtlich. Planbasierte Systeme verfolgen Handlungspläne im Hinblick auf ein Ziel, dabei sind sie aber nicht autonom, sondern funktionieren immer nur im Rahmen ihres Programms. Menschen sind dagegen auf der Basis ihrer vollständigen Wahrnehmung der Lebenswelt und ihrer sozialen Prägung zu intentionalem Handeln in der Lage.

Die Interaktion erfolgt über einen Kanal. Im Fall der chat-basierten HCI handelt es sich dabei um das Interface der jeweiligen Anwendung mit Chat-Fenster, Keyboard und Eingabemodus sowie ggf. einem Avatar. Der Code, der verwendet wird, ist natürliche Sprache in geschriebener Form. Die verwendeten funktionalen und strukturellen Elemente haben direkte Auswirkungen auf die gesamte Interaktionssituation. Ein gutes Beispiel ist das Kontinuum der Dialogizität, das in der HCI auf sprachlicher Ebene beobachtet werden kann und das Einfluss nimmt auf die Wahrnehmung der UserInnen, auf deren Eingaben und damit auch auf weitere Prozesse des Systems. Monologisch konzipierte System-Turns werden von den UserInnen anders perzipiert als dialogisch konzipierter Output. Eingeschobene monologische Sequenzen kommen auch in HHC-Dialogen vor, sind dort aber in der Regel seltener (vgl. Sacks et al. 1992). Die Psycholinguisten Barr und Keysar (2004) sprechen sich vor dem Hintergrund der Annahme eines dialogischen Kontinuum für ein einfaches Zu- und Abnehmen von Interaktivität aus, das wahrscheinlich mit einer an- oder absteigenden Häufigkeit von Alignment-Prozessen einhergeht. Auch in der HCI findet sich in konzeptionell dialogischen Sequenzen mehr nicht-strategisches, reaktives Alignment. Diese Sequenzen können also von den UserInnen mechanistischer verarbeitet werden. Die Folge sind persistente Strukturen, die von einem Bot mit der entsprechenden Sensitivität für Alignment besser geparst werden können. Eingeschobene Monologe des Systems fördern dagegen reaktiven CT, der u. U. zu einsilbig ist, um sinnvoll geparst zu werden. Dieser geht außerdem mit einer bewussten Reflexion der artifiziellen Dialogsituation einher, die ein systematisches Ineinandergreifen der kognitiven Verarbeitungsprozesse der UserInnen und der KI des Systems zusätzlich erschwert. Auch bewusst eingesetzte Simplifizierungsstrategien förden zwar reibungslose Abläufe, nicht aber natürliche Dialoge. Denn die Interaktion zwischen Mensch und Maschine kann nur da in einem Modell mit fließenden Übergängen erfasst werden, wo die menschliche Kognition auch mechanistisch abläuft. Bei vorbewussten Alignment-Prozessen könnte also aus dieser Perspektive am ehesten eine tatsächlich interaktive Koordination zwischen einem Menschen und einem alignment-fähigen ECA angenommen werden. Alle Prozesse, die seitens der UserInnen der höheren Kognition bedürfen sind nicht deterministisch, sondern intentional und können daher nicht übergangslos auf Funktionen des Bots bezogen werden. Sie stellen immer Brüche im Modell dar.

Im Anschluss an die Darstellung der Interaktionssituation sollen die einzelnen Interagierenden und die Variablen, die diese beeinflussen, detaillierter beschrieben werden.

5.1.3.2 Der Bot – Interaktion ohne starke KI

Als deterministischer Apparat mit stark limitiertem Zugriff auf die Lebenswelt folgt der Bot seinen inhärenten Interaktionsregeln. Die Systemarchitektur gibt die Struktur vor, in der diese Regeln vorliegen. Funktionale Aspekte der Interaktion werden durch sie gesteuert. Das Dialog-Design hat Einfluss auf die konkreten sprachlichen Strukturen, die produziert werden. Da diese Unterscheidung in Dialogsystemen vorgenommen wird, soll sie für das Interaktionsmodell der HCI übernommen werden. Unterschiedliche Systemarchitekturen haben verschiedene Vor- und Nachteile, die sich in der Progression der Dialoge niederschlagen: Systeme mit natürlichsprachlich vermittelter Menü-Navigation sind offensichtlich deterministisch und funktionieren nur in Bereichen, wo die UserInnen-Beiträge eindeutig antizipiert werden können. Dort funktionieren sie robust und erzeugen kohärente Dialoge. Parsing&Prompting-Systeme mit freier UserInnen-Führung basieren auf Schlüsselwort oder Muster-Erkennung und der Ausgabe von Prompts, die entweder von Dialog-DesignerInnen vorformuliert wurden oder auf *Crowd-Sourcing* zurückgehen und anhand des erkannten Musters ggf. modifiziert werden. Dies führt zu zahlreichen inkohärenten und quasi-kohärenten Sequenzen und unnatürlich wirkenden thematischen Sprüngen. Der Vorteil liegt in der thematischen Vielfalt und der Offenheit für unterschiedliche Anwendungsbereiche. Wenn in hybriden Systemen beide Strategien geschickt gemischt werden, können längere kohärente Passagen entstehen. Die offenen Sequenzen sind dann störungsanfällig und die geskripteten Sequenzen unflexibel. In vielen ECAs kommen weitere Aspekte wie Handlungspläne und Zielorientierung hinzu, die eine kohärente Dialogprogression begünstigen sollen. Dennoch ist das auf diese Art und Weise simulierte Verhalten nicht adäquat für die Interaktion mit einem menschlichen Gegenüber. Die logischen und semantischen Regeln zur Dialog-Verarbeitung sind bis heute basal und artifizielle Agenten sind nur sehr bedingt kontextsensitiv für die Lebenswelt, vor deren Hintergrund die UserInnen jeden Dialog führen.

Aus der Interaktionssituation lassen sich drei Grundprobleme der HCI definieren, die mit der Architektur der Bots zusammenhängen. Das erste Grundproblem der HCI liegt darin, dass Interaktionsregeln erst relevant werden, wenn sie intersubjektive Gültigkeit haben (vgl. Habermas 1993b: 33ff; Wittgenstein 1960: 382). Vor dem Hintergrund unterschiedlicher Referenzsysteme verfolgen UserIn und System aber auf dem heutigen Stand der Technik sehr unterschiedliche Regeln. *Interaktives* Aligment im Austausch mit einem alignment-fähigen System mit entsprechendem Generator für Distanz-Frequenz-Effekte wäre die erste wechselseitig gültige Regel in der HCI, da sie beim Menschen auf dieser vorbewussten Ebene neurologisch u. U. gleichermaßen mechanistisch definiert ist.

Das zweite grundsätzliche Problem der HCI liegt in der Nutzbarmachung von semantischem Wissen. Legt man das 3-Welten-Modell nach Habermas (1995b: 193) zugrunde und versucht es auf die HCI anzuwenden, wird deutlich, dass die meisten Bots überwiegend nur Zugriff auf ihre internen Prozesse und die direkten Eingaben der UserInnen haben. Über Kameras und Sensoren werden u. U. zusätzliche Daten gesammelt, außerdem wird auf enzyklopädisches Wissen in Form von Datenbanken und semantisches Wissen in Form von Regeln oder einfachen semantischen Netzen zurückgegriffen. Aber diese Wissensbasen sind defizitär verglichen mit dem kulturell gewachsenen objektiven und sozialen Wissen der UserInnen. Für diese stehen subjektive, objektive und soziale Welt als Referenzsystem zur Verfügung, was für die Bots nur in äußerst limitierter Form gilt. In erster Linie sind sie zurückgeworfen auf eine subjektive Welt, die gar nicht als *subjektiv* bezeichnet werden kann, da sie in objektiver Form vorliegt und einen Teil der objektiven Welt (bspw. der EntwicklerInnen, vgl. Nass & Moon 2000) darstellt. Diese vereinfachte Darstellungsform läuft auf eine Paradoxie hinaus, die charakteristisch für die HCI ist: Objektive Regeln werden im Bot als *subjektive Welt* konstruiert.

Eine soziale, intersubjektive Welt fehlt dem Bot dagegen weitestgehend. Damit kann kein geteiltes Wissen im Sinne eines Common Grounds aufgebaut werden und somit auch keine neue intersubjektive Welt geschaffen werden. Menschen dagegen aktivieren Selbstverständlichkeiten aus der Ressource ihres Hintergrundwissens dann im Gespräch, wenn sie relevant werden (Habermas 1993b: 189). Der Bot hat weder das entsprechende Hintergrundwissen, noch weiß er, wann es relevant wird. Diese Form der Interaktion erinnert an einen Kommunikationsversuch unter radikal konstruktivistischen Bedingungen, da die Interagierenden den Input so unterschiedlich verarbeiten, dass Verständigung streng genommen nicht möglich ist (vgl. *Chinesisches Zimmer*, Searle 1980, 2006). Die nach menschlichen Maßstäben paradoxe Konstruktion der Systeme, die einen

Ausschnitt der objektiven Welt als subjektive Welt zu verkaufen versuchen, bleibt nicht ohne Wirkung auf die UserInnen. Solange die Illusion trägt, wird der Bot als intentional handelndes Subjekt behandelt (Alignment), sobald aber irgendeine Variable diese Wirkung stört, dominiert seitens der UserInnen der CT in Form von Simplifizierungsstrategien, aggessivem oder passivem Verhalten.

Ein drittes grundsätzliches Problem liegt in der Annahme, dass eine planbasierte Architektur zur Erreichung von kommunikativen Zielen seitens der UserInnen führen könnte. Planbasierte Systeme funktionieren zwar für bestimmte Anwendungsbereiche robust, doch wirkt die Interaktion mit ihnen trotzdem unnatürlich. Indem ein Handlungsplan verfolgt wird kann ein Dialogziel erreicht werden. Damit deckt das System aber nicht alle Aspekte von Interaktion ab. Habermas unterscheidet den *teleologischen*, also zielgerichteten, Aspekt vom *kommunikativen* Aspekt einer Konversation unter Menschen. Der Begriff des kommunikativen Handelns verfügt über den *„teleologischen Aspekt der Verwirklichung von Zwecken (oder der Durchführung eines Handlungsplans) und den kommunikativen Aspekt der Auslegung der Situation und der Erzielung eines Einverständnisses“* (Habermas 1993b: 193). Schlägt ersterer fehl, wird das Handlungsziel nicht erreicht. Schlägt letzterer fehl, scheitert die Verständigung an sich. Der *kommunikative Aspekt* muss aber in der HCI notwendig fehlschlagen, da dem Bot nicht ausreichend viel Hintergrundwissen zur Verfügung steht, um die Interaktionssituation deuten zu können. Da beide Aspekte miteinander zusammenhängen, wird durch die Unmöglichkeit über den kommunikativen Aspekt Common Ground zu etablieren, auch der teleologische Handlungsplan durchkreuzt. *„Die Beteiligten können ihre Ziele nicht erreichen, wenn sie den für die Handlungsmöglichkeiten der Situation erforderlichen Verständigungsbedarf nicht decken können – jedenfalls können sie ihr Ziel dann nicht mehr auf dem Wege kommunikativen Handelns erreichen“* (Habermas 1993b: 194). Unter diesem Gesichtspunkt betrachtet, hat man langfristig also wahrscheinlich keine Möglichkeit, Systeme ohne strukturiertes semantisches Wissen und ohne komplexe logische Operationen zur Inferenz dieses Wissens zu entwickeln, wenn man von ihnen erwartet, dass sie zielorientiert, aber flexibel funktionieren und natürliche Sprache nutzen sollen. Ein System, bei dem versucht wurde, einen Mittelweg zwischen menschenähnlicher KI und einem einfachen deterministischen Apparat zu beschreiten, ist also aus der Interaktionssituation immanenten Gründen immer störungsanfällig oder sehr eng in seinem thematischen Fokus. Es ist vielerorts nachgewiesen worden, dass artifizielle Dialogagenten soziale Wirkungen bei ihren UserInnen hervorrufen. *„Social processes are involved in all aspects of technology”* (Hutchby, 2001: 139; vgl. auch Krämer 2008). Daher ist es umso wichtiger, dass zukünftige System mit einem Hintergrundwissen ausgestattet werden, das ihnen soziale Interaktion ermöglicht. In der heutigen Forschungslandschaft finden sich die unterschiedlichsten Versuche, soziable Interfaces mit anthropomorphen Avataren und Emotionsfunktion zu gestalten. Es ist an der Zeit, den Blick wieder auf starke KI und große Datenbanken zu richten, um die eigentliche Dialogperformanz anthropomorpher zu gestalten. Die grundsätzlichen Restriktionen der KI können dadurch jedoch auch nicht kompensiert werden (vgl. Kapitel 1.3). Durch eine Verlagerung der immanenten Probleme der Interaktion zwischen Mensch und KI auf die Außenwelt (umfangreiche Wissensbasen, soziable Designs) kann aber nicht darüber hinweggetäuscht werden, dass kohärente Kommunikation ohne die semantische Interpretation durch ein Bewusstsein nicht möglich ist.

5.1.3.3 Der Mensch: Vorbewusste und bewusste Kognition

Bis heute verfügen Psychologie und Neurowissenschaften über kein umfassendes Modell der kognitiven Verarbeitung von Dialogen beim Menschen. Klar ist aber, dass sowohl vorbewusste als auch bewusste Prozesse eine Rolle spielen. Diese Differenzierung konnte auch für die HCI nachgewiesen werden, auch wenn weniger Hinweise auf vorbewusste Mechanismen gefunden wurden als in der HHC. Für das Interaktionsmodell Modell der HCI wird diese Unterscheidung übernommen, da sie heterogenes UserInnenverhalten in unterschiedlichen Sequenzen der Interaktion erklärt.

Menschliche Kognition ist bedeutend komplexer als ein Apparat nach behavioristischem Reiz-Reaktions-Schema. Und auch wenn vorbewusstes Alignment in der HCI als reaktives Alignment der UserInnen vorkommt, macht es nur einen Bruchteil der kognitiven Verarbeitung der Interaktion aus. Während Pickering und Garrods Ansatz als mechanistisches Modell auf dieser Micro-Ebene dialogischer Interaktivität rein deterministisch ist, widersprechen BefürworterInnen von *Mental-State*-Modellen dieser Vorstellung. Man könne Sprachverarbeitung im Dialog nicht verstehen, wenn man nicht die Intentionalität, die Ziele, die Freiheit und die Spontaneität der einzelnen Interagierenden mit einbezöge (vgl. Schegloff 2004). Auch wenn man wie Pickering und Garrod nur strukturelle Aspekte fokussiere, könne man eine Reihe von Dialog-Phänomenen nicht deuten, wenn man die oben genannten Aspekte von vornherein ausschlösse. „*[…] one needs to view dialogue as involving updates by each conversationalist of some type of a publicly accessible domain which is relative to each conversationalist and so is parametrizable by unpublicized factors such as individual goals and intentions*" (Ginzburg 2004: 198). Nicht immer können Referenzen aus dem Kotext herausgelesen werden. Potenzielle Mehrdeutigkeiten werden nicht grundsätzlich durch alignte Situationsmodelle aufgehoben. Vielmehr bleibt den HörerInnen die Möglichkeit zur freien Interpretation. Würde man die HCI als Testbett für das Alignment-Modell verstehen, wird ganz klar deutlich, dass persistente Strukturen allein nicht zu einem kohärenten Dialog führen. Nicht einmal alle persistenten Strukturen können als vorbewusstes Alignment interpretiert werden (vgl. Fischer im Druck). Menschen müssen stattdessen als selbstbestimmte Wesen mit freiem Willen verstanden werden. Die mechanistische Ebene der kognitiven Interaktionsverarbeitung lässt sich zwar im Modell gut mit der maschinellen Verarbeitung zusammen denken, aber sie macht eben in der HCI heute noch einen geringeren Teil der kognitiven Leistung aus als in der HHC, da die ungewohnte Interaktionssituation zur kognitiven Re-Interpretation anregt. Dieses Bewusstsein für das artifizielle Gegenüber fördert Partner-Modeling und den Gebrauch von CT. Durch Störungen wird diese Tendenz noch verstärkt und die UserInnen versuchen teilweise vollständigen Common Ground herzustellen (Grounding), was wegen der Restriktionen des Systems notwendig zum Scheitern verurteilt ist. Auch implizit angenommener Common Ground, von dem die UserInnen bei höherer Kognition ausgehen, bevor es zu einer Störung kommt, bedarf eines Hintergrundwissens, das als geteiltes Wissen angenommen wird. Durch das Aufwachsen in einer Gesellschaft (Habermas 1993b) und Situationen geteilter Aufmerksamkeit beim kindlichen Erstspracherwerb (vgl. Tomasello 2002) erwerben Menschen dieses Wissen und haben somit im Modell Zugriff auf alle drei Welten. Sowohl vorbewusste als auch bewusste Prozesse der menschlichen Kognition greifen auf sozio-kulturell erworbenes Hintergrundwissen zurück. *„Die wörtlichen Bedeutungen sind relativ zu einem tiefverankerten, impliziten Wissen, von dem wir normalerweise nichts wissen, weil es schlechthin unproblematisch ist und in den Bereich kommunikativer Äußerungen, die gültig oder ungültig sein können, nicht hineinreicht“* (Habermas 1993b: 451). Und so sind die menschlichen Gesprächsbeiträge in der HCI auch wesentlich kontextsensitiver, kürzer und weniger explizit als die der Bots. Auch spiegeln sich in ihnen kulturell gewachsene Voranahmen wider, die besonders die Anfangssequenzen der Dialoge bestimmen (Fischer 2006). Auch wenn wechselseitige höfliche Begrüßungen auf automatisierte Routinen schließen lassen, finden sich in der direkt anschließenden Phase Fragen und Statements, die sich auf die Neugier der UserInnen oder Zweifel an der Zuverlässigkeit der Systemfunktionen zurückführen lassen. Die UserInnen-Typen *PlayerIn* und *Non-PlayerIn* können nach Fischer in der initialen Phase des Dialogs identifiziert werden. Im weiteren Verlauf der Dialoge kann man gegenüber den modereren Bots eine Tendenz zum passiven, reaktiven UserInnen-Verhalten beobachten, die dazu führt, dass die Grenzen zwischen den beiden Typen verschwimmen. Ein Dialog-Design, das sensitiv auf den UserInnen-Typus reagiert, könnte diese Tendenz eventuell relativieren. Veränderungen des Technologieverständnisses und der Rezeptionshaltung sprechen aber dafür, dass UserInnen-Typen gemeinsam mit den Technologien und Interaktionsformen einem gesellschaftlichen Wandel unterworfen sind. Systeme mit enger UserInnen-Führung und frei designte Systeme mit einer hohen Anfälligkeit für Störungen fördern eine passive, abwartende Haltung der UserInnen und reaktives Interaktionsverhalten. Der Autor Brian Christian beschreibt die moderne Rezeptionshaltung gegenüber intelligenter Software allgemein und beobachtet, dass UserInnen „*tired of fighting*" seien (Christian 2012: 18). Sie ließen sich bspw. ihre Wortwahl von Autokorrektursystemen vorschreiben. Diese Tendenz, sich von der Technologie leiten zu lassen findet sich auch in der HCI.

5.1.4 Soziale Wirkungen der HCI: Interaktion im *Uncanny Valley*

Picard rief 1997 einen neuen Forschungsbereich an der Schnittstelle zwischen KI und Psychologie ins Leben: das *Affective Computing*. Systeme sollten mittels simulierter Emotionen anthropomorpher wirken und soziabler im Umgang werden. Die Bedeutung von artifiziellen emotionalen Reaktionen und Partnermodellen als virtuelle Form der Empathie für eine reibungslose Interaktion rückte in den Fokus. In den 1990ern war die Forderung nach einer Anpassung der Systeme an die UserInnen (und nicht umgekehrt) ein innovativer Zugang. Heute werden ECAs und soziable Roboter mit basalen Emotionssystemen ausgestattet und ihre Äußerungen inklusive Gestik und Mimik darauf abgestimmt (vgl. Kapitel 1). Dabei hat sich ein freundlicher unkomplizierter Prototyp als Ideal herauskristallisiert, der allgemein auf Akzeptanz stößt. „*So ist es angenehm, wenn einfühlsame, tolerante und hilfsbereit-freundliche Geräte genutzt werden können, statt insistierende und aufdringlich-dominante Lösungen vorzufinden. Sozialwissenschaftler sprechen von einer kommunikativen, sozial regulativen und stabilisierenden Funktion der der Emotionen für gesellschaftliche Strukturen, Normen und Verhaltensweisen und begrüßen vorsichtig solche Tendenzen*" (Schatter 2011: 17 über Gerhäuser et al. 2007 und Moldt et al. 2008). Die utopische Version dieses Prototyps manifestiert sich z.B. im Androiden *Data* aus *Star Trek*, die dystopische Version wäre Douglas Adams *Marvin*, der depressive Roboter. Dass ein *Assistenz*system, das schwierig im Umgang ist und psychisch oder sozial gestört wirkt, ein Paradoxon darstellt, ist offensichtlich. Also werden die Bemühungen der EntwicklerInnen in erster Line in sozial angenehme Anwendungen gesteckt.

Dass anthropomorphe Systeme als soziabel wahrgenommen werden, wurde in zahlreichen Studien nachgewiesen (vgl. Kapitel 1). Krämer (2008: 202) versucht, die soziale Wirkung der Systeme auf die UserInnen und deren Reaktionen in einem Schema zu fassen. Wenn man dieses Schema um die Aspekte der kognitiven Sprachverarbeitung und der Produktion von Sprache ergänzt, stellt es eine sinnvolle Ergänzung zum Interaktionsmodell der HCI dar, indem es die UserInnen-Kognition vor dem Hintergrund der sozialen Welt genauer beleuchtet.

Abbildung 62: Erweiterte schematische Darstellung zu angenommenen sozialen Wirkungen artifizieller Agenten (nach Krämer 2008: 202, Ergänzungen zu (psycho-)linguistischen Aspekten von N. L.)

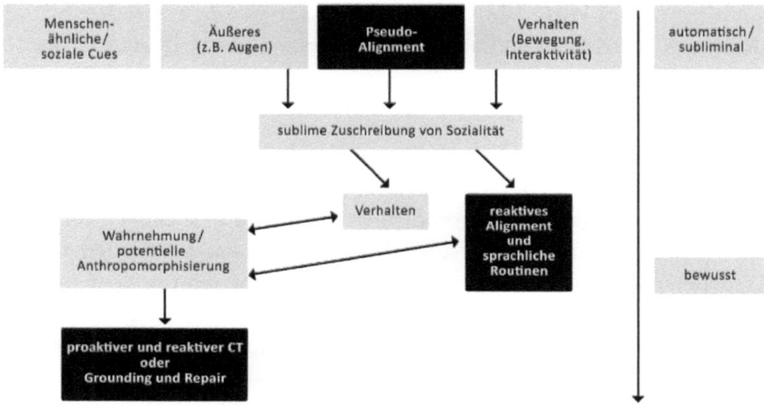

Krämers Modell fokussiert die Wahrnehmung der UserInnen zu einem bestimmten Zeitpunkt und ist nicht interaktiv angelegt. Dynamische Aspekte der HCI im Dialogverlauf können so nicht erfasst werden. Außerdem berücksichtigt es die Wirkungen von *unnatürlichen Cues* der Systeme nicht. Wie Störungen im Dialog wahrgenommen werden, kann also mittels dieses Modells nicht erklärt werden. Störungen und damit Brüche (*automatisches Nexting*) im Dialog sind aber leider heute noch typisch für die HCI. Solange die eigentliche Dialog-Performanz nicht verbessert wird, schlagen alle Bemühungen um *Affective Computing* fehl. Denn ein System, das inkohärent und sprunghaft argumentiert, ruft ungewollte soziale Wirkungen hervor. Auf einer Metaebene, der Beziehungsebene der Interaktion (Watzlawick et al. 2000: 53ff), evoziert ein solches System bei den UserInnen, das Gefühl, dass mit ihm etwas nicht stimme. Die Persona wirkt auf UserInnen, die anthropomorphe Eigenschaften attribuieren, verwirrt, gestört und inkonsistent.

Dieses Übergangsstadium der Dialogverarbeitung auf dem Weg zu einer menschenähnlichen KI kann als sprachliches Äquivalent zu Moris *Uncanny Valley* (1982) angesehen werden: Roboterpuppen wirken körperlich eingeschränkt, ungesund und damit gruselig, während das Gesprächsverhalten der Bots geistig eingeschränkt, schizophren und schlimmstenfalls gleichermaßen unheimlich wirkt. Avatare wirken *„katatonisch-starr"* (Schatter 2011: 21) und HCI-Dialoge sprunghaft und stockend. Die derzeitigen Systeme verfehlen die Illusion eines menschlichen Gegenübers auf allen Ebenen knapp. So ist es kein Wunder, dass ihr Verhalten als *„para-intelligent"* (Schatter 2011: 21) oder quasi-alignt, quasi-interaktiv und quasi-kohärent beschrieben wird. In den griechischen und lateinischen Präfixen wird die Unvollkommenheit der anthropomorphen Wirkung der Systeme erfasst. Deren KI ist der menschlichen Intelligenz nebengeordnet und sie erwecken nur den Schein eines alignten und interaktiven Austauschs, dessen Progression nur beinahe kohärent wirkt. UserInnen bemerken dieses Konstrukt und reagieren in der Regel nicht positiv. *„Ein künstliches Subjekt, das menschenähnlich sein will (anthropomorph), wird sehr kritisch von seiner Bezugsperson wahrgenommen: Imperfektes, gekünsteltes, verstelltes Verhalten belastet Kommunikationsakte stark negativ und kann schnell unbehaglich bis unheimlich wirken."* (Schatter 2011: 17). Die sog. *Believability* des Systems lässt folglich zu wünschen übrig (vgl. Kapitel 1).

Dass artifizielle Agenten auf einiges UserInnen (vgl. Fischer im Druck) soziale Wirkungen hervorrufen, gilt heute als unbestritten (vgl. Krämer 2008), doch *„die psychologischen Auswirkungen sind nicht hinreichend erforscht"* (Schatter 2011: 22). Waren die ersten Deutungen von Attribuierungen menschlicher Eigenschaften an Systeme seitens der UserInnen noch sehr optimistisch (Nass, Isbister & Lee 2000: 5), sind die aktuellen Diskurse differenzierter und kritischer. Wir werden zunehmend mit Entitäten konfrontiert, die menschliches Verhalten bis zu einem gewissen Grad imitieren, aber in den Bereichen, die konstitutiv für menschliche Intelligenz sind, noch weitestgehend versagen. Da die Systeme kaum strukturiert auf kulturell gewachsenes Wissen zurückgreifen können, erwecken sie den Eindruck, dass sie nicht logisch denken könnten. Außerdem ist ihr Erinnerungsvermögen stark limitiert, so dass weder Common Ground noch eine gewachsene konsistente Persona etabliert werden kann. Im Dialog manifestieren sich diese Probleme in Form von thematischen Sprüngen und sinnlosen Assoziationen. UserInnen empfinden das Verhalten solcher Bots als willkürlich und unvorhersehbar. Sich selbst erfahren sie im Dialog als nicht selbstwirksam, was sich im reaktiven, *„müden"* (vgl. Christian 2012: 16) Verhalten widerspiegelt. Einige PsychologInnen sind der Meinung, dass diese Form der Interaktion langfristig gravierendere Auswirkungen auf die menschliche Psyche habe als die meisten Computerspiele (vgl. Christian 2012). Psychologische Perzeptionsstudien sind hier von besonderer Relevanz, denn obgleich die heutigen Systeme ein Übergangsstadium an der Schwelle zum anthropomorphen Design darstellen, ist es unter ExpertInnen äußerst umstritten, ob das ideale Ziel von *Star-Trek-Dialogen* jemals erreicht werden kann. Unter Umständen müssen wir uns langfristig mit para-intelligenten Quasi-Wesen arrangieren. Daher liegt ein Forschungsdesiderat in Perzeptionsstudien, welche die Auswirkungen heterogener und inkohärenter Interaktionen auf Erwachsene und Kinder untersucht. Alignment in 25 % der Turns in der chat-basierten HCI sprechen dafür, dass Menschen die artifizielle Dialogsituation nicht in jedem Moment der Interaktion vollständig reflektieren.[125] Wir kontrollieren unsere Reaktionen auf artifizielle Dialogsysteme also nicht vollständig bewusst. Welche Auswirkungen dieser Umstand auf unsere Psyche und unser Denken hat, sollte untersucht werden, *bevor* Menschen täglich mit diesen Systemen interagieren und Kinder von pädagogischen Bots in Ihrer Entwicklung begleitet werden. Im schlimmsten Fall könnten letztere die kognitive Entwicklung der SchülerInnen in Bezug auf Argumentationsstrukturen und logisches Denken negativ beeinflussen. Die EntwicklerInnen solcher Systeme sind sich des Problems allerdings durchaus bewusst. Deshalb wird bei pädagogischen Agenten besonderer Wert auf enge UserInnen-Führung und kohärente Muster von Frage-Antwort-Feedback-Sequenzen gelegt (vgl. Zinn, Moore & Core 2002: 574). Doch inwiefern ein *„zunehmender Verlust von realen Lebensbezügen, der durch Umgang mit künstlichen Subjekten entsteht"* (Schatter 2011: 21), die kindliche Entwicklung beeinflussen wird, ist nicht hinreichend geklärt. Ein Unterricht, in dem pädagogische Agenten genutzt werden, muss gleichzeitig auch das Verständnis der SchülerInnen für die genutzte Technologie fördern, so dass auch in Bezug auf die Interaktion eine kritische Medienkompetenz ausgebildet wird. Schatter zeichnet ein Szenario von täglichen Begegnungen mit *„dauerhaft lächelnden Verkaufsavataren oder humanoiden Servicerobotern"* (Schatter 2011: 22), die als neue Art von Stress empfunden werden könne. Ein größeres Problem scheint aber in den unzureichenden logisch-semantischen Kompetenzen der Systeme zu liegen. Denn die tägliche Begegnung mit verwirrt bis gestört wirkenden InteraktionspartnerInnen und die eigene Kapitulation davor, sind das beunruhigendere Szenario.

---

125 Eine im Rahmen einer BA-Arbeit an der Leibniz Universität Hannover durchgeführte Pilotstudie zu Aligment in der Interaktion von Kindern (6–12 Jahre) mit Chatbots gibt Anlass zu der Vermutung, dass die Kinder weniger zum System alignen als Erwachsene (in 14,4 % der Turns; vgl. auch Oviatt 1995).

Um zu kohärenteren HCI-Dialogen zu kommen, formuliert Christian (2012) die Forderung nach einer konsistenten Persona, die sich auch im Dialog-Design wiederfinden soll. Eine einzelne, konsistente, einheitliche Identität aufrecht zu erhalten, sei ein wichtiger Aspekt, um den Turing-Test zu bestehen. Darin liegt ein grundsätzliches Problem für lernfähige Systeme auf der Grundlage von *Crowd-Sourcing*, aber auch für alle anderen Bots, die Störungen im Dialog evozieren. Denn die Defizite jeglicher verfügbaren Dialogsoftware führen zu Parsing-Problemen, damit zu Störungen im Dialogverlauf, die sich in heterogenen, sprunghaften Dialogen manifestieren. Eine konsistente Persona für diese Arten von Systemen müsste diese logisch-semantischen Defizite folglich in ihren Charakter integrieren, wie es bei Elbot versucht wurde. Da es wenige sinnvolle Anwendungsbereiche für anthropomorphe Systeme mit bewusst als gestört designter Persona gibt (vgl. Kapitel 4.5), muss wahrscheinlich mittelfristig zugunsten einer stimmigen Identität ein Teil der Anthropomorphie aufgegeben werden. DiSalvo et al. (2002: 325) sprechen sich dafür aus, dass anthropomorphe Systeme genau so viel *Robotness* behalten sollten, dass sie keine falschen Erwartungen wecken, und mit genau so viel *Humaness* ausgestattet werden sollten, dass sie als soziabel wahrgenommen werden. Dies trifft wahrscheinlich auch für die Ebene der Dialogperformanz zu. Es ist zu überlegen, ob ein Mehr an *Computerness* die Systeme auf dem heutigen Stand glaubwürdiger machen könnte. Bspw. könnten im Rahmen eines zwischen Mensch und Maschine angelegten Designs Fehlermeldungen statt irreführender Default-Antworten ausgegeben werden. Auf diese Art würde der Dialog nicht in eine andere Richtung geleitet, bevor die UserInnen überhaupt die Chance bekommen, Repair einzuleiten. Der müden, reaktiven Rezeptionshaltung der UserInnen könnte durch solche Design-Entscheidungen entgegengewirkt werden und offen kommunizierten Defitizen des Systems könnten kooperative UserInnen-Strategien zur Simplifizierung begegnen, wie es die Experimente von Fischer zu HRI mehrfach gezeigt haben (vgl. Fischer 2006, 2014). Dass mehr offensichtliche *Computerness* in der Dialogführung aber auch Nachteile hat, liegt auf der Hand und müsste im Einzelfall evaluiert werden. Dieser offen kommunizierte Mittelweg zwischen *Humaness* und *Robotness* bzw. *Computerness* wird bei der Gestaltung von Robotern und Avataren bei den meisten Systemen bereits beschritten, um zu vermeiden, dass NutzerInnen die künstliche Entität als gruselig empfinden. Auf dem momentanen Entwicklungsstand der Systeme, wäre eine vergleichbare Strategie auch für die Dialogführung vernünftig. So besteht eine Chance für die UserInnen, sich bewusst auf den Status Quo einzustellen und ein *Simplified Register* zu wählen. Vielleicht kristallisieren sich so mit weiterer Verbreitung der Systeme und wachsender

Medienkompetenz der UserInnen mit der Zeit bestimmte uniforme Strategien zum sprachlichen Umgang mit den artifiziellen Übergangsformen heraus, die dann als in sich systematisches Register begriffen werden können. Dieser neue Substandard könnte UserInnen-Beiträge antizipierbarer und die HCI dadurch weniger störungsanfällig machen. Der Erwerb von Medienkompetenz in der Schule und offizielle Regelungen zum Umgang mit artifiziellen Dialogagenten könnten in der Zukunft eine Rolle spielen. Denn wenn ein Punkt erreicht ist, an dem die Weiterentwicklung der Systeme stagniert, werden Menschen versuchen, sich den Gegebenheiten anzupassen und verbindliche Interaktionsregeln formulieren.

Mittelfristig werden die Systeme aber auch ohne starke KI Schritt für Schritt verbessert werden, da ihnen mehr Ressourcen zu Verfügung stehen werden: Eine größere Auswahl an Prompts als Ergebnis von Crowd-Sourcing oder Dialog-Design oder umfangreiche Dialog-Datenbanken sowie Datenbanken mit enzyklopädischem Wissen und ausgefeiltere statistische Modelle und Algoritmen zu deren Auswertung. Mit den verbesserten Technologien wird sich auch die UserInnen-Sprache weiter verändern. Ob dieser Weg allein aber zu *Star-Trek-Dialogen* führen kann, wird auch von führenden Wissenschaftlern wie Chomsky oder Minsky bezweifelt (vgl. Kapitel 5.3).

5.2 Desiderata und Möglichkeiten zur Weiterentwicklung der Systeme

In diesem Kapitel sollen die aus der korpus-basierten Überblicksstudie abgeleiteten Probleme der aktuellen HCI gesammelt und Lösungsvorschläge aus linguistischer Perspektive angedacht werden.

Im vorangegangenen Kapitel wurde das UserInnen-Verhalten als vornehmlich *reaktiv* charakterisiert. Die Studie konnte in verschiedenen Untersuchungsbereichen einen Zusammenhang zwischen den Vorgaben des Systems und den Reaktionen der UserInnen nachzeichnen, auch wenn die Bezugsrelation bei den unterschiedlichen analysierten Phänomenen sehr unterschiedlich ausfällt. Dennoch kann bei den wenigsten Untersuchungsparametern angenommen werden, dass das UserInnen-Verhalten unabhängig vom konkreten vorangegangenen System-Turn ist.

Sind nun also die Vorgaben der Systeme unnatürlich gestaltet und werden dem Anwendungskontext nicht gerecht, ist auch nicht mit natürlichem, situativ angemessenen UserInnen-Verhalten zu rechnen. Das Resultat kann nicht als CT im engeren Sinne bezeichnet werden, sondern als eine natürliche Reaktion auf eine unnatürliche Vorgabe. Die pragmatische Gestaltung der Systembeiträge folgt nicht in erster Line den Anforderungen des Interaktionsszenarios (z.B. Info-Bot an virtuellem Help-Desk), sondern den technischen Möglichkeiten des Bots. Dies führt zu Restriktionen für die Interaktion, die Folgen für den gesamten Dialogverlauf haben – seitens des Systems und seitens der UserInnen. So sind bspw. einsilbige Antworten der NutzerInnen, deren einziger Sinn im Vorantreiben der Progression liegt, eine klare Folge von enger UserInnen-Führung auf der Grundlage von Menüpunkten. Aus einer freieren UserInnen-Führung resultieren viele Default-Antworten und thematische Sprünge, denen UserInnen entweder folgen und das eigentliche Dialogziel aus dem Blick verlieren oder Repair einleiten, um zum „roten Faden" der Interaktion zurückfinden. Wie Goetz et al. (2003) in ihrer „*matching hypothesis*" fordern, dass Erscheinungsbild und Verhalten des Bots zum jeweiligen Einsatzbereich passen sollten, gilt auch für das Dialog-Design, dass es auf die Pragmatik der Interaktionssituation ausgelegt sein sollte.

Dabei ist selbstverständlich immer zu beachten, dass Robustheit als Entwicklungsziel bei vielen Anwendungen wichtiger ist als Natürlichkeit. Vor allem auf dem derzeitigen Stand der Technik, auf dem es (noch) nicht möglich ist, mit einem System zu interagieren wie mit einem Menschen, nimmt HCI notwendig eine Zwischenposition zwischen dem Bedienen einer Maschine mit Werkzeugcharakter und der Kommunikation mit einem Assistenten ein. Entwicklungsziel ist die voraussetzungs- und störungsfreie Kommunikation (*Star-Trek-Dialoge*). Derzeitig bringen die Systeme jedoch noch zu viele Restriktionen mit sich, um Kommunikation auf diesem Niveau zu ermöglichen.

5.2.1 Mögliche Innovationen

Auf der Grundlage der Ergebnisse der Korpusanalyse können zwei Schlüsselprobleme definiert werden. Eines ist lokalisiert in Tiefenstruktur der HCI-Dialoge, das andere an deren Oberfläche.

a) **Kohärenz als Schlüsselproblem der Tiefenstruktur**
Eine automatische Generierung von kohärenten Anschlüssen ist nur bedingt möglich. Um dieses Grundproblem zu kaschieren, werden bestimme Design-Entscheidungen getroffen, die die HCI prägen. Fördert man robuste, kohärente Progression, müssen UserInnen-Beiträge eindeutig antizipierbar sein. Dafür eignen sich bestimmte Strategien der Dialogführung, die freies, proaktives UserInnen-Verhalten auf ein Minimum beschränken. Dies schlägt sich im Dialog-Design folgendermaßen nieder:

b) **Pragmatik der technischen Restriktion an der Dialogoberfläche**
   - enge UserInnen-Führung oder viele Default-Antworten
   - lange monologische Sequenzen des Systems (+ konzeptionelle Schriftlichkeit)
   - viele direkte Fragen
   - Verzicht auf turn-übergreifende Kohäsion

   Aus diesen Parametern resultiert das in dieser Arbeit beschriebene reaktive UserInnen-Verhalten auf unterschiedlichen Niveaus der Bewusstheit.
   Besonders die Mischung aus zahlreichen monologischen Sequenzen und vielen Fragen des Bots wirkt in den meisten Settings unangemessen. Höchstens in einem virtuellen Tutorium ist diese pragmatische Konstellation sinnvoll, was dazu beiträgt, dass pädagogische Agenten vergleichsweise gut funktionieren und auf hohe Akzeptanz stoßen. Für Info-Bots besteht dagegen das Desiderat für weniger initiative Fragen und mehr kohärente Antworten. Dies zu realisieren, ist aber alles andere als trivial.

Was kann also unternommen werden, um die o. g. Restriktionen der aktuellen HCI aufzuweichen?

a) Auf der Ebene der Systemarchitektur
   Das grundsätzliche Problem, kohärente Verweisrelationen vor dem Hintergrund semantischer Wissensbasen zu implementieren, kann nur mittels starker KI gelöst werden. Desiderate sind hier:

   - Artifizieller Common Ground, der aus dem Kotext des vorangegangenen Dialogverlaufs abgeleitet wird im Sinne eines semantischen Arbeitsspeichers
   - Zugriff auf Informationen aus dem Web, die in Echtzeit ausgewertet und in den aktuellen Dialogverlauf inferiert werden können
   - Kohärenz-Parser als Self-Monitor des Systems für einzelne Dialogsequenzen (vgl. Purandare & Litman 2008: 6), um inkohärente Turn-Wechsel zu erkennen und ggf. Repair einzuleiten

b) Auf der Ebene des Dialog-Designs
   Die hier vorgeschlagenen Ansatzpunkte für Innovationen sind technisch einfacher umzusetzen, da sie allein die sprachliche Oberfläche des Dialogs betreffen. Sie werden hier nach den Untersuchungsbereichen der Studie geordnet aufgelistet.

- **Aus der Konversationsanalyse (CA) entlehnte Untersuchungsparameter**
  - **Monologische Sequenzen** der Bots sollten in den meisten Szenarien unbedingt vermieden werden. Vor allem lange, konzeptionell schriftlich

gestaltete System-Turns wirken sich negativ auf die unterschiedlichsten Bereiche der Interaktion aus. Sie können ohne Weiteres vermieden werden. In einem ECA könnte die Turnlänge des Systems der jeweiligen Länge des vorangegangenen UserInnen-Turns angepasst werden, um einen natürlicheren Eindruck zu vermitteln.

- **Situative Angemessenheit** ist enorm wichtig für alle Ebenen des Dialog-Designs. Wird sie nicht realisiert, kommt es zu unnatürlichen pragmatischen Konstellationen im Sinne von bspw. proaktiven Fragen des Bots in einem Info-Szenario. Solche Szenarios sollten unbedingt vermieden werden, da ansonsten die Interaktionssituation nicht konsistent wirkt. Dies hat zur Folge, dass z.B. das Info-Szenario als Small-Talk-Situation wahrgenommen wird, was sich in entsprechenden Verhaltensweisen niederschlägt. Zu bevorzugen wäre dann lieber ein situationsbezogenes Skript oder Rückfragen und Gegenfragen.
- **Isolierte Assessments**, also Turns, die nur eine einzelne Meinungsäußerung beinhalten, sollten unbedingt vermieden werden, wenn man antizipierbare Dialogverläufe implementieren möchte. Hier ist die Wahrscheinlichkeit hoch, dass UserInnen mit einer Eingabe reagieren, die nicht geparst werden kann. Anhand des Elbot-Korpus konnte gezeigt werden, dass auf diese Art und Weise inkohärente thematische Progression initiiert wird.
- **Default-Antworten** als isolierte Statements oder Assessments sollten ebenfalls vermieden werden, weil die UserInnen-Reaktion auf eine solche Struktur schlecht vorhergesagt werden kann. Da Default-Antworten dem Störungsmanagement dienen, sollten sie nicht direkt die nächste Störung provozieren. Eine Kombination aus Default-Antwort und Themenwechsel in Form einer Frage mit neu eingeführtem thematischen Fokus wird von UserInnen sehr gut akzeptiert.
- **Turn-Taking** sollte in der HCI auf dem derzeitigen Stand der Technik extern geregelt werden, da die subtilen Regeln zur Vergabe des Rederechts noch nicht in vollem Umfang in Bots implementiert werden konnten und somit Turn-Taking keinen natürlichen Einfluss auf Turn-Längen nehmen kann. Sinnvoller ist es deshalb, ein Maß für die maximale Länge der System-Turns zu ermitteln, indem die Länge des vorangegangenen UserInnen-Turns gespiegelt wird (s. o.). In der chat-basierten HCI ist vor diesem Hintergrund auch auf **Splitting** von Systembeiträgen zu verzichten. Gesplittete Beiträge werden auch von den UserInnen nicht gepostet.

    - **Grußsequenzen** sollten unbedingt kontextsensitiv gestaltet werden. Routinierte Abfolgen von Gruß und Gegengruß funktionieren in neueren Bots bereits gut. Um die Akzeptanz der UserInnen zu erhöhen, können Grußsequenzen in drei Aspekten verbessert werden:
        - aligntes Grüßen bei nicht-initialem System-Gruß
        - situative Angemessenheit des Grußes prüfen für konsistentere Persona
    - **Adjazenzpaare** stellen auch in der HCI das strukturelle Skelett der Interaktion dar. UserInnen verwenden deutlich mehr Adjazenzellipsen als ganze Sätze. Wenn das Parsing einer solchen Adjazenzellipse scheitert, findet sich die fehlende Information vielleicht im Vorgänger-Turn des Systems. Ein erweiterter Parsing-Algorithmus für ganze Adjazenzpaare könnte zur Anwendung kommen, wenn das Parsing eines elliptischen UserInnen-Turns scheitert.
    - **CMC-Phänomene** wie Smileys etc. könnten bei chat-basierter HCI je nach Anwendungskontext in Dialog-Desingns miteinbezogen werden. In einem Small-Talk-Szenario hätten sie Unterhaltungswert. Die gebräuchlichsten Zeichenkombinationen könnten in ein Dialog-Lexikon integriert werden. Obwohl CMC-Phänomene in den untersuchten Korpora keine Rolle spielen, ist auf der Basis der Studie doch anzunehmen, dass UserInnen die entsprechenden Zeichenkombinationen verwenden würden, wenn das System sie vorgibt (Alignment, reaktives Verhalten). Sie könnten Zusatzinformationen über die emotive Konnotation der UserInnen-Beiträge liefern und dem System damit helfen, „zwischen den Zeilen zu lesen".
- **Alignment**
    - **Lexikalisches Quasi-Alignment** des Systems wird bislang nur durch Artefakte der Schlüsselworterkennung generiert. Da UserInnen aber zu Wortformen des Systems alignen, scheint ein Alignment-Generator, der die entsprechenden Distanz-Frequenz-Effekte simuliert, sinnvoll für ECAs. In einfachen Chatbots sollte bei der Generierung von System-Antworten auf jeden Fall darauf geachtet werden, dass einfache Repetitionen der Ausgabe von Synonymen vorgezogen werden, wenn Menschenähnlichkeit signalisiert werden soll.
    - **Syntaktisches Quasi-Alignment** zu generieren, ist die größere Herausforderung und wird nicht funktionieren, solange automatische syntaktische Analysen mittels NLP noch unzuverlässig sind. Vor dem Hintergrund der Studie wäre aber idealerweise ein kombinierter Generator für syntaktisches und lexikalisches Alignment mit unterschiedlicher Frequenz für beide Ebenen ratsam.

- Lexikalisches UserInnen-Alignment kann zur Erstellung eines Dialog-Lexikons für priorisiertes Parsing genutzt werden. Von den UserInnen wiederholt gebrauchte Formen (Lexeme oder ganze Phrasen) können auch ohne Alignment-Generator in einem Dialog-Lexikon gespeichert werden – gewissermaßen als impliziter Common Ground.

- **Kohäsion**
  - **Pronominale Referenz** sollte innerhalb der System-Turns weitestgehend vermieden werden. Innerhalb geskripteter Passagen wirkt eine Sequenz manchmal natürlicher, wenn das System auf eigene Vorgänger-Turns verweist. Das Parsing von einfachen Proformen muss dann aber stetig verbessert werden, da UserInnen in der chat-basierten HCI ohnehin bereits vergleichsweise viele Proformen gebrauchen und ihr Einsatz in Reaktion mutmaßlich weiter ansteigen würde.
  - **Konjunktionen** (z.B. *weil, obwohl* usw.) können in vielen Fällen logisch nicht verarbeitet werden. Die Studie hat gezeigt, dass UserInnen kaum konjunktional gebundene Ausdrücke verwenden (vor allem keine subordinierten Sätze). Systeme sollten dem entsprechend angepasst werden und ebenfalls weniger konjunktional gebundene Satzgefüge ausgeben, um so einen Stil mit wenigen Verknüpfungen vorzugeben.
  - **Konnektiva** (z.B. *also*) sollten häufiger turn-einleitend verwendet werden. Auch wenn keine semantische Verknüpfung mit dem vorangegangenen UserInen-Turn hergestellt werden kann, schaffen sie dennoch die Illusion von Kohäsion.
  - **Semantische Repräsentationen** sind enorm wichtig für eine kohärente thematische Progression. Sie können nur stetig Lexem für Lexem, Phrase für Phrase erweitert werden.
  - **Frames und Skripts** sollten in Form von Entscheidungsbäumen für unterschiedliche robuste Dialogverläufe hinterlegt werden, um alternative Progressionen zu erlauben und so einen Mittelweg zwischen geskripteten und freien Dialogen zu schaffen.

- ***Computer-Talk***
  Die **Unhöflichkeit der UserInnen** ist ein stark von der HHC abweichendes und vergleichsweise häufiges Phänomen in den untersuchten Korpora. Durch zwei System-Strategien kann ihr vorgebeugt bzw. sie aufgefangen werden, um die Interaktion mit dem System natürlicher wirken zu lassen.

  - Das **Distanzniveau** für eine Anwendung sollte in konsistenter Form vorgegeben werden (Kontext, Persona, Avatar, Sprache)

- **Flaming** kann durch spezielle vorformuliere System-Turns sanktioniert werden, wie es in den meisten Bots schon angelegt ist. Die Sanktionen können härter ausfallen als bisher angelegt (erschrockene oder perplexe Reaktion, Einfordern einer Entschuldigung, Gesprächsabbruch).
- Eine Analyse des **UserInnen-Typs** anhand dialog-initialer Sequenzen ist möglich (vgl. Fischer 2006). Die Erkennung sollte auf der Grundlage einer Sequenz nach der eigentlichen Grußphase erfolgen, da ritualisiertes Verhalten und reaktives Alignment der UserInnen bei initialem System-Gruß typbezogene Effekte überlagern.

Kleine strukturelle Veränderungen im Dialog-Design (z.B. Verzicht auf lange System-Monologe, Repetitionen statt Synonyme) können großen Einfluss haben auf die gesamte Interaktion, da UserInnen einen anthropomorpheren Gesamteindruck von ihrem artifiziellen Gegenüber bekommen. Es ist sehr wahrscheinlich, dass auf diese Weise natürlicheres UserInnen-Verhalten provoziert wird, das im Gegenzug auch leichter antizipierbar ist.

Aus soziologischer Perspektive wurde mehrfach darauf hingewiesen, dass ein konsistentes Gesamtkonzept der Anwendung zu verbesserter Akzeptanz seitens der UserInnen führe (u.a. Krämer 2008). Die Studie zeigt, dass auch die sprachliche Interaktion leidet, wenn die Interaktionssituation als inkonsistent oder pragmatisch unwahrscheinlich wahrgenommen wird. Viele typische Probleme der HCI könnten vermieden werden durch alltagsnähere Gesamtkonzepte, vor deren Hintergrund nicht nur die Agenten-Persona und den Avatar gestaltet werden, sondern auch ein konsistentes pragmatisches Konzept festlegt wird (Frames und Skripts, Distanzniveau, typische Adjazenzstrukturen und Sprechakte usw.).

5.2.1.1 *Unlösbare Probleme?*

Hilfreich sind die o. g. Empfehlungen zur Steigerung der Akzeptanz der Systeme durch die UserInnen, indem die Illusion von Natürlichkeit unterstrichen wird. Außerdem tragen sie in Bezug auf die Verarbeitung einzelner Strukturen zu größerer Robustheit der Progression bei. Die grundsätzlichen Probleme der HCI, nämlich das Fehlen von Autonomie und Spontaneität, von Weltwissen und Common Ground sowie die begrenzten Möglichkeiten zur Inferenz, sind damit längst nicht gelöst. Darüber hinaus sind einzelne Aspekte der Kommunikation unter Menschen kaum regelbasiert zu fassen, da sie nur vor dem Hintergrund eines kulturell gewachsenen Alltagswissens systematisch erklärt werden können. Das *Verweissystem* einer kohärenten Interaktion über mehrere Turns ist abhängig von Variablen der Interaktionssituation und der GesprächsteilnehmerInnen sowie einer großen Zahl an aus der Lebenswelt abgeleiteten Präsuppositionen, die individuell extrem variieren. *Turn-Taking* ist als System von zahlreichen sozialen Faktoren abhängig, die nur unter Bezugnahme auf die entsprechende kulturelle Prägung definiert werden können. Die konkrete *Wortwahl* und die damit intendierten *Begriffsumfänge* eines/r SprecherIn beruhen auf so unterschiedlichen im Laufe eines Lebens erworbenen Assoziationen, dass sie unmöglich exakt abgebildet und für mehrere Interagierende gleichermaßen vorausgesetzt werden können. Und schließlich scheitern die HCI-Dialoge, wie die Studie zeigt, an unterschiedlichen Interpretationen des *situativen Kontexts* der Anwendung durch a) die EntwicklerInnen und b) die UserInnen. Denn auch Deutungen von Alltagssituationen können bei unterschiedlichen Interagierenden weit auseinander liegen. Hier ist es wichtig, auf explizites *Grounding* zurückgreifen zu können, zu dem Systeme ohne das entsprechend breite semantische Wissen nicht in der Lage sind. Wird es vor diesem Hintergrund jemals möglich sein, artifizielle Gesprächspartner ohne Restriktionen zu entwickeln?

5.3 Humanoid intelligente Systeme und Superintelligenzen oder Werkzeuge mit verbesserter Usability?

Obwohl Sprachassistenzsysteme, Chatbots, ECAs und soziable Roboter noch längst nicht zuverlässig funktionieren, inspirieren technische Innovationen heute mehr denn je die Phantasie von WissenschaftlerInnen und KünstlerInnen. Schatter fasst die Argumentation wie folgt zusammen: „*Transhumanisten und Sciencefiction-Autoren nehmen an, dass die mentalen Eigenschaften des Menschen durch Schaffung einer Superintelligenz übertroffen werden können*" (Schatter 2011: 16). Christian ist sogar der Meinung, dass bereits heute jede Interaktion, die man online führe, gezwungenermaßen ein Turing-Test sei, denn man wisse nie mit Sicherheit, ob ein Chat-Beitrag oder eine Mail automatisch erzeugt worden sei (Christian 2012: 17). Einfache künstliche Intelligenzen haben Einzug genommen in unseren Alltag und beeinflussen unsere täglichen Entscheidungen in Form von Navigationsgeräten oder Autokorrektur-Systemen, die unsere Wahrnehmung der Umwelt prägen und unsere individuelle Art zu schreiben nivellieren (vgl. Christian 2012: 18). Sogar bei der PartnerInnen-Wahl verlassen sich einige Menschen heute bereits auf Algorithmen, die Charaktereigenschaften auf der Basis von psychologischen Modellen vergleichen.

Auch wirklich existenzielle Fragestellungen fallen heute mehr denn je in den Bereich der KI. Einige WissenschaftlerInnen erwarten eine exponentielle Weiterentwicklung innovativer Systeme, die in den nächsten Jahrzehnten zur sog. *technologischen Singularität* führen soll (vgl. Kurzweil 2005): die Entwicklung einer humanoiden oder übermenschlichen KI. Dabei stellt die Anthropomorphisierung der Systeme einen ersten Schritt in diese Richtung dar. Doch ist die Diskussion um menschenähnliche oder übermenschliche KI angesichts der offensichtlichen Probleme allein im Bereich der HCI nicht verfrüht? Sprachfähigkeit sollte eine basale Funktion jeder humanoiden KI sein. Die im Rahmen der Studie untersuchten Systeme weisen neben den benannten sprachlichen Problemen auch eine Reihe ganz grundsätzlicher Defizite auf. Auch wenn die sprachliche Performanz besonders elaborierter Systeme wie *Watson* (Ferrucci et al. 2010) bereits bedeutend besser ist als die der analysierten Bots, konnten die Grundprobleme der KI bis heute nicht gelöst werden. Die KI-Diskussion beschäftigt sich also nach wie vor mit folgenden Punkten:

- das Problem des Fehlens einer *Theory of Mind*
- das Problem der semantischen Verweisrelationen
- das Problem des Bewusstseins, der Autonomie und der Intentionalität
- das Problem der ethischen Implikationen

Solange es an einer umfassenden Theorie der menschlichen Kognition mangelt und eine Erklärungslücke zwischen den Ebenen der symbolischen Repräsentation und der elektrophysiologischen Verarbeitung im Gehirn klafft, ist es unmöglich, eine KI nach dem menschlichen Vorbild zu entwickeln.

Die Argumentationslinien im Diskurs um die zeitliche Nähe der technologischen Singularität lassen sich auf zwei Grundannahmen zurückführen, nämlich a) dass Intelligenz ein Emergenzphänomen sei und b) dass Intelligenz vielmehr eine bestimmte Struktur aufweisen müsse, die uns noch nicht vollständig bekannt sei. Allgemein muss aber von einer Identität der Stuktur mit der Information selbst ausgegangen werden, wenn artifitielle Intelligenz als möglich gedacht werden soll (vgl. Searle 2006: 67).

Die Emergenz-Hypothese besagt, dass sich aus einer kritischen Menge bereits definierter semantischer Repräsentationen ein intelligentes Bewusstsein entwickeln könne, sobald ein entsprechender Schwellenwert erreicht sei. Kurzweil (2005) extrapoliert, dass 2020 *„die Informationsverarbeitungskapazität eines Menschen durch Computerhardware im Wert von 1000 Dollar substituiert werden könne“* (Schatter 2011: 14). In Kombination mit der entsprechenden Menge an semantischem Input auf der Basis probabilistischer Netzwerke wäre laut Kurzweil auf dieser Grundlage eine menschenähnliche KI bis 2045 möglich.

Die SkeptikerInnen der nahe bevorstehenden *technologischen Singularität* kritisieren entweder die zeitliche Nähe des existentiellen Ereignisses oder dessen Möglichkeit an sich. Dass der technologische Fortschritt im Bereich der KI in den nächsten 30 Jahren exponentiell verlaufe, wurde mehrfach bezweifelt, da exponentielles Wachstum über einen vergleichsweise langen Zeitraum allgemein unwahrscheinlich sei (vgl. Davies 2006). KritikerInnen der Möglichkeit von intelligenten Systemen an sich betonen den mechanistischen Charakter jeglicher KI. So versteht Chomsky unter diesem Aspekt die Systeme *Watson* und *Deep Blue* als durchaus vergleichbar, obwohl *Watson* wesentlich sophistizierter ist und andere Strategien nutzt als der Schach-Computer aus den 90er Jahren. Grundsätzlich fehle bislang eine *Theory of Mind*, die einen Ansatzpunkt zur Entwicklung einer menschenähnlichen KI bieten könne.[126] Kurzweil ist dagegen der Meinung, dass mit Netzwerk-Modellen bereits die grundsätzliche Struktur des menschlichen Gehirns auf die KI übertragen werde.[127] Funktionale Aspekte der höheren Kognition sind aber noch so unzureichend erforscht, dass sie nicht in die KI übertragen werden können. Dies zeigt sich bspw. an basalen psychologischen Modellen für emotionale Zustände (z.B. Ortony, Clore & Collins 1988), die in ECAs verwendet werden und weder den natürlichen Sachverhalt abbilden noch ein eigenständiges artifizielles Äquivalent darstellen. *„Im Ergebnis finden sich oft plakative, unfertige und unbeholfene mechanistische Konzepte, da die Welt der Technik nur wenig mit der Psychologie zu tun hat"* (Schatter 2011: 22, vgl. auch Krämer 2008). Das gleiche Argument kann auch auf die kognitive Verarbeitung von Sprache bezogen werden. Denn auch hier wird deutlich, dass einzelne vorbewusste mechanistische Aspekte der kognitiven Sprachverarbeitung in ein System übertragen werden können, komplexe Strategien wie z.B. Grounding dagegen nicht. *Watsons* leitender Ingenieur David Ferrucci ist sich über die besondere Schwierigkeit der Dialogverarbeitung im Klaren und hält den Weg zur *technologischen Singularität* für noch nicht beschritten.[128] Beim Versuch natürlichsprachliche Dialogverarbeitung zu implementieren, werden die Erklärungslücken zwischen der Ebene der symbolischen Repräsentation und der Ebene der empirischen Strukturen zur Prozessverarbeitung besonders deutlich. Die sprachlichen Elemente, die an der Oberfläche eines Dialogs zu einer erfolgreichen Interaktion beitragen, können benannt werden. Unterschiedliche Methoden der Verarbeitung stehen zu Verfügung (statistisch, regelbasiert, mit Hilfe von starker KI, im probabilistischen Netzwerk). Doch Regeln zu definieren, wie empirische Verarbeitungsstruktur, semantischer Inhalt und symbolische Repräsentation miteinander in Relation zu setzten sind, ist extrem schwierig. Hier sind die Grenzen der modernen KI noch sehr eng. Menschen lernen ein Leben lang, um kohärente, dem Kontext angemessene Dialoge führen zu können. Die

---

126 Podcasts eines Interviews für den Blog „Singularity 1 on 1" (Nikola Danaylov), (Zugriff 08.04.2016) www.youtube.com/watch?v=0kICLG4Zg8s.

127 ebd.: www.youtube.com/watch?v=CEt3x3GJyKY (Zugriff 10.05.2016).

128 ebd.: www.youtube.com/watch?v=OXZGPnlFLT8 (Zugriff 10.05.2016).

dazu genutzten kognitiven Strukturen sind Ergebnis von Millionen von Jahren der Evolution. Aus diesem Grund werden lernfähige Systeme diskutiert, die einen jahrelangen Entwicklungsprozess mit ständigem Input oder sogar einen simulierten darwinistischen Evolutionsprozess durchlaufen sollen.

Dadurch würde aber noch nicht das Problem des Bewusstseins und der Autonomie im Sinne eines freien Willens gelöst. Das menschliche Bewusstsein konnte bislang nicht aus der strukturellen Beschaffenheit und den elektrophysiologischen Funktionen des Gehirns abgeleitet werden. Modelle zur Überbrückung dieser Erklärungslücke auf der Ebene der Quantenmechanik bleiben spekulativ (vgl. *Penrose-Hameroff-Modell* 1996, 2010). Wie das menschliche Bewusstsein arbeitet und ob es ein Emergenzphänomem mit Bezug auf die Gesamtheit der Hirnprozesse ist oder auf Quantenmechanik zurückgeführt werden kann, ist unklar. Entsprechend unwahrscheinlich ist die künstliche Entwicklung eines Bewusstseins in einem probabilistischen Netzwerk innerhalb der nächsten 30 Jahre. Diskussionen um Autonomie und Intentionalität können aber erst vor dem Hintergrund eines Bewusstseins geführt werden.

Die ethischen Implikationen eines künstlichen Bewusstseins, also einer menschenähnlichen oder übermenschlichen KI, werden trotzdem bereits diskutiert. Denn einer solchen Entität müsste der Status einer Person mit allen damit verbundenen Rechten und Pflichten zugeschrieben werden. Barrat (2013) thematisiert die Gefahren einer solchen Entwicklung in seinem Buch *Our Final Invention* und Sykora gibt zu bedenken: *„Als Kippfigur zwischen Ding und Mensch wohnt den anthropomorphen Kreaturen das Potenzial einer Emanzipation von ihren Schöpfern inne“* (Sykora 2000: 118). In der Science-Fiction wird diese Angst bisweilen zu Endzeitszenarien verdichtet, in denen entweder artifizielle, autonome, aber unethische Entitäten die Menschheit bedrohen oder unschuldige Roboter aus Angst vor einer solchen Machtübernahme von den Menschen prophylaktisch versklavt werden. Aus diesem Grund sieht Fukuyama (1992) im Konzept des Transhumanismus auch eine gefährliche Idee, die im Konflikt mit demokratischen Prinzipien stehe.

ExpertInnen sind sich einig, dass Autonomie und Zielorientierung einer KI ohne eine ethische Entscheidungskomponente problematisch wären, daher wird unter dem Label *Friendly AI* (Yudkowsky 2008)[129] versucht, diese zu implementieren. Doch Ethik ist genauso kulturell gewachsen wie Sprache und auch nur vor diesem Hintergrund zu verstehen. Einige sehr allgemeine ethische Regeln lassen sich formulieren, doch im Alltag müssen Einzelfallentscheidungen auf der

129 vgl. yudkowsky.net/rational/overcoming-bias/ (Zugriff 10.05.2016).

Grundlage des Weltwissens und vor dem Hintergrund einer bestimmten Kultur oder Sozietät getroffen werden. Ein wirklich intelligentes, ohne Einschränkungen sprachfähiges System mit ethischem Bewusstsein ist nur auf der Basis kulturellen Lernens denkbar. Eine simulierte kulturelle Entwicklung für eine KI könnte als Lösungsansatz für das Sprachproblem und das Ethikproblem gleichermaßen fungieren.

Die Furcht vor einer Technokratie im abstrakteren Sinne und die freiwillige Unterordnung unter diese Strukturen, ist angesichts der heutigen technisierten Welt nachvollziehbar. Allein die Folgen der täglichen Interaktion mit einem bot-basierten Lernprogramm sind unabsehbar (vgl. Kapitel 5.1). Doch Erkenntnisprozesse werden angetrieben durch den Glauben an eine Omnipotenz von Wissenschaft, der dem technischen Fortschritt immer als treibende Kraft inhärent war (vgl. Standage 2002). In Bezug auf anthropomorphe Systeme konstatierten Elliott und Brzezinski aus diesem Grund bereits Ende der 1990er Jahre: *„Designing software as a social interface is not something we can avoid because it happens whether we plan for it or not; we have no choice in doing it but only in doing it right"* (Elliott & Brzezinski 1998: 12).

Da die *technologische Singularität* angesichts des derzeitigen Stands der Forschung noch in weiter Ferne liegt, besteht ein wichtiges Nahziel der HCI-Forschung darin, einen angemessenen Umgang mit dem Zwischencharakter der artifiziellen Dialogagenten zwischen humanoidem Gegenüber und zuverlässig nutzbarem Werkzeug zu finden. Eine junge Generation von UserInnen kann den Systemen mit grundsätzlichem Verständnis für deren Funktionsweise und großer Akzeptanz für ihre Schwächen entgegentreten. In der Interaktion mit Systemen, die nicht natürlicher wirken sollen als sie sind, sondern anwendungsbezogen eine konsistente Erweiterung der klassischen Desktop-Metapher darstellen (z.B. auf einer kommerziellen Website), könnte sich eine effiziente Form der Interaktion herausbilden, die sowohl Elemente der HHC als auch Elemente eines CTs enthält. Voraussetzung dafür wäre seitens des Systems die entsprechende alltagsnahe Einbettung in den Kontext ohne logische Brüche und seitens der UserInnen eine hohe Medienkompetenz und ein Bewusstsein für die Probleme und Möglichkeiten der Interaktion mit dem virtuellen Gegenüber.

Literaturverzeichnis

AAMAS (2008). The Proceedings of the Seventh International Conference on Autonomous Agents and Multiagent Systems). Estoril, Portugal.

Adams, Douglas (1981): Per Anhalter durch die Galaxis. Göttingen: Heyne Verlag.

Adelson, Beth; Dumais, Susan; Olson, Judith (Hg.) (1994): Human Factors in Computing Systems: CHI' 94 Conference Proceedings. Boston: ACM Press.

Ahrenholz, Bernt (Hg.) (2008): Empirische Forschung und Theoriebildung. Beiträge aus Soziolinguistik, Gesprochene-Sprache-Forschung und Zweitspracherwerbsforschung. Festschrift für Norbert Dittmar zum 65. Geburtstag. Frankfurt/M.: Peter Lang.

Aijmer, Karin (1996): Conversational routines in English. Convention and creativity. London: Longman.

Allen, James F.; Core, Mark G. (1997): DAMSL: Dialogue-Act-Markup-Language in Several Layers. Technical Report. Rochester, NY: University of Rochester.

Allen, James F.; Perrault, C. Raymond (1978): Participating in Dialogue. Understanding via Plan Deduction. 2nd National Conference of the Canadian Society for Studies in Computational Intelligence. Toronto: University of Toronto.

Alonzo, Mei; Aiken, Milam (2004): Commentary on Pickering, Michael; Simon Garrod. Towards a mechanistic psychology of dialogue. In: *Behavioural and Brain Sciences* (27).

Altenberg, Bengt (1990): Speech as linear composition. In: Graham Caie, Kirsten Haastrup, Arnt Lykke Jakobsen, Jorgen Erik Nielsen, Jorgen Sevaldsen, Henrik Specht und Arne Zettersten (Hg.): Proceedings from the Fourth Nordic Conference for English Studies. Copenhagen: University of Copenhagen, S. 133–143.

Amalberti, René; Carbonell, Noelle; Falzon, Pierre (1993): User representations of computer systems inhuman–computer speech interaction. In: *International Journal of Man–Machine Studies* (38), S. 547–566.

André, Elisabeth; Rist, Thomas (2001): Controlling the Behavior of Animated Presentation Agents in the Interface. Scripting versus Instructing. In: *AI Magazine (Special Issue on Intelligent User Interfaces)* (22 (4)), S. 53–66. Online verfügbar unter http://mm-werkstatt.informatik.uni-augsburg.de/publications.php, zuletzt geprüft am 03.09.2015.

Androutsopoulos; Jannis K.; Runkehl, Jens; Schlobinski, Peter; Sievers, Torsten (Hg.) (2006): Neuere Entwicklungen in der linguistischen Internetforschung. Hildesheim: Olms.

Antaki, Charles (Hg.) (1988): Analysing Everyday Explanation. A Casebook of Methods. London: Sage.

Arbeitsgruppe Bielefelder Soziologen (Hg.) (1973): Alltagswissen, Interaktion und gesellschaftliche Wirklichkeit. Frankfurt/M.: Fischer Taschenbuch Verlag.

Aristoteles (1948): Organon. Hamburg: Meiner Verlag.

Aristoteles (1989): Nikomachische Ethik. Hamburg: Meiner Verlag.

Artelt, Cordula; et al (2007): Förderung von Lesekompetenz. Expertise. Wiesbaden: Verlag für Sozialwissenschaften.

Asher, Nicholas; Lascarides, Alex (1998): Questions in dialogue. In: *Linguistics and Philosophy* (23 (2)), S. 237–309.

Association for Computational Linguistics (Hg.) (2002): Proc. of the ACL-02 Workshop on Effective Tools Proc. of the ACL-02 Workshop on Effective Tools and Methodologies for Teaching Natural Language Processing and Computational Linguistics. Berlin, Heidelberg: Springer-Verlag.

Association for Computational Linguistics (Hg.) (2006): Proceedings of the Fourth International Natural Language <p> Generation Conference. Sydney, Australia: Springer-Verlag.

Aurich, Rolf.; Jacobsen, Wolfgang; Jatho, Gabriele (Hg.) (2000): Künstliche Menschen. Manische Maschinen. Kontrollierte Körper. Berlin: Filmmuseum Berlin – Deutsche Kinemathek.

Austin, John L. (1962): How to do things with words. Oxford: Clarendon Press.

Aylett, Ruth; Krenn, Brigitte; Pelachaud, Catherine; Shimodaira, Hiroshi (Hg.) (2005): International Working Conference on Intelligent Virtual Agents. Berlin: Springer-Verlag.

Bargh, John A.; Chartrand, Tanya L. (1999): The unbearable automaticity of being. In: *American Psychologist* (54), S. 462–479.

Bargh, John A.; Chen, Mark; Burrows, Lara (1996): Automaticity of social behavior. Direct effects of trait construct and stereotype activation on action. In: *Journal of Personality and Social Psychology*, (71), S. 230–244.

Barr, Dale J.; Keysar, Boaz (2004): Commentary on Pickering and Garrod. In: *Behavioral and Brain Sciences* (27(2)).

Barzilay, Regina; Elhadad, Noemie; McKeown, Kathleen (2002): Inferring strategies for sentence ordering in multidocument summarization. In: *Journal of Artificial Intelligence* (17), S. 35–55.

Barzilay, Regina; Lapata, Mirella (2005): Modeling local coherence: An entity-based approach (ACL). Online verfügbar unter http://acl.ldc.upenn.edu/P/P05/P05-1018.pdf, zuletzt geprüft am 03.04.2016.

Bateman, John A. (2006): A social-semiotic view of interactive alignment and its computational instantiation. In: Kerstin Fischer (Hg.): How People Talk to Computers, Robots, and Other Artificial Communication Partners. Delmenhorst: Hansewissenschaftskolleg, S. 157–170.

Bateman, John A.; Rondhuis, Klaas Jan (1997): Coherence relations. Towards a general specification. In: *Discourse Processes* (24), S. 3–49.

Bavelas, Janet Beavin; Black, Alex; Lemery, Charles R.; Mullett, Jennifer (1986): I show how you feel. Motor mimicry as a communicative act. In: *Journal of Personality and Social Psychology* (50), S. 322–329.

Bavelas, Janet Beavin; Coates, Linda; Johnson, Trudy (2000): Listeners as co-narrators. In: *Journal of Personality and Social Psychology* (79), S. 941–952.

Bedijs, Kristina; Held, Gudrun; Maaß, Christine (Hg.) (2014): Face Work and Social Media. Hildesheimer Beiträge zur Medienforschung. Berlin: Lit Verlag.

Beißwenger, Michael (2007): Sprachhandlungskoordination in der Chat-Kommunikation. Berlin: de Gruyter.

Beißwenger, Michael; Hoffmann, Ludger; Storrer, Angelika (Hg.) (2004): Osnabrücker Beiträge zur Sprachtheorie. Thema des Heftes: Internetbasierte Kommunikation. Wiesbaden: VS-Verlag.

Bente, Gary; Krämer, Nicole C.; Petersen, Anita (Hg.) (2002): Virtuelle Realitäten. Göttingen: Hogrefe.

Bernieri, Frank J.; Rosenthal, Robert (1991): Interpersonal coordination: Behavioral matching and interactional synchrony. In: Robert S. Feldman und Bernard Rimé (Hg.): Fundamentals of nonverbal behavior. Cambridge: Cambridge University Press, S. 401–432.

Bernsen, Niels Ole; Dybkjaer, Laila (2004): Evaluation of Spoken Multimodal Conversation. Pennsylvania, USA: Pennsylvania State University.

Beun, Robbert-Jan (2001): On the generation of coherent dialogue. A computational approach. In: *Pragmatics and Cognition* (9 (1)), S. 37–68, Online Verfügbar unter http://www.staff.science.uu.nl/~beun0101/beundial.pdf , zuletzt geprüft am 08.03.2016.

Beun, Robbert-Jan; van Eijk, Rogier Maurice (2007): Dialogue Coherence: A Generation Framework. In: *Journal of logic, language and information* (16(4)), S. 365–385. Online verfügbar unter http://www.staff.science.uu.nl/~eijk0104/, zuletzt geprüft am 03.04.2016.

Bickes, Christine; Mohrs, Vera (2010): Herr Fuchs und Frau Elster – Herr Fuchs und Frau Elster – Zum Verhältnis von Genus und Sexus am Beispiel von Tierbezeichnungen. In: *Muttersprache* (4), S. 254–275.

Blens, Heike; Krämer, Nicole; Bente, Gary (2003): Virtuelle Verkäufer. Die Wirkung von anthropomorphen Interface Agenten in WWW und e-commerce. In: Gerd Szwillus und Jürgen Ziegler (Hg.): Mensch & Computer 2003. Interaktion in Bewegung. Stuttgart: Teubner, S. 297–306.

Bock, J. Kathryn (1986): Syntactic persistence in language production. In: *Cognitive Psychology* (18), S. 355–387.

Bock, J. Kathryn (1989): Closed class immanence in sentence production. In: *Cognition* (31), S. 163–186.

Bock, J. Kathryn; Griffin, Zenzi M. (2000): The persistent of structural priming: Transient activation or implicit learning? In: *Journal of Experimental Psychology* (129), S. 177–192.

Bock, J. Kathryn; Levelt, Willem J. M (1994): Language production: Grammatical encoding. In: Morton Ann Gernsbacher (Hg.): Handbook of psycholinguistics. Elsevier: Academic Press, S. 945–984.

Bock, J. Kathryn; Loebell, Helga (1990): Framing sentences. In: *Cognition* (35), S. 1–39.

Bock, J. Kathryn; Loebell, Helga; Morey, Randal (1992): From conceptual roles to structural relations. Bridging the syntactic cleft. In: *Psychological Review* (99), S. 150–171.

Boroditsky, Lera (2000): Metaphorical structuring. Understanding time through spatial metaphors. In: *Cognition* (75), S. 1–28.

Branigan, Holly P. (2004): Commentary on Pickering and Garrod. In: *Behavioral and Brain Sciences* (27), S. 191–192.

Branigan, Holly P.; Pearson, Jamie (2006): Alignment in human-computer interaction. In: Kerstin Fischer (Hg.): Proceedings of the Workshop on How People Talk to Computers, Robots, and Other Artificial Communication Partners. Delmenhorst: Report SFB/TR8 'Spatial Cognition' No. 010–09/2006, S. 140–156.

Branigan, Holly P.; Pickering, Martin J.; Pearson, Jamie; McLean, Janet F. (2010): Linguistic alignment between people and computers. In: *Journal of Pragmatics* (42), S. 2355–2368.

Branigan, Holly P.; Pickering, Martin J.; Pearson, Jamie; McLean, Janet F.; Nass, Clifford (2003): Syntactic alignment between computers and people: the role of belief about mental states. In: Charles Kemp und Josh B. Tenenbaum (Hg.): Producings of the Twenty-fifth Annual Conference of the Cognitive Science Society. Cambridge: MIT Press, S. 186–191.

Branigan, Holly. P.; Pickering, Martin J.; Cleland, Alan A. (2000): Syntactic coordination in dialogue. In: *Cognition* (75), S. B13–B25.

Breazeal, Cynthia (2002): Designing Sociable Robots. Cambridge: MIT Press.

Brennan, Susan E.; Galati, Alexia; Kuhlen, Anna K. (2010): Two minds, one dialog: Coordinating speaking and understanding. In: *Psychology of Learning and Motivation* (53), S. 301–344.

Brinker, Klaus (2010): Linguistische Textanalyse. Berlin: Schmidt.

Brinker, Klaus; Hagemann, Jörg (2001): Themenstruktur und Themenentfaltung in Gesprächen. In: Klaus Brinker, Gerd Antos, Wolfgang Heinemann und Sven Frederik Sager (Hg.): Text- und Gesprächslinguistik. Wiesbaden: VS-Verlag, S. 63–81.

Brinker, Klaus; Sager, Sven Frederik (1989): Linguistische Geprächsanalyse. Berlin: Erich Schmidt Verlag.

Brockman, John (2004): Die neuen Humanisten. Wissenschaft an der Grenze. Berlin: Ullstein Hc.

Brown, Paula M.; Dell, Garry S. (1987): Adapting production to comprehension. The explicit mention of instruments. In: *Cognitive Psychology* (19), S. 441–472.

Brown, Penelope; Levinson, Stephan C. (1987): Politeness. Some Universals in Language Usage. 2. Aufl. Cambridge: Cambridge University Press.

Bryant, D. (2003): The Uncanny Valley: Why Are Monster-Movie Zombies So Horrifying and Talking Animals So Fascinating? Online verfügbar unter http://www.catspawdtp.com/valley.pdf, zuletzt geprüft am 18.08.2016.

Bunt, Harry (Hg.) (2001): Computing meaning 2: Current issues in computational semantics. Berlin: Springer-Verlag.

Buschmeier, Hendrik; Kopp, Stefan; Bergmann, Kirsten (2010): Modelling and Evaluation of Lexical and Syntactic Alignment with a Priming-Based Microplanner. Online verfügbar unter http://dbonline.igroupnet.com/ACM.FT/1890000/1880377/p85-buschmeier.pdf, zuletzt geprüft am 04.04.2016.

Butterworth, Brian (Hg.) (1980): Language production. London: Academic Press.

Button, Graham (1990): Going up a blind alley: Conflating conversation analysis and computational modelling. In: Paul Luff, Nigel Gilbert und David M. Frohlich (Hg.): Computers and Conversation. San Diego: Academic Press, S. 67–90.

Button, Graham; Sharrock, William (1995): On simulacrums of conversation. Towards a clarification of the relevance of conversation analysis for human-computer interaction. In: Peter J. Thomas (Hg.): The Social and Interactional Dimension of Human-Computer Interfaces. Cambridge: Cambridge University Press.

Byrne, Daragh; Lee, Hyowon; Smeaton, Alan; Ciolfi, Luigina (Hg.) (2010): Proceedings of the Fourth Irish Human Computer Interaction Conference (IHCI 2010). Dublin: Dublin City University. Online verfügbar unter http://www.academia.edu/2931470/A_New_Form_of_Student_Teamwork_through_Social_Media_A_Case_Study, zuletzt geprüft am 01.06.2016.

Caie, Graham; Haastrup, Kirsten; Jakobsen, Arnt Lykke; Nielsen, Jorgen Erik; Sevaldsen, Jorgen; Specht, Henrik; Zettersten, Arne (Hg.) (1990): Proceedings from the Fourth Nordic Conference for English Studies. Copenhagen: University of Copenhagen.

Calvert, Gemma A.; Bullmore, Edward T.; Brammer, Michael J.; Campbell, Ruth; Williams, Steven C. R.; McGuire, Philip K. et al. (1997): Activation of auditory cortex during silent lipreading. In: *Science* (276), S. 593–596. Online verfügbar unter http://diyhpl.us/~bryan/papers2/Activation%20of%20auditory%20cortex%20during%20silent%20lipreading.pdf, zuletzt geprüft am 08.03.2016.

Canamero, Lola (2002): Playing the emotion game with Feelix. What can a LEGO robot tell us about emotions? In: Kerstin Dautenhahn, Alan H. Bond, Lola Canamero und Bruce Edmonds (Hg.): Socially intelligent agents: Creating relationships with computers and robots. Norwell, Ma: Kluwer, S. 69–76.

Carstensen, Kai-Uwe; Ebert, Christian; Endriss, Cornelia; Jekat, Susanne; Klabunde, Ralf; Langer, Hagen (Hg.) (2004): Computerlinguistik und Sprachtechnologie. Eine Einführung. München: Spektrum Akademischer Verlag.

Cassell, Justine; Bickmore, Timothy; Campbell, Lee; Vilhjálmsson, Hannes; Yan, Hao (2000): Human conversation as a system framework: Designing embodied conversational agents. In: Justine Cassell, Joseph Sullivan, Scott Prevost und Elizabeth F. Churchill (Hg.): Embodied conversational agents. Cambridge: MIT Press, S. 29–63.

Cassell, Justine; Sullivan, Joseph; Prevost, Scott; Churchill, Elizabeth F. (Hg.) (2000): Embodied conversational agents. Cambridge: MIT Press.

Cherry, Edward Colin (1956): On human communication. Cambridge: MIT Press.

Chomsky, Noam (1965): Aspects of the theory of syntax. Cambridge: MIT Press.

Chomsky, Noam (1981): Lectures on government and binding. Berlin: de Gruyter.

Chomsky, Noam (1995): The minimalist program. Cambridge: MIT Press.

Christian, Brian (2012): The most human Human – What Artificial Intelligece Teaches Us About Being Alive. Bottrop: Anchor.

Cicourel, Aaron Victor (1973): Basisregeln und normative Regeln im Prozess des Aushandelns von Status und Rolle. In: Arbeitsgruppe Bielefelder Soziologen (Hg.): Alltagswissen, Interaktion und gesellschaftliche Wirklichkeit. Frankfurt/M.: Fischer Taschenbuch Verlag (1), S. 147–188.

Clark, Herbert H. (1985): Language and language users. In: Gardner Lindzey und Elliot Aronson (Hg.): The handbook of social psychology. 3. Aufl. Michigan: Random House.

Clark, Herbert H. (1992): Arenas of language use. Chicago: University of Chicago Press.

Clark, Herbert H. (1996): Using language. Cambridge: Cambridge University Press.

Clark, Herbert H.; Marshall, Catherine R. (1981): Definite reference and mutual knowledge. In: Aravind K. Joshi, Ivan A. Sag und Webber Bonnie L (Hg.): Elements of discourse understanding. Cambridge: Cambridge University Press.

Clark, Herbert H.; Schäfer, Edward F. (1989): Contributing to discourse. In: *Cognitive Science* (13), S. 259–294.

Clark, Herbert H.; Wilkes-Gibbs, Deanna (1986): Referring as a collaborative process. In: *Cognition* (11), S. 1–39.

Conrad, Frederick G.; Schober, Michael F. (2000): Clarifying question meaning in a household telephone survey. In: *Public Opinion Quarterly* (64), S. 1–28.

Cowan, Benjamin R. (2011): Causal effects of wiki site design on anxiety and usability. Doctoral Thesis. Edinburgh: School of Engineering, University of Edinburgh.

Cowan, Benjamin R.; Jack, M. A. (2010): Now You See It, Now You Don't: The effect of wiki flexibility on anxiety during wiki editing. In: Daragh Byrne, Hyowon Lee, Alan Smeaton und Luigina Ciolfi (Hg.): Proceedings of the Fourth Irish Human Computer Interaction Conference (IHCI 2010). Dublin: Dublin City Universit, S. 29–36.

Crystal, David (2001): Language and the Internet. Cambridge: Cambridge University Press.

Cutting, James C. (2004): Commentary on Pickering, Michael; Simon Garrod. Towards a mechanistic psychology of dialogue. In: *Behavioural and Brain Sciences* (27).

Dahm, Markus; Felken, Christian; Klein-Bösing, Marc; Rompel, Gert; Stroick, Roman (2005): Zur Gebrauchstauglichkeit von Handys – Breite Untersuchung und aktueller Stand. (On the Usability of Mobile Phones – Broad Study and Status Quo). In: *i-com* 4 (1), S. 26–33.

Dautenhahn, Kerstin, Ogden, B. & Quick, T. (2002): From embodied to socially embedded agents. Implications for interaction-aware robots. In: *Cognitive Systems Research* (3), S. 397–428.

Davies, Paul (2006): When computers take over. In: *Nature* (437), S. 421–422.

Dell, Gary S.; Chang, Franklin; Griffin, Zenzi M. (1999): Connectionist models of language production. Lexical access and grammatical encoding. In: *Cognitive Science* (23), S. 517–542.

DePaulo, Bella M.; Coleman, Lerita M. (1986): Talking to children, foreigners, and retarded adults. In: *Journal of Personality and Social Psychology* (51), S. 945–959.

Dietz, Simone (1999): System/ Lebenswelt. In: Hans-Jörg Sandkühler (Hg.): Enzyklopädie Philosophie. Hamburg: Meiner Verlag, S. 1576–1579.

Dijksterhuis, Ap; Bargh, John A. (2001): The perception-behavior expressway: Automatic effects of social perception on social behavior. In: Mark P. Zanna (Hg.): Advances in experimental social psychology, Bd. 33. 33. Aufl. San Diego: Academic Press, S. 1–40.

Dijksterhuis, Ap; van Knippenberg, Ad (1998): The relation between perception and behavior or how to win a game of Trivial Pursuit. In: *Journal of Personality and Social Psychology* (74), S. 865–877.

Dirven, René; Verspoor, Marjolyn (1998): Cognitive Exploration of Language and Linguistics. Amsterdam/Philadelphia: John Benjamins.

DiSalvo, Carl F.; Gemperle, Francine; Forlizzi, Jodi; Kiesler, Sara (2002): All robots are not equal: The design and perception of humanoid robot heads. In: *Proceedings of the conference on Designing interactive system: Processes, practices, methods, and techniques*, S. 321–326.

Dittmar, Norbert (1997): Grundlagen der Soziolinguistik. Ein Arbeitsbuch mit Aufgaben. Tübingen: Niemeyer.

Dix, Alan; Finlay, Janet; Abowd, Gregory; Beale, Russell (2004): Human-Computer Interaction. Online verfügbar unter http://myweb.tiscali.co.uk/lindasnape/CO2401/HCI/Dix,Finlay,Abowd,Beale.pdf, zuletzt geprüft am 03.04.2016.

Doherty-Sneddon, Gwyneth; Anderson, Anne H.; O'Malley, Clair; Langton, Steve; Garrod, Simon; Bruce, Vicki (1997): Face-to-face and video-mediated communication. A comparison of dialogue structure and task performance. In: *Journal of Experimental Psychology* (3), S. 105–125.

Drew, Paul (2005): Is Confusion a State of Mind? In: Hedwig te Molder und Jonathan Potter (Hg.): Conversation and Cognition. Cambridge: Cambridge University Press, S. 161–183.

Dumais, Susan; Marcu, Daniel; Roukos, Salim (Hg.) (2004): Proceedings of HLT-NAACL 2004, May 2–7. Boston: ACM Digital Library.

Duncan, Starkey D. (1974): On the structure of speaker- auditor interaction during speaking-turns. In: *Language in Society* (3), S. 161–180.

Dürscheid, Christa (2003): Medienkommunikation im Kontinuum von Mündlichkeit und Schriftlichkeit. Theoretische und empirische Probleme. In: *Zeitschrift für Angewandte Linguistik* (38), S. 37–56.

Dürscheid, Christa (2004): Netzsprache – ein neuer Mythos. In: Michael Beißwenger, Ludger Hoffmann und Angelika Storrer (Hg.): Osnabrücker Beiträge zur Sprachtheorie. Thema des Heftes: Internetbasierte Kommunikation. Wiesbaden: VS-Verlag, S. 141–157.

Dutke, Stefan (1994): Mentale Modelle: Konstrukte des Wissens und Verstehens. Kognitionspsychologische Grundlagen für die Software-Ergonomie. Göttingen, u.a.: Verlag für Angewandte Psychologie.

Ebbinghaus, Hermann (1985): Über das Gedächtnis. Untersuchungen zur experimentellen Psychologie. Leipzig: Duncker & Humblot.

Eichinger; Ludwig M.; Kallmeyer, Werner (Hg.) (2005): Standardvariation. Wie viel Variation verträgt die deutsche Sprache? Berlin: de Gruyter.

Eisenberg, Peter (1999): Grundriß der deutschen Grammatik. Der Satz. Stuttgart: Metzler.

Elliott, Clark; Brzezinski, Jacek (1998): Autonomous Agents as Synthetic Characters. In: *AI Magazine* (19 (2)), S. 13–30.

ESSLLI 2006 (Hg.) (2006): Proceedings of the workshop on coherence for generation and dialogue. Malaga, Heidelberg: Spektrum Akademischer Verlag.

Falzon, Pierre (1988): Man-machine voice dialog: the role of interlocutor models. In: Jukka Ranta (Hg.): Man-machine Systems. Analysis, Design and Evaluation. Amsterdam: North Holland, S. 511–516.

Feldman, Robert S.; Rimé, Bernard (Hg.) (1991): Fundamentals of nonverbal behavior. Cambridge: Cambridge University Press.

Felsmann, Klaus-Dieter (Hg.) (2011): Mein Avatar und ich. Die Interaktion von Realität und Virtualität : Erweiterte Dokumentation zu den 14. Buckower Mediengespräche 2010. München: Kopaed Verlag.

Ferguson, Charles; De Bose, Charles E. (1977): Simplified registers, broken language and pidginization. In: Albert Valdman (Hg.): Pidgin and creole linguistics. Indiana: Indiana University Press, S. 99–125.

Ferreira, Fernanda (2004): Commentary on Pickering, Michael; Simon Garrod. Towards a mechanistic psychology of dialogue. In: *Behavioural and Brain Sciences* (27), S. 196.

Fillmore, Charles J. (1976): Frame semantics and the nature of Language. In: *Annals of the New York Academy of Sciences. Origins and Evolution of Language and Speech* (280), S. 20–32.

Fischer, Kerstin (Hg.) (2006): How People Talk to Computers, Robots, and Other Artificial Communication Partners. Delmenhorst: Hansewissenschaftskolleg.

Fischer, Kerstin (Hg.) (2006): Proceedings of the Workshop on How People Talk to Computers, Robots, and Other Artificial Communication Partners. Hansewissenschaftskolleg,. Delmenhorst: Report SFB/TR8 'Spatial Cognition' No. 010-09/2006.

Fischer, Kerstin (2006): What Computer Talk is and Isn't: Human–Computer Conversation as Intercultural Communication. Saarbrücken: AQ.

Fischer, Kerstin (2010): Why it is interesting to investigate how people talk to computers and robots. Introduction to the special issue. In: *Journal of Pragmatics* (42), S. 2349–2354.

Fischer, Kerstin (2014): Recipient Design, Alignment and Interaction. The Role of the Addressee in So-called Simplified Registers. Habilitation Thesis. Bremen: University of Bremen.

Fischer, Kerstin (2014): Cognitive Architecture for Taking the Partner into Account.

Fraser, Colin; Scherer Klaus R. (Hg.) (1982): Advances in the social psychology of language. Cambridge: Cambridge University Press.

Frohlich, David M.; Drew, Paul; Monk, Andrew (1994): The management of repair in human computer interaction. In: *Human Computer Interaction* (9), S. 387–425.

Fukuyama; Francis (1992): The End of History and the Last Man. New York: Free Press.

Fussell, Susan R.; Kraut, Robert E. (2004): Commentary on Pickering, Michael; Simon Garrod. Towards a mechanistic psychology of dialogue. In: *Behavioural and Brain Sciences* (27), S. 196–197.

Fussell, Susan R.; Kreuz, Roger J. (Hg.) (1998): Social and cognitive psychological approaches to interpersonal communication. New York: Erlbaum.

Garfinkel, Harold (1972): Remarks on ethnomethodology. Directions in sociolinguistics. In: John J. Gumperz und Dell Hymes (Hg.): The Ethnography of Communication. New York: Holt, Rinehart and Winston, S. 301–324.

Garrett, Merrill F. (1980): Levels of processing in speech production. In: Brian Butterworth (Hg.): Language production. London: Academic Press.

Garrod, Simon (1999): The challenge of dialogue for theories of language processing. In: Simon Garrod und Martin J. Pickering (Hg.): Language processing. Hove: Psychology Press.

Garrod, Simon; Anderson, Anne H. (1987): Saying what you mean in dialogue: A study in conceptual and semantic co-ordination. In: *Cognition* (27), S. 181–218.

Garrod, Simon; Clark, Aileen (1993): The development of dialogue co-ordination skills in schoolchildren. In: *Language and Cognitive Processes* (18), S. 101–126.

Garrod, Simon; Doherty, G. (1994): Conversation, co-ordination and convention. An empirical investigation of how groups establish linguistic conventions. In: *Cognition* (53), S. 181–215.

Garrod, Simon; Pickering, Martin J. (Hg.) (1999): Language processing. Hove: Psychology Press.

Gatt, Albert; van Deemter, Kees (2006): Conceptual coherence in the generation of referring expressions. Malaga: 123 Dialogue Coherence 385. In: *Proceedings of the workshop on coherence for generation and dialogue (ESSLLI 2006)*, S. 17–24.

Gentner, Dedre; Markman, Arthur B. (1997): Structural alignment in analogy and similarity. In: *American Psychologist* (52 (1)), S. 45–56.

Gernsbacher, Morton Ann (Hg.) (1994): Handbook of psycholinguistics. Elsevier: Academic Press.

Gernsbacher, Morton Ann; Givón, Talmy (Hg.) (1995): Coherence in spontaneous text. Amsterdam: John Benjamins Publishing Company.

Gesellensetter, Lars (2004): Ein planbasiertes Dialogsystem für einen multimodalen Agenten mit Präsentationsfähigkeit. Diplomarbeit. unveröffentlicht. Bielefeld: Technische Universität Bielefeld.

Giddens, Anthony (1984): The Constitution of Society: Outline of the Theory of Structuration. Cambridge: Polity Press.

Gieselmann, Petra; Waibel, Alex (2005): What makes human-robot dialogues struggle? Nancy, France: Dialor. In: *Proceedings oft he Ninth Workshop on the Semantics and Pragmatics of Dialogue 2005*. Online verfügbar unter http://dialor05.loria.fr/Papers/03-Gieselmann.pdf, zuletzt geprüft am 18.06.2016.

Giles, Howard; Coupland, Nicolas; Coupland, Justine (1991): Accommodation theory: Communication, context, and consequence. Cambridge: Cambridge University Press.

Giles, Howard; Powesland, Peter F. (1975): Speech styles and social evaluation. Elsevier: Academic Press.

Givón, Talmy (1983): Topic continuity in discourse – A quantitative cross-language study. Amsterdam: Benjamins, S. 5–38.

Givón, Talmy (1995): Coherence in Text vs. Coherence in Mind. In: Morton Ann Gernsbacher und Talmy Givón (Hg.): Coherence in spontaneous text. Amsterdam: John Benjamins Publishing Company, S. 59–115.

Goetz, Jennifer; Kiesler, Sara; Powers, Aaron (2003): Matching robot appearance and behavior to tasks to improve human-robot cooperation. In: *Proceedings of the 12th IEEE Workshop on Robot and Human interactive Communication. RO-MAN 2003. Online verfügbar unter* http://www.cs.cmu.edu/~kiesler/publications/PDFs/RO-MANpaper.pdf, zuletzt geprüft am 28.06.2016.

Goffman, Erving (1967): Interaction Ritual: Essay on Face-to-Face Behaviour. New York: Doubleday Anchor.

Goldinger, Stephen D.; Azuma, Tamiko (2004): Commentary on Pickering, Michael; Simon Garrod. Towards a mechanistic psychology of dialogue. In: *Behavioural and Brain Sciences* (27).

Gong, Li (2008): How social is social responses to computers? The function of the degree of anthropomorphism in computer representations. In: *Computers in Human Behavior* (24), S. 1494–1509.

Graesser, Arthur C.; Person, Natalie K.; Harter, Derek; the Tutoring Research Group (2000): Teaching tactics in AutoTutor. Paper presented at the workshop on tutorial dialogue at the Intelligent Tutoring Systems 2000 Conference. Berlin: Springer-Verlag. Online verfügbar unter http://www.iismemphis.org/projects/autotutor/at2.htm, zuletzt geprüft am 03.09.2016.

Grice, H. Paul (1975): Logic and Conversation. In: Peter Cole und Jerry L. Morgan (Hg.): Syntax and Semantics. Speech Acts. London, New York, San Francisco: Academic Press (3), S. 41–58.

Gries, Stefan Th. (2005): Syntactic priming: A Corpus-based Approach. In: *Journal of Psycholinguistic Research* (34(4)), S. 365–399.

Grinter, Rebecca E.; Rodden, Tom; Aoki, Paul M.; Cutrell, Edward; Jeffries, Robin; Olson, Gary M. (Hg.) (2006): Proceedings of the SIGCHI Conference on Human Factors in Computing Systems. Montreal: ACM Digital Library.

Grosz, Barbara J.; Joshi, Aravind; Weinstein, Scott (1995): Centering: A framework for modeling the local coherence of discourse. In: *Computational Linguistics* (2 (21)), S. 203–225.

Gumperz, John J.; Hymes, Dell (Hg.) (1972): The Ethnography of Communication. New York: Holt, Rinehart and Winston.

Günthner, Susanne (2014): Die interaktive Gestaltung von SMS-Mitteilungen – Aspekte der interaktionalen Matrix chinesischer und deutscher SMS-Dialoge. In: Alexa Mathias, Jens Runkehl und Torsten Siever (Hg.): Sprachen? Vielfalt! – Sprache und Kommunikation in der Gesellschaft und den Medien, S. 129–148.

Günthner, Susanne; Konerding, Klaus-Peter; Liebert, Wolf-Andreas; Roelcke, Thorsten (Hg.) (2005): Linguistik – Impulse & Tendenzen. Berlin: de Gruyter (10).

Gustafson, Joakim (2002): Developing Multimodal Spoken Dialogue Systems. Empirical Studies of Spoken Human-Computer-Interaktion. Berlin: Springer-Verlag.

Habermas, Jürgen (1993): Theorie des kommunikativen Handelns. Band 1. Handlungsrationalität und gesellschaftliche Rationalisierung. 2 Bände. Berlin: Suhrkamp (1).

Habermas, Jürgen (1993): Theorie des kommunikativen Handelns. Band 2. Zur Kritik der funktionalisierten Vernunft. 2 Bände. Berlin: Suhrkamp (2).

Halliday, Michael Alexander Kirkwood; Hasan, Ruqaiya (1976): Cohesion in English. London: Longman.

Hameroff, Stuart: Funda-Mentality (1998): Is The Conscious Mind Subtly Linked To A Basic Level Of The Universe? In: *Trends in Cognitive Sciences* 2 (4), S. 119–127.

Hameroff, Stuart (2010): 'The conscious pilot – dendritic synchrony moves through the brain to mediate consciousness. In: *Journal of Biological Physics* (36 (1)).

Hameroff, Stuart; Penrose, Roger (1996): Orchestrated Objective Reduction of Quantum Coherence in Brain Microtubules: A model for consciousness. In: *Mathematics and Computers in Simulation* (40), S. 453–480.

Harris, Zellig S. (1982): A Grammar of English on Mathematical Principles. New York: Wiley & Sons.

Hartsuiker, Robert J.; Westenberg, Casper (2000): Persistence of word order in written and spoken sentence production. In: *Cognition* (75B), S. 27–39.

Healey, Michael C. (2004): Commentary on Pickering, Michael; Simon Garrod. Towards a mechanistic psychology of dialogue. In: *Behavioural and Brain Sciences* (27), S. 201.

Hegel, Georg Wilhelm Friedrich (1979): Die Wissenschaft der Logik. Theorie-Werkausgabe. Frankfurt/M.: Suhrkamp.

Helfrich, Ute (2014). In: Kristina Bedijs, Gudrun Held und Christine Maaß (Hg.): Face Work and Social Media. Hildesheimer Beiträge zur Medienforschung. Berlin: Lit Verlag.

Henne, Helmut; Rehbock, Helmut (1982): Einführung in die Gesprächsanalyse. 2. Aufl. Berlin, New York: de Gruyter.

Heritage, John (1984): Garfinkel and ethnomethodology. Cambridge: Polity Press.

Heritage, John (1985): Analysing news interviewes: Aspects of the production of talk for an overhearing audience. In: Teun A. van Dijk (Hg.): Handbook of Discourse Analysis. 3. Aufl. London: Academic Press, S. 95–117.

Heritage, John (1988): Explanations as accounts: A conversation analytic perspective. In: Charles Antaki (Hg.): Analysing Everyday Explanation. A Casebook of Methods. London: Sage, S. 127–144.

Herring, Susan C. (Hg.) (1996): Computer-Mediated Communication: Linguistic, Social and Cross-Cultural Perspectives. Amsterdam: Benjamins.

Herring, Susan C. (1996): Introduction. In: Susan C. Herring (Hg.): Computer-Mediated Communication: Linguistic, Social and Cross-Cultural Perspectives. Amsterdam: Benjamins, S. 1–10.

Higgins, Derrick; Burstein, Jill; Marcu, Daniel; Gentile, Claudia (2004): Evaluating multiple aspects of coherence in student essays. In: NAACL (Hg.): Proceedings of the North American Chapter of the Association for Computational Linguistics, S. 185–192.

Hitzenberger, Ludwig (1992): Modellbildung, Versuchsaufbau und Durchführung in DICOS. In: Jürgen Krause und Ludwig Hitzenberger (Hg.): Computer Talk. Hildesheim, Zürich, New York: Olms, S. 62–75.

Hitzenberger, Ludwig; Womser-Hacker, Christa (1995): Experimentelle Untersuchungen zu multimodalen natürlich sprachigen Dialogen in der Mensch-Computer-Interaktion. In: *Sprache und Datenverarbeitung* (19 (1)), S. 51–61.

Hobbs, Jerry R. (1979): Coherence and coreference. In: *Cognitive Science* (3 (1)), S. 67–90.

Horzyk, Adrian; Dudek-Dyduch, Ewa; Tadeusiewicz, Ryszard (2009): Neural network adaptation process effectiveness dependent of constant training data availability. In: *Neurocomputing* (72(13–15)), S. 3138–3149.

Hulstijn, Joris; Dignum, Frank; Dastani, Mehdi (2005): Coherence constraints for agent interaction. In: van Eijk, Rogier Maurice, Marc Philippe Huget und Frank Dignum (Hg.): Agent Communication. Berlin: Springer-Verlag (3396 of LNAI), S. 134–152.

Hutchby, Ian (2001): Conversation and Technology. From the Telephone to the Internet. Cambridge: Polity.

Hutchby, Ian; Wooffitt, Robin (1998): Conversation Analysis. Cambridge: Polity.

Hymes, Dell (Hg.) (1971): Pidginization and Creolization of Language. Cambridge: Cambridge University Press.

Iacoboni, Marco; Woods, Rogger P.; Brass, Marcel; Bekkering, Harold; Mazziotta, John C.; Rizzolatti, Giacomo (1999): Cortical mechanisms of human imitation. In: *Science* (286), S. 2526–2528.

Isard, Amy; Brockmann, Carsten; Oberlander, Jon (2006): Individuality and Alignment in Generated Dialogues. In: Association for Computational Linguistics (Hg.): Proceedings of the Fourth International Natural Language<p> Generation Conference. Sydney, Australia: Springer-Verlag, S. 25–32.

Jakob, Daniel; Kablitz, Andreas; Koch, Peter; König, Bernhard; Küpper, Joachim; Schmitt, Christian (Hg.) (1985): Romanistisches Jahrbuch 36. Berlin / New York: de Gruyter.

Jefferson, Gail(1980): On "trouble-premonitory" response to inquiry. In: *Sociological Inquiry* (50 (3–4)), S. 153–185.

Jefferson, Gail (1973): A case of precision timing in ordinary conversation: overlapped tag-positioned address terms in closing sequences. In: *Semiotica* (9), S. 47–96.

Johnson-Laird, Philip N. (1983): Mental models: Toward a cognitive science of language, inference and consciousness. Harvard: Harvard University Press.

Johnstone, Anne; Berry, Umsher; Ngyuen, Tina; Asper, Alan (1994): There was a long Pause: Influencing turn-taking behavior in human-human and human-computer spoken dialouges. In: *International Journal of Human-Computer Studies* (41), S. 383–411.

Jonassen, David H. (Hg.) (2004): Handbook of Research for Educational Communications and Technology. New York: MacMillan.

Jong, Markus de; Theune, Mariët; Hofs, Dennis (2008): Politeness and alignment in dialogues with a virtual guide. In: The Proceedings of the Seventh International Conference on Autonomous Agents and Multiagent Systems (AAMAS 2008). Estoril, Portugal, S. 207–214.

Jurafsky, Daniel; Bates, Rebecca; Coccaro, Noah; Martin, Rachel; Meteer, Marie; Ries, Klaus et al. (1997): Automatic Detection of Discourse Structure for Speech Recognition and Understanding. In: the Proceedings of the 1997 IEEE Workshop on Speech Recognition and Understanding. Santa Barbara. Online verfügbar unter http://www.stanford.edu/~jurafsky/ws97/asru97.pdf, zuletzt geprüft am 08.03.2016.

Jurafsky, Daniel; Schriberg, Elizabeth; Biasca, Debra (1997): Switchboard SWBD-DAMSL Shallow-Discourse-Function Annotation Coders Manual, Draft 13, University of Colorado, Boulder. Colorado: Institute of Cognitive Science Technical Report. Online verfügbar unter http://www.stanford.edu/~jurafsky/ws97/manual.august1.html, zuletzt geprüft am 08.03.2016.

Kandel, Eric; Schwartz, James; Jessell, Thomas; Siegelbaum, Steven; Hudspeth, A. J. (2012): Principles of Neural Science. 5. Aufl. New York: McGraw-Hill Professional.

Kant, Immanuel (1998): Kritik der reinen Vernunft. Hamburg: Meiner Verlag.

Kant, Immanuel (1999): Metaphysik der Sitten. Hamburg: Meiner Verlag.

Kaschak, Michael P.; Gernsbacher, Morton Ann (2003): Neuroimaging studies of language production and comprehension. In: *Annual Review of Psychology* (54(1)), S. 91–114.

Katz, Irvin R.; Macks, Linn; Mark, Robert; Rosson, Mary Beth; Nielson, Jakob (Hg.) (1995): Human factors in computering Systems: CHI`95 Conference Proceedings. New York: ACM Press.

Kellner, Andreas (2004): Dialogsysteme. In: Kai-Uwe Carstensen, Christian Ebert, Cornelia Endriss, Susanne Jekat, Ralf Klabunde und Hagen Langer (Hg.): Computerlinguistik und Sprachtechnologie. Eine Einführung. München: Spektrum Akademischer Verlag, S. 532–539.

Kemp, Charles; Tenenbaum, Josh B. (Hg.) (2003): Producings of the Twenty-fifth Annual Conference of the Cognitive Science Society. Cambridge: MIT Press.

Kempson, Ruth (2004): Commentary on Pickering, Michael; Simon Garrod. Towards a mechanistic psychology of dialogue. In: *Behavioural and Brain Sciences* (27).

Kibble, Rodger; Power, Richard (2004): Optimizing referential coherence in text generation. In: *Computational Linguistics* (30 (4)), S. 401–416.

Kimbara, Irene (2006): On gestural mimicry. In: *Gesture* (6(1)), S. 39–61.

Klabunde, Ralf; Carstensen, Kai-Uwe; Ebert, Christian; Endriss, Cornelia; Jekat, Susanne; Langer, Hagen (Hg.) (2004): Computerlinguistik und Sprachtechnologie: Eine Einführung. 2. Aufl. Berlin: Spektrum Akademischer Verlag.

Klein, Hans-Dieter (1999): <System> im Deutschen Idealismus. In: Hans-Jörg Sandkühler (Hg.): Enzyklopädie Philosophie. Hamburg: Meiner Verlag, S. 1581–1584.

Koch, Peter; Oesterreicher, Wulf (1985): Sprache der Nähe – Sprache der Distanz. Mündlichkeit und Schriftlichkeit im Spannungsfeld von Sprachtheorie und Sprachgeschichte. In: Daniel Jakob, Andreas Kablitz, Peter Koch, Bernhard König, Joachim Küpper und Christian Schmitt (Hg.): Romanistisches Jahrbuch 36. Berlin / New York: de Gruyter, S. 15–43.

Kopp, Stefan (2004): Imitation games with an artificial agent: From mimicking to understanding shape-related iconic gestures. In: Stefan Kopp, Timo Sowa und Ipke Wachsmuth (Hg.): Gesture-based communication in human-computer interaction. Berlin: Springer-Verlag, S. 436–447.

Kopp, Stefan (2005): The spatial specificity of iconic gestures. In: Klaus Opwis und Iris-Katharina Penner (Hg.): Proceedings of KogWis05 the 7th Conference of the German Cognitive Science Society. Basel: Schwabe, S. 112–117.

Kopp, Stefan (2010): Social resonance and embodied coordination in face-to-face conversation with artificial interlocutors. In: *Speech Communication* (52 (6)), S. 587–597.

Kopp, Stefan; Gesellensetter, Lars; Krämer, Nicole C.; Wachsmuth, Ipke (2005): A conversational agent as museum guide – design and evaluation of a real-world application. In: Ruth Aylett, Brigitte Krenn, Catherine Pelachaud und Hiroshi Shimodaira (Hg.): International Working Conference on Intelligent Virtual Agents. Berlin: Springer-Verlag, S. 329–343.

Kopp, Stefan; Sowa, Timo; Wachsmuth, Ipke (Hg.) (2004): Gesture-based communication in human-computer interaction. Berlin: Springer-Verlag.

Kopp, Stefan; Tepper, Paul; Cassell, Justine (2004): Towards Integrated Microplaning of Language and Iconic Gesture for Multimodal Output. Proceedings of the International Conference on Multimodal Interfaces. London: Springer-Verlag. Online verfügbar unter http://www.techfak.uni- bielefeld.de/~skopp/publikations.html, zuletzt geprüft am 03.09.2016.

Kopp, Stefan; Wachsmuth, Ipke (2004): Synthesizing Multimodal Utterances for Conversational Agents. In: *The Journal Computer Animation and Virtual Worlds* (15 (1)), S. 39–52.

Kopp, Stefan; Wrede, Britta; Rohlfing, Katharina; Lohse, Manja; Muhl, Claudia (2010): Appropriate feedback in asymmetric interactions. In: *Journal of Pragmatics* (42), S. 2369–2384.

Krämer, Nicole C. (2008): Soziale Wirkungen virtueller Helfer. Gestaltung und Evaluation von Mensch-Computer-Interaktion. Stuttgart: Kohlhammer.

Krämer, Nicole C.; Bente, Gary (2002): Virtuelle Helfer: Embodied Conversationel Agents in der Mensch-Computer-Interaktion. In: Gary Bente, Nicole C. Krämer und Anita Petersen (Hg.): Virtuelle Realitäten. Göttingen: Hogrefe, S. 203–225.

Krause, Jürgen (1982): Mensch-Maschine-Interaktion in natürlicher Sprache. Tübingen: Niemeyer.

Krause, Jürgen (1992): Fazit und Ausblick: Registermodell versus metaphorischer Gebrauch von Sprache in der Mensch-Computer-Interaktion. In: Jürgen Krause und Ludwig Hitzenberger (Hg.): Computertalk. In: *Sprache und Computer*. Hildesheim: Olms, S. 157–170.

Krause, Jürgen (1992): Natürlichsprachliche Mensch-Computer-Interaktion als technisierte Kommunikation: Die computer talk-Hypothese. In: Jürgen Krause und Ludwig Hitzenberger (Hg.): Computer Talk. Hildesheim, Zürich, New York: Olms, S. 84–104.

Krause, Jürgen; Hitzenberger, Ludwig (Hg.) (1992): Computer Talk. Hildesheim, Zürich, New York: Olms.

Krauss, R. M.; Prado, J. S. (2004): Commentary on Pickering, Michael; Simon Garrod. Towards a mechanistic psychology of dialogue. In: *Behavioural and Brain Sciences* (27(2)), S. 203–204.

Kritzenberger, Huberta (1992): Unterschiede zwischen Mensch-Computer-Interaktion und zwischenmenschlicher Kommunikation aus der interpretativen Analyse der DICOS-Protokolle. In: Jürgen Krause und Ludwig Hitzenberger (Hg.): Computer Talk. Hildesheim, Zürich, New York: Olms, S. 122–156.

Kurzweil, Ray (2005): The singularity is near: When Humans Transcend Biology. New York: Viking Adult.

Labov, William (1971): The Notion of System in Creole Studies. In: Dell Hymes (Hg.): Pidginization and Creolization of Language. Cambridge: Cambridge University Press, S. 447–472.

Lapata, Mirella; Barzilay, Regina (2005): Automatic evaluation of text coherence: Models and representations. In: *Proceedings of the 19th International Joint Conference on Artificial Intelligence (IJCAI)*, S. 1085–1090.

Lappé, Winfried (1983): Gesprächsdynamik. Göppingen: Kümmerle.

Lehr, Andrea; Kammerer, Matthias; Konerding, Klaus-Peter; Storrer, Angelika; Thimm, Caja; Wolski, Werner (Hg.) (2001): Sprache im Alltag. Beiträge zu neuen Perspektiven in der Linguistik. Berlin: de Gruyter.

Lemnitzer, Lothar; Zinsmeister, Heike (2006): Korpuslinguistik – Eine Einführung. Tübingen: Narr.

Lerner, Gene H. (1991): On the syntax of sentences-in-progress. In: *Language in Society* (20), S. 411–458. Online verfügbar unter http://www.soc.ucsb.edu/faculty/lerner/pub/Syntax_of_Sentences.pdf, zuletzt geprüft am 02.04.2016.

Lerner, Gene H. (1996): On the "semi-permeable" character of grammatical units in conversation: Conditional entry into the turn space of another speaker. In: Elinor Ochs, Emanuel A. Schegloff und Sandra A. Thompson (Hg.): Interaction and grammar. Cambridge: Cambridge University Press, S. 238–276.

Levelt, Willem J. M; Kelter, S. (1982): Surface form and memory in question answering. In: *Cognitive Psychology* (14), S. 78–106.

Levelt, Willem J. M. (1989): Speaking: From intention to articulation. Cambridge: MIT Press. Online verfügbar unter http://aclweb.org/anthology/J/J90/J90-1012.pdf, zuletzt geprüft am 02.04.2016.

Levinson, Stephan C. (1983): Pragmatics. Cambridge: Cambridge University Press.

Lewis, David K. (1969): Convention: A philosophical study. Basil Blackwell: Harvard University Press. Online verfügbar unter http://www.princeton.edu/~harman/Courses/PHI534-2012-13/Nov26/lewis-convention1.pdf, zuletzt geprüft am 02.04.2016.

Liberman, Alvin M.; Whalen, Doug H. (2000): On the relation of speech to language. In: *Trends in Cognitive Sciences* (4), S. 187–196. Online verfügbar unter http://www.utdallas.edu/~assmann/hcs6367/liberman_whalen00.pdf, zuletzt geprüft am 02.04.2016.

Liddicoat, Anthony J. (2007): An Introduction to Conversation Analysis. London: Continnuum-3pl.

Lindzey, Gardner; Aronson, Elliot (Hg.) (1985): The handbook of social psychology. 3. Aufl. Michigan: Random House.

Linke, Angelika; Nussbaumer, Markus; Portmann, Paul R. (2004): Studienbuch Linguistik. 5., erw. Aufl. Tübingen: Niemeyer.

Locher, Miriam A.; Watts, Richard J. (2005): Politeness Theory and Relational Work. Journal of Politeness Research. Language, Behaviour, Culture. In: *Journal of Politeness Research. Language, Behaviour, Culture* (1(1)), S. 9–33.

Locke, John (1975): An Essay concerning Human Understanding Edited with an introduction, critical appartus and glossary by Peter H. Nidditch. Oxford: Clarendon Press.

Lombardi, Linda; Potter, Marry C. (1992): The regeneration of syntax in short term memory. In: *Journal of Memory and Language* (31), S. 713–733.

Lotze, Netaya; Siever, Torsten (2012): "Linguistik-Tutorium". Eine interaktive Einführung in Grundlagen der germanistischen Linguistik«. Hannover. Online verfügbar unter https://e-tutorium.net/de/et.aspx?t=2, zuletzt geprüft am 04.04.2016.

Luff, Paul; Gilbert, Nigel; Frohlich, David M. (Hg.) (1990): Computers and Conversation. San Diego: Academic Press.

Luhmann, Niklas (1984): Soziale Systeme. Grundriß einer allgemeinen Theorie. Frankfurt/M.: Suhrkamp.

MacKay, Donald G. (1987): The organization of perception and action. Berlin: Springer-Verlag. Online verfügbar unter http://mackay.bol.ucla.edu/OPACh5.pdf, zuletzt geprüft am 02.04.2016.

Manhart, Klaus (2001): Menschliche Maschinen. Die lange Geschichte der KI. In: *c`t-Mgazin für Computertechnik* (8 (3)), S. 32–40. Online verfügbar unter http://heise.de/kiosk/archiv/ct/1991/3/32/@00000@/art.htm, zuletzt geprüft am 24.07.2006.

Mann, William C.; Thompson, Sandra A. (1988): Rhetorical structure theory: Rhetorical structure theory: Toward a functional theory of text organization. In: *Text* (8 (3)), S. 243–281. Online verfügbar unter http://www.cis.upenn.edu/~nenkova/Courses/cis700-2/rst.pdf, zuletzt geprüft am 18.06.2016.

Markman, Arthur B.; et al (2004): Commentary on Pickering, Michael; Simon Garrod. Towards a mechanistic psychology of dialogue. In: *Behavioural and Brain Sciences* (27), S. 204–205.

Markman, Arthur B.; Gentner, Dedre (1993): Structural alignment during similarity comparisons. In: *Cognitive Psychology* (25), S. 431–467. Online verfügbar unter http://groups.psych.northwestern.edu/gentner/papers/Markman-Gentner93c.pdf, zuletzt geprüft am 03.04.2016.

Markman, Arthur B.; Kim, Kyungil; Larkey, Lewi B.; Narvaez, Lisa R. (2004): One alignment mechanism or many? In: *Behavioral and Brain Sciences* (27(2)), S. 204–205.

Marzi, Ruth; Karavezyris, Vassilios; Erbe, Heinz-Hermann; Timpe, Klaus-Peter (Hg.) (2002): Bedienen und Verstehen. 4. Berliner Werkstatt Mensch-Maschine-Systeme. Düsseldorf: VDI-Verlag.

Mathias, Alexa; Runkehl, Jens; Siever, Torsten (Hg.) (2014): Sprachen? Vielfalt! – Sprache und Kommunikation in der Gesellschaft und den Medien. Online verfügbar unter http://www.mediensprache.net/networx/networx-64.pdf, zuletzt geprüft am 15.06.2016.

Mazur, Joan M. (2004): Conversation Analysis for Educational Technologists: Theoretical and Methodological Issues for Researching Conversation Analysis for Educational Technologists. Processes and Meaning of On-line Talk. In: David H. Jonassen (Hg.): Handbook of Research for Educational Communications and Technology. New York: MacMillan.

Merten, Klaus; Schmidt, Siegfried J.; Weischenberg, Siegfried (Hg.) (1994): Die Wirklichkeit der Medien. Opladen: Westdeutscher.

Moratz, Reinhard; Fischer, Kerstin; Tenbrink, Thora (2001): Cognitive modelling of spatial reference for human-robot interaction. In: *International Journal on Artificial Intelligence Tools* (10(4)), S. 589–611.

Morel, Marie-Annick (1989): Computer–human communication. In: Martin M. Taylor, Françoise Nèel und Don Bouwhuis (Hg.): The Structure of Multimodal Communication. Amsterdam: North-Holland Elsevier, S. 323–330.

Mori, Masahiro (1982): The Buddha in the Robot. Tokyo: Charles E. Tuttle Co.

NAACL (Hg.) (2004): Proceedings of the North American Chapter of the Association for Computational Linguistics.

Nagel, Thomas (1974): What is it like to be a bat? In: *Philosophical Review* (83), S. 435–450.

Nass, Clifford; Brave, Scott (2005): Wired for Speech: How Voice Activates and Advances the Human–Computer Relationship. Cambridge: MIT Press.

Nass, Clifford; Gong, Li (2000): Speech interfaces from an evolutionary perspective. In: *Communications of the ACM* (43 (9)), S. 36–43.

Nass, Clifford; Isbister, Katherine; Lee, Eun-Ju (2000): Truth is beauty: Researching Embodied conversational agents. In: Sullivan Cassell, Joseph Sullivan, Scott Prevost und Elizabeth F. Churchill (Hg.): Embodied conversational agents. Cambridge: MIT Press, S. 374–401.

Nass, Clifford; Moon, Youngme (2000): Machines and mindlessness: Social responses to computers. In: *Journal of Social Issues* (56 (1)), S. 81–103. Online verfügbar unter http://stanford.edu/~nass/vita.htm, zuletzt geprüft am 20.06.2016.

Nass, Clifford; Reeves, Byron (1996): How people treat computers, television, and new media like real people and places. CSLI Publications: Cambridge University Press.

Neuland, Eva (2008): Jugendsprache: Eine Einführung. 1. Aufl. Stuttgart: UTB.

Oberquelle, Horst; Oppermann, Reinhard; Krause, Jürgen (Hg.) (2001): Menschen & Computer 2001. Stuttgart: Teubner.

Ochs, Elinor; Schegloff, Emanuel A.; Thompson, Sandra A. (Hg.) (1996): Interaction and grammar. Cambridge: Cambridge University Press.

Opwis, Klaus; Penner, Iris-Katharina (Hg.) (2005): Proceedings of KogWis05 the 7th Conference of the German Cognitive Science Society. Basel: Schwabe.

Ortony, Andrew; Clore, Gerald L.; Collins, Allan (1988): The Cognitiv Structure of Emotions. Cambridge: Cambridge University Press. Online verfügbar unter http://www.cogsci.northwestern.edu/courses/cg207/readings/Cognitive_Structure_of_Emotions_exerpt.pdf, zuletzt geprüft am 03.04.2016.

Oviatt, Sharon (1995): Predicting spoken disfluencies during human-computer interaction. In: *Computer Speech and Language* (9), S. 19–35. Online verfügbar unter http://www.justinecassell.com/discourse/pdfs/oviatt95predicting.pdf, zuletzt geprüft am 03.04.2016.

Pear, Joseph J. (2004): Commentary on Pickering, Michael; Simon Garrod. Towards a mechanistic psychology of dialogue. In: *Behavioural and Brain Sciences* (27), S. 206–207.

Pearson, Jamie; Hu, Jiang; Branigan, Holly P.; Pickering, Martin J.; Nass, Clifford (2006): Adaptive language behavior in HCI: how expectations and beliefs about a system affect users' word choice. In: Rebecca E. Grinter, Tom Rodden, Paul M. Aoki, Edward Cutrell, Robin Jeffries und Gary M. Olson (Hg.): Proceedings of the SIGCHI Conference on Human Factors in Computing Systems. Montreal: ACM Digital Library, S. 1177–1180.

Perkuhn, Rainer; Keibel, Holger; Kupietz, Marc (2012): Korpuslinguistik. Paderborn: Fink. Online verfügbar unter http://corpora.ids-mannheim.de/libac/doc/libac-addOn-LexikalVielfalt.pdf, zuletzt geprüft am 01.06.2016.

Pickering, Martin J.; Barry, Guy (1991): Sentence processing without empty categories. In: *Language and Cognitive Processes* (6), S. 229–259.

Pickering, Martin J.; Barry, Guy (1993): Dependency categorial grammar and coordination. In: *Linguistics* (31), S. 855–902.

Pickering, Martin J.; Branigan, Holly P. (1998): The representation of verbs: Evidence from syntactic priming in language production. In: *Journal of Memory and Language* (39), S. 633–651.

Pickering, Martin J.; Branigan, Holly P. (1999): Syntactic priming in language production. In: *Trends in Cognitive Sciences* (3), S. 136–141.

Pickering, Martin J.; Clifton, Chuck; Crocker, Matthew W. (2000): Architectures and mechanisms in sentence comprehension. In: Matthew W. Crocker und Martin J. Pickering (Hg.): Architectures and mechanisms for language processing. Cambridge: Cambridge University Press, S. 1–28.

Pickering, Martin J.; Garrod, Simon (2004): Towards a mechanistic psychology of dialogue. In: *Behavioural and Brain Sciences* (27), S. 169–225.

Pickering, Martin J.; Garrod, Simon (2007): Do people use language production to make predictions during comprehension? In: *Trends in Cognitive Science* (11(3)), S. 105–110.

Piwek, Paul (2006): Meaning and dialogue coherence. In: ESSLLI 2006 (Hg.): Proceedings of the workshop on coherence for generation and dialogue. Malaga, Heidelberg: Spektrum Akademischer Verlag, S. 57–64.

Porzel, Robert; Baudis, Manja (2004): The Tao of CHI: towards effective human–computer interaction. In: Susan Dumais, Daniel Marcu und Salim Roukos (Hg.): Proceedings of HLT-NAACL 2004, May 2–7. Boston: ACM Digital Library, S. 209–216.

Potter, Marry C.; Lombardi, Linda (1990): Regeneration in the short-term recall of sentences. In: *Journal of Memory and Language* (29), S. 633–654.

Potter, Marry C.; Lombardi, Linda (1998): Syntactic priming in immediate recall of sentences. In: *Journal of Memory and Language* (38), S. 265–282.

Prakken, Henry (2005): I & Law, logic and argument schemes. In: *Argumentation* (19), S. 303–320.

Preece, Jenny (1994): Human-Computer Interaction. Wokingham: Addison-Wesley.

Purandare, Amruta; Litman, Diane J. (2008): Analyzing Dialog Coherence using Transition Patterns in Lexical and Semantic Features. Proceedings 21st International FLAIRS Conference. Florida: Coconut Grove.

Purver, Matthew; Cann, Ronnie; Kempson, Ruth (2006): Grammars as Parsers: Meeting the Dialogue Challenge. In: *Research on Language and Computation* (4), S. 2–3.

Ranta, Jukka (Hg.) (1988): Man-machine Systems. Analysis, Design and Evaluation. Proceedings of IFIP/IFAC. Amsterdam: North Holland.

Rao, Anand S.; Georgeff, Michael P. (1991): Modeling Rational Agents within a BDI-Architecture. In: James F. Allen, R. Fikes und E. Sandewall (Hg.): Proceedings of the second international conference on Principles of knowledge representation and Reasoning. San Mateo, CA: Morgan Kaufmann Publishers, S. 473–484.

Rath, Rainer (1979): Kommunikationspraxis. Analysen zur Textbildung und Textgliederung im gesprochenen Deutsch. Göttingen: Vandenhoeck & Ruprecht.

Redeker, Gisela (1990): Ideational and pragmatic markers of discourse structure. In: *Journal of Pragmatics* (14), S. 367–381.

Reeves, Byron; Nass, Clifford I. (1996): The media equation: How people treat computers, television, and new media like real people and places. New York: Cambridge University Press.

Reichard, Jasia (1978): Robots : Fact, Fiction, and Prediction. London: Thames & Hudson.

Reitter, David (2006): Priming of Syntactic Rules in Task-Oriented Dialogue and Spontaneous Conversation. In: *Proceedings of the 28th Annual Conference of the Cognitive Science Society*, S. 685–690.

Resnick, Lauren B.; Levine, John M.; Teasley, Stephanie D. (Hg.) (1991): Perspectives on socially shared cognition. Washington: American Psychological Association.

Richards, M. A.; Underwood, K. (1984): Talking to machines: how are people naturally inclined to speak? In: *Proceedings of the Ergonomics Society Annual Conference*, S. 62–67.

Rickheit, Gerd; Herrmann, Theo; Deutsch, Werner (2002): Psycholinguistics. An international handbook. Berlin: de Gruyter.

Rickheit, Gerd; Strohner, Hans (1992): Towards a cognitive theory of linguistic coherence. In: *Theoretical Linguistics* (18 (2/3)), S. 209–237.

Rizzolatti, Giacomo; Arbib, Michael A. (1998): Language within our grasp. In: *Trends in Neurosciences* (21), S. 188–194.

Roberts, Fred (2006): The A.I. of Elbot. In: *Software Developer's Journal.*

Roche, Jörg (1987): Xenolekte. Struktur und Variation im deutsch gegenüber Ausländern. Berlin / New York: de Gruyter.

Ronneberger-Sibold, Elke (1980): Sprachverwendung – Sprachsystem: Ökonomie und Wandel. Linguistische Arbeiten 87. Tübingen: Niemeyer. In: *Linguistische Arbeiten* (87).

Roth, Gerhard (2001): Denken, Fühlen, Handeln: Wie das Gehirn unser Verhalten steuert. 6. Aufl. Berlin: Suhrkamp.

Runkehl, Jens; Schlobinski, Peter; Siever, Torsten (1998): Sprache und Kommunikation im Internet: Überblick und Analysen. Göttingen: Vandenhoeck & Ruprecht.

Runkehl, Jens v.; Schlobinski, Peter; Siever, Torsten (Hg.) (2011): Sprache – Medien – Innovationen. Frankfurt/M.: Peter Lang Verlag.

Sacks, Harvey (1975): Everyone has to lie. In: Mary Sanches und Ben G. Blount (Hg.): Sociocultural dimensions of language use. New York: Academic Press, S. 57–80.

Sacks, Harvey (1987): On the preferences for agreement and contiguity in sequences in conversation. In: Graham Button und Lee, John R. E. (Hg.): Talk and social organization. Clevedon: Multilingual Matters, S. 54–69.

Sacks, Harvey; Schegloff, Emanuel A.; Jefferson, Gail (1974): A simplest systematics for the organization of turn-taking for conversation. In: *Language* (50 (4)), S. 696–735.

Sacks, Harvey; Schegloff, Emanuel A.; Jefferson, Gail (1992): Lectures on Conversation, Volumes I and II. Blackwell: Oxford.

Sager, Sven Frederik (1989): Verhaltensambivalenzen im Zugangsdisplay. Vergleichende Betrachtungen zu spontanen Straßendiskussionen und dem Sozialverhalten nicht-menschlicher Primaten. In: Edda Weigand und Hundsnurscher (Hg.): Dialoganalyse II. Tübingen: Niemeyer (1), S. 419–435.

Sanches, Mary; Blount, Ben G. (Hg.) (1975): Sociocultural dimensions of language use. New York: Academic Press.

Sanders, Ted J. M.; Spooren, Wilbert; Noordman, Leo G. M. (1992): Toward a taxonomy of coherence relations. In: *Discourse Processes* (15 (1)), S. 1–35.

Sandkühler, Hans-Jörg (Hg.) (1999): Enzyklopädie Philosophie. Hamburg: Meiner Verlag.

Sanford, Anthony J.; Garrod, Simon (1981): Understanding Written Language: Exploration in Comprehension Beyond the Sentence. Chichester: John Wiley.

Schatter, Günther (2011): Affektive Agenten, Avatare, Apparate. Emotionale Empathie als Voraussetzung für überzeugende Charaktere künstlicher Subjekte. In: Klaus-Dieter Felsmann (Hg.): Mein Avatar und ich. Die Interaktion von Realität und Virtualität: Erweiterte Dokumentation zu den 14. Buckower Mediengespräche 2010. München: Kopaed Verlag, S. 13–24.

Schegloff, Emanuel A. (1993): Reflectionson quantification in the study of conversation. In: *Reserch on Language and Social Interaction* (26), S. 99–128.

Schegloff, Emanuel A. (1996): Turn organization: One intersection of grammar and interaction. In: Elinor Ochs, Emanuel A. Schegloff und Sandra A. Thompson (Hg.): Interaction and grammar. Cambridge: Cambridge University Press, S. 52–133.

Schegloff, Emanuel A. (2000): Overlapping talk and the organization of turn-taking for conversation. In: *Language in Society* (29 (1)), S. 1–63.

Schegloff, Emanuel A. (2001): Accounts of conduct in interaction: Interruption, overlap and turn-taking. In: Jonathan H. Turner (Hg.): Handbook of Sociological Theory. New York: Plenum Press, S. 287–321.

Schegloff, Emanuel A. (2004): Commentary on Pickering, Michael; Simon Garrod. Towards a mechanistic psychology of dialogue. In: *Behavioural and Brain Sciences*.

Schegloff, Emanuel A.; Jefferson, Gail; Sacks, Harvey (1977): The preference for self-correction in the organization of repair in conversation. In: *Language* (53 (2)), S. 361–382.

Schegloff, Emanuel A.; Sacks, Harvey (1973): Opening up closings. In: *Semiotica* (8), S. 289–327.

Schiller; de Ruiten (2004): Commentary on Pickering, Michael; Simon Garrod. Towards a mechanistic psychology of dialogue. In: *Behavioural and Brain Sciences*.

Schlobinski, Peter (1982): Das Verkaufsgespräch. Eine empirische Untersuchung zur Organisation und Funktion von Handlungsschemata und kommunikativen Zielen. In: *Linguistische Arbeiten und Berichte* (18), S. 1–234.

Schlobinski, Peter (Hg.) (1997): Syntax des gesprochenen Deutsch. Opladen: Westdeutscher.

Schlobinski, Peter (2004): Sprache und Denken ex machina. In: *Der Deutschunterricht* (5), S. 70–79.

Schlobinski, Peter (2005): Mündlichkeit/Schriftlichkeit in den Neuen Medien. In: Eichinger, Ludwig M und Werner Kallmeyer (Hg.): Standardvariation. Wie viel Variation verträgt die deutsche Sprache? Berlin: de Gruyter, S. 126–142.

Schlobinski, Peter (2006): Germanistische Linguistik. In: Androutsopoulos, Jannis K., Jens Runkehl, Peter Schlobinski und Torsten Sievers (Hg.): Neuere Entwicklungen in der linguistischen Internetforschung. Hildesheim: Olms, S. 186–187.

Schlobinski, Peter (2008): Mensch-Maschine-Interaktion im Praxistext. In: Ahrenholz und Bernt (Hg.): Empirische Forschung und Theoriebildung. Beiträge aus Soziolinguistik, Gesprochene-Sprache-Forschung und Zweitspracherwerbsforschung. Festschrift für Norbert Dittmar zum 65. Geburtstag. Frankfurt/M.: Peter Lang, S. 139–149.

Schmidt, Siegfried J. (1994): Konstruktivismus in der Medienforschung: Konzepte, Kritiken, Konsequenzen. In: Klaus Merten, Siegfried J. Schmidt und Siegfried Weischenberg (Hg.): Die Wirklichkeit der Medien. Opladen: Westdeutscher, S. 592–623.

Schober, Michael F. (1993): Spatial perspective-taking in conversation. In: *Cognition* (47), S. 1–24.

Schober, Michael F. (1998): Different kinds of conversational perspective-taking. In: Susan R. Fussell und Roger J. Kreuz (Hg.): Social and cognitive psychological approaches to interpersonal communication. New York: Erlbaum, S. 145–174.

Schober, Michael F. (2004): Just how aligned are interlocutors' representations? Commentary on on Pickering and Garrod. In: *Behavioral and Brain Sciences* (27 (2)), S. 209–210.

Schober, Michael F.; Conrad, Frederick G. (1997): Does conversational interviewing reduce survey measurement error? Reprinted in: Interviewing, vol. 1, ed. N. G. Fielding. SAGE Benchmarks in Social Science Research Series, 2003. Sage Publications. In: *Public Opinion Quarterly* (61), S. 576–602.

Schober, Michael F.; Conrad, Frederick G.; Fricker, Scott S. (2004): Misunderstanding standardized language in research interviews. In: *Applied Cognitive Psychology* (18), S. 169–188.

Schwarz; Benjamin (2013): „Pseudo-Kohärenz in Chatbot-Dialogen". Unveröffentliche Masterarbeit.

Scollon, Ron; Scollon, Suzanne Wong (2001): Discourse and intercultural communication. In: Deborah Tannen, Deborah Schiffrin und Heidi Hamilton (Hg.): Handbook of Discourse Analysis. Oxford: Basil Blackwell, S. 538–547.

Scott, Donia R.; de Souza, Clarisse Sieckenius (1990): Getting the message across in RST-based text generation. In: *Current research in natural language generation*, S. 47–73.

Searle, John R. (1980): Minds, Brains and Programms. In: *Behavioural and Brain Sciences* (3), S. 417–457.

Searle, John R. (1986): Geist, Hirn und Wissenschaft. Die Reith Lectures 1984. Frankfurt/M.: Suhrkamp.

Searle, John R. (1993): Die Wiederentdeckung des Geistes. München: Artemis & Winkler Verlag.

Searle, John R. (1997): Intentionalität – Eine Abhandlung zur Philosophie des Geistes. Frankfurt/M.: Suhrkamp.

Searle, John R. (2006): Geist: Eine Einführung. Frankfurt/M.: Suhrkamp.

Shannon, Claude E.; Weaver, Warren E. (1948): Science and Complexity. In: *American Scientist* (36), S. 536.

Shintel, Hadas; Nusbaum, Howard C. (2004): Dialogue processing: Automatic alignment or controlled understanding? In: *Behavioral and Brain Sciences* (27(2)), S. 210–211.

Siever; Torsten; Schlobinski, Peter; Runkehl, Jens (2005): Websprache.net. Sprache und Kommunikation im Internet. In: Susanne Günthner, Klaus-Peter Konerding, Wolf-Andreas Liebert und Thorsten Roelcke (Hg.): Linguistik – Impulse & Tendenzen. Berlin: de Gruyter (10).

Siever, Torsten (2011): Texte i. d. Enge. Sprachökonomische Reduktion in stark raumbegrenzten Textsorten. In: Jens Runkehl, Peter Schlobinski und Torsten Siever (Hg.): Sprache – Medien – Innovationen. Frankfurt/M.: Peter Lange Verlag (1).

Siever, Torsten et al. (Hg.) (2005): Websprache.net. Sprache und Kommunikation im Internet (Linguistik – Impulse und Tendenzen).

Skinner, Burrhus Frederic (1957): Verbal behavior. Pennsylvania, USA: Pennsylvania State University.

Skinner, Burrhus Frederic (1959): Cumulative record. New York: Appleton-Century-Crofts.

Smith, Marc C.; Wheeldon, Linda (2001): Syntactic priming in spoken sentence production – an online study. In: *Cognition* (78), S. 123–164.

Soricut, Radu; Marcu, Daniel (2006): Discourse generation using utility-trained coherence models. In: *Proceedings of the Association for Computational Linguistics*, S. 803–810.

Sproull, Lee; Subramani, Mani; Kiesler, Sara; Walker, Janet H.; Waters, Keith (1996): When the interface is a face. In: *Human Computer Interaction* (11 (2)), S. 97–124.

Stalnaker, Robert C. (1978): Assertion. In: Peter Cole (Hg.): Syntax and semantics, vol. 9: Pragmatics. New York: Academic Press.

Stalnaker, Robert C. (2002): Common Ground. In: *Linguistics and Philosophy* (25), S. 701–721.

Standage, Tom (2002): Der Türke. Die Geschichte des ersten Schachautomaten und seiner abenteuerlichen Reise um die Welt. Frankfurt/M.: Campus-Verlag. Online verfügbar unter http://www.wired.com/wired/archive/10.03/turk_pr.html, zuletzt geprüft am 24.07.2016.

Steels, Luc; Brooks, Rodney A. (Hg.) (1994): The artifical life route to artificial inteligence: building situated agents. New Haven: Erlbaum.

Steinbacher, Karl; Krohn, Wolfgang; Küppers, Günter (1999): Systemtheorie. In: Hans-Jörg Sandkühler (Hg.): Enzyklopädie Philosophie. Hamburg: Meiner Verlag, S. 1584–1588.

Stone, Matthew (2002): Lexicalized grammar 101. In: Association for Computational Linguistics (Hg.): Proc. of the ACL-02 Workshop on Effective Tools Proc. of the ACL-02 Workshop on Effective Tools and Methodologies for Teaching Natural Language Processing and Computational Linguistics. Berlin, Heidelberg: Springer-Verlag, S. 77–84.

Storrer, Angelika (2000): Schriftverkehr auf der Datenautobahn. Besonderheiten der schriftlichen Kommunikation im Internet. In: G. Günter Voß, Werner Holly und Klaus Boehnke (Hg.): Neue Medien im Alltag: Begriffsbestimmungen eines interdisziplinären Forschungsfeldes. Opladen: Leske + Budrich, S. 153–177.

Storrer, Angelika (2001): Getippte Gespräche oder dialogische Texte? Zur kommunikationstheoretischen Einordnung der Chat-Kommunikation. In: Andrea Lehr, Matthias Kammerer, Klaus-Peter Konerding, Angelika Storrer, Caja Thimm und Werner Wolski (Hg.): Sprache im Alltag. Beiträge zu neuen Perspektiven in der Linguistik. Berlin: de Gruyter, S. 439–465.

Sudnow, David N. (Hg.) (1972): Studies in Social Interaction. New York: MacMillan, The Free Press.

Suessbrick, Anna L.; Schober, Michael F.; Conrad, Frederick G. (2000): Different respondents interpret ordinary questions quite differently. In: *Proceedings of the American Statistical Association (Section on Survey Research Methods).*

Sykora, Katharina (2000): Der Index ist die Nabelschnur. Über Foto-Doubles und digitale Chimären. In: Rolf Aurich, Wolfgang Jacobsen und Gabriele Jatho (Hg.): Künstliche Menschen. Manische Maschinen. Kontrollierte Körper. Berlin: Filmmuseum Berlin - Deutsche Kinemathek, S. 117–123.

Szmrecsanyi, Benedikt (2005): Language users as creatures of habit: a corpus-linguistic analysis of persistence in spoken English. In: *Corpus Linguistics and Linguistic Theory* (1(1)), S. 113–150.

Szmrecsanyi, Benedikt (2006): Morphosyntactic persistence in spoken English: a corpus study at the intersection of variationist sociolinguistics, psycholinguistics, and discourse analysis. Berlin, New York: Mouton de Gruyter.

Szwillus, Gerd; Ziegler, Jürgen (Hg.) (2003): Mensch & Computer 2003. Interaktion in Bewegung. Stuttgart: Teubner.

Takeuchi, Akikazu; Naito, Taketo (1995): Situated facial displays: towards social interaction. In: Irvin R. Katz, Linn Macks, Robert Mark, Mary Beth Rosson und Jakob Nielson (Hg.): Human factors in computering Systems: CHI`95 Conference Proceedings. New York: ACM Press, S. 450–455.

Tannen, Deborah (2007): Talking Voices: Repetition, Dialogue, and Imagery in Conversational Discourse. Cambridge: Cambridge University Press.

Tannen, Deborah; Schiffrin, Deborah; Hamilton, Heidi (Hg.) (2001): Handbook of Discourse Analysis. Oxford: Basil Blackwell.

Taylor, Martin M.; Nèel, Françoise; Bouwhuis, Don (Hg.) (1989): The Structure of Multimodal Communication. Amsterdam: North-Holland Elsevier.

te Molder, Hedwig; Potter, Jonathan (Hg.) (2005): Conversation and Cognition. Cambridge: Cambridge University Press.

Tepper, Paul; Kopp, Stefan; Cassell, Justine (2004): Content in Context: Generating Language and Iconic Gesture without a Gestionary. AAMAS`04 Workshop on Balanced Perception and Action for Embodied Conversational Agents. New York.

Tewes, Michael (2005): "Sie können ruhig in ganzen Sätzen mit mir sprechen!" Chatbots und ihre Bedeutung für internetbasierte Kommunikation. In: Siever, Torsten et al. (Hg.): Websprache.net. Sprache und Kommunikation im Internet (Linguistik – Impulse und Tendenzen), S. 242–265.

Thakerar, Jitendra N.; Giles, Howard; Chesire, Jenny (1982): Psychological and linguistic parameters of speech accommodation theory. In: Colin Fraser und Scherer Klaus R. (Hg.): Advances in the social psychology of language. Cambridge: Cambridge University Press, S. 205–255.

Thomas, Peter J. (Hg.) (1995): The Social and Interactional Dimension of Human-Computer Interfaces. Cambridge: Cambridge University Press.

Tidge, Dagmar (1997): Rezeption von Text und Hypertext – ein Vergleich. Essen: Linguistik-Server Essen (LINSE).

Tomasello, Michael (2002): Die kulturelle Entwicklung des menschlichen Denkens. Zur Evolution der Kognition. Frankfurt/M.: Suhrkamp.

Turner, Jonathan H. (Hg.) (2001): Handbook of Sociological Theory. New York: Plenum Press.

Valdman, Albert (Hg.) (1977): Pidgin and creole linguistics. Indiana: Indiana University Press.

van Dijk, Teun A. (Hg.) (1985): Handbook of Discourse Analysis. 3. Aufl. London: Academic Press.

van Eijk, Rogier Maurice; Huget, Marc Philippe; Dignum, Frank (Hg.) (2005): Agent Communication. Berlin: Springer-Verlag (3396 of LNAI).

Vinge, Vernor Steffen (1993): The Coming Technological Singularity: How to Survive in the Post-Human Era: Proceedings: VISION-21 Symposium

March 30–31, 1993. Online verfügbar unter http://www-rohan.sdsu.edu/faculty/vinge/misc/singularity.html, zuletzt geprüft am 09.04.2016.

Vollmer, Anna-Lisa; Lohanx, Katrin Solveig; Fischer, Kerstin; Nagaik, Yukie; Pitsch, Karola; Fritsch, Jannik et al. (Hg.) (2009): People modify their tutoring behavior in Robot-Directed Interaction for Action Learning. Bielefeld: IEEE Press.

Voß, G. Günter; Holly, Werner; Boehnke, Klaus (Hg.) (2000): Neue Medien im Alltag: Begriffsbestimmungen eines interdisziplinären Forschungsfeldes. Opladen: Leske + Budrich.

Wachsmuth, Ipke; Voss, Ian; Sowa, Timo; Latoschik, Marc E.; Kopp, Stefan; Jung, Bernhard (2001): Multimodale Interaktion in der Virtuellen Realität. In: Horst Oberquelle, Reinhard Oppermann und Jürgen Krause (Hg.): Menschen & Computer 2001. Stuttgart: Teubner, S. 265–274.

Wagner, Jörg (2002): Mensch-Computer-Interaktion. Sprachwissenschftliche Aspekte. Frankfurt/M.: Peter Lang (6).

Walker, Janet H.; Sproull, Lee; Subramani, Mani R. (1994): Using a Human Face in a Interface. In: Beth Adelson, Susan Dumais und Judith Olson (Hg.): Human Factors in Computing Systems: CHI' 94 Conference Proceedings. Boston: ACM Press, S. 85–91.

Walker, Marilyn; Stent, Amanda; Mairesse, François; Prasad, Rashmi (2007): Individual and Domain Adaptation in Sentence Planning for Dialogue. In: *Journal of Artificial Intelligence Research.*

Wallace, Richard S.; et al (2000): Don't Read Me: A. L. I. C. E. and AIML Documentation. Online verfügbar unter http://www.sirkussystem.com/alice/dont.html, zuletzt geprüft am 27.04.2016.

Ward, Karen; Heeman, Peter A. (2000): Acknowledgements in human-computer interaction. In: *Proceedings oft te ANLP-NAACL*, S. 281–287.

Warren, Tessa; Raynen, Keith (2004): Commentary on Pickering, Michael; Simon Garrod. Towards a mechanistic psychology of dialogue. In: *Behavioural and Brain Sciences* (27).

Watzlawick, Paul; Beavin, Janet H.; Jackson, Don D. (2000): Menschliche Kommunikation: Formen, Störungen, Paradoxien. München: Huber.

Weigand, Edda; Hundsnurscher (Hg.) (1989): Dialoganalyse II. Tübingen: Niemeyer (1).

Weiner, E. Judith; Labov, William (1983): Constraints on the agentless passive. In: *Journal of Linguistics*, S. 29–58.

Weizenbaum, Josepf (1966): ELIZA – A Computer Programm for the study of natural language between man and machine. In: *Computational Linguistics* (9), S. 36–45.

Wilkes-Gibbs, Deanna; Clark, Herbert H. (1992): Coordinating beliefs in conversation. In: *Journal of Memory and Language* (31), S. 183–194.

Wittgenstein, Ludwig (1960): Philosophische Untersuchungen. Schriften Bd. 1. Frankfurt/M.: Suhrkamp.

Womser-Hacker, Christa (1992): Experimentelle Grundlagen und statistische Auswertung von Hypothesentests zur Mensch-Computer-Interaktion. In: Jürgen Krause und Ludwig Hitzenberger (Hg.): Computer Talk. Hildesheim, Zürich, New York: Olms, S. 84–104.

Wooffitt, Robin; Fraser, Norman M.; Gilbert, Nigel; McGlashan, Scott (1997): Humans, Computers and Wizards. Analysing Human (Simulated) Computer Interaction. Routledge. London, New York: Routledge Chapman & Hall.

Zanna, Mark P. (Hg.) (2001): Advances in experimental social psychology. 33. Aufl. San Diego: Academic Press.

Zeller, F. (2005): Mensch-Roboter-Interaktion: Eine sprachwissenschaftliche Perspektive. Kassel: Kassel University Press.

Zoeppritz, Magdalena (1985): Computer talk? Technical Report TN 85.05. Heidelberg: IBM Heidelberg Scientific Center.

Zoltan-Ford, Elisabeth (1991): How to get people to say and type what computers can understand. In: *International Journal of Man-Machine Studies* (34), S. 527–647.

Zühlke, Detlef (2002): Bedienung komplexer Maschinen – heute, morgen und übermorgen. In: Ruth Marzi, Vassilios Karavezyris, Heinz-Hermann Erbe und Klaus-Peter Timpe (Hg.): Bedienen und Verstehen. 4. Berliner Werkstatt Mensch-Maschine-Systeme. Düsseldorf: VDI-Verlag, S. 42–54.

Zwaan, Rolf A.; Radvansky, Gabriel A. (1998): Situation models in language comprehension and memory. In: *Psychological Bulletin* (123), S. 162–185.

Verzeichnis der Online-Quellen

Androutsopoulos, Jannis (2007): Neue Medien, Neue Schriftlichkeit. Online verfügbar unter http://jannisandroutsopoulos.files.wordpress.com/2009/12/androutsopoulos_2007-neue-medien-neue-schriftlichkeit.pdf, zuletzt geprüft am 08.03.2016.

Beißwenger, Michael (2004): Dortmunder Chat-Korpus. Online verfügbar unter http://www.chatkorpus.tu-dortmund.de/korpora.html, zuletzt geprüft am 08.03.2016.

Cassell, Justine (2002). Online verfügbar unter http://web.media.mit.edu/~justine/research.html, zuletzt geprüft am 27.04.2016.

Clark, Herbert; Marshall, Catherine (1981). Online verfügbar unter http://web.stanford.edu/~clark/1980s/Clark,%20H.H.%20_%20Marshall,%20C.%20_Definite%20reference%20and%20mutual%20knowledge_%201981.pdf, zuletzt geprüft am 27.04.2016.

Fischer, Kerstin; Lohan, Katrin; Rohlfing, Katharina; Foth, Kilian: Partner Orientation in Asymmetric Communication: Evidence from contingent robot response. Online verfügbar unter https://aiweb.techfak.uni-bielefeld.de/hri2014_workshop_asymmetric_-interactions/FinalSubmissions/Fischer.pdf, zuletzt geprüft am 01.06.2016.

Jönsson, Arne: A model for dialogue management for human-computer interaction. Online verfügbar unter http://www.ida.liu.se/~arnjo/papers/issd-96.pdf, zuletzt geprüft am 02.04.2016.

Kiwilogic Archiv. Online verfügbar unter http://192.168.100.3/scripts/twipsy/twipsy.dll.

Kopp, Stefan; Wachsmuth, Ipke: Agent Max. Online verfügbar unter http://www.techfak.uni-bielefeld.de/ags/wbski/lehre/digiSA/ECA/Main.html, zuletzt geprüft am 25.02.2016.

Kranstedt, Alfred; Kopp, Stefan; Wachsmuth, Ipke (2002): MURML: A multimodal Utterance Representation Markup Language for Conversiational Agents. AAMAS`02 Workshop Embodied conversational agents – let`s specify and evaluate them! Online verfügbar unter http://www.google.de/url?sa=t&rct=j&q=&esrc=s&source=web&cd=1&ved=0CDAQFjAA&url=http%3A%2F%2Fpub.uni-bielefeld.de%2Fdownload%2F1857788%2F2620515&ei=02-LU63jCMz34QTg04CQCw&usg=AFQjCNE_vHATT2RYf5yUIqvSxakUmrKAPA&cad=rja, zuletzt geprüft am 01.06.2016.

Özsarigöl, Betül (2010): Korpuslinguistische Untersuchungen von Kohäsionsmerkmalen in akademischen Präsentationen mit Softwareunterstützung. Online verfügbar unter http://geb.uni-giessen.de/geb/volltexte/2011/8286/pdf/OezsarigoelBetuel20011_08_-01.pdf, zuletzt geprüft am 03.04.2016.

Reitter, David; Keller, Frank; Moore, Johanna D. (2006): Computational Modelling of Structural Priming in Dialogue. Online verfügbar unter http://delivery.acm.org/10.1145/1620000/1614080/p121-reitter.pdf?ip=79.201.30.167&id-=1614080&acc=OPEN&key=4D4702B0C3E38B35.4D4702B0C3E38B35.4D4702B0C3E38B35.6D218144511F3437&CFID=447611384&CFTOKEN=52777756&__acm__=1398615608_2715df0e346343aa4bc401deb4ca4e1f, zuletzt geprüft am 27.04.2016.

Schmidt (1995). Online verfügbar unter http://www.cis.uni-muenchen.de/~schmid/tools/-TreeTagger/, zuletzt geprüft am 01.06.2016.

Spencer-Oatey, Helen (2005): Relational Concerns in Intercultural Workplace Teams: Theoretical Insights from the Study of Emotions. Online verfügbar unter http://www2.warwick.ac.uk/fac/soc/al/staff/teaching/spencer-oatey/spencer-oatey_h/-interpersonal_relations.pdf, zuletzt geprüft am 04.04.2016.

Yudkowsky, Eliezer (2008). Online verfügbar unter http://yudkowsky.net/rational/overcoming-bias/, zuletzt geprüft am 12.05.2016.

Zinn, Claus; Moore, Johanna D.; Core, Mark G.: A 3-tier Planning Architecture of Mana-giving Tutorial Dialogue. Online verfügbar unter http://people.ict.usc.edu/~core/papers/its2002-paper_n._002_final.pdf, zuletzt geprüft am 03.04.2016.

Verzeichnis der angegebenen Links

http://fak1-alt.kgw.tu-berlin.de/call/linguistiktutorien/pragmatik/pragmatik%20k3.html, zuletzt geprüft am 01.05.2016.

http://www.apple.com/de/ios/siri/, zuletzt geprüft am 01.05.2016.

http://www.botspot.com, zuletzt geprüft am 01.05.2016.

http://de.superglossary.com, zuletzt geprüft am 01.05.2016.

http://de.memory-alpha.org/wiki/, zuletzt geprüft am 01.05.2016.

http://www.ub.uni-dortmund.de/literatursuche/auskunftonline.html, zuletzt geprüft am 01.05.2016.

http://www.merriam-webster.com/dictionary/dialogue?show=0&t=1363949560, zuletzt geprüft am 10.01.2016.

http://www.ims.uni-stuttgart.de/projekte/CQPDemos/Bundestag/help-tagset.html, zuletzt geprüft am 18.11.2016.

http://www.ikea.com/de/, zuletzt geprüft am 01.05.2016.

http://www.expo2000.de, zuletzt geprüft am 01.05.2016.

http://www.expo2000.de/deutsch/teilnehmer/tnindex.html, zuletzt geprüft am 01.05.2016.

http://adler.bundestag.de/, zuletzt geprüft am 01.05.2016.

http://www.duden.de/rechtschreibung/Dialog, zuletzt geprüft am 01.05.2016.

http://www.chatkorpus.tu-dortmund.de/files/releasehtml/index.html, zuletzt geprüft am 01.05.2016.

http://web.media.mit.edu/~justine/research.html, zuletzt geprüft am 28.02.2016.

http://home.edo.uni-dortmund.de/~hoffmann/ABC/Foreigner.html, zuletzt geprüft am 01.05.2016.

http://yudkowsky.net/rational/overcoming-bias/, zuletzt geprüft am 01.05.2016.

http://www.merriam-webster.com/dictionary/dialogue?show=0&t=1363949560, zuletzt geprüft am 10.01.2016.

http://www.ims.uni-stuttgart.de/projekte/CQPDemos/Bundestag/help-Tag-Set.html, zuletzt geprüft am 15.06.2016.

http://www.cis.uni-muenchen.de/~schmid/tools/TreeTagger/, zuletzt geprüft am 15.06.2016.

http://www.ub.uni-dortmund.de/Ueberuns/OeffnungszeitenBB.html s.168, zuletzt geprüft am 15.06.2016.

http://www.psych.uni-goettingen.de/de/communication/forschung/themenkoordination-und-kohaerenz, zuletzt geprüft am 13.10.2016.

http://www.christianlehmann.eu/ling/ling_theo/index.html, zuletzt geprüft am 15.06.2016.

http://www.stanford.edu/~jurafsky/ws97/manual.august1.html, zuletzt geprüft am 15.06.2016.

http://www.techfak.unibielefeld.de/ags/wbski/lehre/digiSA/S03/KogMod/BDI_slides.pdf, zuletzt geprüft am 03.10.2016.

http://www.iicm.tugraz.at/greif/node5.htm, zuletzt geprüft am 03.10.2016.

http://www.square-bear.co.uk/mitsuku/chat.htm, zuletzt geprüft am 12.06.2016.

http://www.fuberlin.de/presse/publikationen/alumnimagazin, zuletzt geprüft am 04.03.2016.

http://www.ibm.com/smarterplanet/us/en/ibmwatson/,zuletztgeprüftam12.06.2016.

http://www.apple.com/de/ios/siri/, zuletzt geprüft am 12.06.2016.

http://www.chatbots.org/embodied_conversational_interface_agent/, zuletzt geprüft am 12.06.2016.

http://www.cleverbot.com/, zuletzt geprüft am 12.06.2016.

http://www.alice.pandorabots.com/, zuletzt geprüft am 12.06.2016.

http://www.masswerk.at/elizabot/, zuletzt geprüft am 12.06.2016.

http://www.elbot.de, zuletzt geprüft am 15.06.2016.

http://www.youtube.com/watch?v=OXZGPnlFLT8, zuletzt geprüft am 15.06.2016.

http://www.youtube.com/watch?v=CEt3x3GJyKY, zuletzt geprüft am 15.06.2016.

http://www.youtube.com/watch?v=0kICLG4Zg8s, zuletzt geprüft am 15.06.2016.

http://www.stanford.edu/~jurafsky/ws97/manual.august1.html, zuletzt geprüft am 20.05.2016.

http://bot.daad.de/, zuletzt geprüft am 01.05.2016.

Verzeichnis der verwendeten Korpora

HHCI-Korpus (Hannoveraner Korpus zur HCI): Lotze (bislang unveröffentlicht)

Teilkorpora:

Twipsy-Korpus (2000), Karlbot-Korpus (2002), Elbot-Korpus (2006). Rohdaten zu Verfügung gestellt von der Firma Artificial Solutions. Hamburg.

Max-Korpus (2004). Rohdaten zu Verfügung gestellt von Ipke Wachmuth und Stefan Kopp. Universität Bielefeld.

Subkorpora:

Die Teilkorpora liegen jeweils als Subkorpus mit den Beiträgen des Systems und als Subkorpus mit den Beiträgen der UserInnen vor.

Twipsy-Korpus (System)

Twipsy-Korpus (UserInnen)

Karlbot-Korpus (System)

Karlbot-Korpus (UserInnen)

Max-Korpus (System)

Max-Korpus (UserInnen)

Elbot-Korpus (System)

Elbot-Korpus (UserInnen)

Dortmunder Chat-Korpus:

Beißwenger, Michael; Storrer, Angelika (2004), online verfügbar unter: http://www.chatkorpus.tu-dortmund.de/files/releasehtml/index.html

Teilkorpus:

Chat-basierte Bilbliotheksauskunft on demand der Universitätsbibliothek Dortmund (Nummer 12030000)

Sprache – Medien – Innovationen

Herausgegeben von Jens Runkehl, Peter Schlobinski und Torsten Siever

Die Reihe »Sprache – Medien – Innovationen« hat sprachliche und kommunikative Strukturen in Medien zum Gegenstand und versammelt innovative Arbeiten zur Medienlinguistik. Schwerpunkte bilden die grundlegende Beschreibung und Analyse vermittelter Kommunikationspraxen auf der linguistischen und medialen Ebene sowie die Auseinandersetzung mit der Frage, wie sich diese Formen im Sprachgebrauch und auf das Sprachsystem niederschlagen. Hierbei kann der Fokus auf theoretischen, angewandten oder methodischen Fragestellungen liegen.
Die Reihe stellt eine Erweiterung des Wissenschaftsportals mediensprache.net dar und ist offen für Dissertationen und andere Forschungsarbeiten mit innovativem Charakter. Dabei sollen ausdrücklich auch ›Schnittstellenarbeiten‹ eine angemessene Berücksichtigung finden. Als Erscheinungsformen sind sowohl Monographien vorgesehen als auch thematisch gebundene Sammel- oder Tagungsbände.

Band 1 Torsten Siever: Texte i. d. Enge. Sprachökonomische Reduktion in stark raumbegrenzten Textsorten. 2011.

Band 2 Jens Runkehl: www.werbesprache.net. Sprachliche und kommunikative Strukturen von Bannerwerbung im Internet. 2011.

Band 3 Torsten Siever / Peter Schlobinski (Hrsg.): Entwicklungen im Web 2.0. Entwicklungen zum III. Workshop zur linguistischen Internetforschung. 2012.

Band 4 Torsten Siever / Peter Schlobinski (Hrsg.): Microblogs global. Eine internationale Studie zu Twitter & Co. aus der Perspektive von zehn Sprachen und elf Ländern. 2013.

Band 5 Carolin Hagl: Orte politischer Bildung im Netz. Politischer Kinder-Online-Sachtext als Hypertextsorte. 2013.

Band 6 Martin Voigt: Mädchenfreundschaften unter dem Einfluss von Social Media. Eine soziolinguistische Untersuchung. 2015.

Band 7 Janina Wildfeuer (ed.): Building Bridges for Multimodal Research. International Perspectives on Theories and Practices of Multimodal Analysis. 2015.

Band 8 Christina Margrit Siever: Multimodale Kommunikation im Social Web. Forschungsansätze und Analysen zu Text-Bild-Relationen. 2015.

Band 9 Netaya Lotze: Chatbots. Eine linguistische Analyse. 2016.

www.peterlang.com

www.ingramcontent.com/pod-product-compliance
Ingram Content Group UK Ltd.
Pitfield, Milton Keynes, MK11 3LW, UK
UKHW041822031026
15587UKWH00002B/509

9 783631 670859